suhrkamp taschenbuch
wissenschaft 2234

Sollten ›wir‹ in anderen Teilen der Welt Prozesse der Demokratisierung aktiv fördern? Mit dem Ende des Kalten Krieges schien sich die liberale Demokratie weltweit durchzusetzen. Etablierte Demokratien versuchten, diesen Prozess zu unterstützen. Doch seit Beginn des neuen Jahrtausends regt sich Widerstand, zunehmend wird der Vorwurf des Imperialismus erhoben. Dorothea Gädeke formuliert in ihrem originellen Buch erstmals normative Grundlagen und Grenzen externer Demokratieförderung. Sie entwickelt eine kritische republikanische Theorie der Gerechtigkeit und zeigt, warum die Praxis externer Demokratieförderung eine Politik der Beherrschung konstituiert und wie sie überwunden werden kann.

Dorothea Gädeke ist wissenschaftliche Mitarbeiterin an der Goethe-Universität Frankfurt am Main.

Dorothea Gädeke

Politik der Beherrschung

Eine kritische Theorie externer Demokratieförderung

Suhrkamp

Bibliografische Information der Deutschen Nationalbibliothek
Die Deutsche Nationalbibliothek verzeichnet diese Publikation
in der Deutschen Nationalbibliografie;
detaillierte bibliografische Daten sind im Internet
über http://dnb.d-nb.de abrufbar.

Erste Auflage 2017
suhrkamp taschenbuch wissenschaft 2234

Umschlag nach Entwürfen
von Willy Fleckhaus und Rolf Staudt
Druck: Druckhaus Nomos, Sinzheim
Printed in Germany
ISBN 978-3-518-29834-3

Inhalt

Teil IV
Politik der Beherrschung und externe Demokratieförderung

Vorwort

Ausgangspunkt dieses Buches war meine Irritation darüber, dass der zunehmende internationale Widerstand gegen den Demokratisierungseifer, mit dem etablierte Demokratien ihre Regierungsform weltweit zu verbreiten suchen, in der deutsch- und englischsprachigen politischen Theorie ebenso wenig Widerhall fand wie in der breiteren Öffentlichkeit. Mein Hauptanliegen bestand dementsprechend darin, die Selbstverständlichkeit zu hinterfragen, mit der der Vorwurf, Demokratieförderung sei Ausdruck und Kern der imperialen Weltordnung, unhinterfragt zurückgewiesen wird.

In Zeiten des Erstarkens rechtspopulistischer Bewegungen und Parteien, der Diskreditierung von unabhängigem Journalismus, Angriffen auf die institutionelle Unabhängigkeit der Justiz und der Zunahme von rassistischen und ausländerfeindlichen Diskursen und Straftaten gerät die Demokratie indes nicht mehr nur in jungen Demokratien und Transitionsstaaten unter Druck. Vielmehr ist der *backlash* gegen die Demokratie mittlerweile im Zentrum der etablierten Demokratien – und Demokratieförderer – angekommen. Vor diesem Hintergrund scheint es irreführend, ja zynisch oder gar gefährlich, den Blick darauf zu richten, inwiefern der Vorwurf, Demokratie habe selbst die Rolle eines Repressionsinstrumentes angenommen, berechtigt ist. Sollte nicht vielmehr im Mittelpunkt stehen, die Errungenschaften der Demokratie zu verteidigen – nicht nur in Drittstaaten, sondern gerade auch im eigenen Land –, anstatt sich ernsthaft damit zu beschäftigen, was dran ist am Imperialismusvorwurf gegen externe Demokratieförderung? Verliert man nicht über dieser Selbstkritik womöglich ebenjene Errungenschaften der Demokratie gänzlich aus dem Blick?

Diese Alternative zeigt einmal mehr, dass ›Demokratie‹ zu einem Kampfbegriff geworden ist. Die Perspektive der Gerechtigkeit als Nicht-Beherrschung, die ich im Folgenden entwickle, sucht indes dem Impuls zu widerstehen, sich von der einen oder anderen Seite dieses Kampfes vereinnahmen zu lassen. Demokratie geht es demnach, richtig verstanden, um den Kampf gegen Beherrschung. Er muss ansetzen an der Offenlegung und Problematisierung von beherrschenden Machtverhältnissen, unabhängig davon, wo diese sich zeigen, sei es in der Verteidigung und Förderung von Demokratie oder in ihrer Kritik. Eine demokratische Praxis, die selbstzufrieden die kritische Befragung ihrer selbst aufgibt, befindet sich bereits auf dem Weg, in eine Politik der Beherrschung umzuschlagen. Auch die jüngsten Formen der Gegenbewegung gegen die Demokratie sind demnach ernst zu nehmen als Frage danach, inwiefern sich hinter ihnen möglicherweise berechtigte Kritik an allzu lang ignorierten Strukturen der Beherrschung verbirgt – ohne indes dabei die emanzipative, demokratische Stoßrichtung des Kampfes gegen Beherrschung zu relativieren. Darin liegt die eigentliche Herausforderung einer kritischen Aufarbeitung der Rolle, die die Demokratie in den vergangenen rund 25 Jahren eingenommen hat. Ich hoffe, dass meine Überlegungen zur Problematik externer Demokratieförderung dazu motivieren können, diese Herausforderung anzunehmen.

Das vorliegende Buch ist die überarbeitete und gekürzte Fassung meiner Dissertationsschrift, die 2014 vom Fachbereich Gesellschaftswissenschaften der Johann-Wolfgang-Goethe-Universität in Frankfurt am Main angenommen wurde. Großer Dank gebührt zu allererst meinem Doktorvater Peter Niesen, der mein Dissertationsprojekt von Beginn an mit Neugier und nahezu grenzenloser Geduld unterstützte und mir nach wie vor ein wichtiger Ratgeber ist. Seine Bereitschaft, sich auf meine Ideen einzulassen, und seine immer wieder überraschenden, inspirierenden und motivierenden Kommentare zu ersten Textteilen haben dieses Buch – und mein Denken insgesamt – nachhaltig geprägt. Auch meinem Zweitgutachter Rainer Forst bin ich zutiefst dankbar für all das, was ich von ihm habe lernen dürfen, über das Recht auf Rechtfertigung und darüber hinaus. Er begleitete die Entstehung dieses Buches mit großem Vertrauen und Interesse, gerade auch bezüglich meiner Auseinandersetzung mit seinen eigenen Arbeiten. Im Rahmen der Leibnizgruppe Transnationale Gerechtigkeit bot er mir zudem im entscheidenden Moment eine berufliche Perspektive und einen äußerst anregenden und angenehmen Arbeitskontext, der es mir ermöglichte, diese Arbeit fertig zu stellen und zu publizieren. Darüber hinaus danke ich Darrel Moellendorf für spannende politische Gespräche in der Pizzeria nach dem Kolloquium und seine Mitwirkung am Promotionsverfahren.

Mein besonderer Dank gilt Philip Pettit. Seine Arbeiten boten mir einen Ausweg aus langer Grübelei darüber, was denn nun das Problem an Demokratieförderung ausmacht, und wurden zu einer schier unerschöpflichen Quelle der Inspiration. Er war mir während meines Forschungsaufenthaltes am Center for Human Values der Princeton University ein großzügiger Gastgeber und ist mir – auch über meinen Aufenthalt in Princeton hinaus – nach wie vor ein anregender und interessierter Gesprächspartner.

Während der Entstehung dieses Buches hatte ich das Vergnügen, mich mit zahlreichen Kolleginnen und Kollegen über meine Arbeit auszutauschen, vor allem im Rahmen des Frankfurter Kolloquiums für politische Theorie und des Exzellenzclusters Normative Ordnungen. Für inspirierende, motivierende, verwirrende, klärende und auch unterhaltsame, mittägliche und manchmal auch nächtliche Gespräche danke ich insbesondere Mahmoud Bassiouni, Julian Culp, Franziska Dübgen, Malte Ibsen und Tamara Jugov sowie für wichtige Anregungen zu einzelnen Aspekten Charles Beitz, Barbara Buckinx, Martin Ebeling, Stefan Gosepath, Annika Elena Poppe, Christian Schemmel und Johannes Schulz. Für die genaue Lektüre und scharfsinnige Kommentare zu Teilen einer früheren Fassung des Manuskriptes danke ich Eva Buddeberg, Heike List, Esther Neuhann, Annegreth Schilling, Thorsten Thiel, Klaus Weidmann, Jonas Wolff, Lisbeth Zimmermann und nicht zuletzt meinem Vater Martin Gädeke, der unermüdlich und mit strengem Blick die gesamte Erstfassung sowie Teile der überarbeiteten Fassung Korrektur gelesen hat. Philipp Hölzing vom Suhrkamp Verlag danke ich für zahllose konstruktive Anmerkungen zu meinem Manuskript und eine äußerst angenehme Zusammenarbeit.

Ermöglicht wurde dieses Buch durch die großzügige Förderung meiner Doktorarbeit durch den Exzellenzcluster Normative Ordnungen an der Goethe-Universität Frankfurt. Mein besonderer Dank gilt Stefan Kadelbach, der in diesem Rahmen mit der Doktorandengruppe Normative Bedingungen der Entwicklungszusammenarbeit einen einzigartigen Arbeitskontext schuf. Gerade in Zeiten einer zunehmenden Verkürzung und Verschulung der Promotionszeit habe ich die Freiheit genossen, in einer interdisziplinär zusammengesetzten Gruppe Grundprobleme der Entwicklungspolitik diskutieren und dabei voneinander lernen zu können, ohne dass dies unmittelbar in die einzelnen Promotionsprojekte hat einfließen müssen.

Nicht zuletzt bin ich meinen ersten akademischen Lehrern, Gerhard Göhler, Bernd Ladwig und Holm Tetens, dankbar dafür, mich für die politische Theorie und Philosophie begeistert zu haben. Ohne sie hätte ich mir die Frage, inwieweit Demokratieförderung eine Politik der Beherrschung konstituiert, in dieser Form wohl nicht gestellt.

Frankfurt am Main, im August 2017

1. Einleitung

Dürfen demokratische Staaten Demokratie in anderen Teilen der Welt fördern? Sind sie dazu gar verpflichtet? Oder ist ein solches Vorhaben vielmehr Ausdruck und Kern neoimperialer Selbstermächtigung? Noch in den 1990er Jahren schien die Antwort auf diese Fragen wenig strittig. Mit dem Ende des Kalten Krieges, so eine zumindest innerhalb etablierter Demokratien breit geteilte Überzeugung, hatte sich die Demokratie liberaler Prägung endgültig durchgesetzt; ihre weltweite Verbreitung schien nur noch eine Frage der Zeit, die durch externe Demokratieförderung entscheidend beschleunigt werden könnte. Die 1990er Jahre waren ein Jahrzehnt demokratischer Euphorie. Seit der Jahrtausendwende ist jedoch festzustellen, dass die Universalisierung der Demokratie zunehmend unter Druck gerät: Insbesondere die Praxis externer Demokratieförderung wird als neoimperialer Angriff auf die kollektive Selbstbestimmung der betroffenen Staaten zurückgewiesen. Dabei geht es nicht allein um militärische Interventionen mit dem mehr oder weniger expliziten Ziel einer Demokratisierung, wie etwa im Irak 2003 oder in Libyen 2011. Vielmehr steht die grundlegende Idee, überhaupt Demokratie in anderen Ländern fördern zu wollen, am Pranger, unabhängig von den verwandten Mitteln.

Diese fundamentale Infragestellung externer Demokratieförderung wurde bislang indes weder in der politischen Praxis noch in der politischen Theorie und Philosophie als normative Herausforderung ernst genommen. Gerade in philosophischen Debatten findet die Frage nach dem Für und Wider externer Demokratieförderung erstaunlich wenig Aufmerksamkeit. Vielmehr scheint nach wie vor die Ansicht vorzuherrschen, Demokratie habe sich als alternativloses Legitimationskriterium politischer Herrschaft erwiesen; ihre Förderung könne dementsprechend – abgesehen allenfalls von der Verwendung gewaltsamer Mittel – keine ernst zu nehmenden normativen Probleme aufwerfen. Aus dieser Perspektive macht sich vielmehr verdächtig, wer ebendies in Frage stellt.

Gerade diese vermeintliche Selbstverständlichkeit, die jegliche Kritik an externer Demokratieförderung ungeprüft als Angriff auf das Ideal der Demokratie zurückweist, soll indes im Folgenden in

Frage gestellt werden. Für eine kritische Auseinandersetzung mit der Praxis externer Demokratieförderung genügt es weder, Demokratieförderung pauschal abzulehnen, noch reicht es aus, der fundamentalen Infragestellung ihres Anliegens durch den Rückzug auf die Verteidigung des Wertes der Demokratie zu begegnen. Eine kritische Theorie externer Demokratieförderung muss vielmehr die Alternative von Verteidigung oder Kritik der Demokratie und ihrer Förderung überwinden und beide in ihrem wechselseitigen Zusammenhang betrachten. Erst dann ist es möglich, sowohl Grundlagen als auch Grenzen externer Demokratieförderung herauszuarbeiten. Denn dass der Gehalt der Imperialismuskritik weder in der politischen Praxis noch in der politischen Theorie und Philosophie ernst genommen wird, könnte auch daran liegen, dass es an einer normativen Sprache fehlt, die in der Lage ist, die Anliegen der Verteidigung und der Kritik einer externen Förderung demokratischer Regierungsformen gleichermaßen ernst zu nehmen und aufeinander zu beziehen.

Eine solche Sprache, so die Annahme, die diesem Buch zugrunde liegt, bietet der *kritische Republikanismus*. Er lässt sich aufbauend auf der neorepublikanischen Theorie der Nicht-Beherrschung entwickeln. Dies mag überraschen; schließlich begreift der Neorepublikanismus demokratische Institutionen und Praktiken als entscheidenden Mechanismus, um willkürliche Machtstrukturen einzuhegen und so das Ideal der Nicht-Beherrschung zu realisieren. Die Praxis externer Demokratieförderung, der sich etablierte Demokratien und multilaterale Geberinstitutionen in den 1990er Jahren verschrieben, erscheint aus dieser Perspektive als Inbegriff einer *Politik der Nicht-Beherrschung*, bemüht sie sich doch darum, dem Ideal der Demokratie zu weltweiter Geltung zu verhelfen. Eine derartige Sicht reduziert jedoch den Gehalt einer Theorie der Nicht-Beherrschung auf ihr demokratietheoretisches Anliegen – und verkennt ihr machtkritisches Potential. Gerade weil sie beides in sich trägt, erweist sich die Sprache der Nicht-Beherrschung – sofern sie in kritischer Hinsicht weiterentwickelt wird – als geeignet, um Kritik und Verteidigung der Universalisierung der Demokratie miteinander zu vermitteln. Führt man sie beide auf das Prinzip der Nicht-Beherrschung zurück, so wird deutlich, dass beide, spiegelbildlich zueinander, berechtigte Anliegen verfolgen und dennoch letztlich beide in eine *Politik der Beherrschung* umschlagen. Diese Dialektik aufzuzeigen, ist Ziel des Buches.

Dazu bedarf es zum einen der Ausarbeitung einer Konzeption der Gerechtigkeit als Nicht-Beherrschung, die es erlaubt, das Anliegen der Kritiker_innen[1] wie auch jenes der Befürworter_innen externer Demokratieförderung als Forderungen nach Gerechtigkeit ernst zu nehmen und auf einer gemeinsamen Grundlage kritisch zu diskutieren. Die maßgeblich von Philip Pettit geprägte neorepublikanische Theorie der Nicht-Beherrschung bildet dabei den Ausgangspunkt. Sie wird jedoch in Auseinandersetzung mit kantisch angelegten Ansätzen republikanischen Denkens in normativer und sozialanalytischer Hinsicht im Sinne eines reflexiv gewendeten und machttheoretisch ausgearbeiteten kritischen Republikanismus weiterentwickelt.

Auf der Basis dieser kritisch-republikanischen Theorie der Gerechtigkeit als Nicht-Beherrschung gilt es zum anderen, die Verteidigung und die Kritik externer Demokratieförderung in ihrem wechselseitigen Zusammenhang zu erfassen und Grundlagen praktischer Orientierung hinsichtlich externer Demokratieförderung aufzuzeigen. Dabei kann es nicht darum gehen, eine Art Blaupause in Form konkreter Handlungsanweisungen für den normativ unbedenklichen Aufbau demokratischer Regime innerhalb anderer Staaten zu liefern. Der kritisch-republikanische Ansatz lenkt die Aufmerksamkeit weg von einzelnen Interaktionen und hin zu einer machtkritischen Analyse sozialer *Verhältnisse*, die Strukturen der Beherrschung identifiziert und abstrakte institutionelle Grundbedingungen ihrer Überwindung benennt. Erst die je konkrete Institutionalisierung dieser Grundbedingungen ermöglicht eine *Praxis* der Nicht-Beherrschung, innerhalb derer einzelne Handlungsmöglichkeiten von den jeweiligen Akteuren selbst zu beurteilen – und stets aufs Neue an den Grundbedingungen der Nicht-Beherrschung zu messen – sind. Diese Zurückhaltung hinsichtlich der Formulierung unmittelbar handlungsleitender Prinzipien zugunsten einer stärker institutionellen Perspektive ist keineswegs als Nachteil des kritisch-republikanischen Ansatzes zu betrachten. Vielmehr liegt darin einer seiner Vorzüge, wendet er doch den kritischen Maßstab der Nicht-Beherrschung auch gegen sich selbst und überantwortet

1 Ich verwende den Unterstrich als Mittel der Darstellung aller sozialen Geschlechter oder Geschlechtsidentitäten bei Formulierungen, die anderenfalls eine falsche Verengung auf ein bestimmtes Geschlecht nahelegen.

substantielle Handlungsentscheidungen der normativen Autorität der jeweiligen Akteure.

Mit der Frage nach den normativen Grundlagen und Grenzen externer Demokratieförderung greife ich eine konkrete politische Auseinandersetzung auf und verfolge ein entsprechend ausgerichtetes Anliegen: Es geht mir darum, eine Sprache zu entwickeln, die es erlaubt, die in den politischen Auseinandersetzungen um externe Demokratieförderung zum Ausdruck kommenden Ansprüche wechselseitig aufeinander zu beziehen, um herauszuarbeiten, wo sie auf beherrschende Machtverhältnisse hinweisen und wie diese sich überwinden lassen. Die zu entwickelnde Konzeption der Gerechtigkeit ist auf diese Problemstellung zugeschnitten und stellt nicht den Anspruch, eine umfassende Theorie globaler Gerechtigkeit zu liefern. Dennoch weist diese thematische Ausrichtung über den engeren Kontext der Frage nach Grundlagen und Grenzen externer Demokratieförderung hinaus, denn ebendiese Frage ist in dreifacher Hinsicht von paradigmatischer Bedeutung.

Auf *normativ-konzeptioneller* Ebene zielt die Auseinandersetzung um die Praxis externer Demokratieförderung geradewegs in den Kern einer kritisch-republikanischen Konzeption der Gerechtigkeit: Im Gegensatz zu distributiv orientierten Gerechtigkeitstheorien rückt diese nicht Prinzipien materieller Umverteilung und entsprechende wirtschaftliche Hilfen, sondern die institutionellen Voraussetzungen einer Realisierung von Nicht-Beherrschung in den Mittelpunkt – und damit die Frage nach demokratischen Institutionen und Praktiken sowie nach der Verantwortung dafür, diese zu errichten. Zugleich wirft aus dieser Sicht die Praxis externer Demokratieförderung insofern selbst Gerechtigkeitsprobleme auf, als sie droht, in eine Politik der Beherrschung umzuschlagen. Die Frage nach normativen Grundlagen und Grenzen externer Demokratieförderung ist damit die *entscheidende* Frage, die eine sich als praktisch verstehende Theorie der Gerechtigkeit als Nicht-Beherrschung mit Blick auf die Voraussetzungen ihrer Realisierung zu beantworten hat.

Auf der *praktischen* Ebene kommt den Auseinandersetzungen um die Praxis externer Demokratieförderung ebenfalls paradigmatische Bedeutung zu, weil Demokratieförderung auf besonders fundamentale Weise die kollektive Selbstbestimmung der Zielstaaten berührt: Sie sucht nicht nur bestimmte politische Entscheidungen inhaltlich zu beeinflussen, sondern die grundlegenden Bedingungen, unter denen diese getroffen werden, mitzugestalten. Damit bring sie in besonderer Schärfe den Grundkonflikt zwischen Hilfe bzw. der Realisierung von Gerechtigkeit und (insbesondere politischer) Einflussnahme zum Ausdruck, der auch andere Bereiche der Entwicklungspolitik kennzeichnet, in denen es weniger um politische Rahmenbedingungen als um bestimmte politische Inhalte geht. Der Fall externer Demokratieförderung ist dementsprechend mehr als ein bloßes Anwendungsfeld, an dem dieser Konflikt exemplarisch diskutiert wird; er ist ein Kristallisationspunkt des problematischen Verhältnisses zwischen Hilfe und Selbstbestimmung, weil es bei ihm unmittelbar um die institutionellen Formen politischer Selbstbestimmung geht.

Es ist daher wenig überraschend, dass sich die im Kontext externer Demokratieförderung zu Tage tretende Politik der Beherrschung auf Machtstrukturen bezieht, die auch in anderen Bereichen der internationalen Zusammenarbeit von fundamentaler Bedeutung für die Realisierung einer Praxis der Nicht-Beherrschung sind – und dementsprechend weitreichende Reformen erfordern. Diese beziehen sich insbesondere auf die institutionelle Verfasstheit der Entwicklungspolitik und die Weltwirtschaftsordnung, die den engeren Kontext der Frage nach Demokratieförderung auf den ersten Blick zu sprengen scheinen. Mit anderen Worten, die Frage nach normativen Grundlagen und Grenzen externer Demokratieförderung mündet unmittelbar in die Frage nach den Bedingungen einer nicht-beherrschenden Entwicklungspolitik – und letztlich einer globalen Strukturpolitik der Nicht-Beherrschung. Insofern ist sie auch in praktischer Hinsicht über den engeren Kontext der Demokratieförderung hinaus von Relevanz.

Schließlich ist die Praxis externer Demokratieförderung aus *politisch-historischer* Sicht Teil eines breiteren Prozesses, den ich als ambivalente Universalisierung der Demokratie kennzeichne. Seit dem Ende des Kalten Krieges hat nicht nur die Zahl demokratisch regierter Länder zugenommen. Demokratie hat sich zugleich als alternativloser Standard der Legitimität etabliert, der de facto das zentrale Ordnungskriterium der internationalen Gemeinschaft bildet. Die demokratische Verfasstheit entscheidet nicht nur über den Zugang zu und die Stellung in internationalen Diskursen, sondern auch über den Zugang zu Krediten und deren Bedingungen bis hin zum Genuss des Schutzes der Souveränität. Versteht man externe Demokratieförderung in diesem Kontext einer formalen und normativen Universalisierung der Demokratie als *aktive* Universalisierung der Demokratie, so bildet sie gewissermaßen den Kristallisationspunkt dieses Prozesses – und damit zugleich auch den Kristallisationspunkt der fundamentalen Kritik an der Universalisierung der Demokratie. Eine Auseinandersetzung mit Grundlagen und Grenzen externer Demokratieförderung, die diese Kritik ernst nimmt, ist dementsprechend auch für die Beurteilung der Universalisierung der Demokratie als ganzer von entscheidender Bedeutung, denn sie verweist darauf, in welchen Hinsichten dieser Prozess das in ihm angelegte emanzipatorische Potential nicht ausschöpft.

Das vorliegende Buch gliedert sich in vier Teile: Teil I dient der Darstellung der politischen und theoretischen Auseinandersetzungen um die Praxis externer Demokratieförderung. Dieses Vorgehen, der Erarbeitung der erforderlichen normativen und konzeptionellen Grundlagen eine Rekonstruktion des politischen Hintergrunds der Fragestellung voranzustellen, folgt dem methodischen Postulat, dass eine sich als praktisch begreifende politische Theorie von konkreten Klagen über Missstände und entsprechenden politischen Auseinandersetzungen ausgehen muss, um den darin angelegten normativen Anliegen reflektiert Ausdruck verleihen zu können und so handlungspraktische Bedeutung zu erlangen. Ich stelle dementsprechend zunächst den Aufstieg der Praxis externer Demokratieförderung wie auch die Kritik an ihr in ihrem jeweiligen politischen, politikwissenschaftlichen und politiktheoretischen Kontext dar und kennzeichne beide als Bestandteile eines ambivalenten, d. h. mehrdeutigen und widersprüchlichen Prozesses der Universalisierung der Demokratie (Kapitel 2). Die Identifizierung von Unzulänglichkeiten einschlägiger Debatten innerhalb der politischen Theorie, die die politische Auseinandersetzung um die Förderung von Demokratie nicht aufzugreifen wissen, führt zur Formulierung von Anforderungen an die Entwicklung eines alternativen, kritisch-republikanischen Ansatzes (Kapitel 3).

In Teil II erarbeite ich Grundzüge einer kritisch-republikanischen Theorie der Gerechtigkeit als Nicht-Beherrschung. Dabei gehe ich von Pettits neorepublikanischer Theorie der Nicht-Beherrschung aus, entwickle diese jedoch in Auseinandersetzung mit kantisch orientiertem republikanischen Denken zu einem kritischen Republikanismus weiter. Ich schlage zunächst eine schwach-diskurstheoretische Lesart von Pettits freiheitstheoretisch angelegter Theorie der Nicht-Beherrschung vor und wende diese, aufbauend auf der Diagnose einer normativen Engführung seines Grundverständnisses von Beherrschung, konsequent diskurs- und schließlich gerechtigkeitstheoretisch (Kapitel 4).

Die damit im Kern umrissene Theorie der Gerechtigkeit als Nicht-Beherrschung setzt an der Analyse bestehender Ungerechtigkeiten an und erfordert dementsprechend die Ausarbeitung einer machttheoretisch fundierten Konzeption der Beherrschung. Dazu erweitere ich Pettits dispositionales Machtverständnis um eine strukturelle Dimension und ergänze es um eine Konzeption systemischer Macht; zugleich reinterpretiere ich seine interessenbasierte Willkürkonzeption in diskurstheoretischem Sinne, um neben der machtkritischen Anlage auch die nötige Reflexivität mit Blick auf den grundlegenden normativen Standard einzuholen (Kapitel 5).

Abschließend identifiziere ich mit den Prinzipien der Herrschaft des Rechts und der deliberativen Selbstgesetzgebung Grundbedingungen nicht-beherrschender Herrschaft und damit der Realisierung von Gerechtigkeit als Nicht-Beherrschung. Sie entwickeln Pettits Konzeption der Nicht-Beherrschung im Sinne der zuvor formulierten Modifikation seines Grundverständnisses von Beherrschung weiter und weisen Demokratie als Element und Bedingung der Gerechtigkeit aus (Kapitel 6).

In Teil III arbeite ich die für die Frage nach externer Demokratieförderung relevanten grenzüberschreitenden Implikationen der skizzierten Konzeption der Gerechtigkeit als Nicht-Beherrschung heraus. Erstens zeige ich, inwiefern externe Akteure verantwortlich dafür sind, zur Errichtung von Institutionen der Nicht-Beherrschung innerhalb anderer Staaten beizutragen. Dazu bedarf es eines Verantwortungsmodells, das in der Lage ist, die strukturelle Dimension von Beherrschung einzuholen (Kapitel 7).

Stellt dieser Abschnitt die Perspektive der Verteidiger_innen externer Demokratieförderung in den Vordergrund, so sind in einem zweiten Schritt die konzeptionellen Grundlagen dafür zu entwickeln, die im Namen von Staaten erhobene Kritik an externer Demokratieförderung als Kritik an Beherrschung zu reformulieren. Dazu wende ich Pettits Theorie kollektiver Handlungsfähigkeit auf die in Teil II erarbeitete Konzeption von Beherrschung an und gewinne so eine Konzeption kollektiver Beherrschung. Sie zeigt, inwiefern gerade auch die Beherrschung nicht-demokratischer Staaten normativ gesehen problematisch ist (Kapitel 8).

Vor diesem Hintergrund lässt sich schließlich eine Konzeption kollektiver Selbstbestimmung als Nicht-Beherrschung ausarbeiten, die die beiden Dimensionen grenzüberschreitender Implikationen der Theorie der Gerechtigkeit als Nicht-Beherrschung integriert. Sie bringt die normativen Gehalte der institutionellen Grundbedingungen einer Realisierung von Gerechtigkeit als Nicht-Beherrschung mit Blick auf grenzüberschreitende Kontexte der Beherrschung zur Geltung (Kapitel 9).

In Teil IV zeige ich, wie diese gerechtigkeitstheoretisch fundierte Konzeption kollektiver Selbstbestimmung als Nicht-Beherrschung für eine normative Analyse der ambivalenten Universalisierung der Demokratie fruchtbar gemacht werden kann, die die Kritik externer Demokratieförderung ernst nimmt, ohne das Anliegen der Demokratieförderung zu verleugnen. Aus dieser Perspektive wird deutlich, dass beide Stränge zwar berechtigte Anliegen verfolgen, sich aber dennoch beide in eine Politik der Beherrschung verkehren. In diesem Sinne birgt die zunächst als ambivalent charakterisierte Universalisierung der Demokratie eine doppelte Dialektik (Kapitel 10). Die kritisch-republikanische Theorie der Nicht-Beherrschung liefert jedoch nicht nur die Grundlage, um diese Dialektik aufzudecken, sondern ermöglicht zugleich die Identifizierung von Ansatzpunkten, um sie schrittweise in Praktiken der Gerechtigkeit als Nicht-Beherrschung zu überführen (Kapitel 11).

Teil I
Ambivalente Universalisierung der Demokratie

2. Die ambivalente Universalisierung der Demokratie

Blickt man auf die weltweite Entwicklung der Demokratie in den vergangenen rund 25 Jahren, so lassen sich zwei gegenläufige Trends identifizieren: In den 1990er Jahren herrschte die Überzeugung vor, mit dem Ende des Kalten Krieges habe sich Demokratie als Regierungsform wie auch als Ideal endgültig als alternativlos erwiesen. Diese Überzeugung schlug sich praktisch im Aufstieg externer Demokratieförderung zu einem zentralen Handlungsfeld der Entwicklungspolitik westlicher Staaten und internationaler Geberorganisationen nieder (2.1.). Mit Beginn des neuen Jahrtausends geriet diese Praxis jedoch zunehmend unter Druck: Neben Zweifeln an der Wirksamkeit externer Demokratieförderung regte sich politischer Widerstand gegen die äußere Einflussnahme auf innenpolitische Belange, der Unterstützung von imperialismuskritischen Strömungen in der politischen Theorie erfuhr (2.2.). Diese Gegenbewegung wird in der politischen Praxis und der empirischen Forschung überwiegend als strategisch zu überwindender Angriff auf das Ideal der Demokratie zurückgewiesen. Ich charakterisiere das Nebeneinander von Universalisierung und scheinbar relativistischer Kritik dagegen als *ambivalente Universalisierung der Demokratie*, um deutlich zu machen, dass erst eine übergreifende Betrachtung beider gegenläufiger Trends in der Lage ist, die zwiespältige Rolle zu erkennen, die die Demokratie im Zuge ihrer Universalisierung spielt (2.3.).

2.1. Die dreifache Universalisierung der Demokratie

Spätestens seit dem Ende des Kalten Krieges, so das in der Politikwissenschaft vorherrschende Narrativ, hat die Demokratie endgültig ihren weltweiten Siegeszug angetreten. Bereits 1989 prognostizierte der amerikanische Politikwissenschaftler Francis Fukuyama das »Ende der Geschichte«; demnach überwinde die liberale Demokratie letztlich alle Unzulänglichkeiten alternativer Regierungsformen und bringe damit die historische Dialektik der Auseinandersetzungen zwischen verschiedenen Ideologien zu einem Ende.[1] Tatsächlich zeichnete sich im Laufe der 1990er Jahre in dreifacher Hinsicht eine Universalisierung der Demokratie ab: die formale Ausbreitung der Demokratie als Regierungsform wurde begleitet durch die normative Universalisierung der Demokratie als Ideal und die aktive Universalisierung der Demokratie durch die Außen- und Entwicklungspolitik.

Formal betrachtet nahm die Zahl demokratisch regierter Länder stark zu, seit mit dem Sturz der portugiesischen Diktatur 1974 die dritte Welle der Demokratisierung[2] einsetzte. Im Vergleich zu den beiden kurzen und regional begrenzten Demokratisierungswellen im 19. Jahrhundert bzw. unmittelbar nach dem zweiten Weltkrieg erfasste diese dritte Welle nicht nur mehr Staaten in kürzerer Zeit, sondern zugleich erstmals alle Regionen der Welt. Auf Demokratisierungen in Griechenland und Spanien folgten demokratische Transitionen in einer Reihe von lateinamerikanischen und asiatischen Staaten sowie, nach dem Zusammenbruch der Sowjetunion, in Osteuropa. Zwar kam es nicht in allen ehemaligen Ostblock-Staaten zur nachhaltigen Etablierung demokratischer Systeme. Die sogenannten Farbrevolutionen in Georgien, der Ukraine und Kirgistan, die zu Beginn des neuen Jahrtausends gegen Korruption und für Bürgerrechte eintraten, gaben der Demokratisierungseuphorie jedoch neuen Auftrieb.[3] Zudem zeigten die Ereignisse in Osteuropa auch in anderen Teilen der Welt Wirkung. Die Diskreditierung von Ein-Parteien-Systemen, verstärkt durch ökonomische Stagnation, führte in der Mehrheit der Subsahara-Staaten zu Mehrparteien-Wahlen; auch die kommunistischen Regime in Äthiopien, Mosambik und Angola konnten sich nicht länger an der Macht halten.[4]

Weltweit betrachtet kehrte sich zwischen 1974 und 2004 das numerische Kräfteverhältnis von Demokratien zu Autokratien um: Waren 1973 dem Ranking von Freedom House zufolge noch 46 % aller Staaten unfrei und lediglich 29 % frei, wurden 2003 46 % als

1 Fukuyama 1989.

2 Der einflussreichen Analyse Huntingtons zufolge erfolgte die Ausbreitung der Demokratie in Wellen, d. h. in bestimmten Zeitabschnitten erfolgten auf der Ebene von Nationalstaaten jeweils mehr Transitionen von nicht-demokratischen zu demokratischen Systemen als umgekehrt (Huntington 1991).

3 Ausführlich zu den Farbrevolutionen McFaul 2010b; Way 2010.

4 Diamond 2008b, S. 48-50; vgl. Mulikita 2003, S. 105-108.

frei und nur 25 % als unfrei eingestuft.[5] Plattner bezeichnet daher die frühen 1990er Jahre als »demokratischen Moment«, der sich als »Welt mit einem dominanten Prinzip politischer Legitimität, Demokratie«, auszeichne.[6] Zwar warf eine Weltregion in dieser Hinsicht lange Zweifel auf: Während in der nichtislamischen Welt 2005 bereits drei Viertel aller Staaten als demokratisch galten, waren dies in der islamischen Welt nach wie vor lediglich ein Viertel.[7] Mit den Massenprotesten im Iran 2009 und dem arabischen Frühling 2011 erreichte die Demokratisierungswelle jedoch auch diese Region der Erde.[8] Huntingtons Optimismus, es sehe so aus, »als habe die Bewegung hin zur Demokratie den Charakter einer nahezu unaufhaltsamen globalen Strömung angenommen, die von einem Triumph zum nächsten eilt«,[9] schien sich damit zu bestätigen.

Parallel zur Feststellung einer formalen Universalisierung der Demokratie als Regierungsform zeichnete sich innerhalb der Politikwissenschaft der Konsens ab, Demokratie habe sich auch normativ als einziges ernst zu nehmendes Modell legitimer politischer Ordnung erwiesen. Zum Teil wird dies empirisch anhand entsprechender Umfragewerte globaler Messinstrumente wie dem World Values Survey und den regionalen Barometern nachgewiesen. Sie zeigen, dass Demokratie trotz regional variierender Muster weltweit Zustimmung als beste Regierungsform findet; in keinem Land der Welt genießen autoritäre Herrschaftsformen mehr Wertschätzung als demokratische.[10] Die Zustimmungsraten in Regionen mit jungen Demokratien liegen dabei mit 82 % in Osteuropa,[11] 70 % in Subsahara-Afrika[12] und 86 % in der arabischen Welt[13] nicht wesentlich unter den mit um die 90 % hohen Werten in den etablierten Demokratien Westeuropas und Nordamerikas.[14]

5 Freedom House 2015.
6 Plattner 1991, S. 36 [sofern nicht auf eine Übersetzung verwiesen wird, stammen im Folgenden alle Übersetzungen englischsprachiger Originalzitate von D.G.].
7 Vgl. Diamond 2003, S. 9 f.
8 Für eine Analyse der Bedeutung der arabischen Revolutionen im globalen Kontext vgl. Plattner 2011.
9 Huntington 1991, S. 21.
10 McFaul 2004, S. 152.
11 Rose 2007, S. 113.
12 Little/Logan 2009, S. 7.
13 Jamal/Tessler 2008, S. 98.
14 Diamond 2008b, S. 33, Tabelle 1.1. Vgl. zu den gemischten Ergebnissen in La-

Normativ argumentierende Autor_innen halten dagegen nicht die faktische Zustimmung für entscheidend; ihnen zufolge gibt es vielmehr gute Gründe, Demokratie für wünschenswert zu erachten. Instrumentelle Argumente betonen die Bedeutung der Demokratie als Mittel zur Verwirklichung bestimmter Ziele. Das in akademischer und politischer Hinsicht wirkmächtigste Argument basiert auf dem Theorem des Demokratischen Friedens, dem zufolge demokratische Regime keine Kriege gegeneinander führen und somit ein Mittel zur Befriedung der zwischenstaatlichen Beziehungen sind.[15] Verstärkt wird diese These durch die Annahme, auch freier Handel, wie er von liberalen Demokratien propagiert wird, befördere Frieden.[16] Zweitens wird argumentiert, das auf Wettbewerb und Verantwortlichkeit ausgelegte demokratische System generiere insgesamt bessere Regierungsleistungen, da es Korruption und Selbstgefälligkeit der Machthabenden behindere und innovative Ideen hervorbringe.[17] Drittens seien Demokratien die besten Garanten von innerstaatlichem Frieden und Menschenrechten.[18] Viertens verhinderten Demokratien nicht nur effektiver als andere Systeme Hungerkatastrophen,[19] sondern böten auch darüber hinaus die besten Bedingungen für ökonomische Entwicklung.[20] Damit erscheint Demokratisierung als zentrales Instrument zur Beseitigung der wesentlichen politischen Probleme dieser Welt.[21]

Über den instrumentell begründeten Wert der Demokratie hinaus wird ihr in der politischen Philosophie auch intrinsische Bedeutung zugeschrieben. Zwar spielen philosophische Argumente im politikwissenschaftlichen Narrativ zur Universalisierung der Demokratie eine untergeordnete Rolle; sie artikulieren jedoch den

teinamerika Lagos Cruz-Coke 2008, S. 112 sowie für Südasien DeSouza u. a. 2008, S. 87-89 und für Ostasien Shi/Lu 2010, S. 124.

15 Doyle 1983; Czempiel 1986; Russett/Oneal 2001; vgl. zur akademischen Bedeutung des Theorems Hobson 2011 sowie zu seiner politischen Wirkmächtigkeit Ish-Shalom 2006; kritisch dazu Geis 2007.

16 Doyle 1997; Russett 1998.

17 Sen 1999, S. 11; Fukuyama/McFaul 2007, S. 33.

18 Vgl. Schwartländer 1981; Boutros-Ghali 1996; Davenport 1999; kritisch: Zakaria 2003.

19 Sen 1981; Sen 2000.

20 Vgl. Barro 1997; Przeworski u. a. 2000; Halper u. a. 2004; kritisch dazu: Khan 2005.

21 Kritisch zu diesen instrumentellen Argumenten: Spanger/Wolff 2007.

normativen Hintergrund, der häufig implizit als selbstverständlich vorausgesetzt wird. Zwei Kernargumente lassen sich unterscheiden: Das erste sieht in Demokratie einen unmittelbaren Ausdruck des Grundprinzips moralischer Gleichheit. Demnach müssen politische Einfluss- und Partizipationsmöglichkeiten grundsätzlich allen Mitgliedern eines politischen Gemeinwesens in gleichem Maße offenstehen, da ihre moralische Gleichheit anderenfalls in politischer Hinsicht verletzt werde.[22] Das zweite Argument stützt sich dagegen auf den Wert der Freiheit. Demnach sichert Demokratie Teilhabe am politischen und sozialen Leben, was wiederum in sich oder als notwendiger Bestandteil individueller menschlicher Autonomie wertgeschätzt wird.[23]

Derartige Begründungen des universellen Wertes der Demokratie werden auch in völkerrechtlichen Debatten aufgegriffen. So suchen Slaughter und Tesón normative Erwägungen mit der Forschung zum demokratischen Frieden zu verbinden, um eine auf Demokratie fußende liberale Völkerrechtstheorie zu entwerfen. Sie ist auf die schrittweise Ausweitung einer liberalen »Zone des Rechts«[24] und eine Beschränkung der Rechte nicht-demokratischer Regime[25] sowie Interventionsbefugnisse liberaler Staaten[26] ausgerichtet. Während Slaughter und Tesón das geltende Völkerrecht in dieser Hinsicht für moralisch unzureichend halten, argumentiert Franck auf rechtsdogmatischem Wege, es sei gerade mit Blick auf eine Norm demokratischen Regierens bereits in Veränderung begriffen.[27] Anhand der Entwicklung des Rechts auf kollektive Selbstbestimmung von der Neuordnung Europas nach dem ersten Weltkrieg über die Kodifizierung in den Menschenrechtspakten bis hin zu entsprechenden Resolutionen der Generalversammlung[28] und der Menschenrechtskommission[29] der Vereinten Nationen zeigt er,

22 So z. B. Christiano 1996; Waldron 1999; Dworkin 2002.
23 So z. B. Habermas 1996, Kap. 10; Pettit 1997; Sen 2000.
24 Slaughter, hier noch unter dem Namen Burley 1992, S. 1910.
25 Tesón 1998, S. 25.
26 Tesón 1998, S. 60-65.
27 Franck 1992; Franck 2000; vgl. Fox 1992; Crawford 1993; Cerna 1995; Crawford, J. 2000; Fox 2000; Rich 2001; Fox 2003; kritisch dazu: Eckert 1999; Roth 1999; Marks 2003; vgl. allgemein zum Demokratieprinzip im Völkerrecht: Petersen 2009.
28 Insbesondere GA Res. 1514 (XV) sowie GA Res. 2625 (XXV).
29 Commission on Human Rights Resolution 1999/57 zum Recht auf Demokratie.

dass sich ein emergierendes Recht auf demokratisches Regieren, d. h. auf Konsultation und Partizipation in politischen Entscheidungsprozessen, abzeichne. Was genau ein solches Recht impliziert, ist umstritten. Diskutiert wird neben den Konsequenzen für die rechtliche Anerkennung von Staaten[30] insbesondere die Zulässigkeit militärischer Interventionen zur Erhaltung oder Etablierung demokratischer Systeme. Während die Mehrzahl völkerrechtlicher Autor_innen allenfalls multilaterale gewaltsame Sanktionen unter der Ägide der Vereinten Nationen für denkbar hält,[31] verteidigt Reisman auch unilaterale prodemokratische Interventionen, da die Souveränität des betroffenen Staates bereits vom Diktator verletzt werde.[32]

Die formale und normative Universalisierung der Demokratie fand ihren politisch-praktischen Niederschlag in einer Politik ihrer aktiven Universalisierung: Externe Demokratieförderung stieg in den 1990er Jahren zum zentralen Ziel und Instrument westlicher Außen- und Entwicklungspolitik auf. Bill Clinton etwa rief sie ausdrücklich zur Nachfolgerin der Containment-Doktrin aus.[33] Unter *externer Demokratieförderung* verstehe ich sämtliche Maßnahmen, die der Etablierung, Stärkung oder Wiederherstellung einer demokratischen Ordnung innerhalb von Drittstaaten dienen. Sie kann sowohl inter- als auch transnationaler[34] Natur sein und umfasst grundsätzlich alle Instrumente der Außen- und Entwicklungspolitik, von technischer und materieller Unterstützung demokratischer Initiativen und Institutionen, d. h. sogenannten Positivmaßnahmen, über die politische Konditionalisierung von entwicklungspolitischen Transferleistungen, diskursivem und diplomatischem Druck bis hin zu ökonomischen Sanktionen und militärischen

30 Vgl. ausführlich dazu Murphy 2000.

31 So etwa Franck 1992, S. 84; Byers/Chesterman 2000; Crawford, J. 2000, S. 106 f.; Rich 2001, S. 31-33.

32 Reisman 2000; vgl. D'Amato 1990 sowie Wippman 2000.

33 Carothers 1997, S. 86.

34 Im Folgenden verwende ich die Bezeichnungen *international* für die Interaktion oder Beziehung zwischen Staaten und *transnational* für grenzüberschreitende Interaktionen oder Beziehungen, in denen mindestens ein Akteur kein Staat ist. *Global* bezieht sich streng genommen auf inter- oder transnationale Interaktionen und Beziehungen, die globale Reichweite haben. Ich benutze den Begriff jedoch auch als übergreifenden Terminus für grenzüberschreitende Interaktionen und Beziehungen unterschiedlicher Natur.

Interventionen sowie die Legitimationsdiskurse, die derartige Instrumente begleiten.[35]

Zwar sind Demokratieförderungsmaßnahmen mit klassischen Mitteln der Außenpolitik, insbesondere Sanktionen und Interventionen, meist sichtbarer; die aktive Universalisierung der Demokratie wird jedoch maßgeblich durch die Entwicklungspolitik getragen. Dies ist bemerkenswert, pflegte doch die Entwicklungspolitik lange ein dezidiert apolitisches Selbstverständnis, das die technische Förderung ökonomischer Entwicklung in den Mittelpunkt rückte und jegliche politische Einmischung in innere Angelegenheiten tunlichst zu vermeiden suchte. Seit Beginn der 1990er Jahre werden jedoch unter dem Schlagwort *good governance* Themen wie Rechtsstaatlichkeit, Menschenrechte und Demokratie, die den Kern der politischen Ordnung der Partnerländer betreffen, nicht mehr als gegebene Rahmenbedingungen, sondern als zentrale Handlungsfelder der Entwicklungspolitik begriffen.[36] Mit dieser Politisierung ihrer Handlungsfelder wurde die Entwicklungspolitik selbst zum Akteur innerhalb des weltweiten Demokratisierungsprozesses.

Vier Faktoren trugen zu dieser Politisierung entwicklungspolitischer Handlungsfelder bei.[37] Erstens führte die Dritte Welle der Demokratisierung zu einer Proliferation von Demokratisierungsbewegungen, die eine gewisse Nachfrage nach externer Demokratieförderung produzierte und diese nicht mehr als illegitime äußere Einflussnahme erscheinen ließ.[38] Zweitens ermöglichte das Ende

35 Im deutschen Sprachgebrauch werden unter Demokratieförderung üblicherweise nur nicht-militärische Maßnahmen verstanden (vgl. Grävingholt u. a. 2009, S. 2); militärische Mittel fallen dagegen unter die Bezeichnung *erzwungene Demokratisierung* (vgl. Grimm 2010). Dieser engeren Definition folge ich nicht. Erstens verstehe ich die demokratische Zielsetzung von Außen- und Entwicklungspolitik unabhängig von ihren Instrumenten als Ausdruck der gleichen normativen Überzeugung; zweitens teile ich nicht die darin implizit enthaltene Annahme, dass nicht-militärische Instrumente generell normativ unverdächtig seien. Mein Verständnis von externer Demokratieförderung ist daher dem englischen Sprachgebrauch näher, der zwischen *democracy promotion* im Allgemeinen und der rein zivilen *democracy assistance* (Burnell 2006, S. 4) bzw. *democracy aid* (Carothers 1999, S. 6) unterscheidet.

36 Vgl. Fuster 1998; Diaby-Pentzlin u. a. 1999; Doornbos 2001; Nuscheler 2009; Mkandawire 2010.

37 Vgl. Leftwich 1993, S. 606; Burnell 2000, S. 39-41.

38 Vgl. Burnell 2000, S. 40.

des Kalten Krieges den westlichen Geberstaaten, ihre Demokratisierungsagenda zu verfolgen, ohne politisch-strategische Nachteile in Kauf zu nehmen.[39] Zwar zählte die Verbreitung demokratischer Regierungsformen schon seit den 1950er Jahren zu den Zielen der amerikanischen Außenpolitik. Während des Kalten Krieges standen aber sicherheitspolitische Interessen im Vordergrund, die auch die wirtschaftliche Unterstützung nicht-demokratischer Verbündeter erforderten.[40] Die Entwicklungspolitik war damit zwar politisch in dem Sinne, dass sie als Instrument des Kalten Krieges eingesetzt wurde; das Entwicklungsverständnis blieb jedoch ein ökonomisches, das die politischen Rahmenbedingungen ökonomischer Entwicklung nicht als Handlungsfeld der Entwicklungspolitik begriff.

Seit dem Ende der 1980er Jahre kam es jedoch drittens zu einem Umdenken im Hinblick auf das Verhältnis von ökonomischer und politischer Entwicklung.[41] Bis in die 1980er Jahre war die entwicklungspolitische Debatte von modernisierungstheoretischem Denken bestimmt. Entwicklung wurde als zielgerichteter Prozess verstanden, im Zuge dessen die Agrargesellschaften die ökonomischen Modernisierungsstufen der Industriegesellschaften nachholen. Demzufolge genügte es, durch die Bereitstellung moderner Technologie die Industrialisierung der Partnerländer anzuschieben.[42] Diese sei, so die gängige Annahme, eine notwendige Voraussetzung stabiler Demokratien und werde durch verfrühte Demokratisierungsprozesse gefährdet.[43] Auch die in den späten 1960er Jahren aufkommenden Konzepte partizipatorischer Entwicklung waren auf ökonomische, nicht jedoch auf politische Entwicklung ausgerichtet.[44] Zwar rückte in den 1970er Jahren der Staat als Motor ländlicher Entwicklung in den Mittelpunkt; dabei galten jedoch gerade autoritäre Staaten als geeignet, die ihnen zugedachten Aufgaben zu erfüllen; Demokratie erschien dagegen als Luxus, den sich nur entwickelte Gesellschaften leisten konnten.[45]

39 Vgl. Burnell 2000, S. 39.

40 Carothers 2000, S. 182-184; vgl. zu Demokratieförderung im Kalten Krieg: Guilhot 2005, Kap. 1.

41 Burnell 2000, S. 40-43; vgl. Rajagopal 2003, Kap. 6 sowie zur Geschichte des Entwicklungsdiskurses: Rist 2008.

42 Vgl. Rosenstein-Rodan 2008 [1944]; Rostow 2008 [1960].

43 Vgl. Lipset 1959.

44 Vgl. Carothers 2000, S. 183.

45 Vgl. Hodder 1978, S. 119.

Im Laufe der 1980er Jahren geriet diese Entwicklungskonzeption jedoch unter dem Eindruck der Schuldenkrise lateinamerikanischer Staaten und des ausbleibenden Wachstums in Subsahara-Afrika in die Kritik. Insbesondere neoklassische Ökonomen wandten sich gegen die Unterstützung einer aufgeblähten Staatsbürokratie. Die 1980er Jahre wurden dementsprechend geprägt von den als *Washington Konsens*[46] bekannt gewordenen Forderungen der Geber nach Privatisierung, Deregulierung und einer Konzentration auf die Kernfunktionen staatlicher Tätigkeit, die ihren Höhepunkt in den marktwirtschaftlichen Strukturanpassungsprogrammen des Internationalen Währungsfonds (IWF) fanden. Obwohl der Fokus auf verwaltungstechnischen Reformen lag, wurden damit erstmals innenpolitische Strukturen der Partnerländer zum Handlungsfeld der Entwicklungspolitik. In diesem Sinne erwies sich das technisch-administrative Verständnis von *governance* als wegweisend.

Die Erweiterung entwicklungspolitischer Handlungsfelder begann mit der 1989 von der Weltbank veröffentlichten Studie *Sub-Saharan Africa: From Crisis to Sustainable Growth*. Sie führte das Versagen der Entwicklungspolitik in Subsahara-Afrika auf eine *governance*-Krise, d. h. auf politische Fehlentwicklungen und einen Mangel an Managementqualitäten der betroffenen Regierungen zurück.[47] Mit dieser Krisendiagnose machte die Weltbank ein Konzept guter Regierungsführung zum Angelpunkt des entwicklungspolitischen Diskurses. Unter Verweis auf das in ihren Statuten verankerte Verbot, sich in die politischen Angelegenheiten ihrer Mitgliedsstaaten einzumischen, vermied sie es indes, dieses in politischen Begriffen auszuformulieren.[48] Von anderen Gebern wurde es dagegen deutlich offensiver als Demokratisierungsforderung ausgelegt. Das Development Assistance Committee (DAC) der Organisation für wirtschaftliche Zusammenarbeit und Entwicklung (OECD) erweiterte das *governance*-Verständnis der Weltbank um die Zielsetzungen partizipativer Entwicklung, Achtung der Menschenrechte und Demokratisierung.[49] An dieser Konzeption orientierten sich fortan die meisten bilateralen Geber ebenso wie

46 Geprägt wurde dieser Ausdruck von John Williamson (Williamson 1990).

47 World Bank 1989. Kritisch zur Umdeutung der zentralen Ideen afrikanischer Wissenschaftler durch diese Studie: Mkandawire 2010.

48 Vgl. Nuscheler 2009, S. 13-15 sowie S. 23.

49 OECD 1995.

das United Nations Development Programme (UNDP), das den alljährlichen Weltentwicklungsbericht 2002 unter dem Titel *Deepening Democracy in a Fragmented World* programmatisch auf Demokratieförderung zuspitzte.[50] *Good governance* und Demokratieförderung wurden zum neuen entwicklungspolitischen Leitmotiv, d. h. zum Schlüsselbegriff des Entwicklungsdiskurses ebenso wie zum handlungsleitenden Programm der internationalen Entwicklungszusammenarbeit.[51] Damit kehrte sich das Paradigma um: Demokratie und damit politische Entwicklung ist fortan nicht mehr eine mögliche Folge ökonomischer Entwicklung, sondern Voraussetzung und Ziel ebendieser und damit zentrales Handlungsfeld der Entwicklungspolitik: »ein Land muss nicht als tauglich *für* die Demokratie befunden werden; vielmehr muss es *durch* Demokratie tauglich werden«.[52]

Dieser Paradigmenwechsel in der Entwicklungstheorie wurde viertens durch die Krise der Entwicklungspolitik in den 1990er Jahren beschleunigt. Angesichts von Kürzungen der Entwicklungshaushalte nach dem Wegfall ihrer sicherheitspolitischen Bedeutung durch das Ende des Kalten Krieges sowie angesichts von Kritik an ihrer Leistungsbilanz, die den effizienteren Einsatz der knapper werdenden Mittel einforderte, lieferte die neue Programmatik eine elegante Lösung, um dem wachsenden Rechtfertigungsdruck zu begegnen: Sie stimmte der Wirksamkeitskritik zu, verortete die Ursache ausbleibender Erfolge jedoch in den Partnerländern und lieferte mit der Förderung von *good governance* zugleich eine vergleichsweise kostengünstige Lösungsstrategie. Zudem bot das neue Leitmotiv im Zusammenhang mit den aufkommenden Debatten um fragile Staatlichkeit und transnationalen Terrorismus die Möglichkeit, eine enge Verbindung von Entwicklung, Frieden und Demokratie herzustellen und die Entwicklungspolitik ins Zentrum der Außen- und Sicherheitspolitik zu rücken.[53]

Vor diesem Hintergrund gewann die Praxis externer Demokratieförderung in den 1990er Jahren zunehmend an Bedeutung.[54] Diese zeigt sich erstens im Anstieg des Volumens der aufgewen-

50 UNDP 2002.

51 Nuscheler 2009, S. 5.

52 Sen 1999, S. 4 [Hervorhebung im Original]; vgl. Leftwich 1993, S. 605.

53 Vgl. Rajagopal 2003, Kap. 6; Menzel 2005; Goldsmith 2008.

54 Vgl. ausführlich dazu Crawford 2001.

deten Mittel. Während andere Bereiche der Entwicklungspolitik im gleichen Zeitraum unter erheblichen Kürzungen litten, wird Demokratieförderung mit Blick auf die 1990er Jahre häufig als der einzige wachsende Zweig der Entwicklungspolitik bezeichnet.[55] Zugleich wurde das zuvor lediglich im ökonomischen Bereich eingesetzte kostenneutrale Instrument der Konditionalisierung von Transferleistungen auf den Bereich demokratischer Reformen ausgedehnt. Hinzu kam die wachsende Bereitschaft einzelner Staaten sowie der internationalen Gemeinschaft, in Friedensprozessen in Nachkriegsgesellschaften und in Folge humanitärer Interventionen aktiv am Aufbau demokratischer Institutionen mitzuwirken und somit externe Demokratieförderung und umfassende Bemühungen des *peace-* und *statebuilding* miteinander zu verschmelzen.[56] In Einzelfällen wie der ausdrücklich vom Sicherheitsrat autorisierten Intervention in Haiti 1994,[57] der NATO-Intervention in Afghanistan sowie der US-geführten Intervention im Irak erfolgten gar militärische Interventionen mit dem mehr oder weniger ausdrücklichen Ziel einer Demokratisierung.

Zweitens ist eine zunehmende Ausweitung der Handlungsfelder externer Demokratieförderung zu verzeichnen.[58] Während der Fokus bis 1989 nahezu ausschließlich auf Wahlbeobachtung und -hilfe lag, verschob er sich im Laufe der 1990er Jahre hin zur langfristigen Unterstützung der politischen Institutionen, allen voran des Justizsystems und des Parlaments, aber auch lokaler Regierungen und Verfassungsreformen. Schließlich rückten auch politische Parteien und die Zivilgesellschaft, die mittlerweile als Schlüsselakteur gesehen wird, um formale Demokratien zu substantiell demokratischen Gesellschaften zu machen, ins Zentrum der Aufmerksamkeit. Damit sucht externe Demokratieförderung nicht mehr nur auf die Durchführung von Wahlen, sondern auf das gesamte politische System einzuwirken.

Drittens vervielfachte sich die Anzahl der beteiligten Akteure. Neben den westlichen Geberstaaten engagieren sich zunehmend

55 Burnell 2000, S. 49; für die USA Azpuru u.a 2008, S. 152-154; für Europa Youngs 2008.

56 Vgl. zu externer Demokratisierung nach Kriegen und Interventionen Grimm 2008; Grimm 2010.

57 SC Res. 940.

58 Carothers 1999, S. 86 f. sowie ausführlich dazu: ebd., Kap. 5-8.

auch junge Demokratien in externer Demokratieförderung.[59] Auch multilaterale Geber beteiligen sich, wobei sich Weltbank und IWF sowie die regionalen Entwicklungsbanken vor allem auf das Instrument politischer Konditionalitäten stützen,[60] während die Vereinten Nationen, insbesondere durch das UNDP, aber auch die Electoral Assistance Division (EAD) und das Centre for Human Rights (CHR), im Bereich der Positivmaßnahmen tätig sind. Parallel dazu vervielfachte sich die Zahl der nicht-staatlichen Organisationen im Bereich der Demokratieförderung. Zu den deutschen politischen Stiftungen, die als Vorreiter der zivilgesellschaftlichen Demokratieförderung gelten, und dem bereits 1983 von den USA gegründeten National Endowment for Democracy gesellte sich eine Vielzahl von Nichtregierungsorganisationen, die zum Teil mit öffentlichen, zum Teil mit privaten Mitteln vor allem Initiativen aus dem zivilgesellschaftlichen Bereich fördern.[61]

Auch der Kreis der Empfänger von Demokratisierungshilfen weitete sich kontinuierlich aus. Blieben erste Demokratieförderungsbemühungen der USA vor 1990 auf Lateinamerika beschränkt, rückten in den 1990er Jahren zunächst Osteuropa und die Staaten der ehemaligen Sowjetunion in den Mittelpunkt der Aufmerksamkeit. Zunehmend geriet auch Subsahara-Afrika in den Fokus, wo die schleppende Demokratisierung mit ausbleibender ökonomischer Entwicklung einherging. In Asien dagegen, wo die ökonomische Entwicklung in den sogenannten Tigerstaaten gute Fortschritte machte, ohne politische Liberalisierungen mit sich zu bringen, wurde mehr Zurückhaltung gezeigt. Dennoch flossen beträchtliche Mittel in Demokratisierungsprogramme in Ländern wie Kambodscha, den Philippinen, Bangladesch, Indonesien und Thailand, häufig kanalisiert über private Stiftungen wie die US-amerikanische Asia Foundation.[62] Seit dem 11. September 2001 ist auch der Mittlere Osten in den Fokus der Demokratieförderer gerückt. Externe Demokratieförderung ist damit auch in geographi-

59 Vgl. Burnell 2000, S. 55 f. und Piccone 2011 sowie zu Indien Mehta 2011; zur Türkei Özel/Özcan 2011; zu Indonesien Sukma 2011.

60 Zu den lateinamerikanischen Entwicklungsbanken Santiso 2000; zur EU Crawford, G. 2000.

61 Vgl. Burnell 2000, S. 54 f.

62 Vgl. zur USA Carothers 1999, S. 43 f.; zur EU Crawford, G. 2000, S. 97-99 und S. 105.

scher Hinsicht zu einem globalen Phänomen geworden. Angesichts dieser Entwicklung stellt der amerikanische Politikwissenschaftler McFaul fest:

Die Gemeinschaft demokratischer Staaten hat die Legitimität von Demokratieförderung anerkannt. Innerhalb dieser Gemeinschaft hat sich die normative Last vielmehr hin zu jenen verschoben, die kein Interesse daran haben, für Demokratieförderung einzutreten.[63]

2.2. Die dreifache Kritik an der Universalisierung der Demokratie

Die Feststellung McFauls, es habe sich ein Konsens über die Legitimität externer Demokratieförderung herausgebildet, mag mit Blick auf die 1990er Jahre weitgehend zutreffen; dieser Konsens gerät jedoch spätestens seit der Jahrtausendwende in allen drei Hinsichten, der formalen, der politischen und der normativen, zunehmend unter Druck. Waren die 1990er Jahre das Jahrzehnt demokratischer Euphorie, sorgte das neue Jahrtausend für Ernüchterung.

Auf formaler Ebene ist zunächst festzustellen, dass die numerische Ausbreitung der Demokratie als Regierungsform ins Stocken geraten ist. War zu Beginn der 1990er Jahre noch einhellig die Rede vom demokratischen Moment, wies Carothers bereits 1997 darauf hin, dass sich in der ehemaligen Sowjetunion, Afrika und dem Mittleren Osten Anzeichen einer demokratischen Stagnation zeigten.[64] Diamond spricht mittlerweile mit Blick auf das erste Jahrzehnt der 2000er Jahre von einer »demokratischen Rezession«, die mit dem Militärputsch in Pakistan 1999 begonnen habe und insbesondere strategisch wichtige Länder wie Russland, die Ukraine, Thailand, Venezuela, Nigeria und Kenia erfasse.[65] Auch die Erhebungen von Freedom House legten 2007 eine »Stagnation

63 McFaul 2004, S. 158; vgl. Schraeder 2003, S. 25 und S. 40. Auch die Zustimmungsraten zu externer Demokratieförderung in Europa und den USA sind mit 74 % bzw. 51 % entsprechend hoch (National Endowment for Democracy 2006, S. 9).

64 Carothers 1997, S. 86; vgl. Diamond 1999.

65 Diamond 2008a, S. 36; Diamond 2008b, Kap. 3; Diamond 2015. Kritisch zur These der demokratischen Rezession: Levitsky/Way 2015; Schmitter 2015.

der Freiheit« nahe.[66] 2011 war bereits von der längsten Phase des Rückschritts seit Beginn der Datenerhebungen 1972 die Rede;[67] 2014 wurde eine »autoritäre Wiederauferstehung« registriert,[68] die insbesondere auf dem wachsenden Einfluss von Russland und China basiere; 2017 kam Freedom House erstmals zu dem Schluss, dass die nach wie vor andauernde Phase des Rückschritts nicht nur autoritäre Staaten, sondern auch etablierte Demokratien erfasse.[69]

Ost- und Südosteuropa verzeichnet bereits seit Beginn des Jahrtausends vermehrten Zulauf zu rechtskonservativen, populistischen Parteien sowie eine Tendenz zu exekutivlastiger Politik, die die Gewaltenteilung in Frage stellt.[70] Der Umbau der Türkei zu einem Präsidialsystem sowie die Schwächung des Verfassungsgerichts und die Beschränkung der Unabhängigkeit der Medien durch die 2010 bzw. 2015 gewählten nationalkonservativen Regierungen in Ungarn und Polen sind die jüngsten Beispiele für diesen Trend. Schließlich geraten auch etablierte westliche Demokratien, insbesondere seit der Finanzkrise 2007, unter Druck. Crouch sieht sie auf dem Weg zur Post-Demokratie, in der formal-demokratische Verfahren durch die wachsende Macht der Wirtschaftseliten ausgehöhlt werden.[71] Der Aufstieg rechtspopulistischer Parteien wie der Alternative für Deutschland oder des Front National in Frankreich sowie der Wahlerfolg Donald Trumps in den USA stellen bewährte demokratische Institutionen und Praktiken zunehmend in Frage.

Die dritte Welle der Demokratisierung ebbt somit nicht einfach ab; vielmehr degenerieren gerade junge Demokratien, die auf der Spitze der dritten Demokratisierungswelle gewähnt wurden, schleichend in hybride oder autokratische Herrschaftsformen. Carothers weist darauf hin, dass ihre Verfestigung die zentrale Annahme eines weltweiten Siegeszugs der Demokratie als Regierungsform in Frage stelle: Öffnungen autokratischer Systeme führen offensichtlich nicht zwangsläufig über verschiedene Entwicklungsstadien zur Demokratie; hybride Regime bilden vielmehr einen eigenen Regime-

66 Puddington 2007, S. 125.
67 Puddington 2011, S. 18.
68 Puddington 2014, S. 90.
69 Puddington 2017, S. 105.
70 Rupnik 2007.
71 Crouch 2008.

typ, der mittlerweile in post-kommunistischen und Entwicklungsländern die häufigste politische Konstellation darstellt.[72]

Die Verfestigung hybrider Regime wirft die Frage auf, ob externe Demokratieförderung überhaupt empirische Wirksamkeit zeigt, ereignet sie sich doch in der Folge umfassender Demokratisierungsprogramme. Generell lässt sich Ernüchterung feststellen. Eine breit angelegte Studie der EU-Kommission kommt zu dem wenig aussagekräftigen Schluss, dass Demokratieförderungsprogramme »unter bestimmten Umständen [...] effektive und effiziente Instrumente« sein können.[73] Auch Carothers mahnt, die Wirkmächtigkeit von externer Demokratieförderung dürfe nicht überschätzt werden. Wahlhilfe schneide am besten ab; die Unterstützung politischer Institutionen zeige dagegen eine enttäuschende Bilanz, da die ihnen zugrunde liegenden Machtstrukturen kaum zu beeinflussen, für den Erfolg der Maßnahmen jedoch entscheidend seien.[74] Mit Blick auf die Förderung der Zivilgesellschaft stellt Amin polemisch fest, geförderte NGOs seien »GONGOs (Regierungs-NGOs), MNGOs (NGOs, die wie Mafias operieren) oder TNGOs (NGOs, die Geberpolitiken umsetzen)«.[75]

Diese Kritik nährt wiederum den Verdacht, externe Demokratieförderung sei nicht nur wirkungslos, sondern behindere gar eine Demokratisierung. Kaplan argumentiert, pluralistische Parteiensysteme führten zwangsläufig in autoritäre Regierungsformen, solange grundlegende Voraussetzungen wie ökonomische Stabilität, Bildung, eine Mittelschicht und ein gewisses Maß an Homogenität nicht gegeben seien. Idealistisches Festhalten am Demokratisierungsprojekt bewirke daher genau das Gegenteil des eigentlichen Zieles: »[D]ie Demokratie, die wir in vielen Teilen der Welt fördern, ist ein integraler Bestandteil der Transformation hin zu neuen Formen des Autoritarismus.«[76] Derartige Bedenken bremsen nicht nur die demokratische Euphorie; sie legen zugleich eine gewisse Vorsicht in Bezug auf Demokratieförderung nahe.

Empirische Zweifel an der Ausbreitung der Demokratie als Regierungsform gehen zweitens einher mit zunehmendem politischen

72 Carothers 2004, S. 180. Ausführlich zum Konzept hybrider Regime: Rüb 2002.

73 Particip 2006, S. 46.

74 Carothers 2000, S. 197.

75 Amin 2009, S. 64; vgl. Shivji 2007, S. 31; Ayers 2009, S. 14-17; Kurki 2011.

76 Kaplan 1997, S. 55 f.

Widerstand gegen den universalen Geltungsanspruch der Demokratie und den daraus abgeleiteten Konsens über die Legitimität von Demokratieförderung. Als Auslöser dieses Widerstands, der als *backlash* gegen Demokratieförderung zusammengefasst wird,[77] gelten die Farbrevolutionen, die von nicht-demokratischen Regimen vor allem wegen der vermeintlich entscheidenden aktiven Beteiligung westlicher Staaten als akute Bedrohung gesehen wurden.[78] Vor diesem Hintergrund ist in vielen Staaten, die zuvor demokratiefördernde Maßnahmen zuließen oder gar unterstützten, eine deutliche Zunahme von Repressionsmaßnahmen zu verzeichnen, die sich vor allem gegen die ausländische Unterstützung von politisch tätigen NGOs wendet.[79] Dieser Trend umfasst Staaten aller Weltregionen: Russland gilt als federführend; daneben sind insbesondere Weißrussland, Kasachstan und Usbekistan, aber auch Ägypten, Venezuela, Bolivien, Äthiopien, Ruanda, Uganda, Simbabwe, China, Nepal und nicht zuletzt Ungarn Teil dieser Entwicklung. Neben Visabeschränkungen, peniblen Steuerinspektionen, Bürodurchsuchungen und willkürlichen Verhaftungen ist vor allem restriktive Gesetzgebung hinsichtlich der Registrierung sowie der ausländischen Finanzierung von politisch tätigen NGOs ein verbreitetes Mittel, um die externe Förderung der Zivilgesellschaft zu verhindern.[80] Häufig werden zugleich Demokratieförderungsprojekte in der Entwicklungszusammenarbeit beschränkt oder beendet sowie restriktive Auflagen für internationale Wahlbeobachtungen erlassen.

Der politische Widerstand gegen die aktive Universalisierung der Demokratie drückt sich zudem auch im Bemühen seitens nichtdemokratischer Staaten aus, ein internationales Klima des Autokratie-Erhalts zu schaffen, um dem Demokratisierungsdruck zu begegnen.[81] So betont die Shanghai Cooperation Organization, die mit ihren Mitgliedern Russland, China, Kirgistan, Kasachstan,

77 Carothers 2006; Gershman/Allen 2006; National Endowment for Democracy 2006; Carothers 2010. Carothers Diagnose widersprechen: Deudney/Ikenberry 2009.

78 Carothers 2010, S. 61-63. Zu Russlands Reaktion auf die Farbenrevolutionen: McFaul/Spector 2010.

79 Carothers 2006, S. 56-59; Gershman/Allen 2006, S. 38-46; National Endowment for Democracy 2006, S. 4.

80 Ausführlich dazu National Endowment for Democracy 2006, S. 20-22.

81 Ambrosio 2009, S. 24.

Einlagen-Auslaufen verhindern.
Apo: Nagelreiniger,

Tadschikistan und Usbekistan sowie den Beobachterstaaten Iran, Mongolei, Pakistan und Indien mehr als die Hälfte der Weltbevölkerung repräsentiert, ausdrücklich das Recht eines jeden Volkes, seinen eigenen Entwicklungsweg zu wählen.[82] Insbesondere Russland und China propagieren eigene Ordnungsmodelle, die zwar rhetorisch Anschluss an den Demokratiediskurs suchen – Putin etwa spricht vom Modell souveräner Demokratie –, der westlichen Forderung nach liberaler Demokratie jedoch ein Projekt nationaler Souveränität entgegenstellen.[83] Russland initiierte bereits vor den Farbenrevolutionen die Gründung eines Wahlbeobachtungsgremiums unter dem Dach der Gemeinschaft Unabhängiger Staaten als Alternative zum einflussreichen Büro für demokratische Institutionen und Menschenrechte der OSZE (ODHIR); während Letzteres Wahlen in den ehemaligen Sowjetstaaten wiederholt kritisierte, klassifizierte Ersteres diese als frei und fair.[84] Das staatliche Moskauer Institut für Internationale Beziehungen erhebt zudem einen eigenen Demokratie- und *governance*-Index, der als Gegengewicht zu Freedom House gedacht ist und Russland bessere Werte zuschreibt als den USA.[85] China präsentiert sich offensiv als alternativer Partner der Entwicklungspolitik, der keine politischen Konditionalitäten stellt, sondern ausdrücklich die Souveränität der Partner achtet.[86] Ramo bezeichnet diese Strategie als *Beijing-Konsens*, der im Gegensatz zum *Washington-Konsens* die politische und ökonomische Selbstbestimmung der Entwicklungsländer in den Mittelpunkt rücke.[87] Kagan konstatiert vor diesem Hintergrund, erstmals seit Jahren sei ein globaler Wettbewerb zwischen unterschiedlichen Entwicklungsmodellen und damit eine *Wiederkehr der Geschichte* zu beobachten.[88]

Man könnte geneigt sein, den *backlash* gegen externe Demokratieförderung als politische Strategie des Machterhalts zu interpre-

82 Shanghai Cooperation Organization 2005; vgl. Acuto 2008, S. 462; Ambrosio 2008.

83 Vgl. Kagan 2008, S. 76; vgl. zum russischen Konzept souveräner Demokratie Krastev 2007; Okara 2007.

84 Vgl. McFaul/Spector 2010, S. 128.

85 McFaul/Spector 2010, S. 128.

86 Vgl. Burnell 2008, S. 646; Köllner 2008, S. 5; Breslin 2010, S. 142 und S. 152.

87 Ramo 2004.

88 Kagan 2008, S. 78; vgl. Gat 2007; kritisch dazu: Deudney/Ikenberry 2009; Ottaway 2010.

tieren. Er findet jedoch drittens Unterstützung von Seiten imperialismuskritischer Strömungen innerhalb der politischen Theorie, die die *good-governance*-Agenda und externe Demokratieförderung vehement als Ausdruck imperialistischer Politik zurückweisen. Derartige Kritik steht zum einen im Kontext des zu Beginn des neuen Jahrtausends wieder aufflammenden Interesses für Imperialismusforschung, das sich als Reaktion auf den amerikanischen Unilateralismus nach dem 11. September 2001 verstehen lässt.[89] Zum anderen aktualisiert und erweitert der Imperialismusvorwurf im Zusammenehang externer Demokratieförderung eine ältere Kritik der Entwicklungszusammenarbeit, die im Wesentlichen von der post-kolonialen Theorie und *post-development*-Ansätzen geprägt wurde.[90] Sie teilen die Diagnose, dass die gegenwärtige globale Ordnung von imperialer Herrschaft geprägt ist, wenden sich aber gegen die Annahme, es handele sich um ein neues Phänomen; vielmehr betonen sie dessen Kontinuitäten zu kolonialer Herrschaft, insbesondere mit Blick auf die wesentliche Bedeutung nicht-militärischer Formen, deren imperialer Charakter gern übersehen werde.[91]

Analytisch lassen sich zwei Ansatzpunkte der Imperialismuskritik unterscheiden: Die *Kontext-Kritik* setzt an den Beziehungen zwischen Demokratieförderern und ›Demokratieempfängern‹[92] an und besagt im Kern, eine Betrachtung der Praxis externer Demokratieförderung im Kontext globaler Machtverhältnisse zeige, dass sie globale Machtasymmetrien reproduziere und verstärke, die der kulturellen Zivilisierung und ökonomischen Ausbeutung der weniger Mächtigen und damit den beiden klassischen Motiven des

89 Vgl. allgemein Pitts 2010 sowie in kritischer Absicht: Muthu 2003; Purdy 2003; Lal 2004; McCarthy 2009 und verteidigend: Kagan 1998; Ignatieff 2003; Kaplan 2005.

90 Vgl. Hayter 1971; Amin 1976; Rodney 1976; Escobar 1995; Sachs 2000; Ziai 2004; Kapoor 2008; Abbas/Niyiragira 2009 sowie allgemein zu postkolonialer Theorie: Castro Varela/Dhawan 2005.

91 Vgl. Tully 2009, S. 154-157 und S. 195-227 sowie zur Unterscheidung zwischen formellem und informellem Imperialismus: Robinson/Gallagher 1953. Ich verwende im Folgenden den Begriff des Imperialismus als Oberbegriff, der sowohl Formen direkter oder indirekter Kolonialherrschaft als auch informelle Formen umfasst (vgl. ähnlich Kohn 2012).

92 Die Rede von Demokratie*empfängern* ist polemisch überspitzt, verweist jedoch deshalb geradewegs auf den Kern der Kritik.

Imperialismus diene. In *politischer Hinsicht* sei zunächst festzustellen, dass Demokratieförderung die zutiefst undemokratische internationale Ordnung reproduziere. Deutlich werde dies beispielhaft am Konzept der *good governance:* Entwickelt von der Weltbank, in der sich die Stimmgewichte nach den finanziellen Beiträgen der jeweiligen Staaten richten und in der die G7-Staaten 40% der Stimmen auf sich vereinen, während alle Staaten Subsahara-Afrikas gemeinsam auf 4% kommen, bestimmt es relevante Missstände, ihre Ursachen und möglichen Lösungen entlang den Interessen der größten Beitragszahler.[93] Ihnen bietet die These, die Ursache für gewaltsame Konflikte, ausbleibende wirtschaftliche Entwicklung und Menschenrechtsverletzungen sei in der undemokratischen Verfasstheit der betroffenen Staaten zu verorten, eine Rechtfertigung, auf die politischen Strukturen anderer Staaten Einfluss zu nehmen, ohne ihre eigenen entwicklungspolitischen Programme oder gar die zwischenstaatlichen Beziehungen selbst kritisch zu hinterfragen. Abrahamsen kritisiert diese Immunisierung der Geber-Nehmer-Beziehungen mithilfe exklusiver Entscheidungsstrukturen als wesentlichen Faktor der Zementierung bestehender Machtasymmetrien. Da Demokratie lediglich innerhalb von Staaten als bedeutsam erachtet werde, nicht aber zwischen ihnen, diene der *good-governance*-Diskurs letztlich dazu, zwischenstaatliche Strukturen und Machtverhältnisse aufrechtzuerhalten.[94]

Darüber hinaus trage die Praxis der Demokratieförderung in doppelter Hinsicht zu einer weiteren Machtverschiebung zu Lasten der Bevölkerung der zu demokratisierenden Ländern bei: Zum einen führe sie zur Entmachtung staatlicher Entscheidungsträger, deren politische Handlungsspielräume mehr und mehr durch Vorgaben von multi- oder bilateralen Geberbürokratien bestimmt werden. Wie Hobson hervorhebt wurden demokratische Reformen mit der *good-governance*-Agenda von einer Forderung von unten, d.h. von Bürgerinnen und Bürgern, zur Forderung von oben, d.h. von externen Akteuren.[95] Gewählte Regierungen sind neben ihrem Volk zugleich auch den Geberinstitutionen rechenschaftspflichtig, und zwar nicht allein mit Blick auf ökonomische Policies wie noch in den 1980er Jahren, sondern auch hinsichtlich der institutionellen

93 Vgl. Wickramasinghe 1996, S. 314; Abrahamsen 2000, S. 12.

94 Abrahamsen 2000, S. 147; vgl. Rajagopal 2003, S. 138; Tully 2009, S. 166.

95 Hobson 2008, S. 76.

Rahmenbedingungen politischer Entscheidungen.[96] Damit verlagere sich ein wesentlicher Teil der Macht weg von der Bevölkerung und ihren Regierungen hin zu selbsternannten Expert_innen, die jeglicher Kontrolle durch die Betroffenen entzogen sind.

Zum anderen lasse sich eine »Politik der Ermächtigung«[97] seitens demokratischer Staaten konstatieren: Mit der Etablierung von Demokratie als Standard der Anerkennung als gleichberechtigter Akteur innerhalb der internationalen Gemeinschaft ermächtigen sie sich selbst, gegebenenfalls sogar mit militärischen Mitteln gegen Nicht-Demokratien vorzugehen.[98] Da Letzteren die Souveränität nicht auf Grundlage dessen, was sie getan haben (*behavioural outlaws*), sondern vielmehr auf Grundlage dessen, was sie sind (*ontological outlaws*), abgesprochen wird, bezieht sich die Selbstermächtigung gerade auch auf Präventivschläge.[99] Chandler sieht in dieser Selbstermächtigungslogik die zentrale Ironie des Projektes der Demokratieförderung:

> [I]m Zuge des Bemühens darum, zu verhindern, dass die Souveränität (nicht-westlicher) Staaten Tyrannen und menschenrechtsverletzenden Regierungen Straffreiheit zusichert, haben andere (westliche/postmoderne) Staaten deutlich größere souveräne Macht erhalten, in die inneren Angelegenheiten anderer Staaten zu intervenieren. Demokratieförderung riskiert, neue Hierarchien zu institutionalisieren und zur Prä-Vereinte-Nationen-Ära des westfälischen Prinzips des Rechts des Stärkeren zurückzukehren, anstatt das ungleiche Feld der globalen Ordnung einzuebnen.[100]

Die Akzentverschiebung vom konkreten Verhalten zur Verfasstheit als maßgeblichem Kriterium der Mitgliedschaft in der internationalen Gemeinschaft verweist auf die *kulturelle Dimension* der Kontext-Kritik an Demokratieförderung, die die diskursive Repräsentation der Demokratieförderer und ›-empfänger‹ in den Mittelpunkt rückt. Die definitorische Exklusion des ontologisch *Anderen* ermögliche, so der Kern der Kritik, die Konstruktion eines Selbst-

96 Abrahamsen 2000, S. 117 f.

97 Eberl 2008, S. 350.

98 Vgl. zu dieser Kritik Simpson 2001; Anghie 2006; Derrida 2006; Hobson 2008; Clark 2009.

99 Donnelly 2006, S. 147; vgl. Eberl 2008, S. 362 f.; Hobson 2008, S. 88; Clark 2009, S. 566 f.

100 Chandler 2006, S. 489.

bildes, das auf binären Begrifflichkeiten beruht, die das Eigene als fortschrittliches Ideal, das Andere jedoch als zurückgebliebene Pathologie ausweisen. Damit stehe Demokratieförderung in direkter Kontinuität zur zivilisatorischen Mission: War es zunächst der Gegensatz zwischen Christen und Ungläubigen, wurde die Welt zur Hochzeit des Imperialismus in Zivilisierte und Barbaren eingeteilt. Dieser klassische Standard der Zivilisation machte erstmals den Status nicht-europäischer Staaten in der internationalen Gemeinschaft von Kriterien abhängig, die sich auf ihre innerstaatliche Verfasstheit bezogen, insbesondere der Garantie basaler Rechte, vor allem gegenüber Ausländern, sowie basalen institutionellen und administrativen Kompetenzen.[101] Nach dem Zweiten Weltkrieg wurde der Zivilisierungsdiskurs vom Entwicklungsdiskurs abgelöst, der die als unterentwickelt bezeichneten Gesellschaften ebenfalls durch den Mangel an ebenjenen Attributen charakterisierte, die die entwickelten Gesellschaften auszeichnen: Wohlstand, Fortschritt, Technologie, Modernität, Rationalität. Auch diese binäre kulturelle Repräsentation legitimierte, so die Kritik, eine zivilisatorische Mission. Zwar finde diese unter dem inklusiven, pluralistischen Völkerrechtsregime der VN-Charta unterhalb der Schwelle militärischer Gewalt ihren Ausdruck, stehe aber gerade damit in direkter Kontinuität zum informellen Freihandelsimperialismus des 19. Jahrhunderts, der ebenfalls weitgehend auf der formalen Anerkennung von Souveränität beruhte.[102]

In der liberalen Weltordnung des 21. Jahrhunderts sei nun, so die Kernthese, Demokratie zum neuen Zivilisationsstandard geworden, der all jene positiven Konnotationen auf sich vereine, die klassischerweise mit der Zivilisierung der unzivilisierten Welt verbunden waren.[103] Dem Anderen der Demokratie – dem Schurkenstaat[104] – werden spiegelbildlich die entsprechenden negativen Charakteristika zugeordnet: rückschrittlich, irrational, unterentwickelt, vormodern. Rajagopal beobachtet, »dass Demokratisierung die Modernisierung als Diskurs über die soziale Transformation der

101 Vgl. Gong 1984, insbesondere S. 14-23 sowie Schwarzenberger 1955.

102 Vgl. Rajagopal 2003, Teil II sowie zum informellen Freihandelsimperialismus: Tully 2009, S. 216.

103 Vgl. Simpson 2001, S. 556-558; Bowden 2004; Anghie 2006; Eberl 2008; Hobson 2008.

104 Vgl. Derrida 2006.

Dritten Welt verdrängt hat«; der einzige Unterschied bestehe darin, dass »die Modernisierungstheorie auf der Idee einer ökonomischen Rückständigkeit der Dritten Welt basierte, während Demokratisierung auf ihrer politischen Rückständigkeit beruht, die, so die Annahme, zugleich zur ökonomischen Rückständigkeit beitrage«.[105] Nicht nur gewaltsame, sondern auch zivile Demokratieförderung stehe damit in direkter Kontinuität zur klassisch-imperialen Zivilisierungslogik.[106]

Hinter diesen imperialistischen Praktiken stehen wiederum nicht nur politische und zivilisatorische, sondern insbesondere *ökonomische* Interessen, die ebenfalls bis in die Anfänge des Imperialismus zurückreichen. Von der gewaltsamen Öffnung der Märkte in China über die unter ungleichen Stimmverhältnissen in IWF und Weltbank konzipierten und unter Bedingungen ökonomischer Abhängigkeiten implementierten Strukturanpassungsprogramme bis zur *good-governance*-Agenda gehe es letztlich um die asymmetrische Öffnung von Märkten. Damit beinhalte Demokratieförderung genau die beiden Elemente, die schon seit jeher als Rechtfertigung imperialer Politik dienten: die Förderung des Freihandels und die Zivilisierung der Schurken.[107] Das Konzept der *good governance* sei daher nicht einfach nur eine technische Antwort auf die Frage nach den Bedingungen ökonomischer und politischer Entwicklung, sondern selbst konstitutiver Teil der neuen imperialen Weltordnung.[108] Guilhot hält dementsprechend fest: »Demokratie und Menschenrecht, die einst als Waffen zur Kritik der Macht dienten, sind nun zu einem Teil des Waffenarsenals der Macht selbst geworden [...] – eine Transformation, die in der enthusiastischen Atmosphäre des letzten fin-de-siècle unbemerkt blieb.«[109]

Während die Kontext-Kritik das asymmetrische Machtverhältnis zwischen Demokratieförderern und ›Demokratieempfängern‹ in den Mittelpunkt rückt, geht es der *Konzeptions-Kritik* um das Demokratieverständnis, das dabei verbreitet wird. Externen Demokratieförderern wird vorgeworfen, sie suchten ein formales Modell von Demokratie durchzusetzen, das lokale Auseinandersetzungen

105 Rajagopal 2003, S. 135 f.; vgl. Abrahamsen 2000, S. 59-64; Tully 2009, S. 217.
106 Vgl. Bowden 2004, S. 63.
107 Vgl. Eberl 2008, S. 351.
108 Leftwich 1993, S. 613
109 Guilhot 2005, S. 8.

über die Bedeutung und kontextspezifische Realisierung von Demokratie im Vorhinein unterdrücke.[110] Es konzipiere Demokratie in minimalistisch-prozeduralem Sinne, mit kompetitiven Mehrparteiensystemen und regelmäßigen Wahlen als Kernelementen.[111] Robinson spricht, in Anspielung auf die Begriffsbildung Dahls, von Demokratieförderung als »Förderung von Polyarchie«.[112] Dabei gehe es im Wesentlichen darum, die politische Beteiligung der gesellschaftlichen Mehrheit auf die Wahl der herrschenden Elite zu beschränken und so etablierte Machtpositionen zu festigen. In *politischer Hinsicht* zeige sich dies darin, dass eine repräsentative Elitendemokratie, wie sie durch die Betonung der kompetitiven Auswahl von Repräsentant_innen gefördert werde, in post-kolonialen Kontexten die ohnehin starken Machtasymmetrien zwischen europhonen Eliten und dem Rest der Bevölkerung verstärke. Letzterer werde damit systematisch von substantieller politischer Beteiligung ausgeschlossen.[113]

Mit diesem minimalistisch-prozeduralen Demokratiemodell sei darüber hinaus eine generelle Tendenz zur Depolitisierung sozialer Machtverhältnisse verbunden, die die politische Macht der bereits Marginalisierten weiter beschneide. Es verenge den Begriff des Politischen und blende gesellschaftliche Machtbeziehungen aus; insbesondere der gesamte *ökonomische Bereich* bleibe dem Zugriff formal-demokratischer Verfahren entzogen und werde somit gegen soziale Bewegungen, die nach Veränderungen verlangen, immunisiert.[114] Zugleich diene die Verbreitung repräsentativer Elitendemokratien der weiteren Kapitalakkumulation und verschärfe damit ohnehin bestehende soziale Ungleichheiten. Gills/Rocamora weisen darauf hin, dass die formale Demokratisierung schmerzhaften ökonomischen Strukturreformen eine kurzfristige Legitimität verleihe und damit erst durchsetzbar mache, was unter autoritären Bedingungen Widerstand hervorriefe.[115] Die im Zuge politischer

110 Vgl. Gills/Rocamora 1992, S. 503; Hobson 2008, S. 86 f.

111 Ake 1995, S. 36-41; Saul 1997, S. 341; Comaroff/Comaroff 1997, S. 126 f.; Eyoh 1998, S. 283; Abrahamsen 2000, S. 68; Ayers 2006, S. 321 f.; Slater 2006, S. 1380. Vgl. zu diesem Demokratiemodell: Schumpeter 1950; Dahl 1971.

112 Robinson 1996; vgl. Gills/Rocamora 1992; Marks 2003, Kap. 3.

113 Vgl. Abrahamsen 2000, S. 75-82.

114 Wickramasinghe 1996, S. 321; Eyoh 1998, S. 291; Abrahamsen 2000, S. 74-76; Ayers 2009, S. 4 f.

115 Gills/Rocamora 1992, S. 505.

Liberalisierungen vorangetriebenen Strukturanpassungsprogramme sind dafür ein eindrückliches Beispiel. Zwar riefen sie zunächst soziale Proteste hervor. Gerade diese Proteste jedoch führten zur Demokratisierungsagenda, mit der die Geberstaaten sie zu kanalisieren und zu programmieren suchten, um letztlich die Fortsetzung ökonomischer Liberalisierungen zu erwirken.[116] Wie Saul anmerkt, rufe dies den Verdacht hervor, »dass aus einer solchen Perspektive ›Demokratie‹ eher als eingängiges Betäubungsmittel denn als Weg zu irgendeiner Form echter Ermächtigung des Volkes« diene.[117]

Die Etablierung formaldemokratischer Verfahren führe somit, aus *kultureller Sicht* betrachtet, zur Delegitimierung sozialer Proteste, da das hegemoniale Demokratiemodell alle seine Kritiker_innen per definitionem als undemokratisch ausweise. Politische Auseinandersetzungen um alternative Ordnungsmodelle werden dementsprechend als soziale Pathologien behandelt. Eine derartige Delegitimierung von politischen Anliegen zwinge zu gewaltsamen Protesten, die wiederum als Scheitern, Verbrechen oder Terrorismus verurteilt werden und den Anlass für externe Interventionen liefern. Dabei seien es letztlich die liberalen Demokratien selbst, die bestimmen, wer die Anderen der Demokratie sind, unabhängig vom Selbstverständnis der jeweiligen Akteure. Koskenniemi betont, aus der Teilnehmerperspektive gehe es gerade nicht um die Frage, ob überhaupt Demokratie, sondern um einen Kampf für mehr oder wirkliche Demokratie.[118] Ausgerechnet die Teilnehmerperspektive werde jedoch, so Hobson, durch die Gleichsetzung von Demokratie mit formal-liberaler Demokratie völlig übergangen: »Hinter dem scheinbar gutartigen universellen Standard der Demokratie steht eine spezifische Konzeption dessen, was Demokratie ist und was demokratische Staaten sein sollten. Zwang entfaltet seine Wirkung durch die Definition und Begrenzung dessen, was Demokratie ist und sein kann.«[119] Spiegelbildlich dazu sind etablierte Demokratien kaum noch Gegenstand der Demokratisierungsforschung: Die Stilisierung ihres Demokratiemodells als Endpunkt politischer Entwicklung entziehe es jeglicher kritischen Würdigung; sie werden nicht als Prozess betrachtet, sondern als

116 Abrahamsen 2000, Kap. 5.

117 Saul 1997, S. 346.

118 Koskenniemi 2000, S. 436; vgl. Eckert 1999, S. 62.

119 Hobson 2008, S. 88.

»Endprodukt, als etwas, das im Westen vollendet wurde und nun bereit ist, an andere Orte exportiert zu werden«.[120]

Diese depolitisierende Struktur der Repräsentation politischer Konflikte findet ihre Wurzeln nicht nur in modernisierungstheoretischem Denken; sie liegt Chandler zufolge in der normativen politischen Theorie begründet. Diese betrachte das Politische als »Problem, das es zu behandeln gilt, nicht als Sphäre, in der sich Lösungen finden lassen«; anstatt von politischen Prozessen auszugehen, gebe sie normativen Prinzipien Priorität, die letztlich nur noch auf politische Verhältnisse angewandt werden müssten.[121] Demokratie werde dabei statt als Medium politischer Auseinandersetzungen als bloße technische Lösung für politische Konflikte fehlgedeutet.[122] Eine politische Auseinandersetzung um das Für und Wider externer Demokratieförderung sei aus dieser Perspektive gar nicht denkbar, da die vermeintlich neutrale normative Analyse der Situation bereits die Präskription der technisch verstandenen Lösung liefere.[123] Die Politisierung der Handlungsfelder der Entwicklungszusammenarbeit bedinge daher letztlich eine Depolitisierung des Politischen.

2.3. Die ambivalente Universalisierung der Demokratie

Zusammenfassend lässt sich mit Blick auf die ersten rund 25 Jahre nach dem Ende des Kalten Krieges ein doppelter Trend feststellen. In den 1990er Jahren kam es zu einer dreifachen Universalisierung der Demokratie: Die formale Ausbreitung der Demokratie als Regierungsform führte, verbunden mit dem sich abzeichnenden normativen Konsens über die Unhintergehbarkeit der demokratischen Legitimation von Herrschaft, zu umfassenden Bemühungen westlicher Staaten und internationaler Organisationen um die aktive Förderung von Demokratisierungsprozessen in Drittstaaten. Diese dreifache Universalisierung der Demokratie geriet jedoch spätestens mit der Jahrtausendwende zunehmend unter Druck: Empiri-

120 Hobson 2009b, S. 396; vgl. Marks 2000, S. 559 f.
121 Chandler 2006, S. 487.
122 Chandler 2006, S. 483.
123 Chandler 2006, S. 482; Eyoh 1998, S. 282; vgl. Bhuta 2008, S. 524.

sche Zweifel an der tatsächlichen Ausbreitung von Demokratie und der Wirksamkeit demokratiefördernder Maßnahmen gehen einher mit politischem Widerstand gegen Demokratieförderung, der sich auf das Souveränitätsprinzip beruft. Diese Kritik wird unterstützt durch kritische Stimmen innerhalb der politischen Theorie, die insbesondere zivile externe Demokratieförderung als neue Form eines informellen Imperialismus ausweisen, der sowohl zwischenstaatliche als auch innerstaatliche asymmetrische Machtverhältnisse perpetuiere und verschärfe.

Diese fundamentale Kritik an der aktiven Universalisierung der Demokratie führte indes weder in der politischen Praxis noch in der empirischen Forschung zu einer grundlegenden Infragestellung externer Demokratieförderung. Demokratie wird weiterhin als zentrales Ziel der Außen- und Entwicklungspolitik propagiert. So betonte der britische Außenminister David Miliband 2008 in der von ihm an der Universität Oxford gehaltenen Aung Suu Kyi Lecture mit dem eindeutigen Titel *The Democratic Imperative* nachdrücklich: »Ich rechtfertige mich nicht für die Mission, dabei zu helfen, Demokratie auf der Welt zu verbreiten.«[124] Der Rat der Europäischen Union stellte 2009 in seinem Beschluss zur EU-Demokratieförderung ausdrücklich fest: »Weder müssen bestehende Normen, Werte und zentrale Grundsätze neu ausgehandelt werden, um festzulegen, was die wesentlichen Elemente der Demokratie sind, noch sind neue politische Strategien zu entwerfen«; vielmehr gehe es darum, dass die bereits existierenden Instrumente effektiver und konsequenter anzuwenden seien.[125] Dies zeigt exemplarisch, dass auf politisch-deklaratorischer Ebene zunächst wenig Bedarf an einer Auseinandersetzung mit den normativen Grundlagen externer Demokratieförderung gesehen wird, sondern praktische Probleme im Mittelpunkt stehen, die instrumentell zu lösen sind.

Dem entspricht die Reaktion innerhalb der Praxis externer Demokratieförderung. Zwar herrsche, so Burnell, generell ein gewisses Unwohlsein angesichts der häufigen Assoziation von ziviler Demokratieförderung mit den gewaltsamen Interventionen im Irak und Afghanistan, die genutzt würden, um auch friedliche Demokratieförderung zu diskreditieren.[126] Probleme werden in-

124 Zitiert nach Burnell 2010, S. 3.

125 Rat der Europäischen Union 2009, S. 3.

126 Burnell 2010, S. 15.

des eher auf der Ebene der Formulierung und gegebenenfalls der Implementierung von Policies gesehen, nicht aber in den Policies selbst.[127] So seien etwa amerikanische Demokratieförderer der Ansicht, dass es lediglich einer besseren öffentlicher Darstellung der eigenen Tätigkeiten bedürfe; die Praxis externer Demokratieförderung werde jedoch nicht grundsätzlich in Frage gestellt.[128] Zwar wurde das enge, rein prozedurale liberale Demokratiemodell in der Demokratieförderungspraxis um andere liberale und neo-liberale Demokratieverständnisse ergänzt, die insbesondere die Rolle der Zivilgesellschaft stärker in den Vordergrund rücken.[129] Zudem lässt sich eine Abkehr vom harten Instrument politischer Konditionalisierungen feststellen; stattdessen überwiegen nun weniger sichtbare Mikromanagmenttechniken, die auf Partnerschaftlichkeit und Eigenverantwortlichkeit basieren, jedoch weit über politische Institutionen hinaus unmittelbar auf das soziale Verhalten der Beteiligten einzuwirken suchen. So stellt Abrahmsen fest, die neuen Strategien seien »zugleich weniger zwangvoll und doch intrusiver als die *good-governance*-Agenda der 1990er Jahre«.[130]

Carothers argumentiert, das unbeirrte Festhalten an externer Demokratieförderung beruhe auf der unerschütterlichen normativen Überzeugung, Demokratieförderung sei nicht nur erlaubt, sondern geboten.[131] Jeder praktische Rückzug müsse daher letztlich als Bestätigung von Repression und Widerstand gegen Demokratisierungsdruck verstanden werden.[132] Aus dieser Perspektive erscheinen die Erstarkung autoritärer Formen politischer Ordnung, der politische Widerstand gegen sowie die Kritik an der externen Förderung von Demokratisierungsprozessen als relativistischer Angriff auf die universelle Gültigkeit des Ideals der Demokratie. Dieser wird nicht als normative, sondern als strategisch zu überwindende Herausforderung verstanden. Eine Auseinandersetzung mit den normativen Grundlagen von Demokratieförderung scheint aus dieser Sicht weder erforderlich noch wünschenswert.

Ähnliche Reaktionen finden sich auch in der empirisch-ana-

127 Hobson 2009b, S. 389 f.

128 Carothers 2010, S. 66.

129 Ausführlich dazu Kurki 2013.

130 Abrahamsen 2013, S. 243; vgl. Schmidt 2013, S. 248f sowie unten Abschnitt II.3.

131 Carothers 2010, S. 69.

132 Carothers 2010, S. 66.

lytischen Demokratisierungsliteratur. Zum Teil wird schlichtweg verneint, dass externe Demokratieförderung überhaupt normativ problematisch sein könnte. So insistieren Fukuyama und McFaul: »Demokratieförderung bedeutet keineswegs, Gesellschaften, die dies nicht wollen, Liberalismus oder Demokratie aufzuzwingen. Dies ist per definitionem unmöglich: Demokratie erfordert gesellschaftlichen Konsens und funktioniert nur, wenn eine große Mehrheit der Bürger sie für legitim hält.«[133] Deudney und Ikenberry betonen optimistisch: »liberale Staaten sollten nicht annehmen, dass die Geschichte zu ihrem Ende gekommen ist, aber sie können sich dennoch sicher sein, dass die Geschichte auf ihrer Seite ist.«[134] Vor dem Hintergrund des Abebbens der dritten Welle der Demokratisierung bei gleichzeitiger Zunahme des politischen Widerstandes gegen externe Demokratieförderung wird zwar von vielfachen Herausforderungen gesprochen.[135] Diese werfen, wie Carothers durchaus anerkennt, die Frage nach den grundlegenden Normen auf, die die Praxis externer Demokratieförderung leiten und bestimmen, unter welchen Umständen die Durchführung oder Beschränkung von demokratiefördernden Maßnahmen legitim sei.[136] Kritische Diskussionen externer Demokratieförderung beschränken sich jedoch – im Anschluss an die für die Kritik an externer Demokratieförderung als maßgeblichem Auslöser betrachteten Kriege in Afghanistan und im Irak – weitgehend auf gewaltsame Demokratisierung.[137] Das zentrale Problem besteht demnach in erzwungener Demokratisierung, die offensichtlich Souveränitätsverletzungen mit sich bringt.[138] Eine normative Auseinandersetzung mit dem Kern des Imperialismusvorwurfs, der neben offensichtlichen Souveränitätsverletzungen gerade auch zivile Demokratieförderung kritisch hinterfragt, findet in diesem Kontext nicht statt.

133 Fukuyama/McFaul 2007, S. 28.

134 Deudney/Ikenberry 2009, S. 93.

135 Burnell 2010, S. 4-6; vgl. Barany/Moser 2009; Grävingholt u. a. 2009; Burnell/Youngs 2010; McFaul 2010a; Hobson/Kurki 2012 sowie für einen kritischen Blick auf die Folgen der Universalisierung der Demokratie: Müllerson 2008; Clark 2009.

136 Carothers 2010, S. 67.

137 Diamond 2005; Whitehead 2009; vgl. für eine kritische Aufarbeitung der auf das Theorem des Demokratischen Friedens gegründeten liberalen Außenpolitik: Geis/Wagner 2011.

138 So etwa Whitehead 2010, S. 41; Whitehead 2009, S. 226-229.

Der Kritik wird vielmehr durch intensivierte Bemühungen um die empirische Erforschung politischer Transitionen und die Lösung methodologischer Probleme der Evaluation von Demokratieförderung begegnet, mit dem Ziel, Demokratisierungsprozesse besser zu verstehen, um sie effektiver fördern zu können.

Auch das liberale Demokratiemodell, das der Demokratieförderungsliteratur und -praxis zugrunde liegt, wird kaum hinterfragt.[139] Dies entspricht Huntingtons Diktum, dass eine prozedurale Demokratiedefinition nicht nur deshalb die präziseste sei, weil sie verhältnismäßig einfach Fortschrittsmessungen erlaube, sondern auch weil sie ausufernde normative Diskussionen der Idee der Demokratie vermeide.[140] In dieser Hinsicht regte sich jedoch jüngst Kritik. Hobson stellt fest, es sei dringend an der Zeit, eine demokratietheoretisch informierte Debatte über unterschiedliche Ausprägungen demokratischer Institutionen zu führen.[141] Zwar stelle dies möglicherweise die Praxis externer Demokratieförderung in Frage, sei aber selbst bereits als Stärkung demokratischer Praxis zu begreifen.[142] Darüber hinaus werden auch Grundkonflikte externer Demokratisierungspolitik, wie ihr Verhältnis zu kollektiver Selbstbestimmung, zunehmend problematisiert.[143] Wurden sie zunächst als Zielkonflikte behandelt, die es durch geeignete Strategien aufzulösen gelte, macht Wolff darauf aufmerksam, dass sie sich nicht allein durch die Rückführung auf unterschiedliche strategische Prioritäten beseitigen lassen; vielmehr werde gerade mit Blick auf

139 Vgl. Kurki 2010, S. 366; ausführlich dazu Kurki 2013.

140 Huntington 1991, S. 6-10.

141 Hobson 2009b, S. 397; vgl. Hobson 2009a.

142 Hobson 2009b, S. 400; vgl. Kurki 2010, S. 376-382 sowie die Beiträge in Hobson/Kurki 2012. Eine solche Forderung nach einer kritischen Reflexion der konzeptionellen Grundlagen des grundlegenden Demokratieverständnisses kann an die jüngere Normenforschung in den Internationalen Beziehungen anschließen: Nachdem die Diffusion von Normen zunächst als linearer Prozess der Verbreitung von als gegeben angenommenen Normen analysiert wurde, der ihre diskursive Anfechtung als Anzeichen für das Scheitern der Diffusion versteht (vgl. Finnemore/Sikkink 1998), entwickelte sich in den vergangenen zehn Jahren ein zweiter Strang der Normenforschung, der lokale Aneignungs- und Kontestationsprozesse und damit die Frage nach der Veränderung von Normen im Zuge ihrer Verbreitung in den Vordergrund rückt und diese zumindest teilweise als Ausdruck von Selbstbestimmung begrüßt (vgl. Acharya 2004; Wiener 2008; Zimmermann 2017).

143 Spanger/Wolff 2007, S. 275 f.; Wolff 2012.

zivile Demokratieförderung deutlich, »dass kritische und dezidiert normative Betrachtungen der normativen Annahmen und konzeptuellen Leitlinien von Demokratieförderung nötig sind«.[144]

Abgesehen von derartigen vereinzelten Rufen nach konzeptioneller und normativer Orientierung erscheint die Kritik an der aktiven Universalisierung der Demokratie jedoch sowohl in der politischen Praxis als auch in der empirisch-analytischen Literatur als machtpolitisch motivierter, relativistischer Angriff auf die Bemühungen, dem Ideal der Demokratie weltweit Geltung zu verschaffen. Sie wird nicht als normative, sondern als politische Herausforderung verstanden, der es mit entsprechend angepassten Strategien zu begegnen gelte. Dahinter steht eine dichotomisierende Sichtweise, die den Grundkonflikt auf das Spannungsverhältnis zwischen der Universalisierung der Demokratie und relativistischer Kritik reduziert. Eine solche dichotomisierende Beschreibung der gegenläufigen Trends ist indes blind für die normative Herausforderung, die die Kritik an der Universalisierung der Demokratie darstellt, denn sie übergeht die zwiespältige Rolle, die die Demokratie im Prozess ihrer Universalisierung eingenommen hat.

Von der Kritik an der Engführung einer formalen Demokratiekonzeption, die sozio-ökonomische Fragen ausblende, über die Anprangerung einer Machtverschiebung zugunsten internationaler Expert_innen bis hin zur Einforderung gleicher Stimmrechte innerhalb internationaler Institutionen weist der Imperialismusvorwurf auf Exklusionsmechanismen hin, die mit der Universalisierung der Demokratie verbunden sind. Die Beschreibung derartiger Exklusionsmechanismen unhinterfragt als machtpolitischen, relativistischen Angriff auf den universellen Wert der Demokratie abzutun, wird dem Gehalt dieser Kritik nicht gerecht. Vielmehr scheint Demokratie zumindest implizit auch für Kritiker_innen einer aktiven Universalisierung der Demokratie ein emanzipatives Ideal zu beschreiben, das, so der Vorwurf, gerade durch die kritisierte Praxis verletzt werde. Damit deutet sich an, dass zwischen den beiden gegenläufigen Trends zwar ein Spannungsverhältnis besteht. Dieses beruht indes weniger auf einem Konflikt zwischen Universalisierung und Relativierung der Demokratie als vielmehr auf der Mehrdeutigkeit und Umstrittenheit der grundlegenden

144 Wolff 2012, S. 433.

Normen der Selbstbestimmung und der Demokratie sowie der sich darauf gründenden politischen Praktiken. Hobson konstatiert dementsprechend:

Das Resultat ist eine fundamentale Spannung zwischen Demokratie als emanzipatorischem Ideal und Demokratie als Diskurs, der in Strukturen der Macht und Beherrschung eingebettet ist [...]. Wir können erst dann beginnen, uns in Richtung eines umfassenderen Verständnisses der Rolle zu bewegen, die diese(s) unglaublich wirkmächtige Idee(al) in der Weltpolitik spielt, wenn wir zunächst anerkennen, dass der Diskurs und die Praktiken der Demokratie in Beherrschung und Exklusion ebenso verstrickt sind, wie sie mit Emanzipation und Inklusion verbunden sind.[145]

Soll die im Imperialismusvorwurf zum Ausdruck kommende Kritik als normative Herausforderung der Praxis externer Demokratieförderung ernst genommen werden, so genügt indes weder die erneute Vergewisserung über den Wert der Demokratie noch, wie die Imperialismuskritik nahelegt, die Konzentration auf die Beschreibung von exkludierenden Dimensionen des Prozesses der Universalisierung der Demokratie. Ich charakterisiere die dargestellte gegenläufige Entwicklung vielmehr im Folgenden als *ambivalente Universalisierung der Demokratie*,[146] um deutlich zu machen, dass beide Trends sich in unterschiedlicher Weise auf den gleichen, mehrdeutig und widersprüchlich scheinenden Prozess der Universalisierung der Demokratie beziehen. Eine kritische Diskussion der Praxis externer Demokratieförderung erfordert eine Auseinandersetzung mit den konzeptionellen und normativen Grundlagen *beider* Stränge. Erst dann ist es möglich, sowohl eine unkritische Hinnahme der in dieser Praxis und ihrer Kritik zum Ausdruck kommenden Spannungsverhältnisse zu vermeiden als auch der Versuchung zu widerstehen, diese Spannungen einseitig aufzulösen, sei es durch das Beharren auf dem universellen Wert des gängigen Demokratieverständnisses sowie der daraus folgenden Praxis externer Demokratieförderung oder durch die Verteidigung der Souveränität gegen derartige Anmaßungen von außen.

Es gilt somit, die gemeinsamen normativen Grundlagen der

145 Hobson 2008, S. 95.

146 Der Begriff *ambivalent* wird hier umgangssprachlich im Sinne von mehrdeutig verwandt. Dies entspricht nicht der spezifischeren Bedeutung, die er im Kontext der Psychoanalyse trägt; vgl. dazu: Jaeggi 1993.

Universalisierung der Demokratie und ihrer Kritik freizulegen, deren konzeptionelle Implikationen für das Verständnis von Demokratie und Selbstbestimmung zu rekonstruieren und sie reflexiv auf beide Trends zurückzuspiegeln. Diese Aufgabe wird im folgenden Kapitel anhand einer kurzen Darstellung der Defizite einschlägiger normativer Literatur konkretisiert, bevor in Teil II und III mit dem Prinzip der Nicht-Beherrschung die Grundlage sowohl der Verteidigung als auch der Kritik externer Demokratieförderung ausgearbeitet wird. Vor diesem Hintergrund lässt sich schließlich in Teil IV zeigen, dass die Ambivalenzen der Universalisierung der Demokratie letztlich auf eine Dialektik, d. h. auf ein Umschlagen von Emanzipationsprozessen in ihr Gegenteil, hinweisen – und darauf, wie diese überwunden werden kann.

3. Externe Demokratieförderung in der normativen Theorie

Die ambivalente Universalisierung der Demokratie wurde auch in der politischen Theorie bislang nicht als normative Herausforderung angenommen, welche eine Aufarbeitung der Grundlagen externer Demokratieförderung erforderlich machen würde. Vielmehr zeigen sich ähnliche Reaktionen wie in der politischen Praxis und der empirischen Forschung: Debatten über externe Demokratieförderung beschränken sich weitgehend auf erzwungene Demokratisierung (3.1.). Einer darüber hinausgehenden Problematisierung der ambivalenten Universalisierung der Demokratie stehen die machttheoretische Engführung der vorherrschenden liberalen Konzeption kollektiver Selbstbestimmung als Nicht-Einmischung sowie die Machtvergessenheit weiter Teile der Gerechtigkeitstheorie entgegen (3.2.). Diese Unzulänglichkeiten verspricht ein neorepublikanischer Ansatz zu beheben. Er setzt am Begriff der Beherrschung, d. h. unmittelbar an Machtbeziehungen, an und rückt die Frage nach den institutionellen Voraussetzungen einer Realisierung von Nicht-Beherrschung und damit das Grundanliegen externer Demokratieförderung in den Mittelpunkt. Mithin scheint er grundsätzlich geeignet für eine normative Betrachtung der Grundlagen und Grenzen externer Demokratieförderung. Dazu jedoch muss er im Sinne eines kritischen Republikanismus weiterentwickelt werden (3.3.).

3.1. Zur Debatte um erzwungene Demokratisierung

Betrachtet man jüngere Debatten zu Fragen der internationalen politischen Theorie, so fällt auf, dass bislang keine kritische Auseinandersetzung mit den normativen und konzeptionellen Grundlagen der aktiven Universalisierung der Demokratie erfolgte. Da Maßnahmen externer Demokratieförderung als freiwillige, konsensuale Vereinbarung zwischen souveränen Staaten bzw. zwischen ihnen und multilateralen Organisationen betrachtet werden, beschränken sich normative Auseinandersetzungen mit der Problematik externer Demokratisierung auf Fälle, in denen diese Freiwilligkeit offensichtlich nicht gegeben oder zumindest umstritten ist.[1]

Dies sind zunächst Formen *gewaltsamer* und damit offensichtlich erzwungener Demokratisierung. Vor dem Hintergrund der militärischen Intervention zur Wiederherstellung der Demokratie in Haiti 1994, der humanitären Interventionen der frühen 1990er Jahre und der Kriege in Afghanistan und dem Irak gewann das Thema gewaltsamer Demokratisierung in den späten 1990er und den 2000er Jahren zunehmend an Bedeutung, nicht nur in empirisch orientierten politikwissenschaftlichen[2] und völkerrechtlichen,[3] sondern auch in normativen Diskussionen, insbesondere im Kontext von Debatten um den gerechten Krieg.[4] Aus Demokratisierungsperspektive lassen sich dabei zwei Stoßrichtungen unterscheiden: Die erste fragt nach einem demokratischen *ius ad bellum*, also einem Recht auf bewaffnete Interventionen zum Zwecke der (Wieder-)Herstellung einer demokratischen Ordnung. Obwohl einige Autor_innen ein solches bejahen,[5] überwiegen insgesamt kritische Positionen, die eine gewaltsame Demokratisierung ablehnen. Begründet wird dies mit prudentiellen und normativen Überlegungen hinsichtlich des Einsatzes physischer Gewalt,[6] mit Zweifeln hinsichtlich des Erfolgs gewaltsamer Demokratisierungsversuche[7] sowie mit Verweis auf das Recht auf kollektive Selbstbestimmung, das auch nicht-demokratische Staaten vor einer zwangsbewehrten Einmischung von außen schütze, zumindest sofern diese Staaten minimalen normativen Standards genügen.[8]

1 Vgl. jedoch für zivile Demokratieförderung durch Privatpersonen Walzer 2008, für eine ideengeschichtliche Diskussion externer Demokratieförderung Pangle 2009, für eine ideengeschichtlich fundierte kritische Diskussion der Demokratiekonzeption externer Demokratieförderung Jahn 2012a; Jahn 2012b sowie für erste normative Überlegungen: Gädeke 2012; Gädeke 2014a.

2 Peceny 1999; Grimm 2010.

3 Schachter 1984; Falk 1995; Fox/Roth 2000, insbesondere Teil III; Stromseth u. a. 2006.

4 Bernstein 2004; Nardin 2005; Tesón 2005; Bernstein 2006; Applbaum 2007; Merkel/Grimm 2008; Linarelli 2009.

5 So z. B. Linarelli 2009; für demokratische Interventionen als Unterfall humanitärer Interventionen: Tesón 2005.

6 Nardin 2005; Buchanan 2006.

7 Bohman 2008a.

8 Bernstein 2006; Applbaum 2007.

Der zweite Teil der Debatte um gewaltsame Demokratisierung konzentriert sich dagegen auf *ius-post-bellum*-Kontexte, in denen sich in Folge anderweitig begründeter Interventionen und internationaler Übergangsverwaltungen das Problem stellt, inwieweit Demokratie ein legitimes Ziel für den Wiederaufbau sein kann.[9] Aus dieser Perspektive steht weniger das Problem militärischer Gewalt, sondern vielmehr die Achtung kollektiver Selbstbestimmung im Mittelpunkt. Streitpunkt ist insbesondere, welcher Grad an äußerer Einmischung in innere Angelegenheiten des betroffenen Staates in *post-bellum*-Situationen gerechtfertigt werden kann und inwieweit Demokratisierung nicht nur ein legitimes Ziel, sondern möglicherweise eine Pflicht intervenierender Akteure darstellt. Kritiker_innen weisen auch in derartigen Situationen eine erzwungene Demokratisierung zurück; demnach sei allenfalls Unterstützung bei der Schaffung der Voraussetzungen weniger anspruchsvoller Formen kollektiver Selbstbestimmung zulässig bzw. erforderlich, nicht jedoch die Etablierung demokratischer Strukturen.[10]

Aus Sicht der Befürworter_innen dagegen dürfe ein intervenierender Akteur, selbst wenn Demokratisierung keinen legitimen Interventionsgrund darstelle, das Land nicht verlassen, bevor das jeweilige Volk als demokratischer Akteur konstituiert ist. Sie bestreiten etwa, dass überhaupt eine Verletzung des Rechts auf kollektive Selbstbestimmung geltend gemacht werden könne; so argumentiert Applbaum, das entsprechende Volk sei unter Bedingungen der Besatzung noch gar nicht als kollektiver Akteur mit normativen Ansprüchen konstituiert.[11] Andere Autor_innen erkennen zwar eine Verletzung oder Beschränkung des Selbstbestimmungsrechts an, suchen diese jedoch mit Verweis auf die entscheidende Bedeutung demokratischer Regierungsformen, gerade auch im Lichte des ursprünglichen Interventionsgrundes, zu rechtfertigen: Demokratisierung biete demnach die bestmögliche

9 Bain 2003; Walzer 2004; Buchanan 2006; Zaum 2007; Applbaum 2007; Gheciu/Welsh 2009; Recchia 2009; Zaum 2009; Grimm 2010; Jacob 2014b; Schmelzle 2015.

10 Vgl. Bain 2003; Zaum 2007; Recchia 2009.

11 Applbaum 2007, S. 398; vgl. Jacob 2014a, S. 254f. sowie Mill 2002 [1859], der die Unfreiheit der ›Barbaren‹ jedoch nicht in der Abwesenheit geeigneter Strukturen kollektiven Handelns verortet, sondern im Unvermögen der Mitglieder eines Volkes.

Gewähr dafür, diesen nachhaltig zu beseitigen und basale Rechte zu schützen.[12] Kritiker_innen wie auch Befürworter_innen gewaltsamer Demokratisierung sind sich indes grundsätzlich einig, dass gewaltsame Demokratisierung auch jenseits des unmittelbar schädigenden Aspekts von Gewalt normative Probleme aufwirft. Diese resultieren aus dem Zwang, den intervenierende Akteure ausüben, um eine Demokratisierung auch gegen den Willen der betroffenen Akteure zu erwirken. Dieser, so die Annahme, verletze zumindest potentiell das Selbstbestimmungsrecht und bedürfe darum der Rechtfertigung.

An dieses Grundverständnis knüpft auch die Debatte über *konditionalisierte Entwicklungshilfe* an. Wie unter 2.1. dargestellt, werden entwicklungspolitische Transfers seit den frühen 1980er Jahren zunehmend an die Bedingung politischer Reformen im Nehmerland geknüpft. Dazu gehören insbesondere Forderungen nach demokratischen Reformen der grundlegenden politischen Institutionen, deren Umsetzung zum Teil ex post, zum Teil bereits ex ante mit der Vergabe von Transferleistungen verbunden werden.[13] Obwohl in der wissenschaftlichen Auseinandersetzung mit konditionalisierter Entwicklungshilfe die Frage nach deren Effektivität im Vordergrund steht, wird diese Praxis auch normativ hinterfragt. Ausgangspunkt ist die breit geteilte Grundannahme, politische Konditionalitäten seien nur dann problematisch, wenn sie auf Zwang statt auf freier Zustimmung beruhen. Die Debatte kreist dementsprechend im Wesentlichen um die Frage, inwieweit dies der Fall ist.[14]

Befürworter_innen konditionalisierter Entwicklungshilfe verneinen, dass politische Konditionalitäten als Zwang begriffen werden können. Ihre Position basiert auf einem engen, physizistischen Zwangsbegriff, dem zufolge nur der tatsächliche Einsatz von sowie die glaubhafte Drohung mit Gewalt als Zwang zu verstehen ist. So

12 Ladwig 2007b; Merkel 2008; Jacob 2014b, Kap.3; Schmelzle 2015, Kap.6.

13 Ex-post-Konditionalitäten verpflichten den Empfänger von Leistungen, in der näheren Zukunft entsprechende Reformen durchzuführen. Die ex-ante-Variante ist dagegen eine Form politischer Selektivität, wonach überhaupt nur Länder als Empfänger von Leistungen in Frage kommen, die bereits entsprechende Reformen durchgeführt haben.

14 Vgl. für eine breitere Diskussion der Problematik politischer Konditionalitäten: Barry 2011, S. 292-304.

argumentiert etwa Nherere: »Eine mit einem Darlehen verbundene Konditionalität ist schlichtweg Teil des Darlehensvertrags [...]. Wird konditionalisierte Hilfe akzeptiert, so kann der Empfänger nicht darüber klagen, dass er zwar froh über den Gehalt der Hilfe sei, die Konditionalitäten jedoch seine Souveränität verletzten.«[15] Andere Autor_innen verweisen auf das Fehlen einer rechtlichen Verpflichtung, Hilfe anzunehmen oder zu gewähren, und betonen ebenfalls ausdrücklich den freiwilligen Charakter der Hilfsvereinbarungen.[16] Aus dieser Sicht sind entwicklungspolitische Konditionalitäten aus freien Stücken eingegangene Verpflichtungen und darum selbst als Ausdruck der Handlungsfreiheit der beteiligten Akteure zu verstehen.

Kritiker_innen konditionalisierter Entwicklungshilfe machen dagegen geltend, dass nicht allein physische Handlungsbarrieren, sondern auch die Einflussnahme auf Handlungsoptionen und entsprechende Opportunitätskosten durch Angebote als Zwang zu verstehen seien. Zustimmung könne daher keineswegs automatisch als Ausdruck von Freiwilligkeit betrachtet werden.[17] Grant etwa zeigt, dass die ökonomische Perspektive, Anreize als freien Austausch zu analysieren, die Machtverteilung zwischen den Akteuren ignoriere und somit Fälle von unzulässiger Einflussnahme übersehe; dies sei gerade im Falle politischer Konditionalitäten in der Entwicklungspolitik relevant, wo Anreize mitunter deliberative demokratische Entscheidungsprozesse ersetzen.[18] Deutlicher noch argumentiert Collingwood, die aus dezidiert normativer Perspektive festhält: »das Ausmaß, in dem Konditionalitäten Zwang ausüben, hängt von dem Grad an Wahlmöglichkeiten ab, die das Entwicklungsland genießt, konditionalisierte Subventionen oder Darlehen zu akzeptieren oder abzulehnen.«[19] Angesichts der ökonomischen Abhängigkeit der betroffenen Staaten von entsprechenden Transferleistungen müssten politische Konditionalitäten als »mehr oder weniger unfreiwilliger Zielkonflikt zwischen innerer politischer

15 Nherere 1995, S. 301 f.; vgl. Meessen 1986, S. 122.

16 Head 2005, S. 280 f.

17 Vgl. allgemein zu konditionalen Angeboten als Zwang: Zimmerman 1981; Stevens 1988.

18 Grant 2006, S. 37; vgl. Feldstein 1998, S. 27.

19 Collingwood 2003, S. 62; vgl. Killick 1998, S. 10 f.

Freiheit und dem Zugang zu ökonomischen Ressourcen«[20] und damit als Eingriff in die Selbstbestimmung verstanden werden.[21]

Die Debatte um konditionalisierte Entwicklungshilfe geht somit zwar insofern über die Diskussion gewaltsamer Demokratisierung hinaus, als sie auch friedliche Formen der Zwangsausübung problematisiert. Dennoch bleibt die normative Problematik externer Demokratieförderung auch aus dieser Perspektive an den Begriff des Zwangs gebunden, der als einzige Form problematischer Einmischung betrachtet wird. Strittig ist allein, inwieweit Konditionalisierungen tatsächlich zwingen. Dass Zwang per se illegitim ist, wird ebenso vorausgesetzt wie die Annahme, dass andere Formen ziviler Demokratieförderung, wie etwa unkonditionalisierte Projekthilfen, generell unproblematisch sind. Damit indes wird der Kern der Imperialismuskritik, der die Aufmerksamkeit auf Machtverhältnisse jenseits unmittelbarer Zwangsausübung lenkt, ebenso verfehlt wie die von Seiten der Verteidiger_innen externer Demokratieförderung aufgeworfene Frage nach Bedingungen gerechtfertigten Zwangs.

Diese Reduzierung der normativen Problematik externer Demokratieförderung auf die Frage nach Zwang und entsprechenden Befugnissen zu gewaltsamen oder in anderer Weise zwingenden Interventionen kennzeichnet auch die durch Rawls' *Das Recht der Völker* initiierte Debatte um Grenzen der Toleranz zwischen demokratischen und nicht-demokratischen Staaten. Sie wird meist im Zusammenhang mit der Frage nach einem *Menschenrecht auf Demokratie* diskutiert. Dahinter steht ein an Rawls angelehntes funktionales Grundverständnis von Menschenrechten, das diese als Minimalstandard wohlgeordneter Institutionen versteht, der die Grenzen internationaler Toleranz und damit des Nicht-Einmischungsprinzips beschreibt.[22] Das Problem des Umgangs demokratischer mit nicht-demokratischen Regimen wird daher vorrangig aus dem Blickwinkel der Frage nach innerstaatlichen Voraussetzungen betrachtet, unter denen kollektive Selbstbestimmung und das damit verbundene Prinzip der Nicht-Einmischung zu Recht

20 Collingwood 2003, S. 62.

21 Collingwood 2003, S. 60; vgl. aus völkerrechtlicher Perspektive: Villaroman 2009.

22 Vgl. Rawls 2002, S. 97. Kritisch dazu: Maus 1999; Benhabib 2010; Forst 2011, Kap. 2.

eingefordert werden können. Aus dieser Perspektive besteht die entscheidende Frage darin, welchen Umfang die Menschenrechte haben und ob auch Demokratie zu diesen zählt.

Viele Autor_innen lehnen, ebenso wie Rawls, ein Menschenrecht auf Demokratie mit Verweis auf das Gebot internationaler Toleranz ab.[23] Demnach erfordere Toleranz, nicht alle Gesellschaften an den gleichen, anspruchsvollen Gerechtigkeitsstandards zu messen, sondern auch undemokratische selbstbestimmte Regierungsformen zu achten. Es gebe demnach zwar ein grundlegendes Recht auf Mitgliedschaft in selbstbestimmten politischen Gemeinschaften, nicht aber eines auf Demokratie. Begründet wird dies sowohl anhand prudentieller Überlegungen mit Blick auf die Erhaltung des zwischenstaatlichen Friedens[24] als auch mit Verweis auf den Wert kollektiver Selbstbestimmung.[25]

Verteidiger_innen eines Rechts auf Demokratie machen dagegen geltend, legitime kollektive Selbstbestimmung setze demokratische Rechte voraus.[26] Christiano etwa argumentiert, Toleranz gegenüber nicht-demokratischen Regimen führe in der Regel zur Toleranz gegenüber gravierenden Menschenrechtsverletzungen; zudem lasse sich kaum von einer generellen Akzeptanz nichtdemokratischer Institutionen durch die Betroffenen ausgehen.[27] Der Sorge vor den Konsequenzen der Anerkennung eines Rechts auf Demokratie begegnet er mit dem Hinweis, dass Demokratie auch durch nicht gewaltsame Mittel jenseits von militärischen oder anderweitig intrusiven Interventionen gefördert werden könne.[28] Diese scheint er als unproblematisch vorauszusetzen.

In diesem Punkt ist Christiano sich mit den Gegner_innen eines Rechts auf Demokratie einig. Auch Bernstein weist ausdrücklich darauf hin, die Ablehnung eines Menschenrechts auf Demokratie impliziere keinesfalls, dass auf zivile Demokratieförderung zu verzichten sei.[29] Lister argumentiert, es müsse grundsätzlich zwischen

23 Vgl. Rawls 2002; Bernstein 2004; Bernstein 2006; Cohen, Jo. 2006; Beitz 2009, S. 174-186; Reidy 2010.

24 Rawls 2002, S. 75 f. sowie S. 154.

25 Rawls 2002, S. 74 f. vgl. Macedo 2004; Reidy 2010.

26 Buchanan 2004, S. 142-147 sowie S. 278-281; Christiano 2011.

27 Christiano 2011, S. 173.

28 Christiano 2011, S. 174.

29 Bernstein 2006, S. 293 f.; vgl. Altman/Wellman 2009, S. 31-37.

Interventionen im Sinne militärischer, diplomatischer und ökonomischer Sanktionen auf der einen Seite und der Förderung von Demokratie durch Kritik, Anreize und andere Instrumente unterschieden werden; zwar gebe es kein Menschenrecht auf Demokratie und somit keine generelle Rechtfertigung für demokratische Interventionen; dennoch gebe es gute Gründe, Demokratie mit anderen Mitteln zu fördern.[30] Rawls beschränkt zwar die Pflicht zur Unterstützung von belasteten Gesellschaften, die aufgrund ungünstiger historischer, wirtschaftlicher oder sozialer Umstände nicht in der Lage sind, selbständig wohlgeordnete Institutionen aufzubauen, auf die Förderung weniger anspruchsvoller Strukturen kollektiver Selbstbestimmung.[31] Er betont jedoch ebenfalls, liberale Völker sollten nichtliberale durchaus kritisieren. Demokratisierungsanreize lehnt er allerdings ab und betont, Mittel für freiwillige Reformen sollten unter gleichen Bedingungen wie andere Darlehen vergeben werden.[32] Dies deutet darauf hin, dass er eine weite Zwangskonzeption im Auge hat, die auch politische Konditionalitäten umfasst.

Normative Debatten, die sich mit Aspekten der Universalisierung der Demokratie befassen, zeigen somit eine ähnliche Tendenz, wie sie bereits für die politische Praxis und die empirische Demokratisierungsliteratur konstatiert wurden: Im Mittelpunkt steht die Frage nach der Zulässigkeit von erzwungener Demokratisierung. Zivile Formen der Demokratieförderung werden dagegen weitgehend als unproblematisch vorausgesetzt. Der Kern der Imperialismuskritik, die darauf aufmerksam macht, dass politische, ökonomische und kulturelle Machtbeziehungen gerade auch jenseits der Ausübung von Zwang die Selbstbestimmung der betroffenen Staaten beschränken, findet in diesen Debatten keinen Widerhall. Vielmehr erscheint der Imperialismusvorwurf – zumindest jenseits erzwungener Demokratisierung – als Protest, der letztlich dem

30 Lister 2012, insbesondere S. 17-25.

31 Rawls 2002, S. 131-140. Mieth dagegen versteht Rawls' Unterstützungspflicht als Pflicht zur Demokratieförderung (Mieth 2005).

32 Rawls 2002, S. 103f. Inwieweit Rawls Demokratisierungshilfen grundsätzlich für problematisch erachtet, auch jenseits eines weiten Zwangsverständnisses, ist umstritten. Tesón 1995; Tan 1998, S. 281f., Macedo 2004, S. 1725; Nickel 2006, S. 270-275 lesen ihn so. Mieth 2005, Bernstein 2006, S. 293f und Jenkins 2010, S. 118 dagegen verneinen, dass Rawls friedliche Mittel der Demokratieförderung ablehnt.

Machterhalt herrschender Eliten dient, während externe Demokratieförderung – zumal in ihrer zivilen Variante – als Bekämpfung ebendieser Machtstrukturen und damit per se als normativ unverdächtig vorausgesetzt wird.

3.2. Herausforderungen einer normativen Betrachtung externer Demokratieförderung

Die Tatsache, dass die ambivalente Universalisierung der Demokratie bislang in der politischen Theorie und Philosophie wenig Beachtung gefunden hat, ist Ausdruck der Annahme, sie werfe jenseits der Problematik erzwungener Demokratisierung aus normativer Sicht schlichtweg keine interessanten Fragen auf. Eine solche vorschnelle Zurückweisung der Imperialismuskritik übersieht jedoch, dass das Desinteresse an der Problematik ziviler externer Demokratieförderung in konzeptionellen Engführungen der relevanten Debatten begründet liegt: Die machttheoretische Engführung der vorherrschenden Konzeption kollektiver Selbstbestimmung sowie die Machtvergessenheit der Gerechtigkeitstheorie verhindern, dass die Probleme, auf die der Imperialismusvorwurf hinweist, als normative Herausforderung erfasst und entsprechend aufgearbeitet werden können.

Wie im vorangegangenen Abschnitt dargestellt, begreifen die verschiedenen Positionen in den skizzierten Debatten zur Problematik externer Demokratieförderung das Grundproblem als Konflikt zwischen kollektiver Selbstbestimmung und zwangsbewehrter Einmischung von außen. Dem liegt ein klassisch liberales Verständnis von kollektiver Selbstbestimmung zugrunde, das diese analog zur liberalen Konzeption individueller Freiheit als Abwesenheit äußerer Einmischung versteht und im Prinzip staatlicher Souveränität aufgehen sieht.[33] Demnach obliegt selbstbestimmten kollektiven Akteuren die alleinige, souveräne Kontrolle über ihre inneren Angelegenheiten. Jegliche Interaktion und gegenseitige Einflussnahme bedarf ihrer ausdrücklichen Zustimmung; wird diese nicht gegeben, handelt es sich um Zwang und damit um Einmischung.

33 Vgl. zum liberalen Freiheitsverständnis Berlin 2006 sowie zu kollektiver Selbstbestimmung unten Kap. 9.2.

Aus dieser Perspektive muss eine normative Analyse externer Demokratieförderung drei strittige Fragen beantworten: Erstens ist zu klären, welche Standards erfüllt sein müssen, um Anspruch auf kollektive Selbstbestimmung und die Abwesenheit äußerer Einmischung erheben zu können. Die Frage nach demokratischen Voraussetzungen der Inanspruchnahme des Rechts auf kollektive Selbstbestimmung kennzeichnet insbesondere die Debatten um internationale Toleranz und gewaltsame Demokratisierung. Zweitens bedarf es der Spezifizierung von Formen äußerer Einflussnahme, die überhaupt als Einmischung und damit als Verletzung kollektiver Selbstbestimmung gelten. Diese Frage bildet den Kern der Debatte um politische Konditionalitäten. Schließlich ist drittens fraglich, ob und wenn ja wie gegebenenfalls eine Verletzung des Rechts auf kollektive Selbstbestimmung gerechtfertigt werden kann. Diese Frage findet insbesondere in der *post-bellum*-Variante der Diskussion gewaltsamer Demokratisierung ihren Niederschlag.

Unabhängig von der jeweiligen Antwort auf diese drei Fragen steht aus der Perspektive kollektiver Selbstbestimmung als Nicht-Einmischung die Frage nach Interventionsbefugnissen und angemessenen Instrumenten externer Demokratieförderung im Mittelpunkt: Sind die Voraussetzungen kollektiver Selbstbestimmung nicht erfüllt bzw. ist diese bereits aus anderen Gründen verletzt worden, so zieht dies die Befugnis nach sich, Demokratisierung zu erzwingen. Kann dagegen ein Recht auf kollektive Selbstbestimmung geltend gemacht werden, bedarf es der Wahl von Instrumenten, die nicht als zwingend einzustufen sind. Damit lässt die Konzeption kollektiver Selbstbestimmung als Nicht-Einmischung zwar eine Problematisierung der Beziehungen zwischen Demokratieförderern und ›Demokratieempfängern‹ zu, allerdings nur unter dem Blickwinkel des Zwangs. Dies bedingt eine doppelte machttheoretische Engführung: Zum einen werden alle Instrumente externer Demokratieförderung, die nicht als Zwang klassifiziert werden können, unhinterfragt als unproblematisch ausgewiesen; zum anderen verengt sich die normative Analyse selbst im Falle eines sehr weiten Zwangsbegriffes auf einzelne bi- oder multilaterale Interaktionen, ohne die Machtstrukturen in den Blick zu nehmen, in die diese eingebettet sind. Damit jedoch wird der Kern der Kritik, die im Imperialismusvorwurf zum Ausdruck kommt, verfehlt: Sie richtet sich eben nicht allein gegen einzelne, mehr oder weniger zwangsbewehrte Instrumente externer Demokratieförderung; vielmehr stellt sie die Praxis externer Demokratieförderung grundsätzlich in Frage, indem sie einen umfassenden Blick auf die politischen, ökonomischen und kulturellen Machtbeziehungen zwischen Demokratieförderern und -empfängern wirft.

Dass eine solche fundamentale Infragestellung der Praxis externer Demokratieförderung irritiert, mag auf den ersten Blick verständlich sein; schließlich scheinen der politische Widerstand und der Imperialismusvorwurf die inneren Verhältnisse nicht-demokratischer Staaten gegen jegliche äußere Kritik immunisieren zu wollen. Doch während das Verständnis kollektiver Selbstbestimmung als Nicht-Einmischung zu eng ist, um der Tragweite des Imperialismusvorwurfs gerecht zu werden, erweist es sich ausgerechnet in dieser zweiten Hinsicht als zu weit: Es bietet keine Anhaltspunkte, um zu klären, ob bzw. warum Einmischung notwendig ein Übel ist. Damit wird nicht nur die Tragweite des Imperialismusvorwurfs verkannt; zugleich bleibt die Möglichkeit, pauschalisierende Kritik externer Demokratieförderung selbst einer Kritik zu unterziehen und möglicherweise Bedingungen legitimer Einmischung auszuweisen, unausgeschöpft.

Ein Grund für die Vernachlässigung einer kritischen Aufarbeitung dieser doppelten machttheoretischen Engführung kollektiver Selbstbestimmung liegt in der Machtvergessenheit der zeitgenössischen, weitgehend liberal geprägten Debatten zu globaler Gerechtigkeit und dem damit verbundenen normativen Blick auf Entwicklungspolitik. Obwohl von Beginn an eine Bezugnahme auf entwicklungspolitische Ziele erfolgte, finden sich in der gerechtigkeitstheoretischen Literatur kaum kritische Auseinandersetzungen mit der entwicklungspolitischen Praxis, geschweige denn der zunehmenden Politisierung ihrer Handlungsfelder. Sie folgt vielmehr im Wesentlichen einem distributionsorientierten Gerechtigkeitsverständnis, das das Kernproblem von Gerechtigkeit als Verteilungsfrage begreift und sich dementsprechend auf die Formulierung von Verteilungsprinzipien für die jeweils als besonders wichtig ausgezeichneten Güter konzentriert.[34] Machtfragen bilden aus dieser Perspektive kein eigenständiges Problem der Gerechtig-

34 Vgl. z. B. Dworkin 1981a; Dworkin 1981b; Frankfurt 1988; Arneson 1989; Gosepath 2004.

keit; sie werden vielmehr als Problem der Verteilung machtrelevanter Ressourcen verstanden.

Vor dem Hintergrund eines solchen distributionsorientierten Paradigmas wird auch die normative Diskussion entwicklungspolitischer Fragen primär als Verteilungsdebatte geführt. Entwicklungspolitik erscheint demnach als Instrument reicherer Länder, um ihren distributiven Verpflichtungen gegenüber ärmeren Ländern nachzukommen.[35] Aus dieser Perspektive wirft die Praxis externer Demokratieförderung keine eigenständigen gerechtigkeitsrelevanten Fragen auf; sie scheint gerechtigkeitstheoretisch betrachtet weder unmittelbar gefordert noch problematisch. Damit jedoch wird die zunehmende Politisierung der entwicklungspolitischen Handlungsfelder, die das innenpolitische Machtgefüge der Partnerländer in den Mittelpunkt rückt, ausgeblendet und der institutionelle Kontext entwicklungspolitischer Interaktionen stillschweigend vorausgesetzt, ohne die darin zum Ausdruck kommende zwischenstaatliche Machtkonstellation zu thematisieren. Die gerechtigkeitstheoretische Literatur bleibt so nicht nur hinter der aktuellen entwicklungspolitischen Debatte zurück; sie vermag zudem weder die Konzeptions- noch die Kontextkritik an externer Demokratieförderung einzuholen.

Die machttheoretischen Defizite der liberalen Konzeption kollektiver Selbstbestimmung als Nicht-Einmischung sowie der ebenfalls weitgehend liberal geprägten Debatte um globale Gerechtigkeit führen somit zu einem sozialanalytischen Defizit normativer Betrachtungen der ambivalenten Universalisierung der Demokratie. Sie lenken den Fokus auf die Analyse einzelner Interaktionen bzw. bestimmter Verteilungszustände und setzen den jeweiligen Interaktionskontext als gegeben voraus, anstatt ihn ins Zentrum normativer Erwägungen zu stellen. In dieser Hinsicht liefert die Imperialismuskritik eine wichtige sozialkritische Diagnose, vor allem mit Blick auf strukturelle Machtasymmetrien in zwischenstaatlichen Beziehungen.

Doch während einschlägige normative Debatten ein sozialanalytisches Defizit aufweisen, zeigt sich in imperialismuskritischen Diskussionen ein normatives Defizit. Ihre Diagnose basiert auf normativen Grundlagen, die kaum ausdrücklich expliziert oder

35 So z. B. Kesselring 2003; vgl. unten Abschnitt II.1.

begründet werden und – zumindest implizit – wesentliche Grundannahmen der skizzierten normativen Debatten zu teilen scheinen. Bei den meisten der unter 2.2. dargestellten Kritiker_innen steht der Nachweis imperialistischer Kontinuitäten im Vordergrund, der, so die implizite Annahme, genüge, um die Praxis externer Demokratieförderung zu delegitimieren. Einige Autor_innen beziehen sich positiv auf die Autonomie bzw. kollektive Selbstbestimmung[36] der betroffenen politischen Gemeinschaften, zum Teil auch auf den Begriff der Demokratie,[37] ohne diese normativen Bezugspunkte jedoch mit Blick auf die zuvor kritisierte Praxis auszuarbeiten. Vielmehr scheint die Kritik in praktischer Hinsicht letztlich in die Forderung nach Achtung des Nicht-Einmischungsprinzips zu münden.

Dieses jedoch droht nicht nur, innerstaatliche Machtverhältnisse jeglicher Kritik von außen zu entziehen. Zugleich vermag es aufgrund seiner interaktionalen Anlage gerade auch zwischenstaatliche Machtbeziehungen nicht zureichend zu erfassen und erweist sich somit bereits in Bezug auf die konzeptionelle Einholung der vorgebrachten Kritik an den Machtverhältnissen zwischen Demokratieförderern und -empfängern als zu eng. Zudem expliziert es weder eine Alternative zu der kritisierten Zielvorstellung einer minimalistisch-prozeduralen Demokratie, noch weist es jenseits strikter Nicht-Einmischung eine Perspektive der Überwindung der kritisierten Machtverhältnisse aus. Die Konzeption kollektiver Selbstbestimmung als Nicht-Einmischung wird somit weder der sozialanalytischen Reichweite der Machtkritik des Imperialismusvorwurfs gerecht, noch artikuliert sie ein normatives Ideal, das eine Alternative zur Konfrontation zwischen externer Demokratisierung und strikter Nicht-Einmischung bietet.

Soll die Aufarbeitung der ambivalenten Universalisierung der Demokratie nicht an der Dichotomisierung von universalistischer

36 Chandler 2006, S. 483; Ayers 2009, S. 20 f.

37 So z. B. Dhawan, die das westliche Projekt der Demokratisierung des Südens kritisiert, aber zugleich »Dekolonisierung und Demokratisierung« als entscheidende Aufgabe ausweist (Dhawan 2009, S. 58). Tully skizziert mit seinem »demokratischen Konstitutionalismus« ausdrücklich eine Alternative zum »Imperialismus der modernen, konstitutionellen Demokratie« (Tully 2009, Kap. V und VI); Saul 1997, S. 351; Eyoh 1998, S. 284 ff.; Nkiwane 2001, S. 106 ff. verweisen auf afrikanische Demokratietheorien.

Verteidigung und relativierender Kritik externer Demokratieförderung haltmachen, so bedarf es der Entwicklung normativer und konzeptioneller Grundlagen, die in der Lage sind, die beiden Perspektiven zu integrieren und dabei sowohl die sozialanalytischen Defizite der normativen Debatten als auch die normativen Unzulänglichkeiten der Imperialismuskritik zu überwinden. Erst vor dem Hintergrund einer Freilegung des in beiden Perspektiven angelegten machtkritischen Potentials lassen sich sowohl die Universalisierung der Demokratie als auch ihre vermeintlich relativistische Kritik einer kritischen Diskussion unterziehen und damit letztlich Grundlagen und Grenzen einer Praxis externer Demokratieförderung bestimmen.

3.3. Kritischer Republikanismus und externe Demokratieförderung

Angesichts der dargestellten machttheoretischen Defizite gängiger liberaler Konzeptionen von Gerechtigkeit und kollektiver Selbstbestimmung, die einer normativen Aufarbeitung der ambivalenten Universalisierung der Demokratie im Wege stehen, bedarf es eines alternativen theoretischen Zugangs, der ebendiese Unzulänglichkeiten überwindet. Gefragt ist somit eine normative Sprache, die sowohl machttheoretisch informiert ist als auch demokratietheoretisches Potential bietet. Eine solche lässt sich, so die leitende Annahme dieses Buches, auf der Grundlage der maßgeblich von Pettit entwickelten neorepublikanischen Strömung politischen Denkens entwickeln. Mit ihrem Fokus auf der Bestimmung institutioneller Bedingungen der Gewährleistung von Nicht-Beherrschung bietet sie sowohl in macht- als auch in demokratietheoretischer Hinsicht vielversprechende Anknüpfungspunkte.

Drei Kernelemente weisen den Neorepublikanismus als besonders geeignet für eine kritische Auseinandersetzung mit der ambivalenten Universalisierung der Demokratie aus. Sein Hauptanliegen liegt in der Verwirklichung individueller Freiheit als Nicht-Beherrschung und damit in der Vermeidung von Beherrschung, d. h. willkürlicher Machtverhältnisse.[38] Das *erste* Kernele-

38 Vgl. Pettit 1997, Kapitel 2 und 3.

ment besteht in dieser grundlegenden Sorge um die unzähligen Arten, in denen Menschen der willkürlichen Macht Anderer unterworfen werden, und zwar unabhängig davon, ob diese Macht gewaltsam ausgeübt wird. Die Frage nach der Position jedes Einzelnen innerhalb der ihn umgebenden Machtverhältnisse steht somit, anders als in liberalen Ansätzen, unmittelbar im Zentrum neorepublikanischen Denkens. Damit liefert der neorepublikanische Ansatz eine normative Grundlage, aus der sich, wie in Kapitel vier dargestellt wird, Grundzüge einer Theorie der Gerechtigkeit als Nicht-Beherrschung entwickeln lassen. Zugleich bietet der Begriff der Beherrschung konzeptionelle Grundlagen für die sozialanalytische Beschreibung ungerechter Machtverhältnisse. Sie werden in Kapitel fünf ausgearbeitet.

Das *zweite* Kernelement des Neorepublikanismus besteht in der Hervorhebung der konstitutiven Beziehung zwischen der Realisierung von Nicht-Beherrschung und Institutionen politischer Herrschaft.[39] Nicht-Beherrschung kann, so die Grundidee, allein kollektiv verwirklicht werden, d. h. gemeinsam mit Anderen in einem institutionell verfassten sozialen Kontext, der die notwendigen Handlungskapazitäten zur Regulierung sozialer Machtverhältnisse bereitstellt. Nicht-Beherrschung, so Pettit,

> kommt nur durch entsprechende soziale Gestaltung zustande: nur auf der Grundlage von rechtlichen und sozialen Regelungen, die sicherstellen, dass andere Menschen, die zugegen sind, sich nicht auf willkürlicher Basis in das Handeln eines anderen einmischen können. Freiheit als Nicht-Beherrschung erfordert die Freiheit der Stadt, nicht die Freiheit des Landlebens.[40]

Neorepublikanisches Denken ist somit stets auf politische Institutionen bezogen: Es fragt nach institutionellen Wegen der Einhegung willkürlicher asymmetrischer Machtstrukturen.

Diese Ausrichtung ist für die hier verfolgte Fragestellung aus zwei Gründen vielversprechend: Zum einen schreibt sie politischen Institutionen eine entscheidende Rolle bei der Transformation willkürlicher Machtverhältnisse zu. Dementsprechend wird politische Herrschaft nicht grundsätzlich in Frage gestellt; vielmehr gilt es, Herrschaftsstrukturen so zu gestalten, dass sie in der Lage sind, Beherrschung auf nicht-beherrschende Weise einzuhegen.

39 Vgl. Pettit 1997a, S. 106-109 und Kapitel 6.

40 Pettit 1997, S. 122.

Dazu bedarf es entsprechender demokratischer Mechanismen, die in Kapitel sechs erörtert werden. Entscheidend ist, dass aus dieser Perspektive die Verwirklichung von Nicht-Beherrschung und die Frage nach der institutionellen Verfasstheit einer politischen Gemeinschaft untrennbar miteinander verbunden sind. Das Anliegen externer Demokratieförderung, das nach der Verantwortung für die Etablierung institutioneller Voraussetzungen der Nicht-Beherrschung fragt, scheint somit geradewegs in den Kern einer neorepublikanischen Theorie der Gerechtigkeit als Nicht-Beherrschung zu zielen. Diesem Gedanken wird in Kapitel sieben nachgegangen.

Zum anderen bedingt die neorepublikanische Hervorhebung der kollektiven Errungenschaft einer institutionellen Verwirklichung von Nicht-Beherrschung eine tiefsitzende Skepsis gegenüber jeglichen vorgefertigten institutionellen Lösungen des Problems der Realisierung von Nicht-Beherrschung. Aus neorepublikanischer Perspektive konstituiert ein freies Gemeinwesen den Ort einer politischen Praxis der Nicht-Beherrschung. Dementsprechend müssen politische Institutionen als je spezifische Antwort auf einen bestimmten Kontext der Beherrschung verstanden werden. Neorepublikanisches Denken ist daher gerade auch mit Blick auf die entscheidenden Institutionen der Nicht-Beherrschung stärker historisch situiert und praktisch angelegt, als es viele liberale Ansätze sind. Die Hervorhebung der konstitutiven Beziehung zwischen der Realisierung von Nicht-Beherrschung und Institutionen politischer Herrschaft liefert nicht nur starke Gründe dafür, die Errichtung entsprechender Institutionen ins Zentrum der Aufmerksamkeit zu rücken, sondern tritt zugleich für kontextsensitive, an spezifische Beherrschungssituationen angepasste Institutionen ein. Damit verspricht der Neorepublikanismus, nicht nur das Anliegen externer Demokratieförderung, sondern auch den Kern der Konzeptionskritik einzuholen.

Das *dritte* relevante Kernelement des Neorepublikanismus ist seine Sensibilität gegenüber der kollektiven Dimension von Beherrschung. Die zentrale Bedeutung einer je spezifischen institutionellen Praxis der Nicht-Beherrschung begründet nicht nur ein starkes Interesse für die Frage nach den inneren Voraussetzungen ihrer Etablierung; sie bezieht auch die Frage nach der Vermeidung von äußerer Beherrschung einer politischen Gemeinschaft mit ein. Gerade weil die Praxis der Nicht-Beherrschung als je partikulares kollektives Unterfangen wertgeschätzt wird, stehen die Realisierung individueller Nicht-Beherrschung und kollektive Selbstbestimmung in unauflöslichem Zusammenhang.[41] Damit zeigt sich der neorepublikanische Ansatz zumindest potentiell sensibel gegenüber der Kontext-Kritik des Imperialismusvorwurfs.

In der einschlägigen Literatur findet eine solche auf Kollektive bezogene Form der Beherrschung bislang indes keine systematische Aufmerksamkeit. In Kapitel acht wird daher zunächst eine kollektive Erweiterung des Begriffs der Beherrschung vorgenommen. Sie bietet den Ausgangspunkt zur Entwicklung einer alternativen Konzeption kollektiver Selbstbestimmung in Kapitel neun. Da der Begriff der Beherrschung sowohl weiter als auch enger ist als derjenige des Zwanges, überwindet eine Konzeption kollektiver Selbstbestimmung als Nicht-Beherrschung nicht nur die machttheoretische Engführung der Nicht-Einmischungskonzeption und liefert so die konzeptionellen Grundlagen einer Einholung der Imperialismuskritik an externer Demokratieförderung; sie eröffnet zugleich eine institutionelle Perspektive der Einhegung von Machtverhältnissen, die in Kapitel zehn und elf auf die Ausgangsfrage nach der normativen Problematik externer Demokratieförderung zurückgespiegelt wird.

Der Neorepublikanismus scheint somit auf den ersten Blick gut geeignet, um den Herausforderungen einer normativen Betrachtung externer Demokratieförderung zu begegnen, zielen doch beide Stränge der ambivalenten Universalisierung der Demokratie geradewegs in den Kern neorepublikanischen politischen Denkens. Nicht offensichtlich ist jedoch, ob er in der Lage ist, die sozialanalytischen Defizite zu überwinden, die einschlägigen normativen Debatten attestiert wurden. Zwar rückt der neorepublikanische Ansatz die Frage nach der Struktur von Machtbeziehungen in den Vordergrund. Dennoch ist auffällig, dass er bislang kaum für die Analyse konkreter sozialer und politischer Kämpfe fruchtbar gemacht wurde.[42]

41 Vgl. Pettit 2010b; Skinner 2010, S. 101 f.; Pettit 2015a, S. 202; Gädeke 2016b; Laborde/Ronzoni 2016.

42 Vgl. Laborde 2010a, S. 19. Ihre Analyse der Auseinandersetzungen um den *Hijab* in Frankreich ist in dieser Hinsicht bislang eine Ausnahme. Vgl. auch Bessone 2016 für eine kritisch-republikanische Analyse der Aufarbeitung des Rassismus. Pettit belässt es bei einem kurzen Abriss der Kompatibilität seiner Theorie mit

Sozialanalytisches Denken ist dem Republikanismus indes keineswegs fremd. Republikanisches politisches Denken verstand sich stets als Theorie der Selbstregierung, die in einer je partikularen politisch-institutionellen Praxis der Freiheit verankert und auf diese hin ausgerichtet war. Damit wandte es sich gegen das Naturrechtsdenken und suchte universelle Werte aus historischen Ereignissen zu gewinnen, in denen sich die Gelegenheit der Etablierung neuer Institutionen zeigte.[43] Ebendiese Gebundenheit republikanischen Denkens an je partikulare Kontexte wurde dem Republikanismus vielfach als konservativer Bias vorgehalten. Sie lässt sich jedoch, Laborde folgend, methodisch gewendet als Forderung nach einer »praxis-orientierten kritischen Theorie«,[44] d.h. nach einer historisch und kontextuell situierten praktischen Philosophie verstehen, die aus einer bestimmten politischen Praxis heraus gegebene Praktiken als Strukturen der Beherrschung problematisiert.[45] In ähnlicher Weise begreift auch Bohman die Verankerung republikanischen Denkens in konkreten politischen Kontexten als Forderung, von der Analyse konkreter Ungerechtigkeiten auszugehen, anstatt ein abstraktes Ideal der Gerechtigkeit auszuzeichnen: »Dieses methodologische Bekenntnis zum Vorrang der Ungerechtigkeit und nicht-idealer Theorie unterscheidet kritische von nicht-kritischen Konzeptionen. In diesem Sinne ist der Republikanismus ebenfalls eine kritische Theorie.«[46]

Mit dieser Lesart des (Neo-)Republikanismus wenden sich Laborde und Bohman gegen die in der analytischen politischen Philosophie weit verbreitete Konzentration auf die Ausarbeitung normativer Ideale; denn, so die Annahme, erst die Formulierung praktischer Prinzipien, welche ausgehend von einer sozialkritischen Analyse gegebener Verhältnisse die Perspektive ihrer Transformation erkennen lassen, werde dem gerade in der republikanischen Tra-

den Kernforderungen der Umweltbewegung, des Feminismus, des Sozialismus und des Multikulturalismus (Pettit 1997, S.135-146); er beschäftigt sich weniger mit einer machttheoretischen Analyse von Beherrschung als vielmehr mit der Ausarbeitung einer freiheits- und demokratietheoretischen Konzeption der Nicht-Beherrschung.

43 Brugger 1999, S.16f.

44 Laborde 2010b, S.50.

45 Laborde 2008, S.23.

46 Bohman 2012, S.98.

dition betonten praktischen Sinne, politischen Denkens gerecht.[47] Zugleich heben sie damit eine gewisse Nähe zwischen Neorepublikanismus und der Kritischen Theorie der Frankfurter Schule hervor, ohne allerdings deren umfassendem vernunftkritischen und geschichtsphilosophischen Anspruch zu folgen.[48] Sie rekurrieren vielmehr auf die grundlegende kritisch-emanzipative Stoßrichtung und auf die methodische Verpflichtung eines Zusammendenkens von kritischer Gesellschaftsanalyse und normativer Theorie, die kritisches Denken in der Tradition der Frankfurter Schule auszeichnet: »Kritische Republikaner entlehnen der Frankfurter kritischen Theorie das Interesse an Sozialkritik und sozialem Wandel: sie setzen an bestehenden Institutionen und Beziehungen an, identifizieren deren beherrschende und unterdrückende Eigenschaften und plädieren für ihre Transformation.«[49]

Einem solchen kritischen Ansatz zufolge fragt die politische Theorie, ausgehend von konkreten sozialen oder politischen Auseinandersetzungen und den in ihnen zum Ausdruck kommenden Klagen über gesellschaftliche Missstände, nach den Voraussetzungen und Hindernissen ihrer Überwindung. Während die normative Theorie den Maßstab derartiger Klagen zu rechtfertigen und ihren Gehalt entsprechend zu reartikulieren sucht, dient die Gesellschaftstheorie der Aufklärung der sozialen Ursachen dieser Missstände. Sie zielt somit darauf ab, über die Frage nach je individuellem Scheitern hinaus politische Möglichkeiten ihrer Überwindung auszuweisen.[50]

Eine in diesem methodischen Sinne kritische Herangehensweise ist gerade für die angestrebte normative Aufarbeitung der ambivalenten Universalisierung der Demokratie von entscheidender Bedeutung, soll diese doch sowohl die normativ ausgerichtete Verteidigung der Universalisierung der Demokratie als auch die machtkritisch angelegte Imperialismuskritik kritisch diskutieren können. Ich folge daher diesem kritischen Zugriff auf neorepubli-

47 Vgl. Laborde 2008, S. 9-15.

48 Zum Selbstverständnis der Kritischen Theorie: Horkheimer 1988 [1973]; Adorno/Horkheimer 1969 [1947]; Adorno 2003 [1962]. Ich verwende für Ansätze, die diese methodische Stoßrichtung teilen, ohne sich dem umfassenden Programm der ersten Generation der Frankfurter Schule verpflichtet zu sehen, das kleingeschriebene ›kritisch‹.

49 Laborde 2010b, S. 50.

50 Vgl. für ein solches Selbstverständnis kritischer politischer Theorie: Young 1990, S. 5-8.

kanisches Denken und bezeichne den in diesem Buch entwickelten Ansatz als *kritischen Republikanismus*[51]. Er knüpft an die republikanische Tradition an und sucht diese aus der Perspektive einer kritischen Theorie weiterzuentwickeln. Den Ausgangspunkt bildet der Neorepublikanismus Pettits mit dem zentralen Begriff der Beherrschung. Er wird jedoch mit der im angelsächsischen Raum weitgehend vernachlässigten, auf Kant und Rousseau zurückgehenden kontinentalen Tradition republikanischen Denkens in Beziehung gesetzt, die insbesondere im jüngeren Umfeld der Frankfurter Schule aufgegriffen und aktualisiert wird.[52] Auf dieser Basis werden Grundzüge eines kritischen Republikanismus entwickelt, der vom Begriff der Beherrschung ausgeht, diesen jedoch stärker kantisch und letztlich diskurstheoretisch ausarbeitet. Er versteht sich insofern als kritisch, als er ein machtkritisches und zugleich normatives Anliegen verfolgt: Ausgehend von den Auseinandersetzungen um die Universalisierung der Demokratie fragt er danach, inwieweit diese auf beherrschende Machtverhältnisse hinweisen und wo sich institutionelle Ansatzpunkte für eine Praxis der Nicht-Beherrschung identifizieren lassen.

Diesem methodischen Grundverständnis entsprechend wurde im ersten Teil des Buches mit der Darstellung der ambivalenten Universalisierung der Demokratie und der Herausarbeitung der Voraussetzungen dafür, sie als normative Herausforderung ernst zu nehmen, der politische Kontext umrissen, den es im Folgenden zu analysieren gilt. In den Teilen II und III werden ebenjene normativen und konzeptionellen Grundlagen zu entwickeln sein, die es erlauben, die widerstreitenden Perspektiven auf die Universalisierung der Demokratie in ihrem wechselseitigen Zusammenhang kritisch zu überprüfen. Dazu muss Pettits neorepublikanische Theorie in doppelter Hinsicht kritisch gewendet werden: Einerseits bedarf es in konzeptioneller Hinsicht der Ausarbeitung einer dezidiert machttheoretischen Konzeption von Beherrschung, die in der Lage ist, eine kritische Gesellschaftsanalyse anzuleiten. Dabei ist Pettits interaktionales Machtverständnis um ein strukturelles und systemisches Machtverständnis zu erweitern, das in der Lage ist, eine kritische Analyse gesellschaftlicher Verhältnisse (und nicht al-

51 Vgl. Laborde 2008.

52 Maus 1992; Habermas 1994; Forst 2007; Maus 2011; Forst 2013; vgl. Gädeke 2016a.

lein sozialer Interaktionen) einzuholen und nach ihrer politischen Überwindung zu fragen.

Andererseits muss Pettits neorepublikanischer Ansatz in normativer Hinsicht um eine selbstreflexive Dimension erweitert werden. Aus der Perspektive einer kritischen Theorie genügt es nicht, normative Maßstäbe in kritischer Absicht auf gegebene gesellschaftliche Verhältnisse anzuwenden. Vielmehr müssen diese selbstkritisch auch gegen die politische Theorie gewandt werden können, denn nur dann ist diese in der Lage, sich selbst ebenfalls als Bestandteil der kritisierten Machtverhältnisse zu begreifen. Eine solche Reflexivität erweist sich gerade für die Einholung des Imperialismusvorwurfs als zentral. Er verlangt, dass die Geltung normativer Maßstäbe der normativen Autorität der ihnen Unterworfenen überantwortet wird. Dazu muss Pettits Grundverständnis der Beherrschung stärker intersubjektiv und damit diskurstheoretisch reinterpretiert werden, und zwar hinsichtlich seiner normativen Grundlagen ebenso wie mit Blick auf die daraus folgende Konzeption von Willkür und die entsprechenden institutionellen Prinzipien.

Im abschließenden Teil IV erweist sich dieser kritisch-republikanische Ansatz schließlich auch in substantieller Hinsicht als kritisch: Er ermöglicht es, sowohl die aktive Universalisierung der Demokratie als auch deren Kritik selbst einer Kritik zu unterziehen. Dabei wird deutlich, dass jene Arten politischer Theorie, die eine solche reflexive Kritik nicht zu leisten vermögen, blind für die in ihnen angelegte Dialektik bleiben, sei es, weil sie in machttheoretischer Hinsicht zu kurz greifen, sei es, weil sie die Tragweite der eigenen sozialkritischen Analyse nicht normativ einzuholen vermögen.

Teil II
Gerechtigkeit, Beherrschung und Demokratie

4. Gerechtigkeit als Nicht-Beherrschung

Mit der Ausarbeitung von Grundzügen einer kritisch-republikanischen Theorie der Gerechtigkeit als Nicht-Beherrschung soll im Folgenden eine normative Sprache entworfen werden, die in der Lage ist, beide Stränge der ambivalenten Universalisierung der Demokratie in ihrem wechselseitigen Zusammenhang kritisch zu betrachten. Der Begriff der Beherrschung bildet dafür den zentralen Ausgangspunkt: Er bezeichnet eine Form willkürlicher Machtverhältnisse, die es grundsätzlich zu vermeiden gilt. Bevor derartige Machtverhältnisse näher bestimmt werden können, muss indes geklärt werden, inwiefern genau Beherrschung aus normativer Sicht problematisch ist.

Ich gehe dazu von Pettits einflussreicher neorepublikanischer Theorie der Nicht-Beherrschung aus und schlage eine Lesart vor, der zufolge seine Konzeption politischer Freiheit als Nicht-Beherrschung auf dem diskursiven Status diskursfähiger, freier Personen beruht (4.1). Dieser freiheitstheoretische Zugang zur Normativität von Beherrschung[1] erweist sich jedoch als zu eng, denn er basiert auf einem zu schwachen Verständnis persönlicher Autonomie, welches zwar die Dimension autonomer Adressat_innen, nicht aber jene autonomer Autor_innen praktischer Normen aufgreift. Damit übergeht Pettit eine Dimension der Beherrschung, die gerade für die Einholung des Imperialismusvorwurfs von entscheidender Bedeutung ist. Diese Engführung lässt sich durch einen dezidiert diskurstheoretischen Zugang überwinden, der in Auseinandersetzung mit Rainer Forsts diskurstheoretisch gewendetem kantischen Republikanismus entwickelt wird (4.2). Die diskurstheoretische

1 Wenn im Folgenden die Rede von der *Normativität* von Beherrschung ist, so meine ich ebendiese Frage danach, inwiefern und warum Beherrschung normativ problematisch ist. Davon zu unterscheiden ist die Debatte darum, ob Beherrschung selbst ein normativer Begriff ist. Pettit und Lovett verneinen dies (Pettit 2006c, S. 278-280; Lovett 2010a, S. 17-20 und S. 135 f.). Dahinter steht letztlich ihr konsequentialistisches Moralverständnis, das keine kategorische, sondern lediglich empirisch bedingte Präskriptivität erlaubt (vgl. Lovett 2010a, S. 18, Fn. 30). Ich verstehe Beherrschung dagegen als Begriff, der notwendig sowohl normativen als auch deskriptiven Gehalt birgt. Für die hier verfolgte Thematik ist jedoch weniger entscheidend, ob Beherrschung in analytischem Sinne normativen Gehalt hat, sondern vielmehr, wie dieser Gehalt begründet wird.

Rekonstruktion eines Rechts auf Nicht-Beherrschung führt weg von einem freiheits- und hin zu einem gerechtigkeitstheoretischen Zugang zum Begriff der Beherrschung. Dieser weist nicht nur die geforderte Reflexivität auf; er rückt zugleich die Frage nach der Struktur von Machtbeziehungen unmittelbar ins Zentrum der Gerechtigkeitstheorie (4.3.).

4.1. Pettits freiheitstheoretischer Zugang zum Begriff der Beherrschung

Für Pettit gewinnt der zentrale Begriff der Beherrschung seinen handlungspraktischen Gehalt im Kontext einer neorepublikanischen Freiheitstheorie. In der 1997 erschienenen Monographie *Republicanism* entfaltet er zunächst ein politisches Ideal der Nicht-Beherrschung, das der Absicherung individueller Handlungsfreiheit gegen äußere Beschränkungen zu dienen scheint (4.1.1.). Im Kontext der vier Jahre später erschienenen *Theory of Freedom*, die den Anspruch verfolgt, die philosophische Diskussion innerer Freiheit mit der politiktheoretischen Debatte um äußere Freiheit zusammenzuführen (4.1.2.), zeigt sich jedoch, dass es Pettit mit dem Ideal der Nicht-Beherrschung nicht primär um bloße Handlungsfreiheit geht, sondern um den diskurstheoretisch rekonstruierten Status der Freiheit der Person (4.1.3.).

4.1.1. Nicht-Beherrschung und die Absicherung individueller Handlungsspielräume

Pettit entwickelt sein Verständnis von Freiheit als Nicht-Beherrschung in Auseinandersetzung mit dem klassisch-liberalen Freiheitsideal der Nicht-Einmischung. Letzteres begreift Freiheit als Abwesenheit der Einmischung Anderer in den eigenen Handlungsspielraum.[2] Der Begriff der Beherrschung ist im Vergleich einerseits enger als der der Einmischung, da er sich lediglich auf *willkürliche* Einmischung bezieht. Nicht-willkürliche Einmischung erscheint aus dieser Sicht als konditionierender, nicht aber als freiheitsverletzender Faktor.[3] Andererseits ist der Begriff der Beherrschung in

2 Vgl. für eine solche Freiheitskonzeption Berlin 2006 sowie Kramer 2003.

3 Pettit 2002b, S. 342-344.

dreifacher Hinsicht weiter als der der Einmischung: Er berücksichtigt nicht nur unmittelbare Beschränkungen der Wahl- und Handlungsfreiheit durch tatsächliche (willkürliche) Einmischung, sondern bereits das *Vermögen* derartiger Einmischung und damit (1) die Unsicherheit und die durch sie bedingte Unmöglichkeit, sich überhaupt Ziele zu setzen, (2) den daraus folgenden Anreiz zu vorauseilendem Gehorsam sowie (3) den ungleichen sozialen Status und mangelnden Selbst-Respekt, den Beherrschung auf Seiten der Unterworfenen mit sich bringt.[4] Zwar scheint der Begriff der Beherrschung somit ein weiteres Spektrum an Übeln zu erfassen als der der Einmischung; dennoch werden diese Übel, dem freiheitstheoretischen Kontext von Pettits Ansatz entsprechend, in der Regel so gelesen, als sei auch ihre Normativität unmittelbar freiheitstheoretisch zu erläutern.[5] Dazu bedarf es des Nachweises, inwiefern Beherrschung gerade auch über tatsächliche Einmischung hinaus eine Freiheitseinschränkung darstellt.

Eine erste Lesart von Pettits freiheitstheoretischem Grundverständnis von Beherrschung sieht in der dreifachen Erweiterung, die der Begriff der Beherrschung gegenüber dem der Einmischung vornimmt, lediglich den Einbezug der Frage nach der *Wahrscheinlichkeit* tatsächlicher Einmischung in die Handlungsfreiheit. Damit knüpft sie an den Aspekt der Unsicherheit an. Sie wird insbesondere von Verteidigern einer (links-)libertären Konzeption von Freiheit als Nicht-Einmischung stark gemacht. Sie führen an, Nicht-Beherrschung artikuliere kein eigenständiges Freiheitsverständnis, sondern weise lediglich auf empirische Bedingungen der nachhaltigen Sicherung von Freiheit hin, die grundsätzlich auch von einer Nicht-Einmischungskonzeption erfasst werden.[6] Aus Sicht dieser Lesart ergibt sich die Normativität von Beherrschung letztlich unmittelbar aus der von Einmischung: Im Zentrum steht der Schutz der Handlungsfreiheit vor äußeren Eingriffen.

4 Pettit 1997, S. 83-89.

5 Für eine Erläuterung dieser Übel ohne direkten Bezug zu Freiheit: Lovett 2010a, S. 130-134.

6 Carter 1999, S. 237-245; Kramer 2003, S. 138-143; vgl. Boesche 1998, S. 863; Ferejohn 2001, S. 85 f.; Sreenivasan 2001, S. 232.234; Waldron 2007, S. 154 f.; Carter 2008, S. 70 f.; Friedman 2008, S. 251 f.; Kramer 2008, S. 44-50; de Bruin 2009; Lang 2012; Shnayderman 2012 sowie für eine Verteidigung eines probabilistischen Freiheitsverständnisses auch Goodin/Jackson 2007 und Pettits Antwort (Pettit 2008b).

Pettit wies jedoch eine solche Interpretation stets von sich; er betont, selbst die Senkung der Wahrscheinlichkeit einer Einmischung bedeute keineswegs, dass der Grad der Beherrschung sinke, da eine solche Minderung der Eingriffswahrscheinlichkeit auch durch unterwürfiges, schmeichelndes Verhalten, vorauseilenden Gehorsam und Selbstzensur herbeigeführt werden könne. Dies zeige, »dass die bloße Möglichkeit von jemandem, sich in das Leben eines Anderen einzumischen, von großer Bedeutung für Letzteren sein kann, selbst wenn die Wahrscheinlichkeit einer Einmischung gegen null geht«.[7] Damit verweist er auf den Umstand, dass Beherrschung jenseits von Einmischung *servile Mentalitäten* mit sich bringen kann – ein Motiv, das nicht nur in der republikanischen Tradition politischen Denkens eine große Rolle spielt;[8] es zeigt auch eine gewisse Nähe zur postkolonialen Theorie, die insbesondere auf die subtilen, versteckten Mechanismen kolonialer Machtverhältnisse und deren Auswirkungen auf Kolonialisierende und Kolonialisierte aufmerksam zu machen sucht.[9]

Diese zweite Lesart rückt die psychologischen Folgen und damit den zweiten Aspekt von Beherrschung in den Mittelpunkt. Demnach ist es nicht die bloße Wahrscheinlichkeit eines äußeren Eingriffs in die Handlungsfreiheit, die Beherrschung normativ problematisch macht. Vielmehr bedingen der mit Beherrschung einhergehende Anreiz zu vorauseilendem Gehorsam und die dadurch geförderte sklavische Mentalität, die zur Internalisierung der Beherrschungssituation führt, ebenso wie tatsächliche Einmischung eine Beschränkung der Wahl- und Handlungsfreiheit – wenn auch nicht unmittelbar, sondern vermittelt über die Auswirkungen auf die Psyche der beherrschten Person.

Pettit legt diese zweite, psychologisierende Lesart insbesondere in frühen Schriften durchaus nahe; er betont ausdrücklich, die Wirkung tatsächlicher Einmischung und diejenige der durch Beherrschung induzierten Servilität seien in wesentlicher Hinsicht zu vergleichen: »sofern die [gegebene; D.G.] Person Beherrschung in diesem Sinne unterworfen ist, kommt sie nicht umhin, ihre Handlungen zu zensieren und zu unterbinden, so dass der Effekt auf ihr

7 Pettit 2007c, S. 306; vgl. Pettit 2008b.

8 Vgl. Skinner 1998, S. 84-96; Skinner 2002, S. 256-261; Skinner 2008, insbesondere S. 91-93 sowie Viroli 2012, insbesondere Kap. 3.

9 Vgl. oben Abschnitt 2.2.

Verhalten ebenso tief ist wie jener, den aktive Einmischung hervorgerufen hätte«.[10] Dementsprechend versteht Pettit Beherrschung als Beschränkung der Handlungsfreiheit, die auf zwei unterschiedliche Arten zum Tragen kommen kann:

> Beherrschung [...] schränkt die Möglichkeit der Wahl anhand der Wirkungen ein, die sie auf die beherrschte Person hat. Diese Wirkungen können durch Versuche der Vorwegnahme erzeugt werden, etwa wenn Beherrschung Selbsterniedrigung oder Selbstzensur auslöst. Sie können jedoch selbstverständlich auch durch Akte der Einmischung seitens des Beherrschers herbeigeführt werden.[11]

Erst im Zusammenhang mit Pettits übergreifender Theorie innerer und äußerer Freiheit wird deutlich, dass letztlich nicht die Absicherung eines individuellen Handlungsspielraumes vor direkten oder vermittelten Beschränkungen entscheidend ist, sondern dass der interpersonale Status als freie Person und damit die strukturelle Unabhängigkeit vom Willen Anderer das eigentliche normative Zentrum seines Verständnisses von Beherrschung darstellt.[12]

4.1.2. Diskursive Kontrolle und die Freiheit der Person

Die dritte, statusbasierte Lesart knüpft an den dritten Aspekt von Beherrschung an: Ihr zufolge liegt das Übel von Beherrschung in der Statusasymmetrie begründet, die Beherrschungsverhältnisse auszeichnet. Der normative Kern von Beherrschung liegt demnach nicht in der Beschränkung individueller Handlungsfreiheit, sondern in der Verletzung des diskursiven Status als freie Person. Dieser Status lässt sich anhand von Pettits Verständnis innerer Freiheit als *diskursive Kontrolle* erläutern, das er aus der alltäglichen Praxis der Zuschreibung von Verantwortung gewinnt.[13] Es basiert auf dem begrifflichen Grundverständnis von Freiheit als Verantwortlichkeit für das, was unter unserer Kontrolle steht (*fitness to be held responsible*).[14] Pettits Antwort auf die Frage, wie derartige Kontrolle zu verstehen ist, nimmt die grundlegende menschliche Fähigkeit

10 Pettit 2001a, S. 137.
11 Pettit 2002b, S. 349.
12 Vgl. ähnlich Skinner 2008, S. 93 f.
13 Pettit 2001a, insbesondere Kap. 4.
14 Pettit 2001a, S. 18 ff.

zum Ausgangspunkt, Gründe für oder gegen eine Überzeugung oder Handlung wahrzunehmen, zu verarbeiten und auf sie mit einer entsprechenden Korrektur des Denkens und Handelns zu reagieren.[15] Menschen sind demnach nicht nur *intentionale* Akteure, die gemäß ihrer Wahrnehmung der Umwelt und ihren Absichten zielgerichtet und in diesem Sinne rational handeln können; sie sind zugleich *vernünftige*, d.h. begründende Akteure, die in der Lage sind, ihre Wahrnehmung und ihr Handeln an Gründen zu messen und sich damit reflexiv auf ihre eigene Rationalität zu beziehen.[16]

Diese Fähigkeit, metapropositionale Einstellungen zu bilden, ermöglicht es, eigene Überzeugungen und Absichten mit Blick auf ihre Konsistenz untereinander oder mit relevanten epistemischen oder praktischen Standards kritisch zu hinterfragen und gegebenenfalls anzupassen. Auch die intentionalen Einstellungen Anderer können überprüft und entsprechende Anpassungen angeregt werden. Wer als vernunftfähiger Akteur betrachtet wird, wird daher stets zugleich als »Adressat bestimmter ›Sollenssätze‹ und ebenso als Realisierer bestimmter ›Könnenszuschreibungen‹ gesehen«.[17] In diesem Sinne gehen vernunftfähige Akteure im Austausch mit anderen unweigerlich rationale Verbindlichkeiten ein und können an entsprechenden Standards gemessen werden.

Pettits begrifflichem Grundverständnis von Freiheit als Verantwortlichkeit liegt damit eine Konzeption des Menschen als diskursfähiges Wesen zugrunde. Das grundlegende Vermögen, allein und mit anderen Gründe für intentionale Einstellungen wie Überzeugungen oder Handlungsabsichten zu reflektieren, die von anderen Akteuren nachvollzogen werden können, und damit begründende Überlegungen[18] anzustellen, nennt Pettit *Konversabilität*.[19] Kon-

15 Vgl. zu Pettits diskurstheoretischem Akteursverständnis: Pettit 2003c, S. 84-86. Pettit geht es nicht um *gute* Gründe, sondern lediglich um die Fähigkeit, metapropositionale Einstellungen zu bilden, die sich reflexiv auf den Gehalt intentionaler Einstellungen, d.h. auf Propositionen sowie deren Beziehung untereinander, beziehen; vgl. Pettit 2007d, S. 500, Fn. 4.

16 Vgl. zum Unterschied zwischen intentionalen und vernünftigen Akteuren: Pettit 1993, Kap. 1 und 2 sowie unten Abschnitt 8.1.2.

17 Pettit/Smith 1996, S. 441; vgl. Pettit 2001f, S. 31f. sowie Pettit 2007c, S. 238-242.

18 Pettit verwendet die Begriffe *diskursiv*, *deliberativ* (Pettit/Smith 2004), *dialogorientiert* (*conversational*) (Pettit/Smith 1996) und *vernünftig* (*reasonable*)(Pettit 2007c; 2007d) zum Teil austauschbar. Ich spreche im Folgenden von *begründendem Überlegen* oder *Schlussfolgern* im Sinne des grundlegenden Vermögens

versabilität beschreibt das Vermögen zur selbstbestimmten Wahl zwischen Optionen: Ein Akteur, der vor der Wahl unterschiedlicher Optionen stand, hätte demnach stets auch anders handeln können, wenn die jeweils relevanten Gründe dies erfordert hätten.[20] In diesem Sinne wird er für sein Denken und Handeln verantwortlich gemacht und als frei begriffen.

Dieses akteurszentrierte Verständnis von Willensfreiheit, das das Vermögen, anders zu handeln, als Frage nach der Konstitution des jeweiligen Akteurs, nicht als Frage nach den Umständen einer Handlungsentscheidung begreift, liefert wiederum die Grundlage für Pettits Interpretation des Ideals der Autonomie. Entscheidend ist demzufolge nicht die Herrschaft des Selbst (*autos*), sondern jene der jeweils relevanten Gründe (*orthos*). Pettit schlägt daher vor, persönliche Autonomie als Orthonomie (*orthonomy*) zu verstehen, d. h. als »Herrschaft des Richtigen«, gemessen an den jeweils verfügbaren relevanten Gründen.[21] Das orthonome Selbst nimmt auf zuverlässige Weise relevante Gründe wahr, verarbeitet sie und reagiert entsprechend. Während Konversabilität ein Vermögen beschreibt, bezeichnet Orthonomie das Ideal seiner erfolgreichen Aktualisierung.

Offensichtlich kann jedoch nicht davon ausgegangen werden, dass alle Akteure tatsächlich stets orthonom agieren. Dass wir dennoch bereit sind, derartiges Versagen als Mangel in der Realisierung, nicht jedoch als Ausdruck des Mangels an dem grundlegenden Vermögen der Konversabilität zu verstehen, liegt in unserem Selbstverständnis als diskursive Akteure begründet: Wenn ich darüber nachdenke, was ich denken oder tun soll, muss ich mich selbst als vernunftfähig begreifen; da ich also implizit voraussetz-

der Konversabilität. Der Ausdruck *diskursives Überlegen* bezieht sich auf die intersubjektive, also dialogische Ausübung dieser Fähigkeit. Der Begriff des Diskurses ist damit weiter zu verstehen als Habermas' Diskursbegriff, der eine Reflexionsform kommunikativen Handelns beschreibt (vgl. Habermas 1981, S. 39 f.). Den Begriff der *Deliberation* benutze ich jedoch Habermas folgend lediglich für diskursiven Austausch, der auf eine politische Entscheidung abzielt (vgl. Habermas 1994, insbesondere Kap. VII).

19 Pettit 2007c, S. 274-276; vgl. zur Idee einer dialogorientierten Haltung bereits (*conversational stance*) Pettit/Smith 1996 sowie Pettit 2001e, S. 31-33.

20 Ausführlich dazu Pettit 2001e.

21 Vgl. Pettit/Smith 1990, S. 588; Pettit/Smith 1993, S. 76 f.; Smith 2004; Pettit 2007c, S. 238 f.

ze, dass ich auf relevante Gründe einzugehen vermag, selbst wenn mir dies mitunter misslingt, muss ich diese Fähigkeit auch Anderen zuschreiben, mit denen ich mich über Gründe austausche. Die wechselseitige Zuschreibung des Vermögens der Konversabilität ist damit bereits in die menschliche Praxis des diskursiven Überlegens eingeschrieben; sie setzt keine Aktualisierung dieses Vermögens im Sinne voller Orthonomie voraus, sondern stellt ein »unausweichliches Postulat [...] personalen und interpersonalen Schlussfolgerns« dar.[22]

Eine solche wechselseitige Zuschreibung von Konversabilität muss indes voraussetzen, dass die Ausübung von Konversabilität nicht bereits durch äußere Umstände behindert wird. Sie impliziert daher interaktionale Normen, die all jene Verhaltensweisen ausschließen, die mit der Ausübung dieses Vermögens durch Andere inkompatibel sind.[23] Die derart präsuppositionsanalytisch begründeten Normen stellen sicher, dass alle Teilnehmer_innen diskursiver Praktiken über diskursive Kontrolle verfügen, d. h. autoritativ für sich sprechen und selbst die Gründe prüfen können, die zur Änderung ihrer Überzeugungen oder Handlungen führen. Die Frage nach innerer Freiheit ist somit untrennbar mit derjenigen nach äußerer Freiheit verbunden: Freiheit als diskursive Kontrolle bezieht sich nicht allein auf intrapersonale Kontrolle, sei es im Sinne der rationalen Kontrolle von Wünschen und Bedürfnissen in Bezug auf einzelne *Handlungen* oder im Sinne der volitiven Kontrolle, die erfordert, dass Handlungsgründe zugleich den höheren Wünschen des orthonomen *Selbst* entsprechen. Darüber hinaus bedarf es vielmehr der »Form von Kontrolle, die Menschen in diskursfreundlichen Beziehungen genießen«.[24] Damit rückt die Freiheit der *Person* in den Mittelpunkt. Sie gilt kraft ihres Status als diskursfähige Person als frei, unabhängig davon, wie etwa eine einzelne Handlungsentscheidung zustande kam.

Zu beachten ist, dass bereits das grundlegende intrapersonale Vermögen vernünftigen Überlegens (*ratiocinative capacity*) eine soziale Praxis diskursiven Austausches potentiell divergierender Stimmen voraussetzt, die es überhaupt erst ermöglicht, sich auf die Regeln, die unser begründendes Denken leiten, zu bezie-

22 Pettit 2007c, S. 278.

23 Pettit 2001f, S. 118.

24 Pettit 2001a, S. 70.

hen.[25] Gleiches gilt für den interpersonalen Zugang zu diskursfreundlichen Beziehungen und damit das Vermögen, als Person aufzutreten (*relational capacity*): Autoritativ für sich zu sprechen und dabei entsprechende Erwartungen zu produzieren, erfordert die Gegenwart Anderer, die unsere Konversabilität achten und gegebenenfalls die Einlösung der eingegangen rationalen Verbindlichkeiten einfordern.[26] Eine freie Person ist demzufolge einerseits notwendigerweise in soziale Beziehungen eingebunden, genießt aber andererseits erst in ihnen den Status einer diskursfähigen Gesprächspartnerin, der die Voraussetzungen orthonomen Denkens und Handelns nicht nur schützt, sondern dieses mitkonstituiert. Pettits Verständnis von Freiheit als diskursiver Kontrolle ist somit in doppeltem Sinne ein relationales, da beide Komponenten diskursiver Kontrolle selbst relationale Fähigkeiten sind. Erst zusammengenommen bilden diese ein »Vermögen als eine diskursive Macht«[27] und damit das Vermögen, als freie, verantwortliche Diskurspartnerin, d. h. »als würdiger Partner diskursiven Schlussfolgerns – als konversabel«,[28] auftreten zu können.

Ein solches relationales Freiheitsverständnis ähnelt feministischen Konzeptionen relationaler Autonomie.[29] Auch sie begreifen das Individuum als notwendig sozial eingebettetes und damit relationales Wesen. Seine Fähigkeiten, insbesondere die der Autonomie, sind dementsprechend ebenfalls als relationale zu verstehen; sie sind keine Eigenschaften des Individuums, sondern seiner sozialen Beziehungen. Es bedarf daher stets einer Analyse der sozi-

25 Pettit 1993, S. 175-193 sowie Pettit 2007c, S. 243-250 und S. 288-291. Pettit begreift diese Notwendigkeit als praktisch-empirische, d. h., selbst wenn begründendes Überlegen rein intrapersonal möglich wäre, so setzt es doch in der Praxis den Austausch mit anderen voraus, da dieser die Einübung in diskursive Normen ermöglicht und den Zugang zu Gründen eröffnet (vgl. Pettit 1993, S. 179). Dahinter steht eine relationale Sozialontologie, die Pettit als »holistischen Individualismus« charakterisiert: Demzufolge beeinträchtigen soziale Strukturen zwar nicht unsere Fähigkeit als intentionale Akteure (Individualismus); dennoch sind Individuen in konstitutivem Sinne abhängig von sozialen Beziehungen, insbesondere für die Ausbildung des Vermögens begründenden Überlegens (Holismus) (Pettit 1993, Kap 3. und 4).

26 Pettit 2001a, S. 71; vgl. Pettit 2007c, S. 289-291.

27 Pettit 2001a, S. 70.

28 Pettit 2007c, S. 274.

29 Nedelsky 1989; Meyers 1987; Mackenzie/Stoljar 2000; Mackenzie 2008; Nedelsky 2011.

alen Eingebundenheit des Individuums, um die notwendigen Bedingungen von Autonomie – nicht nur einer einzelnen, sondern aller Teilnehmer_innen einer sozialen Beziehung – freizulegen. Wird dies vernachlässigt, so bieten autonomiebasierte Ansätze keine Möglichkeit der Kritik gesellschaftlicher Verhältnisse, die etwa Frauen dazu bringen, unterdrückende Normen zu internalisieren.

Ähnlich argumentiert Pettit: Seine relationale Konzeption von Freiheit als diskursiver Kontrolle zielt darauf ab, die Bedingungen auszuzeichnen, unter denen unsere Konversabilität, d. h. unser grundlegendes Vermögen der Orthonomie, ausgeübt werden kann. Diese fasst er im diskursiven Status, d. h. dem Status als diskursfähiger Gesprächspartnerin, zusammen:

> diskursive Kontrolle zu genießen, bedeutet, sicher davor zu sein, zum Schweigen gebracht oder ignoriert zu werden, und davor, Gehör versagt oder das letzte Wort in Bezug auf die eigenen Antworten verweigert zu bekommen. Es bedeutet, im Gegenzug, als diskursives Subjekt mit einer eigenen Stimme und einem eigenen Ohr anerkannt zu werden.[30]

Freiheit als diskursiver Kontrolle geht es somit nicht um die grundlegende Unabhängigkeit von Anderen, sondern um Freiheit *innerhalb von* und *durch* Beziehungen zu Anderen.[31] Freiheit ist, so Pettit, »nicht einfach ein psychologisches Vermögen«, sondern vielmehr »eine soziale Macht in Beziehung zu Anderen«.[32]

4.1.3. Nicht-Beherrschung als Statusfreiheit

Während Pettits Konzeption von Freiheit als diskursiver Kontrolle sowohl intrapersonale als auch interpersonale Bedingungen der Freiheit artikuliert, muss ein politisches Ideal der Freiheit Pettit zufolge enger gefasst sein und sich auf die äußeren Bedingungen von Freiheit beschränken. Grund dafür ist, dass staatliche Eingriffe in intrapersonale Belange nicht nur wenig effektiv scheinen, sondern die Gefahr bergen, selbst zu unterdrückenden Maßnahmen zu degenerieren. Das politische Ideal der Freiheit als Nicht-Beherrschung bezieht sich darum allein auf den Schutz der präsuppositionsanalytisch rekonstruierten sozialen Voraussetzungen diskursiver

30 Pettit 2001a, S. 140.
31 Vgl. Erman 2010, S. 37.
32 Pettit 2001a, S. 125.

Kontrolle.[33] Der Begriff der Beherrschung spezifiziert dementsprechend diejenigen Bedingungen, unter denen soziale Beziehungen die Diskursfähigkeit einiger Teilnehmer_innen und damit die relationalen Bedingungen von Freiheit unterminieren und ihnen den diskursiven Status als freie Person versagen. Dies ist der Fall, sobald die betroffenen Akteure strukturell vom Willen Anderer abhängig sind, da ein Akteur, der einem fremden Willen unterworfen ist, nicht autoritativ für sich sprechen kann: »Er wird nicht mehr die Art von Stimme haben, die zuverlässig aufrichtig sein kann oder von der dies erwartet werden kann. Er wird stets unter dem Verdacht stehen, der Zuhörerschaft der Mächtigen nach dem Mund zu reden und selbst nichts Gehaltvolles zu sagen zu haben.«[34]

Dies zeigt erstens, dass es Pettits Ideal politischer Freiheit als Nicht-Beherrschung nicht allein und nicht einmal vorrangig um die Sicherung des freien Zugangs zu bestimmten Handlungsoptionen geht. Im Mittelpunkt steht vielmehr die Struktur der Beziehungen zu anderen Akteuren, die neben dem Set an verfügbaren Handlungsoptionen auch die relationalen Voraussetzungen der Möglichkeit einer orthonomen Wahl dieser Optionen beeinflusst. Freiheit als Nicht-Beherrschung ist ebenso wie der Gegenbegriff der Beherrschung primär als Prädikat interpersonaler Beziehungen, d.h. im Sinne der Freiheit der Person, und nicht interaktional als auf einzelne Handlungen bezogene Wahl- und Handlungsfreiheit zu verstehen.[35] Wer über diskursive Kontrolle verfügt, ist begrifflich gesehen eine freie Person, unabhängig davon, ob seine Handlungsfreiheit in Bezug auf eine konkrete Entscheidung eingeschränkt wird; wer dagegen nicht über diskursive Kontrolle verfügt, ist als Person unfrei, ebenfalls unabhängig davon, ob in seine Handlungsfreiheit eingegriffen wird oder nicht.

Der normative Kern des Begriffs der Beherrschung liegt damit, wie Pettit in neueren Schriften betont, weniger in der Beschränkung von Handlungsfreiheit und der durch Beherrschung bedingten Servilität als vielmehr im dritten Aspekt von Beherrschung, also der mit Beherrschung verbundenen Statusasymmetrie:

33 Pettit 2001a, S. 126 f.

34 Pettit 2005b, S. 103.

35 Pettit 2007b; vgl. Pettit 2003a.

Das schreckliche Übel, das Beherrschung mit sich bringt, jenseits der Beschränkung der Wahlfreiheit und dem Hervorrufen einer besonderen Form von Unsicherheit, liegt darin, dass Beherrschung eine Person der Fähigkeit beraubt, Aufmerksamkeit und Respekt einzufordern und ihr damit das Standing unter anderen Personen entzieht.[36]

Entscheidend ist demnach nicht, ob eine einzelne Handlungsentscheidung behindert wird, sondern ob ein Akteur innerhalb eines bestimmten Sets an Handlungsalternativen kraft des Status als freie Person, der seine diskursive Kontrolle schützt, eine freie Entscheidung treffen kann.

Erst aus dieser Perspektive wird – im Gegensatz zur ersten, libertären und zur zweiten, psychologisierenden Lesart Pettits – deutlich, warum vorauseilender Gehorsam ein Problem darstellt, obwohl er in Bezug auf einzelne Handlungsentscheidungen durchaus eher als »Ausdruck denn als Beschränkung der Wahlmöglichkeit«[37] erscheinen mag: Nicht der einzelne Akt vorauseilenden Gehorsams ist Kern des Problems, sondern die interpersonale Beziehung, die vorauseilenden Gehorsam induziert. Zudem wird erst aus dieser Perspektive ersichtlich, warum es Pettit nur um *willkürliche* Eingriffe in die Wahl- und Handlungsfreiheit geht: Entscheidend ist weder, zu wie vielen Handlungsoptionen ein Akteur Zugang hat, noch, wie wertvoll sie sind, sondern, ob er vom Willen Anderer abhängt oder diskursive Kontrolle ausüben und d. h. als freie Person denken und handeln kann.[38]

36 Pettit 2002b, S. 351.
37 Pettit 2007b, S. 714.
38 Insofern geht die Kritik, bei Pettit bleibe unklar, warum nicht-willkürliche Einmischung keinen Freiheitseingriff darstelle (Forst 2013, S. 162; List/Valentini 2016, S. 1059), fehl: Die freiheitstheoretische Unterscheidung zwischen willkürlichen und nichtwillkürlichen Eingriffen in die Handlungsfreiheit ist bereits auf begrifflicher Ebene angelegt. Wer über diskursive Kontrolle verfügt und damit den Status einer freien Person genießt, ist frei, unabhängig davon, ob seine Handlungsfreiheit beschränkt wird; wer dagegen nicht über diskursive Kontrolle verfügt, ist unfrei, ebenfalls unabhängig davon, ob in seine Handlungsfreiheit eingegriffen wird oder nicht. Die Frage nach der Bestimmung des Umfangs konkreter, politisch zu gewährleistender Freiheiten ist aus dieser Sicht nachrangig; entscheidend ist die Modalität, mit der sie genossen werden. Dies wird häufig übersehen, auch weil Pettits Verständnis des diskursiven Status letztlich zu kurz greift und darum die Ebene der Handlungsfreiheit nicht konsequent hinter sich lässt (vgl. dazu unten Abschnitt 4.2.2. und 4.3.2. sowie die Kritik seines implizit interaktionalen Machtverständnisses unter 5.1.2.).

Da nur als glaubwürdige Diskurspartnerin auftreten kann, wer nicht vom Willen Anderer abhängig ist, kann der diskursive Status den weniger mächtigen Akteuren nicht einseitig von den jeweils mächtigeren Akteuren gewährt werden. Eine solche einseitige Gewährung würde ebendiesen Status zugleich wieder untergraben, da er vom Willen des Mächtigen abhängig bliebe und damit diskursive Kontrolle unterliefe:

Zwar können die Mächtigen gegenüber einer solchen Person die Haltung dialogorientierter Rede einnehmen und dies möglicherweise sogar ernst meinen; dennoch werden die Realitäten ihrer Beziehung diese Haltung unterminieren und die diskursive Kontrolle des jeweiligen Akteurs ebenso wirksam aufs Spiel setzen wie einzelne Akte von direktem Zwang oder Manipulation.[39]

Als freie Person auftreten kann nur diejenige, die auch hinsichtlich ihres diskursiven Status nicht vom Willen eines mächtigen Gegenübers abhängt. Es genügt nicht, dass dieser ihr bloß gewährt wird; diskursive Kontrolle erfordert es um ihrer selbst willen, »dass man in der Lage ist, Aufmerksamkeit und Respekt von Anderen einzufordern: wenn man so will, ihre Autorisierung als Stimme, die es wert ist, gehört zu werden, und als Ohr, das es wert ist, angesprochen zu werden«.[40]

Der Status als freie Person und der Anspruch auf diesen Status sind daher unlösbar miteinander verknüpft: »Eine Person zu sein, ist untrennbar damit verbunden, Respekt zu verdienen und zu empfangen, und zwar als Recht – als effektives, nicht bloß als formales Recht.«[41] Darum, so Pettit, lasse sich der diskursive Status im Sinne der kantischen Idee moralischer Achtung interpretieren, die verlangt, dass Personen niemals nur als Mittel, sondern immer zugleich als Zweck zu behandeln sind. Dies erfordere, die Andere als autonomiefähige Gesprächspartnerin anzuerkennen und darum Beherrschung zu vermeiden:

Respekt hat zwei Bestandteile: in negativer Hinsicht fordert er eine Struktur, in der Menschen versagt wird, Kontrolle übereinander zu haben; und

39 Pettit 2001a, S. 78.
40 Pettit 2002b, S. 350.
41 Pettit 2005b, S. 103.

in positiver Hinsicht erfordert er die Bereitschaft, miteinander auf gründevermittelter oder gründe-freundlicher Basis in Beziehung zu treten.[42]

Damit verweist Pettit auf die entscheidende Bedeutung des *politischen* Ideals der Nicht-Beherrschung: Gerade weil die stets bereits unterstellten äußeren Bedingungen diskursiver Kontrolle nicht einseitig gewährt werden können, sondern einforderbar sein müssen, lassen sie sich nicht außerhalb eines institutionalisierten politischen Rahmens schützen:

> In einer Welt ungleicher Macht, ungleichen Standings und ungleich verteilter Besitztümer sind die bessergestellten Menschen nicht in der Lage, Anderen Respekt entgegenzubringen, ganz gleich wie aufrichtig ihre Intentionen sein mögen. Respekt kann nicht entgegengebracht, sondern nur eingefordert werden. Aber eine zentrale, zwangsbewehrte Macht darf hoffen, eine Welt zu errichten, in der Menschen gegenseitigen Respekt genießen, sofern sie eine Struktur etabliert, die das Ausmaß, in dem einige Menschen unter der Kontrolle anderer stehen, abbaut oder eindämmt und es so ermöglicht, dass Respekt gedeiht.[43]

Das politische Ideal der Nicht-Beherrschung beschreibt somit die notwendigen, politisch-rechtlichen Voraussetzungen der Realisierung wechselseitiger Achtung auto- bzw. orthonomer Personen: Es zielt darauf ab, die Machtbeziehungen zwischen diskursfähigen Akteuren so zu regulieren, dass sie einander als freie, orthonome Personen begegnen können. Und erst ein politisch-rechtlicher Status ermöglicht eine solche Verwirklichung der Freiheit der Person im Sinne eines diskursiven Status innerhalb sozialer Beziehungen.

Folgt man dieser dritten, statusbasierten Lesart von Pettits freiheitstheoretischem Grundverständnis von Beherrschung, so basiert dessen Normativität auf einem diskurstheoretisch rekonstruierten Ideal der wechselseitigen Achtung freier, diskursfähiger Personen: Das politische Ideal der Nicht-Beherrschung schützt die relationalen Voraussetzungen des grundlegenden Vermögens der Konversabilität und damit der Möglichkeit persönlicher Autonomie im Sinne von Orthonomie. Die Institutionalisierung des politisch-rechtlichen Status der Nicht-Beherrschung schafft somit die interpersonalen Voraussetzungen für die Realisierung dessen, was in der

42 Pettit 2007c, S. 280; vgl. Pettit/Smith 2004, S. 172; Pettit 2005b, S. 103 f. sowie Kant 1977 [1785], S. 59 f. und S. 68 f. und Kant 1977 [1797], S. 600-602.

43 Pettit 2007c, S. 301.

diskursiven Praxis bereits notwendigerweise idealisierend vorausgesetzt wird: dass die Teilnehmer_innen dieser Praxis konversable und damit potentiell orthonome Personen sind. Beherrschung ist im Gegenzug ein Übel, weil sie die Realisierung der relationalen Fähigkeit orthonomen Denkens und Handelns verhindert: »Beherrschung ist ein Übel für menschliche Individuen; sie beschränkt, inwieweit diese zu anderen als Personen im gemeinsamen Raum der Gründe in Beziehung stehen können: Das bedeutet faktisch, sie beschränkt, inwieweit sie in Beziehungen gegenseitigen Respekts leben können.«[44]

4.2. Eine diskurstheoretische Erweiterung des Begriffs der Beherrschung

Pettits Theorie der Freiheit als Nicht-Beherrschung ist dezidiert negativ ausgerichtet: Sie konzentriert sich auf die Voraussetzungen der Abwesenheit von Beherrschung, ohne ein positives Freiheitsideal auszuformulieren. Dahinter steht sein Bemühen darum, jegliche Nähe zu perfektionistischen Freiheitskonzeptionen zu vermeiden, die eine Herrschaft über jene, die (noch) nicht über die Voraussetzungen wahrer Freiheit verfügen, legitimieren könnten (4.2.1.). Dementsprechend ist auch der grundlegende diskursive Status negativ konzipiert: Er basiert auf der Konzeption von Autonomie als praktischer Rationalität. Ausgerechnet diese sparsame Autonomiekonzeption bedingt jedoch eine entscheidende normati-

44 Pettit 2010b, S. 76. Diese statusbasierte Interpretation von Pettits Verständnis der Normativität von Beherrschung scheint eine diskurstheoretisch gewendete kantische Begründung der Normativität von Beherrschung in seinen Ansatz hineinzulesen, die in gewisser Spannung zu seinem konsequentialistischen Selbstverständnis und seiner teleologischen Interpretation des Ideals politischer Freiheit steht. Diese Spannung verweist auf die grundlegende Spannung zwischen dem libertären Aspekt der Handlungsfreiheit auf der einen und dem diskurstheoretisch begründeten Statusbegriff der Freiheit der Person auf der anderen Seite, die von Pettit nicht vollständig gelöst wird. Sie schlägt sich, wie in Kapitel fünf anhand einer Kritik von Pettits dispositionalem Machtverständnis und seinem interessenbasierten Willkürverständnis deutlich wird, auch in konzeptioneller Hinsicht nieder und wird im Folgenden im Sinne einer dezidiert diskurstheoretisch konzipierten Statusfreiheit aufgelöst. Vgl. jedoch zur Moral der Achtung aus konsequentialistischer Perspektive Pettit 1989.

ve Engführung des Begriffs der Beherrschung: Sie blendet die Frage nach den Geltungsbedingungen von Handlungsnormen aus und übergeht damit eine fundamentale Dimension von Beherrschung: jene, nicht als Mitautor_in praktischer Normen anerkannt zu werden. Diese Engführung lässt sich auf der Grundlage von Forsts diskurstheoretisch gewendetem kantischen Republikanismus überwinden: Seine diskurstheoretische Autonomiekonzeption, die die praktische Rechtfertigung in den Mittelpunkt stellt, ermöglicht die Erweiterung des negativ gefassten diskursiven Status freier Personen um die positive Dimension normativer Autorität, die Pettits Anspruch auf epistemologische und praktische Bescheidenheit reflexiv wendet (4.2.2.). Das Prinzip der Rechtfertigung bedarf jedoch der Ergänzung um das Prinzip der Nicht-Beherrschung; das korrespondierende Recht auf Nicht-Beherrschung steht im Zentrum einer reflexiven Theorie der Gerechtigkeit als Nicht-Beherrschung (4.3.3.).

4.2.1. Zu Pettits negativem Grundverständnis von Beherrschung

Pettits freiheitstheoretisches Grundverständnis des Begriffs der Beherrschung scheint auf den ersten Blick gut geeignet als Basis für die Entwicklung einer normativen Sprache, die das Anliegen der Demokratieförderung ebenso ernst zu nehmen weiß wie den Imperialismusvorwurf: Der Status der Nicht-Beherrschung artikuliert die sozialen Voraussetzungen, unter denen alle Beteiligten als diskursfähige Personen geachtet werden und als solche miteinander interagieren können. Er setzt nicht nur einen institutionalisierten politischen Rahmen voraus (der, wie in Kapitel 6 zu zeigen sein wird, demokratisch strukturiert ist). Zugleich versucht Pettit ausdrücklich jede Nähe zu paternalistischen Rechtfertigungen von Freiheitseingriffen zu vermeiden, wie sie gerade in der Zivilisierungsrhetorik imperialer Vorhaben zum Ausdruck kommen. Er begreift die Konzeption politischer Freiheit als Nicht-Beherrschung in dezidiert negativem Sinne: Sie ist auf die Voraussetzungen der Abwesenheit von Beziehungen der Beherrschung ausgerichtet, lässt jedoch offen, wie ein politisches Ideal jenseits dieser negativen Bestimmung ausformuliert werden könnte.[45] Damit wendet er sich,

45 Pettit 1997, S. 27-31.

einer Unterscheidung Berlins folgend, gegen positive Freiheitskonzeptionen. Deren Augenmerk richtet sich gerade nicht auf die Vermeidung von Freiheitseingriffen durch Andere; vielmehr erblicken sie das eigentliche Ziel von Freiheit in perfektionistischer Selbstverwirklichung, sei es im Sinne der Selbstbeherrschung des eigenen, niederen Selbst, sei es im Sinne des Aufgehens in einem nationalistischen großen Ganzen oder im Sinne des Vollzugs demokratischer Partizipation.[46]

Ebenso wie Berlin steht Pettit derartigen positiven Freiheitskonzeptionen äußerst kritisch gegenüber. Diese kritische Haltung ist Ausdruck seines Bemühens darum, strittige metaphysische Annahmen über höchste zu realisierende Werte zu vermeiden und eine in epistemologischem Sinne möglichst bescheidene Position zu entwickeln. Dabei geht es ihm nicht primär um größtmögliche Zustimmungsfähigkeit in Bezug auf seine theoretischen Grundannahmen. Er sorgt sich insbesondere um die praktischen Gefahren eines positiven Verständnisses politischer Freiheit, das den Staat im Namen eines perfektionistischen Ideals zu weitreichenden Eingriffen in das Leben der Bürger ermächtigt. Zwar gesteht er zu, dass ein positives Ideal persönlicher Autonomie möglicherweise attraktiv sei; als politisches Ideal sei es jedoch ungeeignet, da es dem Staat die Aufgabe zuschreiben würde, seine Bürger_innen erst zu vollkommenen, freien Subjekten zu machen, und somit umfassender repressiver Politik Vorschub leisten würde.[47]

Eben darum beschränkt sich Pettits politisches Freiheitsideal der Nicht-Beherrschung auf die äußere Dimension von Freiheit als diskursiver Kontrolle; die inneren Voraussetzungen der erfolgreichen Realisierung persönlicher Autonomie, wie etwa die eigene Willensstärke, sind dagegen gerade nicht Teil des politischen Freiheitsideals, sondern bleiben der Einzelnen überlassen. Und aus dem gleichen Grund grenzt Pettit sich von eher kommunitaristisch oder rousseauistisch ausgerichteten Spielarten des Republikanismus ab, die Freiheit als Realisierung demokratischer Beteiligung begreifen: Gerade in der begrifflichen Gleichsetzung von Freiheit mit Demokratie erblickt er die Gefahr einer repressiven Politik, die im Namen der Demokratie die Freiheit Einzelner beschneidet und

46 Berlin 2006.

47 Pettit 2001a, S. 127; vgl. Berlin 2006.

dies als wahre Freiheit ausgibt.[48] Seine negative Konzeption von Freiheit als Abwesenheit von Beherrschung richtet sich gegen jegliche perfektionistische Zivilisierungslogik, gerade auch dann, wenn sie unter demokratischen Vorzeichen steht.

Patchen Markell hat jedoch eingewandt, Pettits Ideal der Nicht-Beherrschung erweise sich ausgerechnet mit Blick auf die Kritik imperialistischer Herrschaft und entsprechender zivilisatorischer Legitimationsnarrative als unzureichend. Sein Grundverständnis von Freiheit und Nicht-Beherrschung basiere auf einer verkürzten Konzeption von Agency, die allein auf Kontrolle abziele. Damit jedoch werde die zentrale Dimension der aktiven Mitwirkung (*involvement*) übergangen. Diese frage nicht danach, inwieweit Handlungen kontrolliert werden, sondern danach, *wer* handelt.[49] Erst der Einbezug dieser Dimension der Mitwirkung erlaube es, das Übel des Imperialismus zu erfassen. Denn dieses erschöpfe sich eben nicht darin, einige Menschen dem Vermögen willkürlicher Einflussnahme auszusetzen; imperiale Herrschaft verdränge zugleich die aktive Teilnahme am politischen Leben.[50] Da sich das Ideal der Nicht-Beherrschung jedoch nur auf »die letzte Kontrolle *über* den Lauf der Dinge auf Kosten des aktiven Involviertseins *in* ihnen«[51] beziehe, bleibe Pettits Neorepublikanismus letztlich eigentümlich unkritisch gegenüber vermeintlich wohlwollenden imperialen Machtverhältnissen, die ausgerechnet im Namen der Befreiung von willkürlicher Herrschaft gerechtfertigt werden. Dies, so Markell, »lässt Pettits Republikanismus mit einem beschränkten Sinn für das zurück, was in bedeutenden Fällen imperialer Politik auf dem Spiel steht«.[52]

Mit dieser Kritik an Pettits dezidiert negativ ausgerichtetem Ideal der Freiheit als Nicht-Beherrschung verweist Markell darauf, dass das imperialismuskritische Potential des Begriffs der Beherrschung begrenzt ist, solange dieser eine positive, aktive Handlungsdimension ausblendet. Während Markell indes die Engführung des Begriffs der Beherrschung zu Lasten einer aktiven, positiven Handlungsdimension auf Pettits Konzeption von Willkür und Kontrolle zurückführt und vorschlägt, den Begriff der Beherrschung um jenen

48 Pettit 2013.

49 Markell 2008, S. 12.

50 Markell 2008, S. 25.

51 Markell 2008, S. 23 [Hervorhebung im Original].

52 Markell 2008, S. 16.

der Usurpation zu ergänzen, werde ich im Folgenden zeigen, dass sie letztlich in dem dahinter stehenden verkürzten Ideal von Autonomie als praktischer Rationalität verankert ist und darum keinen zweiten Begriff erfordert, sondern eine Erweiterung des dem Begriff der Beherrschung zugrunde liegenden diskursiven Status um die reflexive Dimension normativer Autorität.

4.2.2. Diskursiver Status und normative Autorität

Der unter 4.1. vorgeschlagenen statusbasierten Lesart folgend, basiert Pettits Grundverständnis von Beherrschung auf seiner Konzeption von Freiheit als diskursiver Kontrolle, die wiederum auf dem in die diskursive Praxis eingeschriebenen Postulat der wechselseitigen Zuschreibung von Konversabilität beruht. Diese Zuschreibung basaler Autonomiefähigkeit stellt uns in einen normativen Raum der Gründe, in dem wir uns wechselseitig auf Basis der dem Gebrauch der diskursiven Vernunft inhärenten Rationalitätsverpflichtungen verantwortlich machen. Den normativen Raum der Gründe versteht Pettit indes nicht in anspruchsvollem Sinne als moralischen; ihm geht es allein um die wechselseitige Begründung von Überzeugungen und Handlungen im Lichte *rationaler* Verbindlichkeiten, die in den Gebrauch der Fähigkeit diskursiven Denkens eingelassen sind und bestimmen, wann es angemessen ist, sich eine bestimmte Proposition zu eigen zu machen. Die relevanten Normen, die den Raum der Gründe strukturieren, sind daher primär solche schlussfolgernder Rationalität, derer sich autonome Personen bewusst sein können und an denen sie gemessen werden können.[53] Wechselseitige Begründungen beziehen sich dementsprechend auf die Frage nach der Wahl geeigneter Mittel, die Konsistenz und Abwägung von Zwecken sowie ihre Kompatibilität mit gegebenen Standards, seien diese rationaler, prudentieller oder moralischer Natur. Die autonome Person, die Pettits Theorie der Beherrschung zugrunde liegt, ist somit eine, die sich innerhalb diskursiver Beziehungen ihrer eigenen persönlichen Überzeugungen, Absichten und Handlungen bewusst zu werden sowie diese rational zu begründen vermag und dabei Adressatin entsprechender inferentieller und interaktionaler Normen ist.

53 Vgl. Pettit 2001e, S. 31.

Forsts diskurstheoretisch gewendeter kantischer Republikanismus[54] beruht ebenfalls auf einer diskurstheoretisch rekonstruierten Konzeption der vernunftfähigen Person, die autonom, d. h. frei und verantwortlich, im Raum der Gründe zu denken und zu handeln vermag. Anders als Pettit bezieht er dieses Vermögen jedoch nicht allein auf die intersubjektiv gedeutete Fähigkeit *praktischer Rationalität*, d. h. die Fähigkeit, sich intentionale Einstellungen bewusst zu machen, sie an Standards der Rationalität in Bezug auf andere Einstellungen oder gegebene Normen zu messen und entsprechend anzupassen, sondern darüber hinaus auf die Fähigkeit zweiter Ordnung, Normen selbst auf ihre Gültigkeit hin zu befragen und zu rechtfertigen.[55] Diese verweist auf die Dimension *praktischer Rechtfertigung* im Raum intersubjektiv *vertretbarer* (und nicht bloß nachvollziehbarer) Gründe und damit über die rationale *Begründung* hinaus auf praktisch-vernünftige *Rechtfertigungen*.[56]

Denn Forst misst subjektive Überzeugungen und Absichten nicht allein an Standards der Rationalität, sondern auch an guten Gründen. Diese begreift er nicht als gegeben, sondern wiederum als intersubjektiv konstruiert: Dem grundlegenden *Prinzip der Rechtfertigung* zufolge müssen sich alle praktischen Normen in intersubjektiven Verfahren gemäß ihrem jeweiligen Geltungsanspruch rechtfertigen lassen.[57] Die Kriterien eines solchen Verfahrens richten sich dementsprechend nach den Geltungsansprüchen des jeweiligen praktischen Kontexts, aus denen sich rekursiv, d. h. anhand der Frage nach den Bedingungen ihrer Einlösung, die Geltungsbedingungen praktischer Normen gewinnen lassen. Forst unterscheidet moralische, ethische, politische und rechtliche Kontexte, denen jeweils ein spezifisches Verständnis von Autonomie, je spezifische normative Geltungskriterien und damit verschiedene Dimensionen praktischer Verantwortung korrespondieren. Das allgemeine Verständnis von Autonomie im Sinne des begründeten und damit verantwortlichen Handelns muss daher je nach Kon-

54 Forst 2007; Forst 2011; Forst 2013; Forst 2015a; Forst 2015b.

55 Vgl. Forst 2007, S. 77. Es ist zu beachten, dass sich Forsts Sprachgebrauch an dieser Stelle von dem Pettits unterscheidet, der bereits die rationale Begründung als *Vernunft* bezeichnet (vgl. oben Kap. 4, Fn. 15 sowie zum Unterschied zwischen diskursiver und praktischer Vernunft unten Kap. 4, Fn. 77).

56 Vgl. Forst 2007, S. 30.

57 Forst 2007, S. 81.

text und den diesen jeweils kennzeichnenden Geltungsansprüchen konkretisiert werden.[58]

Moralisch autonom handelt, wer auf der Basis von strikt allgemeinen und reziproken Gründen handelt und somit Verantwortung vor Anderen übernimmt, die in moralisch relevanter Weise von den eigenen Handlungen betroffen sind. *Ethische* Autonomie dagegen verweist auf Gründe, die die je eigene Konzeption des Guten auf der Basis der eigenen Identität sowohl in retrospektiver als auch in prospektiver Hinsicht berücksichtigen, und zielt damit auf eine Verantwortung vor sich selbst und denen ab, die zum Kern der eigenen Identität gehören. *Rechtliche* Autonomie bezieht sich auf den Raum persönlicher Willkürfreiheit, innerhalb dessen die rechtlich autonome Person allein *vor* dem Recht, d. h. allein mit Verweis auf die Rechtmäßigkeit der eigenen Handlungen, verantwortlich ist. *Politische* Autonomie schließlich meint die Verantwortung *für* das Recht als Teil eines Kollektivs, das sich als Autor des Rechts versteht und vor dem dieses allgemein und reziprok gerechtfertigt werden muss. Sie kann daher nur gemeinsam mit den anderen Mitgliedern des jeweiligen Kollektivs ausgeübt werden.

Mithilfe des grundlegenden Rechtfertigungsprinzips gelingt es Forst, auch die Gültigkeit der Standards, die bei Pettit als gegeben vorausgesetzt werden, reflexiv auf ihre Gültigkeit hin zu befragen. Während Pettit sich auf die Ebene der Reflexion individueller intentionaler Einstellungen beschränkt, berücksichtigt Forst auch die höherstufige Frage nach den Geltungsbedingungen der jeweils relevanten handlungspraktischen Normen. Pettit geht, mit anderen Worten, von einer Konzeption praktischer Rationalität aus, die er als *diskursive Vernunft* begreift. Die Rationalitätsverpflichtungen, die aus diesem Gebrauch der diskursiven Vernunft erwachsen, sind keine Imperative praktischer Rationalität: Sie zielen allein auf rationale Begründung. Forst dagegen bezieht auch die Dimension praktischer Rechtfertigung mit ein und formuliert ein stärkeres Verständnis *praktischer Vernunft*.[59] Eine autonome Person vermag demnach nicht nur hinsichtlich ihres eigenen normgebundenen Handelns, sondern auch mit Blick auf die Generierung von Normen als freie und verantwortliche Person aufzutreten. Ihr diskur-

58 Vgl. dazu Forst 2007, S. 196-210 sowie Forst 1996, S. 385-413.

59 Vgl. unten Kap. 4, Fn. 77.

siver Status ist nicht nur der einer *autonomen Adressatin*, sondern auch der einer *autonomen Autorin* praktischer Normen.

Pettit scheint einen solchen starken, kantischen Autonomiebegriff, der die positive Dimension einer autonomen Normgenerierung mit einbezieht, ausdrücklich vermeiden zu wollen. Dahinter steht ebenjene Sorge gegenüber den politischen Folgen eines positiven Freiheitsverständnisses, der er durch das negative Freiheitsverständnis zu begegnen sucht. Forsts diskurstheoretische Wendung des kantischen Autonomiebegriffs zeigt hingegen, dass eine solche Sorge nicht nur unbegründet ist, sondern selbst zu einer normativen Engführung des Beherrschungsbegriffs führt, die gerade auch in politisch-praktischer Hinsicht eine wesentliche Form der Beherrschung übersieht.[60]

Erstens fasst Forst die Idee einer autonomen Gesetzgebung moralischer Personen in praktischem, nicht in metaphysischem Sinne. Er begreift die kantische Normbegründung diskurstheoretisch gewendet als intersubjektives Begründungsverfahren statt als Prüfung durch die subjektiv verstandene praktische Vernunft: Entscheidend ist, dass gerade unter Bedingungen des Fehlens einer uns zugänglichen letzten metaphysischen Autorität allein die intersubjektive Begründungsfähigkeit von Normen durch die ihnen Unterworfenen ihre Geltung rechtfertigen kann. Das Verfahren einer solchen Begründung beruht – ausgehend von den jeweiligen Geltungsansprüchen handlungsleitender Normen – auf der rekursiven Reflexion auf die darin enthaltenen Bedingungen ihrer Einlösung.

Damit weist Forsts Ansatz eine Reflexivität auf, die Pettits Ansatz nicht einzuholen vermag. Die praktische Vernunft ist demnach keine autoritative Quelle moralischer Normen, sondern das Vermögen, kontextspezifisch angemessene gute Gründe zu geben.[61] Sie ist zugleich eine begründende und eine kritische Vernunft, die sich selbst rekursiv hinterfragt, denn sie nimmt keine Wahrheiten als gegeben hin, sondern misst diese an ihrem eigenen Geltungsanspruch. Pettits Freiheitstheorie dagegen kann die diskursive Praxis

60 Forst entwickelt die Sprache der Rechtfertigung in Auseinandersetzung mit der Liberalismus-Kommunitarismus-Debatte und bringt sie erst in neueren Schriften mit dem neorepublikanisch geprägten Begriff der Beherrschung in Verbindung (Forst 2011; Forst 2013; Forst 2015b). Vgl. zum Verhältnis zwischen Rechtfertigung und Beherrschung unten Abschnitt 4.3.1.

61 Forst 1996, S. 134; vgl. Forst 2003, S. 626 f.; Forst 2007, S. 83 f.

nicht selbst als Verfahren zur Prüfung praktischer Normen erfassen. Vielmehr beschränkt sie sich auf die Rekonstruktion der normativen Implikationen praktischer Rationalität – und damit auf eine Diskurstheorie praktisch-rationaler Verantwortung. Sie bleibt hinter dem normativen Gehalt einer Diskurstheorie im Habermasschen Sinne[62] zurück, die nicht nur die normativen Implikationen unhintergehbarer Argumentationsvoraussetzungen rekonstruiert, sondern diese zugleich reflexiv als Bedingung der Möglichkeit der intersubjektiven Geltung praktischer Normen ausweist.

Eben diese reflexive diskurstheoretische Dimension der Normengenerierung ist indes für eine kritische Theorie der Nicht-Beherrschung von entscheidender Bedeutung: Wird Nicht-Beherrschung als Anspruch darauf verstanden, nicht willkürlicher Macht unterworfen zu sein, so muss gerade die Verweigerung der Anerkennung als Subjekt praktischer Rechtfertigung als fundamentale Form der Beherrschung gelten, denn sie unterwirft die Einzelne normativen Standards, an denen sie gemessen wird, ohne diese und ihre Geltungsbedingungen selbst einer Kritik zu öffnen. So weist auch Bohman darauf hin, dass Nicht-Beherrschung sich gerade nicht in dem »Vermögen, andere zu kontrollieren und der Auferlegung von Verpflichtungen durch den Willen eines anderen zu widerstehen« erschöpfe, sondern als »Macht über den Gehalt der eigenen Verpflichtungen und des eigenen Status« begriffen werden müsse.[63] Diskursive Kontrolle reiche dazu nicht aus; vielmehr bedürfe es einer »normative Macht«, die es uns ermöglicht, auf der Basis kommunikativer Freiheiten neue Verpflichtungen einzugehen und zu gestalten.[64]

Erst eine anspruchsvollere diskurstheoretische Konzeption von Autonomie vermag es, diese wesentliche Hinsicht der Beherrschung mit einzubeziehen: Der Status freier Personen beschränkt sich demnach nicht allein auf den negativ konzipierten diskursiven Status; er muss vielmehr in positivem Sinne um die Dimension *normativer Autorität* erweitert werden, die den Anspruch auf epistemologische und praktische Bescheidenheit reflexiv wendet: Sie fordert nicht allein die sozialen Voraussetzungen der unmittelbaren Abwehr eines fremden Willens, sondern zugleich die Macht,

62 Vgl. Habermas 1983.
63 Bohman 2007b, S. 96.
64 Bohman 2008b, S. 199; vgl. für eine ähnliche Kritik: Erman 2010, S. 41.

die eigenen sozialen Beziehungen und die in ihnen zum Ausdruck kommenden sozialen Normen mitzugestalten.

Zweitens zeigt Forsts Differenzierung unterschiedlicher Kontexte der Rechtfertigung, dass die mit dem Status normativer Autorität umrissene positive Dimension von Autonomie, die Pettit zu umgehen sucht, gerade in *politischer* Hinsicht von wesentlicher Bedeutung ist. Die beiden Dimensionen der autonomen Person als Autorin und Adressatin praktischer Normen, die in der moralischen Autonomie miteinander verbunden sind, differenzieren sich in der Etablierung einer politischen Grundstruktur in zwei unterschiedliche Kontexte der Autonomie:[65] Die rechtliche Autonomie der Adressatin des Rechts, der das Recht einen Spielraum individueller Handlungsfreiheit zuspricht, innerhalb dessen sie keine Rechtfertigung schuldig ist, macht sie als Rechtspersonen vor dem Recht für ihre individuellen Handlungen verantwortlich. Die politische Autonomie der Autorin des Rechts, die dieses in einem kollektiven Akt der Selbstgesetzgebung erlässt, macht sie dagegen gemeinsam mit allen anderen Bürger_innen wechselseitig für das Recht verantwortlich.

Pettits politisches Ideal der Nicht-Beherrschung, das auf seinem engen Verständnis persönlicher Autonomie praktisch-rationaler Personen beruht, vernachlässigt nicht nur die grundlegende Frage nach der Rechtfertigung moralischer Normen und damit die positive Dimension der Autorenschaft *moralisch* autonomer Personen; dies führt zugleich dazu, dass er auf der politisch-rechtlichen Ebene den Begriff der *politischen* Autonomie nicht ausschöpft. Denn sein Ideal der Nicht-Beherrschung bezieht sich allein auf die negative Dimension *rechtlicher* Autonomie und damit auf die autonome Rechtsperson als Adressatin des Rechts. Damit aber übersieht er aus Sorge um die Gefahren eines positiven Freiheitsideals eine wesentliche Form der Beherrschung: die nämlich, gar nicht als Mitautor_in der jeweils relevanten politisch-rechtlichen Normen anerkannt zu werden.

Denn der Status als Person muss mehr sichern als eine Sphäre individueller Handlungsfreiheit. Dies zeigt sich gerade in dem für Beherrschung paradigmatischen Beispiel des Sklaven: Die eigentumsrechtliche Verfügungsgewalt des Herrn über seinen Sklaven

65 Forst 1996, S. 395-402; vgl. Habermas 1994, Kapitel III sowie Habermas 1996, S. 296-298.

erschöpft sich nicht darin, dessen individuelle Handlungsfreiheit einschränken zu können. Dem Sklaven werden darüber hinaus zugleich die fundamentale Anerkennung als moralische Person sowie politische Gestaltungsmacht, insbesondere mit Blick auf die Interpretation seines eigenen Status und die grundlegende Institution der Sklaverei, versagt. Forst betont daher zu Recht, dass der Status einer freien Person sich nicht auf den praktisch-rationalen Sinn von Autonomie beschränken kann, sondern ein anspruchsvolleres, diskurstheoretisches Verständnis von Autonomie erfordert: »[E]s ist Freiheit im Sinne von Autonomie, das heißt Freiheit *von* nicht zu rechtfertigender Unterwerfung oder Zwang und Freiheit *als* selbstbestimmter Akteur in (moralischen ebenso wie politischen) Rechtfertigungen, die für das republikanische Verständnis von Nicht-Beherrschung entscheidend ist.«[66] Der diskursive Status freier Personen, der Pettits Grundverständnis von Beherrschung unterliegt, bedarf somit auch in politischer Hinsicht der Erweiterung um die Dimension normativer Autorität, die nicht nur den Status als Adressat_in, sondern zugleich den als Autor_in praktischer Normen umfasst.

4.2.3. Diskursive Praxis und moralische Rechtfertigung

Pettit und Forst begreifen den grundlegenden Status freier Personen beide als Ausdruck unhintergehbarer Voraussetzungen grundlegender diskursiver Praktiken. Sie geben diesem Status jedoch nicht nur unterschiedlichen Gehalt; vielmehr begreifen sie bereits die diskursive Praxis, die sie zum Ausgangspunkt nehmen, auf unterschiedliche Weise und verfolgen dementsprechend unterschiedlich weitgehende Begründungsansprüche. Pettit zufolge sind wir stets bereits in allgemeine diskursive Praktiken eingebunden, in denen wir einander in praktisch-rationalem Sinne verantwortlich machen und die darum die wechselseitige Zuschreibung eines diskursiven Status voraussetzen. Er verfolgt weder den Anspruch, die Normativität *moralischer* Normen zu erläutern noch geht es ihm darum, diese Praxis selbst zu begründen. Das Prinzip der Nicht-Beherrschung ist ein politisch-rechtliches Prinzip, das auf dem präsuppositionsanalytisch rekonstruierten diskursiven Status freier Personen

66 Forst 2013, S. 163 [Hervorhebung im Original].

basiert. Die Forderung nach wechselseitiger Achtung als diskursive Personen begreift Pettit weder als Grundlegung einer allgemeinen Moraltheorie noch selbst als moralische Forderung. Vielmehr beschränkt er sich auf die Explikation der normativen Präsuppositionen der diskursiven Praxis des Verantwortlich-Machens, die wir einander als Teilnehmende dieser Praxis immer schon unterstellen.

Hinter dieser begründungstheoretischen Bescheidenheit steht letztlich Pettits konsequentialistisches Moralverständnis. Zwar schreibt er der diskurstheoretisch begründeten Achtung autonomer Personen einen deontologischen Gehalt zu: Er betont, der diskursive Status, der die Unabhängigkeit vom Willen Anderer sicherstellt, könne um seiner selbst willen nicht gewährt werden, sondern müsse grundsätzlich einforderbar sein. Auch hält er die diskursive Praxis faktisch für unhintergehbar, da wir als diskursive Wesen zwangsläufig in diskursivem Austausch miteinander stehen.[67] Dennoch wehrt er sich dagegen, ein Festhalten an der diskursiven Praxis zur kategorischen Pflicht zu erheben. Vielmehr besteht er darauf, dass auch sie sich letztlich an einem konsequentialistisch verstandenen, unabhängig begründeten Ideal messen lassen müsse.[68] In diesem Sinne bleibt der in die diskursive Praxis eingeschriebene Imperativ der Nicht-Beherrschung letztlich ein bedingter; er gilt nicht kategorisch, sondern in Funktion eines unabhängig davon bestimmten Wertes.

Forst dagegen geht von der anspruchsvolleren Praxis diskursiver *moralischer* Rechtfertigung und damit der Frage nach moralischer Verantwortung im Lichte kategorischer Geltungsansprüche aus. Das Spezifische der in die argumentative Praxis eingeschriebenen Moral der Achtung sei gerade, dass es der Moral um *kategorisch* bindende Normen gehe, die strikt allgemeine und reziproke Geltung beanspruchen, dass also jede Person sie zu beachten hat und zugleich ihre Beachtung von allen Anderen verlangen kann.[69] Das Selbstverständnis moralischer Personen sei dementsprechend durch die praktische Einsicht gekennzeichnet, dass sie »eine unbedingte und kategorische Pflicht *zur reziprok-allgemeinen Rechtfertigung*

67 Pettit 2007c, S. 284; vgl. Pettit/Smith 2004, S. 170-172.

68 Pettit 2007c, S. 286; vgl. Pettit 1989 zum konsequentialistischen Zugang zu einer Moral der Achtung.

69 Diese Kritik Forsts richtet sich nicht gegen Pettit, sondern gegen Habermas; vgl. ausführlich Forst 2007, S. 92 f.

von Handlungsweisen bzw. Normen hat, die andere auf moralisch relevante Weise betreffen«.[70] Diese Rechtfertigungspflicht müsse vom moralischen Standpunkt her als kategorisch bindende verstanden werden, da moralische Personen sonst zwar wüssten, »*wie* sie sich zu rechtfertigen haben, nicht aber, *dass* sie dazu verpflichtet sind, sofern ein moralischer Handlungskontext besteht«.[71] Sie ist der moralischen Praxis immanent: Eine rein hypothetische Einnahme des moralischen Standpunktes wäre ein Selbstwiderspruch; der moralische Standpunkt setzt das Selbstverständnis als moralische Person voraus.

Die moralische Instanz, der man Verantwortung schuldet, versteht Forst nicht selbstbezogen im Sinne der eigenen Würde als autonome Person, sondern intersubjektiv: In der Pflicht zur Rechtfertigung zeigt sich der Anspruch der Anderen, denen gegenüber man moralisch verantwortlich ist. Der praktischen Einsicht in die Pflicht zur Rechtfertigung entspricht daher die wechselseitige Anerkennung eines kategorischen *Rechts auf Rechtfertigung*.[72] Dieses ist nicht als Ableitung aus dem Prinzip der Rechtfertigung zu deuten, sondern vielmehr im Sinne der praktischen Einsicht in die praktischen Implikationen des Rechtfertigungsprinzips.[73] Damit artikuliert es den Gehalt des Rechtfertigungsprinzips mit Blick auf den Geltungsanspruch einer autonomen Moral, die im Gegensatz zur traditionalen Moral auf Gründen beruht, die jeder positionsunabhängig einsehen können muss. Sie beruht auf der praktischen Einsicht einer ursprünglichen Verantwortung Anderen gegenüber, denn dieses »Verantwortlichsein ist die basale Weise, in der wir in der Welt sind: als *endliche Wesen, die Gründe brauchen*, d. h. geben können und benötigen«,[74] ohne dabei jedoch »Zugriff auf eine metaphysische Welt der Gründe« zu haben.[75] Die Moral erschließt sich somit als Praxis unserer endlichen Vernunft, d. h. als »eine spezifisch menschliche Institution, die darauf basiert, dass Menschen sich gegenseitig einen Status als moralische Person *zuschreiben* – letztlich in einem Akt der Anerkennung, der ›keiner rechtfertigen-

70 Forst 2007, S. 93 [Hervorhebung im Original]; vgl. Forst 2007, S. 61-73.

71 Forst 2007, S. 93 [Hervorhebung im Original].

72 Forst 2007, S. 93.

73 Forst 2007, S. 130, Fn. 14.

74 Forst 2007, S. 98 [Hervorhebung im Original].

75 Forst 2007, S. 97.

den Gründe‹ bedarf außer dem, dass er unter Menschen ›geschuldet‹ ist«.[76] Sie verpflichtet uns *als* moralische Personen dazu, uns wechselseitig als eben solche zu achten, und das heißt, einen jeden gleichermaßen als Autor_in und Adressat_in moralischer Ansprüche anzuerkennen, die nicht reziprok und allgemein zurückgewiesen werden können.

Während Forst also in der rekursiv begründeten praktischen Einsicht in das kategorische Recht auf Rechtfertigung die Quelle der Moral sieht, beschränkt sich Pettit auf die weiter gefasste und dünnere Normativität von Rationalitätsverpflichtungen, die in den allgemeinen Präsuppositionen jeglicher diskursiven Praxis verankert ist und deren soziale Voraussetzungen die Grundlage eines politischen Freiheitsideals bilden.[77] Da Forst einen umfassenden Begründungsanspruch erhebt, der sich weit über die Sphäre des Politischen hinaus auf die Grundlagen der Moral insgesamt erstreckt, bleibt abschließend zu klären, wie sich das Prinzip *moralischer* Rechtfertigung und das *politisch-rechtliche* Ideal der Nicht-Beherrschung zueinander verhalten.

4.3. Gerechtigkeit und das Recht auf Nicht-Beherrschung

Forsts diskurstheoretische Konzeption moralischer Autonomie geht weit über den von Pettit angedachten politisch-rechtlichen Anwendungskontext des Begriffs der Beherrschung hinaus. Zwar

76 Forst 2007, S. 97 [Hervorhebung im Original].

77 Mit Habermas lässt sich indes ein Weg aufzeigen, den von Pettit präsuppositionsanalytisch rekonstruierten kategorischen Gehalt der Achtung autonomer Personen ernst zu nehmen, ohne zugleich ein Festhalten an der diskursiven Praxis zur kategorischen Pflicht zu erheben: Während Pettits konsequentialistischer Zugang diese Fragen vermengt, unterscheidet Habermas' Formalpragmatik den kategorischen Geltungsanspruch diskurstheoretisch rekonstruierter Normen von der Frage nach der Begründung der dieser Präskription zugrunde liegenden Praxis selbst. Habermas verzichtet auf eine solche Begründung und verweist auf die Bedeutung entgegenkommender Lebensformen und der Einübung in entsprechende soziale Praktiken. Dementsprechend fällt bei ihm – anders als bei Forst – die *kommunikative* Vernunft nicht mit der *praktischen* Vernunft zusammen; dennoch gehen ihre praktischen Implikationen über die bloße *diskursive* Vernunft hinaus, die bei Pettit jenseits weiterführender konsequentialistischer Erwägungen die Grundlage der Normativität bildet (vgl. Habermas 1991).

bildet das Recht auf moralische Rechtfertigung den normativen Kern des Ideals der Nicht-Beherrschung. Es bedarf jedoch der Ergänzung um das Recht auf Nicht-Beherrschung, das angibt, unter welchen Umständen nicht allein interindividuelle moralische Rechtfertigung gefordert ist, sondern die Errichtung von Verfahren politischer Rechtfertigung, und das heißt einer Praxis der Nicht-Beherrschung (4.3.1.). Im Gegenzug muss dem engen Zusammenhang zwischen moralischer Rechtfertigung und politisch-sozialer Nicht-Beherrschung Rechnung getragen werden. Denn erst die Frage nach der wechselseitigen moralischen Begründbarkeit politischer Institutionen erlaubt die nötige Reflexivität: Sie wendet den freiheitstheoretischen Zugriff auf den Begriff der Beherrschung hin zu einem gerechtigkeitstheoretischen Zugang (4.3.1.). Damit rückt die Frage nach Beherrschung und somit einer spezifischen Art von Machtbeziehung ins Zentrum einer reflexiven Theorie der Gerechtigkeit als Nicht-Beherrschung (4.3.3.).

4.3.1. Rechtfertigung und das Recht auf Nicht-Beherrschung

Die vorgeschlagene Erweiterung von Pettits Grundverständnis des Begriffs der Beherrschung um die Dimension normativer Autorität basiert auf Forsts diskurstheoretischer Konzeption moralischer Autonomie. Trotz seines weitreichenden Begründungsanspruchs steht in ihrem Zentrum nicht die Ausformulierung einer umfassenden Theorie moralischer Selbstgesetzgebung, sondern die moralische Autonomie hinsichtlich eines politisch-sozialen Kontextes, der die unterschiedlichen Dimensionen von Autonomie integriert, indem er die ethische Autonomie mit Hilfe der politisch-autonom gesetzten rechtlichen Autonomie schützt, und all dies wiederum auf eine Weise, die moralisch nicht zurückweisbar ist. Es geht Forst, mit anderen Worten, um das »zwischen Bürgern einer politischen Gemeinschaft im Namen der Gerechtigkeit Forderbare«.[78] Politische und soziale Gerechtigkeit in diesem Sinne fragt nicht nach der Moralität individueller Handlungen oder dem autonomen Leben von Personen schlechthin, sondern nach den Normen eines im Rahmen einer gesellschaftlichen Grundstruktur rechtlich geregelten sozialen Zusammenlebens, die vor und von den Mitgliedern einer

78 Forst 2007, S. 180.

politischen Gemeinschaft wechselseitig rechtfertigbar sind. Dabei bilden die Normen und Rechte, die moralische Personen einander nicht vorenthalten können, den normativen Kern einer politischen Grundstruktur, die erst die Ausübung politischer Autonomie und damit die politische Rechtfertigung einer je konkreten institutionellen Grundstruktur ermöglicht;[79] sie sind, mit anderen Worten, unhintergehbare Voraussetzungen politischer Selbstbestimmung, gegen die auch diese nicht begründeterweise verstoßen kann.[80] In diesem Sinne ist für Forsts diskurstheoretisch gewendete Konzeption moralischer Autonomie gerade die Frage nach der wechselseitigen *moralischen* Rechtfertigung der Grundstruktur *politisch-rechtlicher* Ordnungen fundamental.

Das grundlegende moralische Recht auf Rechtfertigung begreift Forst dementsprechend einerseits als Recht, das jede moralisch betroffene Person dazu berechtigt, von dem jeweils Handelnden Gründe zu verlangen, die nicht auf allgemeine und reziproke Weise zurückgewiesen werden können.[81] Damit ist es zunächst ein Recht auf *moralische* Rechtfertigung. Andererseits versteht Forst es zugleich als Forderung danach, »dass es keine politischen oder sozialen Herrschaftsverhältnisse geben soll, die gegenüber den Betroffenen nicht adäquat gerechtfertigt werden können«[82] und damit als ein »basales Recht auf Nichtbeherrschung (*nondomination*)«.[83] Wird Letzteres als Anspruch darauf verstanden, nicht willkürlicher Macht unterworfen zu sein, so scheint es indes, als bestimme sich willkürliche Macht, d.h. Beherrschung, allein dadurch, dass sie *moralisch* nicht zu rechtfertigen ist. Der Begriff der Nicht-Beherrschung ist jedoch zugleich spezifischer und allgemeiner als der der moralischen Rechtfertigung. Er bezieht sich weder auf *sämtliche* moralischen Übel noch ausschließlich auf *moralische* Übel.

Beherrschung beschreibt ein Machtverhältnis, das den *Status* als normative Autorität systematisch untergräbt, indem es verhindert, dass Akteure als eigenständige Sprecher_innen und Rechtfertigungsautoritäten auftreten können. Dabei geht es nicht um jegliche Formen des Rechtfertigungsversagens, sondern um soziale

79 Forst 2007, S. 172 f.
80 Forst 2007, S. 174.
81 Vgl. Forst 2007, S. 197.
82 Forst 2007, S. 10.
83 Forst 2011, S. 107 [Hervorhebung im Original].

Machtverhältnisse, die ihnen den Zugriff auf die sozialen Bedingungen ihres Denkens und Handelns entziehen. Beherrschung ist kein interaktionales, rein individualmoralisches, sondern ein strukturelles, statusbasiertes Phänomen und insofern enger als die Verletzung der Pflicht moralischer Rechtfertigung.[84] Eben dieses Charakteristikum macht den Begriff der Nicht-Beherrschung jedoch zugleich weiter als denjenigen moralischer Rechtfertigung, denn aufgrund der strukturellen Natur von Beherrschung genügt individuell moralisches Verhalten nicht, um Beherrschung zu vermeiden. Anders als moralische Übel im Allgemeinen verlangt Beherrschung, wie Pettit deutlich macht, nach rechtlich-politischer Herrschaft, die die äußeren Bedingungen diskursiver Kontrolle, d.h. Nicht-Beherrschung, zu garantieren vermag, indem sie interpersonale Machtbeziehungen so reguliert, dass die immer schon in soziale Kontexte eingebundenen Akteure einander als diskursfähige Personen begegnen können. Selbst wenn alle Akteure ihrer individuellen moralischen Pflicht zur Rechtfertigung nachkommen, ist nicht gewährleistet, dass keine Beherrschung besteht; die Realisierung von Nicht-Beherrschung ist vielmehr auf institutionalisierte Praktiken kollektiven Handelns angewiesen. Insofern ist *Nicht*-Beherrschung ein dezidiert politisch-rechtlicher Begriff.

Das Recht auf Rechtfertigung jedoch konkretisiert nicht, wann ihm keine individuelle Rechtfertigungspflicht korrespondiert, sondern eine geteilte Pflicht zur Einrichtung entsprechender institutionalisierter Rechtfertigungsverfahren. Darum bleibt erstens unscharf, wie sich ein durch moralische Betroffenheit bestimmter moralischer Kontext von einem Kontext politischer und sozialer Gerechtigkeit unterscheidet, in dem eine politisch-rechtliche Grundstruktur zu errichten ist. Zwar stellt Forst klar, dass ein solcher keineswegs bereits entsprechende Institutionen voraussetze, sondern gerade erst die Frage nach den Bedingungen aufwerfe, unter denen soziale Verhältnisse gegenüber den Teilnehmern_innen reziprok und allgemein gerechtfertigt werden können, und damit zur Forderung der Etablierung einer solchen Ordnung führe.[85] Dennoch bleibt offen, unter welchen Umständen moralisch ›betroffene‹ Personen dies zu Recht einfordern können bzw. einander schulden.

Zugleich wird zweitens nicht deutlich, wie weit sich das Recht

84 Vgl. ausführlich dazu aus machttheoretischer Perspektive unten Abschnitt 5.1.
85 Vgl. Forst 2012, S. 38.

auf bzw. die Pflicht zu moralischer Rechtfertigung innerhalb einer solchen politisch-rechtlichen Grundstruktur erstreckt. Diese beinhaltet zwar einen moralischen Kern: Gerade weil sie den Anspruch auf wechselseitige und allgemeine Geltung vor allen Mitgliedern erhebt, kann sie nicht selbst gegen den Kern an Rechten verstoßen, den moralische Personen einander nicht begründeterweise vorenthalten können. Diese Rechte erfahren indes erst durch ihre rechtliche Institutionalisierung eine Konkretisierung und überführen dabei die moralische Forderung nach Rechtfertigung in eine gesellschaftliche Praxis politischer Rechtfertigung. Diese zeichnet sich gegenüber moralischer Rechtfertigung dadurch aus, dass sie zwar moralkompatibel sein muss, jedoch auch eine Vielzahl nicht-moralischer, d.h. pragmatischer und ethischer Gründe[86] berücksichtigen kann. Der Status normativer Autorität bezieht sich daher nicht allein auf moralische Autorität. Im Gegenzug liegt Beherrschung nicht nur dort vor, wo asymmetrische Machtverhältnisse *moralisch* nicht zu rechtfertigen sind, sondern auch dort, wo sie *politisch* nicht zu rechtfertigen ist, d.h. auch dort, wo nicht die im Kern moralisch begründeten Rechtfertigungsverfahren, sondern deren konkrete Institutionalisierung oder die in ihrem Rahmen erzielten Ergebnisse unter anderen Gesichtspunkten nicht zu rechtfertigen sind.[87] In dieser Hinsicht ist der Begriff der Nicht-Beherrschung weiter als der moralischer Rechtfertigung, denn die politische Normativität ist moralisch gesehen unterbestimmt.

Ich schlage daher vor, sowohl das Prinzip moralischer Rechtfertigung als auch das Prinzip der Nicht-Beherrschung als Spezifizierungen des allgemeinen Rechtfertigungsprinzips zu verstehen.[88] Während das *Rechtfertigungsprinzip* als übergreifendes Prinzip der praktischen Vernunft den allgemeinen Gesichtspunkt erläutert, unter dem Handlungsnormen überhaupt Anspruch auf Geltung erhe-

86 Vgl. zur Unterscheidung moralischer, ethischer und pragmatischer Gründe: Habermas 1991, Kap. 5.

87 Vgl. Habermas 1996, S. 296 f.

88 In ähnlicher Weise unterscheidet Habermas zwischen dem übergreifenden *Diskursprinzip*, das als Moralprinzip die Form eines *Universalisierungsgrundsatzes* annimmt, und dem *Demokratieprinzip*, das auf der Basis einer Verschränkung von Diskursprinzip und Rechtsform Verfahren legitimer Rechtssetzung bestimmt (vgl. Habermas 1994, S. 138-143). Anders als bei Habermas sieht die hier vorgeschlagene Differenzierung jedoch eine enge Verbindung von Moral- und Nicht-Beherrschungsprinzip, da letzteres selbst moralisch begründet ist.

ben können, beschreibt das *Prinzip strikt allgemeiner und reziproker Rechtfertigung* den der moralischen Argumentation immanenten Anspruch auf kategorische Geltung. Diesem Prinzip, verstanden als Argumentationsregel im Bereich der Moral, korrespondiert mit Blick auf den politisch-rechtlichen Kontext der Konstruktion einer gesellschaftlichen Grundstruktur das *Prinzip der Nicht-Beherrschung*. Es benennt weder eine moralische noch eine kontextübergreifende Argumentationsregel, sondern die sozialen und politischen Voraussetzungen dessen, was in der Rechtfertigungspraxis bereits notwendigerweise vorausgesetzt wird: nämlich dass die Teilnehmer_innen dieser Praxis einander als autonome Subjekte der Rechtfertigung begegnen können und damit das allgemeine Rechtfertigungsprinzip in sozialen Handlungszusammenhängen wirksam werden kann. Damit bezieht es sich zunächst nicht auf die interne Struktur des Argumentationspiels, sondern auf die Ebene der äußeren, d. h. handlungswirksamen Institutionalisierung der Voraussetzungen, die es uns als zugleich vernunftfähigen und dabei stets bereits in soziale Kontexte eingebundenen Akteuren ermöglichen, überhaupt als normative Autoritäten aufzutreten.[89]

Impliziert das Rechtfertigungsprinzip ein moralisches *Recht auf Rechtfertigung*, so ist dieses in Bezug auf moralische Kontexte, in denen Handlungsnormen *allein* unter dem Gesichtspunkt der Allgemeinheit und Reziprozität Anspruch auf Geltung erheben können, als Recht auf *moralische* Rechtfertigung zu begreifen. Ihm korrespondiert im politisch-rechtlichen Kontext ein *Recht auf Nicht-Beherrschung*. Der theoretischen Rekonstruktion des Rechtfertigungsprinzips entspricht dementsprechend nicht nur die praktische Einsicht, dass wir einander in moralischen Kontexten eine allgemein-reziproke Rechtfertigung unserer Handlungsnormen schulden, sondern zugleich jene, dass wir einander in Kontexten der Beherrschung die Etablierung politisch-rechtlicher Institutionen schulden, die eine politisch-rechtliche Rechtfertigung überhaupt erst ermöglichen. Damit bringt es in einer spezifischen Hinsicht, nämlich mit Blick auf den moralischen Kern einer gerechten gesellschaftlichen Grundstruktur, das Recht auf moralische Rechtfertigung zur Geltung. Zugleich verweist es über die Sphäre moralischer Rechtfertigung hinaus auf die innerhalb entsprechender

89 Vgl. Habermas 1994, S. 142.

Institutionen generierte politisch-rechtliche Normativität, in der jenseits der Institutionalisierung und Konkretisierung moralisch nicht zurückweisbarer Rechte je spezifische Antworten auf Beherrschung generiert werden, die von der unmittelbaren interaktionalen moralischen Rechtfertigungspflicht entlasten.[90]

4.3.2. Freiheit und ein reflexives Verständnis von Gerechtigkeit

Während also Forsts allgemeines Rechtfertigungsprinzip mit Blick auf politisch-rechtliche Kontexte durch das Prinzip der Nicht-Beherrschung konkretisiert werden muss, um den Besonderheiten des politisch-rechtlichen im Unterschied zum moralischen Kontext Rechnung zu tragen, übergeht Pettit im Gegenzug den engen Zusammenhang zwischen ihnen – und verschenkt damit wichtiges kritisches Potential. Auch wenn das Prinzip der Nicht-Beherrschung ein dezidiert politisch-rechtliches Prinzip ist, so bleibt sein Kern doch ein moralischer, denn es basiert auf der Frage nach der wechselseitigen moralischen Rechtfertigung der Grundstruktur politisch-rechtlicher Ordnungen, auch wenn es sich nicht in ihr erschöpft. Diese grundlegende Frage nach der diskursiven moralischen Rechtfertigung einer politisch-sozialen Grundstruktur kann Pettit in dieser Form nicht stellen, weil seine Konzeption persönlicher Autonomie die Dimension der intersubjektiven Rechtfertigung praktischer Normen unterschlägt. Pettit differenziert nicht zwischen unterschiedlichen praktischen Kontexten; die in den allgemeinen Präsuppositionen diskursiver Praxis enthaltene Normativität bezieht sich allein auf rationale Konsistenz und bleibt eine schwache Form von Normativität als rationaler Motivation, die nicht zwischen unterschiedlich starken Geltungsansprüchen unterscheiden kann. Die politische Normativität von Beherrschung ist weder an eine Konzeption moralischer Autonomie zurückgebunden, noch verweist sie auf eine politisch-autonome Praxis der Rechtfertigung politisch-rechtlicher Normen. Dies mag wiederum Ausdruck von Pettits epistemischer und praktischer Bescheidenheit sein. Dabei setzt er jedoch das politische Ideal der Nicht-Beherr-

90 Vgl. zur entlastenden Funktion des Rechts Habermas 1994, S. 145-151 und S. 565-568.

schung selbst als zu realisierenden Wert voraus, ohne dessen Geltungsbedingungen reflexiv zu hinterfragen.[91]

Damit geht für den Begriff der Beherrschung in doppelter Hinsicht kritisches Potential verloren, das erst eine reflexive Anwendung des Prinzips der *Nicht-Beherrschung* auf die Bedingungen der *Normrechtfertigung* zu realisieren vermag. Während bei Pettit das Ideal der Nicht-Beherrschung als relationale Voraussetzung des Schutzes und der Ermöglichung persönlicher Autonomie politische Normativität erlangt, zeichnet sich das Rechtfertigungsprinzip durch einen Doppelcharakter aus: Es ist Bedingung der Möglichkeit der prozeduralen diskursiven Rechtfertigung praktischer, insbesondere auch politisch-rechtlicher Normen und zugleich der Standard, anhand dessen je konkrete Rechtfertigungen zu beurteilen sind. Einerseits wird erst damit der Grundanspruch, nicht willkürlicher Macht unterworfen zu sein, in seinem handlungspraktischen Gehalt ausgeschöpft, indem er nicht nur aus den in diskursive Praktiken eingeschriebenen Interaktionsnormen gewonnen, sondern zugleich reflexiv auf die Bedingung wechselseitiger und diskursiver Rechtfertigung handlungspraktischer Normen angewandt wird. Diese Reflexivität richtet sich andererseits auch auf die politische Philosophie selbst:[92] Sie fragt nicht nach substantiellen Idealen, sondern nach den Bedingungen der Rechtfertigung praktischer Normen. Dementsprechend konstruiert sie keine konkreten Inhalte politischer Normativität; vielmehr bleibt sie auf je spezifische Praktiken der Rechtfertigung angewiesen, die diese erst hervorbringt. Dennoch benennt sie (durchaus auch substantielle) Voraussetzungen, unter denen derart prozedural generierte Normen Geltung beanspruchen können.

Ein dezidiert diskurstheoretischer Zugang zum Begriff der Beherrschung vermeidet somit die Setzung eines zu realisierenden Wertes: Das Prinzip der Rechtfertigung wird zur rekursiv begründeten und reflexiv gewendeten substantiellen Grundnorm einer jeden politisch-sozialen Praxis autonomer Rechtfertigung praktischer

91 In der *Theory of Freedom* setzt Pettit voraus, dass der Staat Freiheit schützen sollte, und beschränkt sich auf die Diskussion eines geeigneten politischen Ideals der Freiheit (Pettit 2001a, S. 125 f.). In *Republicanism* begnügt er sich damit, ein vernünftiges Interesse an der Realisierung von Nicht-Beherrschung aufzuzeigen (Pettit 1997, S. 82-97).

92 Vgl. dazu Forst 2011, S. 13-18.

Normen. Damit bildet es auch die Grundlage der wechselseitigen Rechtfertigung von Freiheitsspielräumen – und verweist so weg von einem freiheitstheoretischen Zugang zum Begriff der Beherrschung hin zu einem reflexiven Verständnis von Gerechtigkeit als Nicht-Beherrschung: Dieses ist nicht auf die Verwirklichung des Werts der Freiheit ausgerichtet, sondern zielt darauf, die Struktur sozialer Beziehungen innerhalb einer gesellschaftlichen Grundstruktur so zu gestalten, dass ihr Anspruch auf allgemeine und reziproke Geltung vor und von allen Betroffenen gerechtfertigt werden können muss.

Für Pettit dagegen bildet Freiheit den grundlegenden Wert, der das Konzept der Gerechtigkeit substantiell bestimmt. Soziale Gerechtigkeit bezieht sich demnach auf Beherrschungsbeziehungen von Bürger_innen untereinander, das heißt auf *private* Beherrschung, und umfasst daher die Frage nach der inhaltlichen Bestimmung einer gesellschaftlichen Grundstruktur, nicht aber jene nach politischer Gerechtigkeit, d.h. nach der Quelle staatlicher Autorität.[93] Letztere, die *öffentliche* Dimension von Nicht-Beherrschung versteht Pettit als Frage nach Legitimität[94] bzw. politischer Gerechtigkeit,[95] die – wenn auch mitunter nicht leicht zu trennen – unabhängig davon zu beantworten sei.[96] Beide, soziale Gerechtigkeit ebenso wie Legitimität, begreift er als normative Praktiken der Freiheitssicherung: Demnach ist es der übergreifende Wert der Freiheit als Nicht-Beherrschung, auf dem soziale Gerechtigkeit beruht und der den normativen Gehalt der Gerechtigkeit – ebenso wie den der Legitimität – näher bestimmt.[97]

93 Pettit 2012b, S. 77.

94 Pettit 2012b, Kap. 3.

95 Pettit 2015a, S. 18.

96 Pettit hält diese Unterscheidung für wichtig, um zwischen illegitimen, aber gerechten bzw. legitimen, aber ungerechten Gesellschaften differenzieren zu können, die je unterschiedliche politische Verpflichtungen begründen (vgl. Pettit 2012b, S. 136-140). Vgl. zur Kritik der dahinter stehenden Unterscheidung privater und öffentlicher Beherrschung unten Abschnitt 5.2.1 sowie zum Zusammenhang von Gerechtigkeit und Demokratie Abschnitt 6.3.

97 Pettit 2015a, S. 16-22. Lovett dagegen versteht den Begriff der Beherrschung ausdrücklich als Antonym von Gerechtigkeit (Lovett 2010a, Kap. 5 und 6, insbesondere S. 151-156). Der Begriff der Gerechtigkeit scheint bei ihm jedoch – dem mit Pettit geteilten konsequentialistischen Moralverständnis entsprechend – ein Platzhalter zu sein, der dazu dient, dem Staat die Realisierung eines unabhängig begründeten Wertes zuzuschreiben.

Soziale Gerechtigkeit ist als Forderung danach zu verstehen, dass alle Bürger_innen gleichermaßen den grundlegenden Status einer freien Person genießen. Ausgehend vom heuristischen Bild freier Personen, die »aufrecht gehen und anderen in die Augen schauen können«,[98] konkretisiert er diesen Status anhand eines Sets fundamentaler Freiheiten, das zwei formalen Kriterien genügen muss:[99] Ihre Ausübung muss mit der Wahrnehmung der gleichen Freiheit durch jeden beliebigen anderen (*co-exercisability*) ebenso kompatibel sein wie mit der Realisierung anderer fundamentaler Freiheiten (*co-satisfaction*). Der Status der freien Person besteht damit in der Garantie genau der Freiheiten, die untereinander und mit den gleichen Freiheiten Anderer kompatibel sind. Sie bestimmen den Begriff sozialer Gerechtigkeit dementsprechend als Forderung nach »Gleichheit in Bezug auf den Genuss fundamentaler Wahlfreiheiten, der Grundfreiheiten, auf der Basis öffentlicher Mittel und Absicherungen«.[100]

Diese Konkretisierung eines politischen Freiheitsideals anhand fundamentaler Handlungsfreiheiten und der grundlegende, diskurstheoretisch rekonstruierte diskursive Status freier Personen bleiben jedoch letztlich unvermittelt: Die Bestimmung fundamentaler Freiheiten lässt weder deutlich werden, inwiefern diskursive Kontrolle auch über die fundamentalen Freiheiten hinaus von Bedeutung ist, noch welche Bedeutung diskursiver Kontrolle in Bezug auf deren Bestimmung zukommt. Der Zusammenhang zwischen den Kriterien der Ko-Satisfaktion sowie der Ko-Realisierbarkeit und dem diskursiven Status bleibt unklar; die begriffliche Verbindung zwischen diskursivem Status, der Unabhängigkeit von fremdem Willen und der Freiheit der Person, nach der eben nicht die Frage nach einzelnen Handlungsfreiheiten, sondern die Modalität, mit der sie genossen werden, die entscheidende ist, geht mit der Identifizierung fundamentaler Freiheiten auf der Ebene einzelner Sets an Handlungsoptionen verloren.[101]

Dies liegt zunächst daran, dass Pettit die Frage nach dem Gehalt

98 Pettit 2012b, S. 82.

99 Pettit 2012b, S. 92-107; vgl. Pettit 2015a, S. 99-113.

100 Pettit 2012b, S. 77. Ausführlich zu Pettits Verständnis fundamentaler Freiheiten: Pettit 2008d.

101 Vgl. Gädeke 2014b, S. 624.

des Status einer freien Person von der entscheidenden Frage, wer die Kontrolle über die Bestimmung des relevanten Optionensets hat, trennt: Ersteres ist die Dimension sozialer Gerechtigkeit, Letzteres jene der Legitimität. In dieser analytischen Trennung spiegelt sich erneut die Verkürzung des diskursiven Status: Er weist gerade nicht jene reflexive Dimension auf, die die Bestimmung des Gehalts des Status freier Personen deren eigener normativen Autorität überantwortet. Pettits orthonome, d. h. praktisch-rationale Person kann sich zwar als Freiheitsnutzerin, nicht jedoch als Freiheitsgeberin verstehen; sie ist Adressatin, nicht aber Autorin der jeweils relevanten Normen. Ihr diskursiver Status als freie Person berücksichtigt nur die negative Hinsicht der Abwehr von Fremdbestimmung, nicht aber die positive Hinsicht der wechselseitigen Rechtfertigung je bestimmter Freiheitsspielräume voreinander. Sie kann daher die Ebene konkreter Handlungsfreiheiten nicht konsequent aus der Perspektive des Status freier Personen betrachten.

Nun mag die Perspektive normativer Autorität die Vermutung nahelegen, auch sie führe eine freiheitstheoretische Bestimmung der Gerechtigkeit ein, wenn auch nicht, wie Pettit, in einem negativen, sondern vielmehr in einem positiv-partizipatorischen Sinne. Schließlich argumentiert sie letztlich dafür, das Verständnis von moralischer und politischer Autonomie um eine positive Dimension zu erweitern. Dennoch basieren Fragen politischer wie auch sozialer Gerechtigkeit letztlich auf dem übergreifenden Prinzip der Rechtfertigung und seiner Spezifizierung im Prinzip der Nicht-Beherrschung. Aus dieser Perspektive ist Freiheit zwar als normative Praktik der Nicht-Beherrschung zu betrachten. Dennoch beruht sie auf dem fundamentalen Imperativ der Gerechtigkeit, der nach einer wechselseitig zu rechtfertigenden Grundstruktur verlangt, die die jeweils konkret zu realisierende(n) Freiheit(en) im Lichte der Kriterien von Reziprozität und Allgemeinheit qualifiziert.[102] Damit sind weder bestimmte Handlungsfreiheiten noch die politisch-partizipatorische Freiheit fundamental, sondern vielmehr die intersubjektiv-prozedural interpretierte moralische Autonomie. Sie konstituiert keinen fundamentalen Wert, sondern beruht auf der reflexiven Einsicht in die menschliche Freiheit, das heißt darein, dass Menschen als »freie und ›unbestimmte‹ Wesen […] zugleich

102 Vgl. Forst 2011, S. 33, Fn. 12.

zur Selbstbestimmung [...] – und damit zur Verantwortung ihres Handelns mit Gründen« aufgerufen sind.[103]

Dies ist kein freiheits-, sondern ein gerechtigkeitstheoretisches Argument: Es fordert Rechtfertigungsstrukturen nicht um der Realisierung von Freiheit willen, sondern um all derjenigen Zwecke willen, die je konkrete soziale Beziehungen verfolgen und die wechselseitig und allgemein gerechtfertigt nicht zurückgewiesen werden können.[104] Soziale Gerechtigkeit besteht damit weder darin, den Wert der Freiheit zu realisieren, noch konstituiert sie selbst einen fundamentalen Wert, den es zu realisieren gilt; vielmehr bezeichnet sie eine Geltungsdimension: Sie bezieht sich auf die Struktur der sozialen Beziehungen zwischen freien und gleichen Akteuren innerhalb einer gesellschaftlichen Grundstruktur, die den Anspruch auf allgemeine und reziproke Geltung erhebt und darum reziprok und allgemein vor allen Betroffenen gerechtfertigt werden können muss – ob hinsichtlich der Realisierung von Freiheit oder in Bezug auf andere Zwecke. Für die Erläuterung der Normativität des politisch-rechtlichen Prinzips der Nicht-Beherrschung ist daher gerade auf der Grundlage einer diskurstheoretisch verstandenen Konzeption freier und verantwortlicher Personen nicht der Wert der Freiheit, sondern die reflexiv verstandene Gerechtigkeit fundamental.[105]

4.3.3. Macht als Kernfrage der Gerechtigkeit

Eine Diskurstheorie der Gerechtigkeit als Nicht-Beherrschung erweist sich nicht allein mit Blick auf die ihr inhärente Reflexivität als geeignet, um den Anforderungen an eine normative Aufarbeitung der ambivalenten Universalisierung nachzukommen. Denn das Recht auf Nicht-Beherrschung, das die politischen und sozialen Voraussetzungen einer intersubjektiven Generierung und Rechtfertigung von konkreten Prinzipien der Gerechtigkeit einfordert, bildet ihre Grundnorm. Damit rückt sie die Frage nach Macht

103 Forst 2007, S. 66.

104 Vgl. Forst 2007, S. 280.

105 Pettit verweist in jüngsten Schriften selbst auf diese reflexive Dimension, indem er einen Vorrang der Dimension demokratischer Legitimität (politischer Gerechtigkeit) vor derjenigen sozialer Gerechtigkeit geltend macht (Pettit 2011; Pettit 2012a; Pettit 2012b, S. 24 f.).

unmittelbar ins Zentrum der Gerechtigkeit: Anders als distributionsorientierte Theorien der Gerechtigkeit begreift sie Gerechtigkeit nicht primär als Frage nach Zuständen einer gerechten Verteilung von als wichtig ausgezeichneten Gütern und gegebenenfalls entsprechenden Forderungen nach Umverteilung. Sie versteht Gerechtigkeit vielmehr als relationalen Begriff. Ansprüche der Gerechtigkeit zielen demnach auf soziale *Verhältnisse*, nicht auf subjektiv oder objektiv nachteilige *Zustände*.

Prinzipien sozialer Gerechtigkeit gelten damit nicht unmittelbar für alle Personen, sondern zwischen Personen, die in einer bestimmten Art von Beziehung, nämlich beherrschenden Machtbeziehungen, zueinander stehen. Der Begriff der Beherrschung liefert dabei eine Beschreibung eben jener empirischen Umstände, unter denen Forderungen nach Gerechtigkeit erhoben werden können; derartige Umstände der Beherrschung erfordern die Etablierung von Institutionen, welche die beherrschenden Machtverhältnisse so transformieren, dass alle Beteiligten sich als Subjekte der Gerechtigkeit begreifen können. Beherrschung ist, mit anderen Worten, die entscheidende *gerechtigkeitsfordernde* Relation, die nach der Errichtung *gerechtigkeitsfördernder* Institutionen verlangt.[106]

Ziel der skizzierten Konzeption von Gerechtigkeit als Nicht-Beherrschung ist es daher, Beziehungen der Beherrschung offenzulegen und Ansatzpunkte für ihre Transformation in eine Praxis der Nicht-Beherrschung zu identifizieren. Wie Young betont, erlaubt erst eine solche Betrachtung der grundlegenden politischen, ökonomischen und kulturellen Machtstrukturen, die insbesondere auch die Produktion der zu verteilenden Güter mitbestimmen, die Freilegung der Ursachen ungerechter Verteilungen und ermöglicht so strukturellen Wandel, der nicht selbst wiederum Ungerechtigkeiten reproduziert.[107] Dabei muss der Versuchung widerstanden werden, Macht selbst als distributionsfähiges Gut zu begreifen, denn Macht ist eine dynamische soziale Beziehung, die die Handlungsmöglichkeiten und Interaktionen der Individuen nicht nur strukturiert, sondern erst hervorbringt.[108] Eben darum ist der Sta-

106 Zu dieser Unterscheidung: Forst 2012, S. 41; vgl. ähnlich Jugov (i. E.), Kap. 4.

107 Young 1990, S. 18-24; vgl. Forst 2007, S. 12-14 und S. 368 f.; Fraser 2007b, S. 313-320.

108 Young 1990, S. 30-33; vgl. Forst 2011, S. 35. Für eine Verteidigung der Distributionsfähigkeit von Macht: Gosepath 2004, S. 85-91; vgl. Lovett 2010a, S. 173-179.

tus normativer Autorität von so entscheidender Bedeutung, denn er fragt nach den Bedingungen, unter denen alle Beteiligten innerhalb einer gesellschaftlichen Grundstruktur normative Ansprüche überhaupt erst erheben und damit gesellschaftliche Machtpositionen hervorbringen, gestalten und verändern können.

Mit dieser Verschiebung des Fokus der Gerechtigkeitstheorie weg von Verteilungsfragen hin zur Analyse von Machtbeziehungen schafft die Konzeption von Gerechtigkeit als Nicht-Beherrschung die Voraussetzungen dafür, den Imperialismusvorwurf gegen externe Demokratieförderung als Gerechtigkeitsanspruch ernst zu nehmen: Er fordert weder in politischer oder kultureller noch in ökonomischer Hinsicht eine Umverteilung, sondern vielmehr die Infragestellung der institutionellen Rahmenbedingungen zwischenstaatlicher und transnationaler Interaktionen. Zudem erlaubt sie es, die wichtige Unterscheidung zwischen Ungerechtigkeit und bloßem Mangel zu treffen:[109] Wer Not leidet, wird darum nicht zwangsläufig auch beherrscht. Entscheidend ist aus Sicht der Gerechtigkeit als Nicht-Beherrschung nicht, wer über wie viele Güter verfügt, sondern wer den Status normativer Autorität über die grundlegenden Bedingungen sozialer Interaktion genießt. Wer das übersieht, läuft Gefahr, die Ursachen eines konkreten Verteilungszustands – und damit zugleich die normative Struktur der damit verbundenen Verantwortung[110] – zu verschleiern: Wo Strukturen der Beherrschung bestehen, geht es nicht um Hilfe, die ihre Empfänger zu Dankbarkeit verpflichtet, sondern um die Pflicht, gerechte Verhältnisse zu etablieren, die die Opfer von Ungerechtigkeit zu Subjekten der Gerechtigkeit machen. Auch dieser Punkt scheint von entscheidender Bedeutung, soll die Imperialismuskritik an externer Demokratieförderung normativ eingeholt werden: Der Vorwurf, externe Demokratisierungshilfen reproduzierten zwischen- und innerstaatliche Machtstrukturen, zielt ja gerade darauf ab, ungerechte Verhältnisse zu kritisieren, die durch vermeintliche Hilfsmaßnahmen produziert und stabilisiert werden.

Eine Theorie der Gerechtigkeit als Nicht-Beherrschung muss daher von der Analyse konkreter Beherrschungsbeziehungen ausgehen, die bestimmen, wo, wie und durch wen jeweils das abstrakte

109 Forst 2007, S. 13 sowie S. 351-353.

110 Vgl. ausführlich dazu unten Kap. 7.

Erfordernis der Etablierung gerechtigkeitsfördernder Institutionen kontextspezifisch realisiert werden muss. Dazu ist eine machttheoretisch ausgearbeitete Konzeption von Beherrschung erforderlich, die ich im folgenden Kapitel fünf entwickeln werde. Dabei gehe ich von Pettits Konzeption der Beherrschung aus, werde sie jedoch im Lichte der obigen Normativitätsdiskussion modifizieren. Im Anschluss an diese Explikation gerechtigkeitsfordernder Relationen gilt es im sechsten Kapitel, jene Bedingungen zu konkretisieren, unter denen eine reflexive Praxis der Nicht-Beherrschung realisiert werden kann – und damit Voraussetzungen gerechtigkeitsfördernder Praktiken zu benennen, die, wie ich zeigen werde, auch das Anliegen externer Demokratieförderung einzuholen vermögen.

5. Macht und Beherrschung

Um als Grundlage einer normativen Sprache zu dienen, die eine kritische Aufarbeitung der ambivalenten Universalisierung der Demokratie erlaubt, muss eine Theorie der Gerechtigkeit als Nicht-Beherrschung nicht nur in ihrem normativen Kern reflexiv angelegt sein; sie muss auch sozialanalytisches, machtkritisches Potential aufweisen. Dazu ist eine machttheoretisch informierte Konzeption der Beherrschung erforderlich, die das Grundverständnis von Beherrschung als Verweigerung des Status normativer Autorität abbildet. Eine solche Konzeption besteht aus zwei wesentlichen Elementen: Zum einen bedarf sie eines Machtverständnisses, das in der Lage ist, die interpersonale Anlage des Begriffs der Beherrschung zu konzeptualisieren; zum anderen muss spezifiziert werden, unter welchen Umständen ein solches Machtverhältnis dem normativen Gehalt des Begriffs der Beherrschung zuwiderläuft, der im vorangegangenen Kapitel im Sinne der Verweigerung normativer Autorität bestimmt wurde. Ausgegangen wird im Folgenden mit Blick auf beide Elemente jeweils von einer kritischen Auseinandersetzung mit Pettits Beherrschungskonzeption. Dabei zeigt sich zum einen, dass Pettits dispositionales Machtverständnis um eine strukturelle Dimension erweitert werden muss, um Beherrschung als andauernde interpersonale Beziehung fassen zu können. Dieses wird dann um ein systemisches Machtverständnis ergänzt, das auch eine Kritik anonymer Machtverhältnisse erlaubt (5.1.). Zum anderen muss Pettits interessenbasiertes Willkürverständnis diskurstheoretisch gewendet werden, um die nötige Reflexivität einer Konzeption der Beherrschung einzuholen (5.2.). Die abschließende Unterscheidung politischer, ökonomischer und kultureller Beherrschung macht deutlich, dass die Auseinandersetzung um die Praxis externer Demokratieförderung geradewegs in den Kern einer Theorie der Gerechtigkeit als Nicht-Beherrschung zielt (5.3.).

5.1. Beherrschung als asymmetrische Machtbeziehung

Das erste Element einer Konzeption von Beherrschung bezieht sich auf das für Beherrschung grundlegende asymmetrische Machtverhältnis. Pettits sucht die interpersonale Natur von Beherrschung mit einem dispositionalen Machtmodell einzufangen. Dieses greift jedoch zu kurz, da es implizit einem interaktionalen Machtmodell verhaftet bleibt (5.1.1.). Erst ein konsequent strukturelles Machtverständnis vermag es, die strukturelle Dimension von Beherrschung als Entzug eines interpersonalen Status konzeptionell einzuholen und den Blick über einzelne Beherrschungsdyaden hinaus auf gesellschaftliche Verhältnisse zu lenken (5.1.2.). Dieses wird um ein systemisches Verständnis von Macht ergänzt, das die akteurszentrierte Perspektive überwindet, um neben interpersonalen auch Formen anonymer Beherrschung zu erfassen, die gerade unter Bedingungen komplexer moderner Gesellschaften von besonderer Bedeutung sind (5.1.3.).

5.1.1. Pettits dispositionales Machtverständnis

Der Begriff der Beherrschung beschreibt, dem in Kapitel vier entwickelten normativen Grundverständnis folgend, ein Machtverhältnis, das beherrschende und beherrschte Akteure in eine andauernde Beziehung zueinander stellt, die dem beherrschten Akteur den Status als Diskurspartner versagt. Machttheoretisch gesprochen sucht Pettit dieses Grundverständnis mit einer *dispositionalen* Machtkonzeption einzufangen. Demnach zeichnet sich das für Beherrschung grundlegende asymmetrische Machtverhältnis durch das »Vermögen der Einmischung«[1] auf Seiten des Beherrschenden aus. Unter Einmischung (*interference*) fasst Pettit jegliche Art, zielgerichtet die Handlungsmöglichkeiten eines anderen Akteurs zu modifizieren, sei es durch die Behinderung oder Veränderung objektiv verfügbarer Handlungsoptionen oder durch die Einflussnahme auf das Wissen eines Akteurs um seine Handlungsmöglichkeiten, d. h. durch Fehlinformationen oder Manipulation der Fähigkeit, Handlungsoptionen realistisch einzuschätzen.[2] Die

1 Pettit 1997, S. 52.

2 Pettit 2012b, S. 50-56; vgl. Pettit 1997, S. 53; Pettit 2008c, S. 106 f.

Ressourcen, auf denen ein derartiges Vermögen beruht, sind dementsprechend vielfältig und umfassen neben materiellen auch immaterielle Faktoren wie etwa politische Autorität, kulturelle Legitimation oder Wissen.[3] Für ein Machtungleichgewicht im relevanten Sinne bedarf es jedoch, so Pettits Kernthese, keineswegs der aktiven Nutzung dieser Ressourcen; vielmehr genügt bereits das bloße Vermögen der Einmischung, um eine Beziehung der Beherrschung zu etablieren.[4] Damit sucht Pettit die Grundintuition zu konzeptualisieren, dass auch der Sklave eines wohlwollenden Herrn, der von unmittelbarer Einmischung in die Handlungen seines Sklaven absieht, als beherrscht gelten müsse.[5]

Auf den ersten Blick scheint ein solches dispositionales Machtverständnis der interpersonalen Anlage des Begriffs der Beherrschung als Entzug von Status Ausdruck zu verleihen. Es wendet sich ausdrücklich gegen klassische, aktualistische Machtkonzeptionen, die Macht als isolierbares Handlungsereignis begreifen, das in konkreten Interaktionen zu verorten ist, in denen ein Akteur den anderen dazu bewegt, etwas zu tun, das er sonst nicht getan hätte.[6] Statt auf der Machtausübung liegt der Fokus auf Eigenschaften des Mächtigen, die er jederzeit aktualisieren *könnte*: Seine Macht bleibt präsent, unabhängig von konkreten Handlungsereignissen, in de-

3 Pettit 1997, S. 59 f.

4 Allerdings betont Pettit, dass zwar keine tatsächliche Einmischung, wohl aber das *tatsächliche Vermögen* zur Einmischung, also das Vorliegen tatsächlicher Handlungsmöglichkeiten erforderlich ist. Ein Vermögen, das erst noch entwickelt werden muss, zählt nicht dazu. Gleiches gilt für mächtige Akteure, die sich der Verletzlichkeit ihres Gegenübers gar nicht bewusst sind (Pettit 1997, S. 54 f.; vgl. Pettit 2008c, S. 107). Pettit entwirft damit eine Konzeption tatsächlicher Beherrschung, die auf dem bloßen, jedoch realen Vermögen zur Einmischung basiert. Handelt es sich lediglich um ein mögliches Vermögen, kann demnach nicht von tatsächlicher, sondern bloß von potentieller Beherrschung gesprochen werden. (Pettit verwandte in diesem Zusammenhang zunächst den Ausdruck »virtuelle Beherrschung« (Pettit 1997, S. 54 f.), zieht aber nun den Begriff »potentielle Kontrolle« vor und reserviert den Ausdruck »virtuelle Kontrolle« für Beherrschung ohne direkte Einmischung (vgl. Pettit 2008c, S. 107 Fn. 11 bzw. S. 111). Ich folge dieser Korrektur.) Potentielle Beherrschung mag präventiv Anlass zur Sorge sein, stellt jedoch selbst keine Beherrschung dar.

5 Vgl. Pettit 1997, S. 22 und ebd., S. 31-35.

6 So z. B. Dahl 1957; Bachrach/Baratz 1977; vgl. Pettit 2008a sowie zum interaktionalen Machtmodell Wartenberg 1990, S. 65-69 und zur Unterscheidung von episodischer, dispositionaler und systemischer Macht Haugaard 2010, S. 425.

nen sie sich manifestiert.[7] Aus dieser Perspektive ist Beherrschung gerade kein interaktionales Phänomen. Während Einmischung die Machtausübung bezeichnet und damit in interaktionalem Sinne, d.h. als *Handlung* zu verstehen ist, beschreibt Beherrschung das Vermögen einer solchen Handlung und bezieht sich somit auf eine andauernde soziale *Beziehung*, die durch den asymmetrischen Zugriff auf Machtressourcen gekennzeichnet ist.[8]

Zudem impliziert ein dispositionales Machtverständnis, dass stets alle, die in gleicher Weise dem relevanten Vermögen ausgesetzt sind, beherrscht werden – unabhängig davon, ob oder wem gegenüber tatsächlich Einmischung erfolgt. Beherrschung bezieht sich dementsprechend auf Gruppen von Individuen, die in der relevanten Hinsicht die gleichen Merkmale und damit eine strukturell bedingte Verletzlichkeit gegenüber Einmischung teilen:

> [J]emand ist nicht in der Lage, sich willkürlich in die Belange eines anderen einzumischen, sofern er nicht in der Lage ist, sich in die Belange von jenen einzumischen, die diesem anderen gleichen, insbesondere in die Belange jener, die ihm hinsichtlich des Widerstands gegen Einmischung bzw. des der Einmischung Ausgesetztseins, d.h. mit Blick auf ihre Verletzbarkeit, gleichen. In dem Maße, in dem diese anderen willkürlicher Einmischung ausgesetzt sind, ist auch er es; soweit sie beherrscht werden, wird auch er beherrscht.[9]

Anders als Einmischung beschreibt Beherrschung somit ein systematisches Phänomen, das nicht auf isolierbare Interaktionen zwischen einzelnen Individuen reduzierbar ist, sondern die durch bestimmte Merkmale asymmetrisch strukturierte Machtbeziehung zwischen Angehörigen unterschiedlicher Merkmalsgruppen in den Blick nimmt.

Dennoch vermag es ein dispositionales Machtverständnis letztlich nicht, deutlich zu machen, worin genau die soziale Realität von Beherrschung jenseits von tatsächlicher Einmischung besteht, ohne wiederum auf die Ebene konkreter Interaktionen zurückzufallen. Dies lässt sich an zwei möglichen Lesarten zeigen:[10] Die erste begreift dispositionale Macht in *kontrafaktischem* Sinne: Sie verortet

7 Vgl. zur Idee dispositionaler Macht Morriss 2002, Teil I.

8 Vgl. Friedman 2008, S. 251.

9 Pettit 1997, S. 122; vgl. Young 1990, S. 40-42.

10 Vgl. Halldenius 2010, S. 14f.

Macht in jeglichem Vermögen des Beherrschenden, kausal in den Handlungsraum anderer Akteure einzugreifen, unabhängig von dessen tatsächlicher Beziehung zu den Beherrschten. Eine solche kontrafaktische Lesart steht indes vor dem Problem, erläutern zu müssen, inwiefern Beherrschung jenseits der Aktualisierung von Macht überhaupt eine soziale Realität ist. Friedman merkt an, es sei völlig unverständlich warum dispositional verstandene Macht relevant sei, solange sie nicht aktualisiert werde, denn »ein Machtvorteil, den jemand mir gegenüber hat, schädigt mich nicht, solange er nicht genutzt wird«[11]. Shapiro betont, dass »ein solches Vermögen für sich gesprochen keine Beherrschung konstituiert, sondern vielmehr die Möglichkeit der Beherrschung schafft«.[12] Richardson kritisiert, ein derartiges Verständnis von Beherrschung sei zu breit, denn die bloße Existenz eines bewaffneten Entführers in der Nachbarschaft lasse sich nicht sinnvoll als Beherrschung aller theoretisch denkbaren Entführungsopfer beschreiben.[13]

Eine probabilistische Deutung der kontrafaktischen Lesart sucht dieses Problem zu lösen, indem sie auf die Wahrscheinlichkeit der Einmischung und damit der Aktualisierung der Macht abhebt. So argumentiert Waldron:

> [E]s ist die Erwartung der Einmischung, nicht die bloße Möglichkeit, die von Bedeutung ist, und sie ist von Bedeutung mit Blick auf die Stärke eben dieser Erwartung. Die Einmischung selbst steht, mit anderen Worten, im Zentrum seines [Pettits, D. G.] Kalküls. Die Idee des Vermögens dient lediglich dazu, die Wahrscheinlichkeit ihres Auftretens herauszufinden.[14]

Die probabilistische Interpretation verfehlt jedoch den Kern dessen, was der Begriff der Beherrschung zu beschreiben sucht – schließlich meint Pettits These, auch ein wohlwollender Herr beherrsche seinen Sklaven, mehr als das bloß kontrafaktische Statement, dass er grundsätzlich Macht ausüben *könnte*. Sie macht vielmehr geltend, dass der Herr seinen Sklaven darum *tatsächlich*, nicht bloß potentiell beherrscht. Ein kontrafaktisch gedeutetes dispositionales Machtverständnis kann jedoch nicht erläutern, inwiefern genau

11 Friedman 2008, S. 252.

12 Shapiro 2012, S. 324.

13 Richardson 2002, S. 34; ähnlich Richardson 2005, S. 219.

14 Waldron 2007, S. 155. Diese Lesart entspricht der unter 4.1. dargestellten libertären Lesart Pettits.

die bloße Fähigkeit der Machtausübung überhaupt tatsächliche Beherrschung darstellt und worin dementsprechend die soziale Realität von Beherrschung besteht.

Die De-facto-Lesart von dispositionaler Macht bemüht sich vor diesem Hintergrund darum, die soziale Realität von Beherrschung anhand der Auswirkungen dispositionaler Macht auf die jeweils beherrschte Person zu beschreiben. Sie geht davon aus, dass beherrschende Macht auch ohne Aktualisierung Wirkung zeige, die sich anhand entsprechender antizipierender Reaktionen auf Seiten der Machtunterworfenen nachweisen lasse.[15] Eine solche Interpretation des dispositionalen Machtverständnisses ist jedoch zu eng, denn sie macht das Vorliegen von Beherrschung von subjektiv wahrgenommen Bedrohungsszenarien und entsprechenden Reaktionen abhängig. Damit beschränkt sie die soziale Realität von Beherrschung auf das subjektive Erleben des Beherrschten, anstatt an interpersonalen Beziehungen anzusetzen. Auch Skinner, der zuvor selbst eine solche De-facto-Lesart stark gemacht hatte, betont mittlerweile, sie lenke vom wesentlichen konzeptionellen Punkt ab:

> [J]eder, der seine eigene Knechtschaft reflektiert, wird sich vermutlich unfrei darin *fühlen*, auf bestimmte Weisen zu handeln oder dies zu unterlassen. Aber was sie tatsächlich unfrei *macht*, ist die bloße Tatsache, in Unterwerfung unter willkürliche Macht zu leben. Dies ist es, was sie anderen ausliefert, und dies ist es, was ihnen den Status als freier Mensch entzieht und sie zu Sklaven macht.[16]

Der Grund dafür, dass es dem dispositionalen Machtverständnis nicht gelingt, die interpersonale Anlage des Begriffs der Beherrschung als Statusentzug konzeptionell einzuholen, liegt darin, dass es letztlich das handlungsbasierte Machtmodell nicht konsequent überwindet. Beide Lesarten begreifen Macht als Attribut mächtiger Akteure, das sich in einzelnen Handlungsereignissen niederschlägt, auch wenn sie im Gegensatz zu aktualistischen Machtverständnissen nicht tatsächliche, sondern mögliche Handlungen des Mächtigen bzw. tatsächliche Handlungen des Machtunterworfenen in

15 Diese Lesart entspricht der unter 4.1. dargestellten psychologischen Lesart Pettits.

16 Skinner 2008, S. 93 f. [Hervorhebung im Original]. Im englischen Original heißt es »the status as free-men«; in der republikanischen Tradition, auf die Skinner sich bezieht, waren damit zunächst nur (besitzende) Männer gemeint.

den Mittelpunkt rücken. Damit basieren sie implizit auf einem dyadischen, handlungsbasierten Machtmodell, das am (zumindest potentiellen) kausalen Nexus zwischen isoliert zu betrachtenden Handlungsereignissen ansetzt.[17] Mit diesem implizit handlungsbasierten Machtmodell greift das dispositionale Machtverständnis zu kurz, denn es verfehlt genau die Ebene, die es eigentlich beleuchten soll: jene der Struktur interpersonaler Beziehungen. Um sie einzufangen, bedarf es des expliziten Einbezugs der strukturellen Dimension von Macht, die sich nicht allein auf Eigenschaften des mächtigen Akteurs konzentriert, sondern darüber hinaus nach den Eigenschaften des sozialen Kontextes fragt, vor dessen Hintergrund sich etwa die Beziehung zwischen Herrn und Sklaven als Machtbeziehung etabliert.[18]

5.1.2. Von interaktionaler zu interpersonaler Beherrschung

Der Begriff der Beherrschung erfordert ein Machtverständnis, das es erlaubt, die soziale Realität von Beherrschung jenseits tatsächlicher Einmischung zu beschreiben und Beherrschung somit konsequent in interpersonalem statt interaktionalem Sinne zu konzipieren. Dazu wird das dispositionale Machtverständnis zunächst auf der Grundlage von Wartenbergs strukturellem Machtmodell erweitert und dann noumenal reinterpretiert. Wartenberg erläutert Macht anhand der Metapher eines sozialen Feldes. Demnach verändert die bloße Präsenz eines mächtigen Akteurs das jeweilige soziale Feld in gleicher Weise wie ein Magnet, dessen Kraft sich über ein Magnetfeld vermittelt.[19] Das soziale Feld, das durch Macht strukturiert wird, begreift er als sozialen Handlungsraum.[20] Dieser bestimmt, welche Handlungspläne verfügbar sind. Dabei sind ne-

17 Dass Pettits Theorie der Statusfreiheit der Person häufig als Theorie der Handlungsfreiheit missverstanden wird (vgl. oben Abschnitt 4.1.), lässt sich auf diese implizit interaktionale Anlage seines Machtverständnisses zurückführen.

18 Das bedeutet nicht, dass dispositionale Machtkonzeptionen generell unzureichend sind. Sie bilden ebenso wie aktualistische Konzeptionen durchaus einen relevanten Aspekt von Macht ab. Für die Analyse von Beherrschung bedarf es jedoch des *ausdrücklichen* Einbezugs der strukturellen Dimension, da sich der Begriff der Beherrschung auf den Entzug eines Status, und d. h. auf die Struktur sozialer Beziehungen und damit letztlich auf gesellschaftliche *Verhältnisse*, bezieht.

19 Wartenberg 1990, S. 74.

20 Wartenberg 1990, S. 79-84.

ben natürlichen Faktoren wie Naturgesetzen und den physischen und kognitiven Fähigkeiten der Akteure insbesondere soziale, d. h. intersubjektive Faktoren von Bedeutung. So beschränkt etwa ein geldbasiertes Wirtschaftssystem mit entsprechenden Regeln darüber, wie Geld erlangt werden kann, was es wert ist sowie was damit gekauft werden kann, einige Handlungsoptionen, macht jedoch zugleich eine Reihe anderer Optionen erst zugänglich.[21] Inwieweit ein Handlungsplan verfügbar ist, hängt schließlich auch davon ab, ob der jeweilige Akteur die Handlungsoptionen kennt und versteht, sowie davon, wie er diese im Hinblick auf seine Ziele bewertet.[22] Gerade die Differenz zwischen subjektiver Wahrnehmung und tatsächlich verfügbaren Handlungsoptionen, so Wartenberg, eröffne Spielräume für die Wirkung von Macht.[23]

Ein Akteur A hat Wartenberg zufolge Macht über einen Akteur B »genau dann, wenn A den Handlungsraum von B strategisch einschränkt«,[24] unabhängig davon, ob A tatsächlich Macht ausübt oder ob B seine konkreten Handlungsentscheidungen in Antizipation einer solchen Machtausübung an A ausrichtet. Entscheidend ist vielmehr, dass der intersubjektiv konstituierte Handlungsraum durch A strukturiert wird. Der Ort der Macht besteht demnach weder im bloßen Vermögen der Einmischung noch in antizipierenden Reaktionen des Beherrschten. Macht ist »nicht einfach *relational* – d. h. etwas, das Menschen im Zuge bestimmter Eingriffe miteinander in Beziehung setzt«; vielmehr besteht Macht »in *Beziehungen* – sie hat ihren primären Ort in den andauernden, alltäglichen Weisen, in denen Menschen miteinander in Beziehung stehen«.[25]

Auf der Grundlage dieses Verständnisses von Macht lässt sich die soziale Realität von Beherrschung konsequent als interpersonale Beziehung beschreiben. Macht zeigt sich in der Strukturierung

21 Vgl. Lovett 2010a, S. 41 f.

22 Wartenberg 1990, S. 80.

23 Wartenberg 1990, S. 82 und S. 104-110.

24 Wartenberg 1990, S. 85.

25 Wartenberg 1990, S. 165 [Hervorhebung im Original]. Pettits 2008 erfolgte Reformulierung von Beherrschung als »fremder Kontrolle« lässt sich durchaus analog zu Wartenbergs Machtkonzeption als Strukturierung des Handlungsraumes lesen, auch wenn sie die Implikationen einer strukturellen Perspektive auf Macht (insbesondere die triadische Qualität von Beherrschung) nicht ausdrücklich herausarbeitet (Pettit 2008c). Sie unterliegt jedoch den gleichen Problemen, die im Folgenden in Bezug auf Wartenberg herausgearbeitet werden.

des intersubjektiv konstituierten Handlungsraumes, der wiederum jegliche Interaktion vorstrukturiert, ohne dabei auf einzelne nachweisbare Wirkungen oder Handlungsereignisse reduzierbar zu sein. Einzelne Machtereignisse können demnach entweder Ausdruck einer bestehenden Beziehung der Beherrschung sein – etwa wenn ein Ehemann in einer traditionellen Ehe seine Ehefrau vergewaltigt – oder eine solche etablieren – etwa, wenn ein Arbeitsvertrag, der eine fristlose Kündigung seitens der Arbeitgeberin vorsieht, den Arbeitnehmer in eine Beherrschungsbeziehung zu seiner Arbeitgeberin stellt. Das strukturelle Machtverständnis lenkt die Aufmerksamkeit indes über derartige Machtereignisse hinaus auf die Positionen, die die jeweiligen Akteure innerhalb der relevanten Strukturen zueinander einnehmen.

Dennoch ist Wartenbergs Verständnis von Macht als Strukturierung des Handlungsraumes für eine Konzeption der Beherrschung aus zwei Gründen unzureichend: Erstens geht Wartenberg davon aus, dass der Handlungsraum eines Akteurs durch soziale Macht *eingeschränkt* wird. Dies wirft das Problem auf, was genau als Einschränkung zählt. Der Versuch, eine entsprechende Baseline durch die natürlichen Faktoren, die den Handlungsraum mitbestimmen, zu definieren, steht vor dem Problem, dass deren Bedeutung wiederum bereits von sozialen Faktoren geprägt ist.[26] Zählt dagegen die möglichst weite Ausdehnung des Handlungsraums als Maßstab, bleibt unklar, warum die Verfügbarkeit möglichst vieler Handlungspläne überhaupt das Ziel sein sollte. Zweitens bleibt offen, was es bedeutet, dass ein Handlungsplan *verfügbar* ist. Wartenberg betont, die bloße physische Zugänglichkeit allein könne nicht entscheidend sein; die bloße Möglichkeit, ein Auto mithilfe eines Streichholzes explodieren zu lassen, sei etwa erst dann eine Handlungsoption im relevanten Sinne, wenn ich einen Grund habe, diesen Handlungsplan zu verfolgen.[27] Damit rückt statt der Frage nach der bloßen Verfügbarkeit von Handlungsoptionen die Frage nach Gründen und der Einflussnahme auf diese Gründe in den Mittelpunkt.

26 Auch die in diesem Zusammenhang von Pettit genannte komparative Baseline der Abwesenheit des Beherrschers geht davon aus, dass sich ein unabhängig von seiner Gegenwart gegebenes Set an Handlungsoptionen bestimmen lässt (Pettit 2008c, S. 106).

27 Wartenberg 1990, S. 81 f.

An eben dieser Frage nach Gründen setzt Forsts *noumenales* Verständnis von Macht an: Er lokalisiert Macht nicht im materiell verstandenen sozialen Handlungsraum, sondern im Raum der Gründe: »Macht zu haben, bedeutet, den Raum der Gründe und Rechtfertigungen anderer Subjekte – und hier sind die Grade wichtig – verwenden, beeinflussen, bestimmen, besetzen oder gar abschließen zu können.«[28] Wer Macht über jemanden hat, kontrolliert dessen Gründe für (oder gegen) bestimmte Handlungspläne. Macht unterworfen zu sein, heißt dementsprechend nicht, auf direkte oder indirekte Weise in seinen Handlungsoptionen eingeschränkt zu werden, sondern »von Gründen geleitet zu werden, die andere mir gegeben haben und die mich dazu bringen, auf eine Weise zu denken oder zu handeln, die die Gründegeber intendierten«.[29] Diese Gründe können unterschiedlicher Natur sein und auf unterschiedliche Weise wirken, ob durch gute Argumente, Täuschung, Drohungen, Befehle oder Zwang. Die Wirkung von Macht beruht jedoch auf der Anerkennung dieser Gründe durch den machtunterworfenen Akteur als Gründe dafür, anders zu denken oder zu handeln. Ob er dies bewusst oder unbewusst, aus Überzeugung oder aus Angst tut, ist zunächst unerheblich.[30]

Wichtig ist indes, dass Macht schwindet, sobald die erforderliche Anerkennung ausbleibt und der zuvor mächtige Akteur den Raum der Gründe seines Gegenübers nicht mehr zu strukturieren vermag. Zwar könnte er sein Gegenüber noch immer mithilfe purer Gewalt dazu zu bringen, seinem Willen zu folgen. Forst zufolge zeigt dies jedoch, dass er keine Macht mehr hat: Während die Wirkung von Macht (primär) noumenaler Natur ist, zeichnet sich reine Gewalt durch physische Kraft aus, die nicht auf die noumenale Dimension von Macht zurückgreifen kann; sie nimmt dem unterworfenen Akteur vielmehr jegliche Handlungsfähigkeit und lässt gerade darum keinen Spielraum für die die Wirkung von Macht.[31]

28 Forst 2011, S. 22; vgl. Forst 2015a, S. 58-81.

29 Forst 2015a, S. 60.

30 Die Aneignung fremder Handlungsgründe kann auch unbewusst erfolgen. Wichtig ist lediglich, dass es möglich wäre, sich die Gründe bewusst zu machen. In Pettits Terminologie ist daher keine aktive diskursive Kontrolle der eigenen Handlungsgründe nötig, sondern lediglich virtuelle.

31 Forst 2011, S. 23 und Forst 2015a, S. 62 f. und S. 64 f. sowie S. 77-79; vgl. ähnlich Wartenberg 1990, S. 79 sowie zum Unterschied von Macht und Gewalt Arendt 1970 (die allerdings Macht nicht als normativ neutralen, sondern positiv besetz-

Denn diese beruht auf der Bindung durch Gründe, seien es gute oder schlechte. Sie zielt daher – im Gegensatz zu reiner Gewalt, wie sie etwa ein Straßenräuber ausübt – darauf ab, auf die Handlungsgründe einzuwirken, die der jeweilige Adressat als bindend versteht. Insofern ist Macht, wie Forst zu Recht hervorhebt, ein »Kernphänomen von Normativität«.[32]

Eine solche noumenale Machtkonzeption bietet gegenüber dem an der Verfügbarkeit von Handlungsplänen orientierten Machtverständnis Wartenbergs für eine Konzeption von Beherrschung zwei entscheidende Vorteile: Erstens ist aus dieser Perspektive keine Baseline zur Bestimmung der Wirkung von Macht nötig. Der Raum der Gründe ist ein intersubjektiv konstruierter, in dem Akteure aufeinander einwirken, indem sie einander Gründe für Überzeugungen und Absichten liefern. In diesem zunächst noch normativ neutralen Sinne ist er stets ein Raum der Macht. Eine machttheoretische Analyse des Raums der Gründe fragt daher weder nach Veränderungen, die Macht in Bezug auf ein unabhängig gegebenes oder mögliches Set an Handlungsoptionen zeitigt, noch nach der bloßen Verfügbarkeit bestimmter Handlungspläne. Vielmehr lenkt sie die Aufmerksamkeit auf die Frage nach der normativen Autorität über relevante Gründe und damit weg von einzelnen Machtereignissen und hin zur Struktur des stets von Macht durchdrungenen Raums der Gründe.

Damit knüpft das noumenale Machtverständnis zweitens unmittelbar an das im vierten Kapitel explizierte Grundverständnis von Beherrschung als Angriff auf den interpersonalen Status als autonome, diskursfähige Person an. Der Status normativer Autorität

ten Begriff versteht). Es mag irritieren, dass Beherrschung rein physische Gewalt nicht einschließt. Beherrschung beschreibt jedoch keine Interaktion, sondern eine interpersonale Macht*beziehung*. Der Grenzfall nackter Gewalt, die allein über die unmittelbare physische Einwirkung auf den Körper Wirkung erzielt, bleibt dagegen auf konkrete Momente der Ausübung dieser Gewalt angewiesen; darüber hinaus hat sie keine Wirkung. Sobald jedoch Gewalt als Handlungsgrund Bedeutung erlangt, tritt zur bloßen physischen Wirkung eine kognitive Dimension hinzu. Physisches Gewaltpotential kann daher durchaus eine wichtige Ressource von Beherrschung darstellen; dennoch besteht Beherrschung nie allein in der Ausübung nackter Gewalt.

32 Forst 2011, S. 23; vgl. Forst 2015a, Teil I und Forst/Günther 2011, S. 16 ff. sowie Richardson, der betont, Beherrschung basiere auf dem Vermögen normativer Einmischung (Richardson 2002, S. 33 f.; Richardson 2005, S. 219).

beschränkt sich gerade nicht auf die negative Absicherung persönlicher Wahl- und Handlungsfreiheit, sondern umfasst die positive Dimension der Begründung praktischer Normen. Es genügt daher nicht, den Handlungsraum vor Einschränkungen zu bewahren; vielmehr muss auch die Möglichkeit, selbst als autonomes Subjekt der Begründung auftreten und die sozialen Konstitution des Handlungsraums mitgestalten zu können, einbezogen werden. Die Frage danach, wer den Raum der Gründe gestaltet und strukturiert, ist fundamentaler als die Frage danach, welche bzw. wie viele Handlungspläne zur Verfügung stehen. Dies bildet das noumenale Machtverständnis ab.

Für eine Konzeption der Beherrschung muss das noumenale Machtverständnis jedoch wiederum in struktureller Hinsicht konkretisiert werden, denn der Begriff der Beherrschung bezieht sich ebenso wenig auf die Wechselwirkung einzelner Propositionen wie auf den kausalen Nexus zwischen einzelnen praktischen Handlungen. Er beschreibt vielmehr die Struktur des Raums der Gründe, die festschreibt, wer überhaupt zu welchen Bedingungen als normative Autorität auftreten kann. Aus der Perspektive einer Konzeption der Beherrschung ist das relevante Phänomen der Macht daher nicht in je konkreten Gründen für einzelne Überzeugungen und Handlungen zu verorten, etwa in einer Drohung oder in einem guten Argument, sondern in der Struktur des Raums der Gründe selbst. Sie umfasst zum einen die *sozialen* Positionen, die über den Zugang und die Möglichkeiten der Einflussnahme auf den Raum der Gründe bestimmen. Da diese wiederum auf impliziten oder expliziten Rechtfertigungen beruhen, beinhaltet sie zum anderen auch die Begründungen für diese sozialen Verhältnisse und somit die *diskursive* Struktur des Raums der Gründe, die »die Grenzen des Sag- und Denkbaren und vor allem des Akzeptierten und Akzeptierbaren, Gerechtfertigten«[33] bestimmt. In diesen beiden eng miteinander verknüpften Dimensionen, der sozialen und der diskursiven, manifestiert sich die soziale Realität von Beherrschung.

33 Forst 2011, S. 127. Das Moment der bewussten oder unbewussten Anerkennung von Macht bezieht sich aus dieser Perspektive nicht auf einen konkreten, isolierbaren Handlungsgrund, sondern vielmehr auf die Anerkennung der sozialen und diskursiven Struktur, die den Raum der Gründe als asymmetrischen konstituiert. Die Infragestellung einzelner Handlungsgründe kann jedoch dazu führen, eben diese Struktur in Frage zu stellen.

Ein asymmetrisches Machtverhältnis im relevanten Sinne liegt demnach vor, wenn die soziale und diskursive Struktur des Raums der Gründe eine asymmetrische ist, so dass ein oder mehrere Akteure das Vermögen haben, auf den Raum der Gründe Anderer Einfluss zu nehmen. Denn dieses Vermögen bildet sich selbst innerhalb der Struktur des intersubjektiv konstituierten Raums der Gründe ab, in sozialer wie auch in diskursiver Hinsicht: Sind Zugangsmöglichkeiten oder Diskursmacht im Raum der Gründe ungleich verteilt, wird bereits dadurch der Raum der Gründe – und damit die Grenzen das Mach- und Sagbaren – asymmetrisch strukturiert. Auf dieser intersubjektiven Ebene zeitigt das Vermögen eine soziale Realität, unabhängig davon, ob es aktualisiert wird oder nicht. In Bezug auf je konkrete, isoliert betrachtete Handlungen, ob diskursiver oder interaktionaler Natur, ist Macht dagegen keineswegs zwangsläufig sichtbar.[34]

Eine solche dezidiert strukturelle noumenale Machtkonzeption hat zwei wichtige Implikationen. Erstens macht sie darauf aufmerksam, dass Pettits dyadische Perspektive auf Macht zu kurz greift. Pettit konzentriert sich auf zwei Typen von Akteuren, die mächtigen, beherrschenden und die ihnen unterworfenen beherrschten Akteure; er vernachlässigt es jedoch, den sozialen Kontext, in dem diese interagieren, selbst als Raum der Macht zu thematisieren. Damit legt er nahe, Macht als Anomalie statt als Strukturmerkmal sozialer Verhältnisse misszuverstehen.[35] Die strukturelle Machtkonzeption weist dagegen darauf hin, dass spezifische Machtdyaden erst durch den sozialen Kontext, in den sie eingebettet sind, als solche konstituiert werden.

Mit Blick auf Machtbeziehungen innerhalb formal institutionalisierter Kontexte lässt sich dieser Punkt schnell verdeutlichen. So

34 Es mag kontraintuitiv erscheinen, ein dispositionales Machtverständnis, das die soziale Realität von Beherrschung nicht angemessen abbildet, mithilfe eines kognitivistischen Machtverständnisses überwinden zu wollen, das Macht im geistigen Raum der Gründe verortet, der einer empirischen Betrachtung kaum zugänglich scheint. Die noumenale Machtkonzeption bezieht sich jedoch immer zugleich auf einen sozialen Handlungsraum, denn es geht ihr um Gründe, die praktisch relevant werden. Sie behauptet daher nicht, dass Macht auf ihre noumenale Dimension reduziert werden kann, losgelöst von empirisch-materiellen Phänomenen; vielmehr hängt gerade die Art und Weise, in der letztere Bedeutung gewinnen, von den jeweils akzeptierten Gründen ab.

35 Vgl. Allen 1999, S. 130 f.

hat etwa eine Lehrerin erst dann Macht über ihren Schüler, wenn sogenannte *periphere Akteure* wie etwa potentielle Arbeitgeber, Universitäten und Eltern, die selbst nicht Teil der Machtdyade sind, bereit sind, den Schüler entsprechend seiner Benotung durch die Lehrerin zu behandeln und damit die institutionell verliehene Beurteilungsmacht der Lehrerein anzuerkennen.[36] Auch der vielzitierte Sklavenhalter beherrscht seinen Sklaven nicht allein aufgrund persönlichen Charismas oder außerordentlicher physischer Kraft, sondern auf der Basis der von zahlreichen peripheren Akteuren reproduzierten rechtlichen und sozialen Institution der Sklaverei. Die Überzeugung meines Gegenübers durch ein gutes Argument, die Manipulation seiner Gedanken durch meine rhetorischen Fähigkeiten oder die Androhung von Gewalt scheinen dagegen nicht unmittelbar von einer solchen Institution und dem entsprechenden Verhalten Dritter abzuhängen.[37]

Interaktionen, in denen vermeintlich rein akteursspezifische Macht ausgeübt wird, finden jedoch ebenfalls innerhalb sozialer Kontexte statt, in denen z.B. epistemische Normen den Rahmen dessen abstecken, was als gutes Argument zählt, oder konventionelle und rechtliche Normen die Grenzen eines legitimen Einsatzes von Gewalt bestimmen. Dies mag für die Beschreibung eines isoliert betrachteten Machtereignisses zunächst keine Rolle spielen; aus dieser Perspektive ist allein entscheidend, ob der Machtunterworfene den entsprechenden Handlungsgrund anerkennt. Beherrschung bezieht sich jedoch gerade nicht auf derartige episodische Manifestationen von Macht, sondern auf die andauernde Beziehung zwischen den jeweiligen Akteuren. Die physische Überlegenheit eines Mannes gegenüber seiner Frau etwa wird nur dann zur Grundlage von Beherrschung, wenn Gewalt in der Familie nicht effektiv sanktioniert, sondern geduldet oder gar als normal anerkannt und damit in das Ermessen des Mannes gestellt wird. Die Wirkung von Macht hängt, mit anderen Worten, nicht nur von der Anerkennung der Machtposition des Mächtigen durch den Macht-

36 Wartenberg 1990, Kap. 7, insbesondere S. 144f. und S. 149-153.

37 Laborde unterscheidet dementsprechend zwischen »akteursbezogener Beherrschung«, die auf akteursspezifischen Ressourcen wie physischer Stärke oder besonderer Intelligenz beruht, und »systemischer Beherrschung«, die in der Position begründet liegt, die ein Akteur innerhalb eines institutionalisierten Systems an Regeln und Konventionen einnimmt (Laborde 2010b, S. 57).

unterworfenen ab, sondern auch von der zumindest impliziten Anerkennung durch periphere Akteure.

Vor diesem Hintergrund lässt sich präzisieren, warum ein bewaffneter Kidnapper nicht jedes erdenkliche Opfer beherrscht – und worin somit genau die soziale Realität von Beherrschung besteht: Nicht das bloße Vermögen kausaler Einflussnahme ist ausschlaggebend, denn erst die strukturellen Bedingungen des jeweiligen sozialen Kontextes konstituieren eine andauernde Machtbeziehung zwischen dem Kidnapper und seinen möglichen Opfern.[38] Handelt es sich etwa um eine rassistische Gesellschaft, die den Handel mit Schwarzen[39] Frauen toleriert, so verfügt der bewaffnete Kidnapper über ein strukturell mitkonstituiertes Vermögen, diese zu entführen, ohne dafür Sanktionen fürchten zu müssen; er handelt schließlich im Rahmen der gesellschaftlich anerkannten Gründe. Er beherrscht also Schwarze Frauen, die er tatsächlich (oder vorgeblich) entführen könnte, nicht jedoch weiße, die diese Verletzlichkeit nicht teilen. Angenommen jedoch, die Gesellschaft ist weder eine rassistische noch eine sexistische und der Kidnapper ist ein Einzeltäter, der jedoch aufgrund seiner Cleverness nicht gefasst werden konnte. Unter diesen Umständen stellt er zwar eine physische Bedrohung dar; dennoch beherrscht er nicht. Nicht jeder kriminelle Akt, geschweige denn jede bloße Möglichkeit, ein Verbrechen zu begehen, konstituiert eine Beziehung der Beherrschung. Entscheidend ist vielmehr, inwiefern diese strukturell ermöglicht und damit Grundlage eines andauernden Machtverhältnisses wird.[40]

Interpersonale Beherrschung hat somit unabhängig von der Art der Ressourcen, auf denen das jeweilige Machtverhältnis beruht, stets eine akteursspezifische *und* eine strukturelle Dimension. Daraus folgt, dass die für Beherrschung grundlegende Macht nicht als persönliche Ressource verstanden werden kann, über die ein mäch-

38 Vgl. Richardson 2006, S. 190 sowie Rigstad 2011, S. 293 f.

39 Schwarz wird bewusst großgeschrieben, um deutlich zu machen, dass es sich um eine konstruierte Zuschreibung, nicht um ein adjektivisches Merkmal handelt.

40 Dies zeigt, dass Beherrschung weder sämtliche Formen von Macht noch das gesamte Spektrum an moralischen Übeln abdeckt; dennoch ist Beherrschung von besonderer Bedeutung, da sie sich auf die strukturellen Bedingungen bezieht, unter denen kriminelle Akte sozial ermöglicht werden. Vgl. ausführlich zu der Frage, warum einzelne Interaktionen für sich genommen keine Beherrschung konstituieren: Gädeke 2017.

tiger Akteur nach Belieben verfügt.[41] Die dyadische Machtbeziehung, in der Macht ausgeübt wird, ist »lediglich der Kristallisationspunkt eines ausgedehnten Feldes sozialer Kräfte, die die Natur einer solchen Machtausübung bestimmen«.[42] Die soziale Realität von Beherrschung hängt immer auch vom Verhalten peripherer Akteure und entsprechender kollektiv konstruierter und reproduzierter Denk- und Handlungsmuster ab, die den Raum der Gründe bereits asymmetrisch strukturieren.

In diesem Sinne ist interpersonale Beherrschung, machttheoretisch gesprochen, keine dyadische, sondern eine *triadische* Beziehung zwischen dem beherrschenden, dem beherrschten und den relevanten peripheren Akteuren, die gemeinsam die relevanten sozialen Strukturen hervorbringen und fortschreiben – auch wenn periphere Akteure damit nicht selbst unmittelbar zu Beherrschern werden.[43] Um Beherrschung als gesellschaftliches Phänomen zu erfassen, bedarf es dementsprechend der Analyse der jeweils relevanten sozial konstruierten Denk- und Handlungsmuster sowie deren materieller Rahmenbedingungen, die den gemeinsamen Raum der Gründe konstituieren und strukturieren. Eine dyadische Perspektive droht dagegen zu verdecken, dass Beherrschung gerade nicht allein auf dem Fehlverhalten einzelner Personen beruht, sondern die Grundstrukturen einer Gesellschaft durchzieht – ein sozialanalytisches Defizit, das wiederum in normativer Hinsicht Fehlzuschreibungen von Verantwortung nach sich ziehen kann.

Das Vermögen der Einmischung als strukturell mitkonstituiertes zu begreifen, hat eine zweite, wichtige Implikation: Beherrschung erfolgt demnach keineswegs zwangsläufig *intentional.* Ein liebender Ehemann in traditionellen Eheverhältnissen beherrscht seine Ehefrau aufgrund der gesellschaftlichen Rahmenstrukturen, die ihm beispielsweise, ob er will oder nicht, das Recht einräu-

41 Wartenberg 1990, S. 165.

42 Wartenberg 1990, S. 161.

43 Vgl. Lovett 2010a, S. 122. Eine strikt dyadische beherrschende Machtbeziehung ließe sich allenfalls auf einer abgeschlossen Insel mit zwei Bewohnern denken; als Grenzfall ließe sich darüber hinaus eine Beziehung zwischen zwei Akteuren vorstellen, die durch die in keinerlei Hinsicht sozial vermittelte oder sanktionierte Unterwerfung des einen unter den anderen gekennzeichnet ist. Eine solche Beziehung – so sie denn tatsächlich in einem derart insularen Sinne besteht – wäre jedoch kein Fall sozialer Ungerechtigkeit, sondern allenfalls eine Frage unmittelbar interaktionaler Gerechtigkeit.

men, wirtschaftliche Tätigkeiten seiner Frau zu unterbinden. Sie werden wiederum von peripheren Akteuren wie etwa Banken oder Arbeitgebern reproduziert, die Frauen nicht als eigenständige ökonomische Personen wahrnehmen und behandeln. Unabhängig davon, ob er die Macht, die ihm als Ehemann zukommt, zu nutzen gedenkt oder nicht oder ob er sich selbst als Beherrscher versteht, er beherrscht seine Frau allein aufgrund seiner strukturell konstituierten Machtposition, die vorstrukturiert, welche Handlungsgründe überhaupt als legitime Handlungsgründe anerkannt werden. Wartenberg hält dementsprechend fest: »Die Macht, über die Ehemänner verfügen, ist keine Folge ihrer eigenen spezifischen Intentionen, auch wenn sie sich entscheiden können, ihre Macht zu nutzen, um ihren eigenen Status in der Familie weiter zu erhöhen; ihre Macht ist die Folge der situierten Natur der Ehebeziehung selbst.«[44]

Die nicht-intentionale Natur von Beherrschung hebt auch Pettit hervor. Zwar hatte er in *Republicanism* ausdrücklich betont, beherrschende Macht sei grundsätzlich intentional in dem Sinne, dass »die Dinge, die der Mächtige tun kann, Dinge sind, für die er beschuldigt oder gelobt werden kann, Dinge also, die nicht jenseits seiner Kontrolle liegen«.[45] Dahinter stand die Sorge, dass »der Unterschied zwischen dem Schutz der Menschen gegen die natürlichen Auswirkungen von Zufall, Unvermögen und Knappheit und dem gegen Dinge, die sie versuchen einander anzutun«,[46] verloren gehe. Diese Passagen wurden vielfach dahingehend interpretiert, dass Pettit Beherrschung als Folge intentionaler Handlungen betrachte und nicht-intendierte Konsequenzen für irrelevant halte.[47] Das aber ist ein vorschneller Schluss, denn die geforderte Intentionalität bezieht sich nicht auf den Begriff der Beherrschung, sondern auf den Begriff der Einmischung. Beherrschung ist demnach das Vermögen einer *zielgerichteten* (und in diesem Sinne intentionalen) Einflussnahme; eine solche muss jedoch weder erfolgen noch beabsichtigt sein. In neueren Schriften stellt Pettit dementsprechend klar, dass Beherrschung konzeptionell gesehen durchaus unfreiwillig sein kann, auch wenn die Idee einer solchen »unge-

44 Wartenberg 1990, S. 156.

45 Pettit 1997, S. 79; vgl. Pettit 1997, S. 52 f.

46 Pettit 1997, S. 53; vgl. ähnlich Forst 2011, S. 23.

47 So z. B. Ferejohn 2001, S. 86 f.; Kramer 2008, S. 40 f.

wollten Beherrschung«[48] das Grundverständnis von Beherrschung als Unterwerfung unter einen fremden Willen dehne.

Macht besteht also in dem Vermögen, den Raum der Gründe zielgerichtet zu beeinflussen; dennoch ist die soziale Realität der Beherrschung keineswegs zwangsläufig beabsichtigt. Zwar ist ein strukturell mitkonstituiertes Vermögen zielgerichteter Einflussnahme grundlegend für Beherrschung, denn es ist Ausdruck der asymmetrischen Struktur des Raums der Gründe; dieses muss jedoch weder aktualisiert noch von Seiten der Beherrscherin begrüßt werden. Was sie tut, tut sie zielgerichtet, gerade auch wenn sie Macht ausübt. Dennoch ist die Wirkung von Beherrschung im Sinne einer asymmetrischen Strukturierung des Raumes der Gründe davon unabhängig und setzt keine entsprechende Intention auf Seiten der Beherrscherin voraus. Intentionaler Natur sind ihre konkreten Handlungen und möglicherweise erfolgende tatsächliche Einmischung, nicht aber notwendigerweise die Beziehung der Beherrschung.

5.1.3. Interpersonale und systemische Beherrschung

Bisher wurde stillschweigend davon ausgegangen, dass zu jedem beherrschten Akteur ein beherrschender Akteur benannt werden kann. Auch die im vorangegangenen Abschnitt vorgenommene Erweiterung der Perspektive um die strukturelle Dimension von Macht stellt dieses akteurszentrierte Machtmodell nicht grundsätzlich in Frage. Zwar macht sie auf die strukturellen Bedingungen aufmerksam, unter denen sich Beherrschungsbeziehungen konstituieren und reproduzieren. Trotz dieser triadischen Struktur von Beherrschung handelt es sich jedoch um interpersonale Beherrschung zwischen je konkreten, identifizierbaren Personen. Darüber hinaus lässt sich indes fragen, ob Beherrschung tatsächlich zwangsläufig identifizierbare Beherrscher voraussetzt.

So hält es etwa Hayward für anachronistisch, an einem inter-

48 Pettit 2012b, S. 62; vgl. Pettit 2008c, S. 112 sowie Pettit 2015b, S. 44. Auch Forsts Insistieren auf der Intentionalität von Macht (vgl. Forst 2015a, S. 60 und S. 71) muss in diesem Sinne reinterpretiert werden: Macht besteht in dem Vermögen, den Raum der Gründe zielgerichtet zu beeinflussen; dennoch ist die strukturell konstituierte soziale Realität der Beherrschung keineswegs zwangsläufig beabsichtigt oder unmittelbar durch individuelles Handeln zu verändern.

personalen Machtmodell festzuhalten. Angesichts der Tatsache, dass die Grenzen das Mach- und Sagbaren unter Bedingungen der Globalisierung gerade auch durch Handlungen von Akteuren mitbestimmt werden, mit denen der Machtunterworfene »keinerlei Interaktion oder Kommunikation hat, durch Handlungen, die räumlich und zeitlich weit entfernt stattfinden, durch Handlungen, die in keinem expliziten Sinne auf ihn abzielen«,[49] sei vielmehr die Frage nach den »unterschiedlichen Wirkungen sozialer Praktiken und Institutionen auf das Vermögen von Akteuren, an der Gestaltung der Bedingungen ihrer kollektiven Existenz mitzuwirken«,[50] entscheidend.

Auch Bohman argumentiert, das Paradigma einer personalisierten Beherrschungsbeziehung, die analog zu einer Herr-Sklaven-Beziehung oder tyrannischer Herrschaft zu analysieren ist, erfasse nicht mehr das gesamte Spektrum empirischer Formen von Beherrschung.[51] Unter Bedingungen von Komplexität, Pluralismus und fortschreitender globaler Interdependenz zeigen soziale Aktivitäten, so Bohman, höchst unterschiedliche Auswirkungen auf eine je unbestimmte Zahl von Menschen. Sie reproduzierten und produzierten nicht nur interpersonale Hierarchien; Bohman sieht das Hauptmerkmal zeitgenössischer Formen der Beherrschung vielmehr darin, dass die Interdependenz durch unbestimmte und unbegrenzte soziale Aktivitäten zur »unfreiwilligen Einbeziehung in unbestimmte kooperative Systeme« führe, auf die die jeweiligen Akteure keinerlei Einfluss hätten.[52] Damit produzierten sie »steigende Zahlen ›rechtloser Personen‹« und zeitigten »Effekte, die strukturell moderner Tyrannei gleichen«.[53] Wer seine Aufmerksamkeit allein auf personalisierte Tyrannei richte, übersehe diese spezifisch modernen Formen von Beherrschung.

Dieser Punkt lässt sich anhand von Youngs Konzeption *struktureller Ungerechtigkeit*[54] verdeutlichen: Sie zeigt, dass erst aus einer

49 Hayward 2000, S. 37.

50 Hayward 2000, S. 39.

51 Bohman 2004, S. 337-340; vgl. Bohman 2007b, S. 6-11 sowie Thompson 2013, S. 282 und S. 284.

52 Bohman 2004, S. 340.

53 Bohman 2004, S. 342; vgl. Fraser 1993, S. 174 sowie Einspahr 2010.

54 Young 2011, Kap. 2. Während Young von *struktureller* Ungerechtigkeit spricht, verwende ich in diesem Zusammenhang den Ausdruck *systemische* Beherrschung,

Makroperspektive, die die sozialen Positionen unterschiedlicher Akteure in ihrer systemischen Beziehung zueinander analysiert, erkennbar wird, wie die kumulierten Effekte der für sich betrachtet durchaus legitimen Handlungen unterschiedlicher Akteure einige Akteure in eine systematisch verletzliche Position bringen.[55] Ihr Beispiel ist das der Obdachlosigkeit einer alleinerziehenden Mutter: Ihre Wohnung wird verkauft; in erreichbarer Nähe zu ihrer Arbeitsstelle findet sie keine bezahlbare Wohnung; einen anderen Job jedoch findet sie als Frau und aufgrund ihrer mangelnden Ausbildung ebenfalls nicht. Ein längerer Weg zur Arbeit macht ein Auto nötig, das sie aufgrund der geforderten Mietkaution nicht bezahlen kann, so dass sie schließlich obdachlos wird. Die Mutter wird jedoch nicht notwendigerweise oder ausschließlich von identifizierbaren Akteuren beherrscht; sie sieht sich vielmehr »strukturellen oder bürokratischen Imperativen« ausgesetzt, »die oft scheinbar keine Folge der Entscheidungen von jemandem sind und doch zugleich den Interessen einer bestimmten Reihe an Akteuren dienen«.[56] Ihre Situation ist das Resultat des komplexen Zusammenspiels zwischen formellen Regeln in Bezug auf den Wohnungs- und Arbeitsmarkt, informellen sozialen Praktiken und der Summe unzähliger einzelner Handlungen innerhalb dieses Rahmens, die sich zu einer Struktur verdichten, der sie hilflos gegenübersteht.

Offen ist jedoch, inwieweit derartige systemische Effekte kumulierter individueller Handlungen tatsächlich selbst als Beherrschung verstanden werden müssen. Young hält sie zwar für ungerecht, kennzeichnet sie jedoch nicht als Beherrschung, sondern als »systematische *Gefahr* der Beherrschung«.[57] Ähnlich argumentiert Pettit: Hatte er zunächst ausdrücklich darauf bestanden, dass eine beherrschende Instanz nur ein Akteur, nicht aber ein System oder ein Netzwerk sein könne,[58] und seine Konzeption von Beherrschung dementsprechend anhand von durch direkte Interaktion gekennzeichneten sozialen Beziehungen wie der zwischen Herrn und Sklaven entwickelt, erkennt er in jüngeren Arbeiten durch-

da auch interpersonale Beherrschung, wie oben gezeigt, stets eine strukturelle Dimension aufweist.

55 Young 2011, S. 52 und S. 62-64.

56 Young 1990, S. 78.

57 Young 2011, S. 52 [Hervorhebung D.G.].

58 Pettit 1997, S. 52; vgl. ebd., S. 79 sowie Pettit 1996, S. 578.

aus an, dass die aggregierten Konsequenzen einer Vielzahl individueller Handlungen eine »indirekte oder strukturelle Form von Beherrschung« bedingen können.[59] Diese sei relevant, insofern sie interpersonale Beherrschung *ermögliche*; demnach erhöht ein komplexes System von Praktiken und Institutionen möglicherweise die Verletzlichkeit gegenüber interpersonaler Beherrschung, ohne dass dies selbst als tatsächliche Beherrschung einzuordnen wäre.[60] Lovett betont vor diesem Hintergrund, es sei redundant, von systemischer Beherrschung zu sprechen, da dies lediglich wiederhole, was bereits in der Konzeption interpersonaler Beherrschung enthalten ist: das wechselseitige Bedingungsverhältnis zwischen Akteuren und ihrem sozialen Kontext.[61]

In der Tat können komplexe systemische Prozesse einige Akteure erst in eine Position der Beherrschung gegenüber Anderen bringen, etwa wenn Gentrifizierungsprozesse Hausbesitzerinnen und Makler gegenüber Mieterinnen in die Position eines Beherrschers stellen. Zudem gibt es Konstellationen, in denen sich eine systemische Perspektive auf Beherrschung weitgehend mit der interpersonalen überschneidet, etwa wenn komplexe Systeme zugleich selbst kollektive Akteure konstituieren. Ein Beispiel sind Staaten, deren Wirtschaftssystem zum einen unter systemischer Perspektive als komplexes Zusammenspiel formeller und informeller Praktiken betrachtet werden kann, die kumuliert u.a. zu Phänomenen wie der Gentrifizierung in urbanen Wohngebieten führen kann. Zugleich lässt sich die Wirtschafts-, Sozial-, und Wohnungsbaupolitik eines Staates jedoch dem Staat selbst als kollektivem Akteur zuschreiben, der möglicherweise seine Staatsbürger_innen – oder einen Teil davon – beherrscht.[62] In derartigen Konstellationen liefern die interpersonale und die systemische Perspektive lediglich unterschiedliche analytische Blickwinkel: Während die interpersonale Perspektive sich auf Beziehungen der Beherrschung zwischen konkreten identifizierbaren Beherrschern und Beherrschten sowie deren strukturelle Einbettung konzentriert, lenkt die systemische Perspektive die Aufmerksamkeit auf das Zusammenspiel derartiger

59 Pettit 2012b, S. 63; vgl. Pettit 2015a.S. 90.
60 Pettit 2012b, S. 44; vgl. Forst 2015a, S. 71.
61 Lovett 2010a, S. 47-49 und S. 72-74.
62 Vgl. ausführlich zum Staat als kollektivem Akteur: Kap. 8.

Strukturen und verschiedener Machtpositionen innerhalb des Systems als Ganzem.

Darüber hinaus erfasst die systemische Perspektive jedoch gerade auch Fälle von Beherrschung, die von einer interpersonalen Perspektive übersehen werden: Beherrscht werden nicht nur jene, die einem konkreten Beherrscher unterworfen sind, sondern auch diejenigen, deren Raum der Gründe durch komplexe systemische Prozesse gewissermaßen anonym strukturiert wird, d. h. unabhängig davon, inwieweit identifizierbare Akteure eben dadurch das Vermögen zielgerichteter Einflussnahme auf ihren Raum der Gründe erhalten. Denn auch sie verlieren damit die normative Autorität darüber, ihren eigenen Status zu gestalten. Ein Beispiel wären Langzeitarbeitslose, die, gerade weil sie vom Kern ökonomischer Tauschbeziehungen ausgeschlossen sind, beherrscht werden, auch wenn sie nicht der interpersonalen Beherrschung durch Arbeitgeber_innen unterworfen sind.[63]

Damit lenkt die systemische Perspektive die Aufmerksamkeit weg von der Frage nach Beherrschern hin zur Frage nach den Beherrschten. Aus ihrer Perspektive ist weniger entscheidend, ob es identifizierbare Beherrscher gibt, als vielmehr, inwieweit sie selbst in Bezug auf soziale Prozesse als normative Autorität in Erscheinung zu treten vermögen. Welche Art der Beherrschung innerhalb einer Gesellschaft überwiegt, hängt von der sozialen und diskursiven Struktur der in Frage stehenden Gesellschaft ab; so ist zu vermuten, dass klassisch patriarchalische Gesellschaften eher von interpersonaler Beherrschung gekennzeichnet sind, während in den hoch- und postindustriellen Gesellschaften der OECD-Welt systemische Beherrschung eine bedeutende Rolle spielt.

Lovett kritisiert dagegen, ohne Beherrscher könne schlichtweg nicht von Beherrschung gesprochen werden. Zwar geht auch er davon aus, dass soziale Strukturen die für Beherrschung entscheidenden Rollen definieren; dennoch handele es sich nur dann um Beherrschung, wenn die Rolle des Beherrschers auch durch reale Personen ausgefüllt werden; gebe es dagegen niemanden, »vor dem man sich verbeugen und zusammennehmen und bei dem man sich einschmeicheln muss«,[64] handele es sich nicht um Beherrschung. Damit verweist Lovett mit Recht darauf, dass auch komplexe Syste-

63 Vgl. Young 1990, S. 55.
64 Lovett 2010a, S. 48.

me von Praktiken und Institutionen von Akteuren produziert und aufrechterhalten werden müssen. In diesem Sinne bedarf es stets sozialer Akteure. Diese, und das ist der entscheidende Punkt, sind jedoch nicht zwangsläufig selbst Beherrscher, auch wenn sie ein beherrschendes System mitkonstituieren. Periphere Akteure tragen zwar mit Blick auf interpersonale Beherrschung zur Etablierung und Aufrechterhaltung eines komplexen Systems sozialer Strukturen bei, die den Raum der Gründe zumindest einiger an diesem System Beteiligten asymmetrisch strukturieren und auch interpersonale Formen von Beherrschung ermöglichen. Dennoch verfügen sie selbst nicht notwendigerweise über das Vermögen, zielgerichtet auf den Raum der Gründe Letzterer einwirken zu können. Vielmehr können die einseitige Strukturierung des Raums der Gründe und der damit einhergehende Entzug normativer Autorität ein systemisch vermittelter Nebeneffekt sein, der eine unbestimmte Zahl von Menschen trifft. Systemische Beherrschung ist daher nicht akteurlos, wohl aber anonym.[65]

Ein weiterer Grund dafür, systemische Macht dennoch nicht als Beherrschung zu verstehen, scheint in der Frage der Verantwortung zu liegen: Selbst wenn die asymmetrische Strukturierung des Raums der Gründe durch die Folgen komplexer systemischer Prozesse aus der Perspektive der Beherrschten analog zu der durch identifizierbare Beherrscher erscheinen mag, so bleibt doch unklar, wer dafür verantwortlich gemacht werden kann. Pettits Betonung der wesentlichen Unterscheidung zwischen natürlichen und sozialen Einschränkungen weist in diese Richtung.[66] Lukes argumentiert ebenfalls, strukturelle Phänomene ließen sich nur dann als Ausdruck von Macht verstehen, wenn sie auf das Handeln (oder Unterlassen) von Akteuren zurückzuführen seien; denn erst dann mache es Sinn, »Letztere als mächtig, *weil verantwortlich* zu betrachten«.[67] Damit jedoch bestimmt er das (zunächst normativ

65 Ein weiteres, konzeptionelles Argument gegen ein systemisches Verständnis von Beherrschung könnte darin liegen, dass systemische Prozesse zwar als unpersönlich vermittelte Macht, jedoch schwerlich als Unterwerfung unter einen fremden Willen verstanden werden können. Thompson etwa plädiert vor diesem Hintergrund für eine Erweiterung des Grundverständnisses von Beherrschung um nichtwillkürliche Formen von Beherrschung (Thompson 2013). Das unter 5.2. entwickelte Willkürverständnis kann jedoch auch systemische Willkür erfassen.

66 Pettit 1997, S. 52 f.

67 Lukes 2005, S. 67 [Hervorhebung im Original]; vgl. Hayward/Lukes 2008, S. 7 f.

neutrale) Phänomen der Macht aus der Perspektive moralischer Verantwortung und übersieht, dass Effekte komplexer systemischer Prozesse sozialen Ursprungs sind und daher grundsätzlich verändert werden *könnten*, wenn auch nicht durch einen Akteur allein. Die Frage nach der Verantwortung für Beherrschung muss daher aufbauend auf einer angemessenen Konzeption der Beherrschung beantwortet werden, nicht andersherum.[68]

Zusammenfassend lässt sich somit festhalten, dass ein Machtverhältnis im relevanten Sinne vorliegt, wo immer der Raum der Gründe eines Akteurs durch Andere asymmetrisch strukturiert wird. Eine solche Machtbeziehung wird klassischerweise als *interpersonale* verstanden. In diesem Fall verfügt ein identifizierbarer, individueller oder kollektiver Akteur aufgrund seiner Position innerhalb der relevanten Machtstrukturen über das strukturell mitkonstituierte Vermögen, zielgerichtet den Raum der Gründe seines Gegenübers zu beeinflussen. Ein Machtverhältnis im relevanten Sinne besteht darüber hinaus indes auch dort, wo der Raum der Gründe durch ein komplexes System an formellen Institutionen, informellen Praktiken und kumulativen Effekten einer unbegrenzten Zahl einzelner Handlungen einseitig strukturiert wird. In beiden Fällen, dem interpersonalen wie auch dem systemischen, bleibt den Beherrschten – sofern auch das Kriterium der Willkür erfüllt ist – der Zugriff auf die Mitgestaltung ihrer Stellung in der sozialen Welt und damit der Status normativer Autorität versagt.[69]

5.2. Beherrschung als willkürliche Machtbeziehung

Soziale Beziehungen sind, wie das oben entwickelte Verständnis von Macht als strukturierendem Faktor des intersubjektiven Raums der

68 Vgl. Hayward 2006, S. 161 f. Dies gilt ohnehin auch für eine Konzeption interpersonaler Beherrschung, die die strukturelle Dimension einbezieht, und zwar hinsichtlich unfreiwilliger Beherrschung ebenso wie mit Blick auf die Verantwortung peripherer und beherrschter Akteure (vgl. dazu Kapitel 7).

69 Es mag eingewandt werden, dass systemische Macht in diesem Sinne nicht asymmetrisch ist, da kein Akteur über das Vermögen der Einflussnahme verfügt. Dennoch wird durch systemische Macht der Raum der Gründe durch Andere einseitig strukturiert. In diesem nicht-mittelbaren Sinne ist auch systemische Macht eine Form asymmetrischer Macht, auch wenn dem Machtunterworfenen kein einzelner mächtiger Akteur gegenübersteht.

Gründe zeigt, stets durch Macht gekennzeichnet. Doch selbst wenn sie asymmetrisch strukturiert sind, so sind sie doch keineswegs notwendigerweise beherrschend. Die entscheidende Frage lautet, unter welchen Bedingungen asymmetrische Machtverhältnisse dem normativen Gehalt des Begriffs der Beherrschung zuwiderlaufen, der im vorangegangenen Kapitel als Verweigerung des Status normativer Autorität bestimmt wurde. Es gilt daher, eine Willkürkonzeption zu entwickeln, die dieses normative Grundverständnis von Beherrschung als Abhängigkeit vom Willen Anderer konzeptualisiert. Ausgegangen wird dabei von einer Auseinandersetzung mit Pettits interessenbasierter Willkürkonzeption. Sie erweist sich indes als unzureichend reflexiv und weiß darum weder den Status-quo-Bias subjektivistischer noch das Paternalismusproblem objektivistischer Willkürkonzeptionen überzeugend zu vermeiden (5.2.1.). Erst ein dezidiert intersubjektives, diskurstheoretisch gewendetes Willkürverständnis, das nicht auf Interessen, sondern auf Gründen basiert, löst diese Probleme (5.2.2.). Vor diesem Hintergrund lässt sich abschließend konkretisieren, wie Willkür in Bezug auf interpersonale und systemische Beherrschung zu verstehen ist (5.2.3.).

5.2.1. Pettits interessenbasiertes Willkürverständnis

Pettits dispositionales Machtverständnis zielt darauf ab, konzeptionell abzubilden, dass nicht die interaktionale Ausübung von Macht, sondern bereits die interpersonale Machtbeziehung Beherrschung konstituiert und damit, so sein paradigmatisches Beispiel, auch der Sklave eines wohlwollenden Herrn als beherrscht gelten müsse. Das zweite Kriterium von Beherrschung soll aufbauend darauf zeigen, dass eine solche Machtbeziehung dennoch keineswegs zwangsläufig den diskursiven Status eines Akteurs unterminiert. Damit sucht Pettit zu plausibilisieren, dass insbesondere staatliche Macht nicht notwendigerweise beherrschend ist.[70] Wird diskursive Kontrolle als interpersonaler Status begriffen, der beinhaltet, »in der Lage zu sein, aufrecht zu gehen, anderen in die Augen zu blicken [...] nicht von der Gunst oder Gnade anderer abhängig zu sein, seinen Angelegenheiten nachzugehen, ohne sie um Erlaubnis oder Genehmigung zu bitten«,[71] so zeichnet sich Beherrschung im

70 Vgl. Pettit 1997, S. 35-41.
71 Pettit 2003a, S. 394.

Gegenzug dadurch aus, dass der Beherrschte dem unbeschränkten Willen seines Gegenübers ausgeliefert ist und somit nicht autoritativ für sich sprechen kann. Ein beherrschender Akteur hat demnach nicht nur das Vermögen der Einmischung, sondern kann nach freiem Belieben darüber entscheiden, dieses zu nutzen. Damit wird der Beherrschte dem »*arbitrium* oder ›Willen‹ eines anderen«[72] unterworfen. Pettits Konzeption von Beherrschung geht es dementsprechend um das »Vermögen der Einmischung auf willkürlicher Basis«[73] und damit nicht um asymmetrische Machtbeziehungen an sich, sondern um *willkürliche* Macht.

Den Begriff der Willkür versteht Pettit in *strukturorientiertem* Sinne: Ob ein asymmetrisches Machtverhältnis beherrschend ist, richtet sich nicht nach der Intensität eines möglichen Eingriffs oder dessen Folgen, sondern allein nach der Struktur der Machtbeziehung: »Eine Handlung ist diesem Verständnis nach willkürlich aufgrund der Kontrolle – und genauer, dem Mangel an Kontrolle –, unter der sie zustande kommt, nicht aufgrund der besonderen Konsequenzen, die sie mit sich bringt.«[74] Entscheidend ist also nicht, wie sich die Handlungen des Mächtigen auswirken und ob die Folgen seines Handelns etwa moralisch problematisch sind. Eine willkürliche und damit beherrschende Machtbeziehung zeichnet sich vielmehr dadurch aus, dass der mächtige Akteur nach Belieben darüber entscheiden kann, ob er eingreift oder nicht, ohne dass er dabei geeigneten und effektiven Beschränkungen unterliegt. Denn eben dieser Umstand macht den beherrschten Akteur abhängig von dessen Willen – und verletzt somit seinen diskursiven Status.

Was genau aber bedeutet es, dass der beherrschte Akteur dem unbeschränkten, nicht kontrollierten Willen seines Gegenübers ausgeliefert ist? Zwei Möglichkeiten, den Begriff der Willkür näher zu bestimmen, lassen sich unterscheiden: Rein *formale* Willkürkonzeptionen bestimmen Willkür allein durch die Abwesenheit von jeglichen, von außen auferlegten Beschränkungen der Macht. Eine derartige rein formale Willkürkonzeption ist jedoch zu eng, denn sie weist jegliche Art regelgebundener Machtasymmetrien als willkürfrei aus. Gerade formalisierte Regeln, die die Ausübung von Macht beschränken, können jedoch beherrschende Machtverhält-

72 Pettit 2012b, S. 58 [Hervorhebung im Original].

73 Pettit 1997, S. 55.

74 Pettit 1997, S. 55; vgl. Maynor 2003, S. 37f.

nisse festigen, wie etwa im Falle rechtlich institutionalisierter Unterdrückung zu Zeiten der Apartheid in Südafrika, die der Mehrheit der Bevölkerung den Status normativer Autorität ausdrücklich rechtlich verweigerte oder in rechtlich regulierter Kolonialherrschaft, wie sie England in Indien ausübte. Formale Beschränkungen von Macht schaffen daher zwar eine gewisse Erwartungssicherheit; entscheidend ist jedoch nicht die mit Beherrschung einhergehende Unsicherheit, sondern die Verletzung des diskursiven Status.[75]

Um die Verletzung des diskursiven Status zu erfassen, bedarf es einer *materialen* Willkürkonzeption, die neben dem formalen Kriterium einer externen Beschränkung des mächtigen Akteurs durch Regeln ein materiales Kriterium bestimmt, dass diese Regeln mit Blick auf ihren Gehalt weiter qualifiziert. Laut Pettit erfolgt eine Handlung auf willkürlicher Basis, wenn sie »ohne Bezug auf die Interessen oder die Meinungen von denen, die von ihr betroffen sind, gewählt oder verworfen wird«.[76] Diesem interessenbasierten Ansatz[77] zufolge können nur Regeln, die die Mächtigen zwingen, die Interessen ihres Gegenübers zu berücksichtigen, Willkürfreiheit verbürgen. Wichtig ist, dass es letztlich nicht darum geht, inwieweit eine Einmischung des Mächtigen tatsächlich den relevan-

75 Vgl. für ein rein formales Willkürverständnis Lovett 2010a, S. 112-119. Im Unterschied zu Lovett bezeichne ich dieses als *formal*, nicht als *prozedural*; prozedurale Ansätze sind meinem Verständnis nach materiale Willkürverständnisse, die die materiale Qualifikation formaler Regeln in entsprechend ausgestalteten Verfahren verorten. Lovetts Unterscheidung von prozeduralen und substantiellen Konzeptionen bezieht sich dagegen lediglich auf den Unterschied zwischen formalen und materialen Konzeptionen, ohne Letztere weiter auszudifferenzieren.

76 Pettit 1997, S. 55.

77 Angesichts anhaltender Kritik, welche sein materiales, interessenbasiertes Willkürverständnis entweder auf formale oder auf moralisierte substanzielle Konzeptionen zu reduzieren sucht, reformuliert Pettit in jüngeren Schriften willkürliche Macht als »fremde oder entfremdende Kontrolle« (Pettit 2008c, S. 107) bzw. als »unkontrollierte Einmischung« (Pettit 2012b, S. 58), d. h. als »Macht zur Einmischung [...], die nicht zu Bedingungen ausgeübt wird, welche durch A auferlegt wurden: sie wird nicht in eine Richtung oder einem Muster gemäß ausgeübt, die A entscheidend beeinflussen könnte« (Pettit 2012b, S. 50). Diese Reformulierung liefert jedoch keine grundlegende Neubestimmung von Beherrschung, zumal Pettit Kontrolle wiederum mit Hilfe seines Interessenverständnisses erläutert (Pettit 2006c, S. 278 f.; Pettit 2012b, S. 245). Der Begriff der Kontrolle scheint daher eher ein Platzhalter für die umstrittenen Begriffe der Willkür und des Interesses zu sein.

ten Interessen der Machtunterworfenen nachkommt oder ihnen zuwiderläuft, sondern allein darum, inwieweit er »*gezwungen* ist, die Interessen und Ideen der Person, die Einmischung erleidet, zu verfolgen«.[78] Dies ist Ausdruck der strukturorientierten Anlage von Pettits Beherrschungsverständnis.

Was aber sind relevante Interessen? Eine interessenbasierte Willkürkonzeption, wie Pettit sie vorschlägt, lässt sich auf drei Weisen verstehen:[79] Die *objektivistische* Interpretation begreift relevante Interessen als objektiv zu bestimmende, wahre Interessen. Willkür liegt demnach vor, wenn diese missachtet werden. Die *subjektivistische* Lesart geht von subjektiv geäußerten Präferenzen aus, die gegebenenfalls aggregiert werden müssen. Beide Ansätze begreifen das materiale Willkürkriterium in substantiellem Sinne, d. h. Willkür zeichnet sich dadurch aus, dass der jeweilige Machthaber nicht gezwungen ist, die – objektiv oder subjektiv – vollständig bestimmbaren Interessen zu berücksichtigen. Die *intersubjektivistische* Interpretation versteht relevante Interessen dagegen als diejenigen Interessen, die sich erst innerhalb entsprechender Verfahren als relevant erweisen; jenseits dieser Verfahren bleiben die zu berücksichtigenden Interessen und damit der Begriff der Willkür inhaltlich gesehen unterbestimmt. Willkürkonzeptionen lassen sich damit wie folgt einteilen:

- Willkür
  - Formale Willkür
  - Materiale Willkür
    - substantiell
      - objektivistisch
      - subjektivistisch
    - prozedural
      - (intersubjektivistisch)

Welche Position Pettit vertritt, blieb zunächst unklar.[80] Erst in der *Theory of Freedom* wird deutlich, dass er ein intersubjektivistisches Interessenverständnis verfolgt, das auf dem Kriterium der Äußerungsfähigkeit (*avowability*) von Interessen aufbaut.[81] Dieses meint

78 Pettit 1997, S. 55 [Hervorhebung D.G].

79 Vgl. ähnlich Richardson 2002, S. 37-55.

80 Vgl. Pettit 1997, S. 55 f. sowie die ausführliche Diskussion dieser Textstellen in für Friedman 2008, S. 259-265.

81 Pettit 2001a, S. 156-158.

mehr als die bloße Tatsache, dass die Interessen dem jeweiligen Akteur bewusst sind oder er sie sich bewusst machen könnte und es sich in diesem Sinne um »ohne weiteres ausdrückbare Interessen«[82] handelt. Denn die Idee der Äußerungsfähigkeit von Interessen ist verknüpft mit Pettits Verständnis der diskursfähigen Person, die sich gegenüber Anderen zu ihren Überzeugungen und Handlungen *bekennt* und damit an ihnen gemessen werden kann.[83] Äußerungsfähige Interessen sind daher keine unreflektierten subjektiven Präferenzen, sondern solche, die ein Akteur bereit ist gegenüber Anderen als seine eigenen zu vertreten und damit an intersubjektiven Standards praktischer Rationalität messen zu lassen. In diesem Sinne sind sie intersubjektiv gefilterte Interessen.[84] Dementsprechend werden diskursfähige Personen erst dann als solche behandelt und respektiert, wenn ihre äußerungsfähigen Interessen berücksichtigt werden müssen.

Nun unterscheidet Pettit allerdings zwischen Beherrschung in privaten Interaktionen, wie etwa zwischen einer Arbeitgeberin und ihrem Angestellten (*dominium*), und Beherrschung der Bürger_innen durch den Staat (*imperium*).[85] Während im Fall privater Interaktionen die Berücksichtigung der äußerungsfähigen Interessen ausschlaggebend ist, tritt auf der politischen Ebene das Kriterium der *Gemeinsamkeit* der äußerungsfähigen Interessen hinzu, und zwar weil es nun nicht um die Beherrschung von Privatpersonen, sondern um ihre Beherrschung als Bürger_innen und damit um die äußerungsfähigen Interessen der Bürgerschaft als Ganzem geht.[86] Das Kriterium der Äußerungsfähigkeit scheint somit in politischen Kontexten eine stärkere intersubjektive Dimension zu gewinnen, als es der Rationalitätsfilter in Bezug auf private Interessen impliziert: Die Interessen, die der Staat zu verfolgen hat, müssen sich als »*politisch* äußerungsfähig« erweisen, d. h., ihr Anspruch auf praktische Rationalität muss zugleich den Anspruch beinhalten, auch in politischem Sinne rational zu sein und »mit dem Wunsch, unter einem gemeinsamen System zu leben, das niemanden als jemand

82 Pettit 2003c, S. 92.
83 Vgl. Pettit 2003d, S. 185 bzw. Pettit 2009b, S. 613.
84 Vgl. Pettit 2004b, S. 153.
85 Pettit 1997, S. 13.
86 Pettit 2006c, S. 279 f.

besseren behandelt, im Einklang« zu stehen.[87] Derartige gemeinsame äußerungsfähige Interessen basieren auf Erwägungen, »die jeder im Diskurs mit Anderen darüber, was sie miteinander oder kollektiv zur Verfügung stellen sollten, ohne Verlegenheit als relevante Belange anführen kann, die berücksichtigt werden sollten«.[88]

Einige Autoren lesen Pettits Interessenkonzeption daher in stärker intersubjektivem Sinne. Demnach müssen gemeinsame äußerungsfähige Interessen im Zuge fairer Verfahren auf der Basis unparteilicher Gründe konstruiert werden.[89] Interpretiert man relevante Gründe, die ohne Verlegenheit in der Öffentlichkeit angeführt werden können, jedoch aufbauend auf Pettits grundlegendem Kriterium der Äußerungsfähigkeit, so ergibt sich eine schwächere, rationalistische Lesart: Derartige Gründe erklären ein bestimmtes Interesse als rational in Bezug auf ein gegebenes Set an konsistenten gemeinsamen Zielen; sie sind keine guten Gründe in anspruchsvollem Sinne wechselseitig teilbarer Gründe. Vielmehr geht es darum, bereit zu sein, seine Interessen den jeweiligen Standards praktischer Rationalität zu unterwerfen, die für den entsprechenden, privaten oder öffentlichen Kontext festlegen, wer als rationaler Akteur und damit als verantwortliche Person gelten kann, sei es als Privatperson oder als Bürger_in. In diesem Sinne handelt es sich zwar um intersubjektiv gefilterte Interessen; sie erheben jedoch nicht den Anspruch gegenüber Anderen in einem deliberativen Prozess gerechtfertigt werden zu können.

Eine solche rationalistische Interpretation von Pettits interessenbasiertem Willkürverständnis entspricht seiner Konzeption orthonomer Personen. Sie macht jedoch deutlich, dass seine Willkürkonzeption eben jene normative Engführung reproduziert, die bereits mit Blick auf sein Personenverständnis kritisiert wurde. Dies zeigt sich erstens darin, dass letztlich offenbleibt, unter welchen Umständen die staatliche Bekämpfung privater Beherrschung gefordert ist.

87 Pettit 1999, S. 176 [Hervorhebung D.G.]. An dieser Textstelle scheinen die Kriterien der Äußerungsfähigkeit und der Gemeinsamkeit noch zusammenzufallen. Dass das für Pettits Willkürverständnis in konzeptioneller Hinsicht grundlegende Kriterium das der Äußerungsfähigkeit ist, macht Pettit erst in Reaktion auf entsprechende Kritiken deutlich (Pettit 2006c).

88 Pettit 2001a, S. 156.

89 Für eine solche Lesart: Christman 1998, S. 205; Carter 2000, S. 44 f.; Larmore 2001, S. 239-241; Richardson 2006, S. S. 192 f.; vgl. McMahon 2005.

Pettit geht davon aus, dass dazu ein entsprechendes gemeinsames äußerbares Interesse der Bürgerinnen und Bürger erforderlich ist. Wo etwa »ein breit geteilter religiöser Glaube für Verhältnisse eintritt, unter denen Frauen von ihren Ehemännern beherrscht werden, und die Menschen nicht bereit sind, ein gemeinsames Interesse daran zu äußern, diese Art der Beherrschung zu vermindern«,[90] ließe sich die Situation zwar als private Beherrschung der Frauen durch ihre Ehemänner identifizieren – der Ehemann ist schließlich nicht gezwungen, die äußerungsfähigen Interessen seiner Frau zu berücksichtigen. Solange die Bekämpfung dieser Form privater Beherrschung jedoch kein *gemeinsames* äußerungsfähiges Interesse ist, kann der Staat Pettit zufolge nicht willkürfrei gegen sie vorgehen; dies gilt gerade auch dann, wenn umstritten ist, was genau das gemeinsame Interesse ist. Costa kritisiert dementsprechend, Pettits Willkürverständnis liefere zwar die Basis für eine Kritik privater Beherrschung; es lasse jedoch in politischer Hinsicht unbestimmt, unter welchen Umständen diese reduziert werden muss.[91]

Der Grund für diese Unbestimmtheit liegt darin, dass Pettit keine Verfahrenskriterien benennt, unter denen faktisch geteilte Interessen zu relevanten gemeinsamen Interessen werden. Das Problem des unautorisierten Staates biete zwar, so Pettit, »Grund für republikanische Klagen über den Status quo« und damit »eine Grundlage, um die durch den Staat implementierten oder von der Bürgerschaft unterstützten Policies anzufechten, mit der Begründung dass sie unnötige Beherrschung fördern«.[92] Dennoch bleibt unklar, auf welcher Basis ein solcher Protest erfolgen kann, wenn doch in öffentlicher Hinsicht keine Willkür angemahnt werden kann. Der Hinweis auf private Beherrschung allein scheint ja gerade keinen Grund für kollektives Handeln zu liefern, solange sich kein entsprechendes gemeinsames Interesse herausbildet. Folgt man also der rationalistischen Lesart Pettits, so droht seine Konzeption gemeinsamer Interessen – und damit sein Verständnis öffentlicher Beherrschung – in eine subjektivistische Interessenkonzeption zu kollabieren, die den Status quo stabilisiert.[93]

90 Pettit 2006c, S. 282 f.

91 Costa 2007, S. 305; vgl. McMahon 2007, S. 323.

92 Pettit 2006c, S. 283.

93 Vgl. für eine subjektivistische Lesart von Pettits Willkürkonzeption: Southwood 2002, S. 19 f.

Dieser Status-quo-Bias ist zweitens bereits in der Unterscheidung von privater und öffentlicher Beherrschung angelegt. Zwar weist Pettit damit zu Recht auf den wichtigen Punkt hin, dass individuelle Akteure sowohl als Privatpersonen als auch als Bürger_innen Beherrschung unterworfen sein können. Bei Pettit scheint es indes, als handle es sich um zwei voneinander unabhängige Formen der Beherrschung. Ein Sklave etwa, der von seinem Herrn beherrscht wird, ist demnach Opfer privater Beherrschung. Ob er auch in öffentlicher Hinsicht beherrscht wird, wird als davon losgelöst zu beantwortende Frage behandelt. Dementsprechend sind grundsätzlich Konstellationen denkbar, in denen die Realisierung öffentlicher Nicht-Beherrschung mit einem hohen Maß an privater Beherrschung oder andersherum die private Nicht-Beherrschung mit einem hohen Maß an öffentlicher Beherrschung einhergeht.[94]

Eine solche Position übersieht jedoch die strukturelle Dimension von Beherrschung: Beherrschung ist gerade keine dyadische, sondern eine triadische Beziehung, die die soziale Hintergrundstruktur mit einschließt. Dies gilt sowohl für private als auch für öffentliche Beherrschung. Auch private Beherrschung beruht stets auf sozialen Strukturen, die diese wenn nicht etablieren, so doch ermöglichen und reproduzieren. Die Identifikation von privater Beherrschung beinhaltet darum immer schon eine Aussage über ihre strukturellen Voraussetzungen, die wiederum nur durch kollektives Handeln verändert werden können. Nimmt man diese strukturelle Dimension von Beherrschung ernst, so kann sich die Zurückweisung eines Anspruches auf Schutz vor Beherrschung durch Private nicht hinter dem Verweis auf die Notwendigkeit der Vermeidung öffentlicher Beherrschung und auf die Abwesenheit eines entsprechenden gemeinsamen äußerungsfähigen Interesses verstecken, sondern steht unter Rechtfertigungsdruck. Auch ein faktisch vorhandenes gemeinsames Interesse muss daraufhin überprüft werden, ob es Beherrschung schützt oder bekämpft. Dafür muss eine Konzeption der Beherrschung mithilfe des Elements der Willkür klare Kriterien liefern, anderenfalls verschenkt sie entscheidendes kritisches Potential.

Einige Autor_innen versuchen diesem Problem durch eine

94 Auf dieser Basis unterscheidet Pettit zudem Gerechtigkeit und Legitimität, die wiederum unterschiedliche politische Verpflichtungen mit sich bringen (vgl. Pettit 2012b, Kap. 3, insbesondere S. 140).

zweistufige Willkürkonzeption zu begegnen, die ein intersubjektivistisches mit einem objektivistischen Interessenverständnis kombiniert. So schlägt Laborde vor, zunächst zumindest »einen Kern basaler, universaler und objektiver menschlicher Interessen« auszuweisen, deren Schutz nicht von den kontingenten Ergebnissen des politischen Prozesses abhängen darf, sondern diesem vorgängig sein muss.[95] Die Spezifizierung von darüber hinausgehenden relevanten Interessen sei dagegen Aufgabe entsprechender deliberativer Prozesse; erst auf dieser Ebene fallen, mit anderen Worten, die Identifikation der jeweils relevanten Interessen und die Autorisierung ihres Schutzes zusammen. Damit indes wird das Problem lediglich verlagert, denn Laborde benennt kein Kriterium, das eine kritische Überprüfung der Ergebnisse eines die basalen Interessen achtenden politischen Prozesses erlaubt. Es fehlt daher jenseits der Missachtung minimaler basaler Interessen, wie auch bei subjektivistischen Interessenkonzeptionen, eine Grundlage zur Identifikation von Willkür im deliberativen Prozess selbst. Zugleich bleibt offen, wie die basalen Interessen bestimmt werden können, ohne dem Paternalismusproblem anheimzufallen, mit dem sich objektivistische Willkürkonzeptionen konfrontiert sehen. Denn wenn ein bestimmtes Verständnis wahrer Interessen vorausgesetzt wird, so wird Unterwerfung auf der Basis besseren Wissens um diese Interessen bereits begrifflich als nicht-beherrschend ausgezeichnet.[96]

Aus Pettits Insistieren auf der Vermeidung öffentlicher Beherrschung, gerade auch dann, wenn sie im Namen der Bekämpfung privater Beherrschung auftritt, spricht eben diese Sorge vor paternalistischer Bevormundung; eben darum, so betont er, müssen Interessen letztlich stets offen für Interpretationen bleiben.[97] Doch auch seine intersubjektive Interessenkonzeption von Willkür vermag es letztlich nicht, den Paternalismus-Vorwurf gänzlich zu vermeiden. So weist Markell darauf hin, dass Formen sozialer Macht, die darauf ausgerichtet sind, die Voraussetzungen dafür zu schaffen, subjektive Präferenzen von ihren willkürlichen Elementen zu reini-

95 Laborde 2010b, S. 56; vgl. Costa 2007, S. 305. Pettit geht mit der Identifizierung von Grundfreiheiten einen ähnlichen Weg, ohne jedoch die Verbindung zu seiner interessenbasierten Willkürkonzeption deutlich zu machen (vgl. Pettit 2008d; Pettit 2012b, S. 92-107).

96 Vgl. Richardson 2002, S. 41.

97 Pettit 2012b, S. 58 f.; vgl. Pettit 2008c, S. 117, Fn. 19.

gen und überhaupt erst in rationale, äußerungsfähige Interessen zu verwandeln, aus Pettits Sicht gerade nicht als willkürlich (und damit beherrschend) ausgezeichnet werden können; schließlich muss willkürfreie Macht lediglich gezwungen sein, *äußerungsfähige* Interessen zu verfolgen.[98] Damit bleibe Pettits Ansatz, wie bereits im vierten Kapitel angesprochen, eigentümlich unkritisch gegenüber klassischen zivilisatorischen Rechtfertigungen imperialer Politik, »Rechtfertigungen, die sich oft auf eben jene Tradition der Sorge um die Willkür ungeschliffener Wünsche beziehen wie Pettit«.[99] Diese Kritik wiegt schwer, spielen doch derartige Rechtfertigungen gerade im Kontext der Universalisierung der Demokratie eine entscheidende Rolle: Demokratieförderung geht es ja letztlich darum, auf kollektiver Ebene Verfahren zu etablieren, die als Voraussetzungen willkürfreier Politik verstanden werden können.

Markell zieht aus dieser Kritik den Schluss, dass der Begriff der Beherrschung um den Begriff der Usurpation (*usurpation*) ergänzt werden müsse, der sich nicht auf die Willkür eines Machtverhältnisses, sondern auf Macht, die »übermäßig geballt«[100] sei, und damit auf die Verteilung von Beteiligung (*involvement*) beziehe.[101] Er übersieht jedoch, dass gerade eine übermäßige Machtkonzentration, die den Machtunterworfenen die Möglichkeit aktiver Beteiligung an den sie betreffenden Angelegenheiten entzieht, selbst Ausdruck von Willkür ist, denn auch sie unterwirft die Betroffenen einem fremden Willen. Dass die von Markell hervorgehobene und gerade aus imperialismuskritischer Perspektive entscheidende aktive Dimension der Beteiligung in Pettits Willkürkonzeption nicht voll zum Tragen kommt, liegt nicht am Begriff der Willkür, sondern an der schwachen Konzeption des diskursiven Status: Da er lediglich die Voraussetzungen praktischer Rationalität diskursfähiger Akteure schützt, bezieht sich auch Pettits Willkürverständnis allein auf die Verletzung dieses negativen Status und blendet die Frage nach den Geltungsbedingungen von Handlungsnormen und der normativen Autorität, diese zu begründen, aus. Es gilt daher, eine Konzeption von Willkür zu entwickeln, die in der Lage ist, diesen normativen Kern adäquat abzubilden.

98 Markell 2008, S. 23.
99 Markell 2008, S. 16.
100 Markell 2008, S. 25.
101 Markell 2008, S. 27; vgl. ähnlich Viroli 2012, S. 6.

5.2.2. Zu einem diskurstheoretischen Verständnis von Willkür

Die Herausforderung besteht also darin, eine Willkürkonzeption zu entwickeln, die sowohl den Status-quo-Bias subjektivistischer Interessenkonzeptionen als auch das Paternalismusproblem objektivistischer Interessenkonzeptionen zu überwinden weiß. Dazu reicht eine interessenbasierte Willkürkonzeption nicht aus. Willkür kann, wie Bohman anmerkt, gerade nicht allein auf der Ebene der negativen Abwehr von Interessenverletzungen verortet werden: »Es braucht mehr als die Verletzung einer festen Erwartung: und zwar den Gebrauch von normativer Macht *ohne Einspruchsmöglichkeiten oder Gegenmaßnahmen* – ohne jegliche effektive Möglichkeit, diesen Gebrauch zu beeinflussen.«[102] Damit löst Bohman den Begriff der Willkür sowohl von der *unmittelbaren* Koppelung an den persönlichen Willen des Beherrschers als auch von derjenigen an die Interessen des Beherrschten und verortet ihn stattdessen auf der höherstufigen Ebene normativer Autorität. Willkürliche Macht zeichnet sich demnach durch die Unilateralität der Macht über Rechte und Pflichten anderer Akteure aus. Im Gegenzug verlangt Nicht-Beherrschung nicht allein das Vermögen, sich gegen Verpflichtungen zu wehren, die Andere einem aufzuerlegen suchen, sondern nach der Macht, sich selbst zu binden.[103]

Auch Young sieht den normativen Gehalt von Beherrschung nicht allein und nicht einmal primär in der negativen Abwehr von Eingriffen in selbstbestimmtes Handeln: »Personen leben in Strukturen der Beherrschung, wenn die Bedingungen ihres Handelns von anderen Personen oder Gruppen *ohne wechselseitiges Einvernehmen* bestimmt werden kann, entweder direkt oder auf der Grundlage der strukturellen Folgen ihres Handelns.«[104] Beherrschung richtet sich demnach auf das Vermögen einer positiven Gestaltung der sozialen Kontextbedingungen: Im Mittelpunkt steht die Frage danach, wer die Autorität über diese Kontextbedingungen hat und dementsprechend an der Festlegung von Grenzen des Handelns, und damit letztlich auch des Gesollten und Erlaubten, teilhat.

Damit ist ein erster Schritt dahin gemacht, die durch den Paternalismusvorwurf angesprochene Frage nach der aktiven Be-

102 Bohman 2007b, S. 95 [Hervorhebung D.G.].
103 Bohman 2007b, S. 96.
104 Young 1990, S. 38 [Hervorhebung D.G.]; vgl. Young 2000, S. 32.

teiligung der Machtunterworfenen aufzugreifen: Der Begriff der Willkür bezieht sich demnach nicht allein auf die Verweigerung des Vermögens, Interessenverletzungen abzuwehren, sondern auf die Metaebene der Verweigerung eben jener normativen Autorität, die als normativer Kern des Begriffs der Beherrschung identifiziert wurde. Weder Bohman noch Young konkretisieren jedoch, auf welcher Basis diese Autorität ausgeübt wird. Zwar heben beide den einseitigen Charakter willkürlicher Macht hervor, der keine Gegenmacht oder Wechselwirkung zulässt. Sie formulieren jedoch keine Kriterien, mit deren Hilfe sich tatsächliche Entscheidungsprozesse jenseits der Frage nach der bloßen Inklusion in diesen Prozess als willkürlich und damit beherrschend kritisieren lassen.[105]

Dieses Problem lässt sich mithilfe einer dezidiert diskurstheoretischen Willkürkonzeption lösen, die weder an Interessen noch an der bloßen Beteiligung ansetzt, sondern an der Frage nach der Rechtfertigung eines Machtverhältnisses und damit an Gründen. So versteht Forst ein Machtverhältnis als willkürlich, wenn es nicht wechselseitig begründet werden kann: »Willkürliche Herrschaft oder Beherrschung tritt auf, wo Personen Handlungen, Normen oder Institutionen ohne angemessene Rechtfertigung unterworfen sind, wobei die Autorität, zu bestimmen, was als ›gute‹ Rechtfertigung zählt, dem Rechtfertigungsprinzip gemäß bei denen liegt, die unterworfen sind.«[106] Entscheidend ist dabei, dass die jeweils beteiligten Personen selbst das Machtverhältnis hinterfragen oder als gerechtfertigt ausweisen und auf diese Weise normative Autorität ausüben können. Eine bloß hypothetische Rechtfertigung genügt nicht. Es muss Verfahren tatsächlicher Rechtfertigung geben, denn der Raum der Rechtfertigungen liefert, wie Forst hervorhebt, keinen »ein für allemal festgelegten Vorrat an moralischen Wahrheiten«; vielmehr muss er »in konkreten Begründungspraktiken stets aufs neue aktualisiert und validiert werden«.[107] Eine solche tatsächliche Rechtfertigung verlangt indes weder nach der institutionellen Gewährleistung einer Berücksichtigung der – wie auch immer definierten – relevanten Interessen, noch begnügt sie sich mit der Forderung nach der nicht näher spezifizierten Beteiligung an der Gestaltung sozialer Hintergrundstrukturen. Für Forst geht

105 Dieses Problem zeigt sich auch bei Hayward (Hayward 2000, S. 169f).
106 Forst 2013, S. 155.
107 Forst 2007, S. 37f.

es vielmehr um Verfahren, die es ermöglichen, Gründe einzufordern und zu prüfen; sie, nicht die Interessen der Beteiligten, sind das Medium der Kontrolle der Macht.

Dabei benennt Forst anders als Pettit, Bohman und Young prozedurale Kriterien, die es ermöglichen, gute von schlechten Gründen zu unterscheiden und damit eine kritische Überprüfung tatsächlicher Rechtfertigungsprozesse erlauben. Er gewinnt sie rekursiv aus dem Geltungsanspruch moralischer bzw. politischer Normen.[108] Diese erheben – wenn auch mit unterschiedlicher Reichweite – den Anspruch, für eine jede der ihnen unterworfenen Personen gleichermaßen verbindlich zu sein; sie müssen daher auf der Basis von Gründen zu rechtfertigen sein, die selbst wechselseitig und allgemein akzeptabel sind.

Das Kriterium der *Reziprozität* fordert in Bezug auf den Gehalt von erhobenen Ansprüchen, dass diese stets zugleich jedem Anderen zugestanden werden müssen, so dass »niemand bestimmte Ansprüche (auf die Geltung von Normen, auf Rechte oder Ressourcen) erheben darf, die er anderen verweigert«[109]. Forst nennt dies Reziprozität der Inhalte bzw. Reziprozität der Ansprüche[110]. In Bezug auf die Begründung derartiger Ansprüche (Reziprozität der Gründe)[111] verlangt Reziprozität zudem, dass niemand beanspruchen kann, im Interesse eines Anderen zu sprechen, dass man also »den Anderen die eigene Perspektive, die eigenen Wertsetzungen, Überzeugungen, Interessen oder Bedürfnisse nicht einfachhin unterstellen darf« oder »auf die Autorität ›höherer Wahrheiten‹ verweisen« darf, »deren Anerkennung nicht allgemein erwartet werden kann«.[112] Das Reziprozitätskriterium bezieht sich damit hinsichtlich des Gehaltes wie auch der diskursiven Begründung von Normen auf die Unvertretbarkeit der normativen Autorität eines jeden konkreten Einzelnen.

Das Kriterium der *Allgemeinheit* bestimmt Forst als gleiche Teilhabechance in Bezug auf die diskursive Begründung von Normen: »Allgemeinheit heißt, dass alle, die den Normen unterworfen sein

108 Forst 2003, S. 592-594; vgl. Forst 2007, S. 32-34 für moralische Normen und ebd. S. 248-250 für politische Normen.

109 Forst 2003, S. 594; vgl. Forst 2007, S. 82.

110 Forst 2003, S. 594 bzw. Forst 2007, S. 250.

111 Forst 2003, S. 594.

112 Forst 2003, S. 594 f.; vgl. Forst 2007, S. 82; Forst 2011, S. 63 f.

werden, gleiche Chancen haben müssen, ihre Ansprüche und Begründungen vorzubringen; die Rechtfertigungsgemeinschaft muss mit der Geltungsgemeinschaft übereinstimmen.«[113] Es zielt auf die generelle, d. h. von Spezifika absehende Bestimmung derjenigen, die die Adressat_innen einer Norm ausmachen und damit Reziprozität beanspruchen können. Diese Definition Forsts kann weiter konkretisiert werden, indem ebenso wie mit Blick auf Reziprozität zwischen der Ebene der Ansprüche und derjenigen der Begründung unterschieden wird: Allgemeinheit der Ansprüche bezieht sich auf die Form vorgeschlagener Normen. Diese muss allgemein in dem Sinne sein, dass sie für je unbestimmte Adressat_innen gilt, sich also nicht an konkret zu benennende Personen richtet. Demgegenüber fordert Allgemeinheit in Bezug auf Begründung die gleiche Teilhabe Aller an entsprechenden Rechtfertigungsverfahren. Damit wird deutlich, dass *Allgemeinheit und Reziprozität der Ansprüche* die Abwesenheit von Willkür in *formaler* Hinsicht beschreiben, d. h. mit Blick auf die Kriterien, an denen die Form machtbeschränkender Normen zu messen ist; *Allgemeinheit und Reziprozität der Gründe* dagegen konkretisieren die Abwesenheit von Willkür in *materialer* Hinsicht, d. h. in Bezug auf den Gehalt derartiger Normen, ohne diesen jedoch selbst substantiell zu bestimmen.

Wichtig ist, dass Forst die prozeduralen Kriterien zur Bestimmung rechtfertigender Gründe negativ formuliert: Es geht nicht darum, ob Machtverhältnisse allgemein und reziprok gerechtfertigt sind, sondern darum, ob sie auf der Basis allgemeiner und reziproker Gründe und damit vernünftigerweise *zurückweisbar* sind.[114] Die Beteiligten müssen sich demnach keinesfalls einig darüber sein, welche Gründe die besten sind. Auch im Falle derartiger Dissense bieten die prozeduralen Kriterien der Allgemeinheit und Reziprozität jedoch Anhaltspunkte, um diejenigen Vorschläge auszusortieren, die eben diese Kriterien verletzen. Vorschläge, gegen die keine Verletzung der Kriterien von Allgemeinheit und Reziprozität geltend gemacht werden kann, müssen daher zumindest vorläufig als gerechtfertigt gelten. In diesem Sinne geht es nicht um faktisch geteilte Gründe, sondern um allgemein teilbare und damit um das konkrete Rechtfertigungen transzendierende Moment reziprok-allgemeiner Rechtfertigbarkeit. Dass es darüber hinaus viele Grün-

113 Vgl. Forst 2007, S. 249; vgl. Forst 2003, S. 595; Forst 2011, S. 64.
114 Forst 2007, S. 35 f.; vgl. Forst 2003, S. 593; Forst 2007, S. 250.

de gibt, die man annehmen oder ablehnen kann, verweist gerade auf die Unterbestimmtheit der je konkreten, historisch und sozial situierten rechtfertigenden Praxis – und dementsprechend auf die Grenzen dessen, was philosophisch mit Hilfe prozeduraler Kriterien geleistet werden kann.

Die aufbauend auf Forst skizzierte diskurstheoretische Willkürkonzeption, die an der Rechtfertigbarkeit sozialer Machtverhältnisse ansetzt, ist eine dezidiert *intersubjektive*: Sie knüpft den Begriff der Willkür an Gründe, die sich in entsprechenden Rechtfertigungsverfahren erst als allgemein teilbar erweisen müssen. Ein solches intersubjektives, diskurstheoretisches Willkürverständnis überwindet das Problem des Status-quo-Bias, das Pettit sich mit seiner schwach intersubjektiven Interessenkonzeption einhandelte: Denn erstens erlaubt es die Frage nach Gründen, die strukturelle Dimension von Beherrschung ernst zu nehmen. Diese impliziert nicht nur, dass die Identifikation und Kritik von privater Beherrschung zugleich einen Grund für kollektives Handeln liefern muss. Zudem folgt daraus, dass auch die Zurückweisung eines Anspruchs auf Schutz vor privater Beherrschung selbst gerechtfertigt werden muss – anderenfalls liegt eben darin wiederum willkürliche, d. h. nicht allgemein und reziprok rechtfertigbare Macht. Während Pettits Interessenkonzeption von Willkür faktisch geteilte gemeinsame Interessen gegen Ansprüche auf Schutz vor privater Beherrschung zu immunisieren droht, befragt die diskurstheoretische Willkürkonzeption sowohl individuelle Schutzansprüche als auch faktisch geteilte Interessen an der Aufrechterhaltung des Status quo nach ihrer Rechtfertigbarkeit.

Dafür liefert ein diskurstheoretisches Willkürverständnis zweitens mit den Kriterien der Allgemeinheit und Reziprozität einen Maßstab. Dabei sind zwei Ebenen der Anwendung dieser Kriterien zu unterscheiden. Begreift man Willkür in diskurstheoretischem Sinne, so ist zunächst festzustellen, dass es der Etablierung von Verfahren bedarf, in denen der Anspruch von Normen auf allgemeine und reziproke Geltung überhaupt geprüft werden kann; anderenfalls kann soziale Macht schlechterdings nicht allgemein und reziprok gerechtfertigt werden – und bleibt somit willkürlich. Um den Begriff der Willkür in dieser fundamentalen Hinsicht näher zu bestimmen, müssen die Kriterien der Allgemeinheit und Reziprozität daher unmittelbar auf die Frage nach den Bedingungen angewandt werden, unter denen eine allgemein-reziproke Rechtfertigung möglich ist.[115] Derartige Rechtfertigungsverfahren sind zwar eine notwendige, jedoch keine hinreichende Bedingung für die Abwesenheit von Willkür, denn auch die Ergebnisse eines allgemein-reziproken Rechtfertigungsverfahrens lassen sich daraufhin überprüfen, inwieweit sie ihren Anspruch auf allgemeine und reziproke Geltung tatsächlich einlösen. Das bedeutet, wiederum die Kriterien der Allgemeinheit und Reziprozität zu bemühen, nun jedoch nicht in Bezug auf die Voraussetzungen entsprechender Rechtfertigungsverfahren, sondern hinsichtlich der tatsächlichen Ausübung normativer Autorität in konkreten Rechtfertigungsverfahren, und das heißt in Bezug auf die jeweils tatsächlich gegebenen Gründe.

Damit sind, ähnlich dem Vorschlag von Laborde, zwei Stufen von Willkür zu unterscheiden; sie basieren jedoch auf einem einzigen, dezidiert intersubjektiven Grundverständnis von Willkür. Es benennt weder einen Kern objektiver Interessen, noch weist es die auf dieser Basis politisch identifizierten Interessen per definitionem als willkürfrei aus. Auf fundamentaler Ebene benennt ein diskurstheoretisches Willkürverständnis vielmehr die Voraussetzungen, unter denen man überhaupt mit normativer Autorität auftreten und an der diskursiven Identifizierung und der Bekämpfung willkürlicher Machtverhältnisse mitwirken kann.[116] Zugleich dienen eben diese Kriterien der Willkür dazu, die in allgemein-reziproken Rechtfertigungsverfahren herausgebildeten faktisch geteilten Interessen daraufhin zu befragen, ob sie tatsächlich auf allgemein und reziprok teilbaren Gründen beruhen.

Zwar bleibt auch dieses prozedurale Willkürverständnis in charakteristischer Weise unterbestimmt, denn die vollständige Bestimmung willkürlicher Machtverhältnisse setzt eine diskursive Rechtfertigungspraxis voraus, in der sich stets aufs Neue erweisen muss, welche Machtverhältnisse allgemein und reziprok akzeptabel sind und welche nicht. Es stellt jedoch einen kritischen Maßstab bereit, der sowohl substantielle Voraussetzungen von Rechtfertigungsverfahren benennt als auch die Ergebnisse dieser Verfahren immer wieder selbst der Kritik unterwirft. Ein intersubjektives Willkürverständnis, das nicht Interessen, sondern die allgemeine und rezipro-

115 Vgl. ausführlich zu den substantiellen Implikationen der prozeduralen Kriterien der Allgemeinheit und Reziprozität: Forst 2007, S. 265-268.

116 Was genau dies erfordert, wird in Kapitel sechs erörtert.

ke Akzeptabilität von Gründen in den Mittelpunkt rückt, wendet die Frage nach der Willkür von Machtverhältnissen reflexiv: Jeder Anspruch auf allgemeine und reziproke Geltung muss stets selbst dem Diskurs unterworfen werden; er muss, mit anderen Worten, immer wieder aufs Neue in tatsächlichen Rechtfertigungsverfahren aktualisiert werden.

Die damit einhergehende Reflexivität löst das Paternalismusproblem, denn es sind die Machtunterworfenen selbst, die über die Akzeptabilität von Gründen und damit über Willkür befinden. Freilich bieten die prozeduralen Kriterien der Allgemeinheit und Reziprozität dabei Anhaltspunkte dafür, zu beurteilen, welche Gründe und Rechtfertigungen zurückzuweisen sind. Sie nehmen jedoch nicht in substantieller Hinsicht eine ›richtige‹ Antwort auf praktische Fragen vorweg. Vielmehr bleiben Letztere abhängig von konkreten Begründungsdiskursen, deren Ergebnisse wiederum nur so lange Anspruch auf Geltung erheben können, wie sie nicht auf der Basis reziprok und allgemein teilbarer Gründe zurückgewiesen werden können. Die Unterbestimmtheit eines prozeduralen Willkürverständnisses ist demzufolge kein Nachteil, sondern ein entscheidender Vorteil: Die Frage nach Willkür ist eben nicht abschließend zu bestimmen, sondern prinzipiell unabgeschlossen und allein von den Betroffenen stets aufs Neue zu beantworten. Darin liegt ihre normative Autorität.

5.2.3. Willkür in interpersonaler und systemischer Beherrschung

Ausgegangen wurde vom Grundverständnis von Beherrschung als einer andauernden, asymmetrischen Machtbeziehung, in welcher der beherrschte Akteur dem Willen des beherrschenden unterworfen ist und damit keinen Status normativer Autorität beanspruchen kann. Während das erste Kriterium die andauernde Machtbeziehung näher beschreibt, zielt das zweite Kriterium darauf ab, mit dem Begriff der Willkür eben diese Unterwerfung unter den Willen Anderer zu erfassen. Das im Anschluss an Forst vorgeschlagene diskurstheoretische Willkürverständnis ist wie Pettits interessenbasierter Ansatz ein materiales Willkürverständnis, das Willkür nicht allein in der Abwesenheit formaler Beschränkungen freien persönlichen Beliebens begründet sieht, sondern darüber hinaus materiale Kriterien formuliert, die derartige Beschränkungen erfüllen müssen, um Willkürfreiheit zu gewährleisten. Anders als Pettit fasst es diese Kriterien jedoch in dezidiert prozeduralem, intersubjektivem Sinne: Sie weisen ein asymmetrisches Machtverhältnis dann als willkürlich aus, wenn es nicht allgemein und reziprok gerechtfertigt werden kann. Dies ist offensichtlich dann der Fall, wenn keinerlei Rechtfertigungsverfahren bestehen oder einige Akteure keinen Zugang zu ihnen erhalten. Doch auch innerhalb inklusiver Rechtfertigungsverfahren, in denen sich erst diskursiv erweist, welche Gründe allgemein und reziprok teilbar sind, müssen diese sich an ihrem Geltungsanspruch messen lassen – und gelten dementsprechend nur so lange als gerechtfertigt, wie sie nicht auf der Basis allgemeiner und reziproker Gründe in Frage gestellt werden können.

Forst versteht Beherrschung dementsprechend als »ungerechtfertigte asymmetrische soziale Beziehungen«, die »mit dem Abschließen des Rechtfertigungsraumes einhergehen, so dass diese Beziehungen als legitim, natürlich, gottgewollt oder auf andere Weise unveränderlich erscheinen«.[117] Damit wird deutlich, wie der Begriff der Willkür das Grundverständnis asymmetrischer Machtverhältnisse näher bestimmt: Beherrschung besteht nicht einfach in der *asymmetrischen* Strukturierung des Raums der Gründe, sondern in dessen selbst wiederum *nicht allgemein und reziprok zu rechtfertigender* asymmetrischen Strukturierung. Erst dann ist ein asymmetrisches Machtverhältnis aus der Perspektive der Unterworfenen eines, das ihnen normative Autorität versagt – und in diesem Sinne ein willkürliches und damit beherrschendes.

Denn willkürliche Macht in diesem Sinne entzieht den Machtunterworfenen die normative Autorität über die eigenen Handlungsgründe: Statt sich selbst binden zu können, werden sie mit Gründen konfrontiert, zu denen sie nicht Stellung nehmen können. Sie treten ihnen als fremder Wille gegenüber. Dass ein interpersonales Machtverhältnis in diesem Sinne willkürlich sein kann, erscheint unproblematisch. Es bleibt jedoch zu klären, inwieweit sich dieses Willkürverständnis auf systemische Machtverhältnisse übertragen lässt; anderenfalls ließe sich systemische Macht zwar als asymmetrisches Machtverhältnis, nicht aber als Beherrschung

117 Forst 2015a, S. 78.

beschreiben. Auf den ersten Blick scheint dagegen zu sprechen, dass systemische Macht, verstanden als anonyme Macht, zwar auf unzähligen Einzelwillen basiert, selbst jedoch keinen persönlichen Willen ausdrückt.

Dieser Einwand übersieht jedoch erstens, dass ein materiales Willkürverständnis eine solch enge Bindung an den unmittelbaren Willen einer Beherrscherin ohnehin löst, denn es weist auch bestimmte Formen regelgebundener Machtasymmetrien als willkürlich aus, die den persönlichen Willen des Mächtigen durchaus beschränken. Entscheidend ist nicht, ob ein Machtverhältnis den Beherrschten dem *unbeschränkten* Willen *der Beherrscherin* unterwirft, sondern vielmehr, dass es ihn einem *fremden* Willen unterwirft. Ob dieser einer Beherrscherin zugerechnet werden kann oder in formalen Regeln zum Ausdruck kommt, die zwar den persönlichen Willen der Beherrscherin beschränken, aber dennoch anderen Akteuren normative Autorität entziehen, ist unerheblich; beide Fälle müssen aus Sicht eines materialen Willkürverständnisses als willkürlich und damit als beherrschend gelten.

Da interpersonale Beherrschung zudem zweitens nicht zwangsläufig intentional erfolgt, zwingt auch sie dem Beherrschten keineswegs automatisch den *auf ihn gerichteten* persönlichen Willen der Beherrscherin auf; möglicherweise will Letztere in Bezug auf den ihr Unterworfenen gerade das Gegenteil, nämlich ihn nicht zu beherrschen. Dennoch aber bleibt der Beherrschte in dem Sinne abhängig vom Willen der Beherrscherin, als er ihr gegenüber nicht selbst als normative Autorität, die sich selbst binden kann, aufzutreten vermag, sondern sich nach fremden Handlungsgründen richten muss.

Vor diesem Hintergrund wird deutlich, dass sich auch systemische Macht, also die akkumulierten Effekte der Handlungen Anderer, als wenn auch akkumulierter, *fremder* Wille verstehen lässt. Dass dieser akkumulierte fremde Wille keiner Einzelperson zuzuordnen ist und sich auch die Einzelwillen, aus denen er sich zusammensetzt, nicht auf die Beherrschten beziehen, ist dabei unerheblich. Gerade aus der Perspektive des Beherrschten ist weniger entscheidend, ob jemand ihm seinen persönlichen Willen aufzwingt, als vielmehr die Tatsache, *dass* sein Raum der Gründe von fremden Gründen strukturiert wird, ohne dass er selbst auf diese einwirken und damit als normative Autorität in Erscheinung treten kann. Dies ist gerade auch dann der Fall, wenn die kontingenten Folgen entgrenzter sozialer Interaktionen sich zu Strukturen verdichten, die selbst kein Gegenstand von Rechtfertigungspraktiken sind. Ausschlaggebend für die Identifizierung willkürlicher Machtverhältnisse ist daher nicht die strukturelle Abhängigkeit vom persönlichen Willen eines identifizierbaren Beherrschers, sondern die strukturelle Abhängigkeit von fremden Handlungsgründen. Dies gilt sowohl für interpersonale als auch für systemische Machtverhältnisse.

Die damit umrissene Konzeption von Beherrschung im Sinne einer willkürlichen asymmetrischen Strukturierung des Raums der Gründe unterscheidet sich in drei Hinsichten von Pettits Konzeption: Erstens hebt sie stärker als Pettit die *strukturelle Dimension von Beherrschung* hervor. Da Beherrschung der Entzug eines sozialen Status ist, muss die Analyse von Beherrschung den Blick über einzelne Interaktionen hinaus auf gesellschaftliche Verhältnisse lenken. Demnach sind zwei Formen der Beherrschung zu unterscheiden: *Interpersonale* Beherrschung zeichnet sich durch das Vermögen willkürlicher Einmischung auf Seiten des Beherrschers aus. Da dieses Vermögen selbst strukturell mit konstituiert ist, beschreibt interpersonale Beherrschung indes keine dyadische, sondern eine triadische Beziehung zwischen beherrschenden, beherrschten und peripheren Akteuren. *Systemische* Beherrschung bezieht sich im Gegenzug auf Beherrschte, die keinem identifizierbaren Beherrscher gegenüberstehen, deren Raum der Gründe aber dennoch durch die kumulativen Effekte der Handlungen peripherer Akteure auf eine Weise strukturiert wird, zu der sie nicht Stellung nehmen können. In diesem Sinne ist systemische Beherrschung eine dyadische Beziehung zwischen beherrschten und (anonymen) peripheren Akteuren.

Zweitens beruht die Konzeption von Beherrschung als willkürlicher asymmetrischer Strukturierung des Raums der Gründe auf einem *noumenalen Machtverständnis.* Dieses begreift die strukturelle Abhängigkeit vom Willen Anderer im Sinne einer strukturellen Abhängigkeit von fremden Handlungsgründen. Diese können einen persönlichen Willen ausdrücken; sie können aber auch die Form kumulativer Effekte einer unbegrenzten Zahl einzelner Handlungen Anderer annehmen, welche nicht in direktem Kontakt zu der beherrschten Person stehen. Auch diese Effekte treten dem beherrschten Akteur als – wenn auch indirekter, weil vermittelter – fremder Wille entgegen.

Drittens versteht sie den Begriff der Willkür in *diskurstheoretischem* Sinne. Dieser setzt an eben diesem noumenalen Machtverständnis an und weist ein Machtverhältnis als willkürlich aus, wenn es nicht allgemein und reziprok gerechtfertigt werden kann, d. h. wenn es auf Gründen beruht, die nicht von allen geteilt werden können und in diesem Sinne fremde Gründe bleiben. Dies ist der Fall, wenn gar keine Verfahren der Rechtfertigung bestehen, zu denen der beherrschte Akteur Zugang hat oder wenn praktische Normen trotz Rechtfertigungsverfahren auf Gründen beruhen, die allgemein und reziprok zurückgewiesen werden können.

5.3. Dimensionen der Beherrschung

Mit den beiden Elementen einer Konzeption von Beherrschung wurde dem Grundverständnis von Beherrschung als Verweigerung normativer Autorität Ausdruck verliehen. Ein solches willkürliches Machtverhältnis muss sich indes keineswegs auf alle Lebensbereiche beziehen. Um von Beherrschung zu sprechen, genügt es Pettit zufolge, »dass jemand einen anderen Akteur in Bezug auf einen bestimmten Bereich von Wahlmöglichkeiten oder in einem bestimmten Aspekt oder einer bestimmten Sphäre oder Phase des Lebens beherrscht, nicht aber in anderen Hinsichten«.[118] Der paradigmatische Fall des Sklaven, dessen Herr in alle Belange seines Lebens eingreifen könnte, ist gewissermaßen der Extremfall einer Person, die vollständig beherrscht wird. Der Regelfall besteht dagegen in Beherrschung, die nur begrenzte soziale Bereiche umfasst, etwa den Arbeitsplatz, die Familie oder den politischen Status. Um eine genauere Analyse von beherrschenden Machtverhältnissen zu ermöglichen, bedarf es daher abschließend einer Konkretisierung der sozialen Dimensionen, in denen sich Beherrschungsverhältnisse zeigen. Dazu werden aufbauend auf das zweistufige Willkürverständnis zunächst zwei Stufen der Beherrschung unterschieden: Während fundamentale Beherrschung auf der Abwesenheit von Rechtfertigungsverfahren basiert, bezieht sich nicht-fundamentale

118 Pettit 1997, S. 58.

Beherrschung auf willkürliche Aspekte innerhalb dieser Verfahren (5.3.1.). Darüber hinaus lassen sich in Anknüpfung an die Darstellung der Imperialismuskritik im zweiten Kapitel je nach Art des grundlegenden Machtverhältnisses drei Dimensionen von Beherrschung unterscheiden: die ökonomische, die kulturelle und die politische (5.3.2.). Aufgrund der strukturellen Verankerung von Beherrschung erweist sich die Dimension politischer Beherrschung – und damit der Kern der Auseinandersetzung um externe Demokratieförderung – als zentral für die Realisierung fundamentaler Nicht-Beherrschung (5.3.3.).

5.3.1. Fundamentale und nicht-fundamentale Beherrschung

Geht man davon aus, dass Beherrschung nicht zwangsläufig alle Lebensbereiche umfasst, so stellt sich zunächst die Frage, ob Beherrschung in einigen Bereichen gravierender ist als in anderen. Einige Autor_innen schlagen vor, ein Minimum bedeutender Handlungsoptionen auszuzeichnen, ohne die gar nicht sinnvoll von einer freien Person gesprochen werden könne.[119] So weist auch Pettit in jüngeren Schriften ein Set an basalen Grundfreiheiten aus, die den Status einer freien Person näher bestimmen.[120] Offen bleibt allerdings, in welchem Verhältnis die Grundfreiheiten zum diskursiven Status freier Personen stehen und inwieweit jenseits dieser Schwelle überhaupt noch von Beherrschung im relevanten Sinne gesprochen werden kann oder ob mit einem angemessen Schutz der Grundfreiheiten bereits der Status der Nicht-Beherrschung in vollem Umfang realisiert ist.

Labordes Ansatz, den Begriff der Willkür zunächst über ein Set an objektiven, basalen Interessen zu explizieren, ohne deren Schutz jedes Machtverhältnis zwangsläufig als willkürlich verstanden werden muss, und erst auf einer zweiten Stufe eine intersubjektive Willkürkonzeption zur Geltung zu bringen, die die Auszeichnung relevanter Handlungsoptionen dem politischen Prozess überantwortet, geht in dieser Hinsicht einen Schritt weiter.[121] Sie unterscheidet aufbauend darauf zwischen »optimaler Nicht-

119 Waldron 2007, S. 158; Shapiro 2012, S. 321-324.

120 Pettit 2008d; Pettit 2012b, S. 82-107; Pettit 2015a, S. 99-113; vgl. ausführlich dazu oben Abschnitt 4.3.2.

121 Laborde 2010b, S. 56.

Beherrschung« und »*basaler* Nicht-Beherrschung«:[122] Während Ersteres die Realisierung von Nicht-Beherrschung in und durch einen nicht-beherrschenden Staat beschreibt, bezieht sich Letzteres auf die grundlegenden Voraussetzungen dafür, einen solchen überhaupt erst zu schaffen. Damit wird nicht nur ein Bereich der Beherrschung jenseits fundamentaler Freiheiten ausgewiesen; zugleich bezieht Laborde die beiden Ebenen aufeinander, indem sie Nicht-Beherrschung auf fundamentaler Ebene als Voraussetzung der Realisierung optimaler Nicht-Beherrschung begreift. Letztlich bleibt jedoch auch bei ihr unklar, anhand welchen kritischen Maßstabs die Identifizierung von Beherrschung jenseits fundamentaler Nicht-Beherrschung erfolgt.

Die diskurstheoretische Willkürkonzeption bietet dagegen eine Grundlage, um zentrale Bereiche der Beherrschung auszuzeichnen und diese zugleich unmittelbar mit der Frage nach darüber hinausgehender Beherrschung zu verknüpfen: Die aus den prozeduralen Kriterien der Allgemeinheit und Reziprozität zu gewinnenden substantiellen Voraussetzungen dafür, in sozialen Kontexten überhaupt mit normativer Autorität auftreten zu können, beschreiben weder zentrale Handlungsoptionen noch basale Interessen, sondern die Bedingungen der Möglichkeit, Willkür auf nicht-willkürliche Weise, d. h. unter Achtung der normativen Autorität der betroffenen Personen, aufzuheben. Das bedeutet nicht, dass jenseits dessen keine willkürlichen Machtverhältnisse existieren, wohl aber, dass Betroffene Zugang zu Institutionen haben, mit deren Hilfe sie deren Anspruch auf allgemeine und reziproke Geltung selbst problematisieren können.

Vor diesem Hintergrund lassen sich zwei Stufen von Beherrschung unterscheiden: *Fundamentale Beherrschung* bezieht sich auf die Abwesenheit eben dieser grundlegenden Voraussetzungen der Ausübung normativer Autorität, d. h. auf die Abwesenheit von Verfahren, die überhaupt erst eine Rechtfertigung sozialer Machtverhältnisse ermöglichen. Darüber hinausgehende, *nicht-fundamentale Beherrschung* dagegen weist die auf dieser Grundlage ermöglichte Ausübung normativer Autorität in Bezug auf je konkrete Machtverhältnisse als willkürlich aus. Da unter Bedingungen fundamentaler Beherrschung die Voraussetzungen für eine willkür-

122 Laborde 2010b, S. 51 [Hervorhebung im Original].

freie Bekämpfung von Beherrschung nicht gegeben sind, ist damit eine Schwelle identifiziert, unterhalb derer die Bekämpfung von Beherrschung von besonderer Dringlichkeit ist, da dies zugleich die Voraussetzung für die Behebung darüber hinausgehender Formen von Beherrschung ist.

5.3.2. Drei Dimensionen der Beherrschung

Die Unterscheidung zweier Stufen von Beherrschung erfolgte zunächst unabhängig von konkreten sozialen Bereichen der Beherrschung. Fragt man nun weiter, in welchen Sphären sich Beherrschung manifestiert, so sind, anknüpfend an die Darstellung der imperialismuskritischen Machtanalyse der Universalisierung der Demokratie im zweiten Kapitel, drei Dimensionen von Beherrschung zu unterscheiden: Der Begriff der Beherrschung bezieht sich demnach auf asymmetrische Machtpositionen, die die ökonomischen, die kulturellen oder die politischen Beziehungen der jeweiligen Akteure willkürlich strukturieren.[123] Diese Dimensionen können einander gegenseitig verstärken und sind in der Regel miteinander verwoben; dennoch bezeichnen sie konzeptionell gesprochen eigenständige Dimensionen der Beherrschung, die sich nicht aufeinander reduzieren lassen.

Die erste, gewissermaßen klassische Dimension der Beherrschung bezieht sich auf asymmetrische *ökonomische* Strukturen und damit im Kern auf den Zugang zu materiellen Ressourcen wie Einkommen und Vermögen.[124] Dabei geht es jedoch nicht um deren bloße Verteilung, auch wenn eine ungleiche Ressourcenverteilung in der Regel mit asymmetrischen Machtpositionen verbunden ist. Aus der Perspektive der Beherrschung steht vielmehr im Vordergrund, inwiefern tiefer liegende Strukturen, die ökonomische Interaktionen regulieren (wie etwa die Arbeitsteilung, die Einkommensverteilung, das Eigentumsrecht und arbeitsrechtliche Bestimmungen), die beteiligten Akteure in asymmetrische Machtpositionen zueinander stellen, welche den weniger Mächtigen die normative Autorität in den eigenen ökonomischen Beziehungen, insbesondere über den Einsatz der eigenen Arbeitskraft, entziehen.

123 Vgl. Young 1990, S. 22 f.; Fraser 2003; Fraser 2008a; Fraser 2008b, Kap. 2.

124 Vgl. zur ökonomischen Dimension von Beherrschung: Young 1990, S. 48-58 sowie Kap. 3.

Normative Autorität in ökonomischer Hinsicht erfordert daher keine materielle Gleichverteilung – wohl aber die Voraussetzungen dessen, als Autor_in der eigenen Rechte und Pflichten in ökonomischen Hinsichten aufzutreten.

Interpersonale ökonomische Beherrschung entsteht dementsprechend dort, wo ökonomische Beziehungen einigen Akteuren eben dieses Vermögen, Autor_in der eigenen ökonomischen Beziehungen zu sein, entziehen. Sie finden sich nicht nur im Bereich klassischer, abhängiger Lohnarbeit; auch scheinbar unabhängige Erwerbsarbeit kann in Strukturen interpersonaler Beherrschung eingebunden sein. Ein aktuelles Phänomen ist das z. B. bei Paketdienstanbietern und Billigfluglinien beliebte Modell der Scheinselbständigkeit: Paketfahrer_innen oder Pilot_innen, die als selbständige Unternehmer_innen auftreten, werden vertraglich verpflichtet, nicht für andere Auftraggeber zu arbeiten. Der Auftraggeber lagert nicht nur die Sozialabgaben, sondern auch das unternehmerische Risiko an die Subunternehmerin aus, die sich keinen eigenen Kundenstamm aufbauen und somit unternehmerisch tätig werden kann, sondern von den Aufträgen ihres Auftraggebers abhängig bleibt. Die Art ihrer Tätigkeit ist somit die einer Arbeitnehmerin; die entsprechenden arbeits-, sozial-, und steuerrechtlichen Regulierungen werden jedoch mithilfe des Modells der Scheinselbständigkeit umgangen. Ausgerechnet die Selbständigkeit, die auf den ersten Blick eine eigenständige Gestaltung der eigenen Arbeitstätigkeit verspricht, wird so zum Paradefall ökonomischer Beherrschung. Verwandte Phänomene zeigen sich auch im bildungsbürgerlichen Milieu, insbesondere in der Medien- und Werbebranche, in der feste freie Mitarbeit und Honorarverträge ähnliche Strukturen hervorbringen.[125]

Wie diese Beispiele deutlich machen, geht interpersonale ökonomische Beherrschung zwar in der Regel mit materiellen Un-

125 Auch in der Wissenschaft, wo Kernaufgaben der Universität in Forschung und Lehre zunehmend von nur kurzfristig beschäftigten wissenschaftlichen Mitarbeiter_innen erledigt werden, deren Vertragsdauer es nicht erlaubt, die für eine dauerhafte wissenschaftliche Tätigkeit nötigen Qualifikationsschriften zu verfassen, deren materielle Existenz vom Wohlwollen einzelner Professor_innen abhängig bleibt und die zudem häufig über Stipendienverträge bezahlt werden und somit ohne Sozialversicherung dastehen, ist ökonomische Beherrschung verbreitet.

gleichheiten einher, die das Machtgefälle wiederum verschärfen. Dennoch liegt der Kern ökonomischer Beherrschung nicht in der Ungleichverteilung per se, sondern in den asymmetrischen Positionen, in die die jeweiligen ökonomischen Strukturen die beteiligten Akteure zueinander stellen: Sie entziehen den Erwerbstätigen die normative Autorität über die Bedingungen ihrer eigenen ökonomischen Tätigkeiten.

Dies zeigt sich auch aus einer *systemischen* Perspektive: So beschreibt Young das Phänomen der Marginalisierung einer wachsenden Zahl an Menschen, die am Arbeitsmarkt keine Stelle finden, d. h. »Menschen, die unser Arbeitssystem nicht einsetzen kann oder will«[126] und die dementsprechend von jeglicher eigenständigen ökonomischen Tätigkeit ausgeschlossen werden. Sie sind nicht nur in ihrem materiellen Überleben von den Zuweisungen konkreter Anderer abhängig. Zugleich werden sie von der Teilnahme an einem wesentlichen Bereich sozialer Kooperation ausgeschlossen, der neben der materiellen Reproduktion auch die Erfahrung der eigenen Produktivität, die Entwicklung entsprechender Fähigkeiten sowie den selbstbestimmten Konsum umfasst. Young hebt daher hervor, dass denjenigen, die in diesem Sinne als überflüssig gelten, selbst unter überlebenssichernden redistributiven Maßnahmen Ungerechtigkeit »in Form von Nutzlosigkeit, Langeweile und mangelndem Selbstrespekt« widerfahre.[127] Diese Form der Beherrschung ist somit dadurch charakterisiert, dass die Beherrschten gerade keinem konkreten beherrschenden Arbeitgeber gegenüberstehen.

Mit dem Verweis auf den mit der Überflüssigkeit ganzer Gruppen an Menschen verbundenen Verlust an Selbst-Respekt ist bereits die zweite, *kulturelle* Dimension von Beherrschung angesprochen. Sie bezieht sich nicht auf Machtpositionen innerhalb ökonomischer Tauschbeziehungen, sondern auf kulturelle Wert- und Bedeutungszuschreibungen, die, vermittelt durch Symbole, Stereotype, alltägliche Interaktionen, das Recht oder andere gesellschaftliche Institutionen, Menschen mit bestimmten Merkmalen als anders und damit zugleich in Relation zu anderen als minderwertig auszeichnen. Fraser beschreibt derartige Zuschreibungen als »institutionalisierte kulturelle Wertmuster«, die »einige Gruppen und die mit ihnen verbundenen Qualitäten systematisch herabsetzen« und

126 Young 1990, S. 53.
127 Young 1990, S. 55.

ihnen somit soziale Anerkennung verweigern.[128] So strukturieren etwa androzentrische Wertmuster, die maskulin besetzte Charakteristika privilegieren und weiblich kodierte entwerten, ein breites Spektrum sozialer Interaktionen, von ökonomischen Strukturen der Arbeitsteilung über grundlegende rechtliche Konzepte wie Privatsphäre oder Notwehr und Berufspraktiken im medizinischen und psychologischen Bereich bis hin zu massenmedial vermittelten verdinglichenden Stereotypen.[129]

Aus der Perspektive der Beherrschung ist dabei entscheidend, dass derartige Wertmuster nicht nur den Zugang zu sozialen Interaktionen asymmetrisch strukturieren, sondern den derart Benachteiligten wiederum den Zugriff auf die Interpretation der entsprechenden Deutungsmuster und damit die normative Autorität über das eigene Selbstverständnis entziehen. Laborde erläutert diesen Punkt am Beispiel der Situation muslimischer Frauen in Frankreich:

> Kulturelle Beherrschung [...] grenzt Gruppen anhand von Stereotypen ab, bringt sie zugleich zum Schweigen und macht sie unsichtbar. Derartige Beherrschung entzieht Muslimen ein Minimum diskursiver Kontrolle: sie dürfen nicht für sich selbst sprechen, sie werden erniedrigenden Bildern ihrer eigenen Identität ausgesetzt, sie werden dazu gebracht, sich verletzlich gegenüber den Entscheidungen und Meinungen Anderer zu fühlen. Mit andere Worten: es wird über sie, aber nicht mit ihnen gesprochen; sie werden nicht als würdig betrachtet, Gründe zu bekommen.[130]

Ein Beispiel, auf das die Imperialismuskritik externer Demokratieförderung hinweist, ist die hegemoniale Gleichsetzung von Demokratie mit liberal-demokratischen Regierungsformen, das Kritiker_innen dieses Narrativs automatisch als undemokratisch ausweist und ihnen so den Zugang zum Diskurs über Demokratie verweigert.

Diese Wirkungsweise kultureller Beherrschung lässt sich exemplarisch anhand von Frickers Konzeption epistemischer Ungerechtigkeit konkretisieren. Fricker beschreibt zwei Arten der Verweigerung des Status als gleichberechtigte Teilnehmer_in epistemischer Praktiken: *Testimoniale Ungerechtigkeit* bezieht sich auf die Ver-

128 Fraser 2003, S. 55.

129 Fraser 2003, S. 33 f.

130 Laborde 2008, S. 161; vgl. Young 1990, S. 58-61.

weigerung des Status als Auskunftgebende, d. h. als Übermittlerin von Wissen, und besteht in dem auf sozial vermittelten, systematischen und identitätsbasierten Vorurteilen beruhenden Entzug von Glaubwürdigkeit.[131] Ein Beispiel ist die Zuschreibung verminderter Zeugnisfähigkeit von Frauen oder Schwarzen Menschen in Gerichtsprozessen, deren Aussagen oft selbst unter Bedingungen stützender Indizien wenig Glauben geschenkt wird.[132] Ein solcher Entzug der Glaubwürdigkeit aufgrund systematischer Vorurteile degradiert die jeweiligen Sprecher_innen zu einer bloßen Quelle von Wissen, die nicht selbst für sich sprechen kann.[133] Eine derartige »*epistemische Verobjektivierung*«[134] bedinge nicht nur, dass die Sprecherin gar nicht als Subjekt gehört werde; zugleich werde sie damit aus der grundlegenden Praxis des Teilens von Information ausgeschlossen, d. h. eben jener »Praxis, die ausgerechnet den Kern der Idee des Wissen selbst definiert«.[135]

Hermeneutische Ungerechtigkeit bezieht sich nicht auf den Status als Auskunftsgebende, sondern auf den Status als Verstehende, d. h. als Subjekt der Deutung sozialer Erfahrungen.[136] Sie liegt darin begründet, dass aufgrund asymmetrischer Strukturen in der Generierung sozialer Bedeutungen für manche Gruppen keine Ressourcen zur Verfügung stehen, um eigene soziale Erfahrungen zu begreifen, zu artikulieren und somit kollektiv verständlich zu machen. So konnten z. B. Frauen die alltäglichen Erfahrungen des sexuellen Bedrängtwerdens erst dann als sexuelle Belästigung erkennen und problematisieren, als ihnen dieses Konzept zur Verfügung stand, d. h., nachdem sie durch den wechselseitigen Austausch ihrer Erfahrungen erkannten, dass es sich um ein systematisches Phänomen handelt. Erst dann waren sie in der Lage, sich gegen die dominante Interpretation, es handle sich um harmloses Flirten, zur Wehr zu setzen, anstatt die Ursache ihres Unwohlseins in sich selbst zu suchen.[137]

Beide Formen epistemischer Ungerechtigkeit führen dazu, dass

131 Fricker 2007, S. 28.
132 Vgl. Fricker 2007, S. 23-26.
133 Fricker 2007, S. 132.
134 Fricker 2007, S. 133 [Hervorhebung im Original].
135 Fricker 2007, S. 145.
136 Fricker 2007, S. 7.
137 Fricker 2007, S. 149 f.

die Perspektive derjenigen, die die entsprechenden Merkmale bzw. Erfahrungen teilen, nicht gehört wird. Während sich testimoniale Ungerechtigkeit auf interpersonale Beziehungen bezieht, in denen der Status als Übermittler_in von Wissen durch eine vorurteilsbedingte epistemische Verobjektivierung verletzt wird, beschreibt hermeneutische Ungerechtigkeit eine systemische, anonyme Form der Ungerechtigkeit, die bereits die Ausbildung eines Selbstbewusstseins als Subjekt von sozialem Wissen blockiert.[138] Die Ungerechtigkeit liegt dabei nicht in den Folgen epistemischer Machtlosigkeit begründet, sondern in den asymmetrischen Strukturen des Zugangs zu sozialen Praktiken des Wissens und dem damit einhergehenden Entzug des Status als epistemisches Subjekt. Frickers Konzeption epistemischer Ungerechtigkeit macht somit exemplarisch deutlich, wie kulturelle Bedeutungszuschreibungen mit asymmetrischen Strukturen sozialer Macht verknüpft sind, die die Perspektive der Machtunterworfenen unhörbar machen.

Aus der Perspektive der Beherrschung geht es allerdings nicht allein um die Verweigerung des Status als *epistemisches* Subjekt in sozialen Praktiken des Wissens, sondern um den Entzug des Status normativer Autorität, der sich generell auf die Praxis intersubjektiver Rechtfertigung bezieht. Kulturelle Beherrschung in diesem Sinne basiert auf kulturellen Bedeutungszuschreibungen, deren Generierung, Interpretation und Reproduktion auf asymmetrischen sozialen Relationen beruhen und die selbst wiederum keiner wechselseitigen Rechtfertigung zugänglich sind. Da die Verweigerung des Status normativer Autorität hier nicht auf asymmetrischen Wirtschaftsstrukturen, sondern auf kulturellen Wertmustern beruht, ist sie stärker im noumenalen Raum verankert als ökonomische Beherrschung. Kulturelle Beherrschung spielt daher eine wichtige Rolle in Bezug auf andere Dimensionen der Beherrschung: Da kulturelle Bedeutungszuschreibungen unmittelbar auf das eigene Selbstverständnis einwirken, führen sie häufig dazu, dass andere, z. B. ökonomische Machtstrukturen für die Betroffenen unsichtbar bleiben – und somit fraglos anerkannt und stabilisiert werden.

Die dritte, *politische* Dimension von Beherrschung bezieht sich auf politisch-rechtliche Machtverhältnisse, d. h. auf den politisch-

138 Vgl. Fricker 2007, S. 159 sowie S. 168.

rechtlichen Status der jeweiligen Akteure innerhalb einer politischen Ordnung. Mit Fraser lässt sie sich als Form der Exklusion charakterisieren, die »in der politischen Verfasstheit der Gesellschaft begründet liegt, etwa wenn die Architektur des politischen Raumes einigen Menschen die Möglichkeit verweigert, sich auch nur im Geringsten zu Auseinandersetzungen über Gerechtigkeit äußern zu können«.[139] Zwar wurde auch hinsichtlich der anderen beiden Dimensionen Beherrschung jeweils in dem Ausschluss aus grundlegenden Praktiken verortet, der den Machtunterworfenen zugleich die normative Autorität über ihre jeweilige Position innerhalb der relevanten Machtstrukturen entzieht und ihnen damit Mitsprache in Auseinandersetzungen um Gerechtigkeit mit Blick auf ökonomische Beziehungen oder kulturelle Bedeutungszuschreibungen versagt. Politische Beherrschung bezieht sich indes nicht auf private, d. h. ökonomische oder kulturelle Machtverhältnisse, sondern auf öffentliche und damit auf den Ausschluss aus der Partizipation an kollektiven Entscheidungsprozessen, die sich nicht nur auf die politische Sphäre im engeren Sinne beziehen, sondern gerade auch auf die Rahmenbedingungen ökonomischer und kultureller Verhältnisse.[140] Dies verweist auf die besondere Bedeutung politischer Beherrschung.

5.3.3. Die besondere Bedeutung politischer Beherrschung

Politische Beherrschung basiert auf asymmetrischen Machtpositionen im öffentlichen Raum, die den weniger mächtigen Akteuren den Status als Bürger_in mit normativer Autorität in politischen Angelegenheiten versagen. Diese politische Dimension der Beherrschung ist von entscheidender Bedeutung für die Realisierung von Nicht-Beherrschung in anderen sozialen Bereichen: Geht man von dem oben entwickelten strukturellen Machtverständnis aus, so wird deutlich, dass private und öffentliche Beherrschung eng miteinander verknüpft sind. Auch private Beherrschung beruht auf strukturellen Voraussetzungen, die nur durch kollektives Handeln verändert werden können. Sie werfen somit zwangsläufig die Frage nach einer über die jeweilige private Beherrschungsbeziehung hinausgehenden, kollektiven Regulierung der entsprechenden Macht-

139 Fraser 2007b, S. 316.
140 Vgl. Fraser 2008b, S. 17.

strukturen – und d. h. nach dem Status der beteiligten Akteure in dieser öffentlichen Sphäre – auf. In diesem Sinne weist Fraser zu Recht darauf hin, dass es mit Blick auf die politisch-rechtliche Dimension der Beherrschung um den Entzug normativer Autorität hinsichtlich der Frage nach Gerechtigkeit selbst geht. Erst die politische Sphäre bietet die Voraussetzungen einer willkürfreien Regulierung privater Machtverhältnisse und verweist damit, wie auch Forst hervorhebt, auf

> eine übergeordnete Frage der Gerechtigkeit, denn sie ist der Ort (wenn wir das Politische nicht nur in einem engen institutionellen Sinne fassen), an dem ungerechte kulturelle, wirtschaftliche und gesellschaftspolitische Praktiken in Frage gestellt und Veränderungen innerhalb dieser Sphären erreicht werden können.[141]

Selbst wenn z. B. ökonomische Beherrschung zwischen Arbeitgeberin und Arbeitnehmer durch entsprechende arbeitsrechtliche Instrumente wie Streikrechte, Kündigungsschutz, Arbeitslosigkeitsversicherung und Mitspracherechte am Arbeitsplatz bekämpft wird, so bieten doch diese rechtlichen Instrumente nur dann einen willkürfreien Schutz, wenn sie nicht einseitig gewährt und entsprechend einseitig wieder abgeschafft werden können, sondern selbst der normativen Autorität der Betroffenen unterliegen.[142]

Die Realisierung von Nicht-Beherrschung in privaten Bereichen setzt, mit anderen Worten, fundamentale Nicht-Beherrschung in der politischen Sphäre voraus. Auch wenn auf dieser fundamentalen Ebene, die die Bedingungen einer nicht-willkürlichen Bekämpfung von Beherrschung beschreibt, wiederum gewisse Voraussetzungen in der ökonomischen und kulturellen Dimension erfüllt sein müssen,[143] ist es doch die Dimension politischer Beherrschung, die die Spezifizierung dieser Voraussetzungen leitet. Dies wird im folgenden Kapitel auszuarbeiten sein. An dieser Stelle bleibt festzuhalten, dass politische Beherrschung nicht allein eine dritte Sphäre asymmetrischer Machtverhältnisse beschreibt, sondern mit Blick

141 Forst 2011, S. 150; vgl. aber Frasers Kritik an Forsts Hervorhebung der politischen Dimension: Fraser 2007b, S. 332-334.

142 Dies scheint auch Pettit, der bis dahin private und öffentliche Beherrschung als unabhängig voneinander behandelt hatte, mittlerweile so zu sehen (Pettit 2012b, S. 24 f.).

143 Vgl. dazu unten Abschnitt 6.2.3.

auf den fundamentalen Status der Nicht-Beherrschung und die entsprechenden Verfahren, die eine nicht-willkürliche Einhegung willkürlicher Macht ermöglichen, sei es in ökonomischer, kultureller oder politischer Hinsicht, eine Meta-Dimension der Beherrschung konstituiert.

Damit wird deutlich, dass das Anliegen ebenso wie die Kritik externer Demokratieförderung geradewegs ins Zentrum einer Theorie der Gerechtigkeit als Nicht-Beherrschung zielen: Denn sowohl bei der Problematisierung von asymmetrischen Machtverhältnissen im Inneren von Drittstaaten, die es, so der Anspruch der Demokratieförderer, zu demokratisieren gilt, als auch bei der Infragestellung von zwischenstaatlichen Machtverhältnissen, die sich, so die Imperialismuskritik, gerade mit Blick auf Demokratieförderung als imperiale Machtkonstellationen erweisen, geht es letztlich im Kern um die Frage nach dem politischen Status Einzelner bzw. ganzer politischer Gemeinschaften und ihrer normativen Autorität in ihrem Verhältnis zueinander – und damit um die Frage nach den Umständen und Voraussetzungen der Realisierung fundamentaler Nicht-Beherrschung.

6. Nicht-Beherrschung und Demokratie

Der im vorangegangen Kapitel umrissene Begriff der Beherrschung liefert die Grundlage für eine Kritik sozialer Machtverhältnisse. Damit knüpft die Theorie der Gerechtigkeit als Nicht-Beherrschung an das machtkritische Anliegen der Imperialismuskritik externer Demokratieförderung an, geht sie doch stets von einer Analyse je konkreter Beziehungen der Beherrschung aus. Die Frage nach der Realisierung von Gerechtigkeit ist aus dieser Perspektive als Frage nach den Bedingungen zu verstehen, die die Abwesenheit von Beherrschung sicherstellen. Diese gilt es nun zu konkretisieren. Der entscheidende Punkt ist dabei, inwiefern die Verwirklichung von Nicht-Beherrschung demokratische Institutionen voraussetzt. Daran wird sich zeigen, inwieweit eine Theorie der Gerechtigkeit als Nicht-Beherrschung in der Lage ist, auch das Anliegen externer Demokratieförderung ernst zu nehmen.

Vor dem Hintergrund der machttheoretischen Diskussion des Begriffs der Beherrschung zeige ich zunächst, dass die Realisierung von Nicht-Beherrschung Institutionen politischer Herrschaft erfordert (6.1.). Aufbauend darauf werden mit der Herrschaft des Rechts und dem Prinzip der Selbstgesetzgebung institutionelle Grundprinzipien identifiziert, deren normativen Gehalt derartige Institutionen zur Geltung bringen müssen, um Willkürfreiheit gewährleisten zu können (6.2.). Der damit umrissene demokratische Gehalt von Institutionen politischer Herrschaft bildet sowohl ein Element als auch eine Voraussetzung der Realisierung von Gerechtigkeit als Nicht-Beherrschung. In diesem Sinne wird Demokratie selbst zu einer Forderung der Gerechtigkeit als Nicht-Beherrschung (6.3.).

6.1. Strategien der Realisierung von Nicht-Beherrschung

Wie lässt sich Beherrschung abbauen und somit Gerechtigkeit realisieren? Der Begriff der Beherrschung beschreibt ein asymmetrisches willkürliches Machtverhältnis. Damit bieten sich zwei Ansatzpunkte, um Beherrschung zu bekämpfen: derjenige der Macht sowie derjenige der Willkür.[1] Im Folgenden werden drei Strategien der Realisierung von Nicht-Beherrschung diskutiert:[2] Während die Strategie symmetrischer Macht (6.1.1.) das asymmetrische Machtverhältnis auszugleichen sucht, setzen die Strategie politischer Herrschaft (6.1.2.) und die Strategie der Moral (6.1.3.) am Moment der Willkür an. Weder die Strategie symmetrischer Macht noch die Strategie der Moral vermögen jedoch der strukturellen Dimension von Beherrschung gerecht zu werden. Dazu sind vielmehr Institutionen politischer Herrschaft erforderlich.

6.1.1. Die Strategie symmetrischer Macht

Angesichts der Tatsache, dass Beherrschung ein asymmetrisches Machtverhältnis ist, scheint es naheliegend zu fragen, inwieweit sich Beherrschung durch den Ausgleich der grundlegenden Machtasymmetrie aufheben lässt. Pettit diskutiert eine solche *Strategie symmetrischer Macht* unter dem Stichwort »reziproke Macht«.[3] Die Grundidee besteht darin, die Machtasymmetrie abzubauen, also »die Ressourcen des Beherrschers und des Beherrschten anzugleichen, so dass eine zuvor beherrschte Person sich, idealerweise, selbst gegen jegliche Einmischung durch den Beherrscher verteidigen kann«.[4] Ein solcher Ausgleich der Kräfteverhältnisse zielt darauf ab, alle Akteure auf der Grundlage symmetrischer Machtressourcen in die Lage zu versetzen, sich gegen die Einmischung Anderer zur Wehr zu setzen. In diesem Sinne handelt es sich um eine dezentrale Strategie der Selbstverteidigung.

Pettit hält die Strategie symmetrischer Macht indes nicht für zielführend. Er begründet seine Skepsis mit pragmatischen Überlegungen, die die mangelnde Zuverlässigkeit dieser Strategie hervorheben. Zum einen führe die dezentrale Selbstverteidigung gegen

1 Da Gerechtigkeit als Nicht-Beherrschung nach der Struktur der Beziehungen zwischen Personen, nicht nach als positiv zu beurteilenden Zuständen fragt, handelt es sich um ein *soziales* Ideal, das sich nicht durch die – zumindest hypothetisch denkbare – Vermeidung sozialer Beziehungen realisieren lässt. Jenseits sozialer Beziehungen stellt sich weder die Frage nach Beherrschung noch die nach Gerechtigkeit.

2 Vgl. Ferejohn 2001, S. 80.

3 Pettit 1997, S. 67 f. und S. 92-95.

4 Pettit 1997, S. 67; vgl. ebd. S. 93 f.

Einmischung letztlich wiederum zu neuen Machtkonzentrationen, die neue Beherrschungsverhältnisse schaffen, da Unterschiede mit Blick auf physische Stärke, Tapferkeit, soziale Netzwerke usw. unvermeidbar seien.[5] Dies spreche dagegen, die Strategie symmetrischer Macht als allgemeine Strategie und nicht bloß als punktuelle Lösung für einzelne Fälle von Beherrschung zu verstehen. Zum anderen käme ein dezentraler Machtausgleich letztlich einem permanenten Bürgerkrieg nahe, da er auf den Einsatz von Vergeltungsdrohungen angewiesen bleibe: »Das Beste, das jemals unter der Strategie reziproker Macht erreichbar ist, ist eine Abschreckungsbalance, nicht aber ein defensiver Gleichgewichtszustand.«[6] Zwar möge die Strategie symmetrischer Macht in der Lage sein, Beherrschung zu verringern, jedoch nur um den Preis einer drastischen Reduzierung von Wahl- und Handlungsmöglichkeiten, die mit einem Krieg aller gegen alle einhergehe.[7]

Ferejohn merkt gegen diese Skepsis gegenüber der Strategie symmetrischer Macht an, klassisch republikanische Denker seien mit Blick auf Selbstverteidigungsmaßnahmen optimistischer gewesen; schließlich hätten sie stets die entscheidende Bedeutung einer »gut bewaffneten und ökonomisch unabhängigen Bürgerschaft« hervorgehoben.[8] Dabei ging es jedoch nicht, wie Ferejohn nahelegt, um die Verteidigung des privaten Gutes der Nicht-Beherrschung und damit um individuelle Selbstverteidigung, sondern um die Verteidigung des freien Gemeinwesens als Voraussetzung der Realisierung individueller Nicht-Beherrschung. Der Grund für dieses Missverständnis liegt darin, dass Ferejohn sich zu stark auf die Frage konzentriert, wer wem Schaden zufügt[9] und somit Beherrschung zu interaktional denkt. Erst aus einer strukturellen Perspektive wird deutlich, warum die Strategie symmetrischer Macht gerade das nicht erfassen kann, was den klassisch republikanischen Autoren selbstverständlich war: Das der Beherrschung zugrunde liegende Machtverhältnis kann nur innerhalb eines kollektiven institutionellen Zusammenhangs transformiert werden, der dauerhaft garantiert, dass der Status normativer Autorität eingefordert werden kann.

5 Pettit 1997, S. 92 f.
6 Pettit 1997, S. 94.
7 Pettit 1997, S. 94.
8 Ferejohn 2001, S. 81, Fn. 4.
9 Ferejohn 2001, S. 80.

Gegen die Strategie symmetrischer Macht spricht somit nicht allein ihre mangelnde Verlässlichkeit. Sie vermag ein Beherrschungsverhältnis vielmehr grundsätzlich nicht aufzuheben; eine Kräftebalance kann ohne entsprechende institutionelle Mechanismen schlichtweg nicht auf Dauer gestellt werden, da der bilaterale Ausgleich von Kräfteverhältnissen weder die strukturellen Bedingungen eines Machtverhältnisses berührt noch auf die systemischen Folgen kumulierter individueller Handlungen einzuwirken vermag. Pettit weist mit anderen Worten zu Recht darauf hin, dass die Strategie symmetrischer Macht allenfalls »im Rahmen eines Rechtsstaats«, d.h. im Kontext der zweiten Strategie, von Bedeutung sei, nicht aber unabhängig davon.[10] Der Grund dafür ist jedoch nicht pragmatischer, sondern prinzipieller Natur: Die strukturelle Dimension der relevanten Machtverhältnisse impliziert, dass die Realisierung von Beherrschung grundsätzlich kollektives Handeln voraussetzt, das bestehende Machtasymmetrien in wechselseitig und allgemein rechtfertigbare überführt und Beherrschung somit auf dem Wege einer Einhegung von Willkür bekämpft.

6.1.2. Die Strategie politischer Herrschaft

Die zweite Strategie der Realisierung von Nicht-Beherrschung konzentriert sich dementsprechend auf die Frage nach institutionellen Wegen, Beherrschung zu bekämpfen. Ihr geht es nicht darum, asymmetrische Machtverhältnisse auszugleichen; vielmehr zielt sie darauf ab, diese mit Hilfe einer institutionalisierten Gegenmacht zu transformieren, die das Moment der Willkür eliminiert und dadurch Beherrschung aufhebt.[11] Eine solche Gegenmacht besteht in einer zentralen Autorität, die mit dem Anspruch auftritt, allgemeinverbindliche Entscheidungen zu treffen und durchzusetzen und damit unmittelbar auf die sozialen Kontextbedingungen von Machtbeziehungen zuzugreifen. Diese Strategie lässt sich daher als *Strategie politischer Herrschaft* bezeichnen. Ich verstehe unter *Herrschaft* eine Verdichtung und Verstetigung von Macht im Rahmen

10 Pettit 1997, S. 95.

11 Pettit bezeichnet Nicht-Beherrschung dementsprechend auch als »Gegenmacht«, womit gerade nicht eine symmetrische Machtverteilung, sondern eine institutionalisierte Gegenmacht gemeint ist (Pettit 1996, insbesondere S. 588-595; vgl. Pettit 1997, S. 69).

einer formalen, mehr oder weniger institutionalisierten Ordnung, die ein Machtverhältnis innerhalb einer bestimmten Gruppe von Akteuren auf explizite Art und Weise auf Dauer stellt.[12] Der Begriff der Herrschaft ist somit insofern enger als derjenige der Beherrschung, als er nur in einem weiten Sinne institutionell verfasste und damit formale Machtbeziehungen einbezieht. Zugleich ist er weiter, da er sich – im Gegensatz zu dem der Beherrschung – auch auf normativ unproblematische, nicht-beherrschende Formen institutionell verdichteter Macht bezieht.

Die Grundidee der Strategie politischer Herrschaft besteht darin, dass eine zentrale, institutionalisierte Autorität die sozialen Kontextbedingungen und somit die strukturelle Dimension von Macht verfügbar macht, indem sie sie allgemeinverbindlicher Kontrolle unterwirft.[13] Dadurch gewährleistet sie – unter Bedingungen, die noch näher zu spezifizieren sein werden – die Voraussetzungen der Willkürfreiheit sozialer Machtbeziehungen. Aufgabe der zentralen Autorität ist es dementsprechend, wie Pettit festhält, den einzelnen Akteuren sowohl die für Beherrschung konstitutive »Macht willkürlicher Einmischung als auch die Macht, derartige Einmischung zu bestrafen«, zu nehmen, die, wie die Diskussion der Strategie symmetrischer Macht zeigte, selbst neue Beherrschungspotentiale schafft.[14]

Wichtig ist, dass es nicht allein darum geht, mögliche Beherrscher im Rahmen eines allgemeinen Sanktionssystems zu bestrafen, wie etwa Ferejohn nahelegt. Er sieht die Hauptaufgabe politischer Herrschaft darin, dafür zu sorgen, dass »Verstöße durch das Recht oder ein anderes Sanktionssystem verlässlich bestraft oder verhindert werden«.[15] Da ein interpersonales Machtverhältnis (ebenso wie eo ipso systemische Beherrschung) erst durch seine strukturelle Einbettung als ein solches konstituiert wird, setzt die Transformation von *willkürlicher* Macht in *willkürfreie* Macht voraus,

12 Vgl. Weber 2005 [1922], S. 157.

13 Vgl. Pettit 2012b, S. 184. Pettit zeichnet an dieser Stelle deutlicher als zuvor den *Staat* als notwendige Voraussetzung der Realisierung von Nicht-Beherrschung aus. Ich spreche bewusst nicht vom Staat, sondern von Institutionen politischer Herrschaft. Diese müssen nicht zwangsläufig staatliche Formen annehmen (vgl. unten Abschnitt 6.3.).

14 Pettit 1997, S. 68; vgl. die etwas abweichende Argumentation in Pettit 2012b, S. 132-136.

15 Ferejohn 2001, S. 80; vgl. Friedmann 2008, S. 252.

dass eben diese strukturelle Ebene von Macht verfügbar gemacht wird. Die Funktion der dazu notwendigen Institutionen politischer Herrschaft besteht daher nicht allein und nicht vorrangig darin, individuelles Fehlverhalten zu sanktionieren; vielmehr transformiert bereits ihre Errichtung die sozialen Kontextbedingungen von Machtbeziehungen, indem sie allgemeinverbindlich Rechte und Pflichten bestimmt und durchsetzt und die Machtunterworfenen somit einen Status erhalten, der sie schützt *und* ermächtigt.[16]

Dabei stellen Institutionen politischer Herrschaft nicht einfach ein Mittel bereit, das die Realisierung von Nicht-Beherrschung im Rahmen eines *kausalen* Folgezusammenhangs befördert.[17] Nicht-Beherrschung ist vielmehr ein interpersonaler Status, der durch die institutionelle Etablierung einer Gegenmacht gegen soziale Machtverhältnisse konstituiert wird, unabhängig von kausalen Folgerelationen. Pettit betont dementsprechend:

> Richtig, es wird Zeit brauchen und einige kausale Wechselwirkungen, damit die Nicht-Beherrschung von jemandem zum Gegenstand des allgemeinen Bewusstseins wird und potentiell Zuwiderhandelnde abgeschreckt werden. Doch die Nicht-Beherrschung als solche geht derartigen Kausalzusammenhängen voraus. Sie entsteht gleichzeitig mit der Errichtung geeigneter Institutionen; sie verkörpert die Wirklichkeit dieser Institutionen in der Person des einzelnen Individuums.[18]

Damit kennzeichnet er die Beziehung zwischen Institutionen politischer Herrschaft und der Realisierung von Nicht-Beherrschung als *konstitutive*: Demnach beschreibt Nicht-Beherrschung eine Eigenschaft der Relationen innerhalb des Systems politischer Herrschaft – ohne indes eine begrifflich-definitorische Beziehung zwischen politischer Herrschaft und Nicht-Beherrschung zu formulieren.[19] Denn aus einer solchen *analytischen* Perspektive fielen die entsprechenden Institutionen und die Verwirklichung von

16 In diesem Sinne hebt Cheneval zu Recht hervor, es gehe Nicht-Beherrschung letztlich um »den Willen, ein Gemeinwesen zu bilden, nicht allein um das Regime oder einfach um die Nicht-Beherrschung von Individuen« (Cheneval 2009, S. 239; vgl. Einspahr 2010, S. 17).

17 Vgl. für eine kausale Sicht des Zusammenhangs zwischen Institutionen und Nicht-Beherrschung: Lovett 2010a, S. 212f.

18 Pettit 1997, S. 107; vgl. Pettit 2012b, S. 124.

19 Vgl. für ein analytisches Verständnis des Zusammenhangs von Demokratie und Nicht-Beherrschung: Young 1990, S. 38.

Nicht-Beherrschung analytisch zusammen; sie kann sich daher bereits aus logischen Gründen nicht mehr kritisch auf eben diese Institutionen beziehen. Pettit begreift politische Institutionen dagegen als Mittel zum Zweck der Realisierung von Nicht-Beherrschung; Nicht-Beherrschung sei nicht durch derartige Institutionen definiert und gehe in ihnen auf, sondern bestimme sich »mit Bezug darauf, wie weit und wie gut der Träger gegen willkürliche Einmischung geschützt ist«.[20] Er hält somit ausdrücklich an einem instrumentellen Zugang zur Frage nach geeigneten Institutionen fest, ohne indes die These aufzugeben, Nicht-Beherrschung werde durch sie in nicht-kausalem, konstitutivem Sinne hervorgebracht. Die Spannung zwischen dem instrumentellen Aspekt und der konstitutiven Sichtweise bleibt indes unaufgelöst, so dass letztlich unklar bleibt, wie genau sich die konstitutive Sichtweise von den anderen unterscheidet.[21]

Ein konstitutives Verständnis der Beziehung zwischen Institutionen politischer Herrschaft und der Verwirklichung von Nicht-Beherrschung lässt sich jedoch aufbauend auf dem in Kapitel fünf entwickelten zweistufigen Willkürverständnis verdeutlichen: Es weist auf der fundamentalen Stufe substantielle Voraussetzungen aus, deren institutionelle Realisierung die prozedurale Bestimmung von Willkür auf der zweiten Stufe ermöglicht. Die Beziehung zwischen Institutionen politischer Herrschaft und der Realisierung von Nicht-Beherrschung ist daher in fundamentalen Hinsichten eine konstitutive; sie ist jedoch insofern keine analytische, als diese Institutionen begrifflich nicht *vollständig* mit der Verwirklichung von Nicht-Beherrschung zusammenfallen, da sie lediglich eine ermöglichende Voraussetzung der immer wieder aufs Neue hervorzubringenden Bestimmung von darüber hinausgehender Willkür darstellen. Mit anderen Worten, Institutionen politischer Herrschaft konstituieren in fundamentalem Sinne Nicht-Beherrschung; zugleich bilden sie damit die ermöglichende Bedingung – und

20 Pettit 1997, S. 109; vgl. zur konstitutiven Beziehung zwischen Nicht-Beherrschung und geeigneten Institutionen: Skinner 1998, S. 74f.; Richardson 2006, S. 190f.

21 So argumentiert Southwood, Pettit übersehe die Bedeutung der kausalen Dimension (Southwood 2002, S. 18f.), während Hodgson moniert, Pettits instrumenteller Zugang erfasse die konstitutive Dimension nicht vollständig (Hodgson 2010, S. 817).

damit das Mittel – der Bestimmung und Bekämpfung von nichtfundamentalen Beziehungen der Beherrschung.

6.1.3. Die Strategie der Moral

Pettit konzentriert sich in der Ausarbeitung seiner Theorie der Nicht-Beherrschung weitgehend auf die Strategie politischer Herrschaft. Ferejohn schlägt jedoch eine dritte, alternative Strategie vor. Diese geht ebenfalls davon aus, dass es zur Einhegung von Willkür einer verlässlichen Stabilisierung von Verhaltenserwartungen bedarf, die soziale Beziehungen auf Dauer stellt. Sie verortet indes das Instrument dazu nicht in Institutionen politischer Herrschaft, sondern in der Moral: Da Beherrschung ein moralisches Übel ist, kann es, so die Grundidee, auf der Ebene der Moralität bekämpft werden. Die moralische Strategie, die Ferejohn skizziert, hebt dementsprechend darauf ab, das moralische Bewusstsein und Handeln mächtiger Akteure zu stärken, um zu verhindern, dass sie als Beherrscher auftreten.[22]

Pettit hatte zunächst einen ähnlichen Gedanken verfolgt: In *Republicanism* differenziert er noch ausdrücklich zwischen einem moralisch tadellosen Akteur, der »etwa den Kodex *Adel verpflichtet* anerkennt oder einfach danach strebt, eine tugendhafte Person zu sein«, und dem wohlwollenden Beherrscher, der »zufällig Neigungen hat, die niemandem Schaden zufügen«.[23] Letzterer bleibe trotz seiner friedlichen charakterlichen Disposition ein Beherrscher, da die seiner Macht Unterworfenen von seiner Gutwilligkeit abhängig bleiben; Ersterer dagegen unterwerfe sich moralischen Standards, an denen er gemessen werden könne, was einer »gewissen Reduzierung« der Beherrschung gleichkomme.[24] Später macht Pettit jedoch deutlich, dass selbst in einer Welt, in der jeder sich »in höchstem Maße der Moral verpflichtet sehe«,[25] eine grundlegende Abhängigkeit bestehen bleibe, die sich nur mit Hilfe politischer Herrschaft beseitigen lasse. Selbst wenn sich in einem System politischer Herrschaft alle genau so verhalten wie zuvor, biete das Recht doch einen weiteren Schutz vor Willensschwäche, der sicherstelle,

22 Ferejohn 2001, S. 80-83.

23 Pettit 1997, S. 64 [Hervorhebung im Original].

24 Pettit 1997, S. 64.

25 Pettit 2012b, S. 182.

dass die Schwächeren Nicht-Beherrschung nicht bloß als Geschenk empfangen, sondern einen Anspruch darauf haben.[26]

Damit betont Pettit zu Recht, dass die Strategie der Moral die Strategie politischer Herrschaft nicht ersetzen kann. Das Problem besteht jedoch nicht allein in der Unsicherheit über das tatsächliche Verhalten der Mächtigen. Aus der Perspektive einer dezidiert interpersonalen Konzeption von Beherrschung ist keineswegs entscheidend, wie die Beherrscherin sich gegenüber dem Beherrschten verhält;[27] auch durchweg moralisch handelnde Akteure können – unfreiwillig – beherrschen. Zudem können die kumulierten Effekte moralisch tadelloser Handlungen dennoch zu Beherrschung führen, und zwar sowohl, indem sie neue Verhältnisse interpersonaler Beherrschung ermöglichen, als auch aus systemischer Perspektive. Selbst wenn alle Akteure sich individuell betrachtet moralisch verhalten, so genügt dies nicht, um Beherrschung zu verhindern; dazu bedarf es vielmehr kollektiven Handelns. Damit verkennt das Argument für die prinzipiell mögliche Substitution von Institutionen politischer Herrschaft durch die Moral den entscheidenden Unterschied zwischen Moral und Recht – und die Natur des Prinzips der Nicht-Beherrschung als rechtliches Prinzip: Gerade weil Beherrschung kein *interaktionales* moralisches Übel ist, kann die Moral nicht in unmittelbar handlungsleitendem Sinne fungieren; sie liefert vielmehr die Begründung für die Etablierung von Institutionen politischer Herrschaft, die dann – wie im Folgenden zu erläutern sein wird – ermöglichen, mit Mitteln demokratisch gesetzten Rechts nicht-beherrschende soziale Verhältnisse herzustellen.

6.2. Grundbedingungen nicht-beherrschender Herrschaft

Wie im vorangegangenen Abschnitt deutlich wurde, ist zur Realisierung von Nicht-Beherrschung kollektives Handeln im Rahmen von Institutionen politischer Herrschaft erforderlich. Damit jedoch ist nicht vorausgesetzt, dass jede Art politischer Herrschaft Nicht-Beherrschung zu realisieren vermag. Nicht nur gibt es Formen der Herrschaft, die zentrale Bereiche von Beherrschung unangetastet lassen; politische Herrschaft konstituiert zudem selbst

26 Pettit 2012b, S. 182 f.

27 Vgl. dazu oben Abschnitt 5.1.2.

ein asymmetrisches Machtverhältnis, das, um der Realisierung von Nicht-Beherrschung willen, kein willkürliches sein darf. Es gilt daher im Folgenden herauszuarbeiten, unter welchen Bedingungen politische Herrschaft selbst nicht-beherrschend ist und somit Nicht-Beherrschung zu realisieren vermag. Dabei geht es nicht um die Identifizierung institutioneller Blaupausen. Die Frage nach den Grundbedingungen nicht-beherrschender Herrschaft ist vielmehr als Frage nach den abstrakten institutionellen Voraussetzungen der Gewährleistung von formaler und materialer Willkürfreiheit[28] zu verstehen, die eine reflexive Praxis der Nicht-Beherrschung ermöglichen. Sie werden in kritischer Auseinandersetzung mit neorepublikanischen Vorschlägen der institutionellen Realisierung von Nicht-Beherrschung formuliert.

In einem ersten Schritt zeige ich, inwiefern die Herrschaft des Rechts formale Willkürfreiheit gewährleistet. Dabei wird auf der Grundlage des strukturellen Machtverständnisses das kantische Prinzip der Gewaltenteilung gegen das in der neorepublikanischen Debatte hervorgehobene Prinzip der Machtteilung stark gemacht (6.2.1.). In einem zweiten Schritt wird das Prinzip der Selbstgesetzgebung als Grundprinzip der Verbürgung materialer Willkürfreiheit ausgewiesen. Dabei gilt es – dem diskurstheoretischen Willkürverständnis folgend –, Pettits repräsentativ-kontestatorisches Modell öffentlicher Kontrolle um eine stärker partizipatorisch verstandene Konzeption von Selbstgesetzgebung im Sinne deliberativer Programmierung zu erweitern (6.2.2). Abschließend werden die damit umrissenen Prinzipien der Herrschaft des Rechts und der Selbstgesetzgebung um die Formulierung ökonomischer und kultureller Voraussetzungen nicht-beherrschender Herrschaft ergänzt (6.2.3.).

6.2.1. Formale Willkürfreiheit und die Herrschaft des Rechts

Im Zuge der Diskussion von Strategien der Realisierung von Nicht-Beherrschung wurde bereits angedeutet, dass diese auf rechtsförmig verfasste Institutionen angewiesen ist. Hinter dieser Idee steht die

28 Der Begriff der *Willkürfreiheit* bezieht sich im Folgenden ausschließlich auf die institutionelle Transformation willkürlicher Macht in nicht-willkürliche, d. h. auf die Abwesenheit *von* Willkür, nicht auf die häufig mit diesem Terminus verbundene Freiheit *zu* Willkür.

klassisch republikanische Forderung, die Herrschaft von Personen durch die Herrschaft des Rechts zu ersetzen und so vom Moment persönlicher Willkür zu bereinigen.[29] Inwiefern jedoch vermag eine Herrschaft des Rechts Willkürfreiheit im Sinne der Kriterien der Allgemeinheit und Reziprozität zu gewährleisten? Diese Frage wird im Folgenden in drei Schritten beantwortet: Erstens ist bereits in den Formeigenschaften des Rechts formale Allgemeinheit angelegt. Um die Herrschenden tatsächlich an die Rechtsförmigkeit der Herrschaft zu binden und formale Allgemeinheit zu gewährleisten, bedarf es jedoch zweitens des Grundsatzes der Gewaltenteilung. Drittens muss eine solche Herrschaft *durch* das Recht zu einer Herrschaft *des* Rechts werden, d. h. zu einem öffentlichen Rechtszustand, der den Rechtsadressat_innen den Status als Rechtsträger_innen zuschreibt und damit auch formale Reziprozität sicherstellt.

(1) Rechtsförmigkeit

Eine Herrschaft des Rechts zeichnet sich zunächst durch die Formeigenschaften des Rechts selbst aus.[30] Die erste und wichtigste dieser Formeigenschaften liegt in der *Allgemeinheit des Rechts*. Das Recht zielt darauf ab, komplexe soziale Interaktionen handlungswirksam, dauerhaft und allgemeinverbindlich zu regeln. Diese Regelhaftigkeit des Rechts bedingt, dass das Recht keine Einzelfälle reguliert, sondern eine allgemeine Form aufweist: Es bestimmt nicht *ad personam*, was etwa Frau Maier zu tun oder zulassen habe, sondern formuliert unpersönliche Regeln, die für eine unbestimmte Zahl an Adressat_innen gelten, welche potentiell alle Rechtsgenoss_innen umfasst. Es richtet sich damit nicht primär an einzelne Handelnde und ihre singulären Handlungen; stattdessen zielt es auf den

29 Vgl. Pettit 1997, S. 174-177 sowie für die republikanische Tradition ebd. S. 35-41; Bellamy 2007, Kap. 2; Bohman 2009a.

30 Vgl. Fuller 1964; Raz 1979 sowie Pettit 1997, S. 174-177; Bellamy 2007, S. 54-66; Bohman 2009a und 2009b; Niederberger 2009, S. 232-239. Die Kriterien unterscheiden sich marginal; während Fuller acht Kriterien nennt (Allgemeinheit, Öffentlichkeit, Rückwirkungsverbot, Klarheit, Widerspruchsfreiheit, Befolgbarkeit, Stabilität und effektive Anwendung; Fuller 1964, S. 39; vgl. Raz 1979, S. 214-219), nennen Pettit und Bellamy Allgemeinheit, Öffentlichkeit, Konsistenz und Stabilität (Pettit 1997, S. 174 bzw. Bellamy 2007, S. 59 f.); Niederberger diskutiert Allgemeinheit, Publizität und Stabilität (Niederberger 2009, S. 232-236), Bohman Allgemeinheit, Öffentlichkeit und Rückwirkungsverbot (Bohman 2009a, S. 61 f.).

Raum möglicher Handlungen, unbesehen der je besonderen Eigenschaften der verschiedenen Akteure.[31] Sie sind alle gleichermaßen Adressat_innen des Rechts. Rechtsnormen müssen daher offen und zugleich bestimmt genug formuliert sein, um auf spezifische Fälle anwendbar zu bleiben.

Die allgemeine Regelhaftigkeit des Rechts bedingt zweitens, dass das Recht anders als situative Einzelfallregelungen eine gewisse zeitliche *Stabilität* gewährleistet. Daraus ergibt sich drittens, dass rechtliche Regelungen *öffentlich* sein müssen, dass sie also allen Rechtsunterworfenen zugänglich sein müssen. Anderenfalls können allgemein und unpersönlich formulierte Regeln mithilfe einer entsprechend eingeschränkten Informationspolitik faktisch wie Einzelfallregelungen wirken. Gleiches gilt für die damit verbundene vierte Formeigenschaft des Rechts: Recht bezieht sich allein auf die *prospektive Regelung* von Handlungszusammenhängen. Es gilt nicht rückwirkend, denn retrospektiv lassen sich Regeln formulieren, die zwar der Form nach allgemein sind, sich aber faktisch nur auf bestimmte Individuen beziehen. Öffentlichkeit, Stabilität und Rückwirkungsverbot lassen sich somit als Konkretisierungen der Allgemeinheit des Rechts im Sinne von Unpersönlichkeit verstehen.

Republikanische Denker_innen sehen die entscheidende Bedeutung dieser Formeigenschaften des Rechts in der Beschränkung der persönlichen Manipulierbarkeit politischer Herrschaft.[32] Aus der Perspektive des in Kapitel fünf entwickelten diskurstheoretischen Willkürverständnisses lässt sich diese Grundidee weiter präzisieren: Versteht man die Herrschaft des Rechts als Herrschaft *durch* das Recht, d. h. als Erfordernis der Rechtsförmigkeit kollektiv verbindlicher Normen, so binden die Formeigenschaften des Rechts die jeweiligen Herrschenden daran, allein durch allgemeine Regeln zu herrschen, die auf alle Rechtsunterworfenen gleichermaßen anzuwenden sind. Damit gewährleistet die Rechtsförmigkeit die Gleichheit aller Rechtsunterworfenen vor dem Gesetz und verkörpert so einen spezifischen Aspekt von Nicht-Willkürlichkeit, nämlich das Kriterium der *Allgemeinheit* in *formaler* Hinsicht.

31 Niederberger 2009, S. 232.

32 Pettit 1997, S. 174 f.; Bellamy 2007, S. 57-66; Niederberger 2009, S. 232-239; vgl. Raz 1979, S. 219 f.

(2) Gewaltenteilung

Das Recht mit seinen spezifischen Formeigenschaften bestimmt jedoch nur dann die Ausübung politischer Herrschaft, wenn nicht nur *durch* Recht geherrscht wird, sondern Herrschaft selbst *an Recht gebunden* ist. Dies wirft zweitens die Frage auf, welche Implikationen eine Herrschaft des Rechts mit Blick auf die Struktur der Institutionen politischer Herrschaft birgt, die Recht setzen und durchsetzen. Das klassische republikanische Prinzip, mit dem der Sorge vor deren Machtfülle begegnet wird, ist das der Macht- und Gewaltenteilung.[33] Pettit bezeichnet es als »Bedingung der Machtverteilung«.[34] Es fordert, Machtkonzentrationen zu vermeiden und Macht in unterschiedliche, konkurrierende Machtzentren aufzuteilen; diese sollen einander gegenseitig kontrollieren und so untereinander ein Machtgleichgewicht herstellen, das die persönliche Manipulierbarkeit politischer Herrschaft begrenzt. In jüngeren Arbeiten zieht Pettit die Bezeichnung Mischverfassung (*mixed constitution*) vor, um die Kontinuität mit der Verfassungslehre und -praxis der Antike, insbesondere der römischen Republik, herauszustellen.[35] Diese basierte auf der Grundidee, Elemente monarchischer, aristokratischer und demokratischer Herrschaftsformen in einer Mischverfassung zu kombinieren, um ein Machtgleichgewicht zwischen den gesellschaftlichen Klassen, die diesen Herrschaftsformen entsprachen, herzustellen. Pettit verallgemeinert diese Idee, indem er sie nicht auf den Ausgleich der Macht gesellschaftlicher Klassen beschränkt, sondern allgemein auf die mit großen Machtkonzentrationen einhergehende Willkürgefahr bezieht.

Den Kernbereich der Machtteilung sieht Pettit in der Trennung der drei Gewalten: Legislative, Exekutive und Judikative. Er betrachtet eine solche Gewaltenteilung jedoch lediglich als einen

33 Die von mir verwandten Bezeichnungen der Machtteilung und Gewaltenteilung entsprechen der Unterscheidung zwischen *mixed government* und *separation of powers* bei Vile (Vile 1998, S. 36 f.), der von Pettit verwandten Unterscheidung zwischen *mixed constitution* und *mixed government* (Pettit 2013; zu beachten ist, dass Pettit und Vile den Begriff *mixed government* unterschiedlich verwenden) sowie der Unterscheidung der *balance of powers* und der *separation of powers* bei Bellamy (Bellamy 2007, S. 195-208). Für eine ausführliche Analyse der ideengeschichtlichen Herausbildung und Opposition dieser Konzepte: Vile 1998.

34 Pettit 1997, S. 177.

35 Pettit 2012b, S. 5 f.; Pettit 2013; vgl. dazu Vile 1998, Kap. 2; Buttle 2001, S. 342-347; Bellamy 2007, S. 196 f.

Anwendungsfall des Prinzips der Machtteilung. Dieses sei darüber hinaus auch innerhalb von gewaltenteilig gegliederten Institutionen, etwa im Zweikammersystem von Parlamenten, im Staatsaufbau, z. B. durch föderale Gliederungen, sowie zwischen öffentlicher Macht und Wirtschaftsmacht zu verwirklichen.[36]

Mit dieser Unterordnung der Gewaltenteilung unter ein allgemeineres Prinzip der Machtteilung stellt sich Pettit in die Tradition des im postrevolutionären England des 18. Jahrhunderts entwickelten Modells der *balanced constitution*, die die revolutionäre Forderung nach funktionaler Gewaltenteilung in das althergebrachte System der Mischverfassung integriert und so mit dem Fortbestand der Monarchie kompatibel machte.[37] Gewaltenteilung ist demnach ein Element von Machtteilung und wird auch nach dem Vorbild dieser modelliert: Trotz der Zuweisung unterschiedlicher Funktionen geht es im Kern um die horizontale Konkurrenz zwischen unterschiedlichen Machtzentren, die sich wechselseitig kontrollieren und dabei zumindest potentiell auch in die Zuständigkeitsbereiche der anderen Gewalten eingreifen. Funktionale Gewaltenteilung wird aus dieser Perspektive als »Organkonkurrenz«[38] begriffen, d. h. als Mechanismus der Machtaustarierung zwischen rivalisierenden Kräften, der wiederum in ein umfassendes System der Machtteilung eingebunden ist. Diese Kernidee findet sich auch in Pettits Verständnis des Prinzips der Machtteilung: »[D]ie Mischung der Mischverfassung erfordert eine Trennung der Gewalten, ein Teilen der Gewalten und ein Austarieren der Gewalten.«[39]

Ein solches Modell der horizontalen Konkurrenz und Balance verschiedener Machtzentren entspricht der Strategie symmetrischer Macht, die eingangs diskutiert wurde. Es teilt daher deren Probleme: Die Asymmetrie eines Machtverhältnisses lässt sich zwar möglicherweise mindern, nicht aber aufheben. Erforderlich ist vielmehr

36 Pettit 1997, S. 178 f.; Pettit 2012b, S. 220-225; vgl. zur Anwendung des Prinzips der Machtteilung auf die Beziehungen zwischen politischer Herrschaft und dem wirtschaftlichen und religiösen Bereich: Braithwaite 1997.

37 Ausführlich dazu: Vile 1998, Kap. 3.

38 Niesen 2001, S. 577.

39 Pettit 2012b, S. 221. Ein ähnliches Verständnis von Machtteilung zeigt sich auch bei Bellamy, der im Widerstreit konkurrierender Machtzentren die Möglichkeit eines dynamischen Ausgleichs zwischen unterschiedlichen gesellschaftlichen Kräften in heterogenen, pluralistischen Gesellschaften erblickt (Bellamy 2007, S. 195-208 und S. 230-239).

die Einhegung von Willkür. Diese wird indes durch ein System der Machtteilung gefährdet: Wie insbesondere Kant deutlich macht, wird die Allgemeinheit des Rechts verletzt, wenn die rechtsetzende Gewalt zugleich über die Rechtsanwendung in konkreten Einzelfällen befindet, da Rechtsetzung, im Unterschied zur Rechtsanwendung, nicht einzelne Fälle beurteile, sondern allgemeine Regeln formuliere.[40] Die rechtsetzende Gewalt dürfe daher um der Herrschaft des Rechts willen nicht exekutiv oder judikativ tätig werden. Zugleich dürfen die ausführenden Gewalten, die Recht im Einzelfall anwenden und somit gerade nicht allgemein und reziprok, sondern situativ zu urteilen haben, nicht selbst Recht setzen. Sie sind an das von der Legislative gesetzte Recht gebunden und ihr in diesem Sinne untergeordnet. Die Gewährleistung formaler Willkürfreiheit verlangt daher keine möglichst breite Streuung und Austarierung öffentlicher Macht, sondern eine *funktional gewaltenteilige* Struktur politischer Herrschaft. Diese schließt nicht an die antike Verfassungstradition an, sondern geht auf die revolutionären Bewegungen des 17. und 18. Jahrhunderts zurück, die die Macht des Königs gegenüber dem Parlament zu beschränken suchten, und wurde insbesondere innerhalb der kantischen republikanischen Tradition ausgearbeitet.[41]

Die Kernidee besteht in der funktionalen Abgrenzung unterschiedlicher Teilbereiche politischer Macht, die voneinander getrennten Organen zugeordnet werden. Diese konkurrieren weder um die gleichen Machtpositionen, noch greifen sie kontrollierend in die Aufgabenbereiche der anderen Instanzen ein. Das Modell der Kontrolle, das hinter dem Prinzip der Gewaltenteilung steht, ist kein horizontal-kompetitives, sondern ein vertikal-arbeitsteiliges, das auf der Zuweisung unterschiedlicher Kompetenzbereiche mit der Legislative an der Spitze basiert. Im Gegensatz zum Prinzip der Machtteilung ist es ein Modell »hierarchischer Ermächtigungen und Beschränkungen«[42], keines der Organkonkurrenz. Dies lässt sich, dem diskurstheoretischen Willkürverständnis entsprechend,

40 Kant 1977 [1795], S. 204-208; Kant 1977 [1797], §§ 45-49; vgl. Maus 1992, insbesondere Kap. 7 und Maus 2011, S. 333-353.

41 Vgl. Vile 1998, S. 43-57 und 63-74 sowie Kap. 6 und 7; vgl. zu einer entsprechenden Diskussion Rousseaus und Kants: Maus 2011, Kap. IV sowie ausführlich zu Kant: Maus 1992.

42 Niesen 2001, S. 577.

anhand der Verteilung der Zugriffsmöglichkeiten auf verschiedene Sorten von Gründen erläutern:[43] Während allein die legislative, rechtsbegründende Gewalt im Rahmen der in der Rechtsform angelegten formalen Beschränkungen auf alle Arten von Gründen, d. h. sowohl auf pragmatische als auch auf ethische oder moralische, rekurrieren kann, sind die letzten beiden den ausführenden, auf den Einzelfall bezogenen Gewalten entzogen: Rechtsprechung kann auf sie allein rekonstruktiv unter dem Aspekt der Konsistenz des Rechtssystems zugreifen, während die Exekutive auf pragmatische Erwägungen geeigneter Mittel zur Umsetzung der bereits bestimmten kollektiven Ziele beschränkt bleibt.[44]

Erst auf der Basis eines solchen arbeitsteiligen Modells der Gewaltenteilung kann gewährleistet werden, dass politische Herrschaft grundsätzlich an das Recht gebunden ist. Und erst damit kann das Recht, wie Niederberger formuliert, »die Rolle eines anonymen und in seiner Form entzogenen Dritten gegenüber den Institutionen und Instanzen, die Herrschaft ausüben, sowie den von der Ausübung Betroffenen« spielen.[45] Damit entspricht das Modell der Gewaltenteilung einer Strategie politischer Herrschaft, die die Realisierung von Nicht-Beherrschung nicht im symmetrischen Ausgleich von Kräfteverhältnissen, sondern in der Institutionalisierung einer Gegenmacht sieht, die in der Lage ist, allgemeinverbindliche Regeln willkürfrei zu setzen und durchzusetzen.

Dennoch folgt daraus nicht, dass das Prinzip der Machtteilung gänzlich irrelevant wäre. Ebenso wie Pettit betont, dass die Strategie symmetrischer Macht im Rahmen der Strategie politischer Herrschaft durchaus von Bedeutung sei, vermag auch das Prinzip der Machtteilung innerhalb eines bereits gewaltenteilig gegliederten

43 Habermas 1994, S. 235-237.

44 Allerdings können Judikative und Exekutive unter Bedingungen komplexer moderner Gesellschaften ihren Aufgaben nicht immer gerecht werden, ohne Generalklauseln und unbestimmte Rechtsbegriffe zu konkretisieren – und damit auch konstruktiv auf normative Gründe zurückzugreifen (Habermas 1994, S. 233-235). Dies kann eine institutionelle Verschränkung der Gewalten fordern; entscheidend ist, dass dabei die Logik der Gewaltenteilung gewahrt bleibt. Dies erfordert in dem Maße, in dem Justiz und Verwaltung legislativ tätig sind, eine Öffnung gegenüber partizipatorischen und kontestatorischen deliberativen Verfahren, die den legislativen Gebrauch normativer Gründe auf eine materiale Willkürfreiheit verbürgende Weise zu legitimieren vermögen.

45 Niederberger 2009, S. 259.

Systems politischer Herrschaft zur Einhegung von Beherrschung beizutragen:[46] Zum einen ermöglicht es eine Entschärfung des Willkürpotentials allzu großer Machtkonzentrationen im rechtsanwendenden Bereich; so kann etwa die Dezentralisierung von Verwaltungsstrukturen die sachgerechte Anwendung von Recht auf Einzelfälle und die Kontrolle von Verwaltungshandeln und damit die Sicherstellung formaler Willkürfreiheit verstärken.[47] Zum anderen erleichtern, wie unter 6.2.2. zu zeigen sein wird, dezentrale Entscheidungsmechanismen eine engere Verzahnung formeller und informeller Öffentlichkeiten und damit die Gewährleistung materialer Willkürfreiheit in Bezug auf die Rechtsetzung.

Wichtig ist jedoch, dass aus der Perspektive der Gewährleistung formaler Willkürfreiheit derartige Arrangements der Machtteilung nicht der Logik der Gewaltenteilung zuwiderlaufen dürfen, sondern dieser untergeordnet bleiben. Denn anders als das Prinzip der Machtteilung, dem es um die gleichgewichtige Balance von Macht geht, lässt sich das Prinzip der Gewaltenteilung unmittelbar auf die Suche nach institutionellen Bedingungen der Realisierung von Nicht-Beherrschung im Sinne einer prozeduralen Verwirklichung der Kriterien von Reziprozität und Allgemeinheit zurückführen, die die Qualität sozialer Macht transformieren: Die gewaltenteilige Organisation politischer Herrschaft institutionalisiert die bereits in der Rechtsform angelegte formale Allgemeinheit, indem sie die Legislative auf den Bereich der Rechtsetzung und damit auf die Formulierung allgemeiner Regeln, die alle Mitglieder der Rechtsgemeinschaft gleichermaßen binden, beschränkt und somit die Herrschaft durch das Recht sicherstellt.

(3) Das Recht auf Rechte und der Status als Rechtsträger_in

Die Herrschaft *des* Rechts meint jedoch mehr als nur die konsequente Herrschaft *durch* das Recht. Das Recht regelt nicht al-

46 Zwar kritisiert Pettit, funktionale Gewaltenteilung gehe bei Kant und Rousseau mit der Annahme der Unteilbarkeit von Souveränität einher – und fordere daher letztlich nicht zu kontrollierende Machtkonzentration, die Individuen jegliche Widerstandsrechte versage (Pettit 2013). Die Unteilbarkeit legislativer Souveränität verweist jedoch auf die prinzipielle Unübertragbarkeit der rechtsbegründenden Funktion auf Organe, die aufgrund ihrer Funktion nicht selbst die Allgemeinheit rechtsbegründender Verfahren gewährleisten können, nicht aber auf die prinzipielle Unteilbarkeit von Macht (vgl. Maus 2011, S. 333-336).

47 Vgl. Habermas 1994, S. 231.

lein das Verhältnis von Herrschenden und Unterworfenen sowie das Verhältnis und die Kompetenzbereiche der unterschiedlichen Gewalten zueinander. Es etabliert zugleich einen öffentlichen Rechtszustand, der die Adressat_innen des Rechts in eine rechtlich vermittelte Beziehung zueinander stellt, die jedem und jeder den grundlegenden Status als Rechtssubjekt zuerkennt.[48]

Wie bereits anklang, betont auch Pettit, dass Nicht-Beherrschung in der institutionellen Garantie eines Status bestehe, nämlich »dem Status, angemessen in diese Institutionen inkorporiert zu sein«.[49] Diesen versteht er im Sinne der »Anerkennung von konstitutionellen Beschränkungen des Rechts und der Einführung von Bürgerrechten«,[50] die er in jüngeren Schriften in Form fundamentaler Freiheiten konkretisiert.[51] Damit nimmt Pettit – ähnlich dem liberalen Staatsverständnis – allein auf die herrschaftsbegrenzende Funktion eines öffentlichen Rechtszustandes Bezug, die die Willkür vorgefundener Herrschaft mit Hilfe von Grundrechten einhegen soll. Bohman argumentiert dagegen, der Status der Nicht-Beherrschung müsse in fundamentalerem Sinne verstanden werden, und zwar als »Recht auf einen Status als solchen«.[52] Dieser erschöpfe sich gerade nicht in einer Liste an zu garantierenden Rechten; vielmehr beziehe er sich auf den Status als Rechtssubjekt selbst: »Was auch immer rechtliche und politische Status sind, sie ermöglichen es ihren Trägern, Rechte zu haben, wann immer sie Pflichten haben – und damit das Vermögen, Ansprüche gegen jene zu erheben, die vorgeben, ihnen Pflichten aufzuerlegen.«[53] Damit rekurriert Bohman nicht primär auf die herrschaftsbegrenzende, instrumentelle, sondern auf die herrschaftsbegründende, konstitutive Funktion eines öffentlichen Rechtszustandes, die überhaupt erst den Status als Rechtsträger_in etabliert, unabhängig von dessen konkreter inhaltlicher Ausprägung.[54]

48 Im Folgenden wird bewusst nicht vom Rechtsstaat, sondern von der Herrschaft des Rechts gesprochen, da die Realisierung von Nicht-Beherrschung zwar eine Herrschaft des Rechts, nicht jedoch zwangsläufig Staatlichkeit im modernen Sinne voraussetzt (vgl. unten Abschnitte 6.3.2. und 6.3.3.).

49 Pettit 1997, S. 108.

50 Pettit 1997, S. 181.

51 Pettit 2012b, S. 92-107 und S. 201 f. sowie ausführlich Pettit 2008d.

52 Bohman 2009b, S. 542.

53 Bohman 2009a, S. 64.

54 Ausführlich dazu: Bohman 2007b, Kap. 3; vgl. Bellamy 2007, Kap. 4 und 5 sowie

Diese herrschaftsbegründende Funktion eines öffentlichen Rechtszustandes lässt sich anhand von Arendts Idee eines »Rechts auf Rechte«[55] erläutern. Sie begreift es als Recht darauf, überhaupt als Rechtssubjekt anerkannt zu werden und damit als »Recht jedes Menschen auf Mitgliedschaft in einem politischen Gemeinwesen«.[56] Während der zweite Teil des Ausdrucks Recht auf *Rechte* in einem juridischen Sinne gebraucht wird, versteht Arendt das *Recht* auf Rechte gerade nicht in juridischem Sinne, sondern als fundamentales Recht, das alle Menschen qua Menschsein tragen, und zwar weil ihnen jenseits eines solchen von je konkreten politischen Gemeinschaften zu institutionalisierenden Rechtsstatus das Personsein, und das heißt das Menschsein, abgesprochen wird: »Der Verlust der Relevanz und damit der Realität des Gesprochenen involviert in gewissem Sinne den Verlust der Sprache«, und zwar im Sinne der »Fähigkeit, im Zusammenleben durch Sprechen, und nicht durch Gewalt, die Angelegenheiten des menschlichen und vor allem des öffentlichen Lebens zu regeln«.[57] Der Verlust des Status als Rechtsträger_in bedeutet, mit anderen Worten, die Verweigerung des diskursiven Status als normative Autorität. Arendts Recht auf Rechte kann somit im Sinne des in Kapitel vier skizzierten Rechts auf Nicht-Beherrschung verstanden werden. Es verlangt die Errichtung von Institutionen politischer Herrschaft, die eine Herrschaft des Rechts gewährleisten. Da diese die Unterworfenen als Rechtsträger_innen anspricht, impliziert sie einen öffentlichen Rechtszustand, der allen Mitgliedern den Status als Rechtsträger_innen verbürgt. In diesem Sinne hat das Recht auf Nicht-Beherrschung nicht allein eine herrschaftsbegrenzende, sondern zugleich eine herrschaftsbegründende Dimension.

Der Status als Rechtsträger_in, der mit der Konstitution eines öffentlichen Rechtszustandes etabliert wird, wird dabei selbst durch die Rechtsform strukturiert. Habermas nennt drei Kategorien an abstrakten Rechten, die bereits in die Rechtsform eingeschrieben sind:[58] Als Rechtsadressat_innen können Rechtsträger_

Bellamy 2008. Zur Unterscheidung dieser beiden Funktionen einer Verfassung Preuß 1994; Möllers 2009.

55 Arendt 1949, S. 761; vgl. Bohman 2007b, S. 107; Bohman 2009a, S. 64.

56 Arendt 1949, S. 766.

57 Arendt 1986, S. 615; ähnlich Arendt 1949, S. 760; vgl. Benhabib 2004, Kap. 2.

58 Habermas 1994, S. 155-160.

innen erstens innerhalb der Grenzen des Rechts tun und lassen, was sie wollen; sie genießen daher ein gewisses Maß an subjektiver Handlungsfreiheit. Da sich das Recht stets auf eine bestimmte und begrenzte Gemeinschaft an Rechtsgenoss_innen bezieht, gehen damit zweitens Mitgliedschaftsrechte einher, die nicht nur den grundlegenden Status als Rechtsträger_in etablieren, sondern damit zugleich die Träger_innen je konkreter materialer Rechte bestimmen. Drittens erfordert der Status als Rechtsträger_in Rechtsweggarantien, die es ermöglichen, die eigenen Rechte einzuklagen und somit die Zwangsbefugnis des Rechts zu mobilisieren. Dabei betont Habermas, diese drei Kategorien an Rechten seien keineswegs im Sinne liberaler Abwehrrechte zu verstehen, »da sie *vor* jeder objektiv-rechtlichen Organisation einer Staatsgewalt, gegen deren Übergriffe Bürger sich schützen müßten, nur die Beziehungen der frei assoziierten Bürger untereinander regeln«.[59] Sie seien daher »ungesättigte Platzhalter für die Spezifizierung einzelner Grundrechte«; zugleich jedoch müsse sich jede Verfassung, die eine Herrschaft des Rechts etablieren will, an ihnen orientieren, da sich in ihnen »der rationalisierende Sinn der Rechtsform als solcher zur Geltung« bringe.[60] Die Herrschaft des Rechts impliziert somit drei Kategorien von Rechten, die den Gehalt des Rechts auf Rechte konkretisieren, ohne ihre konkrete zu institutionalisierende Form vorwegzunehmen.

Während die Herrschaft *durch* das Recht anhand der Rechtsförmigkeit kollektiv verbindlicher Normen das Kriterium der Allgemeinheit im formalen Sinne, d. h. die personale Unbestimmtheit dieser Normen und damit die Gleichheit der Rechtsunterworfenen *vor* dem Recht, verbürgt und diese durch die Gewaltenteilung sichert, impliziert erst der mit der Etablierung eines rechtlich verfassten Gemeinwesens und damit der Herrschaft *des* Rechts in vollem Sinne einhergehende Status als Rechtsträger_in eine Gleichheit der

59 Habermas 1994, S. 156 [Hervorhebung im Original].

60 Habermas 1994, S. 160. Zu beachten ist, dass Habermas die Rechtsform als historisch gewachsene soziale Praxis voraussetzt, die sich »im Verlaufe der sozialen Evolution erst herausgebildet« hat (Habermas 1994, S. 142). Ein solches historisch-kontingentes Moment hinsichtlich der Wahl der Rechtsform (und den damit implizierten Kategorien an Rechten) ist in dem hier verfolgten Ansatz nicht enthalten, da die Rechtsform eine Voraussetzung von Nicht-Beherrschung darstellt und somit selbst moralisch geboten ist (vgl. Forst 2007, Kap. 4).

Rechtsunterworfenen *durch* das Recht: Alle Rechtsgenoss_innen sichern sich wechselseitig den gleichen Status als Rechtsträger_innen zu und erkennen sich wechselseitig als Rechtspersonen an, die Rechte gegeneinander geltend machen können, so dass auf dieser basalen Ebene niemand Ansprüche erheben kann, die er anderen vorenthält. Damit ist der Herrschaft des Rechts neben dem Kriterium *formaler Allgemeinheit* auch das *formaler Reziprozität* eingeschrieben.[61] Die Formeigenschaften und Voraussetzungen einer Herrschaft des Rechts, die in den Grundsätzen der Rechtsförmigkeit, der Gewaltenteilung und des Status als Rechtsträger_in expliziert wurden, gewährleisten somit die prozedurale Verwirklichung eben jener Kriterien, die in Kapitel fünf als Kriterien formaler Willkürfreiheit ausgezeichnet wurden. In diesem Sinne bildet die Herrschaft des Rechts eine wesentliche Voraussetzung der Realisierung von Nicht-Beherrschung.

6.2.2. Materiale Willkürfreiheit und Selbstgesetzgebung

Die im vorangegangen Abschnitt erläuterte Herrschaft des Rechts stellt sicher, dass allgemeinverbindliche Normen der Form nach ihren Anspruch auf allgemeine und reziproke Geltung einlösen können. Sie genügt jedoch nicht, um asymmetrische soziale Machtverhältnisse in ein System nicht-willkürlicher und damit nicht-beherrschender politischer Herrschaft zu überführen, denn sie lässt jenseits der Bestimmung der *Form* allgemeinverbindlicher Regeln offen, welchen *Gehalt* diese Regeln bergen. Damit rückt neben der Frage nach der prozeduralen Verwirklichung *formaler* Willkürfreiheit kollektiv verbindlicher Normen jene nach der Gewähr-

61 Das bedeutet nicht, dass eine Herrschaft des Rechts mit den drei Kategorien subjektiver Rechte zwangsläufig und ein für alle Mal formale Willkürfreiheit gewährleistet. Menke etwa macht zu Recht darauf aufmerksam, dass gerade die Form bürgerlicher Rechte die Widersprüche der bürgerlichen Gesellschaft hervorbringt (Menke 2015). Letztlich verweist diese Art von Kritik darauf, dass die formale und die materiale Dimension der Willkürfreiheit unauflösbar zusammenhängen: Die vom Recht verbürgte Abwesenheit von Willkür muss (ebenso wie die je konkrete Ausgestaltung des Rechts) in einer reiterativen Praxis des Protestes, der Begründung und der Kritik – und damit letztlich der Politisierung – von Recht stets von neuem hervorgebracht werden. Eben diese Praxis ermöglicht das Recht.

leistung *materialer* Willkürfreiheit in den Mittelpunkt. Sie zielt auf die institutionelle Verbürgung der Kriterien von Allgemeinheit und Reziprozität in der Begründung dieser Normen ab und erfordert dementsprechend eine nähere Betrachtung der Rechtsetzungsverfahren.

Im Folgenden wird zunächst Pettits zweidimensionales Modell öffentlicher Kontrolle diskutiert, das auf den Grundsätzen der Repräsentation und Kontestation basiert. Es wird in einem zweiten Schritt – entsprechend der in Kapitel fünf ausgeführten Kritik an Pettits Willkürverständnis – mithilfe eines stärkeren Verständnisses von Selbstgesetzgebung im Sinne eines Modells deliberativer Programmierung modifiziert, das auf den Grundsätzen der Partizipation und Kontestation beruht. Aus dieser Perspektive stehen Selbstgesetzgebung und die Herrschaft des Rechts in einem internen Zusammenhang, der den Status als Rechtsträger_in um den Status als Bürger_in erweitert.

(1) Pettits Modell öffentlicher Kontrolle: Repräsentation und Kontestation

Soll ein Rechtssystem nicht nur in formaler, sondern zugleich in materialer Hinsicht, d.h. in Bezug auf seinen Gehalt, Willkürfreiheit verbürgen, so darf es, wie Pettit betont, den Adressat_innen des Rechts nicht als fremder Wille gegenübertreten: »Es muss eine Form der Entscheidungsfindung sein, die wir als unsere verstehen und mit der wir uns identifizieren können«.[62] Eine naheliegende Interpretation dieser Forderung besteht darin, die Rechtsadressat_innen selbst als Autor_innen des Rechts einzusetzen, so dass der Gehalt einer Herrschaft des Rechts als Ausdruck des gemeinsamen Willens der Rechtssubjekte gelten kann. Diese Idee der Selbstgesetzgebung ließe sich – Rousseaus klassischem Modell der Volkssouveränität folgend[63] – in Form einer Plenarversammlung aller Rechtsgenoss_innen denken, die mit den rechtsbegründenden Entscheidungen betraut wird, einen entsprechenden einheitlichen kollektiven Willen generiert und die anderen Gewalten an diesen bindet. Eine solche plebiszitäre Vollversammlung würde diesem Verständnis nach die Kriterien der Allgemeinheit und Reziprozität

62 Pettit 1997, S. 184.
63 Rousseau 2003 [1762].

in Bezug auf den materialen Gehalt des Rechts insofern prozedural zur Geltung bringen, als die Struktur des Rechtsetzungsverfahrens sicherstellt, dass all das, was alle betrifft, direkt von allen gemeinsam beschlossen wird.

Pettit lehnt ein solches klassisch-plebiszitäres Modell der Realisierung von Nicht-Beherrschung jedoch ab und argumentiert stattdessen für ein schwächeres Modell öffentlicher Kontrolle (popular control[64]), das auf den Grundsätzen der Repräsentation und der Kontestation basiert. Plebiszitäre Modelle bergen ihm zufolge ein zu großes Willkürpotential, da sie nicht in der Lage seien, die rationale Konsistenz kollektiver Entscheidungen zu gewährleisten. Grund dafür ist das sogenannte *diskursive Dilemma*:[65] Steht eine Gruppe von Individuen vor der Aufgabe, ein gemeinsames Urteil zu fällen, sieht sie sich mit dem Problem konfrontiert, dass die Aggregation individueller Einstellungen zu den Prämissen der anstehenden kollektiven Entscheidung zu einer anderen Konklusion führen kann als die Aggregation individueller Einstellungen zu der Entscheidung selbst.[66] Angenommen etwa, die Regierung eines mächtigen Staates überlegt, eine militärische Intervention in einem Drittstaat durchzuführen, um ein autokratisches durch ein demokratisches Regime zu ersetzen. Dabei beurteilt sie drei Fragen: Ist die Ersetzung des autokratischen Regimes durch ein demokratisches wünschenswert? Ist eine militärische Intervention ein effektives Mittel, um dieses Ziel zu erreichen? Ist es tragbar, zu diesem Zwecke Völkerrecht zu verletzen? Nur wer alle drei Fragen mit Ja beantwortet, wird der Intervention zustimmen. Angenommen, die Regierungsmitglieder stimmen wie folgt ab:

64 Pettit 2008e; Pettit 2012b, insbesondere S. 146-179. Öffentliche Kontrolle im Sinne der *popular control* meint die Kontrolle der Institutionen politischer Herrschaft durch das Volk.

65 Zum diskursiven Dilemma im Kontext republikanischer Demokratietheorie: Pettit 2001d; Pettit 2003b; Pettit 2003c, allgemein zum diskursiven Dilemma: Pettit 2001a, S. 106-115; List/Pettit 2002; Pettit 2009b sowie Dietrich 2006; Dietrich 2007; Dietrich/List 2007; List/Pettit 2011, Kap. 2 sowie zum Verfahrensparadox in Bezug auf richterliche Entscheidungsfindung: Kornhauser/Sager 1986. Vgl. auch unten Abschnitt 8.1.3.

66 Dies gilt unabhängig von der jeweiligen Aggregationsfunktion, also nicht allein für Mehrheitsentscheide (vgl. List/Pettit 2002 und List/Pettit 2011, S. 47-50).

	Regime-wechsel?	Intervention effektiv?	Völkerrecht verletzen?	Militärische Intervention?
A	Ja	Ja	Nein	Nein
B	Nein	Ja	Ja	Nein
C	Ja	Nein	Ja	Nein

Richtet sich das Gruppenvotum nach der Konklusion, ist ein klares Nein zu verzeichnen. Dennoch werden alle Prämissen mehrheitlich mit Ja beantwortet. Während alle individuellen Profile in sich konsistent sind, ergibt sich auf kollektiver Ebene also ein inkonsistentes Bild: Die Regierung ist der Meinung, dass ein Regimewechsel wünschenswert ist, dass eine Intervention ein effektives Mittel ist, dass dabei eine Völkerrechtsverletzung in Kauf genommen werden darf und dass keine Intervention erfolgen soll. Damit ergibt sich folgendes Dilemma:

Mitglieder können sich für individuelle Responsivität entscheiden; in diesem Fall wird kollektive Rationalität aufs Spiel gesetzt. Oder sie entscheiden sich für kollektive Rationalität; in diesem Fall ist die individuelle Responsivität gefährdet. Es gibt keinen Mittelweg, so dass entweder individuelle Responsivität oder kollektive Rationalität weichen muss.[67]

Die rationale Konsistenz kollektiver Entscheidungen ist aus Pettits Sicht jedoch von entscheidender Bedeutung für die Gewährleistung der Willkürfreiheit: Inkonsistente kollektiv verbindliche Entscheidungen lassen sich weder auf wechselseitig akzeptable Gründe noch auf gemeinsame äußerungsfähige Interessen zurückführen, da sie überhaupt kein »einheitliches Set an Erwägungen oder Gründen« verfolgen.[68] Die inkonsistenten Entscheidungen einer Vollversammlung spielten somit »gegenüber Individuen oder kleineren Gruppen die Rolle eines willkürlichen Despoten«.[69]

Dieses grundsätzliche Problem werde durch die Logik der Volkssouveränität noch verschärft: Die normative Forderung einer direkten Autorenschaft der Rechtsadressat_innen immunisiere derartige despotische Beherrschungsverhältnisse, indem sie inkonsistente

67 Pettit 2012b, S. 192.

68 Pettit 2003b, S. 154.

69 Pettit 2003b, S. 154. Zudem erfordert ein Rechtssystem Kohärenz, um die Formeigenschaften des Rechts zur Geltung zu bringen: Inkompatible Gesetze verletzen das Prinzip formaler Allgemeinheit.

Entscheidungen mit der Autorität des kollektiven Willens versehe. Darum, so Pettit, berge das plebiszitäre Modell gerade aufgrund der Autorität einer direkten Autorenschaft der Rechtsgenoss_innen die Gefahr, den »schlimmsten aller denkbaren Despostismen« einzuführen, nämlich »ein Regime, unter dem die unberechenbarste Macht moralisch und rechtlich nicht angefochten werden kann«.[70]

Vor diesem Hintergrund argumentiert Pettit gegen eine direkte Beteiligung von Rechtsadressat_innen an der Rechtsetzung und stattdessen für den *Grundsatz der Repräsentation*, der lediglich eine indirekte Autorisierung politischer Entscheidungen vorsieht. Das diskursive Dilemma lasse sich dann durch die Bildung entsprechender kleinerer Gremien lösen, die jedoch von den Machtunterworfenen kontrolliert und somit daran gehindert werden, Willkür auszuüben. Wichtig ist, dass Pettit nicht nur das plebiszitäre Modell, sondern auch die dahinter stehende Grundidee ablehnt, Willkür durch die Ermächtigung des kollektiven Willens der Rechtsadressat_innen zu vermeiden: Statt eines voluntaristischen »Regimes für die Äußerung des kollektiven Willens«[71] bedürfe es eines deliberativen[72] Modells, welches gewährleistet, dass »erwartet werden kann, dass jene Gründe die Regierung leiten, die in gemeinsamen Deliberationen als Wertungen anerkannt werden, welche für die Bestimmung öffentlicher Angelegenheiten relevant sind«.[73] Dabei ist es gerade die *indirekte,* repräsentative Autorenschaft der Bürger_innen, die eine solche »›Republik der Gründe‹«[74] ermögliche, denn Wahlen setzen, so Pettit, den Repräsentant_innen Anreize, aktiv die Interessen ihrer Wähler_innen aufzuspüren und damit

70 Pettit 2003b, S. 154.

71 Pettit 2004a, S. 58.

72 Vgl. Pettit 1997, S. 186-190; Pettit 2003b; Pettit 2012b, S. 252-275. Pettit versteht dieses Modell nicht im Sinne deliberativer Demokratie, sondern als *deliberative Regulierung*. Zum einen ruhe es begründungstheoretisch auf dem Wert der Nicht-Beherrschung, nicht auf dem Eigenwert von Deliberation, zum anderen fordere es »die Regulierung durch deliberativ geprüfte Normen«, nicht aber »deliberative Modi der Entscheidungsfindung an jeder Stelle und zu jeder Gelegenheit« (Pettit 2012b, S. 268). Während ich auf der begründungstheoretischen Ebene Pettits Verständnis teile, greift, wie noch zu zeigen sein wird, sein Verständnis deliberativer Regulierung zu kurz und wird im Sinne *deliberativer Programmierung* erweitert.

73 Pettit 2004a, S. 58.

74 Pettit 2003b, S. 153; vgl. Sunstein 1993, S. 20.

ein Set an möglichen Policies zu generieren, das keine relevanten Gründe übersieht.[75]

Dennoch genüge der Grundsatz der Repräsentation nicht, um Willkürfreiheit zu gewährleisten. Zwar diene er der Generierung eines Grundstocks an teilbaren Gründen, der verhindere, dass potentielle gemeinsame äußerungsfähige Interessen bereits im Vorhinein keine Berücksichtigung finden. Er könne jedoch nicht gewährleisten, dass beschlossene Gesetze tatsächlich ausschließlich auf derartigen Interessen beruhen. Denn zum einen basiere Repräsentation auf dem Mehrheitsprinzip und berge darum die Gefahr einer Tyrannei der Mehrheit, die gemeinsame äußerungsfähige Interessen mit faktischen Mehrheitsinteressen gleichsetze und damit letztlich irrelevante Erwägungen zur Grundlage allgemeinverbindlicher Regeln mache.[76] Zum anderen eröffne Repräsentation einen Spielraum für eine Tyrannei der Elite, die im Interesse der eigenen Wiederwahl oder in Abhängigkeit von finanzstarken privaten Lobbygruppen handele und somit ebenfalls zur Ermächtigung von Faktoren führe, die nicht im gemeinsamen äußerungsfähigen Interesse liegen.[77]

Um die darin angelegte Gefahr einer Willkürherrschaft zu vermeiden, müsse, so Pettit, die *autorisierende* Dimension öffentlicher Kontrolle um eine zweite, *editoriale* Dimension ergänzt werden.[78] Diese sieht Pettit im *Grundsatz der Kontestation* verwirklicht. Er fordert, dass politische Entscheidungen anfechtbar sein müssen und entsprechende unparteiliche Kontestationsgremien wie etwa eine unabhängige Gerichtsbarkeit und Ombudspersonen zur Verfügung stehen, die ein unparteiliches Forum für Anfechtungen bieten und öffentliche Anhörungen und Untersuchungen durchführen.[79] Derartige kontestatorische Mechanismen sollen sicherstellen, dass die ausgearbeiteten Gesetze tatsächlich auf relevanten Grün-

75 Pettit 2000, S. 125; Pettit 2012b, S. 203. In diesem Sinne handelt es sich bei elektoraler Repräsentation um eine responsive Form der Repräsentation. Indikative Repräsentation basiert dagegen auf der statistischen Repräsentation der jeweiligen Grundgesamtheit und bietet daher lediglich einen Indikator für die Interessen der Grundgesamtheit (vgl. Pettit 2009c, S. 66-71).

76 Pettit 1999, S. 175-178; Pettit 2004a, S. 54-57.

77 Pettit 2004a, S. 52 f.

78 Pettit 2000, S. S. 117 f.; vgl. Pettit 2006a.

79 Pettit 1997, S. 183-205; Pettit 1999, S. 180-183; Pettit 2000, S. 130 f.

den basieren und damit im gemeinsamen Interesse der jeweiligen Rechtsgenoss_innen liegen.

Dabei ist erstens festzuhalten, dass Pettit die kontestatorische Dimension öffentlicher Kontrolle in erster Linie in *individuellem* Sinne versteht. Ihre Hauptstoßrichtung liegt darin, das mit der kollektiven (indirekten) Autorenschaft einhergehende Problem der Tyrannei der Mehrheit oder der Elite durch eine Erweiterung um individuelle Herausgeberschaft zu lösen.[80] Kontestationsmöglichkeiten lassen sich daher als Instrument des Grundrechte- und Minderheitenschutzes verstehen, das ex post die Inklusion derjenigen Stimmen in den politischen Prozess sicherstellt, die ex ante keine adäquate Berücksichtigung fanden.[81] Zweitens begreift Pettit die editoriale Dimension ebenso wie die autorisierende Dimension in *indirektem* Sinne. Kontestation erfordere keine Vetorechte, die zumindest in negativer Hinsicht eine direkte Entscheidungsmacht implizieren, da dies den politischen Prozess blockieren würde.[82] Vielmehr gehe es kontestatorischer Kontrolle darum, »eine effektive Stimme zu erheben«,[83] und das heißt, in Bezug auf legislative und exekutive Entscheidungen Möglichkeiten zu schaffen, »sie in Frage zu stellen [...] und eine Überprüfung zu veranlassen«.[84] Dabei wird nicht die Verletzung der je individuellen Interessen gerügt, sondern vielmehr, dass das Verfahren öffentlicher Entscheidungsfindung diese Interessen nicht angemessen berücksichtigt habe.[85] McCormick hält dementsprechend fest, Pettits Verständnis von Kontestation impliziere eine »Diversifizierung der Stimmen«, deren Ziel es sei, »primär parlamentarische *Deliberationen,* legislative *Entscheidungen* jedoch lediglich indirekt zu beeinflussen«.[86]

Darüber hinaus argumentiert Pettit drittens für die *Depolitisierung* sensibler Politikbereiche wie des Wahlrechts, der Währungsstabilität sowie strafrechtlicher oder ethisch aufgeladener Fragen wie der Legalisierung von Prostitution.[87] Damit begegnet er zum

80 Pettit 2004a, S. 61.

81 Vgl. jedoch Pettit 1997, S. 185; Pettit 2001a, S. 174 und Pettit 2006a, S. 303 für die Thematisierung einer kollektiven Dimension von Kontestation.

82 Pettit 1999, S. 178 f.; Pettit 2000, S. 118 f.

83 Pettit 2001a, S. 174.

84 Pettit 1999, S. 179.

85 Pettit 1999, S. 180.

86 McCormick 2011, S. 153 [Hervorhebung im Original].

87 Pettit 2000, S. 135 f.; ausführlich Pettit 2004a. In jüngeren Arbeiten vermeidet

einen der Gefahr einer Überlastung von Kontestationsmechanismen; zum anderen soll eine solche Depolitisierung unmittelbar zur Gewährleistung eines deliberativen Politikmodus beitragen, da Repräsentant_innen gerade in sensiblen Bereichen häufig zu responsiv gegenüber einer unvernünftigen Masse oder aber im eigenen Interesse agierten. Spezielle Gremien wie etwa Konsultationsverfahren auf der Basis von statistisch repräsentativ zusammengesetzten Mini-Öffentlichkeiten, Expertengremien oder professionalisierte Behörden wie die Zentralbank oder die Wahlkommission »entziehen Entscheidungen dem direkten Einfluss der Repräsentanten [...] und sie sind gezwungen, Entscheidungen unter Bedingungen zu treffen, unter denen es wahrscheinlich ist, dass ausschließlich Gemeinwohlerwägungen vorherrschen«.[88] In sensiblen Politikbereichen sind somit auch die gewählten Repräsentant_innen nur mehr indirekte Autor_innen des Rechts, die lediglich über letzte Kontrolle hinsichtlich der Zusammensetzung und Zielsetzung dieser Gremien verfügen;[89] die Öffentlichkeit der Rechtsadressat_innen bleibt außen vor, gerade weil sie die Generierung relevanter Gründe behindern würde.

Pettit entwirft somit ein Modell öffentlicher Kontrolle, das die Idee der Selbstgesetzgebung um der Ermöglichung deliberativer Politik und damit der Gewährleistung von Willkürfreiheit willen in dezidiert indirektem Sinne versteht. Er betrachtete es als Aufgabe der Repräsentant_innen, Gründe aufzuspüren, die als allgemein teilbar gelten können. Unter Umständen bedarf es sogar nichtöffentlicher Gremien, um dem deliberativ verstandenen Gemeinwohl zum Ausdruck zu verhelfen. Kontestationsmechanismen reagieren im Gegenzug auf das Problem einer möglichen Verfehlung gemeinsamer äußerungsfähiger Interessen durch eine Tyrannei der Mehrheit oder Elite und damit auf ein epistemisches Versagen repräsentativer Institutionen. Pettit hat jedoch keine Kriterien zur Verfügung, nach denen sich ein solches epistemisches Versagen überhaupt bestimmen ließe, da sein interessenbasiertes Willkürverständnis keine Anhaltspunkte liefert, um faktisch geteilte Mehrheitsinteressen und gemeinsame äußerungsfähige Interessen

Pettit die Formulierung *Depolitisierung* (vgl. Pettit 2012b, S. 231, Fn. 44). In der Substanz sind seine Argumente jedoch die gleichen geblieben.

88 Pettit 2004a, S. 53.

89 Pettit 2004a, S. 55.

zu unterscheiden.[90] Bohman merkt somit zu Recht an: »Beherrschung beruht indes nicht einfach auf epistemischem Versagen; es geht eher um die Frage, wer berechtigt ist, eine Interpretation des öffentlichen Gutes zu unterbreiten.«[91] Aus dieser Perspektive kann gerade die Strategie der Depolitisierung keine Willkürfreiheit in Bezug auf den Gehalt der Rechtsetzung verbürgen, denn sie setzt Autoritäten ein, die beanspruchen, für Andere zu sprechen. Damit etablieren und perpetuieren depolitisierte Gremien Beherrschungsverhältnisse, die Forst als »kontestatorischen Paternalismus«[92] bezeichnet.

Begreift man Willkür in diskurstheoretischem Sinne, so wird deutlich, dass das Versagen repräsentativer Institutionen, welches durch Kontestationsrechte aufgefangen werden soll, an den prozeduralen Kriterien der Allgemeinheit und Reziprozität in Bezug auf die Begründung allgemein verbindlicher Normen zu messen ist – und damit ein normatives, kein epistemisches Versagen ist, das allein von den Rechtsunterworfenen selbst als ein solches beurteilt werden kann. Das Problem einer Tyrannei der Mehrheit lässt sich daher nicht dadurch lösen, dass politischen Entscheidungsmechanismen die mit direkter Autorenschaft verbundene Autorität genommen wird. Vielmehr sind Verfahren zu finden, die populistische *Gründe* im Zuge des politischen Prozesses ausfiltern; dies gilt für repräsentative wie auch für direktdemokratische Entscheidungsprozesse. Dazu genügen weder die Depolitisierung noch ein kompetitives Wahlsystem, das Repräsentant_innen dazu bringt, gemeinsame äußerungsfähige Interessen der Wählerschaft aufzuspüren; vielmehr bedarf es andersherum der *deliberativen Programmierung* politischer Entscheidungsverfahren. Nicht der Grundsatz der Repräsentation gewährleistet die deliberative Verwirklichung von materialer Willkürfreiheit; vielmehr stellen deliberative Prozesse die materiale Willkürfreiheit einer zwar nicht notwendigerweise, jedoch in Massengesellschaften aus pragmatischen Gründen in der Regel repräsentativ ausgeübten Selbstgesetzgebung sicher. Darum ist öffentliche Deliberation – und somit weniger die Frage nach einem geeigneten Repräsentationssystem als vielmehr diejenige

90 Vgl. oben Abschnitt 5.2.

91 Bohman 2008b, S. 206; vgl. Bohman 2005, S. 107 sowie ähnlich Bellamy 2007, S. 167 und S. 218.

92 Forst 2013, S. 164.

nach Partizipationsmöglichkeiten in deliberativer öffentlicher Meinungs- und Willensbildung – von entscheidender Bedeutung für die Realisierung von Nicht-Beherrschung.

(2) Ein Modell deliberativer Programmierung: Partizipation und Kontestation

Materiale Willkürfreiheit erfordert, dass Recht auf Gründen beruht, die weder allgemein noch reziprok zurückweisbar sind. Diese Kriterien sind prozedural zu verstehen: Sie verlangen, dass alle diejenigen, für die eine Regelung gelten soll, an ihrer Begründung teilhaben können, dass der Prozess der Begründung und Entscheidungsfindung selbst *allgemein* erfolgt, ohne dass jemand beanspruchen kann, für Andere zu sprechen, d. h. ohne dass das Gebot der *Reziprozität* verletzt wird. Elektorale und kontestatorische Mechanismen genügen dazu nicht; die Suche nach Verfahren der Verbürgung materialer Willkürfreiheit des Rechts muss ihre Aufmerksamkeit über die Frage nach der Organisation der Autorenschaft des Rechts mit Hilfe repräsentativer Gremien und der Kontrolle ihrer Entscheidungen im Nachhinein auf die deliberative Qualität des Rechtsetzungsprozesses selbst richten – und damit auf Partizipationschancen und Machtpositionen im Raum öffentlicher Begründung.

Die Grundidee besteht darin, dass sich allein im öffentlichen Austausch von Gründen erweisen kann, was in Bezug auf die jeweilige Rechtsgemeinschaft als allgemein und reziprok akzeptabel gelten kann – zumindest sofern alle Rechtsadressat_innen selbst an entsprechenden Begründungsdiskursen teilnehmen können. Denn unter diesen Umständen darf die öffentliche Begründung als Filter verstanden werden, der all jene Gründe aussortiert, die allgemein oder reziprok zurückweisbar sind.[93] Aus einer solchen konsequent deliberativen Perspektive ist das Risiko einer Willkürherrschaft umso höher, je weniger legislative Partizipationsmöglichkeiten bestehen bzw. je asymmetrischer diese verteilt sind, weil dann die eine politische Entscheidung tragenden Gründe nicht allgemein und reziprok gefiltert werden. Gerade unter Bedingungen einer deliberativen Entmächtigung von Bürger_innen ist demnach mit

93 Vgl. dazu Habermas 1994; Benhabib 1996; Young 2000; Forst 2007, Kap. 7; Fraser 2007a.

unvernünftigen Entscheidungen zu rechnen.[94] Während Pettit aus Sorge vor der Irrationalität der Masse davon ausgeht, dass es »keine Demokratisierung ohne Depolitisierung« gebe,[95] muss dieser Slogan aus einer partizipatorisch-deliberativen Perspektive umgedeutet werden: Ohne die permanente Möglichkeit der Politisierung bleiben den Rechtsadressat_innen die Bedingungen ihres Handelns entzogen und treten ihnen somit als willkürlich gegenüber.

Die prozedurale Gewährleistung materialer Allgemeinheit und Reziprozität des Rechts erfordert die Voraussetzungen einer *deliberativen Programmierung* und bedarf dementsprechend der Institutionalisierung von Verfahren öffentlicher Meinungs- und Willensbildung, die eine möglichst breite Beteiligung aller Rechtsadressat_innen erlauben. Institutionell gesprochen erfordert dies eine Pluralisierung der Räume öffentlicher Begründung. Dabei kann mit Habermas zwischen informellen und formellen Öffentlichkeiten unterschieden werden.[96] Formelle Öffentlichkeiten bilden sich in institutionalisierten Foren der Beratung und Entscheidungsfindung, insbesondere in parlamentarischen Körperschaften, die darauf ausgerichtet sind, bindende Entscheidungen, d. h. Recht zu generieren. Fraser nennt sie daher auch *starke Öffentlichkeiten.*[97] Informelle Öffentlichkeiten sind dagegen frei von dem Druck, bindende Entscheidungen zu treffen – und in diesem Sinne *schwache Öffentlichkeiten.*[98] Gerade deshalb eignen sie sich in besonderem Maße, um relevante Probleme zu identifizieren und Lösungen hervorzubringen, die sich auf Gründe stützen, die die Vermutung der Nicht-Willkürlichkeit beanspruchen können. Während Pettit die Generierung relevanter Gründe letztlich auf formelle Öffentlichkeiten, zum Teil sogar auf depolitisierte Gremien verlagert, deren Vorschläge von der breiteren, informellen Öffentlichkeit lediglich zurückgewiesen werden können, sieht Habermas gerade in der Bereitstellung eines solchen »*Entdeckungszuammenhang[s]*« die zentrale Aufgabe dezentrierter, informeller Öffentlichkeiten.[99] Anders als bei Pettit liegt demnach die Hauptverantwortung für die Generie-

94 Vgl. Honohan 2002, S. 220; McCormick 2011, S. 161.

95 Pettit 2004a, S. 64.

96 Habermas 1994, Kap. VII, insbesondere S. 373 f.

97 Fraser 1990, S. 75; vgl. Fraser 2007a.

98 Fraser 1990, S. 75.

99 Habermas 1994, S. 373 [Hervorhebung im Original].

rung allgemein und reziprok akzeptabler Gründe – und damit für die materiale Willkürfreiheit politischer Entscheidungen – in der informellen Sphäre, nicht in parlamentarischen oder depolitisierten Körperschaften.[100]

Da materiale Willkürfreiheit nicht allein eine Frage größtmöglicher personaler Inklusion in die Begründungsdiskurse, die in Rechtsetzungsverfahren münden, sondern zugleich eine Frage der Reichweite dieser Diskurse ist, geht es neben dem Zugang zu entsprechenden Partizipationsmöglichkeiten auch darum, was überhaupt zum Gegenstand entsprechender Diskurse gemacht werden kann. So betont Bohman, dass es zur Realisierung von Nicht-Beherrschung von entscheidender Bedeutung sei, über die »Fähigkeit, Deliberationen anzustoßen« zu verfügen, d. h. über die Fähigkeit »nicht bloß zu reagieren, sondern auch Themen auf die Agenda zu setzen«.[101] Die Sphäre informeller Öffentlichkeiten muss daher, um dem Erfordernis größtmöglicher Allgemeinheit Rechnung zu tragen, selbst in pluralistischem Sinne gedacht werden: Sie muss Gegenöffentlichkeiten zulassen, um Räume zu schaffen, in denen sich Gegendiskurse zur umfassenden politischen Öffentlichkeit bilden können.[102] Öffentlichkeiten und Gegenöffentlichkeiten

100 Ein solches partizipativ-deliberatives Modell mag auf den ersten Blick hohe Anforderungen an die individuelle Bereitschaft stellen, eigene Interessen gegenüber allgemeinen zurückzustellen. Pettit hält sein repräsentativ-kontestatorisches Modell gerade auch in dieser Hinsicht für realistischer (Pettit 2012b, S. 227 f. und S. 247). Von den Bürger_innen eines Systems nicht-beherrschender Herrschaft wird in der Tat die grundlegende Bereitschaft zu *diskursiver Verantwortlichkeit* erwartet. Diese unterstellt indes keineswegs, dass alle Diskursteilnehmer_innen von vorneherein eine unparteiliche Position einnehmen. Sie müssen jedoch bereit sein, sich im Falle von unlösbaren Dissensen darauf einzulassen, die dahinter stehenden normativen Fragen argumentativ zu klären und gegebenenfalls einzusehen, dass die eigenen Gründe nicht hinreichen, um sie zur Grundlage allgemeinverbindlicher Entscheidungen zu machen (vgl. Forst 2007, S. 253). Die geforderte Unparteilichkeit basiert dann nicht auf entsprechenden moralischen Dispositionen der beteiligten Individuen, sondern ist das Ergebnis diskursiver Prozesse. Derartige diskursive Prozesse fördern im Gegenzug die Bereitschaft diskursiver Verantwortlichkeit, indem sie Privatinteressen öffentlicher Kritik aussetzen (vgl. Pettit 2012b, S. 252-279 sowie zu öffentlicher Selbstbindung im Modus eigeninteressierten Handelns DeLaRosa/Gädeke 2009, S. 96-100).

101 Bohman 2005, S. 106.

102 Fraser 1990, S. 67.

müssen wiederum diskursiv miteinander verbunden sein, um das Entstehen abgeschlossener Diskussionszirkel zu verhindern.[103] Daran wird deutlich, dass es nicht allein einer Pluralisierung von Teilnehmer_innen bedarf, sondern zugleich einer Pluralisierung der Partizipationsmöglichkeiten.

Eine rechtlich gewährleistete, jedoch nicht selbst rechtlich verfasste Sphäre informeller Öffentlichkeiten und die in ihr generierten Gründe können indes nur handlungswirksam werden – und somit zur Verbürgung materialer Willkürfreiheit beitragen –, wenn sie selbst wiederum mit den formellen Institutionen, die über legislative Entscheidungsmacht verfügen, rückgekoppelt werden. Eine solche Rückkoppelung kann abhängig vom jeweiligen Kontext auf einer Vielzahl von Wegen geschehen. Neben elektoraler Repräsentation, wie Pettit sie betont, zählt dazu ein breites Spektrum an Mechanismen von öffentlicher Skandalisierung, der Gewährleistung unabhängiger Medien und Petitionen bis zu hybriden Formen starker und schwacher Öffentlichkeiten. Ein Beispiel für Letzteres ist das 1989 in Porto Alegre eingeführte Verfahren partizipatorischer Haushaltsplanung, das mittlerweile in Städten auf allen Kontinenten praktiziert wird.[104] Es institutionalisiert über mehrere Runden eine enge Zusammenarbeit von Bürger_innenversammlungen und repräsentativen Gremien, um über die Verwendung eines Teils des kommunalen Budgets zu entscheiden.

Wie dieses Beispiel zeigt, kann an dieser Stelle auch die im Zuge der Diskussion formaler Willkürfreiheit zurückgewiesene Strategie der Machtteilung eine neue Bedeutung erlangen: Eine enge Verbindung von informellen und formellen Öffentlichkeiten scheint auf lokaler Ebene häufig besser zu realisieren sein, weil hier das Wissen um die konkreten Probleme der Beherrschung sowie die Einwirkungsmöglichkeiten auf politische Entscheidungen unmittelbarer sind. Dies spricht für den *Grundsatz der Subsidiarität*, der Entscheidungen auf die jeweils tiefstmögliche Ebene zurückverlagert.[105] Auch Mini-Öffentlichkeiten, wie Pettit sie im Zusammen-

103 Vgl. Young 2000, S. 172 f.

104 Vgl. für eine Analyse der Mechanismen partzipatorischer Haushaltsplanung in Porto Alegre und Belo Horizonte unter dem Gesichtspunkt der Stärkung deliberativer Demokratie: de Sousa Santos 1998.

105 Vgl. für ein Subsidiaritätsprinzips mit Blick auf transnationale Kontexte: Niederberger 2009, S. 389.

hang mit Depolitisierungsstrategien vorsieht, können eine Rolle spielen, sofern sie zu einer Pluralisierung öffentlicher Deliberation, d.h. zur Inklusion zuvor nicht beteiligter Rechtsadressat_innen oder Themen beitragen und mehr als reine Konsultationsforen sind.[106] Das konkrete institutionelle Design der Verkoppelung von formellen und informellen Öffentlichkeiten hängt letztlich maßgeblich von den Eigenschaften des jeweiligen politischen Kontextes ab. Jedes institutionelle Instrument einer solchen Verknüpfung muss sich jedoch an der Frage messen lassen, ob es tatsächlich der Pluralisierung von deliberativen Partizipationsmöglichkeiten dient.

Aus dieser Perspektive deliberativer Programmierung ist auch die von Pettit herausgearbeitete Dimension der Kontestation von entscheidender Bedeutung, wenn auch ebenfalls in stärker deliberativ und partizipativ verstandenem Sinne. Jede innerhalb von formellen Öffentlichkeiten tatsächlich getroffene politische Entscheidung kann zwar die Vermutung der Willkürfreiheit beanspruchen, darf aber dennoch lediglich als das grundsätzlich fehlbare Ergebnis einer unter Entscheidungsdruck nur vorläufig beendeten Diskussion gelten.[107] Denn die Kriterien der Allgemeinheit und Reziprozität lassen sich stets nur unvollkommen realisieren und liefern daher selbst die Grundlage zur Kritik an getroffenen Entscheidungen: Der Idee öffentlicher Begründung ist, so Forst, »die Möglichkeit der Selbstkritik und der rekursiven Befragung daraufhin eingeschrieben, ob eine bestimmte Form der Rechtfertigung besser (nicht: ideal) hätte ausfallen können«.[108] Hinzu kommt, dass auch ein System allgemeiner und reziproker Verfahren der Rechtsetzung aufgrund der komplexen Folgen individueller Handlungen stets neue Formen der Beherrschung produziert, die im Zuge der Rechtsetzung noch keine Beachtung finden konnten.[109] Geltendes Recht muss daher stets an seinem normativen Anspruch auf allgemeine und reziproke Geltung gemessen werden können.

Kontestationsrechte, die es ermöglichen, eine Verletzung des Anspruchs auf Willkürfreiheit geltend zu machen, spielen somit eine zentrale Rolle. Die Basis einer solchen Kontestation sind jedoch allgemein und reziprok nicht zurückweisbare Gründe, die

106 Vgl. Bohman 2010, S. 443.
107 Habermas 1994, S. 613.
108 Forst 2007, S. 266.
109 Vgl. den Abschnitt zu systemischer Beherrschung in Kap. 5.1.3.

sich gerade nicht unabhängig von inklusiven Begründungsverfahren bestimmen lassen; sie müssen sich vielmehr erst in entsprechenden deliberativen Prozessen als solche erweisen. Die Frage nach der normativen Autorität hinsichtlich der Begründung des Gehaltes von Recht begreift die Möglichkeit der Kontestation als Ausdruck der »fundamentalen Macht, an Deliberationen teilzuhaben« und damit auch der »Macht, neue Deliberationen *anzustoßen*«.[110] Kontestationsmöglichkeiten sind daher nicht allein als Rechtsweggarantien zu verstehen, wie es bei Pettit bisweilen den Anschein hat.[111] Zwar erfüllen Gerichte eine wesentliche Funktion mit Blick auf die Eröffnung von Kontestationswegen, gerade in Bezug auf die Grundrechte, die überhaupt erst den Status als Rechtsperson sichern. Für die Gewährleistung materialer Willkürfreiheit reicht eine solche nachträgliche Kontrolle des Gesetzgebers indes nicht aus. Zur deliberativen Programmierung der Gesetzgebung bedarf es politischer Kontestationswege, die nicht nur im Nachhinein je konkrete Rechtsanwendungen an gesetztem Recht oder einzelne Gesetze an höherstufigem Recht und damit an gegebenen normativen Standards messen, sondern es ermöglichen, den der Legislative vorbehaltenen konstruktiven Umgang mit normativen Gründen zu hinterfragen und zu erweitern. In diesem Sinne sind Kontestationsverfahren auch ein zentraler Teil des legislativen Prozesses.

Die politische Dimension von Kontestation erstreckt sich über einzelne Gesetzgebungsverfahren hinaus gerade auch auf die fundamentale Ebene der je konkreten Institutionalisierung von Grundbedingungen der Nicht-Beherrschung: Auch sie müssen mit Blick auf ihre Funktion, Willkürfreiheit zu gewährleisten, deliberativ herausgefordert werden können, denn auch sie vermögen die Kriterien der Allgemeinheit und Reziprozität stets nur unvollkommen zu verwirklichen. Bohman bezieht dementsprechend die grundlegende Fähigkeit, Deliberation zu beginnen, ausdrücklich auch auf »das Vermögen der Bürger, den grundlegenden normativen Rahmen zu verbessern, die Macht, die Weisen zu verändern, in denen Rechte und Pflichten zugeschrieben werden«.[112] Materiale

110 Bohman 2008b, S. 207 [Hervorhebung im Original]; vgl. Bohman 2007b, S. 53 f.

111 Vgl. zu einer Kritik an Pettits eher juridischem Verständnis von Kontestationsmöglichkeiten: Urbinati 2010.

112 Bohman 2005, S. 107; vgl. Bellamy 2007, Teil II.

Willkürfreiheit lässt sich nur verbürgen, wenn Partizipation und Kontestation in einem solchen selbst-reflexiven Sinne verstanden werden, der die normative Autorität über den eigenen Status gewährleistet. Die umrissenen institutionellen Prinzipien der Herrschaft des Rechts und der Selbstgesetzgebung entwerfen daher kein konkretes institutionelles Design, sondern formulieren abstrakte Prinzipien, deren Realisierung eine solche Ausübung normativer Autorität ermöglicht.

Zusammenfassend lässt sich festhalten, dass die Idee der Selbstgesetzgebung im Sinne deliberativer Programmierung die Autorenschaft der Rechtsadressat_innen in einem weniger unmittelbaren Sinne als klassische, plebiszitäre Modelle der Volkssouveränität, jedoch in einem direkteren Sinne als Pettits Modell öffentlicher Kontrolle fasst: Zwar lehnt sie repräsentative Entscheidungsverfahren keineswegs ab. Dennoch gibt sie sich nicht mit der Beschränkung der Autorenschaft auf die Wahl von Autor_innen zufrieden. Sie hält vielmehr an dem Anspruch fest, »daß sich diejenigen, die als Adressaten dem Recht unterworfen sind, zugleich als Autoren des Rechts verstehen können«[113] müssen. Dementsprechend verlangt sie weitreichende Möglichkeiten der Partizipation an der öffentlichen Meinungs- und Willensbildung in informellen und formellen Öffentlichkeiten. Da sich allgemeine und reziproke Begründungsverfahren stets nur unzureichend realisieren lassen und zudem aufgrund der komplexen Folgen einer Vielzahl an legalen Handlungen stets die Gefahr bergen, neue Formen von Beherrschung zu generieren, bedarf die autorisierende Partizipation der Ergänzung um editierende Kontestation. Die kontestatorische Dimension muss dabei ebenfalls um eine dezidiert politisch-partizipatorische Dimension erweitert werden, um zu gewährleisten, dass sich der legislativ-konstruktive Umgang mit Gründen innerhalb formeller Institutionen ebenso wie die Verfahren selbst an ihrem Anspruch auf Allgemeinheit und Reziprozität messen lassen können. Erst wenn eine solche Form der Reflexivität institutionalisiert ist, können Rechtsetzungsverfahren die Vermutung begründen, sowohl die *Allgemeinheit* als auch die *Reziprozität* des Gehaltes gesetzten Rechts und damit Willkürfreiheit im *materialen* Sinne zu gewährleisten.

113 Habermas 1994, S. 153.

(3) Das Recht auf Rechte und der Status als Bürger_in

Eine Herrschaft durch das Recht wird erst durch die Etablierung eines öffentlichen Rechtszustandes, in dem die Rechtsunterworfenen sich wechselseitig den Status von Rechtsträger_innen zuerkennen, zu einer Herrschaft des Rechts. Dieser Status als Rechtsträger_in wurde anhand der drei abstrakten Kategorien subjektiver Freiheitsrechte, der Mitgliedschaftsrechte und der Rechtsweggarantien umrissen; mit ihm etabliert das Recht eine Handlungssphäre, in der sich die einzelnen Individuen allein vor dem Recht verantworten müssen und zugleich ihre Rechte als Rechte gegen Andere durchsetzen können. Die in die Herrschaft des Rechts eingeschriebenen Rechte gewährleisten somit einen Bereich rechtlicher Autonomie, in dem die Rechtsträger_innen einander als private Personen begegnen, die in einem rechtlichen vermittelten Verhältnis zueinander stehen.[114] Der Begriff der Rechtsperson ist damit jedoch nicht ausgeschöpft, denn er verweist über die Rolle von Rechtssubjekten als Adressaten des Rechts hinaus auf die Frage nach der Rechtsetzung und damit der Autorenschaft des Rechts.

Wie bereits anklang, bleiben die Kategorien an Rechten, die dem Status als Rechtssubjekt eingeschrieben sind, zunächst abstrakt; sie sind, in Habermas' Formulierung, »ungesättigte Platzhalter«,[115] solange sie nicht innerhalb einer je konkreten Rechtsgemeinschaft institutionalisiert und damit spezifiziert werden. Das Prinzip der Nicht-Beherrschung verlangt, dass eine solche Institutionalisierung und Konkretisierung von Rechten selbst allgemein und reziprok gerechtfertigt werden können muss; anderenfalls wäre ein Rechtssystem zwar nicht der Form nach, wohl aber hinsichtlich seines Gehaltes willkürlich und damit beherrschend. Dementsprechend bedarf es zur Gewährleistung materialer Willkürfreiheit Rechtsetzungsverfahren, die eine solche allgemeine und reziproke Begründung in Bezug auf, und das heißt, durch die Mitglieder einer je konkreten Rechtsgemeinschaft prozedural verwirklichen. Der Be-

114 Vgl. Habermas 1994, S. 156; Forst 1996, S. 395-400; Forst 2007, S. 202-205. Während Habermas von *privater* und *öffentlicher* Autonomie spricht, bevorzugt Forst vor dem Hintergrund seiner Differenzierung mehrerer Kontexte der Autonomie die Bezeichnungen *rechtliche* bzw. *politische* Autonomie. Ich folge Forst, um eine terminologische Nähe zu Pettits Unterscheidung zwischen privater und öffentlicher Beherrschung zu vermeiden.

115 Habermas 1994, S. 160.

griff der Rechtsperson bezieht sich daher, wie Forst hervorhebt, nicht allein auf den Status einer »Person mit *subjektiven Rechten*«, sondern begreift diese zugleich als »Subjekt des *positiven Rechts*«.[116] Er umfasst zwei Dimensionen: Als Rechtsadressatin ist eine Rechtsperson Trägerin subjektiver Rechte und damit sowohl *vor* dem Recht verantwortlich als auch in der Lage, diese Verantwortung von Anderen einzufordern; als Rechtsautorin ist sie zugleich gemeinsam mit den anderen Rechtsautor_innen *für* das Recht, d. h. für dessen materialen Gehalt, verantwortlich.[117]

Der Status als Rechtsträger_in setzt also bereits das Prinzip der Selbstgesetzgebung voraus, da er anderenfalls nicht in einer politischen Gemeinschaft konkretisiert werden könnte, ohne dass der Gehalt dieser Konkretisierung aus Sicht der Betroffenen willkürlich bleibt. Zugleich setzt das Prinzip der Selbstgesetzgebung wiederum die Rechtsform und damit den Status als Rechtsträger_in voraus, da es seinerseits rechtlich, d. h. in Form von subjektiven Rechten auf politische Teilhabe, zu institutionalisieren ist. Mit anderen Worten, erst die *Selbst*gesetzgebung ermöglicht die je konkrete Verwirklichung des zuvor nur abstrakt bestimmten Status als Rechtssubjekt, während sie selbst als *Recht*setzung erst durch den bereits vorausgesetzten Status der Rechtsperson ermöglicht wird. Die Herrschaft des Rechts, die formale Willkürfreiheit gewährleistet, und das Prinzip der Selbstgesetzgebung, das das Gebot materialer Willkürfreiheit verkörpert, setzen sich wechselseitig voraus; sie sind, mit Habermas gesprochen, gleichursprünglich.[118]

Das Recht auf Rechte umfasst daher neben den drei Kategorien,

116 Forst 1996, S. 134 [Hervorhebung im Original].

117 Forst 2007, S. 206.

118 Diese Gleichursprünglichkeit von Selbstgesetzgebung und der Herrschaft des Rechts basiert jedoch nicht, wie bei Habermas, allein auf der Verschränkung von Diskursprinzip und Rechtsform (vgl. Habermas 1994, Kap. III; Habermas 1996, Kap. 10). Forst kritisiert zu Recht, Habermas vernachlässige mit seinem rechtsimmanenten Ansatz den moralischen Gehalt der rekonstruierten Rechte und damit die enge Verbindung moralischer und politischer Autonomie (Forst 2007, S. 169-177). Im Gegensatz zu Forst *und* Habermas wird jedoch hier die Herrschaft des Rechts selbst ausdrücklich als Realisierungsbedingung von Nicht-Beherrschung und damit letztlich als moralische Forderung verstanden, so dass die moralische und die rechtsimmanente Dimension der Verknüpfung der Herrschaft des Rechts und der Selbstgesetzgebung selbst aufeinander verweisen.

die im Zusammenhang mit der Herrschaft des Rechts identifiziert wurden, auch Partizipations- und Kontestationsrechte in Bezug auf Rechtsetzungsverfahren, die sich sowohl auf formelle Institutionen als auch auf die rechtliche Gewährleistung informeller Öffentlichkeiten erstrecken.[119] Damit tritt neben den Status als Rechtssubjekt derjenige als Bürger_in, die nicht nur rechtliche, sondern zugleich politische Autonomie genießt: Er ermöglicht es Rechtspersonen als Mitgliedern einer politischen Gemeinschaft, den eigenen Status, d. h. die abstrakten Kategorien an Rechten und institutionellen Prinzipien, gemeinsam zu konkretisieren, und ist in diesem Sinne selbstbezüglich.[120] Erst in dieser Selbstreflexivität des Rechts auf Rechte kommt neben der Gewährleistung formaler Willkürfreiheit auch die Verbürgung materialer Willkürfreiheit zum Ausdruck, und zwar, wie von dem hier zugrunde gelegten prozeduralen Willkürverständnis gefordert, in einem reflexiven Sinne: Es geht nicht allein darum, das Individuum als Rechtsträger im Bereich seiner negativen Handlungsfreiheit zu schützen, sondern immer zugleich darum, die Rechtsträger_innen als Bürger_innen, d. h. als Mitglieder der jeweiligen Rechtsgemeinschaft, kollektiv zu ermächtigen, die Hintergrundbedingungen ihres Handelns selbst zu gestalten und dabei deren Anspruch auf Willkürfreiheit stets aufs Neue herauszufordern und hervorzubringen.

6.2.3. Soziale Voraussetzungen nicht-beherrschender Herrschaft

Im Zuge der Diskussion institutioneller Grundbedingungen der Realisierung von Nicht-Beherrschung war bislang von den Grundprinzipien der Herrschaft des Rechts und der Selbstgesetzgebung die Rede, die anhand der Grundsätze der Rechtsförmigkeit und der Gewaltenteilung bzw. der Partizipation und Kontestation konkretisiert wurden und dabei wiederum subjektive Rechte der Rechtspersonen als Rechtsträger_innen und Bürger_innen implizieren. Gemeinsam etablieren sie einen öffentlichen Rechtszustand, der sowohl formale als auch materiale Willkürfreiheit verbürgen soll. Die Diskursmacht einzelner Akteure hängt jedoch keines-

119 Vgl. zu Habermas' Einführung einer solchen vierten Kategorie an Rechten: Habermas 1994, S. 160-165.

120 Vgl. Habermas 1994, S. 156.

wegs allein von ihrem politisch-rechtlichen Status ab. Vielmehr operiert Macht gerade auch auf der sozialen, d. h. ökonomischen und kulturellen Ebene. Diese scheint aus der Perspektive des Prinzips deliberativer Selbstgesetzgebung von wesentlicher Bedeutung, verlagert es doch die Funktion der Generierung allgemein und reziprok nicht zurückweisbarer Gründe ausgerechnet auf die rechtlich weitgehend unregulierte Sphäre informeller Öffentlichkeiten. Angesichts der Vielzahl sozialer Machtstrukturen, die den Bereich informeller Öffentlichkeiten durchziehen, scheint es fragwürdig, inwieweit Letztere tatsächlich in der Lage sind, die Vermutung der Vernünftigkeit im Sinne allgemeiner und reziproker Akzeptabilität zu gewährleisten. Damit rückt die Frage nach Voraussetzungen der Realisierung von Nicht-Beherrschung im Bereich ökonomischer und kultureller Machtstrukturen in den Vordergrund.

Ökonomische Ungleichheiten sind insofern von zentraler Bedeutung, als sie das Funktionieren der Willkürfreiheit verbürgenden Institutionen beeinträchtigen und somit ein grundlegendes Hindernis der Realisierung von Nicht-Beherrschung darstellen können. So wird etwa die deliberative Qualität informeller Öffentlichkeiten verzerrt, wenn der Zugang materiell schlechter gestellter Personen zu öffentlichen Foren faktisch beschränkt ist, sei es aufgrund des bloßen Mangels an den dazu erforderlichen Ressourcen wie Bildung oder Gesundheit oder aufgrund ökonomischer Abhängigkeitsverhältnisse und Stigmatisierungen, die es ihnen aus Angst vor möglichen Konsequenzen unmöglich macht, autoritativ für sich zu sprechen und gehört zu werden. Unter derartigen Bedingungen vermag es die Sphäre informeller Öffentlichkeiten nicht, die Herausbildung allgemein-reziprok akzeptabler Gründe zu verbürgen, da der Zugang zu ihr nicht allen Rechtsadressat_innen gleichermaßen offensteht. Ökonomischer Mangel und grundlegende ökonomische Beherrschung beeinträchtigen jedoch nicht nur den Zugang zu partizipativen Foren, sondern auch den zu Rechtsinstitutionen: Wer es sich etwa nicht erlauben kann, Prozesskosten zu riskieren, wer fürchten muss, seine Arbeit zu verlieren, wenn er seine Arbeitnehmer_innenrechte einklagt, oder wer nicht um seine Rechte weiß, kann faktisch nicht als gleiche Rechtsträger_in auftreten und sich damit bereits auf formaler Ebene nicht gegen Willkür zur Wehr setzen.

Die Realisierung von Nicht-Beherrschung in nicht-beherrschenden Institutionen setzt daher eine gewisse *ökonomische Unabhängigkeit* voraus, die es allen Rechtspersonen erlaubt, als eigenständige Rechtsträger_innen und Bürger_innen aufzutreten, ohne dass ökonomische Ungleichheiten ihren Zugang zu oder ihre diskursive Position innerhalb entsprechender Foren beeinträchtigen.[121] Dazu bedarf es keiner materiellen Gleichverteilung, wohl aber eines gewissen Mindestmaßes an ökonomischen Ressourcen. Dies kann für ein bedingungsloses Grundeinkommen sprechen, wie von einigen Autor_innen auf der Grundlage neorepublikanischen Denkens anvisiert.[122] Wie Fraser argumentiert, zeigt die Einführung eines bedingungslosen Grundeinkommens jedoch je nach institutionellem Kontext unterschiedliche Wirkungen: Während es unter Bedingungen eines neoliberalen Kapitalismus lediglich Ressourcen transferiert und die asymmetrischen wirtschaftlichen Grundstrukturen reproduziert, indem es möglicherweise das allgemeine Lohnniveau drückt, könne es in einer echten Sozialdemokratie die Machtbalance zwischen Kapital und Arbeit nachhaltig verändern.[123] Konkrete sozialpolitische Maßnahmen können daher nur im Zusammenhang des jeweiligen wirtschaftspolitischen Kontextes diskutiert werden. Zudem geht es nicht allein um die Behebung bloßen materiellen Mangels, sondern auch um grundlegende Beziehungen ökonomischer Beherrschung. Entscheidender Maßstab ist aus Sicht der Frage nach den ökonomischen Voraussetzungen der Realisierung von Nicht-Beherrschung weniger die materielle Ausstattung als vielmehr die Fähigkeiten, die durch sie innerhalb der jeweiligen Gesellschaft mit Blick auf die Teilhabe an den Institutionen der Nicht-Beherrschung ermöglicht werden.

Aus diesem Grund liegt es nahe, die ökonomischen Voraussetzungen nicht-beherrschender Institutionen anhand des von Sen

121 Vgl. Pettit 1997, S. 158-163. Young weist zu Recht darauf hin, dass gerade wohlfahrtsstaatliche Einrichtungen ein nicht zu unterschätzendes Beherrschungspotential bergen (Young 1990, Kap. 3). Darum ist nicht die materielle Ausstattung per se, sondern die Frage danach, inwieweit sie es ermöglicht, als Rechtsubjekt Rechte in Anspruch zu nehmen und als Bürger_in an Rechtsetzungsprozessen teilzunehmen, die entscheidende. Erst sie eröffnet die Perspektive einer reflexiven Demokratisierung, die die Gestaltung ökonomischer Strukturen der Autorität aller Betroffenen unterwirft.

122 Domènech/Raventós 2006; Casassas 2007; Pettit 2007a; Raventós 2007; Lovett 2009; Swan 2012.

123 Fraser 2003, S. 108-111.

und Nussbaum entwickelten *capability*-Ansatzes zu konkretisieren.[124] Dieser begnügt sich nicht mit der Analyse und normativen Bewertung einer bestimmten Ressourcenverteilung, sondern lenkt die Aufmerksamkeit auf die individuell je unterschiedlichen Fähigkeiten, diese Ressourcen zu nutzen, um etwas Bestimmtes zu tun oder zu sein. Im Gegensatz zu Sens und Nussbaums Argumentationsstrategie sind die jeweils relevanten *capabilities* aus einer Perspektive der Nicht-Beherrschung jedoch nicht in Bezug auf die Frage nach den realen Möglichkeiten, das zu sein und zu tun, das man Grund hat wertzuschätzen,[125] bzw. nach den wesentlichen Dimensionen eines guten menschlichen Lebens[126] zu bestimmen, sondern mit Blick auf die sozioökonomischen Voraussetzungen der Etablierung nicht-beherrschender Herrschaft. Es geht mit anderen Worten um diejenigen *capabilities*, die für die Ausübung normativer Autorität zentral sind, nicht um jene, die in irgendeiner Weise das Individuum ausmachen. Dazu zählen alle diejenigen, die jeweils kontextspezifisch nötig sind, um als gleichberechtigtes Mitglied der jeweiligen politischen Gemeinschaft zu agieren. Sie müssen aus Sicht der Realisierung von Nicht-Beherrschung in Form von Rechten gewährleistet werden, da ihre Bereitstellung anderenfalls selbst ökonomische Abhängigkeiten etablieren würde.[127]

Der Standard dessen, was in einer konkreten Gesellschaft in

124 Sen 1989; Sen 2000 sowie Nussbaum 1993; Nussbaum 2011; vgl. Pettit 1997, S. 158 und Pettit 2012b, S. 112 sowie ausführlich Pettit 2001b; ähnlich: Bohman 2007a, S. 271; Forst 2007, S. 282, Fn. 30; Fraser 2007b, S. 319; Laborde 2010b, S. 56. Der Begriff *capability* wird im deutschen zum Teil mit dem umständlichen Begriff *Verwirklichungschancen* (so in Sen 2000), zum Teil mit dem deutlich breiteren Begriff der *Fähigkeiten* (so in Nussbaum 2014) übersetzt. Ich verwende, um Missverständnisse zu vermeiden, den originalen englischen Begriff.

125 Sen 2000, S. 30.

126 Nussbaum 1993, S. 333.

127 Zu beachten ist, dass damit keineswegs sämtliche Beziehungen ökonomischer Beherrschung beseitigt sind. Materielle Fragen sind nicht allein derivativ mit Blick auf die Voraussetzungen der institutionellen Grundbedingungen der Realisierung von Nicht-Beherrschung, sondern darüber hinaus auch von eigenständiger Relevanz für die Verwirklichung von Nicht-Beherrschung, denn auch jenseits der unmittelbaren Funktionserfordernisse nicht-beherrschender Herrschaft gibt es Strukturen ökonomischer Beherrschung. Der Status als Rechtsträger_in und Bürger_in samt seiner sozialen Voraussetzungen soll es ermöglichen, auch diese abzubauen.

diesem Sinne erforderlich ist, kann variieren.[128] Auch diese sozioökonomischen Rechte sind daher lediglich als abstrakte Rechte zu verstehen, die von konkreten politischen Gemeinschaften zu spezifizieren sind. Zudem ist wichtig, dass die Förderung der *capabilities*, gerade weil sie von je unterschiedlichen individuellen Fähigkeiten der Umwandlung von Ressourcen ausgeht, neben allgemeinen Maßnahmen, wie etwa kostenloser Bildung für alle, auch spezifische Maßnahmen umfasst, die sich auf das *empowerment* von Gruppen konzentrieren, welche anderenfalls keinen realen Zugang zu diesen Maßnahmen und somit auch nicht zum grundlegenden Status als Rechtsträger_in und Bürger_in hätten. Pettit unterscheidet dementsprechend zwischen allgemeinen Schutzmaßnahmen und Versicherungen, die ein gewisses Maß an Unabhängigkeit in sozialer, gesundheitlicher und rechtlicher Hinsicht gewährleisten sollen, und speziellen Schutzprogrammen, die darauf ausgerichtet sind, in besonderen, durch asymmetrische Machtverhältnisse gekennzeichneten Beziehungen, wie etwa in Arbeitsverhältnissen, Partnerschaften oder zwischen Schuldnern und Schuldigern, den jeweils Schwächeren durch gezieltes *empowerment* Möglichkeiten der Teilhabe an der Gestaltung der jeweils relevanten grundlegenden Strukturen der Gesellschaft zu eröffnen.[129] Dies gilt auch für Gruppen, die strukturellen, z.B. rassistischen oder sexistischen, Diskriminierungen ausgesetzt sind.

Damit ist bereits auf die zweite Dimension sozialer Macht verwiesen, die für die Frage nach funktionellen Voraussetzungen von nicht-beherrschenden Institutionen zentral ist: jene *kultureller* Beherrschung, die auf institutionalisierten kulturellen Deutungs- und Wertmustern beruht, welche einige Gruppen bzw. die mit ihnen verbundenen Qualitäten systematisch herabsetzen. Mit Blick auf diese Machtdimension sieht sich der bisher skizzierte institutionelle Weg der Realisierung von Nicht-Beherrschung mit einem fundamentalen Einwand konfrontiert: Young argumentiert, Phänomene kultureller Beherrschung behinderten nicht nur den Zugang zu entsprechenden Institutionen der Nicht-Beherrschung; vielmehr sei der diskurstheoretische Ansatz, Willkürfreiheit auf prozeduralem Wege

128 Sen 2000, S. 111 ff.; vgl. Pettit 1997, S. 158.

129 Pettit 2012b, S. 112-122; vgl. die Unterscheidung zwischen Maßnahmen, die auf Verletzlichkeiten, und solchen, die auf Fähigkeiten oder Straftäter abzielen: Lovett/Pettit 2009, S. 20.

durch diskursive Verfahren der Generierung unparteilicher Ergebnisse zu gewährleisten, selbst Ausdruck kultureller Beherrschung.[130] Die bloße Idee der Unparteilichkeit im Sinne von Verallgemeinerbarkeit, die auch in der hier zugrunde gelegten Willkürkonzeption in den Kriterien der Allgemeinheit und Reziprozität zum Ausdruck kommt, diene, so Young, der ideologischen Verweigerung gleichberechtigter Partizipation, denn »sie verfestigt Unterdrückung indem sie die Perspektive der privilegierten Gruppen zur universalen Position reifiziert.«[131] Dies zeige sich daran, dass der Versuch von Seiten der Beherrschten, die Neutralität vorherrschender Deutungsmuster in Frage zu stellen und die eigenen Perspektiven und sozialen Erfahrungen zu artikulieren, als nicht universalisierbar und damit irrelevant abgestempelt werde:

> [I]hre Forderungen werden als verzerrte, egoistische Sonderinteressen wahrgenommen, die vom unparteilichen allgemeinen Interesse abweichen. Die Verpflichtung auf das Ideal der Unparteilichkeit erschwert es somit, die Parteilichkeit des vermeintlich allgemeinen Standpunktes zu entlarven und eine Stimme für die Unterdrückten zu reklamieren.[132]

Eine ähnliche Stoßrichtung zeigt auch die im zweiten Kapitel zusammengefasste Kritik an der Zivilisierungslogik, die in Maßnahmen externer Demokratieförderung zum Ausdruck kommt: Demnach delegitimiere die Propagierung vermeintlich unparteilicher, rationaler Entwicklungsziele wie desjenigen der Demokratisierung die sozialen Erfahrungen und Perspektiven der Betroffenen und lasse sie – unabhängig vom Gehalt derartiger Ziele – verstummen.[133]

Mit anderen Worten, so dieser Einwand, die auf die Gewährleistung von Willkürfreiheit im Sinne von Allgemeinheit und Reziprozität ausgerichteten diskursiven Verfahren zwingen dazu, die eigenen Anliegen in einer verallgemeinerbaren Sprache vorzubringen, die jedoch selbst die als neutral und universal maskierte partikulare Sprache der Mächtigen sei. Damit werde den weniger Mächtigen die Möglichkeit genommen, ihre je spezifischen Erfahrungen zu artikulieren oder überhaupt als solche wahrzunehmen – ein klassischer Fall von kultureller Beherrschung. Young folgert daraus, es

130 Dazu im Folgenden: Young 1990, Kap. 4.
131 Young 1990, S. 112.
132 Young 1990, S. 116.
133 Vgl. oben Abschnitt 2.2.

bedürfe nicht des Ideals der Unparteilichkeit, sondern der positiven Anerkennung je spezifischer Erfahrungen und Perspektiven als Voraussetzung dafür, dass partizipative Institutionen nicht selbst kulturelle Beherrschung reproduzieren. Ein solcher »parteiischer Diskurs«[134] lasse sich durch die Idee der Gruppenrepräsentation konkretisieren, d. h. durch die Unterstützung der Selbstorganisation sozialer Gruppen, der Sicherstellung von entsprechenden Einflussmöglichkeiten in Bezug auf institutionalisierte Entscheidungsprozesse sowie von kollektiven Vetorechten in Bereichen, die eine bestimmte Gruppe auf besondere Weise betreffen.[135]

Youngs Kritik an den Effekten kultureller Beherrschung in politischen Öffentlichkeiten, die den Anspruch auf Generierung allgemein und reziprok akzeptabler Gründe stellen, ist berechtigt. Dennoch liegt das Problem nicht in der Idee der Unparteilichkeit begründet; Youngs Kritik setzt diese vielmehr selbst voraus: Kritisiert wird, wenn partikulare Normen mit dem Etikett der Verallgemeinerbarkeit versehen werden. Dabei jedoch handelt es sich, wie Forst anmerkt, um eine falsche Allgemeinheit, die partikulare Erfahrungen und Ansprüche gerade nicht innerhalb partizipativer deliberativer Foren allgemein vermittelt, sondern schlichtweg als allgemeine deklariert.[136] Youngs Kritik ist daher weniger als Angriff auf die Idee einer prozeduralen Gewährleistung von Unparteilichkeit zu verstehen denn als Hinweis darauf, dass die nötigen Verfahren möglicherweise durch Phänomene kultureller Beherrschung verzerrt werden, die innerhalb dieser verzerrten Öffentlichkeiten nur schwer aufzudecken sind. Dies kann durchaus dafür sprechen, Formen der Gruppenrepräsentation zu fördern, sowohl mit Blick auf formelle als auch hinsichtlich informeller Öffentlichkeiten; dazu zählen Quotenregelungen für beratende Körperschaften oder Kandidat_innenlisten ebenso wie besondere Medien, Bildungsangebote und Kulturzentren, die Gegenöffentlichkeiten organisieren und darin Phänomene kultureller Beherrschung, die den politischen Prozess verzerren, überhaupt erst sichtbar werden lassen.[137]

134 Young 1990, S. 112.

135 Young 1990, S. 184; vgl. Young 2000, insbesondere Kap. 4-6.

136 Forst 1996, S. 207 f.

137 Vgl. Young 1990, S. 183-191; Young 2000, S. 141-153; vgl. Labordes Diskussion unterschiedlicher Lösungsansätze im Kontext von Konflikten zwischen Minderheitsreligionen und Staat (Laborde 2008, Kap. 4, 7 und 10) sowie Forsts to-

Auch Vetorechte und spezielle Kontestationsstellen, wie etwa die Einrichtung von Frauen- oder Antidiskriminierungsbeauftragten in einem breiten Spektrum sozialer Kontexte, vom Arbeitsplatz bis zu politischen und juridischen Institutionen, können dazu beitragen.

Für welche Gruppen derartige Mechanismen erforderlich sind, muss stets von neuem in Bezug auf eine je konkrete Gesellschaft mit ihrem je spezifischen Beherrschungsprofil bestimmt werden. Dabei ist zu beachten, dass auch differenzpolitische Maßnahmen die Gefahr der Essentialisierung von Gruppendifferenzen und damit die Gefahr einer Perpetuierung kultureller Beherrschung bergen.[138] Partizipative Verfahren sind daher nicht nur kritisch daraufhin zu überprüfen, inwieweit sie bestimmte Perspektiven ausschließen, sondern auch daraufhin, inwieweit die Inklusion von Gruppenperspektiven selbst wiederum disziplinierende Wirkungen hat. Differenzpolitische Maßnahmen gewährleisten keineswegs per se die kulturellen Voraussetzungen der Realisierung von Nicht-Beherrschung. Auch sie müssen danach beurteilt werden, inwieweit sie nicht einfach jegliche Differenz aufwerten, sondern in der Lage sind, Statusdifferenzierungen zu destabilisieren, die Selbstidentität aller zu verändern und somit letztlich zur Gewährleistung der Allgemeinheit und Reziprozität von Rechtsetzungs- und Anwendungsverfahren beizutragen.

6.3. Demokratie als Forderung der Gerechtigkeit als Nicht-Beherrschung

Eine Theorie der Gerechtigkeit als Nicht-Beherrschung fragt nach den Bedingungen der Abwesenheit von Beherrschung. Die Transformation willkürlicher Machtverhältnisse erfordert die Etablierung von Institutionen politischer Herrschaft, die in der Lage sind, auch auf die strukturellen Bedingungen der Machtverhältnisse einzuwirken, indem sie diese thematisier- und veränderbar machen. Mit der Herrschaft des Rechts und dem Prinzip der Selbstgesetzgebung wurden zwei institutionelle Grundprinzipien identifiziert, die derartige Institutionen zur Geltung bringen müssen, um diese Auf-

leranztheoretische Begründung differenzpolitischer Maßnahmen (Forst 2003, S. 683-708).

138 Vgl. Fraser 2003, S. 103-114.

gabe erfüllen zu können, ohne dabei Strukturen der Beherrschung zu reproduzieren oder zu etablieren. Sie wurden ergänzt um das Prinzip ökonomischer Unabhängigkeit und die Forderung nach institutionellen Voraussetzungen kultureller Anerkennung, die die Voraussetzungen derartiger Institutionen mit Blick auf ökonomische und kulturelle Machtstrukturen formulieren. Zusammengenommen umreißen diese Prinzipien den normativen Kerngehalt von Institutionen der Nicht-Beherrschung. Dieser lässt sich mit dem Begriff der *Demokratie* zusammenfassen, in dem Sinne, dass er fordert, die Bürger_innen zu ermächtigen, soziale Machtverhältnisse mithilfe von Institutionen politischer Herrschaft, die sie selbst programmieren, kollektiv zu transformieren. Gerechtigkeit und Demokratie stehen damit in einem doppelten internen Zusammenhang (6.3.1.). Die Reichweiten der Gerechtigkeit und der geforderten Institutionen lassen sich indes nicht prinzipiell bestimmen, sondern hängen von der Reichweite der jeweiligen Beziehungen der Beherrschung ab (6.3.2.). Sie erfordern eine entsprechende kontextsensible Realisierung, die von je konkreten gegebenen Formen der Beherrschung ausgeht (6.3.3.).

6.3.1. Zum internen Zusammenhang von Gerechtigkeit und Demokratie

Begreift man Demokratie im Sinne der abstrakten institutionellen Bedingungen der Realisierung von Nicht-Beherrschung,[139] so wird deutlich, dass die Etablierung von Institutionen, die diesen demokratischen Gehalt zur Geltung bringen, eine unmittelbare Forderung der Gerechtigkeit ist, und zwar in doppeltem Sinne: Demokratische Institutionen und Praktiken im oben skizzierten Sinne bilden einerseits die *Bedingung der Realisierung* von Gerechtigkeit,[140] denn sie sind die ermöglichende Voraussetzung für die nicht-beherrschende Verwirklichung von Gerechtigkeit. Mit dem Status als Rechtsträger_in und Bürger_in schaffen sie

139 Zu beachten ist, dass es Demokratie in diesem Sinne primär um Willkürvermeidung geht, nicht um Wahlen oder andere Mechanismen, die gerade im Kontext externer Demokratieförderung häufig mit diesem Begriff verknüpft werden.

140 Vgl. zur Idee der Realisierungsbedingung im Sinne gerechtigkeitsfördernder Relationen: oben Abschnitt 4.3.3.

Einflussmöglichkeiten in Bezug auf die Grundstruktur sozialer Interaktion und weisen dadurch soziale Verhältnisse überhaupt erst als kollektiv veränderbare Objekte von Gerechtigkeitsansprüchen aus. Dabei stellt der Status als Rechtsträger_in und Bürger_in zugleich die Mittel bereit, diese Gerechtigkeitsansprüche auf willkürfreie Weise zu bearbeiten. In diesem Sinne schaffen demokratische Institutionen und Praktiken die Voraussetzungen der Realisierung von Gerechtigkeit als Nicht-Beherrschung.

Andererseits können die genannten demokratischen Strukturen zugleich als zentrales *Element* der Gerechtigkeit verstanden werden, denn sie realisieren in fundamentalen Hinsichten selbst Nicht-Beherrschung. Der grundlegende Status als Rechtsperson, d. h. als Rechtsträger_in und Bürger_in, kann insofern als Realisierung von Nicht-Beherrschung verstanden werden, als er die jeweiligen Akteure in politisch-rechtlicher Hinsicht in eine Beziehung zueinander stellt, die sie als Träger_innen gleicher Rechte und gleicher Autorität über die Gestaltung der sozialen Strukturen, in denen sie leben, begreift. Damit verwirklicht er den fundamentalen Anspruch auf Nicht-Beherrschung, d. h. den Anspruch darauf, in Strukturen zu leben, in denen dieser Anspruch rechtlich eingefordert werden kann. In diesem grundlegenden Sinne konstituieren die skizzierten Prinzipien der Herrschaft des Rechts und der Selbstgesetzgebung selbst Nicht-Beherrschung. Gerechtigkeit fordert somit aus dieser Perspektive demokratische Institutionen und Praktiken, und zwar als Element ebenso wie als Bedingung ihrer Verwirklichung.[141]

Diese doppelte Rolle demokratischer Institutionen und Praktiken für die Realisierung von Nicht-Beherrschung verweist auf zwei Ebenen der Gerechtigkeit. In Kapitel fünf wurden zwei Stufen der Beherrschung und damit der *Un*gerechtigkeit unterschieden: Während sich fundamentale Beherrschung auf die Abwesenheit der grundlegenden Voraussetzungen der Ausübung normativer Autorität (und damit auf die Abwesenheit von Verfahren, die überhaupt erst eine Rechtfertigung sozialer Machtverhältnisse ermöglichen) bezieht, weist nicht-fundamentale Beherrschung die Ausübung normativer Autorität in Bezug auf konkrete Machtverhältnisse als

141 Vgl. Young 1990, S. 92. Young begreift allerdings die Rolle von Demokratie als Element der Gerechtigkeit in kausalem Sinne. Ich verstehe sie dagegen entsprechend der Charakterisierung des Verhältnisses von politischer Herrschaft und Nicht-Beherrschung als konstitutive.

willkürlich aus. Daran anknüpfend lassen sich zwei Ebenen der Gerechtigkeit als Nicht-Beherrschung unterscheiden:[142] Auf der Ebene *fundamentaler Gerechtigkeit* sind demokratische Institutionen und Praktiken als *Element* der Gerechtigkeit zu verstehen, da sie unmittelbar in fundamentalen Hinsichten Nicht-Beherrschung realisieren. Damit sind jedoch nicht schon sämtliche Strukturen der Beherrschung aus der Welt geschafft. Eben darum sind demokratische Strukturen und Praktiken keine hinreichende, wohl aber eine notwendige *Bedingung weiterführender* Gerechtigkeit, denn sie stellen die notwendigen Mittel bereit, weitere Ansprüche der Gerechtigkeit zu erheben und im Rahmen einer autonomen, reflexiven Praxis der Nicht-Beherrschung auf willkürfreie Weise zu bearbeiten.

Die doppelte Verbindung von Demokratie und Gerechtigkeit als Nicht-Beherrschung zeigt erstens, dass es sich um ein dezidiert reflexives Verständnis von Demokratie und Gerechtigkeit handelt. Denn der konkrete Gehalt weiterführender Gerechtigkeit lässt sich nicht näher bestimmen, ohne die normative Autorität der jeweiligen Gerechtigkeitssubjekte in Frage zu stellen. Eine Theorie der Gerechtigkeit als Nicht-Beherrschung muss sich daher auf die Ebene fundamentaler Gerechtigkeit beschränken, d. h. darauf, die Voraussetzungen zu formulieren, unter denen die Bürger_innen überhaupt erst ermächtigt sind, Nicht-Beherrschung einzufordern. Mit Bohman lassen sie sich im Sinne eines demokratischen Minimums[143] verstehen: Es setzt keine vollständige Verwirklichung von Nicht-Beherrschung voraus, sondern benennt die Bedingungen dafür, dass die jeweiligen Bürger_innen die Strukturen einer solchen Praxis der Nicht-Beherrschung selbst verändern können. Die institutionellen Prinzipien der Realisierung von Nicht-Beherrschung, die mit dem Begriff der Demokratie zusammengefasst wurden,

142 Vgl. Forst 2007, S. 282.; vgl. Forst 2001, S. 175. Während Forst zunächst von *minimaler* Gerechtigkeit sprach, zieht er nun den Ausdruck *fundamentale Gerechtigkeit* vor. Damit macht er deutlich, dass es nicht um einen minimalen gemeinsamen Nenner geht, sondern darum, die Voraussetzungen der autonomen Realisierung von Gerechtigkeit zu bestimmen. Ich folge dieser Bezeichnung. Anders als Forst spreche ich von *weiterführender* anstatt von *maximaler* Gerechtigkeit, da diese zweite Ebene keinen idealen Zustand beschreibt, sondern die jeweils auf der Grundlage fundamentaler Gerechtigkeit, gegeben die je konkreten Umstände, realisierten Forderungen der Gerechtigkeit.

143 Bohman 2005; vgl. Fraser 2007b, S. 332.

beschreiben daher kein festgefügtes Set an Institutionen. Vielmehr artikulieren sie eben jene Voraussetzungen, unter denen die für eine Transformation asymmetrischer Machtverhältnisse notwendigen Institutionen politischer Herrschaft eine solche Praxis der reflexiven Verwirklichung von Nicht-Beherrschung in Gang setzen können. In diesem Sinne bilden sie die Grundlage einer »Theorie der *Demokratisierung*, der reflexiven Schaffung notwendiger Bedingungen dafür, Demokratie durch mehr Demokratie zu verbessern«.[144]

Damit wird zweitens deutlich, dass Demokratie trotz des internen Zusammenhangs keineswegs selbst das Telos der Gerechtigkeit als Nicht-Beherrschung bildet. Denn auf der Ebene weiterführender Gerechtigkeit stellen sich auch Fragen ökonomischer und kultureller Beherrschung, die nicht zwangsläufig mehr Demokratie fordern, sondern z. B. durch Verteilungsprinzipien oder differenzpolitische Maßnahmen zu lösen sind. Da diese innerhalb entsprechender Verfahren der Selbstgesetzgebung festzulegen sind, kann dies zwar als Ausweitung der Reichweite von Demokratie betrachtet werden. Dabei ist das Telos jedoch gerade nicht positiv vorbestimmt; vielmehr bleibt es der nicht-beherrschenden Praxis demokratischer Selbstgesetzgebung anheimgestellt. Damit wird deutlich, inwiefern die nun konkretisierten Institutionen nicht-beherrschender Herrschaft in konstitutivem und instrumentellem Zusammenhang zur Realisierung von Gerechtigkeit als Nicht-Beherrschung stehen: Sie bilden ein konstitutives Element fundamentaler Gerechtigkeit, ohne indes vollständig begrifflich mit Gerechtigkeit zusammenzufallen. Denn sie sind die Bedingung dafür, den unterbestimmten Begriff der Gerechtigkeit im Zuge einer Praxis der Nicht-Beherrschung zu füllen. Als Element von Gerechtigkeit ist Demokratie, mit anderen Worten, zugleich die Bedingung ihrer reflexiven, nicht-beherrschenden Realisierung, nicht aber selbst ihr Ziel.

6.3.2. Zur Reichweite der Gerechtigkeit als Nicht-Beherrschung

Beherrschende Machtverhältnisse finden sich sowohl innerhalb institutionalisierter sozialer Kontexte als auch jenseits von ihnen, d. h.

144 Bohman 2007b, S. 36 [Hervorhebung im Original].

auch in informellen Kontexten, die gar nicht durch formale Institutionen geordnet sind. Gerechtigkeit als Nicht-Beherrschung fragt daher nicht nur nach der Gerechtigkeit innerhalb etablierter institutioneller Ordnungen, sondern auch nach derjenigen informeller sozialer Praktiken. Wie bereits in Kapitel vier angesprochen,[145] wird kein formal-institutioneller Zusammenhang vorausgesetzt, um von einem Gerechtigkeitskontext sprechen zu können. Auch die als Element und Bedingung der Verwirklichung von Gerechtigkeit ausgewiesenen Institutionen politischer Herrschaft sind keine Voraussetzung der Anwendung des Gerechtigkeitsbegriffs, wie es etwa etatistische Theorien der Gerechtigkeit behaupten, die die Reichweite von Prinzipien sozialer Gerechtigkeit auf den innerstaatlichen Bereich beschränken.[146] Sie sind vielmehr Grundbedingungen der Verwirklichung von Gerechtigkeit und damit Voraussetzungen in gerechtigkeits*förderndem* Sinne, die überhaupt erst geschaffen werden müssen, um Gerechtigkeit verwirklichen zu können. Die gerechtigkeits*fordernde* Relation ist dagegen die der Beherrschung.[147]

Daraus wiederum folgt, dass die Reichweite von Gerechtigkeit ebenso wenig grundsätzlich kosmopolitisch zu denken ist. Aus der Perspektive einer Konzeption von Gerechtigkeit als Nicht-Beherrschung geht eine jede prinzipielle Bestimmung der Reichweite von Ansprüchen, Pflichten oder Institutionen der Gerechtigkeit und der mit ihr verbundenen Institutionen fehl: Gerechtigkeit bezeichnet keinen Zustand, der unabhängig von je konkreten Beziehungen, in denen Menschen zueinander stehen, zu verwirklichen ist; sie ist vielmehr die Antwort auf eine bestimmte Art sozialer Machtbeziehungen, die als Beherrschung beschrieben wurde. Die Reichweite von Ansprüchen oder Pflichten der Gerechtigkeit ist daher nur relativ zur Reichweite der jeweiligen Strukturen der Be-

145 Vgl. oben Abschnitte 4.3. und 6.3.2.

146 Vgl. Nagel 2010.

147 Während Forst zwischen Kontexten der Herrschaft und solchen der Beherrschung unterscheidet und beide gewissermaßen nebeneinanderstehend als gerechtigkeitsfordernde Praxis ausweist (Forst 2012, S. 38), kann es meinem Verständnis nach sowohl innerhalb als auch außerhalb von formalisierter Herrschaft Beherrschung geben. Jenseits von Beherrschung stellt jedoch ein Kontext der Herrschaft strenggenommen keine gerechtigkeitsfordernde Relation dar; dass dieser Gerechtigkeitspflichten bereits in sich trage, heißt nichts anderes, als dass der Geltungsanspruch, den er erhebt, kritisch hinterfragt und somit Beziehungen der Beherrschung entlarvt werden können.

herrschung zu bestimmen. Diese können grundsätzlich lokaler, innerstaatlicher, zwischenstaatlicher, transnationaler oder globaler Natur sein.[148] Mit anderen Worten, jede_r kann das Recht auf Nicht-Beherrschung geltend machen, wo immer er oder sie sich Beherrschung unterworfen sieht. Der *politische Kontext* der Thematisierung von Ungerechtigkeit und der Realisierung von Gerechtigkeit reicht ebenso weit wie diese Beziehungen der Beherrschung.

Dabei kann nicht ohne weiteres davon ausgegangen werden, dass Strukturen der Beherrschung eindeutig dem innerstaatlichen oder grenzüberschreitenden Kontext zugeordnet werden können. Zum einen zeigten sich bereits republikanische Autor_innen der Aufklärung besorgt über die Auswirkungen der imperialen Beherrschung anderer Völker auf das Innere der Imperialmächte selbst.[149] Zum anderen, so ein ebenfalls klassisch-republikanisches Argument, kann ein Einzelstaat nur dann in seinem Innern Nicht-Beherrschung realisieren, wenn er in seinen Außenbeziehungen nicht beherrscht wird.[150] Forst weist zu Recht darauf hin, dass sich Machtstrukturen in unterschiedlichen Kontexten gegenseitig verstärken können, indem sie sich zu komplexen Phänomenen »*mehrfacher Beherrschung*« verdichten, etwa wenn lokale, intrafamiliäre und innerstaatliche Beherrschung die Beherrschten zugleich verletzlich gegenüber Beherrschung durch transnationale Akteure macht.[151] Die Analyse von Strukturen der Beherrschung muss derartige Wechselverhältnisse aufdecken, selbst wenn sie sich primär auf die innerstaatliche Realisierung von Beherrschung konzentriert; dann jedoch reicht der politische Kontext der Thematisierung von Gerechtigkeitsfragen über den innerstaatlichen Kontext hinaus.

Die notwendigen *Institutionen* politischer Herrschaft und damit die gerechtigkeitsfördernde Relation fallen indes nicht zwangsläufig mit der Reichweite des politischen Kontextes der Gerechtigkeit zusammen. Es muss weder für jede Art von Beherrschungsbeziehung das komplette Set an nicht-beherrschenden Institutionen auf der jeweiligen Ebene der Beherrschungsbeziehungen etabliert wer-

148 Dabei ist zu beachten, dass sich die Reichweite von Strukturen interpersonaler Beherrschung nicht auf die jeweilige dyadische Beziehung beschränkt, sondern die relevanten Hintergrundstrukturen einbezieht.

149 Vgl. Bohman 2008b, S. 196.

150 Vgl. unten Kapitel 8 und 9.

151 Forst 2007, S. 366 [Hervorhebung im Original].

den, noch sehen die Institutionen, die die normativen Gehalte der oben skizzierten institutionellen Prinzipien zur Geltung bringen, auf allen Ebenen gleich aus. Entscheidend ist, dass es Institutionen politischer Herrschaft gibt, die in der Lage sind, die jeweiligen Beherrschungsstrukturen einer nichtwillkürlichen kollektiven Regelung zuzuführen. Globale Beherrschungsstrukturen, die einen globalen politischen Kontext der Gerechtigkeit begründen, fordern zwar die Realisierung von fundamentaler Gerechtigkeit auf globaler Ebene; das jedoch bedeutet nicht, dass damit zugleich die Etablierung staatlicher Autorität auf globaler Ebene notwendig ist. Vielmehr ist denkbar, diese Aufgabe im Rahmen einer entsprechenden globalen Struktur fundamentaler Gerechtigkeit weitgehend auf bereits bestehende staatliche Autoritäten zu verlagern. Es bleibt daher festzuhalten, dass die Frage nach der Reichweite von Gerechtigkeit auf prinzipieller Ebene nicht eindeutig zu beantworten ist, weder mit Blick auf gerechtigkeitsfordernde Relationen, d. h. hinsichtlich der Identifizierung von Ungerechtigkeit und des korrespondierenden politischen Kontextes, noch mit Blick auf die daraufhin zu schaffenden gerechtigkeitsfördernden Institutionen. Gerechtigkeit als Nicht-Beherrschung per se ist weder von innerstaatlicher noch von globaler Reichweite; ihre Realisierungsbedingungen müssen jedoch grundsätzlich global gedacht werden können.

6.3.3. Gerechtigkeit, Universalität und Kontextsensitivität

Gleichwohl wirft der dargestellte enge innere Zusammenhang zwischen Gerechtigkeit als Nicht-Beherrschung und Demokratie die Frage auf, inwiefern damit zugleich partikulare Ordnungsvorstellungen auf unzulässige Art und Weise als verallgemeinerbar postuliert werden. Ein zentraler Einwand der Imperialismuskritiker_innen gegen die Universalisierung der Demokratie besteht ja gerade in der Problematisierung der Annahme, es ließen sich universell, d. h. überzeitlich und überräumlich, gültige politische Ordnungsmuster identifizieren, die nach einer weltweiten Verbreitung verlangen. Die Konzeption von Gerechtigkeit als Nicht-Beherrschung begegnet diesem Einwand mit der Unterscheidung zwischen dem allgemeinen Geltungsanspruch des Prinzips der Nicht-Beherrschung und der je partikularen Institutionalisierung seiner Voraussetzungen. Die skizzierten institutionellen Grundprinzipien einer

Realisierung von Nicht-Beherrschung sind gerade nicht im Sinne einer unmittelbar umzusetzenden Blaupause gerechter Institutionen zu verstehen; denn eine solche würde weder den je konkreten Beziehungen der Beherrschung gerecht, die sie aufzuheben sucht, noch würde sie die normative Autorität der Betroffenen achten. Vielmehr formulieren sie abstrakte institutionelle Prinzipien, die mit Blick auf die Besonderheiten eines je konkreten Kontextes der Gerechtigkeit und dessen jeweiligen Beherrschungsprofils auf unterschiedliche Weise zu institutionalisieren sind. Wichtig ist dabei allein, dass der normative Gehalt der institutionellen Grundprinzipien zur Geltung gebracht wird. Dieser besteht, kurz gesagt, in den Voraussetzungen einer nicht-beherrschenden, d. h. willkürfreien Bearbeitung von Problemen der Beherrschung durch die Betroffenen selbst. Damit ist er Ausdruck des reflexiven normativen Kerns der Gerechtigkeit, der, wie Forst betont, »seinen eigenen Universalitätsanspruch *selbst* dem kritischen Diskurs unterwirft.«[152] Auf dieser reflexiven Basis, die erst die normative Autorität der jeweiligen Individuen zur Geltung bringt, beansprucht er universale Gültigkeit.

Diesen nicht zu relativierenden normativen Kern der genannten institutionellen Prinzipien gilt es mit Blick auf einen je bestimmten politischen Kontext der Gerechtigkeit kontextspezifisch, und das heißt: unter Berücksichtigung der partikularen Merkmale dieses Kontextes, zu konkretisieren und zu institutionalisieren. Was genau etwa ökonomische Unabhängigkeit in einer konkreten Gesellschaft substantiell bedeutet, d. h. welches materielle Niveau zur Erlangung bestimmter *capabilities* nötig ist, hängt ebenso von der jeweiligen Gesellschaft und der Natur der jeweiligen Beherrschungsstrukturen ab wie die Antwort auf die Frage, wie dieses Prinzip institutionell umgesetzt werden kann. Gleiches gilt für die Prinzipien der Herrschaft des Rechts oder der Selbstgesetzgebung. Sie verlangen die institutionelle Gewährleistung von Willkürfreiheit mithilfe von allgemeinem Recht, das in partizipativen deliberativen Verfahren gesetzt wird und stets anfechtbar bleibt. Damit wird jedoch nicht vorweggenommen, in welcher Art Institutionen die damit verbundenen normativen Gehalte umgesetzt werden. Das Prinzip der Gewaltenteilung etwa fordert eine strikte

152 Forst 2007, S. 354 [Hervorhebung im Original].

funktionale Trennung des Zugriffs auf unterschiedliche Arten von Gründen. Wie eine solche Trennung umgesetzt wird, bleibt jedoch offen; entscheidend ist, dass die Willkürfreiheit verbürgende Logik des Prinzips zur Geltung gebracht wird.[153]

Dabei werden keine staatlichen Strukturen im modernen Sinne, wie sie sich im europäischen Kontext herausgebildet haben, vorausgesetzt. Es ist keineswegs prinzipiell ausgeschlossen, dass die institutionellen Grundbedingungen nicht-beherrschender Herrschaft eine andere Form annehmen als die derzeit vorherrschende Form von Staatlichkeit. Der Versuch, nicht-staatliche Rechtssysteme in post-kolonialen, staatlich strukturierten Kontexten zur Geltung zu bringen, wie es etwa mit Blick auf indigene Rechtssysteme in Kanada geschieht,[154] deutet in diese Richtung. Derartige Modelle der Realisierung von Nicht-Beherrschung müssen sich allein dahingehend beweisen, dass sie die normativen Gehalte fundamentaler Gerechtigkeit in Bezug auf die jeweiligen Strukturen der Beherrschung zur Geltung bringen. Entscheidend ist, dass es Institutionen politischer Herrschaft gibt, die in der Lage sind, die jeweiligen Beherrschungsstrukturen einer nichtwillkürlichen kollektiven Regelung zuzuführen. Aus diesem Grund ist von nicht-beherrschender politischer Herrschaft als Grundbedingung der Realisierung von Nicht-Beherrschung die Rede, nicht aber von Staatlichkeit.

Die Reflexivität, die mit der Etablierung der Grundbedingungen nicht-beherrschender Herrschaft institutionalisiert wird, bringt das in Kapitel drei skizzierte methodologische Verständnis eines kritischen Republikanismus zum Ausdruck: Zwar beschreiben die genannten institutionellen Prinzipien insofern ein Ideal, als sie nicht als bereits realisiert vorausgesetzt werden können. Damit liefern sie eine kritische Folie, anhand derer gegebene politische und soziale Verhältnisse kritisiert werden können. Sie bedürfen jedoch selbst dort, wo sie als annähernd verwirklicht gelten können, einer steten reflexiven Reaktualisierung durch die betroffenen Akteure selbst. Die skizzierte Theorie der Gerechtigkeit als Nicht-Beherrschung ist daher nicht als ideale Theorie zu verstehen, die einen Zielzustand ausweist, sondern als eine Theorie, die an konkreten Beziehungen der Beherrschung ansetzt und aufzeigt, wie diese zu einer *Praxis* der Nicht-Beherrschung transformiert werden können.

153 Vgl. oben, Kapitel 6, Fn. 44.

154 Vgl. Borrows 2002; Napoleon 2013.

Mit dieser reflexiven und zugleich machtkritischen Anlage scheint die skizzierte Theorie der Gerechtigkeit als Nicht-Beherrschung geeignet, um die Imperialismuskritik an externer Demokratieförderung ernst zu nehmen. Zugleich begreift sie jedoch ausgerechnet demokratische Institutionen und Praktiken als Bedingung der Verwirklichung von Nicht-Beherrschung und bietet so auch eine mögliche normative Grundlage für externe Demokratieförderung. Im folgenden Teil III des Buches gilt es, diesen beiden Vermutungen nachzugehen und damit die Frage nach der Realisierung von Nicht-Beherrschung im Kontext zwischenstaatlicher Beziehungen zu betrachten. Dabei ist zunächst zu untersuchen, wer für die Errichtung von Institutionen der Nicht-Beherrschung innerhalb von Staaten verantwortlich ist, und vor allem, inwieweit Drittstaaten die Verantwortung haben, dazu beizutragen. Anschließend ist zu diskutieren, inwiefern auch Staaten, und insbesondere nicht-demokratische Staaten, selbst einen Anspruch auf Nicht-Beherrschung geltend machen können und sich somit zu Recht gegen unregulierte Machtverhältnisse im zwischenstaatlichen Bereich gerade auch mit Blick auf die aktive Verbreitung demokratischer Regierungsformen zur Wehr setzen. Vor diesem Hintergrund wird schließlich eine Konzeption kollektiver Selbstbestimmung als Nicht-Beherrschung formuliert, die beide Perspektiven zusammenführt.

Teil III
Gerechtigkeit und kollektive Selbstbestimmung

7. Externe Verantwortung für innerstaatliche Beherrschung

Im zweiten Teil dieses Buches wurden Grundzüge einer Theorie der Gerechtigkeit als Nicht-Beherrschung entwickelt, die auf dem Recht auf Nicht-Beherrschung basiert. Es fordert die Etablierung von nicht-beherrschenden Institutionen, die den normativen Gehalt der Prinzipien der Selbstgesetzgebung und der Herrschaft des Rechts verwirklichen. Offensichtlich ist jedoch diese Realisierungsbedingung von Gerechtigkeit in weiten Teilen der Welt nicht einmal annähernd erfüllt: Bereits der kurze Überblick über die empirische Literatur zur Universalisierung der Demokratie im zweiten Kapitel zeichnete gerade mit Blick auf die vergangenen fünfzehn Jahre ein wenig vielversprechendes Bild.[1] Angesichts weit verbreiteter innerstaatlicher Beherrschung stellt sich die Frage, wer für die Etablierung von Institutionen fundamentaler Gerechtigkeit verantwortlich ist. Dabei ist vor dem Hintergrund der Auseinandersetzung um externe Demokratieförderung von besonderem Interesse, inwieweit externe Akteure die Verantwortung tragen, an der Realisierung von Nicht-Beherrschung innerhalb *anderer* Staaten mitzuwirken.

Diese Frage wird in der noch jungen Literatur zu grenzüberschreitenden Implikationen des Prinzips der Nicht-Beherrschung bislang kaum diskutiert. Ausgehend von dieser Feststellung zeige ich zunächst, warum sie von besonderer Bedeutung ist (7.1.). Im Anschluss daran diskutiere ich Modelle der Zuschreibung von Verantwortung auf der Basis nicht-relationaler Pflichten und verteidige eine moralische Pflicht zur Gerechtigkeit als normative Grundlage der Verantwortung zur Realisierung von Nicht-Beherrschung (7.2.). Anhand zweier Modelle relationaler Verantwortung wird dann gezeigt, wie sich daraus angesichts grenzüberschreitender Machtbeziehungen Gerechtigkeitspflichten externer Akteure ergeben. Sie sind primär, wenn auch nicht ausschließlich, auf *inter*nationale Reformen ausgerichtet (7.3.).[2]

1 Zu beachten ist, dass die institutionellen Grundbedingungen der Realisierung von Nicht-Beherrschung nicht primär demokratische sind, sondern willkürvermeidende; formale Wahldemokratien etwa erfüllen diese Kriterien nicht.

2 Dieses Kapitel ist eine Weiterentwicklung von bereits zuvor von mir skizzierten Argumenten (Gädeke 2012).

7.1. Verantwortung für Beherrschung innerhalb und jenseits des Staates

Obwohl sich neorepublikanische Theorien über die konstitutive Bedeutung demokratischer Institutionen für die Realisierung von Nicht-Beherrschung weitgehend einig sind, wird die Frage nach der Verantwortung für die Etablierung derartiger Institutionen auf innerstaatlicher Ebene kaum thematisiert. Dies ist insofern überraschend, als der einzelstaatliche Kontext als Ausgangspunkt der Frage nach der Realisierung von Nicht-Beherrschung von zentraler Bedeutung ist (7.1.1.). Die Verantwortung für die Bekämpfung innerstaatlicher Beherrschung lässt sich indes keineswegs ohne weiteres allein innerstaatlichen Akteuren zuschreiben (7.1.2.). Bevor unterschiedliche Argumentationsstrategien zur Begründung externer Verantwortlichkeiten für die Realisierung innerstaatlicher Gerechtigkeit diskutiert werden, bedarf es der Konkretisierung möglicher Träger dieser Verantwortung. Dazu werden zwei Formen gemeinsamer Verantwortung unterschieden, kollektive und geteilte Verantwortung (7.1.3.).

7.1.1. Die besondere Bedeutung innerstaatlicher Beherrschung

Die Frage nach der Verantwortung externer Akteure, zur Realisierung *innerstaatlicher* Nicht-Beherrschung beizutragen, findet in der noch jungen Debatte um grenzüberschreitende Implikationen des Ideals der Nicht-Beherrschung bis dato kaum Berücksichtigung. Im Vordergrund stehen vielmehr die Analyse grenzüberschreitender Formen individueller Beherrschung[3] sowie institutionentheoretische Vorschläge, wie diese überwunden werden können. Drei Positionen lassen sich unterscheiden: Die erste und weitestgehende Forderung ist die nach einer Weltrepublik. So argumentiert Martí, allein globale politische Institutionen, die sich am Modell staatlicher republikanischer Institutionen orientieren und eine einheitliche Republik auf *globaler* Ebene etablieren, seien in der Lage, grenzüberschreitende Beherrschung zu bekämpfen.[4] Die zweite

3 Vgl. dazu Halldenius 2010; Ivison 2010; Laborde 2010b; Lovett 2010b; Fine 2014; Allen 2015.

4 Martí 2010. Vgl. zum Potential republikanischer Ideen mit Blick auf eine Demokratisierung der EU Thiel 2012.

Position, die insbesondere von Bohman stark gemacht wird, sieht die Lösung des Problems grenzüberschreitender Beherrschung dagegen in einem flexiblen, pluralistischen Netz aus *transnationalen* Öffentlichkeiten und funktional spezialisierten transnationalen Institutionen wie etwa dem Internationalen Gerichtshof, die zwar eine gewisse Autorität auch über Nationalstaaten beanspruchen, jedoch keine zentrale, übergeordnete Autorität auf globaler Ebene benötigen.[5] Dabei wird grenzüberschreitende Beherrschung als Herausforderung verstanden, neue institutionelle Wege zu finden, um die normativen Gehalte der institutionellen Grundbedingungen der Realisierung von Nicht-Beherrschung im transnationalen Bereich zu realisieren. Die dritte Position betrachtet dagegen Staaten als zentrale Akteure der Realisierung von Nicht-Beherrschung und versteht die Einhegung grenzüberschreitender Beherrschung dementsprechend als Aufgabe, die auf *zwischenstaatlicher* Ebene zu lösen sei. Pettit etwa, der eine solche internationale Position vertritt, spricht sich für deliberative Öffentlichkeiten und Kooperation zwischen Staaten aus, ohne damit die Forderung nach transnationalen oder supranationalen Institutionen zu verknüpfen.[6]

Vorausgesetzt wird in dieser Debatte indes, dass die Staaten, die untereinander kooperieren oder transnationale bzw. supranationale Institutionen errichten, um grenzüberschreitende Beherrschung aufzuheben, bereits intern nicht-beherrschende Staaten sind. Die Aufmerksamkeit liegt dementsprechend primär auf der Formulierung von Prinzipien, die gerechte Staaten in ihrem Verhältnis zueinander bzw. zu gerechten grenzüberschreitenden Institutionen leiten sollen. Der Frage danach, ob, wie und durch wen dazu beigetragen werden muss, bestehende Beziehungen der Beherrschung *innerhalb* anderer Staaten zu bekämpfen, wird dagegen wenig Beachtung geschenkt. Pettit etwa gesteht zwar zu, dass eine legitime

5 Bohman 2001; Bohman 2004; Bohman 2007b; Bohman 2008b; vgl. Besson 2009; Niederberger 2009; Niederberger 2013. Forsts transnationale Theorie der Gerechtigkeit begreift diese Position als prinzipielle Aussage nicht über die Reichweite der geforderten Institutionen, sondern der geforderten Analyse grenzüberschreitender Machtstrukturen, die eine Praxis fundamentaler Gerechtigkeit fordern, im Zuge derer erst die Reichweite der erforderlichen Institutionen bestimmt werden kann (Forst 2001 sowie Forst 2007, Kap. 11 und 12 und Forst 2015b; eine ähnliche Position vertritt, wenn auch anders begründet: Buckinx 2011).

6 Pettit 2010b; Pettit 2010c; Pettit 2015b; Pettit 2016; vgl. Cheneval 2009; Slaughter 2009; Laborde/Ronzoni 2016.

internationale Ordnung sich angesichts der realen Verhältnisse »als erste Priorität dem Versuch verschreiben sollte, legitime Staaten für all jene Völker zu etablieren, denen sie versagt werden«.[7] Dennoch hält er eine genaue Analyse der Grundlage derartiger Verantwortung, ihres Gehaltes und der Möglichkeiten, ihr nachzukommen, für ein nachgeordnetes Problem; die primäre Aufgabe einer internationalen normativen Theorie sieht er vielmehr in der Frage nach dem Verhältnis intern nicht-beherrschender Staaten zueinander.[8]

Aus der Perspektive der Gerechtigkeit als Nicht-Beherrschung ist eine solche Prioritätensetzung zugunsten der idealisierenden Annahme gerechter Staaten jedoch problematisch. Kritisch-republikanisches Denken setzt, methodisch betrachtet, an der Analyse von tatsächlichen Beherrschungsbeziehungen an und begreift deren Transformation hin zu einer Praxis der Nicht-Beherrschung als historisch und kulturell situierte Errungenschaft partikularer politischer Gemeinschaften. Der normativen politischen Theorie geht es demnach nicht allein um die Artikulation und Begründung normativer Ideale, sondern immer zugleich um praktisches normatives Wissen, das die Frage nach der Begründung und Realisierung normativer Ideale als Frage nach einer entsprechenden sozialen Praxis versteht, die von je spezifischen politischen Kontexten der Beherrschung ausgeht und ihr verankert ist.

Dabei ist, normativ betrachtet, gerade die Ebene innerstaatlicher Beherrschung von besonderer Bedeutung. Denn der Staat zeichnet sich im gegenwärtigen weltweiten Staatensystem durch zwei Besonderheiten aus: Zum einen birgt er aufgrund seines Anspruches auf ein zentrales Gewaltmonopol selbst ein Beherrschungspotential von besonderem Ausmaß. Zum anderen stellt er angesichts der Tatsache, dass sich nicht nur die Herausbildung eines Gewaltmonopols, sondern auch dessen schrittweise Einholung durch Mechanismen öffentlicher Kontrolle und Partizipation auf staatlicher Ebene vollzog, die Voraussetzungen bereit, eine Praxis der Nicht-Beherrschung zu realisieren. Dieser Prozess ist historisch gesprochen kontingent; es sprechen keine prinzipiellen Gründe dagegen,

7 Pettit 2010c, S. 154.

8 Pettit 2010b, S. 72; vgl. Pettit 2010c, S. 57 Laborde 2010b, S. 64; Lovett 2010a, S. 231 f. sowie Lovett 2010b, S. 24 sowie für eine ähnliche idealisierende Argumentstruktur: Rawls 1979, S. 25. Vgl. aber Niederberger 2008, S. 193 sowie für eine Diskussion von Peacebuilding unter neorepublikanischen Prämissen: Barnett 2006.

dass sich vergleichbare institutionelle Voraussetzungen der Realisierung von Nicht-Beherrschung auf kleinerer oder größerer Ebene, in einem gemischten System unterschiedlich großer Einheiten oder gar in nicht-territorialen Herrschaftsformen herausbilden könnten. Dennoch gewinnt diese historische Kontingenz insofern normative Relevanz, als es die Mitglieder je bestimmter, staatlich organisierter, politischer Gemeinschaften sind, die politische Strukturen öffentlicher Kontrolle und deliberativer Partizipation schaffen und am Leben erhalten und damit abstrakten Forderungen der Gerechtigkeit in ihrem jeweiligen politischen Kontext spezifische Geltung verleihen können. Ihnen bietet innerhalb des gegenwärtigen Staatensystems der Kontext des eigenen Staates einen Ausgangspunkt, das politische Projekt der Realisierung von Gerechtigkeit kollektiv zu verfolgen.

Eine solche Begründung der besonderen Bedeutung des innerstaatlichen Kontextes der Gerechtigkeit ist schwächer als nationalistische Argumente, die einen normativen Vorrang je partikularer politischer Gemeinschaften auf der Basis nationaler Identitäten und damit einhergehender spezieller Verpflichtungen unter Staatsangehörigen zu begründen suchen.[9] Sie zeichnet die staatliche Organisationsform keineswegs mit eigenem normativen Wert aus, der die Realisierung von Nicht-Beherrschung jenseits staatlicher Kontexte derjenigen innerhalb von Staaten grundsätzlich unterordnet. Zugleich ist sie jedoch stärker als Pettits Strategie, die Wahl von Staaten als Ausgangspunkt einer neorepublikanischen internationalen Ordnung pragmatisch zu erklären. Für ihn ist die Tatsache, dass alle Individuen innerhalb von Staaten leben, historisch und politisch unumgänglich; sie zu ignorieren, hieße, die politische Wirklichkeit zu verfehlen, nicht aber, einen normativen Fehler zu begehen.[10]

Je spezifische Kontexte der institutionellen Einhegung von Beherrschung sind jedoch nicht allein historisch gegebene Tatsachen; sie lassen sich als (zumindest potentiell[11]) autonome Praktiken der Nicht-Beherrschung verstehen, die der normativen Autorität der Betroffenen unterliegen. Dies zu übersehen, ist, wie Forst hervorhebt, ebenso »eine mögliche Quelle von Ungerechtigkeit« wie

9 Vgl. Miller 2008.

10 Pettit 2012b, S. 160-166; vgl. Pettit 2010b, S. 70.

11 Vgl. unten Abschnitt 8.2.3.

die normative Priorisierung staatlicher Kontexte gegenüber grenzüberschreitenden Ungerechtigkeiten.[12] Gerechtigkeit beginne, so Forst, »›von innen‹, innerhalb eines politisch-sozialen Kontexts von Auseinandersetzungen um eine bessere Gesellschaft«.[13] Aus dieser Perspektive bilden je spezifische Beherrschungserfahrungen und entsprechende Forderungen der Gerechtigkeit, die in einem Staatensystem zunächst (wenn auch nicht ausschließlich) innerhalb des jeweiligen Staates erfahren und artikuliert werden, aus normativen wie auch aus praktischen Gründen den Ausgangspunkt einer Theorie der Gerechtigkeit; denn ihr geht es um die Voraussetzungen der Etablierung autonomer Praktiken der Nicht-Beherrschung, in denen die Betroffenen selbst als normative Autoritäten agieren.

Staaten kommt demnach insofern eine besondere Bedeutung zu, als sie einerseits einen besonders dichten Kontext möglicher Beherrschung konstituieren, andererseits aber mit dem Status gleicher Bürger_innen in historisch und kulturell situierten politischen Gemeinschaften zumindest potentiell umfassende Möglichkeiten bereitstellen, Beherrschung in Ausübung demokratischer Selbstgesetzgebung einzuhegen und damit Gerechtigkeit kontextspezifisch Geltung zu verschaffen. Dennoch ist damit keineswegs vorweggenommen, dass sie angesichts grenzüberschreitender Beherrschung langfristig die zentralen Orte der Realisierung von Nicht-Beherrschung bleiben. Die Tatsache, dass es der Mehrheit der Staaten bis dato nicht einmal annähernd gelang, intern fundamentale Gerechtigkeit herzustellen, und diese Aufgabe angesichts wachsender inter- und transnationaler Verflechtungen zunehmend schwerer zu erfüllen scheint, spricht nicht dagegen, von Staaten als primären Kontexten der Gerechtigkeit auszugehen. Sie fordert vielmehr, vor eben diesem Hintergrund nach Hindernissen und nach der Verantwortung für die Realisierung von Nicht-Beherrschung auf der staatlichen Ebene zu fragen – selbst wenn sich dies letztlich als Ausgangspunkt auf dem Weg zu einer nicht-beherrschenden institutionellen Integration auf überstaatlicher Ebene erweisen sollte.

12 Forst 2007, S. 375.
13 Forst 2007, S. 375.

7.1.2. Innerstaatliche Verantwortung für innerstaatliche Beherrschung?

Nun ließe sich die Vernachlässigung der Frage nach der Verantwortung für die Realisierung fundamentaler Nicht-Beherrschung innerhalb neorepublikanischer Debatten damit begründen, dass ihre Beantwortung wenig kontrovers scheint. Miller folgend können zwei Modelle der Verantwortung unterschieden werden: Das Modell folgebasierter Verantwortung (*outcome responsibility*) fragt danach, wer ein bestimmtes Ereignis oder einen Zustand herbeigeführt hat; das Modell fähigkeitsbasierter Verantwortung (*remedial responsibility*) dagegen zielt auf die Identifikation der Akteure ab, die die Verpflichtung tragen, einen Zustand zu verändern, weil sie dazu in der Lage sind.[14] Aus Sicht beider Verantwortungsmodelle scheint es zunächst naheliegend, die Verantwortung für innerstaatliche Nicht-Beherrschung innerhalb des jeweiligen Staates zu lokalisieren: Während die jeweilige Regierung, so ließe sich annehmen, als Beherrscher Folgeverantwortung trägt, basiert das Staatensystem darauf, die Aufgabe der Realisierung von Nicht-Beherrschung Staaten zuzuschreiben und sie damit auch in fähigkeitsbasiertem Sinne in die Pflicht zu nehmen. Die Realisierung von Nicht-Beherrschung auf staatlicher Ebene wäre aus dieser Perspektive eine Antwort auf innerstaatliche Ungerechtigkeit, während inter- und transnationale sowie globale Institutionen der Nicht-Beherrschung Reaktionen auf Formen inter-, transnationaler und globaler Ungerechtigkeit darstellen.

Diese Folgerung übersieht indes drei wesentliche Punkte: Selbst wenn die folge- und fähigkeitsbasierte Verantwortung für die Realisierung von Nicht-Beherrschung in einer staatlich organisierten Welt Staaten zufällt, so ist damit erstens noch nicht geklärt, wer in die Verantwortung genommen werden kann, wenn diese sich

14 Miller 2007, S. 84; vgl. für ähnliche Unterscheidungen Goodin 1987 und Parrish 2009, S. 121. Folgeverantwortung fällt nicht mit kausaler Verantwortung zusammen, da sich die Frage nach kausaler Verantwortung lediglich auf die deskriptive Beschreibung, warum etwas passiert ist, bezieht, während Folgeverantwortung danach fragt, inwieweit ein Ergebnis sozialen Akteuren zugeschrieben werden kann (vgl. Miller 2007, S. 86-89). Pettit betont darüber hinaus, die Zuschreibung von Folgeverantwortung beziehe sich nicht nur auf Resultate, über die wir kausale Kontrolle haben, sondern auch auf solche, die wir in virtueller, nicht-kausaler Hinsicht kontrollieren (Pettit 2007c, S. 242).

als unfähig oder nicht willens erweisen oder es ihnen an entsprechenden Ressourcen mangelt, um nicht-beherrschende Institutionen zu errichten. Mit anderen Worten, die strikte Entgegensetzung innerstaatlicher und grenzüberschreitender Gerechtigkeitskontexte übersieht, dass es moralische Gründe geben könnte, externe Akteure im fähigkeitsbasierten Sinne dazu zu verpflichten, an der Realisierung von Gerechtigkeit in anderen Staaten mitzuwirken, wenn innerstaatliche Akteure ihrer Verantwortung nicht nachkommen.

Zweitens lenkt nicht nur die Frage nach fähigkeitsbasierter Verantwortung, sondern bereits das Bemühen um die Identifikation der Beherrscher den Blick über den jeweiligen Staat hinaus: Strukturen grenzüberschreitender und innerstaatlicher Beherrschung sind häufig auf komplexe Weise miteinander verwoben. So ist zu vermuten, dass inter- und transnationale Machtverhältnisse die innerstaatliche Realisierung von Gerechtigkeit blockieren können, etwa indem sie repressive Herrschaftssysteme stützen oder ökonomische Voraussetzungen innerstaatlicher Nicht-Beherrschung unterminieren. Zudem sind die im innerstaatlichen Kontext weniger Mächtigen aufgrund ihrer schwachen strukturellen Position verletzlich gegenüber transnationaler Beherrschung, deren Folgen wiederum innerstaatliche Beherrschungsbeziehungen verschärfen können. Die Frage nach der Zuschreibung von folgebasierter Verantwortung verlangt daher eine genaue soziale und normative Analyse des komplexen Zusammenhangs zwischen grenzüberschreitenden Strukturen der Beherrschung und solchen im Inneren je bestimmter politischer Gemeinschaften.

Dabei ist drittens zu berücksichtigen, dass Beherrschung ein Phänomen struktureller Macht ist, nicht nur in systemischer, sondern auch in interpersonaler Hinsicht. Beherrschende Machtbeziehungen werden daher weder zwangsläufig von den Beherrschern beabsichtigt noch von ihnen allein konstituiert und reproduziert. Daran sind vielmehr auch periphere Akteure und die Beherrschten selbst beteiligt. Mit Blick auf systemische Beherrschung sind unter Umständen sogar gar keine direkten Beherrscher identifizierbar. Die um eine strukturelle Machtdimension erweiterte Konzeptualisierung von Beherrschung verlangt daher eine entsprechende Erweiterung des folgebasierten Verantwortungsmodells: Die Frage nach Beherrschenden genügt nicht, um folgebasierte Verantwortung zuzuschreiben. Vielmehr muss darüber hinaus auch geklärt werden, ob und in welchem Sinne periphere Akteure und die Beherrschten selbst[15] Verantwortung tragen.

7.1.3. Individuelle, kollektive und geteilte Verantwortung

Nun scheint es wenig sinnvoll, davon auszugehen, dass einzelne Individuen außerhalb der Grenzen des jeweiligen Staates in einem unmittelbar an ihre individuellen Handlungen anknüpfenden folgebasierten Sinne oder in einem unmittelbar an ihren individuellen Handlungsspielräumen ansetzenden fähigkeitsbasierten Sinne verantwortlich für die Realisierung von Gerechtigkeit innerhalb anderer Staaten zeichnen. Für sich betrachtet sind sie weder in der Lage, Beherrschung zwischen Dritten herbeizuführen noch diese aufzuheben. Die Frage danach, inwieweit externe Akteure verantwortlich sind, gegen innerstaatlicher Beherrschung anderswo vorzugehen, lenkt die Aufmerksamkeit vielmehr auf die Verantwortung, die Individuen in Zusammenhängen gemeinsamen Handelns tragen. Im Vorgriff auf die in Kapitel acht dargestellten sozialphilosophischen Grundlagen kollektiven Handelns lassen sich zwei Formen *gemeinsamer* Verantwortung unterscheiden: geteilte Verantwortung sowie kollektive Verantwortung im engeren Sinne.[16]

Gruppen, die die Voraussetzungen kollektiver Handlungsfähigkeit erfüllen,[17] tragen als kollektive Akteure Verantwortung für ihr kollektives Handeln.[18] Derartige *kollektive Verantwortung* lässt sich nicht auf die Verantwortung der jeweils im Namen der Gruppe Handelnden reduzieren. Zwar können diese insofern als Individuen verantwortlich gemacht werden, als sie sich hätten weigern können, die jeweiligen Handlungen auszuführen.[19] Dennoch

15 Die Frage nach der Verantwortung der Opfer von Ungerechtigkeit wird, abgesehen von vereinzelten Diskussionen etwa von Pflichten gegen sich selbst, kaum thematisiert (vgl. Boxill 2010; Hay 2011; Silvermint 2013).

16 Diese Terminologie entspricht derjenigen, die ich in Kapitel acht mit Blick auf kollektive Handlungsfähigkeit verwende. Vgl. für eine ähnliche Unterscheidung zweier Formen gemeinsamer Verantwortung Feinberg 1968, French 1984 sowie Held 1970.

17 Diese Voraussetzungen werden in Abschnitt 8.1.2. ausführlich dargestellt.

18 Vgl. Pettit 2007e; List/Pettit 2011, S. 163-169; Stilz 2011; vgl. dagegen für die Auffassung, allein Individuen könnten Adressaten von Verantwortungszuschreibungen sein: Miller 2006.

19 Vgl. List/Pettit 2011, S. 164.

fällt ihre individuelle Verantwortung als Handelnde nicht mit der Verantwortung des kollektiven Akteurs zusammen. Letztere muss vielmehr als Verantwortung verstanden werden, die alle Mitglieder der Gruppe als Mitglieder tragen, unabhängig davon, welchen konkreten Beitrag sie zu der jeweiligen Handlung geliefert haben oder hätten liefern können.[20] Diese Formen der Verantwortungszuschreibung sind keineswegs aufeinander reduzierbar; vielmehr können sie als komplementär verstanden werden.[21] Ein Staat etwa, und das heißt die jeweiligen Bürger_innen als seine Mitglieder, trägt demnach kollektive Verantwortung, auch über die Verantwortung der jeweils entscheidenden und handelnden Regierungsmitglieder hinaus.[22]

Von derartiger kollektiver Verantwortung zu unterscheiden ist eine zweite Form gemeinsamer Verantwortung, die sich nicht auf kollektive Akteure bezieht, sondern auf Akteure (ob individueller oder kollektiver Natur), die in einem gemeinsamen Handlungskontext stehen, ohne die voraussetzungsvollen Organisationsstrukturen eines kollektiven Akteurs auszubilden.[23] Dieser Fall ist insbesondere für die Frage nach der Verantwortung für systemische Beherrschung relevant: Während interpersonale Beherrschung stets identifizierbare Beherrscher voraussetzt, beschreibt systemische Beherrschung

20 List und Pettit unterscheiden dementsprechend die Ausführungsverantwortung (*enactor responsibility*) von der kollektiven (*corporate responsibility*): Während Erstere den jeweils Entscheidenden und Handelnden zugeschrieben wird, wird Letztere von der Gruppe, und das heißt von allen Gruppenmitgliedern als Gruppenmitgliedern, getragen (List/Pettit 2011, S. 165f).

21 Vgl. Pettit 2007e, S. 194-197 sowie List/Pettit 2011, S. 165-167; Stilz 2011, S. 193-195.

22 Häufig wird davon ausgegangen, dass sich kollektive Verantwortung nur in demokratischen Staaten in die Verantwortung aller Bürger_innen und nicht nur der jeweils Entscheidenden und Handelnden übersetzen lasse (vgl. Parrish 2009; Stilz 2011 sowie für einen nationalistisch gelagerten Ansatz Miller 2007, Kap. 5). Dieses Argument muss jedoch aus den gleichen Gründen abgelehnt werden wie die in Kapitel acht zurückzuweisende These, allein intern nicht-beherrschende Staaten könnten in relevanter Weise beherrscht werden. Auch in intern-beherrschenden Staaten erfolgt eine gewisse Verantwortungsübertragung auf die Mitglieder qua Mitgliedschaft. Obwohl Pettit dies anerkennt (vgl. Pettit 2007e, S. 199 sowie Pettit 2009a, S. 165), lehnt er im Gegenzug die Übertragung kollektiver Beherrschung auf die Mitglieder nicht-demokratischer Staaten ab (vgl. dazu unten Kap. 8.2. und 8.3.).

23 Vgl. dazu Feinberg 1968, S. 683-686; Held 1970.

anonyme Machtverhältnisse, die auf den strukturellen Effekten der auf komplexe Weise miteinander verbundenen Handlungen einzelner Akteure beruhen. In einem solchen Fall kann weder in folgebasiertem noch in fähigkeitsbasiertem Sinne davon ausgegangenen werden, dass einzelne Akteure zur Verantwortung gezogen werden können: Sie können weder als direkte Verursacher der relevanten Folgen gelten, noch sind sie in der Lage, alleine Abhilfe zu leisten. Dennoch lässt sich den beteiligten Akteuren unter Umständen eine *geteilte Verantwortung* zuschreiben. Eine solche verpflichtet sie zwar als eigenständige Akteure, nicht als Mitglieder kollektiver Akteure; dennoch vermögen sie ihr nur gemeinsam mit den anderen Verantwortlichen nachkommen. Dies kann die Etablierung institutioneller Mechanismen – gegebenenfalls sogar die eines kollektiven Akteurs – erfordern, die in der Lage sind, die Anforderungen geteilter Verantwortung effektiv zu koordinieren.[24] Verantwortlich sind sie jedoch in diesem Fall nicht als Mitglieder, sondern als individuelle Akteure in geteilten Handlungszusammenhängen.

7.2. Innerstaatliche Beherrschung und grenzüberschreitende moralische Pflichten

Inwieweit tragen nun also externe Akteure Verantwortung zur Etablierung von Institutionen der Nicht-Beherrschung innerhalb anderer Staaten? Diese Frage wird im Folgenden zunächst mit Blick auf moralische Pflichten untersucht. Dazu werden vier Modelle republikanischer Solidarität diskutiert, die eine Verantwortung für die Realisierung von Nicht-Beherrschung innerhalb anderer Staaten aus dem Patriotismus gegenüber den eigenen nicht-beherrschenden Institutionen heraus zu begründen suchen (7.2.1.). Keines dieser Modelle vermag es indes, die Frage nach Ansprüchen, die aus dem Recht auf Nicht-Beherrschung erwachsen, ernst zu nehmen. In einem zweiten Schritt wird eine alternative Strategie vorgestellt, die die Verantwortung zur Realisierung von Nicht-Beherrschung in einer natürlichen Pflicht zur Gerechtigkeit verankert (7.2.2.). Sie korrespondiert dem Recht auf Nicht-Beherrschung und bildet sowohl die normative Grundlage der Gerechtigkeitspflicht, Insti-

24 Vgl. Shue 1988.

tutionen der Gerechtigkeit zu schaffen, wo immer man selbst in Beziehungen der Beherrschung verstrickt ist, als auch einer moralischen Beistandspflicht gegenüber Beherrschten (7.2.3.).

7.2.1. Vier Modelle republikanischer Solidarität

Zwar wird die Frage nach der Verantwortung externer Akteure für die Realisierung von Nicht-Beherrschung innerhalb anderer Staaten in der Debatte um grenzüberschreitende Implikationen des Prinzips der Nicht-Beherrschung kaum aufgegriffen. In der klassisch-republikanischen Tradition gibt es jedoch eine Argumentationslinie, die sich dieser Frage widmet und sie als Frage nach den Grundlagen grenzüberschreitender republikanischer Solidarität begreift. Sie geht auf republikanische Autoren der Aufklärung, insbesondere Mazzini und Rousseau, zurück und wird in der gegenwärtigen Debatte unter anderem von Viroli, Nabulsi und White aufgegriffen.[25] Kern dieser Argumentationslinie ist der Gedanke, dass sich grenzüberschreitende republikanische Solidarität aus einem Patriotismus speist, den Viroli als »Liebe zum Heimatland«[26] bezeichnet. Er ist nicht zu verwechseln mit einem nationalistischen Patriotismus, der sich auf die Nation als Gegenstand der Liebe bezieht. Vielmehr begreift er das Heimatland als Republik; der Patriotismus ist in der Liebe zu den in ihr auf je spezifische Weise verwirklichten universellen normativen Gehalten, insbesondere der Freiheit, verankert.[27] Sie bildet die Quelle grenzüberschreitender republikanischer Solidarität, aus der sich eine fähigkeitsbasierte Verantwortung gegenüber Beherrschung innerhalb anderer Staaten begründen lässt: »Wenn es die Liebe zur gemeinsamen Freiheit ist, dann kann sich Patriotismus in Solidarität jenseits nationaler Grenzen übersetzen. Alle Unterdrückten sind die Kameraden des Patrioten.«[28]

25 Viroli 1995; Nabulsi 1999; Kap. 5; White 2003.

26 Viroli 1995.

27 Während Viroli betont, es handle sich nicht um die abstrakte Zustimmung zu den allgemeinen republikanischen Prinzipien, sondern um die Leidenschaft, die auf ihrer Basis zwischen gleichen Bürgern wachse (Viroli 2000, S. 267), begreift Mazzini die Liebe zur je besonderen Verwirklichung von Freiheit als Wertschätzung der darin enthaltenen abstrakten Gehalte (vgl. Viroli 1995, S. 152).

28 Viroli 1995, S. 143 f.

White unterscheidet vier Lesarten eines solchen Argumentes, die auf unterschiedliche normative Fundamente der Solidarität verweisen:[29] Erstens könnte sie in der Sorge um die nachhaltige Realisierung von Nicht-Beherrschung im eigenen Land verankert sein. Aus dieser Perspektive sind es die Gefahr, die von intern beherrschenden Staaten für die Realisierung von Nicht-Beherrschung im eigenen Land ausgeht, und somit der auf die eigenen Institutionen bezogene Patriotismus, der zu solidarischem Handeln gegenüber Beherrschten innerhalb anderer Staaten motiviert.[30] Eine zweite, verwandte Lesart versteht republikanische Solidarität mit Beherrschten innerhalb anderer Staaten als Ausdruck des Strebens nach nationaler Ehre. Demnach ist das Eintreten für die Freiheit Anderer ein Akt, der die Ehrwürdigkeit des eigenen Volkes als eines republikanischen unterstreicht. Beide Lesarten übergehen jedoch in ihrer Konzentration auf die je eigenen Interessen die Frage nach Ansprüchen, die beherrschten Menschen andernorts aus dem Prinzip der Nicht-Beherrschung erwachsen. Sie fragen vielmehr nach Motiven, sich aus einer eigeninteressierten Perspektive heraus für die Realisierung von Nicht-Beherrschung in Drittstaaten zu interessieren. Dies lässt jedoch die Frage nach den Grundlagen einer normativen Verantwortung *gegenüber Dritten* unbeantwortet.

Die dritte Lesart rückt dagegen die Situation der Beherrschten in den Vordergrund: Sie begreift das Argument republikanischer Solidarität im Sinne humanitären Mitgefühls mit den Opfern von Beherrschung. So interpretiert Viroli Mazzini: »Unsere grundlegendsten moralischen Pflichten gelten der Menschheit [...]. Stimmen von Völkern, die unter Unterdrückung leiden, können überall gehört werden; gemeinsame politische Ideale ermöglichen die Übersetzung.«[31] Aus dieser Perspektive beruht die Verantwortung für den Kampf gegen Beherrschung innerhalb anderer Staaten auf Mitleid und einer humanitären Wohltätigkeits- oder Nothilfepflicht. Ein solches Argument übersieht jedoch, dass Beherrschung kein bloßer Zustand des Leids ist, sondern ein Machtverhältnis. Hilfe, die aus humanitären Gründen geleistet wird, mag als Akt der Nothilfe oder Barmherzigkeit geschätzt werden. Sie ist jedoch nicht auf die Realisierung von Gerechtigkeit als Nicht-Beherrschung

29 White 2003, S. 258f.

30 Vgl. Pettit 2010b, S. 89f. für derartige eigeninteressierte Argumente.

31 Viroli 1995, S. 150.

ausgerichtet, im Gegenteil: Das humanitäre Verständnis von Solidarität blendet die Analyse von Machtbeziehungen aus, denn es bezieht sich gerade nicht auf den Status von Akteuren zueinander, sondern setzt unmittelbar an der Milderung des Leids an, in dem beherrschte Akteure sich wiederfinden. Eine solche humanitäre Logik birgt daher die Gefahr dessen, was Forst als Dialektik der Moral bezeichnet:[32] Die Beherrschten werden nicht als Opfer relationaler Ungerechtigkeit, sondern als Notleidende betrachtet, denen durch großzügige Gaben geholfen wird – womöglich gar durch Beherrscher, die nun als Wohltäter auftreten. Die eigentlich normativ relevanten Machtbeziehungen werden so übergangen und letztlich verfestigt.

Die vierte Lesart des Arguments republikanischer Solidarität setzt ebenfalls an der Situation der Beherrschten an; statt Wohltätigkeit oder Nothilfe gegenüber Leidtragenden rückt sie jedoch den Kampf um die nachhaltige Errungenschaft einer institutionellen Realisierung von Nicht-Beherrschung im Vordergrund. So betont Mazzini: »Diese Männer vor 2000 Jahren, diese Völker, weit weg, die heute kämpfen […], waren und sind deine Brüder: Brüder nicht nur auf der Grundlage gemeinsamer Herkunft und Natur, sondern auf der Grundlage gemeinsamer Arbeit und Absicht.«[33] Damit macht er deutlich, dass sich die Solidarität mit Beherrschten andernorts nicht aus der bloßen Tatsache des gemeinsamen Menschseins speist, sondern aus einem geteilten Kampf. Auch Viroli spricht ausdrücklich von der aus der patriotischen Liebe gespeisten Anerkennung des »Fremden als Kameraden im gemeinsamen Kampf für die Freiheit«.[34] Die Solidarität bezieht sich demnach nicht auf die Beherrschten als Opfer und Leidtragende, sondern auf sie als Akteure, die sich gegen Beherrschung zur Wehr setzen. Republikanische Solidarität in diesem Sinne ist Ausdruck von Kameradschaft unter republikanischen Patrioten, die sich der je konkreten Realisierung der gleichen republikanischen Ideale verschreiben, nicht aber von humanitärem Mitgefühl.[35]

32 Forst 2007, Kap. 11.

33 Mazzini 2005 [1907], S. 44.

34 Viroli 1995, S. 144. Vgl. Nabulsi 1999, Kap. 6 für eine entsprechende Rekonstruktion des Denkens von Paoli und Kosciuszko vor dem Hintergrund der Freiheitskämpfe in Korsika und Polen.

35 Vgl. White 2003, S. 260.

Erst diese vierte Lesart verleiht der Idee *republikanischer* Solidarität ihren eigentlichen Sinn als Solidarität unter Akteuren, die durch ihre historisch situierten Kämpfe um die Realisierung von Nicht-Beherrschung an einem gemeinsamen republikanischen Projekt teilhaben. Dennoch bleibt fraglich, inwieweit sie eine unmittelbare Verantwortung externer Akteure zur Realisierung innerstaatlicher Gerechtigkeit zu begründen vermag. Viroli betont, dass wir als Individuen letztlich wenig ausrichten können, um dem Kampf Anderer gegen Beherrschung beizustehen:

> Wir brauchen einen Mittler zwischen uns und der Menschheit; und die einschlägigen Mittler sind Nationen und die freien Staaten, die auf ihrer Basis aufgebaut werden. [...] Wir müssen mit der Errichtung *unseres* Staates beginnen, und wir dürfen niemals davon träumen, der Menschheit zu dienen, ohne *unserem* Staat zuerst zu dienen.[36]

Aus dieser Perspektive bleibt republikanische Solidarität, gerade weil sie sich aus republikanischem Patriotismus speist, der Sorge um die Realisierung von Nicht-Beherrschung im eigenen Staat untergeordnet. Damit wird nicht nur die Frage ausgeblendet, inwieweit die Realisierung von Nicht-Beherrschung im eigenen Staat möglicherweise auf nach außen beherrschenden Strukturen beruht, die wiederum die Verwirklichung von Gerechtigkeit andernorts erschweren, sondern auch jene nach Ansprüchen der Beherrschten auf Hilfe, die ihnen aus dem Recht auf Nicht-Beherrschung erwachsen.

7.2.2. Die Pflicht zur Gerechtigkeit

Das Argument republikanischer Solidarität speist sich aus der Leidenschaft für die Sache der Nicht-Beherrschung, räumt jedoch dem je eigenen Kontext der Nicht-Beherrschung Priorität ein und begreift die Verantwortung gegenüber Beherrschten anderswo eher im Sinne von Wohltätigkeit oder Kameradschaft denn als Antwort auf das Recht auf Nicht-Beherrschung. Lovett bemüht jedoch eine alternative Argumentationsstrategie, die zur Begründung externer Verantwortung hinsichtlich der Verwirklichung innerstaatlicher Nicht-Beherrschung mobilisiert werden kann. Er argumentiert,

36 Viroli 1995, S. 151 [Hervorhebung D.G.].

aus der Perspektive einer Konzeption von Gerechtigkeit als Nicht-Beherrschung müsse Beherrschung grundsätzlich als Übel begriffen werden, dem es abzuhelfen gelte, unabhängig davon, in welchem Kontext es lokalisiert sei. Diesem Postulat entspreche eine allgemeine Prima-facie-Pflicht, Gerechtigkeit zu schaffen und zu erhalten, wo immer Ungerechtigkeit herrsche.[37]

Mit diesem Gedanken knüpft Lovett an die auf Rawls zurückgehende Idee einer natürlichen Pflicht zur Gerechtigkeit an.[38] Die Qualifikation als *natürliche* Pflicht weist diese als moralische Pflicht aus, die grundsätzlich gegenüber allen Menschen besteht, unabhängig von bestimmten sozialen Beziehungen, welche weitere Pflichten generieren können.[39] Rawls formuliert sie wie folgt:

> Vom Standpunkt der Gerechtigkeitstheorie aus ist die wichtigste natürliche Pflicht die der Erhaltung und Förderung gerechter Institutionen. Sie hat zwei Teile: Einmal müssen wir vorhandenen gerechten Institutionen, die sich auf uns beziehen, gehorchen und die vorgesehene Rolle in ihnen spielen; zum anderen müssen wir bei der Errichtung neuer gerechter Institutionen mithelfen, mindestens wenn es mit geringem Aufwand für uns möglich ist.[40]

Der Großteil der Debatten um Rawls' Pflicht zu Gerechtigkeit beschäftigt sich mit dem ersten Teil, d. h. der Pflicht, gerechte Institutionen zu unterstützen, und dem damit verbundenen Problem politischer Verpflichtung gegenüber gerechten politischen Institutionen.[41] Aus der Perspektive einer Theorie der Gerechtigkeit als Nicht-Beherrschung, die an Ungerechtigkeit ansetzt, scheint indes die von Rawls selbst zunächst nicht weiter ausgearbeitete Pflicht zur Förderung der Errichtung von Institutionen der Gerechtigkeit, wo keine existieren, von größerer Bedeutung.

37 Lovett 2010a, S. 224-227.

38 Rawls 1979, S. 368-378.

39 Rawls 1979, S. 135-139 und Kap. 6. Die Auszeichnung von Pflichten (im Gegensatz zu erworbenen Verpflichtungen) als ›natürlich‹ ist terminologisch insofern missverständlich, als sie keine Naturrechtstheorie voraussetzen, sondern schlichtweg als nicht-relational begründete Pflichten zu verstehen sind. Im Folgenden spreche ich daher nicht von einer natürlichen Pflicht, sondern von der nicht-relationalen Pflicht zur Gerechtigkeit.

40 Rawls 1979, S. 368 f.

41 Vgl. z. B. Simmons 1979; Waldron 1993; Klosko 1994; Wellman/Simmons 2005.

Im Gegensatz zur Unterstützungspflicht bezieht sich die Errichtungspflicht nicht auf bereits »vorhandene und für uns geltende gerechte Institutionen«[42], sondern lässt die Reichweite der zu schaffenden Institutionen offen. Dies erlaubt drei unterschiedliche Interpretationen:[43] (1) Jede Person hat die Pflicht, auf die Etablierung gerechter Institutionen zwischen ihr und ihren Mitbürger_innen hinzuwirken. (2) Jede Person hat die Pflicht, auf die Etablierung gerechter Institutionen zwischen ihr und allen anderen Personen, mit denen sie interagiert bzw. interagieren könnte, hinzuwirken. (3) Jede Person hat die Pflicht, darauf hinzuarbeiten, dass alle Menschen Zugang zu gerechten Institutionen haben, wo immer Ungerechtigkeit herrscht. Die erste Interpretation ist aus Sicht einer Theorie der Gerechtigkeit als Nicht-Beherrschung zu eng: Zwar mag der staatliche Kontext in besonderem Maße die Gefahr der Beherrschung bieten; daraus folgt jedoch keine grundsätzliche Beschränkung der Gerechtigkeit auf staatliche Kontexte. Auch grenzüberschreitende Beziehungen der Beherrschung sind ungerecht und verlangen nach Institutionen der Nicht-Beherrschung.

Die zweite Interpretation scheint einer Theorie der Gerechtigkeit als Nicht-Beherrschung angemessener. Sie fordert in ihrer schwächeren Version überall dort, wo bereits Interaktionen stattfinden, bzw. in ihrer stärkeren Version überall dort, wo Interaktion stattfinden könnte, dafür zu sorgen, dass die Realisierungsbedingungen von Gerechtigkeit gewährleistet sind. Dabei wird vorausgesetzt, dass der verpflichtete Akteur selbst Teil der jeweiligen tatsächlichen oder möglichen Interaktionen ist. Die Pflicht zur Gerechtigkeit ist damit dieser zweiten Interpretation zufolge *relational*, d.h., sie erstreckt sich nicht auf die Realisierung von Gerechtigkeit unter Dritten. Vielmehr fordert sie, selbst keine Ungerechtigkeiten zu verursachen und darum innerhalb der *eigenen* sozialen Beziehungen für die Etablierung von Institutionen zu sorgen, ohne die Gerechtigkeit gar nicht realisierbar wäre.[44]

42 Rawls 1979, S. 137.

43 Vgl. zu dieser Unterscheidung ähnlich Buchanan 1999b, S. 83.

44 Zwar ließe sich die stärkere Lesart, die an möglichen und nicht bloß tatsächlichen Interaktionen ansetzt – kantisch inspiriert –, auf der Basis der Koexistenz auf einer begrenzten Erdoberfläche als potentiell universell verstehen: Weil wir einander nicht aus dem Weg gehen können und dabei gleichermaßen von begrenzten Ressourcen abhängig sind, ist Interaktion letztlich unvermeidbar (vgl.

Aus Sicht einer Theorie der Gerechtigkeit als Nicht-Beherrschung ist indes nicht soziale Interaktion per se ausschlaggebend, sondern das Eingebundensein in tatsächliche (und nicht bloß mögliche) beherrschende Machtbeziehungen. Wer genau dazu verpflichtet ist, nicht-beherrschende Institutionen zu etablieren, hängt demnach davon ab, wer Teil der in Frage stehenden Beziehung der Beherrschung ist, sei es als beherrschender, beherrschter oder als peripherer Akteur. In diesem Sinne liefert die Pflicht zur Gerechtigkeit die normative Grundlage für Gerechtigkeitspflichten im engeren Sinne, d.h. Pflichten *korrektiver Gerechtigkeit*, die auf dem folgebasierten Modell von Verantwortung basieren und diejenigen in die Pflicht nehmen, die selbst in Ungerechtigkeiten verstrickt sind. Zugleich impliziert dies, dass sich derartige Gerechtigkeitspflichten lediglich auf Machtkontexte erstrecken, deren Teil die jeweils verantwortlichen Akteure selbst sind, nicht aber auf die Errichtung gerechter Institutionen unter Dritten.

Lovett geht jedoch noch einen Schritt weiter und verteidigt die Pflicht zur Gerechtigkeit in ihrer dritten, am weitesten reichenden Interpretation: »[J]eder von uns hat grundsätzlich die Pflicht, sicherzustellen, dass die Menschen überall unter gerechten Institutionen und Praktiken leben.«[45] Im Gegensatz zur zweiten Lesart geht es nun also nicht um die Realisierung von Gerechtigkeit innerhalb der Machtverhältnisse, deren Teil man selber ist, sondern gerade auch um Kontexte der Beherrschung, denen man unbeteiligt gegenübersteht. Während Lovett sich hinsichtlich der Begründung einer solch weitgehenden, nicht-relationalen Pflicht mit einigen Hinweisen auf die Vorteile in Bezug auf Pflichten gegenüber zukünftigen Generationen begnügt,[46] korrespondiert sie aus der hier entwickelten Perspektive dem in Kapitel vier eingeführten moralischen Recht auf Nicht-Beherrschung: Wenn alle Menschen als Träger_innen eines Rechts auf Nicht-Beherrschung verstanden werden, das wiederum die Errichtung von Institutionen der Nicht-

Kant 1977 [1795], S. 214; Kant 1977 [1797], S. 475 f.). Um bereits im Vorhinein zu verhindern, dass Interaktionen Beherrschung konstituieren, müssen die notwendigen Voraussetzungen von Gerechtigkeit erfüllt sein. Dennoch bleibt auch in dieser stärkeren Lesart die Pflicht zur Gerechtigkeit in dem Sinne relational, als sie sich nur auf eine bestimmte Art von Beziehungen bezieht.

45 Lovett 2010a, S. 226; sowie Buchanan 1999b, S. 83 f. sowie Buchanan 2004, S. 86.

46 Lovett 2010a, S. 226; vgl. Lovett 2016.

Beherrschung verlangt, so muss sichergestellt werden, dass tatsächlich alle Personen Zugang zu gerechten Institutionen haben.[47]

7.2.3. Die Pflicht zur Gerechtigkeit als Grundlage von Gerechtigkeits- *und* Beistandspflichten

Wie aber verhält sich eine solche nicht-relationale Pflicht zur Gerechtigkeit gegenüber Beherrschten innerhalb anderer Staaten zu folgebasierten, relationalen Pflichten korrektiver Gerechtigkeit? Auf den ersten Blick weist sie eine gewisse Nähe zu humanitären Hilfspflichten auf, postuliert sie doch unabhängig von eigenen Verstrickungen in Ungerechtigkeit eine Pflicht, Menschen in Gesellschaften, die nicht in der Lage sind, selbständig gerechte Institutionen zu schaffen, beizustehen. Damit scheint sie ebenso wie humanitäre Hilfspflichten die Gefahr einer Dialektik der Moral zu bergen. Forst kritisiert dementsprechend mit Blick auf Rawls, der eine solche nicht-relationale Beistandspflicht gegenüber belasteten Gesellschaften formuliert, die aus eigener Kraft keine wohlgeordneten Institutionen errichten können,[48] diese übersehe, dass Beziehungen

47 Gerechte Institutionen im relevanten Sinne sind nicht allein Institutionen, die selbst intern nicht-beherrschend sind (wie etwa ein intern rechtlich und partizipativ verfasster Schachverein), sondern gerade auch solche, die in der Lage sind, in wesentlichen Hinsichten Nicht-Beherrschung zwischen ihren Mitgliedern zu realisieren, und die eben darum selbst Forderungen der Gerechtigkeit darstellen. Dazu gehören in besonderer, wenn auch nicht ausschließlicher, Weise diejenigen auf innerstaatlicher Ebene. Die Gewährung von Zugang zu den eigenen mehr oder weniger gerechten Institutionen durch effektive Asylrechte kann in dieser Hinsicht Abhilfe schaffen. Aus Sicht einer Theorie der Gerechtigkeit als Nicht-Beherrschung genügt ein solcher subsidiärer Schutz jedoch keineswegs (so wichtig er auch im Einzelfall ist). Wer gezwungen ist, seine Heimat zu verlassen, muss aus dieser Perspektive als beherrscht gelten und hat Anspruch auf Beistand, nicht nur im Sinne des persönlichen Schutzes, sondern auch, um die entsprechenden Strukturen der Beherrschung vor Ort bekämpfen zu können.

48 Rawls 2002, S. 131-140. Die Natur bzw. Begründung dieser Pflicht ist in der Literatur ebenso umstritten wie ihr genauer Gehalt (vgl. Williams 2011, Kap. 3 und 4). Häufig wird sie im Sinne der eigeninteressierten Verteidigung der eigenen gerechten Institutionen (Beitz 2000, S. 689; Cabrera 2001, S. 176) oder in humanitärem Sinne (Buchanan 2000, S. 710; Freeman 2006, S. 34; Valentini 2011, S. 74) gelesen. Die Beistandspflicht gegenüber belasteten Gesellschaften formuliert jedoch ein Prinzip transitionaler Gerechtigkeit, das auf der Basis der Pflicht zur Gerechtigkeit den Übergang aus ungerechten in gerechte Verhältnisse regelt

der Beherrschung auf innerstaatlicher Ebene häufig Teil komplexer Strukturen mehrfacher Beherrschung seien, in denen grenzüberschreitende und innerstaatliche Verhältnisse der Ungerechtigkeit sich gegenseitig stabilisieren.[49] Es bedürfe nicht nur einer »komplexeren Analyse bestehender Ungerechtigkeiten«, sondern auch eines »umfassenderen Verständnisses dieser Pflicht, die eindeutiger als bei Rawls als ›Gerechtigkeitspflicht‹ aufzufassen wäre«.[50]

Der Hinweis auf die zentrale Bedeutung einer Analyse von Strukturen mehrfacher Beherrschung ist in der Tat wichtig. Die grundlegende *Pflicht zur Gerechtigkeit*, die dem Recht auf Nicht-Beherrschung korrespondiert, liefert die normative Grundlage für die Zuschreibung von *Pflichten korrektiver Gerechtigkeit,* also Gerechtigkeitspflichten im engeren Sinne: Wo immer wir selbst in ungerechte, beherrschende Machtverhältnisse verstrickt sind, tragen wir die Pflicht, diese Beherrschung in eine Praxis der Nicht-Beherrschung zu überführen. Dennoch erschöpft sich die Frage nach der Realisierung von Gerechtigkeit nicht in Pflichten korrektiver Gerechtigkeit; die Pflicht zur Gerechtigkeit bildet zugleich die Grundlage für eine *Beistandspflicht* gegenüber Beherrschten, die allein nicht in der Lage sind, nicht-beherrschende Institutionen zu realisieren. Diese ist keine humanitär motivierte Hilfspflicht, denn ihr Ziel besteht nicht in der Linderung von Not, sondern in der Ermöglichung der Realisierung fundamentaler nicht-beherrschender Institutionen. In diesem Sinne benennt sie ein Prinzip transitionaler Gerechtigkeit.[51] Dennoch ist sie keine Gerechtigkeitspflicht im engeren Sinne, sondern eine nicht-relationale moralische Pflicht, die sich auf Situationen bezieht, in denen die Zuschreibung korrektiver Gerechtigkeitspflichten nicht ausreicht. Mit anderen Worten,

(Rawls 2002, S. 132 f.; vgl. analog dazu Rawls' Diskussion des Spargrundsatzes (Rawls 1979, S. 319-327)).

49 Forst 2007, S. 334. Vgl. für eine ähnliche Kritik an Rawls: Pogge 2005a; Pogge 2011, insbesondere Kap. 4.

50 Forst 2007, S. 334 f.; vgl. ebd., S. 377. In jüngeren Arbeiten scheint Forst jedoch von dieser Position insofern abzurücken, als er eine Differenzierung zwischen der relationalen Verantwortung der Verursacher und der Profiteure von Ungerechtigkeit sowie der nicht-relationalen Pflicht, Ungerechtigkeit zu beenden, andeutet (Forst 2012, S. 31, Fn. 4; Forst 2013, S. 156, Fn. 9). Offen bleibt indes, wie diese sich zueinander verhalten.

51 Vgl. oben Kapitel 7, Fn. 48 für eine entsprechende Interpretation der Beistandspflicht bei Rawls.

beide, Beistandspflicht wie auch Gerechtigkeitspflichten, beruhen auf der grundlegenden Pflicht zur Gerechtigkeit und ergänzen einander, um dem Recht auf Nicht-Beherrschung unverkürzte Geltung zu verleihen.

Gerechtigkeitspflichten und Beistandspflicht unterscheiden sich in zweierlei Hinsicht voneinander: Erstens ist die Beistandspflicht keine Gerechtigkeitspflicht, sondern eine moralische Pflicht, die wir als moralische Akteure allen anderen moralischen Akteuren schulden.[52] Sie ist damit eine nicht-relationale, unbestimmte Pflicht, die auf eine nähere, in der Regel institutionell vermittelte Bestimmung des Gehalts und der Träger_innen nach dem Modell fähigkeitsbasierter Verantwortung angewiesen bleibt. Gerechtigkeitspflichten im engeren Sinne sind dagegen relationale Pflichten, die sich direkt auf Machtbeziehungen zwischen je spezifischen Rechts- und Pflichtenträgern beziehen und erst durch diese generiert werden. Ihre Träger sind verantwortlich, nicht weil sie helfen können, sondern weil sie in Beherrschung verstrickt sind. Gerechtigkeitspflichten beruhen daher auf dem Modell der Folgeverantwortung und bestimmen ausgehend von spezifischen Rechtsverletzungen die jeweiligen spezifischen Pflichtenträger_inne, die ihre Pflicht wiederum den je spezifischen Rechtsträger_innen schulden. Ihr Gehalt sowie die jeweiligen Rechts- und Pflichtenträger lassen sich somit zumindest prinzipiell unabhängig von institutionellen Koordinierungsmechanismen bestimmen, nämlich anhand einer Analyse der jeweiligen Beherrschungssituation.

Der zweite entscheidende Unterschied zwischen moralischer Beistandspflicht und korrektiven Gerechtigkeitspflichten bezieht sich auf ihren Gehalt, denn dieser hängt von der Beziehung eines Akteurs zu dem jeweiligen Kontext der Gerechtigkeit ab. Ist er selbst Teil der in Frage stehenden Machtverhältnisse, ob als beherrschender, beherrschter oder peripherer Akteur, so erstreckt sich

52 Lovett scheint dagegen auch die nicht-relationale Dimension der Pflicht zur Gerechtigkeit als Gerechtigkeitspflicht zu verstehen (Lovett 2010a, S. 225 f.). Dahinter steht sein konsequentialistischer Zugang zur Gerechtigkeitstheorie, die keinen relevanten Unterschied zwischen Gerechtigkeitspflichten und moralischen Pflichten anerkennt. Buchanan hält die Unterscheidung generell für wenig aussagekräftig (Buchanan 1987). Vgl. jedoch zum Unterschied zwischen moralischen Pflichten und Gerechtigkeitspflichten Barry 1991; Pogge 2005b; Loriaux 2006; Ashford 2011.

seine Pflicht zur Gerechtigkeit gegenüber den anderen beteiligten Akteuren nicht allein darauf, zur Errichtung von Institutionen der Nicht-Beherrschung beizutragen. Da er selbst Teil der Praxis der Nicht-Beherrschung ist, die durch diese Institutionen ermöglicht wird, trägt er darüber hinaus auch die Pflicht, diese zu unterstützen und in ihr mitzuwirken, sobald sie existiert. In Kontexten, an denen ein Akteur selbst nicht beteiligt ist, bezieht sich seine Pflicht zur Gerechtigkeit dagegen allein darauf, dazu beizutragen, dass, wo immer Beherrschung herrscht, jeder Zugang zu Institutionen der Nicht-Beherrschung hat, und somit auf die Errichtungspflicht in fundamentaler Hinsicht. Alle darüber hinausgehenden Forderungen der Gerechtigkeit innerhalb dieses Kontextes sind dann innerhalb dieser fundamentalen nicht-beherrschenden Institutionen, d. h. im Rahmen einer autonomem Praxis der Nicht-Beherrschung, zu rechtfertigen. Die nicht-relationale Beistandspflicht beschränkt sich somit auf die Errichtung von Institutionen *fundamentaler* Gerechtigkeit, d. h. solchen, die die Gerechtigkeit unmittelbar als ihre eigene Realisierungsbedingung fordert. Relationale Gerechtigkeitspflichten umfassen dagegen auch die Realisierung *weiterführender* Gerechtigkeit.

Gerechtigkeitspflichten gebührt indes keineswegs automatisch Vorrang. Unter Umständen mag die auf fundamentale Gerechtigkeit bezogene Beistandspflicht schwerer zu gewichten sein als konfligierende Pflichten weiterführender Gerechtigkeit im je eigenen Kontext der Gerechtigkeit. Zu beachten ist jedoch, dass gerade mit Blick auf grenzüberschreitende komplexe Formen mehrfacher Beherrschung die Unterscheidung von Unbeteiligten, die als solche eine Beistandspflicht tragen, und peripheren Akteuren, die in beherrschende Machtverhältnisse verstrickt sind und damit Pflichten korrektiver Gerechtigkeit tragen, keineswegs offensichtlich ist. In diesem Sinne insistiert Forst zu Recht darauf, dass die einseitige Konzentration auf eine fähigkeitsbasierte moralische Beistandspflicht den eigentlichen Kern der Frage nach Gerechtigkeit verfehlt. Nur im Verbund mit einer umfassenden Analyse der Beherrschungsstrukturen können die tatsächlichen Relationen von Ungerechtigkeit und Gerechtigkeit freigelegt werden, und erst dies erlaubt in Bezug auf einen gegebenen Beherrschungskontext die Unterscheidung von Träger_innen von Gerechtigkeitspflichten auf der einen und Unbeteiligten mit Beistandspflichten auf der anderen Seite. Eine solche Analyse wird im Folgenden in Bezug auf die Frage nach einer grenzüberschreitenden Verantwortung für die Realisierung innerstaatlicher fundamentaler Gerechtigkeit umrissen.

7.3. Innerstaatliche Beherrschung und grenzüberschreitende Gerechtigkeitspflichten

Die natürliche Pflicht zur Gerechtigkeit bildet die Grundlage sowohl für Beistandspflichten gegenüber Dritten als auch für Pflichten korrektiver Gerechtigkeit mit Blick auf Beherrschungsverhältnisse, in die man selbst verstrickt ist. Um zu klären, welche Art Verantwortung externe Akteure für die Realisierung fundamentaler Nicht-Beherrschung innerhalb anderer Staaten tragen, ist daher eine Analyse des Wechselspiels zwischen grenzüberschreitender und innerstaatlicher Beherrschung erforderlich, die offenlegt, inwiefern die Realisierung innerstaatlicher Gerechtigkeit durch grenzüberschreitende Beherrschung behindert wird. Das Modell der Folgeverantwortung liefert diesbezüglich wichtige empirische Erkenntnisse, sowohl mit Blick auf die Folgen des Kolonialismus als auch hinsichtlich der Wechselwirkungen zwischen derzeitigen grenzüberschreitenden Machtstrukturen und innerstaatlicher Beherrschung. Es wird jedoch aufgrund der Konzentration auf individuelle Beiträge der strukturellen Dimension von Beherrschung nicht gerecht (7.3.1.). Auf der Basis von Youngs Modell politischer Verantwortung lässt sich ein Modell politischer Verantwortung für Beherrschung entwickeln, das die folgebasierte Begründung von Gerechtigkeitspflichten von der konkreten Zuweisung entsprechender Pflichten trennt und damit die strukturelle Dimension von Beherrschung in den Blick zu nehmen weiß (7.3.2.). Vor diesem Hintergrund werden abschließend drei Grundsätze formuliert, die auf der Grundlage der natürlichen Pflicht zur Gerechtigkeit die Verantwortung externer Akteure für innerstaatliche Beherrschung zusammenfassen (7.3.3.).

7.3.1. Das Modell der Folgeverantwortung für innerstaatliche Beherrschung

Das Modell der Folgeverantwortung zielt darauf ab, Wechselwirkungen zwischen grenzüberschreitender Beherrschung und innerstaatlicher Beherrschung offenzulegen und auf dieser Basis externe beherrschende Akteure im folgebasierten Sinne für innerstaatliche Beherrschung zur Verantwortung zu ziehen. Zwei Varianten klassischer Folgeverantwortung lassen sich unterscheiden. Das *Modell historischer Folgeverantwortung* sucht einen Zusammenhang zwischen vergangener Kolonialherrschaft[53] und gegenwärtigen Strukturen innerstaatlicher Beherrschung herzustellen und auf dieser Basis die ehemaligen Kolonialmächte mit Blick auf die Wiedergutmachung von historischen Ungerechtigkeiten in die Pflicht zu nehmen, die bis heute in innerstaatlichen Beherrschungsverhältnissen nachwirken. Die Herausforderung besteht dabei zunächst darin, die Strukturmerkmale post-kolonialer und intern beherrschender Herrschaft unmittelbar auf koloniale Beherrschung zurückzuführen.

Entsprechend den drei Dimensionen von Beherrschung lassen sich ein politischer, ein kultureller und ein ökonomischer Ansatzpunkt für eine solche historisch ansetzende Begründung von Gerechtigkeitspflichten externer Akteure unterscheiden. In *politischer* Hinsicht argumentiert Mayall, der Staat selbst sei ein koloniales Exportprodukt, der lokalen Herrschaftsstrukturen aufgepfroft wurde und dadurch zu Mutationen führte, die heute als Staatsversagen gekennzeichnet würden.[54] Ein erstes, viele intern-beherrschende post-koloniale Regime kennzeichnendes Merkmal sind neopatrimoniale Herrschaftsstrukturen.[55] Diese zeichnen sich durch die Durchdringung des legal-rationalen Systems rechtlicher Herrschaft mit der auf persönlichen Beziehungen beruhenden Funktionslogik

53 Die folgenden Argumente beziehen sich auf den afrikanischen Kontext – und damit auf eine bestimmte, koloniale Form des Imperialismus –, da gerade Afrika als Ort des ›Governance-Versagens‹ gekennzeichnet wird. Ähnliche Zusammenhänge lassen sich jedoch auch für andere post-koloniale Kontexte nachweisen.

54 Mayall 2005, S. 37; vgl. Clapham 2004; Osaghae 2007.

55 Bratton/van de Walle 1997, Kap. 2; Chabal/Daloz 1999; Englebert 2000; Erdmann 2002; Engel/Erdmann 2006. Der Begriff des Neopatrimonialismus geht zurück auf Eisenstadt 1973. Zu beachten ist, dass er keinen Regimetyp, sondern eine Kombination zweier Herrschaftslogiken bezeichnet.

patrimonialer Herrschaft aus.[56] Statt formaler und materialer Allgemeinheit und Reziprozität sind persönliche Herrschaft, der Vorrang des Besonderen[57] und die daraus resultierende Unsicherheit[58] wesentliche Charakteristika. Bürger_innen sind keine Rechtsträger_innen, sondern Bittsteller_innen.[59] Derartige neopatrimoniale Herrschaftsstrukturen stehen in Kontinuität zur indirekten kolonialen Herrschaft durch administratives (im Unterschied zu traditionellem) Häuptlingswesen: Da die Kolonialverwaltung nur in den Verwaltungszentren präsent war, bediente sie sich als intermediäre Instanz zur Vermittlung zwischen Kolonialverwaltung und Bevölkerung traditioneller oder erfundener lokaler Autoritäten. Diese wurden indes von traditionellen Formen der Kontrolle und Beschränkung von Macht befreit und konnten innerhalb der von der Kolonialmacht gesetzten Grenzen nach freiem Belieben herrschen.[60] Dieses System zweier miteinander verschränkter Formen, unbeschränkter Herrschaft, der urbanen, auf der Sprache des ›Rechts‹ basierenden und der ländlichen, auf der Sprache der ›Tradition‹ basierenden,[61] legte den Grundstein für andauernde neopatrimoniale und despotische Formen der Beherrschung innerhalb staatlich-bürokratischer Strukturen.

Ein zweites Merkmal, das viele postkoloniale Staaten teilen, ist die Verbreitung von Gewalt zur Sicherung politischer Herrschaft. Auch sie lässt sich auf koloniale Formen eines administrativen und politischen Despotismus zurückführen: Da die Kolonialherrschaft kein Basisvertrauen zwischen Herrschaft und Bevölkerung kannte, beruhte sie auf der ständig präsenten Drohung mit Gewalt, sowohl mit Blick auf die Durchsetzung grundlegender Verwaltungsaufgaben als auch im Umgang mit gesellschaftlichem Widerstand.[62] Gewaltsame Herrschaft durch lokale Autoritäten wurde zudem als legitim betrachtet, sofern sie Ausdruck des loka-

56 Engel/Erdmann 2006, S. 18.

57 Trotha 2000, S. 265.

58 Erdmann 2002, S. 333.

59 Trotha 2000, S. 263.

60 Mamdani 1996, S. 41-61 sowie Kap. 4; Trotha 2000, S. 257 sowie am Beispiel des Häuptlingtums der Ifoghas ebd., S. 270-276; vgl. Erdmann 2002, S. 333.

61 Vgl. Mamdani 1996, S. 16-18.

62 Trotha 2000, S. 255-257; vgl. Ake 1996, Kap. 1; Mamdani 1996, S. 59 f. sowie zur Rolle der Gewalt in kolonialisierten Gesellschaften Fanon 1981.

len Gewohnheitsrechts war – und darüber zu befinden, war den lokalen Autoritäten selbst überlassen.[63] Aufgrund der schwachen Präsenz der Kolonialverwaltung jenseits des eigentlichen Verwaltungszentrums blieb das Gewaltmonopol gegenüber gewaltsamen ländlichen Konflikten ebenso machtlos wie angesichts der Gewalt in den wachsenden Städten. Diese Ohnmacht konnten viele post-koloniale Staaten nicht beheben. Die Folge ist eine andauernde »Verunsicherung des öffentlichen Raumes«.[64] Statt der Realisierung von Nicht-Beherrschung etablierte sich eine konstitutiv beherrschende Herrschaft.

Drittens hinterließ die Grenzziehung post-kolonialer Staaten kolonial erzwungene Staatsgebilde, deren Bevölkerung ethnisch, linguistisch und religiös zum Teil äußerst heterogen zusammengesetzt ist und kaum durch verbindende Identitätsmerkmale oder gemeinsame politische Projekte jenseits des anti-kolonialen Kampfes verbunden ist.[65] Diese Heterogenität post-kolonialer Staaten ist indes nicht allein Folge der Grenzziehungen; vielmehr ist gerade die Unterscheidung von je spezifischen Stämmen, denen je eigene administrative Autoritäten, je eigenes ›traditionelles‹ Recht und eine je eigene ›traditionelle‹ Kultur zugeschrieben wurde, ein zentrales Merkmal indirekter kolonialer Herrschaft in Afrika, die auf dem Prinzip ›Teile und herrsche‹ beruhte.[66] Zudem bedingte gerade das Ausbleiben äußerer Bedrohungen aufgrund der internationalen Garantie der äußeren Souveränität post-kolonialer Staaten, dass es wenig Grund zu gemeinsamem politischen Handeln gab.[67] Dies leistet einer Ethnisierung der Politik und klientelistischen Politikformen weiteren Vorschub.

Dieser Punkt ist verbunden mit der *kulturellen* Dimension innerstaatlicher Beherrschung: Wie in Kapitel zwei im Zuge der Darstellung der Imperialismuskritik an externer Demokratieförderung erwähnt, sind sozio-ökonomische und politische Konfliktlinien nicht nur häufig ethnisch oder religiös kodiert; sie spiegeln die von den einstigen Kolonialherren verteilten Privilegien wieder, die ethnische oder religiöse Konfliktlinien verstärkten oder ihnen über-

63 Mamdani 1996, S. 28 f.

64 Trotha 2000, S. 259.

65 Mayall 2005, S. 42.

66 Mamdani 1996, insbesondere Kap. 6.

67 Tetzlaff 1999, S. 318.

haupt erst Relevanz verliehen.[68] Zudem wird von post-kolonialen Autoren geltend gemacht, die mit der Erfahrung des Kolonialismus und des Sklavenhandels verbundene kulturelle Entfremdung habe zu Selbstzweifeln an der Fähigkeit, sich selbst zu regieren, geführt, die im Zuge der Dekolonisierung in die Bejahung des Gegenteils der Selbstbeschreibung der Kolonialmacht umschlug.[69] Derartige kulturelle und psychologische Folgen der Kolonialherrschaft, die sich auch in der Repräsentation von Demokratie als westlicher Idee und Afrika als Ort der *governance*-Krise niederschlagen, blockieren, so könnte man argumentieren, bis heute die autonome innerstaatliche Realisierung von Nicht-Beherrschung.

Schließlich fehlt es vielfach auch an materiellen Voraussetzungen nicht-beherrschender Herrschaft. Wie in Kapitel sechs dargelegt, erfordert diese die *ökonomische* Unabhängigkeit der Bürger_innen. Unter Bedingungen, in denen weite Teile der Bevölkerung keinen Zugang zu ausreichender Ernährung, Krankenversorgung, Wohnraum und Grundbildung haben, sind sie äußerst verletzlich gegenüber Beherrschung. Auch derartige ökonomische Probleme werden auf jahrzehntelange Ausbeutung und Zerschlagung lokaler wirtschaftlicher Strukturen in der Kolonialzeit zurückgeführt. Rodney etwa argumentiert, die ökonomische Entwicklung Europas basiere unmittelbar auf der systematischen »Unterentwicklung« Afrikas durch Sklavenhandel und Kolonialismus.[70] Mayall hebt hervor, die ökonomischen Weichenstellungen der post-kolonialen Staaten setzten die Grundmuster kolonialer Wirtschaftspolitik, insbesondere die gelenkte Wirtschaft und den Rohstoffhandel, fort – mit zum Teil verheerenden Auswirkungen.[71]

Dabei ist aus Sicht der Frage nach innerstaatlicher Beherrschung nicht allein der Mangel an ökonomischen Ressourcen und die dadurch bedingte ökonomische Abhängigkeit der Bürger_innen von Relevanz. Gerade die Strategie, *nation-building* über die Förderung ökonomischen Wachstums zu betreiben, ließ den Staat vor dem Hintergrund tief gespaltener Gesellschaften zur Beute werden, verstärkte so neopatrimoniale Strukturen und Korruption und beschleunigte die Aushöhlung staatlicher Handlungsfähigkeit

68 Mayall 2005, S. 50.
69 Memmi 1980; Fanon 1985.
70 Rodney 1976.
71 Mayall 2005, S. 44.

und damit seiner Fähigkeit, Nicht-Beherrschung zu realisieren.[72] Mamdani hält vor dem Hintergrund dieser vielschichtigen Kontinuitäten in der Struktur kolonialer und post-kolonialer Despotismen fest: »Das vielleicht bedeutendste institutionelle Vermächtnis kolonialer Herrschaft liegt [...] in den ererbten Hindernissen der Demokratisierung.«[73]

Die Freilegung dieser empirischen Zusammenhänge ist überaus aufschlussreich. Zudem steht außer Frage, dass koloniale Beherrschung selbst eine fundamentale Ungerechtigkeit ist, die Pflichten korrektiver Gerechtigkeit generiert. Dennoch ist fraglich, inwieweit sich das Modell historischer Folgeverantwortung eignet, um Gerechtigkeitspflichten zu externer Demokratieförderung zu begründen. Folgeverantwortung basiert sowohl mit Blick auf die Allokation von Pflichten als auch hinsichtlich der Konkretisierung ihres Gehaltes auf der genauen Bestimmung des jeweiligen Beitrags zum Unrecht, also einer vorhersehbaren Verbindung zwischen den eigenen Handlungen und dem schädigenden Resultat.[74] Soziale Prozesse und ihre Folgen lassen sich jedoch erstens – zumal Jahrzehnte später – selten monokausal rekonstruieren. [75] Dabei ist das Kernproblem nicht allein die epistemische Frage, wie überhaupt beurteilt werden kann, wie die Geschichte verlaufen wäre, hätte es keinen Kolonialismus gegeben, und welche Baseline dabei zur Bemessung des angerichteten Schadens dient. Auch das vieldiskutierte normative Problem, inwieweit die auf der Basis historischen Unrechts zugeschriebene folgenbasierte Verantwortung mit der Zeit abnimmt,[76] ist aus der Perspektive der Nicht-Beherrschung nicht das entscheidende. Das Unrecht dauert an, solange die Strukturen der Beherrschung fortbestehen, auch wenn diese andere Formen annehmen. Zudem lockert eine Konzeption kollektiver Verantwortung, die die Staatsbürger_innen ehemaliger Kolonialmächte in die Verantwortung nimmt, die Anforderungen an unmittelbare Folgerelationen, da das Kriterium der Mitgliedschaft den Nachweis

72 Mayall 2005, S. 46 f.

73 Mamdani 1996, S. 25.

74 Vgl. Miller 2007, S. 88.

75 Vgl. allgemein Waldron 1992, S. 7-14; vgl. Ivison 2006, S. 515 f. und Butt 2009, S. 102-117 sowie mit Blick auf den Kolonialismus in Afrika Howard-Hassman 2003.

76 Vgl. dazu Sher 1981; Waldron 1992; Kukathas 2006; Meyer 2006.

einer zeitlich gestreckten Folgerelation ermöglicht.[77] Doch auch dann bedarf die Rekonstruktion des genauen Beitrags der Kolonialherrscher kontrafaktischer Argumente. Diese müssen jedoch mit allen beteiligten Akteuren als Handelnde rechnen.[78] Der Versuch, aktuelle innerstaatliche Beherrschung unmittelbar auf vergangene zwischenstaatliche Beherrschung zurückzuführen, blendet dagegen innerstaatliche Machtverhältnisse und die darin enthaltenen Handlungsmöglichkeiten aus.

Dieser Punkt ist aus Sicht einer Theorie der Gerechtigkeit als Nicht-Beherrschung von besonderer Bedeutung, denn ein solcher explanatorischer Internationalismus übersieht nicht nur komplexe Zusammenhänge mehrfacher Beherrschung und entlässt damit lokale Beherrscher aus der Verantwortung. Die Annahme, dass der Kolonialismus auf Jahrzehnte hin die Formen politischer Herrschaft entscheidend vorherbestimmen würde, spricht den Kolonialisierten jegliche bedeutsame Handlungsfähigkeit ab und macht sie zu bloßen Empfängern inner- und zwischenstaatlicher Ungerechtigkeit.[79] Dies ist vor dem Hintergrund eines Rechts auf Nicht-Beherrschung problematisch; es macht wenig Sinn, ausgehend von je konkreten Beziehungen der Beherrschung den Wert einer autonomen Verwirklichung von Gerechtigkeit zu betonen, wenn zugleich jegliche Handlungsfähigkeit der Opfer von Ungerechtigkeit negiert wird. Zudem liegt eine solche Sichtweise quer zu der noumenalen Machtkonzeption, der hier gefolgt wurde, denn sie lässt grundsätzlich Raum für die Handlungsfähigkeit der Beherrschten.

Zweitens stellt sich die Frage, wozu genau die Folgeverantwortung für historisches Unrecht die Nachfahren der Kolonialmächte verpflichtet. Angesichts der Schwierigkeiten, die mit der Identifizierung des genauen Beitrags von ihnen oder ihren Vorfahren zu gegenwärtiger innerstaatlicher Beherrschung in anderen Staaten

77 Vgl. Ivison 2006, S. 519. Vgl. zudem unten Fußnote 83 zum Zusammenhang von historischer und andauernder Beherrschung.

78 Waldron 1992, S. 10 f.

79 Dementsprechend betonen einige Autor_innen, gerade die Hervorhebung der psychologischen Folgen der Kolonialherrschaft überdecke die Tatsache, dass diese Entwicklung letztlich als selbstverschuldete Unmündigkeit zu verstehen sei, die durch die Schuldzuweisung an die Kolonialmächte die eigene Handlungsmacht aufgebe (so etwa Kabou 1993). Eine derart überspitzte Betonung innerstaatlicher Faktoren vernachlässigt jedoch ebenfalls das Wechselspiel zwischen unterschiedlichen Kontexten der Beherrschung.

verbunden sind, lassen sich die daraus resultierenden Pflichten kaum als direkte Kompensations- oder Wiedergutmachungspflichten verstehen, denn das genaue Ausmaß dessen, was ein einzelner Akteur wiedergutmachen muss, bleibt ungewiss. Sie könnten indes als Restitutionspflichten begriffen werden, die sich auf Vorteile beziehen, die die Profiteure von Ungerechtigkeit genießen, und zwar unabhängig davon, inwieweit sie selbst in folgebasiertem Sinne für das Unrecht verantwortlich waren. Wer von Unrecht profitiert, hat demnach keinen Anspruch auf diesen Profit, sondern ist zur Restitution verpflichtet. Dieses Argument wird insbesondere in der Literatur zu Reparationen für Sklaverei diskutiert,[80] findet aber auch in der breiteren Debatte um globale Gerechtigkeit Verwendung.[81] Dazu muss nachgewiesen werden, inwieweit die ehemaligen Kolonialstaaten von den Folgen des Kolonialismus profitiert haben oder heute noch profitieren.

Mit Blick auf ökonomische Folgen des Kolonialismus scheint dies naheliegend: Das globale Wirtschaftssystem beruht auf einer extrem asymmetrischen und rassistisch strukturierten Arbeitsteilung und Gewinnverteilung, die ihre Ursprünge in der Kolonialzeit haben. Auf materielle Vorteile, die daraus resultieren, kann demnach kein Eigentumsanspruch erhoben werden. Eine Restitutionspflicht lässt sich somit möglicherweise mit Blick auf die materiellen Voraussetzungen von Demokratisierung rechtfertigen. Sie gründet jedoch auf den ökonomischen, nicht auf den politischen Folgen des Kolonialismus und betrifft damit die Verantwortung, von außen zu den ökonomischen Voraussetzungen der Errichtung nichtbeherrschender Institutionen innerhalb der betroffenen Staaten beizutragen, nicht aber zur Errichtung dieser Institutionen selbst.

Das eigentliche Übel kolonialer Beherrschung liegt indes aus der Perspektive der Gerechtigkeit als Nicht-Beherrschung nicht allein in den materiellen Vorteilen, die die Kolonialmächte daraus zogen, sondern in der mit ihr einhergehenden Statusverletzung. Selbst wenn die Kolonialmächte oder ihre Nachfahren nicht profitiert hätten und somit nicht zur Restitution der entsprechenden unrechten Bereicherung verpflichtet wären, so wäre der Kolonia-

80 Vgl. Robinson 1999; Fullinwider 2004 sowie für eine republikanische Diskussion von Reparationen Bessone 2016.

81 Vgl. Anwander/Bleisch 2007, S. 186-191; Butt 2009, S. 117-133 und Kap. 5.

lismus dennoch eine tiefgreifende Ungerechtigkeit gewesen.[82] Die Frage nach Verantwortung kann sich daher nicht auf die Restitution entsprechender ökonomische Profite beschränken. Vielmehr muss sie den Blick auch auf die politische und kulturelle Struktur der zwischenstaatlichen Beziehungen lenken – und auf die Frage, inwieweit koloniale Statusverletzungen bis heute in andauernden zwischenstaatlichen Beziehungen der Beherrschung nachwirken.

Denn drittens ist die Unterscheidung historischer und andauernder Folgeverantwortung aus Sicht der Gerechtigkeit als Nicht-Beherrschung gar nicht trennscharf zu treffen. Beherrschung ist ein systematisches Phänomen. Es richtet sich gegen Individuen als Angehörige von Gruppen mit bestimmten Merkmalen, die sie verletzlich machen. Dementsprechend geht es nicht allein darum, dass Nachgeborene bestimmte Nachteile erleiden, die Folgen vergangener Ungerechtigkeit sind, seien diese materieller Natur oder selbst eine Form politischer Beherrschung. Solange vergangene Ungerechtigkeit, also Beherrschung, die an diesen Merkmalen, etwa der Hautfarbe, ansetzte, nicht angemessen aufgearbeitet ist, wird eben diese Beherrschung perpetuiert, wenn auch möglicherweise in anderer Form, denn die mit diesem Merkmal verbundene Verletzlichkeit bleibt bestehen. Wer diese historischen Zusammenhänge übersieht und sich allein auf die Analyse benachteiligender Folgen konzentriert, verkennt die strukturelle Dimension von Beherrschung.

Ohne Anerkennung und Aufarbeitung der strukturellen Dimension historischer Ungerechtigkeit lassen sich auch andauernde Formen der Beherrschung nicht beheben, denn Letztere sind nicht allein die kausale Folge von Ersteren, sondern konstitutiv mit jenen verknüpft. In diesem Sinne scheint die Frage nach historischer Verantwortung aus Sicht der Nicht-Beherrschung gerade keine, die mit dem Modell der Folgeverantwortung eingeholt werden könnte. Es geht nicht allein darum, nachteilige Folgen zu beheben, sondern primär darum, andauernde Strukturen der Beherrschung als solche zu erkennen, um sie dann transformieren zu können.[83] Dies spricht

82 Vgl. Ivison 2006, S. 516.

83 In diesem Sinne weist die Frage nach der Verantwortung für historisches Unrecht stets einen Bezug zu gegenwärtiger Beherrschung auf, denn sie fragt nicht allein nach der Verantwortung für die Folgen vergangener Ungerechtigkeit, sondern nach der Verantwortung für überzeitlich bedeutungsvolle, weil fortwirkende

für die entscheidende Bedeutung der Herausarbeitung historischer Formen der Beherrschung und ihrer Kontinuitäten, begründet jedoch keineswegs unmittelbar eine Pflicht, innerhalb anderer Staaten Demokratisierungsprozesse voranzutreiben. Vielmehr legt diese Perspektive nahe, statt innerstaatlicher Beherrschung zunächst gegenwärtige zwischenstaatliche Beziehungen und gerade auch die Entwicklungspolitik unter dem Aspekt der Frage nach kolonialen Kontinuitäten zu betrachten.

Verwandte Probleme zeigen sich indes auch mit Blick auf das *Modell andauernder Folgeverantwortung*. Es stellt die Analyse der Struktur gegenwärtiger grenzüberschreitender Beziehungen in den Mittelpunkt und versucht auf dieser Basis, eine Verantwortung externer Akteure für Strukturen innerstaatlicher Beherrschung zu begründen. Eine erste Lesart setzt unmittelbar an Handlungen einzelner Akteure an, die mit der Stabilisierung intern beherrschender Herrschaft in anderen Ländern in kausalem Zusammenhang stehen. Beispiele hierfür sind eigeninteressierte finanzielle Hilfen für autoritäre Regime oder die lange Zeit weit verbreitete Bestechung von Regierungsvertreter_innen aus dem globalen Süden durch westliche Regierungen und Konzerne, die starke Anreize setzt, das Regierungshandeln an den Interessen internationaler Handelspartner statt an den Bedürfnissen der eigenen Bevölkerung auszurichten.[84] Aus Sicht der in Kapitel fünf entwickelten Konzeption von Beherrschung geht eine solche Lesart jedoch nicht weit genug: Sie nimmt lediglich einzelne Interaktionen und deren Folgen in den Blick, ohne die strukturelle Einbettung dieser Interaktionen zu berücksichtigen, und verfehlt damit den Kern dessen, was Beherrschung ausmacht.

Eine zweite, institutionelle Lesart konzentriert sich dagegen auf die Rolle, die die globale Ordnung in der Ermöglichung derartiger Interaktionen und der Aufrechterhaltung repressiver Herrschaft spielt. So weist Koller zum einen darauf hin, dass sich globale Machtasymmetrien innerhalb internationaler Institutionen wie dem IWF oder der Welthandelsorganisation (WTO) in verzerrten Entscheidungsmechanismen niederschlagen, die wiederum unmittelbar mit der Reproduktion und Verschärfung innerstaatlicher

Ungerechtigkeit – im Gegenzug birgt die Frage nach Verantwortung für gegenwärtige Beherrschung stets auch eine historische Dimension.

84 Vgl. Pogge 2001, S. 333; Pogge 2010, S. 280 f.

Beherrschung in Zusammenhang stehen.[85] Dieses Argument wird, wie eingangs in Kapitel zwei dargestellt, auch von der Imperialismuskritik an externer Demokratieförderung stark gemacht. Zum anderen, so Koller, bleibe das Völkerrecht in Abwesenheit effektiver internationaler *governance*-Mechanismen grundsätzlich auf effektive Staatsgewalt angewiesen. Dies impliziere die Tendenz, den Status quo zu stärken, indem der jeweiligen Herrschaftselite eines Landes quasi automatisch volle Souveränität als Vertreter des von ihr beherrschten Volkes zugestanden wird, unabhängig davon, wie sie an die Macht kam, ob sie basale Rechte einhält oder Unterstützung aus der Bevölkerung erfährt.[86]

Pogge konkretisiert dieses Argument durch den Verweis auf zwei Privilegien, die mit der Übertragung voller Souveränitätsrechte verbunden sind und die besonders negative Auswirkungen auf die Aussichten einer Demokratisierung der Staatsgewalt haben:[87] Das Rohstoffprivileg beinhaltet die Befugnis, Eigentumsrechte an natürlichen Rohstoffen international rechtsgültig zu verkaufen.[88] Auch Gruppen, die eine gewählte Regierung stürzen und sich die Regierungsmacht gewaltsam aneignen, verfügen über die Befugnis, Eigentumstitel (und nicht nur, wie sonst im Falle gestohlener Gegenstände, den physischen Besitz) zu übertragen. Damit bietet das internationale Rohstoffprivileg materielle Anreize zur gewaltsamen Machtübernahme und stellt zugleich den Zugriff auf finanzielle Mittel bereit, um an der Macht zu bleiben.

Das Kreditprivileg ermöglicht es Regierungen, im Namen der von ihnen regierten Staaten Kredite am internationalen Kapitalmarkt aufzunehmen. Unabhängig davon, ob es sich um ein verfassungswidriges Regime handelt oder wie und wofür diese Gelder verwendet wurden, muss die Nachfolgeregierung diese Schulden übernehmen.[89] Dadurch werden nicht nur Anreize für Putschversuche verstärkt; korrupte und verschwenderische Regierungen erhalten zudem die Gelegenheit, deutlich mehr Geld auszugeben, um sich an der Macht zu halten, als sie es tun könnten, wenn sie

85 Koller 2010, S. 150.

86 Koller 2010, S. 150.

87 Pogge 2001, S. 334-338; vgl. Pogge 2011, Kap. 6 sowie im Kontext der Verursachung von Armut Pogge 2010, S. 281-285.

88 Pogge 2001, S. 335-337; vgl. Pogge 2010, S. 281-284.

89 Pogge 2001, S. 334 f.; Pogge 2010, S. 284 f.

selbst haften müssten. Darüber hinaus wird der Übergang zu einer demokratischen, an der Realisierung von Nicht-Beherrschung orientierten Regierung erschwert, weil ihr die Schuldenlast des Vorgängerregimes aufgebürdet und somit der politische Spielraum eingeengt wird.[90] Auch das Problem der Bestechung ausländischer Regierungsvertreter_innen führt Pogge auf die globale Ordnung zurück: Bis zum Inkrafttreten des OECD-Übereinkommens über die Bekämpfung der Bestechung ausländischer Amtsträger im internationalen Geschäftsverkehr im Jahre 1999 war die Bestechung ausländischer Regierungsvertreter_innen nicht nur erlaubt, sondern sogar von der Steuer absetzbar. Obwohl das Übereinkommen von vielen Staaten ratifiziert wurde, vermag es bisher nicht, die weit verbreitete Korruptionskultur aufzubrechen.[91]

Pogge argumentiert, da es insbesondere die reichen, einflussstarken Staaten seien, die die globale Ordnung prägen und aufrechthalten und zugleich von dieser profitieren, trügen ›wir‹ als ihre Bürger die Verantwortung für derartige Folgen, zumindest solange wir uns nicht aktiv um entsprechende Reformen bemühten.[92] Diese Verantwortung liegt Pogge zufolge in den allgemeinen negativen Pflichten, nicht zu schädigen und Ungerechtigkeiten nicht zum Nachteil der Opfer auszunutzen, begründet.[93] Die daraus resultierenden Gerechtigkeitspflichten fordern in erster Linie die Beendigung der fortwährenden Ungerechtigkeit und gegebenenfalls entsprechende Kompensationen.[94] Konkret könnte das heißen, so sein Vorschlag, das Kredit- und Ressourcenprivileg an Legitimitätsstandards zu binden, die durch ein unabhängiges Demokratie-Panel beurteilt werden und damit die Anreizstrukturen, die diese Privilegien setzen, verändern.[95]

Das Argument einer andauernden, institutionell vermittelten Folgeverantwortung hat den Vorzug, dass es eine gängige Intuition in Bezug auf innerstaatliche Ungerechtigkeiten widerlegt: Die normativ relevanten Beziehungen verlaufen weder allein zwischen

90 Pogge 2001, S. 335.
91 Pogge 2001, S. 333 f.
92 Pogge 2005a, S. 33; Pogge 2011, S. 19.
93 Pogge 2005b, S. 62; Pogge 2010, S. 296.
94 Vgl. Pogge 2005b, S. 62.
95 Pogge 2001; Pogge 2011, Kap. 6. Für eine Diskussion und Kritik dieser Vorschläge vgl. Wenar 2008; Wenar 2010; Engelmann 2012.

den politischen Eliten und der breiten Bevölkerung innerhalb intern beherrschender Saaten noch allein zwischen ehemaligen Kolonialmächten und post-kolonialen Staaten. Vielmehr besteht die moralisch relevante Unterscheidung zwischen den mächtigen Staaten zusammen mit den politischen Eliten intern beherrschender Staaten auf der einen Seite und der Bevölkerung dieser Länder auf der anderen Seite, die unter mehrfacher, innerer und externer, Beherrschung leidet.[96] Damit überwindet das Modell andauernder Folgeverantwortung die Entgegensetzung des innerstaatlichen und zwischenstaatlichen Kontextes der Beherrschung, der das Modell historischer Folgeverantwortung mit seiner Tendenz, innerstaatliche Faktoren auszublenden, erliegt. Allerdings lenkt auch Pogges Argument die Aufmerksamkeit primär auf die Verantwortung zur Reform der *internationalen* Institutionen. Inwieweit externe Akteure darüber hinaus die Verantwortung tragen, die Realisierung von Nicht-Beherrschung innerhalb anderer Staaten zu fördern, bleibt offen.

Darüber hinaus werden an Pogges Argumentation vier miteinander eng verbundene Probleme des Modells der Folgeverantwortung deutlich, die darauf hinweisen, dass es die strukturelle Dimension von Beherrschung nicht einzuholen vermag. Erstens bestimmt Pogge die Träger der Verantwortung nicht überzeugend.[97] Er analysiert die Effekte der globalen institutionellen Ordnung und schließt von der Verantwortung ›unserer‹ Regierungen unmittelbar auf ›unsere‹ Verantwortung.[98] Unklar ist jedoch, ob ›unsere‹ derart begründete Verantwortung auf unserer Mitgliedschaft in unseren Staaten basiert und es die Staaten sind, die negative Pflichten verletzen, oder ob wir in einem individuellen oder geteilten Sinne unsere individuellen negativen Pflichten verletzen. Pogge betont wiederholt, dass »wir die Armen dieser Welt *schädigen*«,[99] und begreift das ›wir‹ im Sinne der »halbwegs privilegierten Bürger der

96 Eine genauere Analyse der in Frage stehenden Machtbeziehungen könnte zudem aufdecken, dass die Beherrscher letztlich nicht die lokalen Eliten zusammen mit den westlichen Staaten sind, sondern lokale Eliten zusammen mit den *Privilegierten* innerhalb westlicher Staaten. Vgl. zu dieser Kritik an Pogge: Satz 2005.

97 Vgl. für eine entsprechende kritische Diskussion: Shei 2005; Steinhoff 2012.

98 Pogge 2011, S. 19.

99 Pogge 2005a, S. 33 [Hervorhebung im Original].

reichen Demokratien«.[100] Ist dieses ›wir‹ im kollektiven Sinne zu verstehen, so bedürfte es einer Erläuterung, wie sich diese kollektive folgebasierte Verantwortung in die Verantwortung der Mitglieder übersetzt, und zwar zunächst unabhängig von den je konkreten Handlungen der einzelnen Mitglieder. Begreift man ›unsere‹ Verantwortung dagegen in individuellem Sinne, wie Pogge mit seinen Appellen an ›uns‹ und unser individuelles Beitragen zu Ungerechtigkeit nahelegt, so scheint aus Sicht des Modells der Folgeverantwortung der tatsächliche Beitrag einzelner Individuen derart marginal zu sein, dass kaum substantielle Gerechtigkeitspflichten daraus folgen. Zudem trügen nur die Individuen Verantwortung, die tatsächlich zur Aufrechterhaltung der globalen Ordnung beitragen, nicht aber jene, die ihre Regierung in entsprechenden Hinsichten kritisieren. Hieße das etwa, dass keine steuerfinanzierten Initiativen zur Reform der entsprechenden Institutionen zu rechtfertigen sind?

Zweitens erfordern die von Pogge anvisierten institutionellen Reformen kollektives Handeln. Das Modell der Folgeverantwortung basiert jedoch gerade auf dem Nachweis des Beitragens zum, Verursachens oder Profitierens von Unrecht durch einzelne Akteure, seien es Staaten oder Individuen, das entsprechende Pflichten korrektiver Gerechtigkeit begründet und deren Gehalt bestimmt. Zwar setzt Pogge nicht unmittelbar am Nachweis einzelner Kausalbeiträge an, sondern bietet eine Makro-Erklärung innerstaatlicher Ungerechtigkeiten. Dennoch beruht auch sein Argument auf der empirischen Annahme, dass (und in welchem Maße) je bestimmte Staaten oder ihre Bürger_innen nicht in ausreichendem Maße auf geforderte Reformen der globalen Ordnung hingewirkt haben, wovon wiederum der Gehalt der jeweiligen Pflichten abhängt. Wie aber lässt sich das feststellen, wenn der geforderte institutionelle Wandel allein durch kollektives Handeln möglich ist?

Diese Probleme verweisen drittens darauf, dass das Modell der Folgeverantwortung nicht nur der kollektiven Dimension der Realisierung von *Nicht*-Beherrschung, sondern zugleich der strukturellen Dimension von Beherrschung nicht gerecht wird. Es lässt zum einen außer Acht, dass Beherrscher nicht zwangsläufig intentional, ja nicht einmal durch identifizierbares, fahrlässiges Handeln,

100 Pogge 2005a, S. 45.

sondern bereits durch ihre Position innerhalb eines Systems von Machtbeziehungen zu Beherrschern werden. Zum anderen haben nicht nur die Beherrscher, sondern auch periphere Akteure und die Beherrschten selbst Anteil an der Konstituierung und Reproduktion willkürlicher Machtverhältnisse. Aus der Perspektive einer Theorie der Gerechtigkeit als Nicht-Beherrschung liegt eine andauernde Folgeverantwortung weder in einem allgemeinen Nicht-Schädigungsprinzip noch in der Pflicht, nicht von Ungerechtigkeit zu profitieren, begründet. Sie basiert vielmehr auf der oben skizzierten Pflicht zur Gerechtigkeit, die sich sowohl an Beherrscher wie auch an periphere Akteure und Beherrschte selbst richtet.

Damit wird viertens deutlich, dass die im folgebasierten Sinne verstandene korrektive Gerechtigkeit die falsche Frage in den Mittelpunkt zu rücken droht. Pogges Reformvorschläge lenken die Aufmerksamkeit zu Recht auf die Möglichkeiten einer Veränderung internationaler Institutionen. Dabei ist jedoch zu bedenken, dass Gerechtigkeit als Nicht-Beherrschung den Kampf gegen Ungerechtigkeit nicht als unilaterale Handlung der Beherrscher oder mächtiger peripherer Akteure versteht. Werden internationale Reformen einseitig durchgesetzt, besteht vielmehr die Gefahr der Reproduktion alter Beherrschungsstrukturen, da die Beherrschten wieder nicht als vollwertige Akteure adressiert werden. Dies verweist darauf, dass sich Gerechtigkeitspflichten hinsichtlich internationaler Reformen nicht auf die Schaffung günstiger Rahmenbedingungen für staatliche Demokratisierung beschränken können, sondern selbst zwischenstaatliche Demokratisierungsprozesse voraussetzen. Mit anderen Worten, die Realisierung von Gerechtigkeit erfordert nicht nur kollektives Handeln der Beherrscher und der peripheren Akteure, sondern gerade auch den Einbezug der Beherrschten.

Wie diese vier Probleme zeigen, stößt das Modell der Folgeverantwortung mit der von ihm vorausgesetzten vorhersehbaren Verbindung zwischen eigenen konkreten Handlungen und dem schädigenden bzw. beherrschenden Resultat, die für die Identifizierung der Verantwortungsträger und die Bestimmung des Gehalts ihrer Pflichten zentral ist, in der Frage nach Verantwortung für Beherrschung an seine Grenzen. Sie lässt sich nicht zufriedenstellend auf der Basis direkter Folgeverantwortung beantworten, wie Pogge mit seiner suggestiven These, ›wir‹ zwängen den Armen die globale

Ordnung auf, nahelegt. Gefordert ist stattdessen eine Erweiterung des insgesamt zu interaktional angelegten Modells der Folgeverantwortung, die auch die strukturelle Dimension von Beherrschung einzuholen verspricht – ohne indes den Bezug zu Ursachen von Ungerechtigkeit aufzugeben.

7.3.2. Das Modell politischer Verantwortung für innerstaatliche Beherrschung

Ein alternatives Modell der Begründung von Gerechtigkeitspflichten lässt sich auf der Basis von Youngs Verantwortungsmodell *sozialer Verbundenheit*[101] entwickeln. Es basiert auf der Einsicht, dass gerade auf der globalen Ebene viele Ungerechtigkeiten nicht unmittelbar auf die Handlungen einzelner Akteure zurückzuführen, sondern Folge komplexer sozialer Prozesse sind, die zwar ungerechtes Handeln ermöglichen, eine genaue Rekonstruktion der Folgebeziehungen zwischen den Handlungen einzelner Akteure und derartigen strukturellen Ungerechtigkeiten jedoch unmöglich machen.[102] Dementsprechend bewertet Youngs Verantwortungskonzeption »eine Schädigung nicht danach, wieweit sie vom Normalen und Akzeptablen abweicht; stattdessen geht es ihr gerade darum, die in den Schuldzuschreibungen als normal vorausgesetzten Hintergrundbedingungen zu hinterfragen«.[103] Statt allein retrospektiv an der Schuld einzelner Akteure für die Folgen ihres Handelns anzusetzen, plädiert Young hinsichtlich struktureller Ungerechtigkeit dafür, den Blick nach vorn zu richten und Akteure zu identifizieren, die gemeinsam für die Reform ungerechter sozialer Strukturen verantwortlich sind: »Es geht nicht darum, anzuklagen, zu bestrafen oder Schadensersatz von den Tätern zu verlangen, sondern eher darum, diejenigen, die am kollektiven Handlungsprozess teilnehmen, in die Pflicht zu nehmen, die Struktur zu verändern.«[104] Ihr

101 Young 2006; Young 2011; für die deutsche Bezeichnung vgl. Young 2010; Niesen/Eckes 2013, S. 10. Ich verwende im Folgenden die Bezeichnung *politische Verantwortung* da ich Youngs Ansatz sozialer Verbundenheit im Sinne der Nicht-Beherrschung reinterpretiere.

102 Young 2006; Young 2011, S. 95-104; vgl. zum Konzept struktureller Ungerechtigkeit Young 1990, Kap. 2 sowie Young 2011, Kap. 2.

103 Young 2010, S. 355.

104 Young 2010, S. 357 f.; vgl. Young 2006, S. 122.

Modell setzt somit nicht an der individuellen Haftbarkeit an, sondern zielt darauf ab, alle, die an Prozessen, die zu struktureller Ungerechtigkeit führen, beteiligt sind, in die Pflicht zu nehmen, diese Prozesse entsprechend ihren Einflussmöglichkeiten zu ändern.

Dennoch entwirft Young kein Modell nicht-relationaler, rein fähigkeitsbasierter Verantwortung; die Ursachen von Ungerechtigkeit stehen vielmehr im Zentrum. Young betont ausdrücklich, dass einzelne Akteure Verantwortung tragen, »*weil* sie durch ihr Handeln zu den Prozessen und ungerechten Resultaten beitragen«,[105] auch wenn »wir das Ergebnis möglicherweise nicht in einer direkten Kausalkette auf unsere eigenen Handlungen zurückführen können«.[106] Die Zuschreibung von Verantwortung liegt somit ausdrücklich darin begründet, dass die verantwortlichen Akteure Teil der komplexen sozialen Prozesse sind, die wiederum Ungerechtigkeit produzieren – und somit Ungerechtigkeit verursachen. Dennoch zeichnen sie für diese Folgen nicht schuldhaft verantwortlich, da die Missstände nicht unmittelbare Folge ihrer einzelnen Handlungen sind; sie werden erst durch die kumulative Wirkung von vielen, im Einzelnen möglicherweise moralisch völlig unproblematischen Handlungen hervorgebracht. Insofern handelt es sich um eine *indirekte Form der Folgeverantwortung* für Ungerechtigkeiten, die erst im Zusammenspiel mit anderen Akteuren entstehen. Ihr kann daher auch nur gemeinsam nachgekommen werden. Insofern ist sie immer schon gemeinsam mit anderen Akteuren *geteilte* Verantwortung. Young bezeichnet ihr Modell daher auch als Modell *politischer* – im Unterschied zu *individual-moralischer* – Verantwortung.[107]

Im Gegensatz zum Modell direkter Folgeverantwortung trennt Young die Frage nach der Allokation konkreter Pflichten von der ihrer Begründung. Wer letztlich genau zu was verpflichtet ist, hängt nicht vom Ausmaß der eigenen Schuld ab, sondern von der eigenen Position innerhalb der jeweiligen sozialen Strukturen, denn diese bestimmt, inwiefern Abhilfe geleistet werden kann: Erstens beruht die Möglichkeit, die relevanten Strukturen zu verändern, auf der durch diese Strukturen mitkonstituierten Macht einer Person, auf

105 Young 2010, S. 353 [Hervorhebung D.G.]; vgl. Young 2006, S. 119.
106 Young 2010, S. 354; vgl. Young 2006, S. 119.
107 Young 2010, S. 359; vgl. zum Unterschied persönlicher und politischer Verantwortung: Young 2011, Kap. 1.

diese Einfluss auszuüben. Zweitens sind bestimmte Positionen mit Privilegien verbunden, die die privilegierten Akteure in die Lage versetzen, sich an veränderte Umstände ohne größere Opfer anzupassen. Drittens bestimmt die Position innerhalb der relevanten sozialen Strukturen das Interesse, das ein Akteur an der Aufrechterhaltung oder der Veränderung der in Frage stehenden Strukturen hat. Viertens hängt die relative Leichtigkeit, mit der Akteure kollektive Handlungen zum Kampf gegen Ungerechtigkeit organisieren können, von der strukturellen Position der Gruppen ab, denen eine Person angehört.[108] Während also die Begründung der Verantwortung auf einem schwachen, in strukturellem Sinne verstandenen Modell *indirekter*, geteilter Folgeverantwortung beruht, erfolgt die Allokation von Pflichten und die Bestimmung ihres Gehaltes nach dem Fähigkeitsprinzip, das wiederum die strukturellen Positionen der Akteure und die damit verbundenen Handlungs- und Einflussmöglichkeiten zum Ausgangspunkt nimmt.[109]

Zu beachten ist, dass die interaktionale Verantwortung für die eigenen Handlungen innerhalb eines Machtsystems, d.h. insbesondere die Frage, inwieweit ein beherrschender Akteur seine Position zum eigenen Vorteil ausnutzt, gesondert von der Frage nach der Verantwortung für die institutionelle Einhegung von Beherrschung zu betrachten ist. In diesem Sinne verhält sich das Modell politischer Verantwortung komplementär zum individualmoralischen oder rechtlichen Modell schuldhafter Verantwortung: Es entlässt einzelne Akteure nicht aus der moralischen oder rechtlichen Verantwortung für ihr Handeln, konzentriert sich jedoch darüber hinaus auf ihre politische Verantwortung für den Kampf gegen strukturelle Ungerechtigkeit.

Auf der Basis von Youngs Modell politischer Verantwortung lassen sich die Probleme des folgebasierten Verantwortungsmodells überwinden: Erstens setzt es aufgrund der Entkoppelung der Be-

108 Young 2010, S. 362-369; Young 2011, S. 142-147.

109 Reinterpretiert man Youngs Modell sozialer Verbundenheit konsequent aus der Perspektive der Nicht-Beherrschung, so wird der enge Zusammenhang zwischen der Begründung und der Allokation von Pflichten deutlich: Weil wir eine bestimmte Machtposition in Beherrschungsstrukturen einnehmen, tragen wir politische Verantwortung, diese Strukturen zu transformieren. Zugleich ist es unsere je spezifische Machtposition, die bestimmt, was wir tun können – und sollen.

gründung und der Allokation bestimmter Pflichten keine genaue Bestimmung des Ausmaßes individueller Schuld voraus, sondern nimmt alle Akteure, die Teil komplexer sozialer Prozesse sind, welche strukturelle Ungerechtigkeiten produzieren, im Sinne geteilter Verantwortung in die Pflicht. Zwar sind auch diese Pflichten begründungstheoretisch in einem Modell der Folgeverantwortung verankert. Es stellt jedoch insofern schwächere Anforderungen an die Identifizierung individueller Beiträge, als es weder eine entsprechende Intention oder prospektives Wissen um die Folgen des eigenen Handelns noch eine direkte Folgewirkung zwischen den Handlungen des verantwortlichen Akteurs und der in Frage stehenden Ungerechtigkeit voraussetzt. Der Nachweis der Teilnahme an komplexen sozialen Prozessen, die in ihrer Gesamtheit zu beherrschenden Machtverhältnissen führen, genügt. Die Allokation von Pflichten erfolgt unabhängig von dem je individuellen Beitrag zum Unrecht, sondern stattdessen auf der Basis der eigenen Position innerhalb der beherrschenden Strukturen.

Die schwächeren Anforderungen, die das Modell indirekter Folgeverantwortung auf der Ebene der Begründung von Verantwortung stellt, haben zweitens den Vorteil, dass sie neben institutionell vermittelten auch informelle Formen von Beherrschung erfassen, die auf zu sozialen Praktiken verdichteten Interaktionen und dem routinegemäßen Gebrauch von Ressourcen beruhen. Erst dadurch gelingt es, die interaktionale Perspektive, die in Pogges Frage, wer wem die globale Ordnung aufzwingt, noch durchscheint, zu überwinden und dem in Kapitel fünf entwickelten strukturellen Verständnis von Beherrschung gerecht zu werden; denn dieses bleibt gerade nicht auf formale Kontexte beschränkt, sondern sucht Beherrschung auch jenseits institutionell vermittelter Machtstrukturen zu beschreiben.

Drittens begreift Youngs Modell die Verantwortung für Beherrschung als stets gemeinsam mit Anderen geteilte Verantwortung und richtet die Aufmerksamkeit auf die Frage, wer welchen Beitrag leisten könnte, um *gemeinsam* Strukturen der Beherrschung abzubauen. Damit überwindet es die Dichotomie zwischen der Zuschreibung individueller Verantwortung für das eigene Handeln und der Beschreibung struktureller Ursachen von Missständen, die nicht durch individuelles Handeln behoben werden können. Gefordert ist vielmehr vorwärts gewandtes politisches Engagement mit Blick auf die kollektive Veränderung dieser grundlegenden Machtstrukturen.

Viertens weist Youngs Modell denjenigen, die unter Beherrschung leiden, eine aktive Rolle bei der Bekämpfung von Beherrschung zu und versteht sie damit als Subjekte der Gerechtigkeit, nicht als bloße Empfänger von Leistungen. Dabei lässt sie sich nicht allein von normativen Erwägungen leiten. Ihr konsequent strukturelles Verständnis von Ungerechtigkeit – und Verantwortung – bedingt, dass die Frage nach der Realisierung von Nicht-Beherrschung nur aus der jeweiligen Position innerhalb der relevanten Machtstrukturen heraus gestellt werden kann, denn diese Position beeinflusst und ermöglicht ein je spezifisches Verständnis der in Frage stehenden sozialen Verhältnisse. Beherrschte haben nicht nur das größte Interesse an der Reform der jeweiligen Strukturen, sondern auch unvergleichbare Einsichten in die sozialen Ursachen der angeprangerten Missstände und die erwarteten Wirkungen von vorgeschlagenen Reformen.[110] Da sie jedoch in der Regel nicht in der Lage sind, die entscheidenden sozialen Prozesse alleine zu verändern, müssen sie mit Akteuren zusammenarbeiten, die in dieser Hinsicht über mehr Einflussmöglichkeiten verfügen. Beherrscher tragen dabei eine besondere Verantwortung, nicht weil sie schuldig sind, sondern weil sie aufgrund ihrer Machtposition in der Lage sind, Veränderungen zu erwirken. Dabei sind sie jedoch auf die Kenntnisse und das Selbstverständnis der Beherrschten angewiesen, da ihr Handeln anderenfalls die normative Autorität der Beherrschten übergeht und so Gefahr läuft, beherrschende Strukturen zu reproduzieren und damit ineffektiv zu sein.[111]

Problematisch ist jedoch, dass die Unterscheidung zwischen rückwärtsgewandter schuldhafter Verantwortung und vorwärtsgewandter politischer Verantwortung nicht so eindeutig ist, wie sie auf den ersten Blick scheinen mag, und zwar aus dem einfachen Grund, dass die Zeit voranschreitet.[112] Hat Akteur A die prospektive Verantwortung, x zu tun, und versäumt dies, so trägt er schuldhafte Verantwortung für dieses Versäumnis. Darauf zu bestehen, nicht an dieser Schuld, sondern an der unabhängig davon beste-

110 Young 2010, S. 366 f.

111 Vgl. für ein entsprechendes Beispiel aus dem Bereich externer Demokratieförderung Challand 2006.

112 Nussbaum 2009, S. 141.

henden politischen Verantwortung anzusetzen, scheint einem moralischen Freifahrtschein gleichzukommen.[113] Damit droht Youngs Modell entweder in ein rein fähigkeitsbasiertes Modell zu kollabieren, das den Mechanismen mehrfacher Beherrschung, wie etwa Pogge sie herausarbeitet, keine normative Bedeutung zuschreibt. Oder aber die vorwärtsgewandte politische Verantwortung basiert letztlich auf einer Pflicht zur Prävention von Schädigungen, deren Verletzung der Zuschreibung von Verantwortung vorausgeht – und damit auf dem Modell folgebasierter Verantwortung.

Tatsächlich formuliert Young eine solche allgemeine Pflicht, politische Institutionen zu überwachen, um Schädigungen zu verhindern:

> [W]ir können der Notwendigkeit nicht entkommen, mit Handlungen und Ereignissen in Beziehung zu stehen, die von den Institutionen unserer Gesellschaft ausgehen, oftmals in unserem Namen und mit unserer passiven oder aktiven Unterstützung. Der Imperativ politischer Verantwortung besteht darin, diese Institutionen zu beobachten, ihre Auswirkungen zu überprüfen, um sicherzustellen, dass sie nicht grob schädigend sind, und öffentliche Räume zu erhalten, in denen eine derartige Beobachtung und Überwachung möglich ist. In dem Maße, indem wir darin versagen, verfehlen wir unsere Verantwortung, auch wenn wir kein Verbrechen begangen haben und nicht beschuldigt werden sollten.[114]

Dann jedoch geht Verantwortung eben nicht, wie Young glaubhaft macht, der Zuschreibung konkreter Pflichten voraus, sondern setzt die Verletzung der Nicht-Schädigungspflicht voraus, die wir bereits als gültig anerkennen – und scheint damit letztlich doch dem Haftungsansatz aufzusitzen.[115]

Nun könnte man annehmen, Youngs Insistieren darauf, dass es auch in Fällen, in denen Akteure sich ihrer Nicht-Schädigungspflicht entziehen, zentral sei, »Schuldzuweisungen von Kritik und Zur-Rechenschaft-Ziehen zu unterscheiden«,[116] sei allein dem politisch-strategischen Ziel geschuldet, Menschen zum Kampf gegen Ungerechtigkeit zu motivieren. Denn Young betont vor allem pragmatische Gründe, warum die Schuldfrage in diesem Zusam-

113 Nussbaum 2009, S. 142.
114 Young 2011, S. 88.
115 Vgl. Kreide 2013, S. 68.
116 Young 2011, S. 170.

menhang wenig hilfreich ist: Sie führe zu defensiven statt zu kooperativen Reaktionen, lenke die Aufmerksamkeit der Akteure auf sie selbst statt auf Andere und könne von zukünftigen Aufgaben ablenken.[117] Reinterpretiert man Youngs Modell vor dem Hintergrund der im vorangehenden Abschnitt eingeführten grundlegenden Pflicht zur Gerechtigkeit, lässt sich jedoch auch die damit verbundene konzeptionelle Unklarheit beseitigen.

Die grundlegende Pflicht, die Verantwortung generiert, besteht aus dieser Perspektive nicht darin, Schädigungen zu vermeiden, sondern vielmehr in der dem Recht auf Nicht-Beherrschung korrespondierenden Pflicht zur Gerechtigkeit. Sie fordert in relationaler Hinsicht, d. h. mit Blick auf die je eigenen sozialen Beziehungen, keine interpersonale oder systemische Beherrschung zu reproduzieren. Dementsprechend ist nicht soziale Verbundenheit der entscheidende Faktor hinsichtlich der Generierung von Gerechtigkeitspflichten; ausschlaggebend ist vielmehr die Co-Konstitution und Co-Reproduktion beherrschender Machtverhältnisse durch das Handeln innerhalb des jeweiligen durch Macht strukturierten sozialen Kontextes. Verantwortlich sind dementsprechend beherrschende Akteure ebenso wie periphere und beherrschte Akteure.

Dabei ist zu beachten, dass auch gemeinsames Handeln zur Einhegung von Beherrschung wiederum neue, insbesondere systemische Formen der Beherrschung hervorbringen kann. Zukünftige Beherrschung lässt sich nicht zuverlässig vermeiden, so dass die Pflicht zur Nicht-Beherrschung nicht ein für alle Mal erfüllt werden kann. Sie erfordert vielmehr die Etablierung einer reflexiven Praxis der Nicht-Beherrschung, die es erlaubt, das Recht auf Nicht-Beherrschung immer wieder von neuem einzufordern. Dies macht plausibel, warum die Isolierung des Versagens eines einzelnen Akteurs zu einem Zeitpunkt zwar zu kritisieren ist, jedoch keine schuldhafte Verantwortung nach sich zieht: Es geht dem Modell politischer Verantwortung nicht um das Abweichen von gerechten Hintergrundbedingungen, sondern um die Problematisierung dieser Hintergrundbedingungen selbst.[118] Die Tatsache, dass ein Akteur seiner Verantwortung nicht nachkommt, ändert insofern nichts an seiner politischen Verantwortung, als das relevante Machtverhältnis als willkürliches fortbesteht. Seine politische

117 Young 2010, S. 361; Young 2011, S. 113-122.
118 Vgl. Young 2010, S. 355.

Verantwortung bleibt somit gerade *aufgrund* seiner andauernden Verstrickung in dessen Reproduktion bestehen. [119]

Das im Sinne der Nicht-Beherrschung reinterpretierte Modell politischer Verantwortung bietet eine geeignete Basis, um die Frage nach Gerechtigkeitspflichten externer Akteure mit Blick auf die Realisierung innerstaatlicher Nicht-Beherrschung zu beantworten. Folgt man der unter 7.3.1. skizzierten Analyse der internationalen Ordnung, so tragen alle Akteure, die an diesen Strukturen mehrfacher Beherrschung teilnehmen, das heißt insbesondere Staaten und internationale Organisationen, die geteilte politische Verantwortung, diese zu transformieren. Welcher Akteur letztlich welche Handlungspflicht trägt, bestimmt sich nach seiner jeweiligen Machtposition und den damit verbundenen Fähigkeiten. Inwieweit externe Akteure direkt die Realisierung innerstaatlicher Gerechtigkeit fördern sollten, hängt somit davon ab, inwieweit sie dazu in der Lage sind, ohne zugleich Beherrschung zu reproduzieren. Die strukturelle Position mächtiger Staaten lässt somit eher auf eine Verantwortung zur Transformation der in Frage stehenden internationalen Machtstrukturen schließen, zumal die empirische Forschung, wie in Kapitel zwei dargestellt, erhebliche Zweifel an der Wirksamkeit externer Demokratieförderung aufwirft.[120] Dies jedoch ist kein prinzipielles Argument gegen eine Gerechtigkeitspflicht externer Akteure, auch an der Realisierung innerstaatlicher Nicht-Beherrschung mitzuwirken. Es verweist vielmehr auf die zentrale Bedeutung des Einbezugs der Beherrschten, die die politische Verantwortung zum Kampf gegen Beherrschung teilen, denn empirische Zweifel bestehen insbesondere dort, wo Demokratisierungsbestrebungen von außen nicht auf Kooperation von innen stoßen.

119 Dabei spielt gerade auch die Rekonstruktion der historischen Genese von Strukturen der Beherrschung eine zentrale Rolle, denn die Art und Weise, wie wir die Geschichte aufarbeiten, spiegelt die strukturellen Positionen wieder, in denen die Mitglieder einer gemeinsamen Geschichte im Hier und Heute zueinander stehen (Young 2011, S. 182). Insofern ist der Umgang mit der Geschichte historischer Ungerechtigkeiten ein wesentlicher Faktor hinsichtlich der kulturellen Dimension der Realisierung von Nicht-Beherrschung und nimmt auch in dieser Hinsicht die Verstrickung in Unrecht als Grundlage von korrektiven Gerechtigkeitspflichten ernst.

120 Vgl. oben Abschnitt 2.2.

7.3.3. Zwischenfazit: Grenzüberschreitende Verantwortung für Beherrschung

Zur Beantwortung der Frage, inwieweit externe Akteure dazu verpflichtet sind, zur Realisierung von Nicht-Beherrschung innerhalb anderer Staaten beizutragen, wurden in einem ersten Schritt Argumente diskutiert, die eine solche Verantwortung auf der Basis nicht-relationaler moralischer Pflichten zu begründen suchen. Im Anschluss an eine kritische Diskussion von Modellen republikanischer Solidarität wurde eine ›natürliche‹ moralische Pflicht zur Gerechtigkeit verteidigt, die dem Recht auf Nicht-Beherrschung korrespondiert. Sie bildet die normative Grundlage der nicht-relationalen, fähigkeitsbasierten *Beistandspflicht* gegenüber Dritten, die sich auf den Bereich fundamentaler Gerechtigkeit beschränkt, wie auch von relationalen, folgebasierten *Gerechtigkeitspflichten*, die sich auf Beherrschungsverhältnisse beziehen, in die die verpflichteten Akteure selbst verstrickt sind.

Aufbauend darauf wurde untersucht, inwieweit sich mit Blick auf die Realisierung innerstaatlicher Nicht-Beherrschung entsprechende Gerechtigkeitspflichten externer Akteure begründen lassen. Die Erörterung des klassischen Modells direkter Folgeverantwortung führte zu dem Ergebnis, dass die dabei offengelegten grenzüberschreitenden Wechselwirkungen von Beherrschungsstrukturen zwar aufschlussreich sind; sie lenken die Aufmerksamkeit indes eher auf die Transformation der internationalen Ordnung. Allerdings ist das folgebasierte Verantwortungsmodell konzeptionell zu interaktional angelegt, um die strukturelle Dimension von Beherrschung einholen zu können. Diese Probleme wurden auf der Grundlage von Youngs Modell politischer Verantwortung gelöst. Es verknüpft die indirekt folgebasierte Begründung von Gerechtigkeitspflichten mit einer fähigkeitsbasierten Allokation, die jedoch wiederum von den jeweiligen Machtpositionen ausgeht. Dabei wurde Youngs Modell konsequent aus der Perspektive einer Theorie der Gerechtigkeit als Nicht-Beherrschung gelesen und somit auf die Pflicht zur Gerechtigkeit zurückgeführt. Aus dieser Sichtweise ist nicht soziale Verbundenheit per se der Auslöser von Gerechtigkeitspflichten, sondern die Verstrickung in Beziehungen der Beherrschung.

Vor diesem Hintergrund lässt sich die externe Verantwortung

für die Realisierung innerstaatlicher Nicht-Beherrschung in drei Grundsätzen zusammenfassen:

(1) Jede Person trägt die allgemeine geteilte moralische *Pflicht zur Gerechtigkeit.* Sie korrespondiert dem grundlegenden Recht auf Nicht-Beherrschung.

(2) Die Pflicht zur Gerechtigkeit generiert geteilte *relationale Gerechtigkeitspflichten*, Institutionen der Nicht-Beherrschung zu errichten und zu stützen, wo immer die jeweilige Person selbst in Beziehungen der Beherrschung verstrickt und somit an der Reproduktion beherrschender Machtverhältnisse beteiligt ist, ob als Beherrscher, peripherer Akteur oder Beherrschter. Angesichts der weltweiten komplexen Strukturen mehrfacher Beherrschung tragen externe Akteure somit Gerechtigkeitspflichten in Bezug auf die Realisierung innerstaatlicher Gerechtigkeit, die sie grundsätzlich mit innerstaatlichen Akteuren teilen. Aufgrund ihrer Machtposition in der internationalen Ordnung, die in historischer Kontinuität zu Imperialismus und Kolonialismus steht, richten sich ihre Gerechtigkeitspflichten indes insbesondere auf eine Transformation der internationalen Ordnung, auch als Voraussetzung dafür, dass die externe Förderung innerstaatlicher Gerechtigkeit nicht selbst Beherrschung reproduziert.

(3) Die Pflicht zur Gerechtigkeit impliziert die geteilte *nicht-relationale Beistandspflicht*, die Errichtung von Institutionen der Nicht-Beherrschung auch in Kontexten der Beherrschung zu fördern, in die man selbst nicht verstrickt ist, insbesondere innerhalb fremder staatlicher Kontexte. Diese Pflicht ist auf Institutionen fundamentaler Gerechtigkeit beschränkt. Neben der Schaffung geeigneter Rahmenbedingungen auf internationaler Ebene umfasst dies auch die Bereitstellung der entsprechenden immateriellen und materiellen Voraussetzungen. Die Einlösung darüber hinausgehender Gerechtigkeitsansprüche, die diesen staatlichen Kontext betreffen, ist jedoch Aufgabe einer autonomen Praxis der Nicht-Beherrschung.

Zu beachten ist, dass weder die Gerechtigkeitspflichten noch die Beistandspflicht automatisch Pflichten der Intervention generieren. Denn die Pflicht zur Gerechtigkeit fordert, dass die in Beziehungen der Beherrschung verstrickten Akteure eben diese Beziehungen der Beherrschung durch die Etablierung geeigneter Institutionen einhegen. Dies betrifft auch und gerade die Umsetzung der daraus folgenden Pflichten. Die Frage nach den Implikationen einer Theorie der Gerechtigkeit als Nicht-Beherrschung, die rechtsstaatliche und demokratische Institutionen als Realisierungsbedingungen der Gerechtigkeit versteht, muss daher als Frage nach den institutionellen Bedingungen verstanden werden, unter denen die Realisierung von Gerechtigkeit nicht selbst wiederum Ungerechtigkeit (re-)produziert. Bevor diese skizziert werden können, bedarf es daher einer Erweiterung der bisher zugrunde gelegten Konzeption der Beherrschung um eine kollektive Dimension, denn Beherrschung richtet sich nicht allein gegen Individuen, sondern auch gegen Staaten. Dementsprechend muss zunächst geklärt werden, inwieweit die institutionellen Grundbedingungen der Realisierung von Gerechtigkeit nicht nur individuelle Nicht-Beherrschung, sondern auch kollektive Nicht-Beherrschung gewährleisten müssen.

8. Zur Beherrschung von Staaten

Klagen über Beherrschung werden nicht nur im Namen von Individuen erhoben, sondern auch im Namen von Gruppen, insbesondere von Staaten, wie gerade auch die Kritik an der aktiven Universalisierung der Demokratie zeigt: Demokratieförderung, so das Grundargument, versuche nicht nur auf spezifische politische Entscheidungen Einfluss zu nehmen, sondern die grundlegenden Bedingungen, unter denen diese getroffen werden, und damit die Form des Politischen selbst zu modifizieren. Damit beschränke Demokratieförderung nicht nur, oder nicht einmal vorrangig, Spielräume individueller, sondern solche kollektiver Selbstbestimmung. Derartige Kritik kann, soll sie in ihrem Kern ernst genommen werden, nicht ohne weiteres auf die Kritik an der Beherrschung der individuellen Bürger_innen des betroffenen Staates reduziert werden. Weist sie jedoch tatsächlich auf genuine Fälle *kollektiver* Beherrschung[1] hin? Und wenn ja, ist die kollektive Beherrschung von Staaten normativ in gleicher Weise relevant wie die individueller Akteure?

Theorien der Beherrschung haben derartigen Fragen bisher kaum systematische Aufmerksamkeit gewidmet. Für die hier verfolgte Fragestellung sind sie jedoch von entscheidender Bedeutung: Lässt sich zeigen, dass nicht-demokratische Staaten als Kollektive beherrscht werden können und dies unabhängig von der Beherrschung der einzelnen Bürger_innen normativ von Bedeutung ist, so stellt externe Demokratieförderung möglicherweise selbst eine Beziehung der Beherrschung dar. Im Folgenden wird zunächst aufbauend auf Lists und Pettits Modell kollektiver Handlungsfähigkeit ein konzeptionelles Verständnis der Beherrschung von kollektiven Akteuren entwickelt, das kollektive Beherrschung in einem nicht-reduktiven Sinne als Beherrschung von Individuen in ihrer Fähigkeit, kollektiv zu denken und zu handeln, begreift (8.1.). Dieses Grundverständnis kollektiver Beherrschung wird anschließend auf Staaten angewandt und gezeigt, dass die Beherrschung von Staaten

1 Wenn im Folgenden von *kollektiver* Beherrschung die Rede ist, so ist die Beherrschung *von* Kollektiven gemeint, gleichgültig ob durch individuelle oder kollektive Akteure.

unabhängig von deren Organisationsstruktur stets auch das Volk in kollektiver Hinsicht beherrscht (8.2.). Derartige kollektive Beherrschung von Staaten (bzw. von Völkern) ist auch normativ betrachtet von eigenständiger Bedeutung und kann nicht im Namen der Nicht-Beherrschung von Individuen gerechtfertigt werden (8.3).

8.1. Individuelle und kollektive Beherrschung

Um zu klären, inwiefern auch Gruppen einen Anspruch auf Nicht-Beherrschung erheben können, bedarf es zunächst eines Grundverständnisses dessen, inwiefern genau Gruppen überhaupt als Gruppen beherrscht werden können. Nach einem kurzen Überblick über entsprechende Anknüpfungspunkte in der neorepublikanischen Literatur (8.1.1.) fasse ich zunächst die handlungstheoretischen Voraussetzungen des Beherrscht-Werdens zusammen (8.1.2.). Im Anschluss daran arbeite ich die Implikationen von drei verschiedenen Modellen kollektiver Handlungsfähigkeit für die Frage nach der Beherrschung von Kollektiven heraus und zeige, dass sich auf der Basis von Lists und Pettits Supervenienzmodell eine Konzeption kollektiver Beherrschung entwickeln lässt, die ein nicht-reduktionistisches Verständnis der Beherrschung von Kollektiven ermöglicht, ohne den in der autonomietheoretischen Begründung der Normativität von Beherrschung angelegten normativen Individualismus aufzugeben (8.1.3.).[2]

8.1.1. Beherrschung von Individuen und Gruppen

Die Konzeption von Beherrschung, die in Kapitel fünf entwickelt wurde, nimmt zunächst ausschließlich auf die Beherrschung von Individuen Bezug. Zwar bedingt die strukturelle Dimension von Beherrschung, dass Beherrschung ein systematisches Phänomen ist, das sich nicht allein auf einzelne, isolierbare Personen, sondern auf die Struktur sozialer Beziehungen bezieht. Dies impliziert, dass Klagen über Beherrschung immer zugleich auch im Namen all

2 Pettit selbst hat seine Konzeption kollektiver Handlungsfähigkeit bislang nicht auf sein Verständnis von Beherrschung angewandt. Er skizziert lediglich, inwiefern kollektive Akteure Freiheit im Sinne diskursiver Kontrolle genießen können (Pettit 2001a, Kap. 5). Vgl. zur Freiheit kollektiver Akteure Hindriks 2008.

derer erhoben werden, die diese Verletzlichkeit teilen. Die Realisierung von Nicht-Beherrschung kann im Gegenzug nur für alle betroffenen Individuen zugleich erfolgen und umfasst somit, wie Pettit hervorhebt, stets auch die Ebene der »Nöte und der Selbstbehauptung von Gruppen«[3]. Dennoch ist damit keineswegs die Dimension einer Beherrschung von Kollektiven erfasst, denn es geht letztlich allein um die Beherrschung von Individuen, die sich aufgrund geteilter Merkmale in einer vergleichbaren Position der Verletzlichkeit befinden, nicht aber um die gemeinsame Beherrschung dieser Individuen als Kollektiv. Eine Aussage wie ›Frauen werden in westlichen Gesellschaften von Männern beherrscht‹ ist demnach nicht so zu verstehen, dass die Gruppe der Frauen *als Gruppe* beherrscht wird. Vielmehr ist eine je spezifische Frau z. B. innerhalb eines gender-basierten asymmetrischen Systems der Arbeitsteilung aufgrund ihrer Zugehörigkeit zur Gruppe der Frauen, d. h. durch ihr Merkmal ›Frau‹, ausbeuterischen Strukturen unterworfen, die in einer solchen Gesellschaft zwischen den beiden sozialen Gruppen ›Männer‹ und ›Frauen‹ bestehen.[4]

Inwieweit darüber hinaus auch Gruppen selbst, verstanden als kollektive Akteure, beherrscht werden können, wird in der einschlägigen Literatur kaum thematisiert.[5] Zwar wird der Begriff der Beherrschung in der noch jungen Debatte um eine Anwendung des neorepublikanischen Ideals auf Fragen internationaler Politik durchaus auf Staaten angewandt; dabei erfolgt jedoch keine tiefer gehende Diskussion der konzeptionellen und normativen Grundlagen kollektiver Beherrschung.[6] Vielmehr scheint fraglos angenommen zu werden, dass Staaten als Staaten beherrscht werden können

3 Pettit 1997, S. 124.

4 Auch Young, die ausdrücklich von Beherrschung als strukturellem Phänomen, das Gruppen trifft, spricht (Young 1990, S. 41), geht es nicht um die Beherrschung von Gruppen als Gruppen, sondern um die Beherrschung von Individuen, die als Mitglieder einer benachteiligten sozialen Gruppe beherrscht werden, auch wenn dem ein anspruchsvolleres Verständnis von Gruppen zugrunde liegt als Pettits Position (vgl. Young 1990, S. 42-48).

5 Lovett behandelt zwar individuelle und kollektive Akteure parallel, scheint einer eigenständigen Konzeption kollektiver Beherrschung jedoch keine größere Bedeutung zuzumessen (Lovett 2010a, S. 36 f.).

6 Vgl. Laborde 2010b; Pettit 2010b; Rigstad 2011; Pettit 2015a, Kap. 6; Laborde/Ronzoni 2016. Vgl. aber Pettit 2015b und Pettit 2016 für eine ausdrückliche Thematisierung kollektiver Beherrschung.

und dass dies relevant ist, insofern die kollektive Beherrschung von Staaten Rückwirkungen auf die Beherrschung von Individuen hat. So betonen etwa Laborde und Ronzoni ausdrücklich, es genüge nicht, sich auf die transnationale Beherrschung von Individuen zu konzentrieren; vielmehr sei auch die Beherrschung von Staaten zu berücksichtigen, denn »wenn Bürger in beherrschten Gemeinwesen leben [...], sind sie selbst Beherrschung ausgesetzt«.[7] Auch Pettit geht davon aus, dass die Beherrschung von Staaten von Bedeutung sei, sofern sie zugleich die Beherrschung seiner Bürger_innen impliziere. Allerdings treffe dies nur auf repräsentative Staaten zu, »die für ihre Völker sprechen und handeln und in geeignetem Maße demokratisch kontrolliert werden«, denn »[w]enn derartige Staaten beherrscht werden, dann werden auch ihre Bürger, in deren Namen sie sprechen, beherrscht«.[8] Nicht-repräsentative Staaten dagegen, d. h. repressive oder ineffektive Staaten,[9] die ihre Bürger_innen unterdrücken bzw. nicht in der Lage sind, basale Leistungen für sie zu erbringen, »haben keinen eigenständigen Anspruch auf Freiheit als Nicht-Beherrschung, denn dies würde der Sache ihrer Mitglieder möglicherweise nicht dienlich sein«.[10] Die entscheidende Wechselwirkung zwischen der Beherrschung von Staaten und derjenigen seiner Mitglieder scheint somit Pettit zufolge von der Organisationsstruktur des Staates abzuhängen. Demnach hätten ausgerechnet jene Staaten, die Ziel von Maßnahmen

7 Laborde/Ronzoni 2016, S. 279.

8 Pettit 2010a, S. 104; vgl. Pettit 2010b, S. 77; Pettit 2015a, S. 203 f.

9 Genaugenommen bilden ineffektive Staaten eine dritte Kategorie, neben repräsentativen und nicht-repräsentativen Staaten (Pettit 2010b, S. 71). Pettit behandelt jedoch ineffektive und repressive Staaten weitgehend gleichermaßen als nicht-repräsentativ (vgl. Pettit 2015a, S. 207).

10 Pettit 2010a, S. 104 f. Unlängst deutete Pettit eine zweifache Modifizierung dieser Position an: Zum einen zählt er nunmehr auch effektive, nicht-repressive Staaten, die zumindest basale Leistungen für ihre Bürger_innen erbringen, zu den repräsentativen Staaten, auch wenn sie allenfalls in indikativem Sinne als Repräsentanten ihrer Bevölkerung gelten können (Pettit 2015a, S. 208). Zum anderen stellte er klar, dass er die externe Beherrschung von *Völkern* grundsätzlich für problematisch erachtet, unabhängig davon, wie der jeweilige Staat verfasst ist (Pettit 2015a, S. 204; vgl. Pettit 2016). Er scheint jedoch weiterhin davon auszugehen, dass allein repräsentative Staaten einen Anspruch auf Nicht-Beherrschung erheben können. Vgl. für eine Auseinandersetzung mit Pettits Position Gädeke 2016b.

externer Demokratieförderung sind, keinen kollektiven Anspruch auf Nicht-Beherrschung.

Offen bleibt indes, was es genau bedeutet, einen kollektiven Akteur zu beherrschen, und inwiefern genau dies Rückwirkungen auf die Beherrschung von Individuen impliziert: Heißt das, die Beherrschung von Kollektiven ist letztlich auf die Beherrschung von Individuen reduzierbar? Oder kommt ihr darüber hinaus eigenständige soziale Realität oder gar eigenständige normative Relevanz zu? Und wenn ja, unter welchen Umständen impliziert dann die Beherrschung eines Kollektivs zugleich die Beherrschung der individuellen Mitglieder? Setzt dies (im weitesten Sinne) eine demokratische Organisationsstruktur der Gruppe voraus, wie Pettit nahelegt? Oder basiert Pettits Zurückweisung des Anspruchs nicht-repräsentativer Staaten auf kollektive Nicht-Beherrschung letztlich gar nicht auf konzeptionellen, sondern auf normativen Erwägungen, die die Beherrschung nicht-repräsentativer Staaten im Namen individueller Nicht-Beherrschung rechtfertigen? Zur Beantwortung dieser Fragen bedarf es zunächst der Entwicklung einer Konzeption kollektiver Beherrschung.

8.1.2. Handlungstheoretische Voraussetzungen des Beherrscht-Werdens

Die in Kapitel fünf in Auseinandersetzung mit Pettit herausgearbeitete Konzeption von Beherrschung wurde am Modell der Beherrschung von Individuen entwickelt. Aus diesem lassen sich drei handlungstheoretische Voraussetzungen gewinnen, die Gruppen erfüllen müssen, um zumindest potentiell als Gruppe Beherrschung unterworfen sein zu können. Der Entzug normativer Autorität setzt voraus, dass der Betroffene überhaupt ein Akteur ist. Was dies genau erfordert, lässt sich aufbauend auf Pettits funktionalistischem Akteursverständnis erläutern.[11] Ein System verfügt demnach in einem basalen Sinne über Agency, sofern sein Verhalten ein »zielgerichtetes gegenständliches Muster«[12] aufweist; es kann demnach wahrnehmen, ob Ziele bereits erreicht sind, und sie gegebenenfalls verwirklichen. Dementsprechend bildet es zwei Arten intentiona-

11 Vgl. Pettit 2007c, S. 228-253; Pettit 2009d, S. 68-75; List/Pettit 2011, Kap. 1 sowie Pettit 1993, Kap. 1 und 2.

12 Pettit 2009d, S. 68; vgl. Pettit 2007d, S. 496.

ler, d. h. auf einen Gegenstand oder einen Sachverhalt gerichteter Einstellungen:[13] Gegenständliche mentale Einstellungen (*representational attitudes*) beschreiben die Umwelt, motivationale mentale Einstellungen (*motivational attitudes*) geben an, wie der Akteur die Umwelt gerne hätte, und beziehen sich damit auf entsprechende Handlungspläne. Diese Einstellungen kann er wiederum so verarbeiten, dass er, sobald eine Diskrepanz zwischen gegenständlichen und motivationalen Zuständen besteht, entsprechend handelt.

Dieser basale Sinn von Agency bezieht sich indes allein auf einzelne intentionale Zustände. Um als einheitlicher Akteur gelten zu können, müssen zweitens minimale Rationalitätsstandards erfüllt werden, die gewährleisten, dass der Akteur als rationale Einheit agiert, dass er also – zumindest innerhalb der Grenzen günstiger Bedingungen – intentionale Einstellungen auf konsistente Weise bildet, aufrechterhält, gegebenenfalls verändert und ihnen gemäß handelt.[14] *Attitude-to-fact standards* geben Kriterien an, die sich auf die Wahrnehmung und Beschreibung der Umwelt beziehen und verlangen, dass der Akteur sich gegenüber Fakten responsiv verhält; a*ttitude-to-action standards* spezifizieren, welche Handlungen unter den gegebenen Einstellungen als zweckrational gelten können, und *attitude-to-attitude standards* stellen sicher, dass zwischen den einzelnen Einstellungen keine Widersprüche entstehen. Sind diese Standards erfüllt, so lässt sich von einem *intentionalen* Subjekt sprechen.[15]

Das vom Begriff der Beherrschung vorausgesetzte Akteursverständnis ist jedoch anspruchsvoller, denn die willkürliche Macht eines Akteurs über einen Anderen setzt drittens voraus, dass Letzterer tatsächlich reale Wahl- und Handlungsmöglichkeiten hat. Ein potentiell beherrschter Akteur muss nicht nur unterschiedliche Optionen kennen und die seinen Intentionen entsprechende wählen können; er muss darüber hinaus von sich selbst denken können: ›Ich kann Option A wahrnehmen‹, d. h., er muss sich abstrakt auf die Proposition ›Ich kann A wahrnehmen‹ als eine mögliche zu realisierende Option beziehen können.[16] Denn eben diese reflexive Fähigkeit, meta-propositionale Einstellungen, d. h. Einstellungen

13 List/Pettit 2011, S. 19-21; vgl. Pettit 2007d, S. 496-498.

14 List/Pettit 2011, S. 24 f.; vgl. Pettit 2007d, S. 496 f.

15 Pettit 2009b, S. 606 f.

16 Pettit 2008c, S. 104 f.

über Propositionen und die Beziehungen zwischen Propositionen zu bilden, zeichnet einen Akteur als *vernünftigen* Akteur aus, der Gründe für verschiedene Einstellungen wahrnehmen und reflektieren kann.[17]

Ein in diesem Sinne vernünftiger Akteur ist in der Lage, sich kritisch zu fragen, inwieweit seine Einstellungen in sich konsistent sind, und sich gegebenenfalls selbst zu korrigieren. Seine rationale Einheit beruht daher nicht wie bei einem Hund oder Roboter auf einer biologisch oder mechanisch bestimmten Struktur. Die Fähigkeit zu reflexivem Überlegen verleiht ihm vielmehr eine gewisse Kontrolle über die eigenen Merkmale als Akteur, die es erlauben, rationale Einheit als bewusstes Projekt zu verfolgen – und von Anderen an diesem Projekt gemessen zu werden. Denn andere Akteure als vernunftbegabte Wesen anzusehen, bedeutet Pettit zufolge gerade, ihre intentionalen Einstellungen mit anderen, vorangegangenen oder zeitgleich ausgebildeten intentionalen Einstellungen abzugleichen und erwarten zu können, dass diese aufeinander abgestimmt werden. Ein rationaler vernünftiger Akteur muss daher keineswegs stets rational handeln; er kann aber gegebenenfalls von Anderen an seine eingegangenen Verpflichtungen erinnert werden und damit zu entsprechenden Anpassungen gebracht werden.[18]

Dies wiederum macht es erforderlich, dass er sich mit den jeweiligen intentionalen Einstellungen identifizieren kann, d. h. sie als seine eigenen erkennt, und sich auf sie in der ersten Person statt in der dritten Person bezieht. Erst durch eine derartige Selbstidentifikation erlangt er die Fähigkeit, sich selbst als eine Person unter anderen zu sehen, für die er mit besonderer Autorität sprechen kann.[19] Im Gegenzug geht die Fähigkeit zu vernünftigem Überlegen einher mit der Zuschreibung von Personalität.[20] Wie bereits im Zusammenhang mit seinem Freiheitsverständnis als diskursiver Kontrolle erläutert, nennt Pettit eben diese grundlegende Fähigkeit selbstreflexiven Überlegens, die menschliches Denken und Handeln auszeichnet, Konversabilität. Nur personale intentionale Akteure in diesem Sinne können beherrscht werden, da nur sie über

17 Pettit 2007d, S. 500.

18 Vgl. List/Pettit 2011, S. 29-31 sowie oben Abschnitt 4.1.2.

19 List/Pettit 2011, S. 186-190.

20 Pettit 2009b, S. 613; vgl. Pettit 2001a, Kap. 4, insbesondere S. 66-79 sowie Pettit 2007c, S. 274-276.

die Fähigkeit der Konversabilität verfügen, die durch Beziehungen der Beherrschung von außen unterminiert wird.

Während bei Pettit der Zusammenhang zwischen Beherrschung und diesem anspruchsvolleren Verständnis personaler intentionaler Subjekte über den Umweg seiner Freiheitstheorie verständlich wird, ist die Voraussetzung der Fähigkeit reflexiven Denkens bereits unmittelbar in dem noumenalen Machtverständnis angelegt, das der in Kapitel fünf entwickelten Konzeption von Beherrschung zugrunde gelegt wurde: Beruht die Wirkung der Macht auf ihrer (bewussten oder unbewussten) kognitiven Anerkennung seitens des Machtunterworfenen als Grund dafür, anders zu denken oder zu handeln, so muss eben dieser Machtunterworfene als Akteur verstanden werden, der grundsätzlich die Fähigkeit hat, sich diese Gründe bewusst zu machen und sich reflexiv auf sie zu beziehen. Eben darum ist der Grenzfall purer physischer Gewalt keine Form von Macht (und somit auch nicht von Beherrschung), denn er beruht allein auf der Ausübung physischer Kraft und kann gerade nicht auf die kognitive Dimension von Macht zurückgreifen. Während pure Gewalt den Unterworfenen nicht als personalen Akteur behandelt und sich somit nicht nur gegen personale, sondern auch gegen bloß intentionale Akteure richten kann, setzt die Wirkung von Macht konstitutiv personale Akteure voraus, die über das Vermögen zu intentionalen Einstellungen, rationaler Einheit und selbstreflexivem Begründen verfügen. Eben darin liegt zugleich der Horizont der Transformation von Machtverhältnissen durch die Machtunterworfenen selbst: Sie sind keine bloßen Objekte gewaltsamer Einwirkung, sondern Subjekte, die sich der Wirkung der Macht – d. h. ihrer Gründe dafür, sie anzuerkennen – bewusst werden und diese kritisch hinterfragen können.[21]

21 Die in Kapitel vier vorgenommene Erweiterung des Begriffs der Beherrschung um die Dimension normativer Autorität verlangt keine entsprechende Erweiterung der handlungstheoretischen Voraussetzungen des Beherrscht-Werdens, da das Vermögen zu selbstreflexivem Überlegen bereits beinhaltet, seine Gründe an intersubjektiven Erwartungen messen zu können. Ob diese sich auf Standards instrumenteller Rationalität beschränken oder auch jene der Allgemeinheit und Reziprozität einbeziehen, macht aus handlungstheoretischer Sicht keinen Unterschied.

8.1.3. Drei Modelle kollektiver Beherrschung

Handlungstheoretisch gesprochen, können nur Akteure beherrscht werden, die in funktionalem Sinne als intentionale und personale Subjekte zu betrachten sind. Inwiefern Kollektive als Kollektive Beherrschung unterliegen können, hängt somit davon ab, inwieweit sie über ihre individuellen Mitglieder hinaus eigenständige Handlungsfähigkeit und damit einen eigenständigen Status als intentionale personale Akteure gewinnen können. Dabei geht es nicht allein um die Möglichkeit einzelner gemeinsamer Handlungen, sondern um die Grundbedingungen dauerhafter kollektiver Handlungsfähigkeit; sie ist Voraussetzung dafür, sinnvoll von interpersonaler Beherrschung von Kollektiven sprechen zu können.[22] Drei Modelle kollektiver Handlungsfähigkeit[23] – und dementsprechend drei korrespondierende Modelle kollektiver Beherrschung – lassen sich unterscheiden.

Das erste und derzeit wohl am weitesten verbreitete Modell kollektiver Handlungsfähigkeit ist das *reduktionistische*.[24] Es geht

22 Vgl. zur Unterscheidung *gemeinsamer Handlungen* und *kollektiver Akteure* Pettit/Schweikard 2009. Die Debatte um kollektive Intentionalität konzentriert sich weitgehend auf die Analyse gemeinsamer Handlungen (so z. B. Tuomela/Miller 2009; Gilbert 1989; Searle 2009; Bratman 1999; Kutz 2009; Searle 2002; Bratman 2009; vgl. aber zu kollektiven Akteuren Schmid 2005; Schmid 2010; Tuomela 2013). Der konzeptionellen Klarheit halber verwende ich im Folgenden *kollektive Intentionen* ausschließlich für Intentionen, die einem kollektiven Akteur zuzurechnen sind; davon zu unterscheiden sind *geteilte Intentionen* (*shared intentions*), die durch die Verschränkung individueller Intentionen entstehen (vgl. Bratman 1999 Kap. 5-8), sowie *vereinte Intentionen* (*joint intentions*), die Ausdruck eines speziellen »Wir-Modus« individueller Intentionen sind (vgl. Tuomela 1995).

23 Vgl. List/Pettit 2011, S. 2-11. List/Pettit unterscheiden vier Modelle. Das *Autorisierungsmodell*, das sie Hobbes zuschreiben, beschreibt jedoch strenggenommen keine eigene Kategorie. Entweder erfolgt die Autorisierung von Urteil zu Urteil (*proposition-wise*); dann jedoch handelt es sich nicht um einen kollektiven Akteur, sondern um gemeinsames Handeln. Erfolgt die Autorisierung dagegen holistisch, wäre entweder eine Feedbackstruktur vonnöten, um rationale Einheit zu sichern, oder diese wird durch die Autorisierung eines Einzelnen, der für die Gruppe denkt, gewährleistet. Damit kollabiert das Autorisierungs- in das Supervenienzmodell (das, wie ich unten zeige, auch diktatorische Arrangements umfasst).

24 Vgl. Schmid 2005, S. 108-147. List und Pettit nennen dieses Modell in Anlehnung an die Terminologie der Philosophie des Geistes *Eliminitavismus* (List/Pettit 2011, S. 3); Gilbert bezeichnet es als *Singularismus* (Gilbert 1989, S. 12).

davon aus, dass kollektiven Akteuren keine eigenständige Realität jenseits der Handlungsfähigkeit ihrer individuellen Mitglieder zukommt: Selbst wenn Individuen miteinander kooperieren, um gemeinsam zu handeln, so entsteht demnach kein eigenständiger Akteur auf der kollektiven Ebene; vielmehr lassen sich alle Absichten oder Urteile, die dem Kollektiv zugeschrieben werden, letztlich als Summe derjenigen seiner einzelnen Mitglieder verstehen. Die starke Lesart des reduktionistischen Modells geht davon aus, dass die Beschreibung kollektiver Handlungen der Beschreibung individueller Handlungen schlichtweg nichts hinzufügt: Alle Formen gemeinsamen Handelns lassen sich demnach vollständig mit Hilfe einer Konzeption einzelsubjektiven Handelns erläutern.[25] Die schwächere Lesart räumt der Analyse gemeinsamen Handelns mehr Raum ein, wehrt sich aber dennoch gegen die Annahme von Kollektivsubjekten. Kollektive sind demnach ein Aggregat von Individuen, die gewisse Intentionen teilen; sie als eigenständige Akteure zu betrachten, käme jedoch einer Doppelung gleich.[26] Bratman etwa hebt hervor, seine Konzeption kollektiver Intentionalität sei in der Anlage individualistisch und reduktiv[27] und impliziere keinen »Superakteur«[28]. Auch Searle betont, »über den Geist einer Gruppe, das kollektive Unterbewusste und Ähnliches zu sprechen«, sei »bestenfalls für mysteriös, schlimmstenfalls für inkohärent« zu erachten.[29]

Aus der reduktionistischen Perspektive können Kollektive grundsätzlich nicht beherrscht werden, weil sie gar keine eigenständigen Akteure sind. Sie zeichnen sich weder als vernunftbegabte Personen noch überhaupt als eigenständige intentionale Subjekte aus. Demokratieförderung als Beherrschung zu beschreiben, bezieht sich demnach auf die Beherrschung der einzelnen Bürger_innen des jeweiligen Staates; darüber hinaus von kollektiver Beherrschung zu sprechen, ist allenfalls in metaphorischem Sinne zu verstehen. Das reduktionistische Modell weist somit den Kernpunkt der Kritik an Demokratieförderung, der sich gerade nicht

25 Für diese stärkere Position: Quinton 1975.

26 Dieser schwächeren Position lassen sich Searle 2009 und Bratman 1999 zuordnen.

27 Bratman 1999, S. 108.

28 Bratman 1999, S. 111.

29 Searle 2009, S. 103.

auf die Beherrschung einzelner individueller Akteure, sondern auf deren gemeinsames Handeln innerhalb einer politischen Gemeinschaft bezieht, von vorneherein als unbegründet aus.

Das zweite Modell kollektiver Handlungsfähigkeit schreibt Kollektiven dagegen eine eigenständige metaphysische Realität zu, die über jene der einzelnen Mitglieder hinausgeht und zumindest teilweise unabhängig von ihnen Bestand hat. Diesem *emergenztheoretischen*[30] Modell zufolge ist die Gruppe als Kollektiv durch ihre Mitglieder nicht vollständig bestimmt, sondern besitzt Eigenschaften, die sich nicht aus denen der Mitglieder ableiten lassen. Diese eigenständige, ontologisch autonome Realität von kollektiven Akteuren wird häufig in organizistischen Metaphern ausgedrückt, die der Gruppe eine Kraft oder Beseeltheit zuschreiben, die durch jene der Individuen weder zu erklären ist noch für diese verfügbar ist. List und Pettit nennen diesen Ansatz daher auch Verlebendigungstheorie (*animation theory*[31]). Sie fand insbesondere zu Beginn des 20. Jahrhunderts unter Rechtshistorikern Verbreitung, die sich mit dem mittelalterlichen Verständnis von Körperschaften beschäftigten, bevor sie aufgrund ihrer Verbindung zu den Totalitarismen des 20. Jahrhunderts diskreditiert wurde.[32] Seither stoßen emergenztheoretische Positionen in handlungstheoretischen Debatten generell auf Ablehnung, denn, wie Schmid festhält, »[w]enn das Kollektiv Intentionalität hat, dann scheint das Individuum nicht mehr zu sein als sein Organ, das heißt bloß ein Instrument, was unserer Idee der individuellen intentionalen Autonomie widerspricht«.[33]

Aus emergenztheoretischer Perspektive lässt sich kollektive Beherrschung nicht auf individuelle Beherrschung reduzieren, da

30 List/Pettit 2011, S. 9; vgl. ebd., S. 73f.

31 List/Pettit 2011, S. 8.

32 Für eine klassische Formulierung dieser Position Gierke 1913; Gierke 1915; zur Diskreditierung des Ansatzes: Mannheim 1953; Vincent 1989. In der aktuellen Debatte um kollektive Intentionalität wird die Frage nach Kollektivsubjekten, gerade aus Angst vor der Nähe zu derartigen Positionen, zugunsten der Frage nach gemeinsamem Handeln vernachlässigt. Organizistische Metaphern finden jedoch durchaus Verwendung, so etwa bei Sugden, der die Mitglieder einer Gruppe mit Gliedern eines Körpers vergleicht (Sugden 1993, S. 86). Wendt sucht auf der Basis eines eher funktionalen Verständnisses von Organismus aufzuzeigen, dass der Staat als Superorganismus verstanden werden kann (Wendt 2004, S. 306-311).

33 Schmid 2009, S. 391f.

Kollektiven ein eigenständiges belebtes Wesen zugeschrieben wird. Die Postulierung einer solchen eigenständigen, unverfügbaren Kraft oder Belebtheit des Kollektivs lässt jedoch offen, wie genau dieses handeln kann und inwiefern es dementsprechend beherrscht wird. Eine differenzierte sozialanalytische Beschreibung von politischer, ökonomischer und kultureller Beherrschung von Kollektiven scheint auf dieser Basis kaum möglich; die Emergenztheorie legt vielmehr nahe, die Beherrschung von Kollektiven als Beherrschung des kaum näher zu erfassenden, metaphysisch verstandenen kollektiven Geistes zu verstehen.

List und Pettit schlagen mit ihrem *Supervenienzmodell* kollektiver Handlungsfähigkeit jedoch einen dritten Weg zwischen dem die soziale Realität kollektiver Akteure verkürzenden Reduktionismus und der die soziale Realität kollektiver Akteure metaphysisch aufladenden Emergenztheorie ein. Es zeichnet bestimmte Arten von Gruppen als eigenständige intentionale und personale Subjekte aus, ohne die metaphysischen Annahmen der emergenztheoretischen Position übernehmen zu müssen. Ihr Argument für die eigenständige Handlungsfähigkeit von kollektiven Akteuren ist kein ontologisches, sondern ein epistemologisches, das auf dem diskursiven Dilemma[34] basiert.

Gruppen, die sich der Verfolgung eines wie auch immer gearteten Zieles verschreiben, laufen demnach unausweichlich Gefahr, keine rationale Einheit zu erreichen, denn die Aggregation einzelner Urteile zu den Prämissen einer anstehenden Entscheidung (die z. B. aus relevanten vorangegangenen kollektiven Entscheidungen bestehen) kann zu einer anderen Konklusion führen als die Aggregation individueller Einstellungen zu dem zu treffenden Urteil.[35] Soll die Gruppe kollektive Handlungsfähigkeit erreichen, darf sie kollektive Urteile dementsprechend nicht unmittelbar aus individuellen Urteilen ableiten. Vielmehr muss sie Mechanismen ausbilden, die es ihr erlauben, zu überprüfen, ob kollektive Urteile untereinander konsistent sind, und sie gegebenenfalls entsprechend anzupassen. Dabei ist entscheidend, dass nicht nur einzelne Individuen die kollektiven Intentionen gewissermaßen heimlich auf ihre Konsistenz hin überprüfen und ihre je eigene Urteilsfindung an-

34 Vgl. oben Abschnitt 6.2.2.

35 Dies gilt unabhängig von der jeweiligen Aggregationsfunktion (vgl. List/Pettit 2002).

passen. Zwar würde dies unter Umständen die rationale Einheit auf der kollektiven Ebene verstärken; es ist jedoch kein zuverlässiger Mechanismus, um sie sicherzustellen.[36] Erforderlich ist vielmehr, dass die Gruppe kollektive Intentionen über ihre eigenen kollektiven Intentionen ausbildet und damit eine Form der Selbstreflexivität auf kollektiver Ebene erlangt.[37]

Pettit erläutert diese Idee anhand einer Probeabstimmung (*straw-vote procedure*), bei der zu jeder neuen Frage eine Abstimmung durchgeführt wird, deren Ergebnis dann mit den bereits eingegangen Verpflichtungen und Zielen abgeglichen wird. Im Falle einer Unvereinbarkeit führt dies zu Revisionen, die sowohl frühere als auch das aktuelle Urteil in Frage stellen können.[38] Wie genau ein solches Prozedere in der Organisationsstruktur einer Gruppe realisiert wird, ist nicht entscheidend; die einfachste Möglichkeit ist es, Pettit zufolge, einen Teil der Gruppe mit der selbstreflexiven Feedbackfunktion zu betrauen.[39] Wichtig ist, dass ein solches Verfahren eine Praxis kollektiven vernünftigen Begründens verwirklicht. Denn damit erlangt die Gruppe ebenso wie Individuen selbstreflexive Kontrolle über ihre eigene rationale Einheit. Diese macht sie nicht nur zu einem intentionalen, sondern auch zu einem personalen Subjekt, das in der Lage ist, sich zu seinen kollektiven intentionalen Einstellungen zu bekennen und rationale Einheit gezielt zu verfolgen. Pettit bezeichnet Gruppen, die derartige Feedback-Systeme einführen, um rationale Einheit auf der kollektiven Ebene sicherzustellen, als *integrierte Kollektive*, im Unterschied zu *aggregierten Kollektiven*, die »überhaupt nicht überlegen oder die die Disziplin der Vernunft nicht auf der kollektiven Ebene anwenden«.[40] Integrierte Kollektive erfüllen demnach alle handlungstheoretischen Voraussetzungen eines personalen Akteurs: Sie haben kollektive intentionale Einstellungen, die sie in rational konsistenter Weise verfolgen, wobei sie sich reflexiv auf diese beziehen und somit rationale Einheit gewährleisten können.

Zugleich impliziert ein solches Feedback-System, dass integrier-

36 List/Pettit 2011, S. 63 f.

37 Pettit spricht in diesem Zusammenhang von der »Kollektivierung von Vernunft« (Pettit 2009b, S. 598).

38 Pettit 2007d, S. 512-514; Pettit 2009d, S. 80 f.

39 Pettit 2007d, S. 514.

40 Pettit 2009b, S. 603; vgl. Pettit 2001a, S. 113; Pettit 2002a, S. 454.

ten Kollektiven eine gewisse Autonomie gegenüber ihren Mitgliedern zukommt, denn sie weisen ein intentionales Profil auf, das sich zumindest hinsichtlich einiger Fragen ausdrücklich von den – unter Umständen sogar einstimmig geteilten – Urteilen der individuellen Mitglieder unterscheidet. Zwar entstehen kollektive Einstellungen nicht völlig unabhängig von denen der jeweiligen Mitglieder. Dennoch ist diese Beziehung keine unmittelbar kausale; List und Pettit charakterisieren sie vielmehr als Supervenienzbeziehung.[41] Die Ansichten der individuellen Mitglieder bestimmen demnach die Ansichten der Gruppe, ohne dass aus Letzteren direkt auf Erstere geschlossen werden kann. Sie können zwar nicht unabhängig voneinander variieren, so dass keine ontologische Unabhängigkeit des Kollektivs angenommen zu werden braucht; dennoch lässt sich das kollektive nicht auf das individuelle Handeln reduzieren, da zwischen kollektiven und individuellen Intentionen zumindest in einigen Hinsichten eine klare Diskontinuität besteht. In diesem Sinne entwickeln kollektive Entitäten zwar kein ontologisches, wohl aber ein epistemisches Eigenleben, das die Zuschreibung genuin kollektiver Handlungsfähigkeit, d. h. kollektiver intentionaler Subjektivität und Personalität, rechtfertigt; sie sind »relativ autonome Einheiten – eigenständige Akteure, wie oft gesagt wird, Gruppen mit einem eigenen Gruppengeist«.[42]

Dieses dritte Modell kollektiver Handlungsfähigkeit bietet eine geeignete Basis, um verständlich zu machen, inwiefern kollektive Beherrschung sich von individueller Beherrschung unterscheidet: Gruppen, die die Fähigkeit selbstreflexiven Überlegens kollektivieren und damit rationale Einheit sicherstellen, erfüllen die handlungstheoretischen Voraussetzungen des Beherrscht-Werdens. Derartige kollektive Beherrschung bezieht sich jedoch weder auf die individuellen Mitglieder als einzelsubjektive Akteure noch auf einen ontologisch gedeuteten Kollektivgeist, sondern auf die Mitglieder eines Kollektivs in ihrer Fähigkeit und Praxis, Vernunft zu kollektivieren. Damit sind es auch im Falle der Beherrschung von Kollektiven letztlich Individuen, die beherrscht werden. Dennoch lässt sich die Beherrschung kollektiver Akteure nicht auf die Beherrschung von individuellen Akteuren reduzieren. Vielmehr weist die durch

41 Ausführlich dazu: List/Pettit 2006; List/Pettit 2011, S. 64-72.

42 List/Pettit 2011, S. 77 f.; vgl. Pettit 2003d bzw. Pettit 2009b. Vgl. für eine Kritik an Lists und Pettits Ansatz, die diesen als reduktiven ausweist: Botting 2011.

die Sicherstellung rationaler Einheit auf kollektiver Ebene bedingte Diskontinuität mit den Einstellungen der individuellen Mitglieder eines kollektiven Akteurs darauf hin, dass kollektive Beherrschung keineswegs notwendig mit ihrer Beherrschung als individuelle, einzelsubjektive Akteure einhergeht. Kollektive Beherrschung bezieht sich auf ein eigenständiges Zentrum von Handlungsfähigkeit und beeinträchtigt die Fähigkeit kollektiven Denkens und Handelns, nicht aber notwendigerweise die Fähigkeit individuellen Denkens und Handelns.

Konzeptionell gesprochen müssen daher zwei Formen der Beherrschung unterschieden werden: *individuelle* Beherrschung, d. h. die Beherrschung von Individuen als einzelsubjektive Akteure, sowie *kollektive* Beherrschung, d. h. die Beherrschung kollektiver Akteure, die sich als Beherrschung der individuellen Mitglieder in ihrer Fähigkeit und Praxis, kollektive Intentionen zu bilden, zu reflektieren und zu realisieren und damit Vernunft zu kollektivieren, verstehen lässt.[43]

Heißt das jedoch, dass kollektive Beherrschung nicht nur in konzeptioneller Hinsicht, sondern auch normativ betrachtet von eigenständiger Bedeutung ist? Pettit argumentiert, die Beherrschung von Kollektiven sei normativ relevant, insofern diese »Organisationen sind, in denen Individuen sich zusammenschließen, um gemeinsam zu handeln. Wenn die Dinge, die die Mitglieder als korporative Einheit tun, fremder Kontrolle durch andere Akteure oder Handlungsmächte [*agencies,* D.G.] unterworfen sind, so sind auch jene Mitglieder selbst fremder Kontrolle unterworfen.«[44] Vor dem Hintergrund des skizzierten Modells kollektiver Beherrschung lässt sich dieses Argument konkretisieren: Die Beherrschung von kollektiven Akteuren ist demnach selbst als Beherrschung von Individuen zu verstehen, ohne indes mit der Beherrschung einzelsubjektiver Akteure zusammenzufallen. Die normative Relevanz

43 Angenommen etwa, ein malawischer Staatsbürger, der sich in der deutschen Botschaft um ein Visum bewirbt, bekommt keines, da das deutsche Außenministerium gegenüber Bürgern Malawis generell den Verdacht hegt, sie wollten nach Ablauf des Visums in Deutschland bleiben. Auch wenn sein Staat als kollektiver Akteur verstanden werden kann, wird dieser Bürger zunächst als Individuum beherrscht; ob darüber hinaus sein Staat als kollektiver Akteur beherrscht wird und er damit auch in kollektivem Sinne Beherrschung unterworfen ist, ist eine davon unabhängige Frage.

44 Pettit 2010b, S. 76; vgl. Pettit 2015b, S. 49-53; Laborde/Ronzoni 2016, S. 280.

der Beherrschung kollektiver Akteure bezieht sich aufgrund der Supervenienzbeziehung zwischen Kollektiv und Mitgliedern letztlich auf die Mitglieder, jedoch eben nicht in ihrer einzelsubjektiven normativen Autorität, sondern vielmehr in ihrer Fähigkeit, Denken und Handeln zu kollektiveren. Es ist darum das Kollektiv, d. h. präziser gesprochen, seine Mitglieder in ihrer Fähigkeit, kollektive Intentionen auszubilden, denen durch kollektive Beherrschung verwehrt wird, *gemeinsam* mit Anspruch auf Gehör aufzutreten und hinsichtlich ihrer Fähigkeit und Praxis, Vernunft zu kollektivieren und ihr kollektives Ziel zu verfolgen, respektvolle Beziehungen zu anderen Akteuren aufzubauen. Die durch kollektive Beherrschung herbeigeführte Statusasymmetrie, die den Kern der Normativität von Beherrschung ausmacht, bezieht sich daher auf den interpersonalen Status des kollektiven Akteurs, d. h. auf seinen Status normativer Autorität in diskursiven Beziehungen zu anderen, in der Regel ebenfalls kollektiven Akteuren.

Wenn es normativ von Bedeutung ist, dass Individuen in ihren Beziehungen zu Anderen mit Anspruch auf Gehör auftreten können, so scheint es zumindest prima facie ebenfalls von Bedeutung zu sein, dass sie dies auch hinsichtlich ihrer Fähigkeit tun können, kollektiv zu denken und zu handeln. In diesem Sinne kommt der Beherrschung kollektiver Akteure eigenständige normative Relevanz zu, unabhängig davon, ob sie zugleich die Beherrschung der Mitglieder als einzelsubjektive Akteure impliziert oder nicht. Dies bedeutet nicht, Kollektive jenseits von ihren Mitgliedern mit Rechten auszustatten; vielmehr ist die Anerkennung der normativen Relevanz kollektiver Beherrschung selbst Ausdruck eines normativen Individualismus. Damit scheint ein Weg aufgezeigt, die im Namen kollektiver Akteure erhobene Kritik an externer Demokratieförderung in ihrem Gehalt ernst zu nehmen, ohne Kollektive als solche zu essentialisieren. Dazu bedarf es jedoch einer näheren Betrachtung der Frage, was es bedeutet, Staaten und insbesondere nichtdemokratische Staaten in diesem kollektiven Sinne zu beherrschen.

8.2. Können (nicht-demokratische) Staaten beherrscht werden?

Wie eingangs festgehalten, wird Kritik an Beherrschung vielfach im Namen von Staaten erhoben, gerade auch im Zusammenhang mit externer Demokratieförderung. Dies wirft die Frage auf, inwieweit Staaten trotz ihrer komplexen internen Struktur überhaupt als einheitliche kollektive Akteure verstanden werden können. Dabei ist insbesondere mit Blick auf nicht-demokratische Staaten zu klären, wer das Subjekt ist, das durch den Staat denkt und handelt: das Volk oder die Regierung (8.2.1.). Die nähere Betrachtung der internen Struktur kollektiver Akteure zeigt, dass die oben entwickelte Konzeption kollektiver Beherrschung keine demokratische Organisationsstruktur voraussetzt; werden kollektive Akteure beherrscht, so werden grundsätzlich alle Mitglieder im kollektiven Sinne beherrscht, unabhängig von der konkreten Organisationsstruktur und ihrer Rolle darin (8.2.2.). Zwar ist das Volk in nicht-repräsentativen Staaten nicht im unverkürzten Sinne als kollektiver Akteur in den Staat inkorporiert. Dennoch behält es die fundamentale konstituierende Macht, sich die staatlichen Institutionen anzueignen und als Kollektiv zu (re-)konstituieren. Zumindest in dieser Hinsicht wird es beherrscht, wenn der jeweilige Staat beherrscht wird (8.2.3.).

8.2.1. Staaten als kollektive Akteure

Soll die in den vorangegangenen Abschnitten entworfene Konzeption kollektiver Beherrschung auf Staaten angewandt werden, so ist zunächst zu klären, inwieweit Staaten überhaupt kollektive Akteure konstituieren. Dies ist keineswegs selbstverständlich, denn Staaten weisen eine komplexe interne Struktur auf: Sie sind aus einer Reihe von unterschiedlichen Gruppen zusammengesetzt, die selbst, für sich genommen, als integrierte Kollektive gelten können, wie z. B. das Parlament, die Gerichte oder Behörden. Diese verfolgen keineswegs durchgehend die gleichen Ziele, sondern entwickeln je eigene institutionelle Logiken. Das Verwaltungs- und Verfassungsrecht in der Common-Law-Tradition versteht den Staat aus diesem Grund nicht als einheitlichen Akteur, sondern als komplexes fragmentiertes System unterschiedlicher Machtzentren mit unterschiedlichen

Kompetenzen, die miteinander konkurrieren und einander kontrollieren.[45] Dementsprechend konzentriert es sich auf die rechtliche Regulierung des Verhältnisses zwischen diesen Machtzentren, ohne eine juristische Konzeption des übergreifenden Ganzen zu entwickeln. Dennoch wird der Staat im Vertrags- und Völkerrecht als einheitliche juristische Person behandelt, die im Namen aller ihrer Teile durch die Exekutive sowohl mit anderen Staaten als auch mit privaten Akteuren bindende Verpflichtungen einzugehen vermag und dabei einen sowohl von einzelnen Regierungsakten als auch einzelnen Regierungen unabhängigen personalen Status genießt.[46]

Der funktionalistische Ansatz von List und Pettit, dem hier gefolgt wurde, verspricht, diese Spannung zwischen einer intern-strukturalistischen Verneinung und einer extern-zuschreibenden Bejahung des Akteursstatus von Staaten zu überbrücken: Anstatt allein an internen Strukturmerkmalen oder extern zugeschriebenen Qualitäten anzusetzen, verbindet er beide Blickwinkel, indem er die Zuschreibung kollektiver Handlungsfähigkeit von der Erfüllung funktionaler Erfordernisse abhängig macht, die wir als handelnde Akteure von anderen Akteuren erwarten. Aus dieser Perspektive ist entscheidend, dass kollektive Intentionen auch auf der Ebene des Staates gebildet werden, nicht nur innerhalb seiner einzelnen Organe. Diese müssen so untereinander koordiniert werden, dass der Staat mit einer »einheitlichen Stimme« sprechen und »ein kohärentes Set an Zwecken« verfolgen kann.[47] Die Tatsache, dass kollektive Intentionen mitunter nicht ohne weiteres konsistent sind, ist demnach als Herausforderung an den Staat als Akteur zu verstehen, eine entsprechende rationale Einheit immer wieder von neuem herzustellen, schließt jedoch nicht aus, dass er dazu grundsätzlich in der Lage ist. Im Folgenden wird daher davon ausgegangen, dass der Staat ein eigenständiger integrierter kollektiver Akteur ist, wenn auch – wie im Übrigen viele andere kollektive Ak-

45 McLean 2004, S. 175-178.

46 McLean 2004, S. 174f. In der Disziplin Internationale Beziehungen werden Staaten, insbesondere in der realistischen Tradition, ebenfalls als eigenständige Akteure behandelt; obwohl diese Annahme fast durchgehend als eine fiktive verstanden wird, erfolgt kaum eine Analyse der Gründe, die für eine Zurückweisung des Akteursstatus von Staaten sprechen würden (vgl. Wendt 2004).

47 Pettit 2012b, S. 133.

teure auch – ein verschachtelter, dessen Handlungs- und Urteilsbildungsstruktur sich aus unterschiedlichen integrierten Kollektiven zusammensetzt und der stets aufs Neue die rationale Einheit des Gesamtsystems herstellen muss.[48]

Geht man also davon aus, dass Staaten kollektive Akteure sind, so wirft dies sogleich die Frage auf, wer das Subjekt ist, das dahinter steht: Ist es die Regierung oder das Volk, was durch den Staat handelt? Historisch gesehen wurde gerade in der republikanischen Tradition der Staat meist unmittelbar mit dem Volk identifiziert. So wendeten etwa im 13. und 14. Jahrhundert Kommentatoren des römischen Rechts wie Bartolus de Sassoferato und Baldus de Ubaldis den Rechtsbegriff der Körperschaft auf die italienischen Stadtstaaten an und begriffen diese als direkte Handlungsstruktur der als Kollektiv konzipierten Bürgerschaft.[49] Dieses Modell, das das Volk als Ganzes als Subjekt des Staates denkt, lebte in den Vertragstheorien fort, verlor jedoch in dem Maße an Plausibilität, wie sowohl die Größe der Staaten als auch die ihrer Bürgerschaft zunahmen. Für moderne Massengesellschaften scheint ein aggregatives Modell der Beziehung zwischen dem Staat und einer inhomogenen Bevölkerung geeigneter: Es versteht den Staat zwar als kollektiven Akteur, identifiziert ihn jedoch nicht mit der als Kollektivsubjekt begriffenen Bürgerschaft, sondern betrachtet ihn als Handlungsstruktur der Regierung, durch die diese wiederum das nur mehr lose Aggregat einer Masse einzelner Individuen steuert.[50]

Pettit entwickelt in Auseinandersetzung mit Rawls' *Das Recht der Völker* indes ein drittes Modell der Beziehung von Staat, Volk und Regierung.[51] Rawls betrachtet ausdrücklich nicht Staaten oder Regierungen, sondern Völker als Subjekte des Völkerrechts, ohne dabei indes auf das klassische Modell der Identifikation von Staat und Volk zurückzugreifen. Völker stehen vielmehr auf dreierlei Weise mit der Regierung ihres Staates (als Gesamtheit der Institutionen, die dessen Handlungs- und Entscheidungsstruktur ausmachen) in Verbindung: Erstens koordinieren und autorisieren sie die Macht und die Handlungen der Regierung, indem sie diese kontrollieren; zweitens handeln sie durch die Regierung nach innen gegenüber

48 Vgl. Pettit 2015b, S. 47; Pettit 2016, S. 50 f. sowie List/Pettit 2011, S. 40.

49 Canning 1983, S. 23-25; vgl. Pettit 2005a, S. 161.

50 Pettit 2005a, S. 161-163.

51 Vgl. Pettit 2005a; Pettit 2006b sowie Rawls 2002, insbesondere § 2.

der eigenen Bevölkerung und drittens nach außen gegenüber anderen Völkern.[52] Die Bevölkerung ist demzufolge nach innen und außen nur dann *als Volk*[53] das Subjekt des Staates, wenn sie durch die Regierung in adäquater Weise repräsentiert wird; ist dies nicht der Fall, bemächtigt sich die Regierung der Rolle des Volkes und agiert unabhängig von diesem mit Hilfe der Handlungsstruktur des Staates.

Eine solche Repräsentation des Volkes erfordert indes weder die unmittelbare Autorisierung einzelner Regierungsentscheidungen durch die Bürger_innen (die in modernen Massengesellschaften nicht mehr durchführbar scheint) noch die Autorisierung der Regierung, alle Entscheidungen eigenständig zu treffen (die die Regierung zum Subjekt des Staates werden ließe). Während bei Rawls die geforderte Verbindung zwischen Regierung und Volk durch die Idee einer öffentlichen Gerechtigkeitskonzeption hergestellt wird, sieht Pettit das Regierungshandeln mit den Bürger_innen durch das Prinzip deliberativer Regulierung vermittelt, das auf den sich in Deliberationen unvermeidlich herausbildenden gemeinsam geteilten Wertungen basiere.[54] Sie bilden die Basis dafür, dass Regierungsentscheidungen als gemeinsamer Urteilsbestand gelten können, auch wenn die einzelnen Bürger am konkreten Entschei-

52 Vgl. Rawls 2002, S. 22; S. 29 f.; S. 42 f. sowie Pettit 2006b, S. 42 f.

53 Ich verstehe unter dem *Volk* die Mitglieder einer politischen Gemeinschaft in ihrer Fähigkeit und Praxis, im Rahmen eines kollektiven Unterfangens Nicht-Beherrschung zu realisieren. Das Volk konstituiert sich demnach durch die Handlungsstruktur des Staates als kollektiver Akteur und ist in diesem Sinne das Subjekt, das durch den Staat denkt und handelt. Dieses Verständnis setzt weder eine homogene Kultur noch eine Idee von Nation oder geteilter Ethnie voraus. Mitglieder sind dem Recht auf Nicht-Beherrschung entsprechend alle Mitglieder der Bevölkerung. Vgl. zur Frage der Einbürgerung und des Status von Nicht-Mitgliedern Honohan 2009; Benton 2010; Benton 2014; Hovdal-Moan 2014.

54 Rawls 2002, §§ 8 und 9 sowie Pettit 2005a, S. 165-168. Die Idee *deliberativer Regulierung* stellt geringere Anforderungen als das Modell der Nicht-Beherrschung im Sinne *öffentlicher Kontrolle*, denn sie bezieht sich lediglich auf die Normen, die aus öffentlichen Diskursen hervorgehen, nicht aber auf die Institutionen formaler Repräsentation und Kontestation (vgl. oben Abschnitt 6.2.2.). Insofern hebt Pettit zu Recht hervor, dass sich seine Konzeption repräsentativer Staaten nicht auf demokratische Staaten beschränkt, sondern auch effektive nicht-repressive Staaten einbezieht, die allenfalls in indikativem Sinne für ihr Volk sprechen. Auch hier sind jedoch zumindest Kommunikationsrechte erforderlich, die einen gewissen deliberativen Einfluss ermöglichen (vgl. Pettit 2015a, S. 208).

dungsverfahren nicht aktiv beteiligt waren. Nur in Staaten, in denen sichergestellt ist, dass derartige öffentliche Annahmen und Wertungen das Regierungshandeln leiten, kann der Staat demnach in unverkürztem Sinne als Inkorporation des Volkes gelten, denn nur unter diesen Bedingungen macht es Sinn, über die Bürger_innen als konstituierende Personen (*constituting people*) hinaus von der »Existenz eines Volkes in einem bestimmten, einzigartigen Sinne dieses Begriffs« zu sprechen; der Staat fällt dann mit dem konstituierten Volk (*constituted people*), d. h. dem »Volk, verstanden als Einheit, die wir ebenso als verantwortlich betrachten können wie individuelle Akteure«, zusammen, so dass das kollektive Subjekt des Staates das Volk, nicht die Regierung ist.[55] Mit anderen Worten, das Volk wird erst durch den Staat, der ihm eine Handlungs- und Urteilsbildungsstruktur liefert, zum Subjekt eines kollektiven Akteurs, und zwar nur dann, wenn es durch diesen in adäquater Weise repräsentiert wird.[56]

Vor diesem Hintergrund lässt sich verständlich machen, warum Pettit davon ausgeht, dass nur repräsentative Staaten einen Anspruch auf Nicht-Beherrschung erheben können: Nicht-repräsentative Staaten, in denen die Regierung nicht durch öffentliche Annahmen und Wertungen kontrolliert wird, können nicht als Denk- und Handlungsstruktur des Volkes als Ganzes gelten. Sie mögen selbst kollektive Akteure sein, verkörpern jedoch nicht das Volk, sondern die Regierung. Die Bürger_innen bilden, mit anderen Worten, selbst gar kein Kollektiv. Folgt man dieser Lesart, so schlägt die Beherrschung nicht-repräsentativer Staaten nicht auf die Bürger_innen als Mitglieder eines inkorporierten Volkes durch, sondern ist als kollektive Beherrschung der jeweiligen Regierung zu betrachten. Soll es, normativ betrachtet, um das Volk gehen, so wäre die kollektive Beherrschung nicht-repräsentativer Staaten im Rahmen von Demokratieförderungsinitiativen schlichtweg irrelevant, da sie das jeweilige Volk als Ganzes bereits aus konzeptionellen Gründen gar nicht berührt; von Bedeutung wäre dann lediglich die keineswegs zwangsläufig mit ihr einhergehende individuelle Be-

55 Pettit 2012b, S. 287.

56 Dementsprechend bezeichnen die Bedingungen der Repräsentativität eines Staates kein regulatives Ideal, das angibt, wie ein Staat strukturiert sein sollte, sondern die konstitutiven Bedingungen dafür, das Volk als kollektiven Akteur zu begreifen, der durch die Institutionen des Staates handelt (vgl. Pettit 2006b, S. 43).

herrschung seiner Mitglieder als einzelsubjektive Akteure. Wie im Folgenden zu zeigen sein wird, lässt sich jedoch diese Lesart nicht mit Pettits Theorie kollektiver Handlungsfähigkeit vereinen.

8.2.2. Kollektive Beherrschung und die interne Struktur kollektiver Akteure

Eine Gruppe, die als personaler intentionaler Akteur betrachtet und damit potentiell beherrscht werden kann, richtet – ebenso wie individuelle Akteure – ihr Handeln an der Erfüllung ihrer Ziele gemäß ihren Überzeugungen und Urteilen aus. Gemeinsames Handeln der Mitglieder bezieht sich demzufolge auf drei unterschiedliche Ebenen: die gemeinsame Handlungsstruktur, die Verfahren zur gemeinsamen Urteilsbildung sowie das grundlegende gemeinsame Ziel.[57] Auf allen diesen drei Ebenen lässt sich fragen, welche Rolle die einzelnen Mitglieder eines kollektiven Akteurs genau spielen und inwieweit die deliberative Teilhabe eines Mitglieds Voraussetzung dafür ist, dass es in die Gruppe inkorporiert ist und dementsprechend in kollektivem Sinne, d. h. in der Fähigkeit und Praxis, kollektiv zu denken und zu handeln, beherrscht wird, wenn die Gruppe beherrscht wird.

Ein kollektiver Akteur muss erstens eine *Handlungsstruktur* ausbilden, die es ihm erlaubt, seine Ziele gemäß seinen Urteilen zu verfolgen. Dies setzt indes keinesfalls voraus, dass alle Individuen gleichermaßen an entsprechenden Handlungen beteiligt sind. Vielmehr können einzelne Subgruppen, einzelne Individuen oder gar externe Akteure beauftragt werden, im Namen der Gruppe deren Entscheidungen umzusetzen. Mitglieder können dementsprechend zwei unterschiedliche Rollen ausfüllen: Einerseits können sie den kollektiven Akteur autorisieren, indem sie seinen Anspruch akzeptieren, im Namen der Gruppe zu sprechen und zu agieren, also etwa im Namen aller einen Vertrag abzuschließen, der alle Mitglieder bindet. Andererseits können sie eine aktive Rolle spielen, insoweit sie eine Aufgabe innerhalb der Gruppe übernehmen oder an entsprechenden Aktivitäten teilnehmen, also etwa als Geschäftsführer fungieren oder an religiösen Zeremonien teilnehmen.[58] Eine

57 Vgl. Pettit/Schweikard 2009, S. 577; vgl. Pettit 2007d, S. 504.
58 List/Pettit 2011, S. 35.

dieser beiden Funktionen auszufüllen, ist List und Pettit zufolge notwendig und hinreichend, um als Mitglied einer Gruppe zu gelten, zumindest sofern die Ausübung der jeweiligen Rolle von der Gruppe entsprechend anerkannt und ermächtigt wird.[59] Je nach Handlungsstruktur sind unterschiedliche Kombinationen denkbar, von vielen autorisierenden Mitgliedern und wenigen handelnden bis hin zu wenigen autorisierenden und vielen, möglicherweise auch extern angeheuerten Handelnden. Da sich Beherrschung nicht allein auf die tatsächliche Ausführung konkreter Handlungspläne bezieht, sondern auch auf die Wahrnehmung, Bewertung und Abwägung zwischen unterschiedlichen Handlungsoptionen, d. h. auf den Zugriff auf Gründe, die dafür oder dagegen sprechen, etwas zu tun, lässt sich die Beherrschung eines Kollektivs nicht auf die Beherrschung der jeweils handelnden Individuen reduzieren; auch nicht unmittelbar handelnde Mitglieder werden beherrscht, wenn die Gruppe unter kollektiver Beherrschung leidet.

Damit stellt sich zweitens die Frage, inwieweit alle Mitglieder an der *Urteilsfindung* der Gruppe teilhaben müssen, um im kollektiven Sinne beherrscht zu werden. Zwar stehen die auf kollektiver Ebene gebildeten Intentionen zumindest potentiell in Diskontinuität zu individuellen Intentionen der Mitglieder; dennoch ist damit noch nicht geklärt, inwieweit der ihnen vorausgehende Urteilsbildungsprozess inklusiver Natur sein muss. Pettit entwickelt die Idee einer Kollektivierung selbstreflexiven Überlegens zunächst am Beispiel demokratisch organisierter Kollektive und entsprechender Probeabstimmungsverfahren. Er hebt jedoch ausdrücklich hervor, dass das gleich verteilte aktive Stimmrecht hinsichtlich kollektiver Urteile auch durch virtuelle Zustimmung zu kollektiven Verfahren oder Ergebnissen ersetzt werden könne, d. h., dass die jeweiligen Gruppenmitglieder »zwar in der Lage sind, auszusteigen oder Verfahren und Ergebnis anzufechten oder dergleichen – wobei dies allgemein bekannt ist –, diese Macht aber nicht ausüben«.[60]

59 List/Pettit 2011, S. 35. Der jeweils ausführende Akteur ist dabei zwar die implementierende Ursache eines Ereignisses, das Kollektiv jedoch ist die programmierende Ursache, die im Hintergrund bleibt und nur aktiv wird, falls die implementierende Ursache versagt (List/Pettit 2011, S. 162 f.; vgl. kritisch dazu: Strand 2012 sowie ausführlich zu dieser Unterscheidung Pettit 1993, S. 32-43 und Pettit 2007c, S. 216-228).

60 Pettit 2009b, S. 618.

Derartige Mechanismen virtueller Zustimmung scheinen wenig voraussetzungsvoll; Pettit betont, kollektive Akteure bezögen zwar

> manchmal alle ihre Mitglieder in die Überlegung zu jeder Entscheidung ein. Aber öfter treffen sie ihre Entscheidung so, dass die Vollversammlung nur über allgemeine Angelegenheiten abstimmt und andere Fragen an kleinere Teilgruppen und Inhaber bestimmter Positionen innerhalb der Gruppe delegiert werden. Oder die Mitgliedschaft wird größtenteils passiv aufgefasst, wobei die meisten nur in dem Maß in offizielle Entscheidungen einbezogen werden, *das zu ihrer Ruhigstellung nötig ist.*[61]

Es bedarf demnach keineswegs formaler Exit-Optionen oder Kontestationsmöglichkeiten; vielmehr scheint die grundlegende, gewissermaßen anarchische Fähigkeit des Protestes zu genügen: »einige Mitglieder der Gruppe mögen in ihrem Handeln nur in dem Maße involviert sein, dass sie über die Macht verfügen, zu protestieren«.[62] Demnach müssen integrierte Kollektive mit Blick auf ihre Urteilsfindung keineswegs intern nicht-beherrschende oder zumindest deliberativ-regulierende Strukturen aufweisen, um als kollektive Akteure zu zählen, die ihre Mitglieder inkorporieren.

Dennoch halten List und Pettit diktatorische Organisationsformen für eine »degenerierte«[63] Variante kollektiver Akteure. Sie scheinen davon auszugehen, dass eine Diktatur keine Praxis *kollektiver* Selbstreflexivität etabliert, da es allein der Diktator, d. h. ein einzelnes Individuum, ist, dem die Aufgabe der Urteilsbildung und gegebenenfalls der Korrektur dieser Urteile zufällt. Zwar impliziert dies automatisch das Vorhandensein eines selbstreflexiven Feedbacksystems, denn der Diktator entscheidet ja allein, so dass seine individuelle Fähigkeit, metapropositionale Einstellungen zu bilden und damit Gründe zu reflektieren, auf kollektiver Ebene ausschlaggebend ist. Ein solches Arrangement sei jedoch »lediglich als Verlängerung der Handlungsfähigkeit dieses Individuums statt als echter kollektiver Akteur« zu betrachten.[64] Es handele sich letztlich nicht um ein kollektives intentionales Subjekt, sondern um eine »individuell ›personifizierte‹ Gruppe«,[65] deren Handlun-

61 Pettit 2009b, S. 619 [Hervorhebung D.G.]; vgl. Pettit 2006b, S. 46f.

62 Pettit 2001c, S. 253.

63 List/Pettit 2011, S. 8; vgl. ebd., S. 59.

64 List/Pettit 2011, S. 59.

65 List/Pettit 2011, S. 76.

gen durch diejenigen des »korporativ ermächtigten Individuums«[66] bestimmt werden. Eine solche lasse sich nach dem Modell individuellen Handelns analysieren. Demnach könne der Diktator zwar beherrscht werden; dies heiße jedoch nicht, dass die ganze Gruppe, d.h. die Mitglieder, in ihrer Fähigkeit und Praxis, kollektiv zu denken und zu handeln, beherrscht werden. Sie unterlägen zwar möglicherweise *mehrfacher individueller* Beherrschung durch den Diktator und gegebenenfalls (nicht aber zwangsläufig) auch durch den Akteur, der den Diktator beherrscht, nicht aber *kollektiver* Beherrschung. Demokratieförderung als Beherrschung zu kritisieren, beziehe sich demnach auf die Beherrschung der diktatorischen Regierung, nicht aber auf die Bürgerschaft des Staates als Ganzes.

Diese Schlussfolgerung übergeht jedoch einen entscheidenden Punkt: Die Besonderheit eines diktatorischen Modell besteht darin, dass es die Herstellung rationaler Einheit bereits aus rein logischen Gründen impliziert, denn mit der Verlagerung der Entscheidungsmacht bezüglich kollektiver Intentionen auf ein Individuum ist automatisch eine Fähigkeit der Metareflexion gegeben. Das jedoch bedeutet nicht, dass kollektive Beherrschung in derartigen Fällen allein den Diktator trifft.

Man stelle sich etwa ein hierarchisch organisiertes Unternehmen vor, in dem die Firmenchefin über diktatorische Vollmachten verfügt, während die Arbeiter ihre Arbeitskraft und die Aktienbesitzer_innen ihr Kapital zur Verfügung stellen. Wird nun dieses Unternehmen durch ein mächtigeres Unternehmen beherrscht, so ist es nicht der Raum der Gründe der Firmenchefin, verstanden als individueller Akteur, der aufgrund dieser Beherrschungsstruktur einseitig strukturiert wird, sondern der Raum der Gründe des Unternehmens als Ganzes – denn alleine kann die Firmenchefin ihre Pläne für das Unternehmen gar nicht umsetzen. Das Ziel, Gewinne zu erwirtschaften, kann sie nur gemeinsam mit ihren Mitarbeiter_innen erreichen. Sie bleibt daher auf deren Kooperation angewiesen. Dieses Grunderfordernis muss sie in ihrer auf das Kollektiv bezogenen Urteilsbildung berücksichtigen, denn wie im Zuge der in Kapitel fünf erfolgten Machtdiskussion dargestellt, setzt jede über die pure Anwendung physischer Gewalt hinausgehende Form von Macht intentionale Akteure voraus, die diese Macht – aus wel-

66 List/Pettit 2011, S. 8.

chen Gründen auch immer – anerkennen und damit auch in Frage stellen können.

Dieses Beispiel zeigt, dass eine diktatorisch organisierte Gruppe, in der kollektive Intentionen *allein* von einem einzelnen Individuum getroffen werden, in der sozialen Realität kaum denkbar ist. Auch politische Diktaturen sind, wie etwa die Autoritarismusforschung aufgezeigt hat, insofern auf gewisse funktionale Äquivalente zu Beteiligungsverfahren an der kollektiven Urteilsbildung angewiesen, als sie von einem Mindestmaß an Kooperation ihrer Mitglieder abhängig bleiben.[67] Der relevante Grenzfall ist nicht der theoretisch konstruierte Fall eines strikt diktatorischen Entscheidungsverfahrens, das durch reine Gewalt umgesetzt wird und aus logischen Gründen rationale Einheit in Bezug auf kollektive Intentionen aufweist, sondern derjenige einer machtbasierten Diktatur, die mit den Mitgliedern als Handelnden rechnen muss.

Diesen Punkt scheint auch Pettit im Sinn zu haben, wenn er davon ausgeht, dass bereits die anarchische Fähigkeit des Protestes einen wenn auch minimalen Einbezug der Mitglieder in die Urteilsfindung sicherstellt. Dann jedoch ist die Gewährleistung rationaler Einheit eines solchen Systems keine, die *allein* von dem Diktator abhängt und somit automatisch gegeben ist; sie setzt vielmehr ein komplexes, machtbasiertes System minimaler Kontrolle durch die Mitglieder voraus. Aus diesem Grund scheint es zu einfach, diktatorisch organisierte Gruppen schlichtweg als Verlängerung individueller Handlungsfähigkeit auszuweisen. Es muss vielmehr davon ausgegangen werden, dass auch Mitglieder eines diktatorisch organisierten kollektiven Akteurs eine gewisse Kontrolle über den kollektiven Urteilsbildungsprozess zurückbehalten, wenn auch nur im minimalen Maße eines grundlegenden Protestvermögens.[68]

67 In der Autoritarismusforschung wird dies unter dem Stichwort *Kooptation* diskutiert, das die Integration unterschiedlicher Akteure in formale und informale Institutionen zur Sicherung der Stabilität des Regimes beschreibt (vgl. dazu Brownlee 2007; Gandhi 2008; Magaloni 2008).

68 Einen weiteren, epistemischen Grund für den defizitären Charakters diktatorischer Kollektive sehen List/Pettit darin, dass mit sinkender Anzahl der an einer Entscheidungsfindung Beteiligten auch die epistemische Qualität der Entscheidung sinkt, was den Rationalitätsstandard der Sensitivität gegenüber Fakten in Frage stellt (List/Pettit 2011, S. 53 und ebd. Kap. 4). Zum einen ist jedoch denkbar, dass die Diktatorin Spezialistin für die zu bildenden Urteile ist, was die epistemische Qualität durchaus erhöhen kann (vgl. List/Pettit 2011, S. 95 f.). Zum

Gerade wenn diktatorische Organisationsstrukturen grundsätzlich auf ein Minimum an Kooperation ihrer Mitglieder angewiesen sind, bleibt jedoch drittens die Frage bestehen, inwieweit sie von jedem Mitglied autorisiert werden müssen, wenn nicht in Bezug auf einzelne intentionale Einstellungen, so doch in Bezug auf das *grundlegende gemeinsame Ziel*. Dieses basiert auf einer gemeinsamen intentionalen Einstellung der Mitglieder, d. h., die Mitglieder bilden »eine geteilte Intention, ein kollektiver Akteur zu werden«.[69] Sie ist keine *kollektive* Intention, die dem kollektiven Akteur zugeschrieben wird, sondern eine *geteilte*, d. h. eine sich mit den Intentionen der anderen Mitglieder verschränkende individuelle Intention, gemeinsam das Ziel zu verfolgen, seinen Teil dazu beizutragen, im Vertrauen darauf, dass die Anderen dies ebenfalls tun und dies allen gegenseitig bewusst ist.[70] Dabei ist unerheblich, aus welchem Grund die Mitglieder die auf den kollektiven Akteur bezogene Intention teilen; es genügt, wenn dies lediglich widerwillig, aus Druck oder Mangel an verfügbaren Alternativen geschieht. Zudem scheinen List und Pettit nicht davon auszugehen, dass alle Mitglieder sie teilen: »In der Tat nehmen manche oder sogar viele Gruppenmitglieder an *gar keiner* geteilten Intention teil. Um als auf geteilten Intentionen basierender kollektiver Akteur zu zählen, genügt es grundsätzlich, dass das Verhalten der Gruppe mit geteil-

anderen müssen die Rationalitätsstandards nicht so gut wie möglich, sondern lediglich grundsätzlich erfüllt sein. Lists und Pettits These, dass diktatorische Organisationsstrukturen als degenerierte Form kollektiver Akteure zu betrachten seien, ist dementsprechend nicht als konzeptionelle, sondern als normative zu lesen. Dafür spricht auch, dass sie die Frage nach hierarchischen Organisationsstrukturen im Kontext der Frage, wie kollektive Akteure mit individuellen *Rechten* ihrer Mitglieder vereinbart werden können, wieder aufgreifen (vgl. List/Pettit 2011, S. 129).

69 List/Pettit 2011, S. 34. Kollektive Akteure, die auf natürlichen Evolutionsprozessen oder systemischen Prozessen basieren und gar keine geteilte Intention voraussetzen (vgl. List/Pettit 2011, S. 32 f.), werden nicht berücksichtigt, da sie zwar intentionale, aber keine personalen Subjekte sind und dementsprechend nicht beherrscht werden können.

70 List/Pettit 2011, S. 34. Zu beachten ist, dass List und Pettit von *joint intentions* sprechen, obwohl sie inhaltlich weitgehend Bratman folgen, der gemeinsame Intentionen nicht im Sinne *vereinter*, sondern *geteilter* Intentionen versteht und konsequenterweise den Ausdruck *shared intention* verwendet (Bratman 1999, Kap. 6; vgl. zur Terminologie oben Kap. 8, Fn. 22).

ten Intentionen auf Seiten *einiger ihrer Mitglieder* einhergeht.«[71] Demnach müssen die Mitglieder das grundlegende Ziel des kollektiven Akteurs weder aus gleichen Gründen noch in gleichem Maße unterstützen.

Dies ist insofern bemerkenswert, als in der Literatur zu kollektiver Intentionalität die Annahme vorherrscht, dass geteilte Intentionen letztlich durch individuelle Intentionen, am gemeinsamen Projekt zu partizipieren, konstituiert werden.[72] Die auf dieser Annahme aufbauenden Theorien nennt Schmid »*Partizipationstheorien kollektiver Intentionalität*«.[73] Sie implizieren – anders als Lists und Pettits Modell nahelegt –, dass diejenigen, die keine derartige partizipatorische Intention in Bezug auf das gemeinsame Ziel entwickeln, aus konzeptionellen Gründen keine Gruppenmitglieder sind – und dementsprechend auch nicht beherrscht werden, wenn die Gruppe beherrscht wird.

Schmid macht jedoch darauf aufmerksam, dass die dahinter stehende idealisierende Unterstellung partzipatorischer Absichten aller Mitglieder unplausibel ist, da sie das Phänomen von Dissident_innen übersieht, die eine andere Vorstellung des gemeinsamen Ziels einer Gruppe haben und sich in gewissem Grade auch geteilten Praktiken verweigern, ohne dass wir sie darum nicht mehr als Mitglieder zählen würden.[74] Er schlägt vor, die Beziehung zwischen dem individuellen intentionalen Profil der Mitglieder und den kollektiven Intentionen nicht in einem konstitutiven Sinne zu begreifen, wie das partizipatorische Modell, sondern in einem normativen Sinne. Demnach ist es nicht eine von allen individuell geteilte, auf den kollektiven Akteur bezogene gemeinsame Intention, die die kollektiven Intentionen bzw. die Verfahren, die diese hervorbringen, konstituiert; vielmehr liefert die kollektive Intention einen Grund dafür, eine entsprechende auf die Gruppe bezogene geteilte Intention auszubilden.[75] Entscheidet etwa ein

71 List/Pettit 2011, S. 35 [Hervorhebung D.G.]. Dabei wird nicht vollends deutlich, ob sich dieser Punkt nur auf geteilte Intentionen mit Blick auf kollektive Intentionen bezieht, die der kollektive Akteur bildet, oder bereits auf die grundlegende Intention, einen solchen zu bilden.

72 Tuomela/Miller 2009; Gilbert 2009; Bratman 1999; in einem schwächeren Sinne auch Kutz 2009.

73 Schmid 2010, S. 48 [Hervorhebung im Original].

74 Schmid 2010, S. 55-58.

75 Schmid 2010, S. 52 f. Schmid geht, anders als etwa Gilbert, nicht davon aus, dass

Orchester, Schostakowitschs 9. Symphonie aufzuführen, so liefert diese kollektive Intention dem Solofagottisten einen Grund, die Absicht auszubilden, die Solopartie zu üben und in den Proben und im Konzert zu spielen. Selbst wenn er dieser Erwartung nicht nachkommt und bestreitet, dass es Ziel des Orchesters sei, Literatur des 20. Jahrhunderts aufzuführen, so ist er damit nicht (wie im partizipatorischen Modell) bereits aus konzeptionellen Gründen aus dem Kreis der Mitglieder ausgeschlossen; er steht vielmehr unter Rechtfertigungsdruck.

Ein solches Modell ist unmittelbar anschlussfähig an ein machtbasiertes Verständnis hierarchischer Gruppenstrukturen, das die Macht des Entscheidungszentrums als eine begreift, die von den Machtunterworfenen als Grund aufgefasst wird, entsprechend zu denken und zu handeln. Der kollektive Akteur restrukturiert, mit anderen Worten, den Raum der Gründe seiner Mitglieder. Er bleibt dabei zwar auf eine wie auch immer motivierte Anerkennung dieser Gründe angewiesen; dies jedoch schließt keineswegs eine kritische Auseinandersetzung mit ihnen auf Seiten der Mitglieder aus. Aus dieser Perspektive wird verständlich, warum die grundlegende gemeinsame Intention nicht von allen Gruppenmitgliedern in gleichem Sinne geteilt werden muss. Ob als partizipierender Akteur oder als Dissident, die Mitglieder eines kollektiven Akteurs beziehen sich gerade auch in kontroversen Auseinandersetzungen um grundlegende Ziele des Kollektivs auf diesen als ein ›Wir‹, dessen Teil sie sind.[76] Das bedeutet, sie erkennen dessen Anspruch an, ihnen Gründe für die Ausbildung korrespondierender gruppenbezogener Einstellungen in ihrem individuellen intentionalen Profil zu liefern, aus welchem Grund auch immer; eben darum streiten sie um die Interpretation der kollektiven Ziele.

Die Möglichkeit aktiver oder deliberativer Teilhabe aller Mitglieder an der kollektiven Handlungsstruktur, dem kollektiven Urteilsbildungsprozesses oder dem grundlegenden gemeinsamen Ziel scheint somit keine Voraussetzung der Inkorporation eines Mitglieds in die Gruppe zu sein. Dementsprechend muss davon

gemeinsame Intentionen bereits in sich normativ sind, weil sie auf (stillschweigendem) Einverständnis beruhen und unmittelbar Pflichten begründen, wohl aber, dass sie insofern normative Konsequenzen haben, als kognitive Erwartungen an die Teilnehmer mit der Zeit normative Erwartungen implizieren.

76 Vgl. List/Pettit 2011, S. 191-195.

ausgegangen werden, dass im Fall der Beherrschung kollektiver Akteure grundsätzlich alle Mitglieder in ihrer Fähigkeit, kollektiv zu denken und handeln, beherrscht werden. Dies gilt unabhängig von der internen Organisationsstruktur des kollektiven Akteurs und ihrer Rolle darin, ob sie also aktiv im Namen der Gruppe handeln, entscheiden und konkrete Ziele teilen oder nicht. Damit indes scheint keine konzeptionelle Grundlage für die Unterscheidung repräsentativer und nicht-repräsentativer Staaten mit Blick auf kollektive Beherrschung gegeben. Vielmehr müssten demnach auch Bürger_innen nicht-repräsentativer Staaten in ihrer gemeinsamen Fähigkeit, kollektiv zu denken und zu handeln, als beherrscht gelten, wenn staatliche Institutionen beherrscht werden, auch wenn sie allenfalls über minimale Kontrolle im Sinne der Macht, zu protestieren und sich der Kooperationserwartung zu verweigern, verfügen.

8.2.3. Beherrschung von Staaten und die konstituierende Macht des Volkes

Nun könnte man einwenden, dass Staaten eine Besonderheit aufweisen, die für eben diese Frage nach den internen Voraussetzungen der kollektiven Beherrschung aller Mitglieder von Bedeutung ist: Anders als andere kollektive Akteure birgt der Staat aufgrund seines Zwangsmonopols zum einen selbst ein enormes Beherrschungspotential; zum anderen verfügen seine Mitglieder über keine reale Exit-Option, denn eine solche würde voraussetzen, dass ein anderer Staat aufnahmebereit ist. Damit jedoch fehlt eine basale Form der Kontrolle, denn die bloße Möglichkeit des Exits eröffnet einen Weg der Verweigerung der Kooperationserwartung; sie würde bedeuteten, dass »die Kollektivität angesichts drohender Massenemigration gezwungen ist, die gemeinsamen äußerungsfähigen Interessen ihrer Mitglieder zu verfolgen.«[77] Soll in Abwesenheit einer Exit-Option sichergestellt werden, dass die Bürger_innen einen gewissen, minimalen Einfluss auf den kollektiven Urteilsbestand haben und der Staat das Volk somit zumindest in basaler Hinsicht inkorporiert, so scheint dies höhere Anforderungen an die interne Organisationsstruktur zu stellen als bei Gruppen, die eine Exit-Option bieten.

77 Pettit 2001a, S. 155; vgl. List/Pettit 2011, S. 144.

Bürger_innen nicht-repräsentativer Staaten wären demnach zwar Mitglieder des Staates, aber aufgrund der Abwesenheit von anspruchsvolleren wie auch basalen Formen der Kontrolle nicht Teil von dessen Praxis kollektiven Denkens und Handelns. Doch folgt daraus, dass in nicht-repräsentativen Staaten kein Volk existiert, das in einem kollektiven Sinne beherrscht werden könnte? Wäre dann nur noch individuelle Beherrschung zu berücksichtigen?

Diese Schlussfolgerung ist voreilig. Zwar scheint es plausibel, dass sich in nicht-repräsentativen Staaten nicht sinnvoll davon sprechen lässt, dass das Volk *unverkürzt* als kollektiver Akteur durch den Staat handelt. Dennoch verfügen die Mitglieder des Staates über die fundamentale Macht, sich der grundlegenden Kooperationserwartung zu verweigern und sich die volle Kontrolle über die Institutionen anzueignen. Diese »verbleibende Macht in konstitutioneller Hinsicht: eine Macht, die grundsätzlich imstande ist, eine repräsentative Regierung zu errichten und zu kontrollieren«,[78] mag in der Tat begrenzt sein; doch sie erlischt – dem in Kapitel fünf dargelegten noumenalen Machtverständnis entsprechend – erst dort, wo pure Gewalt herrscht.[79] Diese Macht tragen die Mitglieder nicht-repräsentativer Staaten wiederum nicht als einzelsubjektive Akteure, sondern gemeinsam, und zwar als Akteure innerhalb eines gemeinsamen institutionellen Rahmens, den sie nicht vollständig hinter sich lassen, wohl aber gemeinsam verändern können. Pettit spricht in diesem Zusammenhang selbst von »potentielle[n] oder embryonale[n] Gruppenakteure[n]«,[80] für die zwar mit den jeweili-

78 Pettit 2006b, S. 43.

79 Es ist durchaus denkbar, dass unterschiedliche Gruppen der Bevölkerung in unterschiedlichem Maße über Kontrolle verfügen und einige Gruppen tatsächlich purer Gewalt ausgesetzt sind. Wo immer aber sich Herrschaft auf Macht stützen kann, ist von einem Minimum an kognitiver Integration auszugehen, die minimale Kooperation gewährleistet und zugleich den Spielraum eröffnet, die jeweiligen Machtverhältnisse in Frage zu stellen.

80 Pettit 2007e, S. 199; vgl. Pettit 2006b, S. 43 sowie die etwas anders ausgerichtete Idee »angestrebter Gruppenakteure« (List/Pettit 2011, S. 193). Zu beachten ist, dass meinem Verständnis nach nicht jede beliebige Gruppe einen potentiellen kollektiven Akteur in diesem Sinne konstituiert. Erforderlich ist vielmehr, dass die Gruppe bereits einen institutionellen Rahmen teilt, der selbst einen kollektiven Akteur darstellt, jedoch (noch) nicht alle Mitglieder als solche inkorporiert. Wie Pettit selbst hervorhebt, gibt es dementsprechend auch in nicht-repräsentativen Staaten jeweils ein Volk, nicht nur im aggregativen, sondern zumindest

gen Regierungen andere, spezifischere kollektive Akteure entscheiden und handeln, welche jedoch wiederum »in dem Maße, in dem ihr Anspruch auf Autorität nicht herausgefordert wird«, als Teil der Handlungsstruktur des Volkes im Sinne eines potentiellen kollektiven Akteurs gelten können.[81]

Dieser Gedanke lässt sich so verstehen, dass die Bürger_innen nicht-repräsentativer (ebenso wie repräsentativer) Staaten *als Volk* stets die *fundamentale konstituierende Macht* haben, die institutionellen Strukturen zu reformieren oder neue zu etablieren und sich somit als kollektives Subjekt des Staates in unverkürztem Sinne zu (re-)konstituieren. Und zumindest mit Blick auf eben diese fundamentale konstituierende Macht schlägt die kollektive Beherrschung eines nicht-repräsentativen Staates auf die Beherrschung des jeweiligen Volkes durch; sie entzieht dem Volk nicht nur (wie etwa auch Diktatoren) die tatsächliche Kontrolle über die jeweiligen Institutionen, sondern zugleich die Möglichkeit, sich diese anzueignen und eine autonome Praxis der Nicht-Beherrschung zu etablieren.

Man stelle sich etwa einen kleinen Staat A vor, der von einer Diktatorin regiert und von seinem großen Nachbarstaat B beherrscht wird. Versucht nun eine Gruppe von Revolutionären die Diktatorin zu stürzen und in A eine Praxis der Nicht-Beherrschung zu etablieren, so ändert dies nichts daran, dass A nach wie vor von B beherrscht wird, denn die Revolutionäre können ihre Vision einer gerechten Gesellschaft nur insoweit realisieren, wie B dies akzeptiert. Dies zeigt, dass das Volk unter Bedingungen der äußeren Beherrschung seines Staates die Macht, sich die staatlichen Institutionen in vollem Umfang anzueignen und damit normative Autorität über die Hintergrundbedingungen sozialen Handelns (zurück) zu gewinnen, verliert. Es bleibt in dieser Hinsicht abhängig vom Wohlwollen eines Beherrschers, der selbst nicht den institutionellen Zusammenhang teilt, welcher das Volk zu einem zumindest potentiellen kollektiven Akteur macht. Ihm gegenüber verfügt das Volk als Volk daher nicht über die konstituierende Macht, neue, die Macht des Beherrschers kontrollierende Institutionen zu errichten, denn diese würden viele Akteure jenseits des jeweiligen Volkes

potentiell auch im kollektiven Sinne (vgl. Pettit 2014, S. 153; die deutsche Übersetzung ist an dieser Stelle leider ungenau, vgl. Pettit 2015a, S. 204).

81 Pettit 2007e, S. 199; vgl. Pettit 2006b, S. 43.

mit einbeziehen müssen. Es wird somit zumindest mit Blick auf seine fundamentale konstituierende Macht in kollektivem Sinne beherrscht, wenn der jeweilige Staat beherrscht wird.

Zusammenfassend lässt sich damit festhalten, dass die Beherrschung kollektiver Akteure der Beherrschung aller ihrer Mitglieder gleichkommt, unabhängig von der Organisationsstruktur des Kollektivs. Dies gilt auch für den Staat, verstanden als Handlungsstruktur des Volkes. Zwar muss in Staaten aufgrund der mangelnden Exit-Option von höheren Anforderungen an Formen basaler Kontrolle ausgegangen werden, als dies bei anderen Gruppen der Fall ist. Doch selbst wenn das Volk nicht als unverkürzt in diesen inkorporiert gelten kann, so bedingt die äußere Beherrschung des Staates zumindest die Beherrschung des Volkes in konstitutierender Hinsicht, also mit Blick auf seine fundamentale Macht, sich neu zu konstituieren und damit eine unverkürzte Praxis kollektiven Denken und Handelns zu etablieren.

8.3. Dürfen (nicht-demokratische) Staaten beherrscht werden?

Folgt man den konzeptionellen Überlegungen im vorangegangenen Abschnitt, so kann Pettits These, nur repräsentative Staaten könnten einen Anspruch auf kollektive Nicht-Beherrschung geltend machen, nicht als konzeptionelles Argument gelesen werden, das ein Mindestmaß an deliberativer Kontrolle voraussetzt, damit die kollektive Beherrschung eines Staates auf die kollektive Beherrschung der jeweiligen Bürgerinnen und Bürger als Volk durchschlägt. Wird der Staat beherrscht, wird grundsätzlich auch das Volk beherrscht, zumindest mit Blick auf dessen fundamentale konstituierende Macht, sich die staatlichen Institutionen anzueignen und sich im unverkürzten Sinne als kollektiver Akteur zu (re-)konstitutieren. Zu klären bleibt indes, inwieweit Pettits These in normativem Sinne überzeugen kann. Im Folgenden wird gezeigt, inwiefern gerade die Beherrschung des Volkes in konstituierender Hinsicht von besonderer normativer Bedeutung ist (8.3.1.) und warum sie sich nicht im Namen der Förderung individueller Nicht-Beherrschung rechtfertigen lässt (8.3.2.). Damit ist festzuhalten, dass die Beherrschung von Staaten grundsätzlich problematisch ist, unabhängig davon, ob sie repräsentativ verfasst sind oder nicht (8.3.3.).

8.3.1. Die normative Bedeutung der konstituierenden Macht des Volkes

Kollektive Beherrschung, verstanden als Beherrschung der jeweiligen Mitglieder in ihrer Fähigkeit und Praxis, kollektiv zu denken und zu handeln, ist zumindest prima facie normativ problematisch, denn sie verwehrt es ihnen, *gemeinsam* als normative Autorität in Erscheinung zu treten und ihre gemeinsamen Beziehungen zu anderen Akteuren sowie die relevanten sozialen Hintergrundbedingungen zu gestalten. Derartige kollektive Beherrschung gewinnt mit Blick auf die Beherrschung von Staaten und damit von Völkern eine besondere Bedeutung, denn das gemeinsame normative Ziel des Staates als Handlungsstruktur eines Volkes besteht ja gerade in der Realisierung von Nicht-Beherrschung.

Viele kollektive Akteure sind aufgrund der Logik ihrer Ziele intern hierarchisch organisiert, ohne ihren Mitgliedern Möglichkeiten deliberativer Kontrolle einzuräumen. Zur Logik einer religiösen Gemeinschaft etwa kann es gehören, dass diese hierarchisch strukturiert ist und den Geistlichen eine besondere Autorität zuspricht, die sie gegenüber den Gemeindemitgliedern in eine potentiell beherrschende Position stellt. Gleiches gilt für ein großes Unternehmen, das arbeitsteilig strukturiert ist. Die Lösung der damit verbundenen Gefahr individueller Beherrschung besteht nicht notwendigerweise darin, den jeweiligen kollektiven Akteur zur Etablierung einer *vollständig* demokratischen *internen* Organisationsstruktur zu bewegen. Vielmehr kann sie auch an der Gestaltung der *äußeren* rechtlichen und sozialen Rahmenbedingungen ansetzen, die gruppeninterne hierarchische Beziehungen gewissen nicht-willkürlichen Grenzen unterwerfen, etwa durch die Garantie von Kündigungsschutz und Streikrechten oder die Erleichterung von Exit-Optionen durch Arbeitslosenunterstützung.

Dazu sind wiederum Institutionen politischer Herrschaft erforderlich, die in der Lage sind, allgemeinverbindliche Entscheidungen umzusetzen. In einer Welt der Staaten kommt diese Aufgabe primär Staaten zu. Sie zeichnen sich aus normativer Perspektive gerade dadurch aus, dass ihr kollektives Ziel in der Realisierung von Nicht-Beherrschung besteht und sie dementsprechend die Garanten der sozialen und rechtlichen Rahmenbedingungen einer Realisierung von Nicht-Beherrschung sind. Im Gegensatz zu anderen kollektiven Akteuren wie etwa Religionsgemeinschaften oder Firmen können sie nicht selbst auf entsprechende äußere Rahmenbedingungen zurückgreifen, um ihren Mitgliedern Nicht-Beherrschung zu garantieren. Vielmehr müssen sie auch in ihrer eigenen internen Organisationsstruktur individuelle Nicht-Beherrschung realisieren; anderenfalls blieben die Bürger_innen auch mit Blick auf den Genuss von Nicht-Beherrschung in anderen sozialen Sphären vom Wohlwollen der Regierung abhängig – und dementsprechend beherrscht. Gerade darum lässt sich die politische Dimension von Beherrschung, die nach der normativen Autorität über den Kampf gegen Beherrschung selbst fragt, als Meta-Dimension der Beherrschung verstehen.[82]

Es ist diese normative Zielbestimmung des Staates als Handlungsstruktur einer politischen Gemeinschaft zum Zwecke der Realisierung von Nicht-Beherrschung, die der kollektiven Beherrschung des Staates – und damit des Volkes – eine besondere Bedeutung verleiht. Denn die Verwirklichung von Nicht-Beherrschung für seine Bürger_innen wird durch die äußere Beherrschung des Staates in mehrfacher Hinsicht gefährdet. So hebt Pettit hervor: »Insoweit ein Volk extern unfrei ist – sofern also der Staat, der es repräsentiert, dem willkürlichen Willen anderer Akteure unterworfen ist –, wird seine interne Freiheit ebenfalls zusammenbrechen.«[83] Dieser wechselseitige Zusammenhang von äußerer und innerer Beherrschung zeigt sich in drei Hinsichten. Die Beherrschung des Staates schwächt zunächst einmal seine Fähigkeit, individuelle Beherrschung im Innern des Staates zu minimieren. Ein Beispiel zeigt sich im Rahmen der Schuldenkrise im Euro-Raum. So setzte vor allem Deutschland im südlichen Europa sein Verständnis von Austeritätspolitik durch, ohne indes die Verantwortung für die Folgen, insbesondere die hohe Jugendarbeitslosigkeit, zu übernehmen. Den betroffenen Staaten blieb kaum politischer Spielraum, weder um eine eigenständige Antwort auf die wirtschaftlichen Probleme

82 Vgl. oben Abschnitt 5.3.3.

83 Pettit 2016, S. 60. Vgl. zur klassisch-republikanischen Sorge um die negativen Auswirkungen von imperialer Beherrschung nach außen auf das Innere der Imperialmächte selbst Bohman 2008b, S. 196.

zu finden, noch um die sozialen Folgen der Austeritätspolitik zu mindern. Jegliche Versuche, die damit einhergehenden Formen insbesondere ökonomischer Beherrschung zu bekämpfen, standen unter dem Vorbehalt, die Geldgeber nicht zu verärgern. Darunter leidet nicht nur die innenpolitische Handlungsfähigkeit der betroffenen Staaten; zugleich werden bestehende Mechanismen politischer Nicht-Beherrschung, insbesondere *accountability*-Mechanismen sowie demokratische Prozesse politischer Meinungsbildung und Entscheidungsfindung, unterminiert. [84]

Darüber hinaus wird unter Bedingungen kollektiver Beherrschung zweitens auch die Fähigkeit des Staates, seine Bürger_innen vor der individuellen Beherrschung durch externe Akteure zu schützen, beeinträchtigt. Sieht etwa ein vergleichsweise armer Staat vor, schärfere Arbeitsschutzbestimmungen einzuführen und die Arbeitnehmer_innenrechte zu stärken, um so transnationale ökonomische Beherrschung im Bergbau zu bekämpfen, so wird er dies nur in dem Maße tun können, in dem er selbst nicht von transnationalen Bergbauunternehmen oder anderen Staaten oder internationalen Organisationen beherrscht wird, die ein Interesse am Erhalt der Billiglohnstrukturen haben. Dies gilt in repräsentativen ebenso wie in nicht-repräsentativen Staaten. Zwar wird in Letzteren eine staatliche Initiative gegen ökonomische Beherrschung letztlich keine Nicht-Beherrschung realisieren können, wenn nicht zugleich die grundlegenden politischen Strukturen des Staates transformiert werden.[85] Dennoch könnte ein nicht-repräsentativer Staat durch die genannten Maßnahmen transnationale ökonomische Beherrschung zumindest einzudämmen versuchen. Gerade in dieser Hinsicht wird seine Handlungsfähigkeit jedoch durch äußere Beherrschung massiv beschränkt.

Drittens entzieht die äußere Beherrschung des Staates dem Volk seine konstituierende Macht: Ist ein nicht-repräsentativer Staat von außen beherrscht, sei es interpersonal, z. B. durch die Abhängigkeit von konditionalisierten Krediten des IWF, oder systemisch,

84 Vgl. Laborde/Ronzoni 2016, S. 282. Ein weiteres Beispiel aus systemischer Perspektive ist der Steuerwettbewerb zwischen Staaten, der ihnen die Steuerungsfähigkeit in grundlegenden fiskalischen Fragen ebenso entzieht wie wichtige Ressourcen im Kampf gegen Beherrschung (vgl. Dietsch 2011a; Dietsch 2011b sowie Laborde/Ronzoni 2016, S. 283).

85 Vgl. dazu oben Abschnitt 5.3.3.

wie etwa durch unregulierte ökonomische Dynamiken, so verlieren seine Bürger_innen jegliche Kontrolle über ihn – und zwar nicht allein tatsächliche Kontrollmöglichkeiten, sondern gerade auch die fundamentale konstituierende Macht, sich diese Kontrolle in unverkürztem Sinne anzueignen. Denn Geber wie der IWF sind ebenso wenig selbst vollständig Teil der jeweiligen staatlichen Institutionen wie unregulierte weltweite ökonomische Dynamiken. Ihnen gegenüber verfügt das Volk dementsprechend nicht über die konstituierende Macht, sich die volle Kontrolle anzueignen, um eine autonome Praxis der Nicht-Beherrschung zu etablieren – und dabei gerade auch jene Formen der Beherrschung zu bekämpfen, die durch äußere Beherrschung gestärkt oder reproduziert werden.

Derartige Beherrschung in konstituierender Hinsicht ist keineswegs von sekundärer Bedeutung, im Gegenteil. Zwar bezieht sie sich nicht auf eine bereits etablierte Praxis der Bildung kollektiver Intentionen, sondern auf die gemeinsame Fähigkeit, die Voraussetzungen dafür zu entwickeln, einen epistemisch verstandenen Gruppengeist in vollem Sinne zu schaffen. Diese jedoch bilden erstens die Bedingung und den Rahmen, innerhalb dessen überhaupt erst weitergehende Fragen der Gerechtigkeit verhandelt werden können. Insofern sind sie entscheidend für die Möglichkeit der Realisierung von Nicht-Beherrschung. Dabei sind nicht nur die politischen Prozesse einer Realisierung weiterführender Gerechtigkeit, sondern gerade auch die je kontextspezifische Institutionalisierung der Grundbedingungen fundamentaler Gerechtigkeit wesentlicher Ausdruck der normativen Autorität der jeweiligen Akteure. Gerade weil demokratische Strukturen eine Realisierungsbedingung von innerstaatlicher individueller Nicht-Beherrschung sind, müssen sie auch auf der Ebene fundamentaler Gerechtigkeit als autonome Errungenschaft des jeweiligen Volkes verstanden und realisiert werden können.[86]

Diese besondere normative Bedeutung der konstituierenden Macht des Volkes wird zweitens durch die Unausweichlichkeit des Staates noch verstärkt: Gerade weil der Staat nicht nur die für die Realisierung von Nicht-Beherrschung notwendige Handlungsstruktur bereitstellt, sondern damit zugleich ein unvergleichliches Beherrschungspotential verbunden ist, und gerade weil es in der Staatenwelt keine realen Exit-Optionen gibt, die, wie bei anderen

86 Vgl. Young 2000, S. 264.

kollektiven Akteuren, den individuellen Mitgliedern die Möglichkeit eröffnen, aus dem einen aus- und in den anderen einzutreten, ist die fundamentale Macht des Volkes, eine neue institutionelle Handlungsstruktur auszubilden, und sich somit neu als Volk zu konstituieren, von so entscheidender Bedeutung. Denn letztlich kann nur durch sie das Ziel, Nicht-Beherrschung zu realisieren, verwirklicht werden. Beherrschung in konstituierender Hinsicht schwächt dementsprechend nicht allein die Handlungsfähigkeit mit Blick auf den Kampf gegen Beherrschung; sie entzieht dem jeweiligen Volk die basale Voraussetzung dafür, überhaupt die Realisierung von Nicht-Beherrschung als kollektives Projekt in Angriff zu nehmen.

8.3.2. Die Beherrschung von Staaten und das Kompensationsargument

Nun könnte man einwenden, die Besonderheiten des Staates, die ihn von anderen kollektiven Akteuren unterscheiden, zeigten nicht allein, warum die Beherrschung des Staates von besonderer normativer Bedeutung ist. Vielmehr begründeten sie zugleich, unter welchen Bedingungen die kollektive Beherrschung von nicht-repräsentativen Staaten zu rechtfertigen ist: Gerade da Staaten aufgrund ihres Gewaltmonopols und mangelnder effektiver Exit-Optionen ein extrem hohes internes Beherrschungsrisiko darstellen und ihr Ziel eigentlich in der Realisierung von Nicht-Beherrschung besteht, ist, so könnte man argumentieren, die kollektive Beherrschung nicht-repräsentativer Staaten gerechtfertigt, sofern sie der individuellen Nicht-Beherrschung ihrer Bürger_innen dient. Tatsächlich führt Pettit ein solches Kompensationsargument an, um seine These, nur repräsentative Staaten hätten einen kollektiven Anspruch auf Nicht-Beherrschung, normativ zu untermauern:

> Beherrschung mag durchaus kompensatorische Effekte haben im Falle eines korporativen Akteurs, der lediglich den Interessen einiger seiner Mitglieder dient, während andere Mitglieder sich unter Druck oder aufgrund eines Mangels besserer Alternativen gezwungen sehen, beizutreten; die korporative Einheit zu kontrollieren, könnte bedeuten, die Nicht-Beherrschung dieser anderen Mitglieder zu fördern.[87]

87 Pettit 2010b, S. 76f.; vgl. Pettit 2010c, S. 153 sowie Pettit 2015b, S. 53.

Die Beherrschung eines beherrschenden Staates wäre demnach ein »*pro-tanto*-Übel«,[88] jedoch gerechtfertigt, insofern sie dazu dient, individuelle Beherrschung innerhalb des Staates zu minimieren – was ja gerade das ausdrückliche Ziel von Demokratieförderung ist. Auch Laborde und Ronzoni argumentieren, Beherrschung auf internationaler Ebene müsse zumindest unter besonderen Umständen als Voraussetzung der Realisierung innerstaatlicher Nicht-Beherrschung in Kauf genommen werden. Dabei denken sie insbesondere an (gewaltsame) Interventionen in humanitären Notfällen, in *failed states* oder in unterdrückende Regime.[89] Aus dieser Sicht werfen zwar beide Formen von Beherrschung normative Probleme auf; die Beherrschung individueller Akteure wiegt jedoch im Zweifelsfall schwerer. Kann sie durch die Beherrschung des Staates verringert werden, wäre dies zu rechtfertigen.

Dieses Kompensationsargument gewinnt vor dem Hintergrund der Rolles des Staates bei der Realisierung von Nicht-Beherrschung an Plausibilität, legt diese doch nahe, dass die Beherrschung eines intern beherrschenden Staates zum Zwecke der Realisierung innerstaatlicher Nicht-Beherrschung das kleinere Übel ist. Zumindest mit Blick auf fundamentale Gerechtigkeit scheint die Beherrschung des Staates insofern gerechtfertigt, als sie auf die Herstellung der notwendigen Realisierungsbedingungen von Nicht-Beherrschung ausgerichtet ist. Über die Schwelle fundamentaler Gerechtigkeit hinaus verhielte es sich dagegen andersherum: Ein Mehr an individueller Nicht-Beherrschung könnte dann keine Beherrschung des Kollektivs rechtfertigen. Dies würde nicht nur Pettits These, dass nur repräsentative Staaten einen Anspruch auf kollektive Nicht-Beherrschung erheben können, stützen. Zugleich wäre damit der Kern der Kritik an externer Demokratieförderung als unberechtigt ausgewiesen, richtet sie sich doch gerade auf die Errichtung von Institutionen fundamentaler Nicht-Beherrschung. Während Demokratieförderung aus dieser Perspektive berechtigterweise kollektive Beherrschung in Kauf nimmt, können sich Demokratien, die erfolgreich Institutionen der Nicht-Beherrschung erhalten, mit Recht gegen kollektive Beherrschung zur Wehr setzen, da hier keine Kompensationseffekte mit Blick auf fundamentale individuelle Beherrschung erzielt werden können.[90]

88 Pettit 2010b, S. 76 [Hervorhebung im Original].

89 Laborde/Ronzoni 2016, S. 12.

90 Vgl. Pettit 2010b, S. 77.

Diese Schlussfolgerung ist jedoch voreilig, denn das Kompensationsargument vernachlässigt drei entscheidende Punkte: Erstens ist die Beziehung zwischen Staat und Volk komplexer als bisher angenommen. Zum einen bildet der Staat nicht nur die Voraussetzungen der Realisierung *politischer* Nicht-Beherrschung, sondern damit zugleich den Rahmen für die Realisierung *ökonomischer* und *kultureller* Nicht-Beherrschung. Auch wenn der Staat im Innern keine politische Nicht-Beherrschung verwirklicht, so agiert er unter Umständen dennoch nach außen und innen in anderen Hinsichten in minimalem Sinne im Namen seiner Bürger_innen. Im Innern garantiert der Staat z. B. die Grundregeln des wirtschaftlichen Austausches wie etwa das Vertragsrecht und die Stabilität der Währung und konstituiert somit die Rahmenbedingungen der Volkswirtschaft. Diese sucht er zugleich nach außen gegen mächtige externe Akteure zu verteidigen, seien es andere Staaten, internationale Organisationen oder private Akteure, die die Bürger_innen sowohl individuell als auch in kollektiver Hinsicht zu beherrschen drohen. Der Staat ist daher nicht nur mit Blick auf seine innere Organstruktur ein verschachtelter kollektiver Akteur, sondern zugleich ein mehrdimensionaler, in dem sich verschiedene Dimensionen des allgemeinen Ziels, Nicht-Beherrschung zu realisieren, überkreuzen. Die kollektive Beherrschung eines Staates schlägt dementsprechend nicht nur auf die (politische) konstituierende Macht des Volkes durch; sie bezieht sich auch auf diesen als wirtschaftlichen und kulturellen kollektiven Akteur.

Zum anderen bestehen auch zwischen kollektiver und individueller Beherrschung komplexe Wechselwirkungen, denn die Beherrschung von außen kann zur Verschärfung von Problemen *individueller* innerstaatlicher Beherrschung beitragen. Wie bereits angesprochen, hebt Forst zu Recht hervor, dass der globale Kontext von einer »Situation *mehrfacher Beherrschung*« gekennzeichnet ist, in der die Beherrschten »von ihren eigenen (kaum legitimierten) Regierungen, Eliten oder Kriegsherren beherrscht« werden, »die umgekehrt mit mächtigen globalen Akteuren zugleich zusammenarbeiten und selbst (zumindest teilweise) von diesen dominiert werden«.[91]

91 Forst 2007, S. 366 [Hervorhebung im Original]. Vgl. oben Abschnitt 6.3.2 sowie zur Analyse mehrfacher Beherrschung 7.3.

Derartige mehrfache Beherrschung kann zugleich mehrdimensional sein, wie sich gerade auch in Bezug auf Demokratieförderung zeigt: Die Imperialismuskritik macht darauf aufmerksam, dass die Einführung elektoraler Mechanismen zur Stärkung alter Machteliten (und damit zur Perpetuierung politischer Beherrschung) führt, bei gleichzeitiger Depolitisierung des ökonomischen Bereiches, in dem Reformen nun mit dem Anstrich demokratischer Legitimität von radikaler Kritik abgeschirmt werden (und damit systemische und interpersonale ökonomische Beherrschung verschärfen). Andersherum kann jedoch auch die ökonomische kollektive Beherrschung des Staates die interne politische Beherrschung verschärfen: Wird der Raum der Gründe einer Regierung durch die Macht von Geberstaaten, von denen der jeweilige Staat ökonomisch abhängig ist, einseitig bestimmt, so bedingt dies eine Entmachtung staatlicher Entscheidungsträger zugunsten externer Akteure, über die die Bevölkerung nicht einmal in minimalem Sinne Kontrolle hat. Das Kompensationsargument muss daher, um überzeugen zu können, nicht nur Kompensationseffekte bemessen und dabei individuelle und kollektive Beherrschung gegeneinander abwägen, sondern zugleich Wechselwirkungen zwischen Letzteren sowie zwischen unterschiedlichen Dimensionen der Beherrschung mit einbeziehen. Dies ist an sich bereits ein komplexes Unterfangen.

Dabei ist zweitens keinesfalls offensichtlich, wer nicht-repräsentative Staaten unter diesen Voraussetzungen der strukturellen Möglichkeit willkürlicher Einflussnahme aussetzen dürfte: andere Staaten, internationale Organisationen oder gar mächtige private Akteure, die dazu in der Lage sind? Der konsequentialistischen Logik des Kompensationsarguments folgend wäre im Zweifelsfall der Akteur vorzuziehen, der die größten Kompensationseffekte erzielen kann. Offen bleibt jedoch die entscheidende Frage, wer darüber bestimmt, wie gerade angesichts der komplexen, mehrdimensionalen Natur von Beherrschung Kompensationseffekte zu bemessen sind. Ist es der mächtige Akteur selbst, so bedeutet das, dass er sich bereits in einer beherrschenden Position befindet: Kann er unilateral darüber entscheiden, ob und aus welchen Gründen er eingreift und ob und warum seine Macht, darüber zu befinden, selbst gerechtfertigt ist, ist dies ein gravierender Ausdruck von Beherrschung, kann jedoch nicht die Beherrschungsbeziehung selbst rechtfertigen. Dies gilt unabhängig vom Gehalt seiner Entscheidung und deren Begründung, denn willkürliche Macht lässt sich grundsätzlich nicht durch eine monologische, moralische Rechtfertigung für konkrete Handlungen in nicht-willkürliche transformieren. Dazu sind vielmehr entsprechende dialogische Institutionen erforderlich, die allein die Autorität generieren können, Entscheidungen über die Rechtfertigbarkeit von Eingriffen zu treffen. Unter Bedingungen der Nicht-Beherrschung, wenn also derartige Institutionen tatsächlich verfügbar sind, erübrigt sich dagegen die Frage nach der Rechtfertigung von Beherrschung. Mit anderen Worten, bereits die Frage nach einer kompensationslogischen Rechtfertigung der Beherrschung von Staaten übergeht die strukturelle Dimension von Beherrschung und setzt stillschweigend voraus, was erst zu rechtfertigen wäre: die Position des Beherrschers, der einseitig über Standards kompensationslogischer Überlegungen befinden kann.

Diese Überlegung verweist drittens darauf, dass die kompensationslogische Rechtfertigung von Beherrschung letztlich den Begriff der Beherrschung verfehlt. Anders als der Begriff der Einmischung, der sich auf die punktuelle Ausübung von Macht bezieht, beschreibt Beherrschung ein andauerndes asymmetrisches Machtverhältnis. Dies impliziert nicht allein, dass die Wirkungen einer beherrschenden Machtbeziehung viel schwieriger zu kontrollieren oder vorherzusagen sind als jene gezielter Einmischung. Auch wenn beherrschende Machtverhältnisse vielfältige Möglichkeiten der Einmischung bieten: Beherrschung selbst ist gerade kein Instrument, das punktuell eingesetzt werden kann, um ein bestimmtes Ziel zu erreichen, sondern beschreibt die Struktur des Machtverhältnisses, in das einzelne Machtausübungen eingebettet sind. Im Gegenzug ist Einmischung keineswegs notwendigerweise beherrschend. Die Frage nach gerechtfertigten Interventionen ist dementsprechend von der Frage nach gerechtfertigter Beherrschung zu trennen. Das Problem von Beherrschung besteht eben nicht darin, dass einzelne Einmischungen nicht gerechtfertigt sind, sondern dass sich Einmischung unter Bedingungen der Beherrschung *schlichtweg nicht rechtfertigen lässt*. Dazu bedürfte es vielmehr einer entsprechend institutionalisierten Praxis der Nicht-Beherrschung. Dann jedoch geht es nicht mehr um die Frage der Rechtfertigung von Beherrschung, sondern um die Bedingungen nicht-beherrschender und in diesem Sinne gerechtfertigter Einmischung.

8.3.3. Zwischenfazit: Die Problematik zwischenstaatlicher Beherrschung

Ausgegangen wurde von der Frage danach, inwiefern die im Namen von Staaten erhobene Kritik an externer Demokratieförderung auf genuine Fälle kollektiver Beherrschung verweisen könnte. Pettit geht zwar davon aus, dass auch Staaten beherrscht werden können; dies sei jedoch nur im Falle repräsentativer Staaten von Bedeutung, da nur in ihnen mit negativen Rückwirkungen auf Individuen zu rechnen sei. Damit indes scheinen ausgerechnet jene Staaten, die Ziel von Demokratieförderungsmaßnahmen sind, keinen Anspruch auf kollektive Nicht-Beherrschung geltend machen zu können. Offen bleibt jedoch, was es genau bedeutet, einen kollektiven Akteur zu beherrschen, und inwiefern sowie unter welchen Umständen genau dies Rückwirkungen auf individuelle Beherrschung impliziert.

Dementsprechend wurde zunächst aufbauend auf Lists und Pettits Supervenienz-Modell kollektiver Handlungsfähigkeit eine Konzeption kollektiver Beherrschung entwickelt. Sie verdeutlicht, inwiefern kollektive Beherrschung letztlich Individuen trifft und doch nicht mit individueller Beherrschung zusammenfällt: Gruppen, die auf der kollektiven Ebene Selbstreflexivität institutionalisieren, bilden demnach kollektive Intentionen aus, welche zumindest potentiell in Diskontinuität zu den intentionalen Profilen ihrer Mitglieder stehen, ohne jedoch von diesen völlig unabhängig zu sein. Dementsprechend sind zwei Formen der Beherrschung zu unterscheiden: *Individuelle* Beherrschung bezieht sich auf Individuen als einzelsubjektive Akteure, *kollektive* Beherrschung dagegen auf Individuen als Mitglieder kollektiver Akteure in eben dieser Fähigkeit und Praxis, kollektiv zu denken und zu handeln.

Derartige kollektive Beherrschung erweist sich gerade auch mit Blick auf nicht-repräsentative Staaten als problematisch: Zwar ist davon auszugehen, dass sie nicht im unverkürzten Sinne als Handlungsstruktur des Volkes gelten können; in autokratischen Staaten fungieren staatliche Institutionen eher als Handlungsstruktur der Regierung denn als Medium der Inkorporation des Volkes. Doch auch in diesem Falle bleibt den Bürger_innen gemeinsam die fundamentale Macht, sich die volle Kontrolle über diese Institutionen anzueignen und sich so als kollektiver Akteur im unverkürzten Sinne zu (re-)konstituieren. Zumindest mit Blick auf diese konstituierende Macht werden sie gemeinsam, gewissermaßen als potentielles Kollektiv, beherrscht, wenn der Staat beherrscht wird.

Die kollektive Beherrschung des Volkes wiederum lässt sich nicht im Namen der Förderung innerstaatlicher individueller Nicht-Beherrschung rechtfertigen. Ein solches kompensationslogisches Argument blendet nicht nur die Komplexität von Phänomenen mehrfacher Beherrschung aus; es verfehlt die strukturelle Dimension von Beherrschung, indem es Beherrschung im Sinne episodischer Machtausübung missinterpretiert und in der Frage, unter welchen Umständen Beherrschung gerechtfertigt ist, bereits die Position des Beherrschers voraussetzt. Die Beherrschung von Staaten ist somit grundsätzlich problematisch, weil sie unabhängig von deren interner Struktur zumindest auf die konstituierende Macht des Volkes durchschlägt. Dies gilt für repräsentative ebenso wie für nicht-repräsentative Staaten.[92]

Damit ist eine konzeptionelle Grundlage dafür geschaffen, die im Namen von Gruppen erhobene Kritik an externer Demokratieförderung als Klage gegen Beherrschung zu rekonstruieren und ernst zu nehmen. Das wiederum bedeutet nicht, Ansprüche auf individuelle Nicht-Beherrschung zu übergehen. Vielmehr stehen die individuelle und die kollektive Dimension von Nicht-Beherrschung in einem unauflöslichen Zusammenhang: Wie Skinner betont, umfasst das Ideal der Nicht-Beherrschung bereits aus klassisch-republikanischer Sicht stets zwei Ebenen: »Ebenso wie es nur dann möglich ist, in Freiheit zu leben und zu handeln, wenn man ein freier Mann ist, argumentieren sie [die klassischen republikanischen Autoren, D.G.], dass es *nur dann möglich ist, als freier Mann zu leben und zu handeln, wenn man in einem freien Staat lebt*.«[93] Der freie, nicht-beherrschte Staat verliere seine Unabhängigkeit

92 Pettit plädiert dagegen allein auf pragmatischer Basis für die Inklusion nicht-repräsentativer Staaten: Dies könne eine wirksame Strategie sein, um interne Nicht-Beherrschung zu fördern (Pettit 2010c, S. 154f.). Ein solches pragmatisches Argument verkennt jedoch die normative Dimension des Anspruchs auf kollektive Nicht-Beherrschung, denn wie Pettit selbst klarstellt, erkennt diese entwicklungsorientierte Logik das Gegenüber nicht als gleichberechtigten Akteur an (Pettit 2001a, S. 17).

93 Skinner 2010, S. 99 [Hervorhebung im Original]; vgl. Pettit 2010b, S. 77; Pettit 2016, S. 48.

vom Willen »irgendeines anderen als der Bürgerschaft als ganzer« sowohl dann, wenn die staatlichen Institutionen von einzelnen Akteuren usurpiert werden, als auch dann, wenn sie dem Willen eines anderen Staates unterworfen werden.[94] Nicht-Beherrschung kann dementsprechend erst dann verwirklicht werden, wenn beide Hinsichten einbezogen werden, denn solange Institutionen nicht-beherrschender Herrschaft selbst von Dritten abhängig sind, genießen die jeweiligen Bürger_innen keine normative Autorität über die Hintergrundbedingungen ihres sozialen Handelns. Die Realisierung von Gerechtigkeit durch die Etablierung nicht-beherrschender politischer Herrschaft innerhalb von Staaten wirft somit zwangsläufig die Frage nach den Bedingungen *nicht-beherrschter* nicht-beherrschender Herrschaft auf – und damit nach der grenzüberschreitenden Realisierung von Gerechtigkeit. Ihr wird im nächsten Kapitel nachgegangen.

94 Skinner 2010, S. 99.

9. Nicht-Beherrschung und kollektive Selbstbestimmung

In den vorangegangenen zwei Kapiteln wurden grenzüberschreitende Implikationen der zuvor umrissenen Theorie der Gerechtigkeit als Nicht-Beherrschung diskutiert, zunächst mit Blick auf die grenzüberschreitende Verantwortung zur Realisierung innerstaatlicher Gerechtigkeit, dann hinsichtlich der Relevanz zwischenstaatlicher Beherrschung. Damit wurden die Grundlagen dafür geschaffen, sowohl das Anliegen externer Demokratieförderung als auch die Kritik der entsprechenden Praxis als Fragen der Gerechtigkeit ernst zu nehmen. Vor diesem Hintergrund gilt es nun, beide Aspekte zusammenzuführen und somit die zwischenstaatlichen Bedingungen der Realisierung von Nicht-Beherrschung zu formulieren. Dazu wird zunächst gezeigt, dass das Recht auf Nicht-Beherrschung um eine kollektive Dimension zu erweitern ist, die das Erfordernis von Institutionen nicht-beherrschender Herrschaft um die Forderung nach nicht-beherrschter Herrschaft ergänzt (9.1.). Diese kollektive Dimension des Rechts auf Nicht-Beherrschung wird dann in kritischer Auseinandersetzung mit dem Prinzip gleicher staatlicher Souveränität und dem dahinter stehenden Modell kollektiver Selbstbestimmung als Nicht-Einmischung im Sinne eines Rechts auf kollektive Selbstbestimmung als Nicht-Beherrschung ausgearbeitet (9.2.). Abschließend werden die Grundbedingungen nicht-beherrschter Herrschaft anhand der Grundsätze relationaler staatlicher Souveränität und transnationaler Demokratie sowie der Identifizierung erforderlicher Institutionen konkretisiert (9.3.).

9.1. Nicht-Beherrschung und das Erfordernis nicht-beherrschter Herrschaft

Die in Teil II erarbeiteten Grundzüge einer Theorie der Gerechtigkeit als Nicht-Beherrschung mündeten in die Frage nach den institutionellen Grundbedingungen der Realisierung von Gerechtigkeit als Nicht-Beherrschung. Das Recht auf Nicht-Beherrschung verlangt demnach Institutionen *nicht-beherrschender* Herrschaft, die die normativen Gehalte einer Herrschaft des Rechts und der Selbstgesetzgebung zur Geltung bringen. Damit sind jedoch die Grundbedingungen der Realisierung von Nicht-Beherrschung noch nicht zureichend bestimmt. Bereits die Frage nach der Realisierung innerstaatlicher Gerechtigkeit weist unweigerlich über den innerstaatlichen Kontext hinaus auf denjenigen zwischenstaatlicher Beziehungen. Es besteht somit ein unauflöslicher Zusammenhang zwischen dem Erfordernis nicht-beherrschender und dem *nicht-beherrschter* Herrschaft (9.1.1.). Vor diesem Hintergrund wird deutlich, dass das individuelle Recht auf Nicht-Beherrschung um ein kollektives Recht auf Nicht-Beherrschung erweitert werden muss (9.1.2.). Im Gegensatz zum individuellen Recht auf Nicht-Beherrschung kann dessen Realisierung jedoch nicht unmittelbar auf zentrale Institutionen staatlicher Herrschaft setzen (9.1.3.).

9.1.1. Zur grenzüberschreitenden Dimension von Nicht-Beherrschung

Aus Sicht einer Theorie der Gerechtigkeit als Nicht-Beherrschung, die von je konkreten Beziehungen der Beherrschung ausgeht und danach fragt, inwieweit diese unausgeschöpfte Potentiale der institutionellen Einhegung von Beherrschung bergen, ist der primäre Kontext der Realisierung von Nicht-Beherrschung der innerstaatliche.[1] Dennoch weist die Verantwortung zur Etablierung entsprechender Institutionen nicht-beherrschender Herrschaft in doppelter Hinsicht über diesen Kontext hinaus: Zum einen tragen externe Akteure auf der Basis der dem Recht auf Nicht-Beherrschung korrespondierenden Pflicht zur Gerechtigkeit eine nicht-relationale Beistandspflicht, zur Realisierung fundamentaler Gerechtigkeit innerhalb anderer Staaten beizutragen. Zum anderen generiert die Pflicht zur Gerechtigkeit angesichts entsprechender Wechselbeziehungen zwischen inner- und zwischenstaatlicher Beherrschung relationale Pflichten korrektiver Gerechtigkeit, Beherrschung innerhalb der je eigenen Machtbeziehungen abzubauen. Dabei richtet sich die Verantwortung externer Akteure insbesondere auf die Gewährleistung von Nicht-Beherrschung in den zwischenstaatlichen Beziehungen. Die Frage nach der Verantwortung für die Realisie-

1 Vgl. oben Abschnitt 7.1.1.

rung *innerstaatlicher* Nicht-Beherrschung verweist somit bereits auf die *zwischenstaatliche* Dimension von Nicht-Beherrschung.

Diese lässt sich mithilfe der in Kapitel acht entwickelten Konzeption kollektiver Beherrschung genauer beschreiben: Kollektive Beherrschung bezieht sich nicht auf Individuen als einzelsubjektive Akteure, sondern auf einen kollektiven Akteur. Beherrscht werden zwar letztlich dessen Mitglieder, jedoch in ihrer Fähigkeit, kollektiv zu denken und zu handeln. Begreift man Staaten als Handlungsstruktur, mit deren Hilfe sich die Bevölkerung als kollektiver Akteur, als Volk, konstituiert, so erweist sich gerade die kollektive Beherrschung von Staaten als besonders problematisch. Denn sie entzieht dem Volk nicht nur (wie etwa auch Diktatoren) die tatsächliche Kontrolle über die jeweiligen Institutionen, sondern zugleich die Möglichkeit, sich diese anzueignen und eine autonome Praxis der Nicht-Beherrschung zu etablieren. Die Realisierung innerstaatlicher Nicht-Beherrschung durch die Etablierung nicht-beherrschender Institutionen politischer Herrschaft ist somit untrennbar mit der Forderung nach der Realisierung von Nicht-Beherrschung in den staatlichen Außenbeziehungen verbunden. Pettit hält dementsprechend fest: »[D]er Staat sollte ein international nicht-beherrschter, im Innern nicht-beherrschender Verteidiger der Freiheit als Nicht-Beherrschung seiner Bürger sein.«[2]

In diesem unauflöslichen Zusammenhang zwischen der innerstaatlichen und der zwischenstaatlichen Dimension von Nicht-Beherrschung liegt der entscheidende Beitrag begründet, den die Theorie der Gerechtigkeit als Nicht-Beherrschung zur normativen Aufarbeitung der ambivalenten Universalisierung der Demokratie leisten kann. Ausgehend von innerstaatlichen Kontexten der Realisierung von Nicht-Beherrschung rückt sie die Frage nach den äußeren Bedingungen nicht-beherrschter staatlicher Institutionen und somit nach der Verfasstheit zwischenstaatlicher Machtbeziehungen in den Vordergrund, ohne das Ziel einer weltweiten Realisierung individueller Nicht-Beherrschung und der entsprechenden grenzüberschreitenden Verantwortung aus den Augen zu verlieren; denn eben diese Verantwortung speist sich ebenso wie das Erfordernis, zwischenstaatliche Beherrschung ernst zu nehmen, aus dem individuellen Recht auf Nicht-Beherrschung und der korrespon-

2 Pettit 2012b, S. 19.

dierenden Pflicht zur Gerechtigkeit. Damit eröffnet sie eine Perspektive, die Dichotomie zwischen der Verteidigung des Prinzips der Nichteinmischung in innerstaatliche Angelegenheiten und der unmittelbar an individuellen Rechten ansetzenden Verteidigung der weltweiten Förderung von Demokratie zu überwinden.[3] Dazu indes bedarf es der Formulierung von Grundbedingungen der Realisierung *nicht-beherrschter* nicht-beherrschender Herrschaft, die dem engen Zusammenhang von innerstaatlicher und zwischenstaatlicher Nicht-Beherrschung Rechnung trägt.

9.1.2. Das individuelle und das kollektive Recht auf Nicht-Beherrschung

Betrachtet man die zwischenstaatlichen Voraussetzungen einer Verwirklichung des individuellen Rechts auf Nicht-Beherrschung, so ist zunächst daran zu erinnern, dass die Realisierung von individueller Nicht-Beherrschung selbst ein kollektives Unterfangen ist. Das Prinzip der Nicht-Beherrschung bezieht sich auf die Struktur sozialer Machtbeziehungen. Die Verwirklichung von Nicht-Beherrschung setzt daher kollektives Handeln voraus: Sie erfordert die Etablierung geteilter Institutionen politischer Herrschaft, die die in Frage stehenden Machtbeziehungen überhaupt erst kollektiver Regulierung zugänglich machen. Das grundlegende Recht auf Nicht-Beherrschung muss daher als individuelles Recht auf Mitgliedschaft in einem nicht-beherrschenden politischen Gemeinwesen verstanden werden, innerhalb dessen es in Form der kontextspezifischen Institutionalisierung von fünf Kategorien an Rechten konkretisiert und zur Geltung gebracht wird. Diese sichern sowohl den Status als Träger_in individueller Rechte, der formale Willkürfreiheit verbürgt, als auch den Status als Bürger_in, der die materiale Willkürfreiheit politischer Herrschaft sicherstellt, indem er jedes Mitglied zu einem Subjekt der jeweiligen Praxis der Nicht-Beherrschung macht.

Eine solche Praxis wiederum ist selbst eine kollektive, die durch die Mitglieder in deren Fähigkeit, kollektiv zu denken und zu handeln, konstituiert wird. Der Anspruch darauf, dass diese Praxis

3 Vgl. für den neorepublikanischen Beitrag zur Debatte um globale Gerechtigkeit Skinner 2010, S. 101 f.

nicht von außen beherrscht wird, richtet sich nicht gegen individuelle Beherrschung, sondern gegen kollektive. Das individuelle Recht auf Nicht-Beherrschung geht somit nicht allein in den fünf Kategorien individueller Rechte auf; es muss vielmehr um eine kollektive Dimension erweitert werden, die die äußeren Voraussetzungen einer autonomen Praxis der Nicht-Beherrschung schützt. Das daraus erwachsende Recht auf kollektive Nicht-Beherrschung gründet zwar insofern im individuellen Recht auf Nicht-Beherrschung, als es eine notwendige Voraussetzung der Realisierung individueller Nicht-Beherrschung artikuliert. Dennoch ist es ebenso wenig auf die Kategorie individueller Rechte reduzierbar, wie sich kollektive Beherrschung auf individuelle Beherrschung zurückführen lässt: Analog zum individuellen Recht auf Nicht-Beherrschung konstituiert es ein kollektives Recht auf Rechte.[4]

Träger des kollektiven Rechts auf Rechte ist das Volk, d. h. die Mitglieder einer politischen Gemeinschaft in ihrer Fähigkeit, im Rahmen eines kollektiven Unterfangens Nicht-Beherrschung im Inneren zu realisieren und in den Außenbeziehungen einzufordern. Denn das kollektive Recht auf Nicht-Beherrschung wurzelt in eben jenem individuellen Recht auf Nicht-Beherrschung, das ein solches kollektives Unterfangen des Volkes einfordert. Dabei ist wichtig, dass das Volk nicht bereits in unverkürztem Sinne als kollektiver Akteur konstituiert sein muss; selbst wenn es aufgrund beherrschender Strukturen im Innern des Staates lediglich in potentiellem Sinne als kollektiver Akteur handeln kann, richtet sich die kollektive Beherrschung eines Staates nicht allein gegen die Regierung, sondern immer auch gegen das Volk – wenn nicht gegen dessen institutionell ausgebildeten Gruppengeist, so doch zumindest gegen dessen konstituierende Macht, einen solchen als notwendige Voraussetzung der Realisierung einer autonomen Praxis der Nicht-Beherrschung auszubilden. Der Träger des kollektiven Anspruches auf Nicht-Beherrschung ist daher unabhängig von der Verfasstheit des jeweiligen Staates das Volk. Da der Staat als kollektive Handlungsstruktur zugleich in den Außenbeziehungen im Namen des Volkes handelt, wird die kollektive Dimension des Rechts auf Nicht-Beherrschung jedoch in der Regel durch den

4 Vgl. für eine Diskussion unterschiedlicher Konzeptionen kollektiver Rechte: Jones 1999.

Staat wahrgenommen.[5] Die darin angelegte Spannung zwischen der Realisierung innerstaatlicher und zwischenstaatlicher Nicht-Beherrschung gilt es im Zuge der Ausarbeitung des Gehaltes der kollektiven Dimension des Rechts auf Nicht-Beherrschung zu berücksichtigen.

9.1.3. Strategien der Realisierung nicht-beherrschter Herrschaft

Die Identifizierung von Grundbedingungen nicht-beherrschter Herrschaft muss neben der in der Trägerschaft des Rechts auf kollektive Nicht-Beherrschung angelegten Spannung zwischen- und innerstaatlicher Nicht-Beherrschung einem wesentlichen strukturellen Unterschied zwischen dem innerstaatlichen und dem grenzüberschreitenden Kontext der Beherrschung Rechnung tragen: Die Realisierung von Nicht-Beherrschung erfordert Institutionen politischer Herrschaft, die eine Art Gegenmacht bilden und es so ermöglichen, willkürliche soziale Machtverhältnisse einer kollektiven, nicht-willkürlichen Regelung zuzuführen. Derartige Institutionen haben sich in historisch kontingenter Weise auf der Ebene des Nationalstaats herausgebildet; jenseits des Staates ist bis dato kein Äquivalent zu erkennen. Die hier entwickelte Konzeption von Gerechtigkeit als Nicht-Beherrschung geht indes von bestehenden Kontexten der Beherrschung aus und begreift die Realisierung von Gerechtigkeit selbst als autonome Praxis der Nicht-Beherrschung. Zwar ist nicht prinzipiell auszuschließen, dass eine solche, ist sie erst einmal in Gang gesetzt, in weltstaatliche Arrangements mündet; Letztere wären dann jedoch das Ergebnis, nicht die Voraussetzung einer solchen Praxis. Angesichts der Abwesenheit zentraler Institutionen der Herrschaft auf überstaatlicher Ebene stellt sich die Frage, inwieweit sich die Grundbedingungen der

5 Dies ist nicht zwangsläufig der Fall. Zum einen wirft die Sezessionsproblematik die Frage auf, unter welchen Bedingungen ein Volk berechtigte Ansprüche auf föderale Autonomiearrangements oder einen eigenen Staat stellen kann (vgl. Young 2007, Kap. 2 und 3; Oldenbourg 2016). Zum anderen ist daran zu erinnern, dass aus der hier entwickelten Perspektive nicht prinzipiell ausgeschlossen ist, dass sich die primäre Ebene der Realisierung von Nicht-Beherrschung im Zuge einer autonomen Praxis der Nicht-Beherrschung von Staaten hin zu anderen Einheiten politischer Herrschaft verlagert.

Realisierung von nicht-beherrschter Herrschaft überhaupt parallel zu denjenigen nicht-beherrschender Herrschaft entwickeln lassen.

Laborde unterscheidet drei Strategien, wie unter diesen Bedingungen Nicht-Beherrschung realisiert werden kann.[6] Die erste, *realistische Strategie* basiert auf einer Machtbalance durch die wechselseitige Neutralisierung mächtiger Staaten oder den strategischen Zusammenschluss schwacher Staaten. Sie entspricht der unter 6.1.1. diskutierten Strategie symmetrischer Macht. Eine solche ist jedoch nicht in der Lage, eigenständig Nicht-Beherrschung zu verwirklichen, da eine Machtbalance weder auf Dauer gestellt werden kann noch die strukturellen und systemischen Bedingungen zwischenstaatlicher Machtbeziehungen einzuholen vermag.

Die zweite Strategie ist ebenfalls eine Strategie symmetrischer Macht. Sie setzt jedoch nicht auf die gegenseitige Neutralisierung innerhalb eines Kräftegleichgewichts, sondern auf den Ausgleich von Machtressourcen, insbesondere ökonomischer Art, durch Mechanismen kollektiver Umverteilung wie etwa durch die Tobinsteuer, den Erlass von Schulden oder Pogges Vorschlag einer globalen Ressourcendividende.[7] Laborde bezeichnet sie als liberale *Strategie distributiver Gerechtigkeit*.[8] Zwar mögen derartige Distributionsmechanismen dazu beitragen, asymmetrische Machtverhältnisse in den internationalen Beziehungen zu mindern; sie teilen jedoch die Probleme der Strategie der Machtbalance, da auch sie für sich genommen weder eine dauerhafte und vollständige Aufhebung dieser Machtverhältnisse und ihrer strukturellen Bedingungen noch deren Transformation in nicht-willkürliche Machtbeziehungen erlauben.

Die dritte Strategie, die Laborde anführt, zielt dementsprechend nicht auf einen Machtausgleich, sondern setzt an der willkürlichen Natur beherrschender Machtverhältnisse an. Laborde bezeichnet sie als »›kritische‹ Strategie politischer Ermächtigung«, die es schwächeren Staaten ermöglichen solle, »ihre Interessen zu verteidigen und fairere Interaktionsbedingungen einzufordern«.[9] Damit verweist die *Ermächtigungs-Strategie* auf die Notwendigkeit zwischenstaatlicher Institutionen, die einen kollektiven, rechtlich ver-

6 Laborde 2010b, S. 62.

7 Pogge 1995.

8 Laborde 2010b, S. 62.

9 Laborde 2010b, S. 62.

mittelten Zugriff auf zwischenstaatliche und transnationale Machtverhältnisse ermöglichen. Im Unterschied zur innerstaatlichen Ebene beruhen diese indes nicht auf einer zentralen Autorität, die mit dem Anspruch auftritt, allgemeinverbindliche Entscheidungen zu treffen und autoritativ umzusetzen. Vielmehr zeichnen sie sich in Abwesenheit einer solchen Instanz auf suprastaatlicher Ebene in der Regel durch kooperative Rechtsetzung aus und bleiben mit Blick auf den Normenvollzug auf die Staaten angewiesen.

Damit jedoch scheint fraglich, inwieweit sie überhaupt die nötige Macht aufbringen, zwischenstaatliche Beherrschung einzuhegen. Aus diesem Grund müsse, so Pettit, die zwischenstaatliche Ebene dem Prinzip der Machtbalance durch entsprechende Kooperation unter schwächeren Staaten zwangsläufig mehr Gewicht zugestehen, als dies auf der innerstaatlichen Ebene der Fall ist.[10] Demnach schafft die Strategie symmetrischer Macht überhaupt erst die Voraussetzungen für eine Transformation der relevanten Machtasymmetrien mit Hilfe internationaler Institutionen und übernimmt in dieser Hinsicht ausgerechnet die stabilisierende Rolle von staatlichen Institutionen politischer Herrschaft. Angesichts der Instabilität und der begrenzten Reichweite der Strategie symmetrischer Macht merkt Rigstad an, dass eine solche auf bloße Machtbalance zurückgeworfene Form der Nicht-Beherrschung »so wenig Ähnlichkeit mit der ursprünglichen, innerstaatlichen Form republikanischer Freiheit aufweist, dass sie kaum würdig ist, den gleichen Namen zu tragen«.[11]

Soll die kollektive Dimension des Rechts auf Nicht-Beherrschung weder in die idealisierende Forderung nach einem Weltstaat noch in bloße Machtpolitik kollabieren – womit letztlich auch das Projekt der innerstaatlichen Verwirklichung von Nicht-Beherrschung in Frage gestellt wäre –, so muss ein Weg gefunden werden, die relevanten zwischenstaatlichen Machtverhältnisse einer institutionellen Regulierung zugänglich zu machen, die nicht allein ein Machtgleichgewicht widerspiegelt, sondern die jeweiligen Machtverhältnisse rechtlich durchdringt und somit das kollektive Recht auf Nicht-Beherrschung als ein Recht auf Rechte konkretisiert. Zwar ist davon auszugehen, dass dabei der Strategie symmetrischer

10 Pettit 2010b, S. 84; Pettit 2010c, S. 158-160. Vgl. zum klassisch-republikanischen Prinzip internationaler Machtbalance: Deudney 2007, S. 150-154.

11 Rigstad 2011, S. 289.

Macht größere Bedeutung zukommt als im innerstaatlichen Kontext. Die zentrale Frage bleibt jedoch diejenige nach institutionellen Grundprinzipien, die unter diesen Bedingungen die Voraussetzungen nicht-beherrschter Herrschaft gewährleisten.

9.2. Staatliche Souveränität und kollektive Selbstbestimmung

Im Folgenden soll herausgearbeitet werden, wie sich die in Kapitel sechs artikulierten Voraussetzungen nicht-beherrschender Herrschaft im zwischenstaatlichen Kontext denken lassen. Die Herausforderung besteht zum einen darin, der Spannung zwischen dem Volk als Träger des kollektiven Rechts auf Nicht-Beherrschung und dem Staat als Handlungsstruktur, durch die es dieses in einem Staatensystem in der Regel geltend macht, gerecht zu werden. Zum anderen gilt es, zwischenstaatliche Machtasymmetrien einer kollektiven Regelung zugänglich zu machen, die die normativen Gehalte formaler und materialer Willkürfreiheit in den Außenbeziehungen von Staaten zur Geltung bringt, ohne in die idealisierende Forderung nach einem Weltstaat oder in bloße Machtpolitik zu kollabieren. Mit dem Prinzip staatlicher Souveränität wird zunächst eine an das geltende Völkerrecht angelehnte Antwort auf die Frage nach den institutionellen Grundbedingungen nicht-beherrschter Herrschaft diskutiert (9.2.1.). Es erweist sich jedoch als unzureichend, da es die Ebenen innerstaatlicher und zwischenstaatlicher Gerechtigkeit gegeneinander ausspielt. Grund dafür ist die dahinter stehende Konzeption kollektiver Selbstbestimmung als Nicht-Einmischung, die aus der Perspektive staatlicher Souveränität bestimmt und mit der Erlangung dieser identifiziert wird (9.2.2.). Erst die Rekonzeptualisierung des Grundanspruchs als Recht kollektiver Selbstbestimmung als Nicht-Beherrschung eröffnet eine Perspektive, auch das Prinzip staatlicher Souveränität neu zu bestimmen und die in der Souveränitätsdebatte angelegte Dichotomisierung zwischen innerstaatlicher und zwischenstaatlicher Beherrschung zu überwinden (9.2.3.).

9.2.1. Kollektive Nicht-Beherrschung und das Prinzip staatlicher Souveränität

Eine naheliegende Antwort auf die Frage nach den Voraussetzungen kollektiver Nicht-Beherrschung in staatlichen Außenbeziehungen scheint das Prinzip staatlicher Souveränität zu sein. Erstens bezieht sich der Begriff der Souveränität bereits begriffsgeschichtlich betrachtet auf eben jene zwei Autoritätsrelationen, die sich im kollektiven Recht auf Nicht-Beherrschung miteinander verbinden: Während sich die Dimension *innerer* Souveränität im Zuge der Herausbildung des modernen Territorialstaates gegen den Machtanspruch von Adel, Ständen und Städten richtete und darauf abzielte, in der Staatsgewalt ein einheitliches Herrschaftszentrum zu konstituieren, wandte sich die Dimension *äußerer* Souveränität gegen die Mitregierungsansprüche von Papst und Kaiser und reklamierte auch in dieser Hinsicht eine eigenständige, höchste und exklusive Autorität.[12] Damit umfasst der Begriff der Souveränität sowohl die Herrschaft im Innern eines Staates als auch dessen Außenbeziehungen, die die äußeren Voraussetzungen innerer Souveränität gewährleisten sowie Souveränität im Verkehr mit anderen Souveränen ermöglichen sollen. Er scheint somit unmittelbar auf den unauflöslichen Zusammenhang zwischen nicht-beherrschter und nicht-beherrschender Herrschaft zu zielen.

Zweitens scheint die im völkerrechtlichen Prinzip gleicher staatlicher Souveränität zum Ausdruck kommende moderne, rechtliche Souveränitätskonzeption eben die normativen Gehalte zu realisieren, die in Kapitel sechs als Grundbedingungen der Nicht-Beherrschung ausgezeichnet wurden – wenn auch im Rahmen einer horizontal-kooperativen Rechtsgemeinschaft. Der in der Charta der Vereinten Nationen kodifizierte »Grundsatz der souveränen Gleichheit aller ihrer Mitglieder«[13] erfüllt eine ähnliche Funktion wie der Status als Rechtsträger_in, der das individuelle Recht auf Rechte innerhalb eines Systems der Herrschaft des Rechts zur Geltung bringt: Er überträgt allen Staaten den gleichen Status als ori-

12 Zur Geschichte und Ideengeschichte des Souveränitätsbegriffes: Philpott 2001. Vgl. zur Unterscheidung innerer und äußerer Souveränität: Zaum 2007, S. 31; Cohen 2012, S. 26 f.

13 VNCh, Art 2, Ziff 1.

ginäres Völkerrechtssubjekt und ermöglicht es ihnen so, als Gleiche zu interagieren.[14]

Die damit etablierte Gleichheit vor dem Recht geht einher mit gleichen grundlegenden Rechten. Während das Recht auf territoriale Integrität die Fortexistenz des Staates sichert,[15] gewährleistet das Recht auf Nichteinmischung die Unabhängigkeit innerstaatlicher politischer Prozesse vom Willen externer Akteure. Staaten genießen demnach ausschließliche Jurisdiktion, d.h. ausschließliche normative Autorität über die Ausgestaltung der innerstaatlichen politischen, wirtschaftlichen und kulturellen Ordnung.[16] Die Vertragsfreiheit spricht Staaten darüber hinaus die normative Autorität über ihren eigenen Status im Verkehr mit anderen Staaten zu.[17] Recht kann demnach nur kraft ihrer Zustimmung verbindliche Geltung erlangen, was sich unter anderem im Grundsatz gleicher Stimmrechte und einstimmiger Beschlüsse niederschlägt.[18] Darin zeigt sich der genossenschaftliche Charakter des Völkerrechts: In Abwesenheit einer zentralen Herrschaftsinstanz beruht die Rechtsordnung des Völkerrechts unmittelbar auf der Reziprozität zwischenstaatlicher Rechtsbeziehungen. Ein souveräner Staat hat demnach nur die Rechte und Pflichten, die er sich wechselseitig mit anderen Staaten einräumt.

Das Prinzip souveräner staatlicher Gleichheit bringt somit den Kerngedanken der Souveränität zum Ausdruck, der überhaupt erst eine institutionelle Lösung für das Problem zwischenstaatlicher Beherrschung verspricht: Es schützt die innerstaatliche Herrschaft vor Abhängigkeit von äußeren Akteuren und verleiht dem Staat

14 Vgl. zum Prinzip souveräner Gleichheit: Simpson 2004, S.25-61; Cohen, Je. 2006, S.491-494; aus völkerrechtlicher Sicht Kimminich/Hobe 2000, S.292-309 sowie GA Res. 2625 (XXV).

15 VNCh, Art 2, Ziff. 4.

16 VNCh, Art 2, Ziff. 4 und 7; vgl. Kimminich/Hobe 2000, S.300-308.; Simpson 2004, S.54.

17 Vgl. WVK. Dazu gehört auch die Immunität von Staaten und ihrer Vertrer_innen gegenüber der Gerichtsbarkeit anderer Staaten sowie die bereits in Kapitel sieben diskutierten Kredit- und Ressourcenprivilegien.

18 Vgl. Kimminich/Hobe 2000, S.292-294; Simpson 2004, S.48. Diese Prinzipien werden im geltenden Völkerrecht jedoch u.a. durch Mehrheitsentscheide innerhalb der EU, die besondere Stellung der Vetomächte im UN-Sicherheitsrat sowie Stimmengewichtungen nach finanziellen Beiträgen in IWF und Weltbank durchbrochen.

in seinen Außenbeziehungen die Autorität über seine Rechte und Pflichten. Zugleich verspricht der Status souveräner Gleichheit die Willkürfreiheit zwischenstaatlicher Beziehungen zu gewährleisten, indem er diese als Rechtsgemeinschaft konstituiert und den in die Form des Rechts eingeschriebenen Beschränkungen formaler Allgemeinheit und Reziprozität unterwirft und sicherstellt, dass Recht nur für jene Rechtssubjekte Geltung erlangt, die als Gleiche an der Rechtsetzung teilnehmen.[19]

Zu beachten ist, dass sich das moderne rechtliche Prinzip souveräner Gleichheit von der auf Bodin und Hobbes zurückgehenden effektiven Souveränitätskonzeption unterscheidet, die ihren Ausdruck im klassischen Völkerrecht findet.[20] Diese versteht Souveränität nicht als rechtlich konstituierten Status, der entsprechende wechselseitige Anerkennungsbeziehungen zwischen souveränen Staaten voraussetzt, sondern vielmehr im Sinne effektiver Durchsetzungsfähigkeit. Demnach verdienen nur die politischen Einheiten den Status der Souveränität, welche in der Lage sind, sich selbst zu behaupten. Imperialismus und Nichteinmischungsprinzip stehen aus dieser Perspektive nicht in Spannung zueinander, da keine rechtliche Souveränität verletzt werden kann, wo sie nicht bereits faktisch existiert. Vielmehr bezeichnet gerade die Entscheidung über Krieg und Frieden den Kern der ungebundenen, faktischen Entscheidungsmacht des Souveräns, auf der seine Souveränität basiert.[21] Auch rechtliche Verträge zwischen souveränen Staaten stehen stets unter dem Vorbehalt der vertragsschließenden Parteien, gegebenenfalls die Anwendung von Recht durch gewaltsame Mittel der Interessendurchsetzung zu ersetzen, denn jede Kontrollinstanz, die die Macht des Souveräns beschränken könnte, würde eine höhere Autorität konstituieren und wäre somit selbst souverän.[22]

19 Vgl. Cohen, Je. 2006, S. 492.

20 Bodin 1981 [1576], Buch I, Kap. 8 und Kap. 10; Hobbes 1991 [1651], Teil II, Kap. 18 und 26. Bei Bodin unterliegt die Rechtsetzung allerdings noch religiösen Beschränkungen; erst Hobbes emanzipiert den Staat von dieser Bindung und begründet ihn rein rational. Vgl. zum klassischen Völkerrecht Kimminich/Hobe 2000, S. 40-48.

21 Vgl. Kimminich/Hobe 2000, S. 41; Cohen 2012, S. 28; vgl. für eine imperialismuskritische Analyse der Idee der Souveränität: Grovogui 2001; Grovogui 2002; Anghie 2005.

22 Hobbes 1991 [1651], Teil II, Kap. 26 (S. 204); ebd. Kap. 29 (S. 248); vgl. Morris 1998, S. 174-199.

Im klassischen Völkerrecht können sich daher, wie Habermas festhält, Macht und Recht nicht wechselseitig durchdringen, denn »das Recht formt den Umgang der souveränen Mächte miteinander, aber bändigt ihn nicht«.[23] Die formale Gleichstellung der Völkerrechtssubjekte spiegelt aus dieser Perspektive lediglich ein eingespieltes Machtgleichgewicht wider und ermöglicht somit gerade keine willkürfreie, allgemein-reziproke Regelung zwischenstaatlicher Machtverhältnisse. Das moderne Souveränitätsdenken dagegen verleiht den rechtlichen Status souveräner Gleichheit allen Staaten unabhängig von ihrem tatsächlichen Vermögen, nach innen oder außen autoritativ Entscheidungen durchzusetzen. Der rechtliche Status dient vielmehr gerade dazu, ungeachtet derartiger Unterschiede in der effektiven Durchsetzungsfähigkeit formale Gleichheit zwischen den Staaten herzustellen und somit überhaupt erst die äußeren Voraussetzungen innerer und äußerer Nicht-Beherrschung zu schaffen.

Ausgerechnet das Prinzip souveräner Gleichheit scheint jedoch in post-kolonialen Kontexten die Herausbildung effektiver Souveränität zu behindern. So argumentiert Jackson, die Absicherung der rechtlichen Souveränität ehemaliger Kolonien im Zuge der formalen Dekolonisierung habe zum Phänomen der *Quasistaaten* geführt. Ihre rechtliche Souveränität korrespondiere nicht mit einer entsprechenden tatsächlichen Fähigkeit, ein effektives System politischer Herrschaft zu etablieren, da es ihnen insbesondere an »etablierten Institutionen, die in der Lage sind, die Individuen in Ämtern zu beschränken und zu überdauern«,[24] fehle. Zwar sei das Phänomen instabiler Staatlichkeit keineswegs neu; neu sei jedoch, dass instabile Staaten nicht dem Spiel der Kräfte ausgesetzt seien, sondern durch den Status souveräner Gleichheit geschützt würden: »Der juristische Karren ist nun vor dem empirischen Pferd. Dies ist vollkommen neu. Das Resultat ist ein ziemlich anderes Souveränitätsregime mit einer Versicherung für unbedeutende Staaten.«[25]

Aus Sicht der Realisierung kollektiver Nicht-Beherrschung ist diese Analyse insofern relevant, als sie darauf hinweist, dass die rechtliche Absicherung formaler Souveränität ohne Berücksichti-

23 Habermas 2004, S. 119.

24 Jackson 1990, S. 22; vgl. Ayoob 1995; Clapham 1999.

25 Jackson 1990, S. 23 f.

gung ihrer effektiven Dimension zur Stabilisierung innerstaatlicher Beherrschungsstrukturen beitragen kann. So betont Clapham, die Garantie formaler Souveränität »wurde in einen Mechanismus verwandelt, durch den jene, die in Regierungen herrschen, unabhängig davon, auf welche Weise sie an die Macht gelangt waren oder wie sie diese ausübten, das Recht auf externe Unterstützung in Anspruch nahmen, mit der sie dann die eigene Bevölkerungen unterdrückten«.[26] Zudem erschwert es mangelnde effektive Souveränität, die mit formaler Souveränität verbundenen Rechte zum Zwecke der Realisierung von Nicht-Beherrschung zu nutzen, da schwache Staaten unter Bedingungen der Abwesenheit einer zentralen Herrschaftsinstanz mit Blick auf die Garantie ihres Status letztlich von dessen Achtung durch stärkere abhängig bleiben.[27] Mangelnde effektive Souveränität höhlt mit anderen Worten die Funktion formaler Souveränität als Grundbedingung der Realisierung nicht-beherrschter Herrschaft aus und gefährdet so zugleich die Verwirklichung von Nicht-Beherrschung.

In Reaktion auf diese Problematik machen einige Autor_innen ein Minimum effektiver Souveränität zur Voraussetzung der Anerkennung formaler Souveränitätsrechte. So formuliert Buchanan minimale Gerechtigkeitsstandards, die erfüllt sein müssen, damit ein Staat Anerkennung als souveräner Gleicher im internationalen Staatenverkehr beanspruchen kann.[28] Damit knüpft er an den klassischen Standard der Zivilisierung an, der zu Zeiten des europäischen Imperialismus die Staatenanerkennung regelte und formale Souveränität als Anerkennung der Leistungen effektiver Souveränität verstand.[29] Buchanan lädt die entscheidenden Kriterien jedoch stärker normativ auf, denn es geht ihm nicht allein um die Errichtung effektiver, sondern um gerechte Herrschaftsstrukturen, die auf die im Zentrum der Universalisierung der Demokratie

26 Clapham 1998, S. 147; vgl. Jackson 1990, Kap. 6. Die in Kapitel sieben angesprochene Kritik Pogges am Ressourcen- und Kreditprivileg souveräner Staaten weist ebenfalls in diese Richtung.

27 Clapham 1998, S. 146 f.

28 Buchanan 1999a, S. 52-62; Buchanan 2004, S. 266-281.

29 Vgl. dazu Gong 1984. Gong benennt fünf Kriterien: Die Garantie basaler Rechte, eine effektive Verwaltung, die Herrschaft des Rechts sowie die Anerkennung internationalen Rechts, ein diplomatisches System und schließlich die Einhaltung ›zivilisatorischer‹ Normen wie das Verbot der Sklaverei und der Polygamie (Gong 1984, S. 14-19).

stehende Trias von *governance*, Menschenrechten und Demokratie verweisen.[30]

Diese Kriterien wiederum werden zunehmend nicht nur als Standard der grundlegenden Anerkennung staatlicher Souveränität, sondern auch als Bedingung für die *fortwährende* Inanspruchnahme der mit ihr einhergehenden Rechte aufgefasst. Demnach verliert ein Staat, der diese Kriterien verletzt, insbesondere seinen Anspruch auf Nicht-Einmischung.[31] So argumentiert etwa Krasner, das Problem schwacher Staatlichkeit verlange nach Alternativen zum Prinzip souveräner Gleichheit. So könne man den betroffenen Staaten die Autorität über innere und äußere Angelegenheiten entziehen und im Rahmen von Protektoraten auf unbestimmte Zeit anderen Akteuren übertragen. Alternativ ließen sich bestimmte Souveränitätsrechte auf unterschiedliche externe Akteure verteilen wie etwa auf von der Weltbank eingesetzte Gremien zur Aufsicht über die Verwendung natürlicher Ressourcen.[32]

Aus Sicht einer Theorie der Gerechtigkeit als Nicht-Beherrschung übersieht eine solche Konditionalisierung der Rechte souveräner Staaten jedoch die enge Verbindung zwischen den Bedingungen nicht-beherrschender und nicht-beherrschter Herrschaft: Das individuelle Recht auf Nicht-Beherrschung lässt sich nur innerhalb einer autonomen Praxis der Nicht-Beherrschung realisieren, die selbst nicht beherrscht wird. Im vorangegangenen Kapitel wurde dementsprechend gezeigt, dass ein Volk auch unabhängig von der internen Verfasstheit des jeweiligen Staates einen Anspruch auf kollektive Nicht-Beherrschung hat, der verletzt wird, sobald der jeweilige Staat beherrscht wird. Soll das Prinzip staatlicher Souveränität diesen Anspruch schützen, so kann es nicht an Bedingungen einer bestimmten inneren Verfasstheit geknüpft werden, denn damit wird eben dieser Anspruch schlichtweg übergangen.

Der zweite Ansatz einer Überbrückung der Lücke zwischen

30 Buchanan 1999a, S. 59 f.; Buchanan 2004, S. 278-280; vgl. Zaum 2007, S. 40.

31 Vgl. Zaum 2007, S. 43. Einen prägnanten Ausdruck findet dieses Souveränitätsverständnis in der sogenannten Responsibility to Protect (International Commission on Intervention and State Sovereignty 2001; vgl. Doyle 2011 sowie kritisch Cohen 2012, S. 172-178). Vgl. zur Verantwortungsdimension von Souveränität: Deng et al. 1996; Shue 2004; Ladwig 2007a; Valentini 2011, S. 190.

32 Krasner 2004; vgl. zu Krasners mehrdimensionalem Verständnis von Souveränität Krasner 1999 sowie zum Vorschlag der Disaggregation von Souveränität Keohane 2003.

formaler und effektiver Souveränität versucht dagegen, Aspekte effektiver Souveränität in das formale Souveränitätsverständnis zu integrieren, um es den jeweiligen Staaten überhaupt erst zu ermöglichen, ihre Rechte wahrzunehmen und somit die äußeren Voraussetzungen zu schaffen, innerstaatliche Gerechtigkeit zu realisieren. Slaughter etwa schlägt vor, den negativ-schützenden Status formaler Souveränität um »*ermächtigende Institutionen*« zu ergänzen.[33] Darunter versteht er eine auf die Stärkung innerstaatlicher Institutionen ausgerichtete Entwicklungspolitik. Jackson begreift die Entwicklungspolitik ebenfalls im Sinne einer Förderung ökonomischer und politischer Voraussetzungen effektiver Souveränität: Sie sei ein Element des klassischen, primär effektiven Souveränitätsverständnisses, das jedoch die formale Souveränität der betroffenen Staaten unangetastet lasse.[34] Aus dieser Perspektive sind *statebuilding* und externe Demokratieförderung gerade eine Antwort auf das Problem mangelnder effektiver Souveränität.

Auch diese Lösung greift jedoch zu kurz, denn sie setzt zum einen fraglos voraus, dass Hilfsarrangements, die die Schwelle formaler Souveränität intakt lassen, unproblematisch seien. Ronzoni macht jedoch darauf aufmerksam, dass die Freiheit eines Staates, mit Institutionen und Policies zu experimentieren, einerseits ein Mittel zur Entwicklung effektiver Souveränität sei, da sie es erlaube, kontextspezifische Lösungen zu identifizieren; andererseits sei sie selbst Ausdruck effektiver Souveränität, da diese gerade darin bestehe, »Fragen einzelstaatlichen Wohlstandes und einzelstaatlicher Gerechtigkeit mit einem annehmbaren Grad an Autonomie, eigenem Ermessen und Flexibilität anzugehen«.[35] Dies verweist auf die bereits in Kapitel acht hervorgehobene entscheidende Bedeutung der konstituierenden Macht des Volkes für die Realisierung von Nicht-Beherrschung. Clapham macht darüber hinaus darauf aufmerksam, dass gerade das um Entwicklungshilfe ergänzte Regime formaler Souveränität in direkter Kontinuität zu informellen Formen des Imperialismus stehe: »Für die externen Staaten, die Unterstützung gewährten, seien es Supermächte oder ehemalige Kolonialmächte, wurde die Aufrechterhaltung afrikanischer Regime zu einem internationalisierten Äquivalent indirekter Koloni-

33 Slaughter 2005, S. 208 [Hervorhebung im Original].

34 Jackson 1990, S. 23 sowie ausführlich ebd., Kap. 5.

35 Ronzoni 2012, S. 69.

alherrschaft: einheimische Herrscher blieben an der Macht als Teil eines Paktes der ihren eigenen Interessen ebenso dienlich war wie jenen der externen Beschützer.«[36]

Dieses imperialismuskritische Argument verweist zum anderen darauf, dass die Strategie der Förderung effektiver Souveränität die Ursachen eines Mangels an effektiver Souveränität fälschlicherweise allein im Innern der betroffenen Staaten verortet.[37] Staatliche Handlungsfähigkeit wird jedoch gerade auch durch grenzüberschreitende Machtstrukturen behindert. Dietsch macht darauf aufmerksam, dass Staaten sich in Ermangelung geeigneter Regulierungsmechanismen dem kompetitiven Druck ausgesetzt sehen, Unternehmenssteuern zu senken, um Arbeitsplätze zu erhalten, womit zwar nicht ihre rechtliche, wohl aber ihre faktische Souveränität im Bereich der Steuererhebung eingeschränkt sei.[38] Ronzoni argumentiert, das progressive Ansteigen von Zöllen, mit den niedrigsten auf unverarbeiteten Rohstoffen, biete rohstoffreichen Ländern den Anreiz, sich auf den Verkauf von Rohstoffen zu konzentrieren, anstatt eine stabile diversifizierte Wirtschaftsstruktur aufzubauen, und mache sie extrem verletzlich gegenüber Marktpreisschwankungen und Wirtschaftskrisen.[39] Slaughter kritisiert, im Finanzsektor hätten private Rating-Agenturen faktisch eine Vetomacht über bestimmte Policy-Entscheidungen inne, die den Staaten effektive Problemlösungsfähigkeit entziehe.[40] Auch jenseits unmittelbarer Eingriffe in die rechtliche Souveränität lassen sich damit grenzüberschreitende Machtverhältnisse identifizieren, die Staaten die normative Autorität über die Gestaltung innerstaatlicher Strukturen entziehen.

Damit zeichnet sich ein Dilemma ab: Die formale Souveränitätskonzeption setzt ein gewisses Maß an effektiver Souveränität voraus, da sie anderenfalls Gefahr läuft, die Ausbildung effektiver Institutionen der Nicht-Beherrschung auf innerstaatlicher Ebene zu behindern. Der Einbezug von Aspekten effektiver Souveränität birgt jedoch die Gefahr der Etablierung zwischenstaatlicher bzw. der Perpetuierung innerstaatlicher Beherrschung. Jackson führt

36 Clapham 1998, S. 147.

37 Vgl. Grovogui 2001, S. 32; Grovogui 2002, S. 321.

38 Dietsch 2011a; Dietsch 2011b.

39 Ronzoni 2012, S. 69.

40 Slaughter 2005, S. 200; vgl. Bohman 2007b, S. 69.

dieses Dilemma auf die Unvereinbarkeit der Achtung formaler und effektiver Souveränität zurück, die zur Wahl zwischen dem »Entzug der Unabhängigkeit für die Unterentwickelten und der Aufrechterhaltung der Unterentwicklung für die Unabhängigen« zwinge.[41] Aus Sicht der Frage nach den Grundbedingungen nichtbeherrschter Herrschaft liegt das Grundproblem indes nicht in der Unvereinbarkeit von formaler und effektiver Souveränität und den damit verbunden Sphären innerstaatlicher und zwischenstaatlicher Beherrschung, sondern im dahinter stehenden Verständnis souveräner Staatlichkeit als exklusiver Herrschaftsanspruch, der im Nichteinmischungsprinzip zum Ausdruck kommt: Wie im Folgenden gezeigt wird, verkennt es, dass die Bedingungen nichtbeherrschter Herrschaft keine Autarkie garantieren, sondern eine Praxis der Nicht-Beherrschung etablieren sollen.

9.2.2. Das Einmischungsmodell kollektiver Selbstbestimmung

Das Recht auf kollektive Selbstbestimmung steht in engem Zusammenhang mit dem Prinzip der Souveränität. Rechtssubjekt ist indes nicht der Staat, sondern das Volk, das sich durch die Handlungsstruktur des Staates als kollektiver Akteur konstituiert. Damit verspricht das Selbstbestimmungsrecht, unmittelbar an das kollektive Recht auf Nicht-Beherrschung anzuknüpfen. Üblicherweise werden ebenso wie mit Blick auf Souveränität zwei Dimensionen seines Gehaltes unterschieden:[42] Die *interne* Dimension bezieht sich auf die innere Handlungsstruktur des Volkes, die *externe* Dimension dagegen auf sein Verhältnis zu Akteuren außerhalb der eigenen Grenzen. Darüber hinaus lässt sich in Bezug auf beide Dimensionen zwischen der einmaligen *konstitutiven* und der *andauernden* Selbstbestimmung differenzieren:[43] In externer Hinsicht

41 Jackson 1990, S. 135.

42 Vgl. Tomuschat 1993; Cassese 1995, S. 5f. sowie Kap. 4 und 5; Summers 2013. Aufgrund der Reduzierung des Selbstbestimmungsrechts auf ein Recht auf Eigenstaatlichkeit wird diese Unterscheidung häufig aus staatszentrierter Sicht interpretiert: Die äußere Dimension wird dann mit Sezession, die innere mit innerstaatlichen Autonomiearrangements kurzgeschlossen.

43 Vgl. Anaya 1996, S. 81f. Anaya selbst versteht diese Differenzierung allerdings als Alternative zu der gängigen Unterscheidung zwischen interner und externer Dimension.

meint die konstitutive Selbstbestimmung den politischen Status, d. h. die Eigenstaatlichlichkeit oder substaatliche Autonomiearrangements, während andauernde Selbstbestimmung sich auf den Verkehr mit anderen Völkern bezieht. In interner Hinsicht lässt sich die konstitutive Selbstbestimmung als Verfassungsgebung, d. h. als Etablierung der grundlegenden Institutionen eines Gemeinwesens, beschreiben; der politische Prozess innerhalb dieser Institutionen ist dann Ausdruck andauernder Selbstbestimmung.

Sowohl in völkerrechtlichen wie auch in philosophischen Debatten wird der Gehalt des Rechts auf kollektive Selbstbestimmung indes meist unmittelbar aus dem Blickwinkel staatlicher Souveränität heraus bestimmt und mit der Erlangung eben dieser identifiziert – und damit auf die extern-konstitutive Dimension reduziert. So erfuhr das Prinzip der Selbstbestimmung erste Anwendung im Kontext des Verbots territorialer Annexionen ohne Konsultation der Bevölkerung.[44] Dieser Fokus auf territoriale Statusveränderungen spiegelte sich in der im 19. Jahrhundert verstärkt erhobenen Forderung nach *nationaler* Selbstbestimmung[45] ebenso wie in Woodrow Wilsons Versuch, es als *demokratischen* Standard für das Auseinanderbrechen des deutschen, des österreich-ungarischen sowie des osmanischen Reiches stark zu machen,[46] und in Lenins dezidiert *anti-kolonialem* Verständnis als Recht aller kolonialisierten Völker auf Unabhängigkeit von ihren Kolonialherren, von dem er sich Auftrieb für die sozialistische Revolution versprach.[47]

Eingang in das moderne Völkerrecht fand die Idee kollektiver Selbstbestimmung 1945 zunächst als »Grundsatz der Gleichberechtigung und Selbstbestimmung der Völker«, der kein Recht artikulierte, sondern im Wesentlichen den friedlichen Beziehungen zwischen Staaten dienen sollte.[48] Im Zuge des bald darauf einsetzenden Prozesses der Dekolonisierung wurde sie jedoch schnell zum zentralen Referenzpunkt der Forderung nach Unabhängigkeit von kolonialer Herrschaft. Damit einher ging zwar die Anerkennung eines legalen

44 Cassese 1995, S. 11-13; vgl. Miller 2002, S. 626 f.

45 Vgl. Oeter 1998.

46 Vgl. Franck 1992, S. 53 f.; Hannum 1993, S. 3-8; Cassese 1995, S. 19-23; Miller 2002, S. 618 f.

47 Vgl. Cassese 1995, S. 14-19; Miller 2002, S. 618.

48 VNCh Art. 1, Abs. 2; VNCh Art. 55 sowie Hannum 1993, S. 11 f.; Cassese 1995, S. 42.

Rechts auf kollektive Selbstbestimmung.[49] Dieses bleibt jedoch auf seine extern-konstitutive Dimension reduziert: Die Ausübung kollektiver Selbstbestimmung fällt mit der staatlichen Unabhängigkeit zusammen. Ist sie erfolgt, geht das Selbstbestimmungsrecht in den mit formaler Souveränität verbundenen staatlichen Rechten auf territoriale Integrität, Nicht-Einmischung und völkerrechtliche Vertragsfreiheit auf. Zudem bedingt die Gleichsetzung mit der antikolonialen Stoßrichtung eine weitere entscheidende Verengung: Zwar wird in beiden Menschenrechtspakten ein Recht *aller* Völker bekräftigt, frei über ihren politischen Status zu entscheiden und ihre wirtschaftliche, soziale und kulturelle Entwicklung frei zu gestalten; in der Praxis findet es jedoch allein auf Völker unter kolonialer Herrschaft Anwendung, die geographisch nicht mit der Kolonialmacht verbunden sind. Es betrifft demnach ausschließlich den internationalen Status des jeweiligen Volkes innerhalb der gegebenen territorialen Grenzen und erlischt, sobald es ausgeübt wurde.[50]

Seit den 1980er Jahren regt sich angesichts des Abschlusses der formalen Dekolonisierung, des Auseinanderbrechens der Sowjetunion und Jugoslawiens sowie zunehmender Forderungen indigener Völker und ethnischer oder kultureller Minderheiten nach Selbstbestimmung Kritik an der engen, anti-kolonialen Interpretation des Selbstbestimmungsrechts.[51] Sie führte allerdings kaum zu einer Infragestellung der Identifikation kollektiver Selbstbestimmung mit ihrem extern-konstitutiven Aspekt, sondern allenfalls zum Einbezug der Möglichkeit alternativer Autonomiearrangements auf innerstaatlicher Ebene.[52] Einige Autor_innen widmen sich darüber hinaus der inneren Dimension kollektiver Selbstbestimmung, die sie im Sinne eines emergierenden Rechts auf Demokratie deuten.[53] Franck etwa argumentiert, mit dem Inkrafttreten der beiden Menschrechtspakte, die der Formulierung individueller Menschenrechte das Recht aller Völker auf Selbstbestimmung voranstellen und es

49 Art. 1 IPbpR; Art. 1 IPW.

50 GA Res. 637 (VII); GA Res. 1514 (XV); vgl. GA Res. 1541 (XV) und GA Res. 2625 (XXV) sowie zu dieser Interpretation Hannum 1993, S. 12-17; Cassese 1995, S. 72 f.; Eckert 1999, S. 68-70; Oeter 1998, S. 335 f.

51 Vgl. Hannum 1993; Koskenniemi 1994; Cassese 1995; Simpson 1996; Anaya 1996.

52 Vgl. McCorquodale 1996, S. 24 f.; Simpson 1996, S. 51-56.

53 Rosas 1993; Cassese 1995, Kap. 5; Oeter 1998; vgl. Petersen 2009, S. 83-91 sowie oben Abschnitt 2.1.

somit in einen Kontext mit politischen Menschenrechten rücken, habe sich das Selbstbestimmungsrecht von einem »Prinzip der Exklusion (Sezession)« zu einem »der Inklusion: dem Recht auf Teilhabe« entwickelt.[54] Dies bleibt jedoch eine Randdebatte.

Ein ähnlich reduktives Grundverständnis kollektiver Selbstbestimmung zeigt sich auch in der neueren philosophischen Debatte des Selbstbestimmungsrechts.[55] Sie gibt zwar die völkerrechtliche Beschränkung der Anwendung des Selbstbestimmungsrechts auf Völker unter kolonialer Herrschaft auf; die Erweiterung des Kreises von Gruppen, die ein Recht auf kollektive Selbstbestimmung geltend machen können – ob indigene Völker, nationale Gruppen, ethnische, kulturelle oder gar rein voluntaristisch bestimmte Minderheiten –, steht vielmehr im Zentrum der Diskussion. Neben der Frage nach einem Sezessionsrecht jenseits unmittelbar kolonialer Kontexte werden insbesondere auch kulturelle und politische Autonomiearrangements auf substaatlicher Ebene diskutiert.[56] Die Engführung kollektiver Selbstbestimmung auf den extern-konstitutiven Aspekt wird indes kaum hinterfragt.

Die Reduzierung kollektiver Selbstbestimmung auf die Erlangung souveräner Eigenstaatlichkeit oder zumindest eines politisch-autonomen Status neigt jedoch nicht nur dazu, die innere Dimension der Frage nach dem Verhältnis zwischen Regierung und Volk auszublenden; sie übergeht zugleich mit Blick auf beide Dimensionen den Aspekt andauernder Selbstbestimmung, denn sie schließt diesen mit dem Prinzip der Nicht-Einmischung kurz: Die konstitutive Dimension kollektiver Selbstbestimmung bezieht sich demnach auf die staatliche Unabhängigkeit, während die andauernde Dimension in dem damit verbundenen Prinzip der Nicht-Einmischung aufgeht. Eine solche Engführung des Rechts auf kollektive Selbstbestimmung mit dem Prinzip der Nicht-Einmischung erweist sich jedoch zugleich als zu eng und zu weit, um die Bedingungen der Gewährleistung nicht-beherrschter Herrschaft einzuholen.[57]

54 Franck 1992, S. 59; kritisch dazu: Eckert 1999.

55 Vgl. Beran 1984; Birch 1984; Brilmayer 1989; Margalit/Raz 1990; Buchanan 1991a; Buchanan 1991b; Gauthier 1994; Philpott 1995; Wellman 1995; Buchanan 1997; Moore 1997; Schmücker 2002.

56 Vgl. Buchanan 1991b, S. 46-50.

57 Vgl. oben Abschnitt 3.2. sowie ähnlich in Bezug auf individuelle Freiheit als Nicht-Einmischung Pettit 1997, Kap. 1; Young 2007, S. 64 f.

Erstens ist das Nicht-Einmischungsprinzip in zwischenstaatlicher Hinsicht zu eng, denn es bezieht sich nur auf zwischenstaatliche Machtausübung, d. h. auf einzelne Machtereignisse, nicht aber auf die andauernden strukturellen Machtasymmetrien, in die diese eingebettet sind. Wird das Recht auf kollektive Selbstbestimmung mit einem Recht auf Anerkennung als souveräner Staat und dem mit diesem Status einhergehenden Recht auf Nicht-Einmischung in den eigenen Jurisdiktionsbereich kurzgeschlossen, so erlaubt es dementsprechend zwar die Problematisierung zwischenstaatlicher Macht*ausübung*, etwa durch Gewaltandrohungen oder ökonomische Sanktionen. Die strukturellen Bedingungen zwischenstaatlicher Machtasymmetrien, die derartige Interaktionen erst als Machtausübung konstituieren, bleiben dagegen nicht nur der normativen Autorität der Betroffenen, sondern zugleich auch einer kritischen Betrachtung entzogen.

Darüber hinaus greift das Nicht-Einmischungsmodell kollektiver Selbstbestimmung zweitens auch mit Blick auf innerstaatliche Beherrschung zu kurz: Es blendet die inneren Machtstrukturen eines kollektiven Akteurs, der Nicht-Einmischung reklamiert, aus und entzieht sie somit äußerer Kritik. So kritisiert Young: »Ein Konzept der Selbstbestimmung, das primär Nicht-Einmischung in die inneren Angelegenheiten einer souveränen Regierung bedeutet, erlaubt implizit die Beherrschung im Inneren, insofern es Außenstehenden verweigert, sich einzumischen, wenn sie derartige interne Beherrschung beobachten.«[58] Damit verfehlt es nicht nur die innere Dimension kollektiver Selbstbestimmung, sondern zugleich den engen Zusammenhang zwischen nicht-beherrschter und nicht-beherrschender Herrschaft: Es geht letztlich nicht um die Absicherung einer inneren Sphäre der Handlungsfreiheit, sondern um die äußeren Voraussetzungen der Realisierung von Nicht-Beherrschung. Diese dürfen dementsprechend innerstaatliche Beherrschung nicht gegen Kritik immunisieren.

Auch die Verknüpfung des Nicht-Einmischungsmodells mit innerer demokratischer Selbstbestimmung als Vorbedingung äußerer Selbstbestimmung, wie sie in der Konditionalisierung staatlicher Souveränitätsrechte zum Ausdruck kommt,[59] vermag diese Defizi-

58 Young 2007, S. 64f.

59 Vgl. oben Abschnitt 9.2.1. sowie die unter 3.1. dargestellte Debatte um gewaltsame Demokratisierung.

te nicht zu beheben. Zwar wird damit die innere Beziehung zwischen Regierten und Regierenden in den Fokus des Selbstbestimmungsrechts gerückt und so auch innerstaatliche Beherrschung thematisiert. Dennoch teilt ein solches demokratisches Nicht-Einmischungsmodell nicht nur die grundlegende Verkürzung zwischenstaatlicher Beherrschung auf Fälle einzelner Machtausübung. Es übersieht zum einen auf zwischenstaatlicher Ebene, dass auch nicht-demokratisch verfasste Völker ein Recht auf Nicht-Beherrschung tragen. Zum anderen lässt es hinsichtlich der innerstaatlichen Realisierung von Nicht-Beherrschung wenig Spielraum für eine Auseinandersetzung über die Konkretisierung des Gehaltes innerer Selbstbestimmung mit Blick auf je spezifische lokale Machtstrukturen. In dieser Hinsicht problematisiert das demokratisch erweiterte Nicht-Einmischungsmodell möglicherweise zu viel.

Drittens erweist sich das Nicht-Einmischungsmodell kollektiver Selbstbestimmung auf zwischenstaatlicher Ebene zugleich als zu weit: Werden Realisierung und Ausübung kollektiver Selbstbestimmung mit der Erlangung des staatlichen Rechts auf Nicht-Einmischung gleichgesetzt, so bietet sich keine Perspektive für die Frage nach nicht-beherrschenden Formen grenzüberschreitender Einmischung. Ebenso wie Individuen stehen jedoch auch Völker in vielfacher Hinsicht in interdependenten Beziehungen zu anderen kollektiven Akteuren.[60] Für die Frage nach Grundbedingungen nicht-beherrschter Herrschaft ist dies von zentraler Bedeutung, denn sobald sich asymmetrische Machtverhältnisse nachweisen lassen, bedarf es entsprechender Institutionen, die eine kollektive Einhegung willkürlicher Macht – und damit auch nicht-beherrschende Einmischung – erlauben und erfordern; anderenfalls wird die Pflicht zur Gerechtigkeit verletzt.[61] Und erst in einem solchen institutionellen Rahmen bietet sich die Perspektive einer kooperativen Realisierung sowohl zwischenstaatlicher als auch innerstaatlicher Nicht-Beherrschung – und damit nicht-beherrschter nicht-beherrschender Herrschaft –, anstatt innerstaatliche gegen zwischenstaatliche Nicht-Beherrschung auszuspielen. Dazu bedarf es jedoch einer relationalen Konzeption von Selbstbestimmung, die den Fokus auf die einmalige Erlangung eines formalen Status, der

60 Vgl. Knop 1993; Scott 1996, S. 819; Young 2000, S. 257-260; Young 2007, S. 46-48.

61 Vgl. Young 2000, S. 260.

fortan als hinreichende Bedingung gilt, alle Interaktionen als Ausübung kollektiver Selbstbestimmung zu begreifen, überwindet und stattdessen die Frage nach den Voraussetzungen der fortwährenden normativen Autorität über die Gestaltung der eigenen sozialen Beziehungen in den Mittelpunkt rückt.

9.2.3. Kollektive Selbstbestimmung als Nicht-Beherrschung

Angeknüpft werden kann dazu an Youngs Arbeiten zu kollektiver Selbstbestimmung, die den von Pettit als Ideal individueller Freiheit entwickelten Begriff der Nicht-Beherrschung auf die Idee kollektiver Selbstbestimmung überträgt.[62] Zwar geht es auch ihr primär um eine Rekonzeptualisierung des Selbstbestimmungsrechtes, die die Sezessionsdebatte von ihrer Fokussierung auf die Voraussetzungen staatlicher Unabhängigkeit löst. Ihre relationale Konzeption kollektiver Selbstbestimmung eignet sich jedoch auch als Ausgangspunkt für die Beantwortung der Frage nach den institutionellen Grundbedingungen nicht-beherrschter Herrschaft. Aus dieser Perspektive muss sowohl die innere als auch die äußere Dimension kollektiver Selbstbestimmung berücksichtigt werden, und zwar jeweils in konstitutiver und in andauernder Hinsicht. Der konstitutive Aspekt kollektiver Selbstbestimmung identifiziert die Voraussetzungen andauernder Selbstbestimmung und bezieht sich somit auf die Ebene fundamentaler Nicht-Beherrschung, während der andauernde Aspekt auf die darüber hinausgehende Ebene einer autonomen Praxis der Nicht-Beherrschung verweist.

Die externe Dimension kollektiver Selbstbestimmung fragt nach der Qualität der Beziehungen des jeweiligen Volkes zu anderen, in der Regel kollektiven Akteuren. Sie fordert die äußeren Voraussetzungen der Realisierung von Nicht-Beherrschung, d. h. fundamentale Gerechtigkeit in den Außenbeziehungen eines Volkes, die zugleich die Errichtung von Institutionen nicht-beherrschter nicht-beherrschender Herrschaft im Innern ermöglicht. In einem Staatensystem handelt ein Volk in seinen Außenbeziehungen in der Regel durch die Handlungsstruktur des Staates. Das schließt weder aus, dass mehrere Völker eine gemeinsame staatliche Handlungs-

62 Young 2000, S. 255-265; Young 2007, Kap. 2 und 3; vgl. Roepstorff 2011; ähnlich Siame 2000; kritisch zu Youngs Konzeption kollektiver Selbstbestimmung Levy 2008.

struktur ausbilden, noch, dass sie dies innerhalb anderer Grenzen tun als den gegenwärtig anerkannten. In Abwesenheit entsprechender institutionalisierter Mechanismen, in denen tatsächliche Grenzziehungen von den betroffenen Parteien in Frage gestellt werden können, muss die bedingungslose Aufrechterhaltung bestehender Grenzen durch eine auf dem Territorialitätsprinzip basierende internationale Ordnung ebenso als Beherrschung eingestuft werden wie die grundsätzliche Verweigerung innerstaatlicher politischer Autonomie. Ich gehe jedoch im Folgenden davon aus, dass die fundamentale Frage danach, wer überhaupt in welchen Grenzen Eigenstaatlichkeit einfordern kann, bereits geklärt ist.[63] In extern-konstitutiver Hinsicht fordert das Recht auf kollektive Selbstbestimmung dann einen entsprechenden rechtlich konstituierten Status als gleichberechtigter Akteur gegenüber anderen, ebenfalls staatlich verfassten Völkern.

Soll dieser die Voraussetzungen einer andauernden Ausübung kollektiver Selbstbestimmung im Sinne der Nicht-Beherrschung artikulieren, geht er jedoch nicht im staatlichen Recht auf Nicht-Einmischung auf. Young weist zu Recht darauf hin, dass Selbstbestimmung zwar eine Präsumtion gegen Einmischung beinhalte, d. h. ein Prima-facie-Recht des Volkes, »seine eigenen Regierungsverfahren zu bestimmen und seine eigenen Entscheidungen über deren Aktivitäten zu treffen, ohne Einmischung von anderen«;[64] soweit das jeweilige Volk jedoch in grenzüberschreitende Machtbeziehungen eingebunden ist, ob als beherrschender, beherrschter oder peripherer Akteur, bedarf es institutionalisierter Mechanismen, die eine allgemeine und reziproke Regulierung der jeweils relevanten Machtverhältnisse erlauben.[65]

Das Nicht-Einmischungsprinzip darf dementsprechend nicht im Sinne einer strikten Trennung innerer und äußerer Handlungssphären verstanden werden. Das Recht auf kollektive Selbstbestimmung als Nicht-Beherrschung beinhaltet keinen Anspruch, die Ausübung innerer Selbstbestimmung gegen jegliche Einmischung zu immunisieren, sondern verlangt die Möglichkeit und die Bereitschaft, grenzüberschreitende Machtverhältnisse der eigenen normativen Autorität zu unterwerfen und damit einer gemeinsamen

63 Vgl. zu dieser Frage aus republikanischer Perspektive Oldenbourg 2016.

64 Young 2007, S. 51.

65 Young 2007, S. 51; vgl. Young 2000, S. 265.

allgemein-reziproken Regelung zuzuführen. Gerade dieser letzte Punkt ist für eine relationale Konzeption kollektiver Selbstbestimmung von entscheidender Bedeutung: Sie fordert die Minimierung der Möglichkeit *willkürlicher* Einmischung, nicht die möglichst weitreichende Unabhängigkeit von gegenseitiger Einflussnahme.

Dazu wiederum reichen negative Abwehrrechte wie das Recht auf Nicht-Einmischung nicht aus. Es bedarf vielmehr institutioneller Mechanismen, die den Rahmen für eine kooperative und willkürfreie Gestaltung wechselseitiger Machtbeziehungen bilden. Derartige Institutionen schaffen nicht nur neue Handlungskapazitäten; sie üben selbst Macht aus. Die konstitutiven Voraussetzungen der andauernden Ausübung kollektiver Selbstbestimmung erfordern daher kein Recht auf Nicht-Einmischung im Sinne der Abwehr derartiger Macht. Vielmehr muss der grundlegende politische Status eines Volkes als gleichberechtigter Akteur gegenüber anderen Völkern einhergehen mit dem Status als Rechtsträger und Rechtsautor, d. h. mit Mitgliedschafts- und Partizipationsrechten in entsprechenden funktional differenzierten, zwischenstaatlichen, transnationalen oder gar suprastaatlichen Institutionen, die auf je spezifische Beherrschungsprobleme reagieren. Erst sie erlauben eine andauernde Ausübung kollektiver Selbstbestimmung in den Außenbeziehungen, die zugleich die Voraussetzungen kollektiver Selbstbestimmung im Innern schafft.

Die interne Dimension kollektiver Selbstbestimmung bezieht sich zwar auf die innere Verfasstheit des Volkes als kollektiver Akteur. Sie bezeichnet indes keine von der äußeren Sphäre grundsätzlich unabhängige Handlungssphäre, denn die konstitutiven Voraussetzungen der andauernden Ausübung kollektiver Selbstbestimmung in den Außenbeziehungen erfordern die Einbindung in kooperative Regulierungsarrangements und strukturieren in diesem Sinne zugleich auch die innere Ausübung kollektiver Selbstbestimmung. Dieser Wechselbezug zeigt sich auch hinsichtlich der Konkretisierung der internen Dimension. Die Errichtung innerstaatlicher Institutionen, die den normativen Gehalt der Prinzipien nicht-beherrschender Herrschaft verwirklichen und somit eine Praxis andauernder kollektiver Selbstbestimmung im Sinne von Nicht-Beherrschung ermöglichen, setzt nicht nur voraus, dass keine zwischenstaatliche Beherrschung vorliegt. Das Recht auf kollektive Selbstbestimmung beinhaltet den Anspruch auf Unterstützung bei der Errichtung der grundlegenden Institutionen innerstaatlicher Nicht-Beherrschung. Diesem Anspruch entspricht die in Kapitel sieben begründete Beistandspflicht.[66] Wichtig ist, dass jede derartige Unterstützung selbst wiederum in grenzüberschreitende Institutionen eingebunden sein muss, die deren Willkürpotential einhegen. Auch in dieser Hinsicht ist daher eine enge, institutionalisierte Einbindung von Staaten in gemeinsame Institutionen mit entsprechenden Mitgliedschafts- und Partizipationsrechten erforderlich.

Damit lässt sich festhalten, dass das Recht auf kollektive Selbstbestimmung als Nicht-Beherrschung zunächst in konstitutiver Hinsicht zwei eng miteinander verbundene Bündel an Rechten umfasst: In *externer* Hinsicht impliziert es, verstanden als grundlegendes Recht auf Rechte, ein Recht auf den Status als Mitglied der internationalen Gemeinschaft, d. h. als Subjekt des Völkerrechtes. Dieser wiederum umfasst neben dem Prima-facie-Recht auf Nicht-Einmischung, das seine Grenzen im Erfordernis einer gemeinsamen Bekämpfung grenzüberschreitender Beherrschung findet, zugleich das Recht auf Mitgliedschaft in (und die Pflicht zur kooperativer Errichtung von) notwendigen rechtlich institutionalisierten und partizipativ strukturierten Handlungskapazitäten. In *interner* Hinsicht bezieht es sich dagegen auf die interne Verfasstheit des jeweiligen Staates als Handlungsstruktur des Volkes und umfasst ein Recht auf materielle und immaterielle Unterstützung bei der Errichtung von Institutionen nicht-beherrschender Herrschaft auf der innerstaatlichen Ebene, das wiederum selbst im Rahmen entsprechender rechtlich verfasster partizipativer Institutionen zu realisieren ist.

Diese beiden Bündel an Rechten sind Voraussetzung einer andauernden Ausübung kollektiver Selbstbestimmung sowohl innerhalb gemeinsam strukturierter Beziehungen zu anderen Völkern wie auch im Innern der jeweiligen politischen Gemeinschaft – und damit der autonomen Realisierung nicht-beherrschter, nicht-beherrschender Herrschaft. Der doppelte Anspruch auf internationa-

66 Das bedeutet nicht, dass in dieser Hinsicht keine Gerechtigkeitspflichten bestehen können, sondern lediglich, dass Völker selbst in Abwesenheit zwischenstaatlicher Beherrschung, die Gerechtigkeitspflichten generiert, einen Anspruch auf Unterstützung bei der Realisierung fundamentaler Gerechtigkeit haben (vgl. oben Abschnitt 7.2.3.).

len Status und Unterstützung spiegelt die beiden Teile der Pflicht zur Gerechtigkeit wider: Der Anspruch auf den Status als gleichberechtigtes Mitglied der internationalen Gemeinschaft entspricht der relationalen Pflicht zur Gerechtigkeit in den je eigenen Machtbeziehungen, der alle als Beherrscher, periphere Akteure oder Beherrschte in beherrschende Machtverhältnisse eingebundenen Akteure dazu anhält, eine Praxis der Nicht-Beherrschung zu etablieren und aufrechtzuerhalten. Der Anspruch auf Unterstützung bei der Errichtung von Institutionen nicht-beherrschender Herrschaft im eigenen Staat korrespondiert dagegen – insoweit er über entsprechende korrektive Gerechtigkeitspflichten hinausgeht – der nichtrelationalen Beistandspflicht gegenüber Beherrschten.

9.3. Grundbedingungen nicht-beherrschter Herrschaft

Vor dem Hintergrund der Rekonzeptualisierung des Rechts auf kollektive Selbstbestimmung als Nicht-Beherrschung sollen nun aufbauend auf den in Kapitel sechs artikulierten Voraussetzungen nicht-beherrschender Herrschaft institutionelle Prinzipien nichtbeherrschter Herrschaft konkretisiert werden. Dazu gilt es zunächst, den Status staatlicher Souveränität auf der Basis des Selbstbestimmungsrechts in relationalem Sinne zu reinterpretieren:[67] Er bedarf der Ergänzung um positive Mitgliedschaftsrechte und -pflichten in internationalen Institutionen die ihn zugleich erweitern und begrenzen (9.3.1.). Derartige Institutionen setzen wiederum Mechanismen transnationaler Demokratie voraus, um selbst Willkürfreiheit gewährleisten zu können (9.3.2.). Abschließend werden die sozialen und politischen Voraussetzungen nicht-beherrschter Herrschaft und damit die Arten internationaler Institutionen identifiziert, die zur Gewährleistung nicht-beherrschter Herrschaft erforderlich sind (9.3.3.).

67 Der Grundanspruch ist somit das Recht auf kollektive Selbstbestimmung des Volkes. Aus dieser Perspektive wird dann ein entsprechendes Verständnis von staatlicher Souveränität entwickelt. Pettit dagegen macht das Ideal globalisierter Souveränität aller Völker zur Grundlage internationaler Gerechtigkeit (Pettit 2015a, Kap.6).

9.3.1. Formale Willkürfreiheit und relationale Souveränität

Das grundlegende Recht auf kollektive Selbstbestimmung impliziert zunächst den Anspruch eines jeden Volkes auf den Status als gleichberechtigtes Mitglied der internationalen Gemeinschaft. Da ein Volk durch den Staat als Handlungsstruktur handelt, wird dieser Status durch den völkerrechtlichen Status gleicher staatlicher Souveränität konstituiert. Diesen gilt es jedoch in zweierlei Hinsicht zu modifizieren. Erstens bleibt der Träger des dahinter stehenden Anspruchs auf Nicht-Beherrschung das Volk. Seinen normativen Anspruch auf kollektive Nicht-Beherrschung über staatliche Souveränität zu schützen, bedeutet keineswegs, innerstaatliche Verhältnisse im Namen der Souveränität gegen jegliche Kritik zu immunisieren. Vielmehr gilt es, beide Aspekte, den inneren und den äußeren, aus der Perspektive des Rechts auf kollektive Selbstbestimmung zu betrachten.

Die fünf Rechtskategorien, die das individuelle Recht auf Nicht-Beherrschung konkretisieren und die zunächst innerstaatlich zur Geltung zu bringen sind, bezeichnen demnach weder den Maßstab einer äußeren Souveränitätsbeschränkung, noch wird ihr normativer Gehalt dem Prinzip staatlicher Souveränität untergeordnet. Ihre Bedeutung erschließt sich gerade nicht über das Prinzip staatlicher Souveränität, sondern über das kollektiver Selbstbestimmung: Demnach beschreiben sie die konstitutiven inneren Voraussetzungen der andauernden Ausübung kollektiver Selbstbestimmung, die durch die Gewährleistung kollektiver Nicht-Beherrschung in den Außenbeziehungen ermöglicht und geschützt wird. Werden sie verletzt, so steht zwar die innere Selbstbestimmung in Frage, nicht aber deren äußere Voraussetzungen. In diesem Sinne betont Forst zu Recht, die Pointe derartiger grundlegender Rechte erschließe sich »nur *von innen*, aus der Perspektive derer, die in ihrer Gesellschaft für eine gerechte Ordnung kämpfen«.[68] Es ist ihr Anspruch auf kollektive Nicht-Beherrschung, der durch das Prinzip der Souveränität geschützt werden soll. Dies zu übersehen, käme einer Verleugnung ihrer konstituierenden Macht gleich, d. h., wie Cohen betont, ihrer Fähigkeit,

68 Forst 2011, S. 111 [Hervorhebung im Original]; vgl. ebd., S. 73 f. sowie für eine ähnlich angelegte Kritik eines interventionistischen Zugriffs auf die Menschenrechte: Benhabib 2010; Maus 2011, S. 359-374.

selbständig die interne Legitimität ihrer Regierung und Gesetze zu beurteilen und an den Lernprozessen (samt der Fähigkeit, Kompromisse zu schließen) beteiligt zu sein, die ihre Kämpfe für einen inklusiveren politischen Prozess, gerechtere Gesetze und neue Interpretationen von Rechten mit sich bringen.[69]

Zwischen staatlicher Souveränität als Voraussetzung äußerer Nicht-Beherrschung auf der einen sowie der Realisierung innerstaatlicher Nicht-Beherrschung auf der anderen Seite besteht demnach kein Gegensatz; das Prinzip staatlicher Souveränität dient vielmehr der Absicherung der äußeren Voraussetzungen innerer kollektiver Selbstbestimmung. Die normative Bedeutung des individuellen Rechts auf Nicht-Beherrschung wird damit nicht verleugnet; es wird jedoch hervorgehoben, dass Beschränkungen der Souveränität nicht einfach kompensationslogisch mit Verweis auf die Förderung innerstaatlicher Nicht-Beherrschung zu rechtfertigen sind. Vielmehr bedürfen sie rechtlich institutionalisierter Verfahren, die sicherstellen, dass die jeweilige politische Gemeinschaft die normative Autorität über ihre Verfasstheit behält.

Dies zeigt zweitens, dass der Status staatlicher Souveränität in relationalem Sinne reinterpretiert und um die Forderung nach Einbindung in internationale Institutionen erweitert und beschränkt werden muss.[70] Denn die Grundbedingungen nicht-beherrschter Herrschaft erfordern auch unter Bedingungen der Abwesenheit eines zentralen überstaatlichen Gewaltmonopols die Generierung von gemeinsamer, institutionell verfasster Gegenmacht, die in der Lage ist, beherrschende Machtstrukturen im zwischenstaatlichen Raum einer kollektiven Regelung zuzuführen. Diese Anforderung erschöpft sich nicht in der institutionellen Einhegung gewaltsamer

69 Cohen 2008, S. 591.

70 Vgl. Cohen 2004. Cohen begreift allerdings den Status formaler Souveränität bereits insofern als relational, als er rechtlich konstituiert ist (vgl. Cohen, Je. 2006, S. 492). Ich beziehe die Bezeichnung ›relational‹ dagegen auf das um die Forderung rechtlich verfasster internationaler Integration erweiterte und damit zugleich beschränkte Verständnis von Souveränität. Auch in feministischen Kreisen werden Konzeptionen relationaler Souveränität diskutiert; der Schwerpunkt liegt hier jedoch eher auf den sozialontologischen Prämissen (vgl. Knop 1993) bzw. auf der Anwendung der Fürsorgeethik auf die Beziehungen zwischen Bürger_innen und internationaler Gemeinschaft, die wiederum zu einer stärkeren Betonung der Verantwortungsdimension von Souveränität führen (vgl. Stacy 2003).

Interventionen im Rahmen eines kollektiven Sicherheitssystems wie der Vereinten Nationen, das ein funktional eng umgrenztes Quasigewaltmonopol etabliert, um dem Gewaltverbot Wirksamkeit zu verschaffen. Kollektive Beherrschung kann auch auf anderen, nicht zwangsbewehrten Formen von Macht beruhen und auch von mächtigen privaten Akteuren wie transnationalen Unternehmen ausgehen. Das Recht auf kollektive Selbstbestimmung verlangt daher auch mit Blick auf kollektive Beherrschung in anderen, insbesondere ökonomischen Hinsichten nach funktional differenzierter kollektiver Handlungsmacht, die eine rechtlich vermittelte Transformation von Beherrschung erlaubt.

Die dazu notwendigen internationalen Institutionen dienen nicht allein der bloßen Handlungskoordinierung, sondern der positiven Gestaltung wechselseitiger Machtbeziehungen. Der grundlegende Status als völkerrechtlicher Rechtsträger ist dementsprechend nicht allein ein negativer, machtbegrenzender, wie es das formalrechtliche Verständnis staatlicher Souveränität mit seinen drei zentralen Rechtstiteln der territorialen Integrität, der Nichteinmischung und der Vertragsfreiheit nahelegt. Er ist vielmehr ebenso wie der Status als Rechtsträger_in und Bürger_in ein herrschaftskonstituierender, der die Einbindung in zwischenstaatliche Institutionen verlangt, die auch regulierend in die innerstaatliche Sphäre eingreifen und somit eine entsprechende Beschränkung formaler Souveränität im Sinne einer Sphäre der Nicht-Einmischung voraussetzen. Dies ist kein hinzunehmendes kleineres Übel auf dem Wege der Herstellung effektiver Souveränität, sondern eine Grundbedingung nicht-beherrschter Herrschaft, denn sie etabliert – sofern die Voraussetzungen der Willkürfreiheit erfüllt sind – eine (funktional begrenzte) Praxis zwischenstaatlicher Nicht-Beherrschung.[71] Bei Souveränität geht es demnach nicht, wie die Perspektiven der klassischen und der modernen Konzeption nahelegen, um die Voraussetzungen exklusiver Herrschaft und Unabhängigkeit, sondern um die normative Autorität des jeweiligen Volkes *innerhalb* sozialer Beziehungen zu anderen Völkern und in diesem Sinne um ein dezidiert relationales Verständnis von Souveränität.

71 Aus Sicht einer Theorie der Gerechtigkeit als Nicht-Beherrschung ist ein solcher partieller Verzicht auf formale Souveränität im Sinne eines Rechts auf Nicht-Einmischung kein freiwilliger Akt eines souveränen Staates; er ist vielmehr eine Gerechtigkeitspflicht, die aus der Pflicht zur Gerechtigkeit erwächst.

Der zentrale Unterschied zur Ebene individueller Nicht-Beherrschung besteht in der Natur der erforderlichen Institutionen: Sie generieren Handlungsmacht, nicht aber ein einheitliches Gewaltmonopol. In dieser entscheidenden Hinsicht beruhen sie letztlich auf der Handlungsfähigkeit und Kooperationswilligkeit der Staaten. Dies bedeutet indes keineswegs, dass das Recht faktische Machtverhältnisse lediglich widerspiegelt, anstatt sie zu transformieren. Pettit geht davon aus, dass internationale Organisationen Diskussionsforen eröffnen, die zur Herausbildung einer »Währung gemeinsamer globaler Gründe« führen und die Rechtfertigungslast zugunsten des deliberativen Modus der Konfliktlösung verschieben.[72] In ähnlicher Weise hebt Habermas den bewusstseinsveränderndern Einfluss internationaler Rechtsdiskurse hervor: »Über die Teilnahme an Disputen über die Anwendung neuen Rechts werden Normen, die von Beamten und Bürgern zunächst nur verbal anerkannt worden sind, nach und nach internalisiert. So lernen auch Nationalstaaten, sich gleichzeitig als Mitglieder größerer politischer Gemeinschaften zu verstehen.«[73]

Mit anderen Worten kommt auch auf internationaler Ebene das normative Potential der im deliberativen Modus angelegten Spannung zwischen Faktizität und Geltung zum Tragen: Die Einbindung in internationale Diskurse setzt eine Sozialisierung in diskursive Praktiken in Gang, die zur Internalisierung der dabei stets vorausgesetzten Normen führt und auf diese Weise zur diskursiven Restrukturierung von Machtverhältnissen – und damit letztlich zu einer reflexiven Praxis der Nicht-Beherrschung – beiträgt.[74] Zu beachten ist indes, dass derartige Diskurse selbst rechtlich institutionalisiert und erst dadurch als Diskurse unter (rechtlich) Gleichen ermöglicht werden. Zugleich baut die rechtliche Institutionalisierung internationaler Kooperation wiederum insofern auf diesen Diskursen auf, als sie das Selbstverständnis als gleiche Rechtsträger voraussetzt.

Pettit scheint jedoch dieser diskursiven Dynamik nicht gänz-

72 Pettit 2010b, S. 83.

73 Habermas 2004, S. 176; vgl. Habermas 2009, S. 333 f.

74 Sprachliche Verständigung erzeugt auch unter Staaten eine nicht zu übersehende Bindungskraft, die zwischenstaatliche Kooperation auch über eigeninteressierte Rationalität hinaus erklärbar macht (Müller 1994; Risse-Kappen 1995; Schmalz-Bruns 1995; Müller 1996).

lich zu trauen; er verweist auf die wichtige Rolle, die regionale Integrationsmechanismen bei der Herstellung eines Kräftegleichgewichts als Voraussetzung nicht-verzerrter Diskurse und der Generierung entsprechender Handlungsmacht spielen.[75] Damit weist er zu Recht darauf hin, dass der Status relationaler Souveränität verbunden mit Mitgliedschaftsrechten in funktional differenzierten internationalen Institutionen die massiven Machtasymmetrien im internationalen Raum kaum zu neutralisieren vermag. In dieser Hinsicht können Regionalorganisationen wie die Afrikanische Union tatsächlich ein wichtiger Weg sein, um Gegengewichte gegenüber mächtigen Staaten zu bilden und so zwischenstaatliche Machtasymmetrien zu verringern. In diesem Sinne muss der Strategie der Machtbalance eine größere Rolle zugestanden werden als auf innerstaatlicher Ebene. Dabei darf jedoch nicht vergessen werden, dass auch regionale Integrationsmechanismen wiederum rechtlich konstituiert werden und ebenfalls zur Sozialisierung in diskursive Praktiken beitragen. Sie sind daher kein Element einer bloßen Machtbalance, sondern selbst wiederum Schritte hin zu einer Transformation zwischenstaatlicher Macht auf dem Wege diskursiver und rechtlicher Selbstbindung.

Zusammenfassend lässt sich festhalten, dass der Status gleicher staatlicher Souveränität aus der Perspektive des Rechts auf kollektive Selbstbestimmung als Nicht-Beherrschung zwar eine Grundbedingung der Realisierung nicht-beherrschter Herrschaft konkretisiert: Er sichert in *formaler* Hinsicht Willkürfreiheit, indem er die Rechtsförmigkeit der Regelung zwischenstaatlicher Macht sicherstellt und allen Völkern den Status als Rechtsträger zuspricht.[76]

75 Pettit 2010c, S. 159 f.; vgl. Habermas 2004, S. 134 f.; Habermas 2009, S. 336 f. sowie Cohen 2004, S. 22.

76 Auf den ersten Blick scheint fraglich, inwieweit sich auf internationaler Ebene die Gewaltenteilung gewährleisten lässt. Schließlich sind es Regierungen und damit Exekutivvertreter, die Recht setzen und auf deren Gewaltmonopol letztlich dessen Durchsetzung beruht, selbst wenn unabhängige internationale Gerichte die Rechtsprechung übernehmen. Entscheidend ist jedoch, dass die Logik der Gewaltenteilung gewahrt wird, dass also der konstruktive Zugriff auf normative Gründe den rechtsetzenden Gremien vorbehalten bleibt und insbesondere der situativen Rechtsanwendung im Einzelfall entzogen ist. Dazu ist nicht notwendigerweise eine institutionelle Trennung der Funktionen erforderlich, wohl aber die strikte Trennung der Funktionen selbst. Regierungen, die auf internationaler Ebene rechtsetzend tätig werden, bleiben daher in der Mobilisierung ihrer exe-

Dazu muss er jedoch um die Forderung nach internationaler, funktional sowie regional spezifizierter Integration ergänzt werden, die ihn nach Maßgabe der jeweiligen Beherrschungsbeziehungen um entsprechende Mitgliedschaftsrechte und -pflichten erweitert und zugleich begrenzt. Verglichen mit der formalrechtlichen Souveränitätskonzeption ist dieses *relationale* Verständnis von Souveränität zum einen enger, weil es die Aufgabe von exklusiver formaler Souveränität über Kernbereiche staatlichen Handelns durch die Einbindung in kooperative Arrangements mit anderen Staaten einfordert; zum anderen ist es insofern weiter, als es den Anspruch auf normative Autorität auch über die eigenen Staatsgrenzen hinaus auf die äußeren Voraussetzungen innerstaatlicher Nicht-Beherrschung ausdehnt. Zwischen effektiver und formaler Souveränität besteht aus dieser Sicht kein Dilemma, das zu einer Abwägung zwingt. Vielmehr öffnet die Erweiterung des Status souveräner Gleichheit um die Forderung nach rechtlicher Integration eine Perspektive, effektive und formale Souveränität im Rahmen einer zwischenstaatlichen Praxis der Nicht-Beherrschung zusammenzuführen.

9.3.2. Materiale Willkürfreiheit und transnationale Demokratie

Damit ist jedoch noch nicht geklärt, wie sich im Rahmen funktional und regional differenzierter zwischenstaatlicher Institutionen *materiale* Willkürfreiheit gewährleisten lässt. Pettit ist diesbezüglich optimistisch; er betont, »es mag sogar sein, dass die Aussichten eine derartige [kontestatorische, D.G.] Demokratie zu verwirklichen, auf der internationalen Ebene besser sind als auf der nationalen«.[77] Zum einen ersetze bereits die Tatsache, dass Staaten derartige Institutionen gründen bzw. ihnen freiwillig beitreten, die durch Wahlen erzeugte kompetitive Suche nach gemeinsamen äußerungsfähigen Interessen.[78] Zum anderen böten gerade internationale Instituti-

kutiven Ressourcen an einen rein pragmatischen Gebrauch von Gründen gebunden. Letzteres muss entsprechend überwacht werden, z. B. durch wechselseitige Berichtspflichten und internationale Streitbeilegungsmechanismen wie Schiedsgerichte oder funktional spezifizierte internationale Gerichte (vgl. Niederberger 2009, S. 469 f.).

77 Pettit 2006a, S. 317.

78 Pettit 2006a, S. 316; vgl. Pettit 2010b, S. 81.

onen vielfältige Kontestationsmöglichkeiten: So hätten Staaten ein Interesse daran, ihr Mandat hinreichend zu bestimmen und Kompetenzüberschreitungen offenzulegen. Da internationale Organisationen zudem auf staatliche Kooperation (insbesondere mit Blick auf finanzielle Ressourcen) angewiesen sind, seien genügend Anreize zu einer transparenten, verantwortlichen Wahrnehmung des Mandats gegeben. Zugleich übernähmen NGOs bereits vielfach kontestatorische Funktionen in einem repräsentativen Sinne und sicherten so auch den Zugang individueller Akteure zur Kontrolle der Macht internationaler Institutionen.[79]

Pettits Optimismus mit Blick auf die materiale Willkürfreiheit internationaler Institutionen begegnet jedoch in beiden Hinsichten Zweifeln. Erstens vernachlässigt die Hervorhebung der formalen Freiwilligkeit der Mitgliedschaft, dass der freie Vertragsschluss per se keine nicht-beherrschenden Beziehungen zu gewährleisten vermag.[80] Sie blendet tiefer liegende Machtstrukturen insbesondere systemischer Art aus, die die Mitgliedschaft in internationalen Institutionen wie der WTO oder dem IWF nötig machen, um überhaupt handlungsfähig zu bleiben. Zudem ist die Bereitschaft zur Errichtung derartiger Institutionen aus der hier entwickelten Perspektive eine Gerechtigkeitspflicht und kein freiwilliger Akt.

Zweitens reichen die von Pettit hervorgehobenen Kontestationsmöglichkeiten nicht aus. Zwar weisen sie auf wichtige Anknüpfungspunkte für eine schrittweise Begrenzung der Macht bereits existierender internationaler Institutionen und Netzwerke hin. Diese beschränken sich indes auf die Verantwortlichkeit internationaler Institutionen gegenüber Staaten anhand gegebener Standards. Pettit sieht in diesen vergleichsweise bescheidenen Anforderungen gerade den entscheidenden Vorteil seines kontestatorischen Demokratiemodells hinsichtlich der Möglichkeit grenzüberschreitender demokratischer Institutionen.[81] Sie verfehlen jedoch die für die Frage nach den Grundbedingungen der Realisierung von Nicht-Beherrschung wesentliche Dimension normativer Autorität, die gerade auch die Standards der Verantwortlichkeit problematisieren können muss.

79 Pettit 2006a, S. 318; vgl. Grant/Keohane 2005, S. 35-41.

80 Vgl. zum freien Vertragsschluss Pettit 1997, S. 62 und S. 164 f.

81 Pettit 2006a, S. 315 f.; vgl. zur Kritik des dahinter stehenden Verständnisses von *accountability* unten Abschnitt II.2.3.

Normative Autorität verlangt neben der durch den Status relationaler Souveränität gewährleisteten Herrschaft des Rechts die Institutionalisierung von Selbstgesetzgebung und damit eine *deliberative Programmierung* internationaler Rechtsetzung. Dazu genügt es nicht, Rechtsetzungsprozesse mit Blick auf Staaten inklusiv zu gestalten und ihnen die Problematisierung von Autoritätsfragen höherer Ordnung anzuvertrauen; denn das gesetzte Recht soll das Recht des Volkes auf kollektive Selbstbestimmung als Nicht-Beherrschung zur Geltung zu bringen. Zwischenstaatlich generierte deliberative Macht bedarf daher der Rückkoppelung mit diskursiven Prozessen in der Zivilgesellschaft, die sicherstellen, dass derart gesetztes Recht tatsächlich auf die Anerkennung der eigentlichen Rechtsadressaten, nämlich der Völker, bauen kann. Erforderlich ist somit die Öffnung institutionalisierter internationaler Rechtsetzungsprozesse gegenüber informellen Öffentlichkeiten, in denen relevante Gründe generiert und getestet werden.

Derartige Öffentlichkeiten wiederum dürfen sich nicht allein auf die innerstaatliche Ebene einzelner Völker beschränken, da es ja gerade darum geht, ungerechtfertigte Behinderungen und gerechtfertigte Grenzen kollektiver Selbstbestimmung unter Bedingungen wechselseitiger Eingebundenheit in Machtbeziehungen zu bestimmen. Selbst wenn es sich um demokratische Staaten handelt, reicht die Legitimationskette der Regierung nicht aus, um sicherzustellen, dass die relevanten Gründe in internationalen Rechtsetzungsprozessen tatsächlich zum Tragen kommen, denn diese müssen sich nicht allein mit Blick auf die Bevölkerung einzelner Staaten, sondern über deren Grenzen hinweg als allgemein und reziprok nicht zurückweisbar erweisen. Die Reichweite informeller Öffentlichkeiten sollte dementsprechend grundsätzlich der Reichweite der Beherrschungsstrukturen entsprechen.[82] Es bedarf daher nicht allein innerstaatlicher und zwischenstaatlicher, sondern insbesondere *transnationaler Öffentlichkeiten*.

Nun besteht in der Literatur eine gewisse Skepsis gegenüber der Möglichkeit transnationaler Öffentlichkeiten, die ihnen zugedachte kritische Funktion zu erfüllen.[83] Diese Skepsis basiert erstens auf der Infragestellung der Übertragbarkeit der Voraussetzungen von Öffentlichkeit auf die transnationale Ebene. Jenseits begrenzter

82 Vgl. Fraser 2007a, S. 249.

83 Vgl. Fraser 2007a, S. 236-245.

politischer Gemeinschaften lassen sich, so die Befürchtung, weder die nötigen kommunikativen Freiheiten noch eine übergreifende mediale Infrastruktur sicherstellen.[84] Pluralität und Parität von Partizipation scheinen vor diesem Hintergrund schwer zu gewährleisten; Gleiches gilt dementsprechend für die zentrale Aufgabe der Generierung allgemein und reziprok nicht zurückweisbarer Gründe. Hinzu kommt zweitens, dass transnationale Öffentlichkeiten zunächst lediglich schwache Öffentlichkeiten sind, die über keinen rechtlich gesicherten Zugang zu den Foren der Entscheidungsfindung verfügen und somit allein über öffentlichen Druck, nicht aber unmittelbar handlungswirksam werden. Die Fragmentierung internationaler Institutionen und die daraus folgenden unklaren Autoritätsrelationen scheinen eine solche Rückkoppelung im Vergleich zu innerstaatlichen, einheitlichen Institutionen politischer Herrschaft ebenso zu erschweren wie die Tatsache, dass Staaten die unmittelbaren Rechtsadressaten und -autoren internationalen Rechts sind.[85]

Doch gerade diese Besonderheiten der zwischenstaatlichen Ebene zeigen, dass keineswegs eine unmittelbare Reproduktion innerstaatlicher, insbesondere parlamentarischer Strukturen notwendig ist, um eine Praxis der Nicht-Beherrschung zu ermöglichen: Da internationales Recht der Gewährleistung kollektiver Selbstbestimmung als Nicht-Beherrschung und damit den äußeren Voraussetzungen einer autonomen innerstaatlichen Realisierung von individueller Nicht-Beherrschung dienen soll, ist zum einen keine direkte Beteiligung von Individuen an der formellen legislativen Tätigkeit erforderlich, wie etwa durch aktives und passives Wahlrecht in Bezug auf die entsprechenden Organe internationaler Institutionen – wohl aber Möglichkeiten der Partizipation an gründegenerierenden Diskursen. Sie werden vor allem durch transnationale zivilgesellschaftliche Organisationen und Bewegungen bereitgestellt. Zum anderen bedingt die Fragmentierung internationaler Institutionen, dass die Unterscheidung zwischen starken und schwachen Öffentlichkeiten keinesfalls so scharf ist wie auf innerstaatlicher Ebene. Statt der Herausbildung einer übergreifenden Öffentlichkeit mit einer entsprechenden übergreifenden kommunikativen Infrastruktur genügen Teilöffentlichkeiten, die sich auf bestimmte

84 Fraser 2007a, S. 242f.

85 Vgl. Bohman 2007b, S. 66-70.

Politikbereiche konzentrieren. Auch die Verkoppelung schwacher Öffentlichkeiten mit starken verlangt keine zentrale Verknüpfungsachse, sondern kann eine Vielzahl unterschiedlicher Formen annehmen, deren Pluralität gerade auch angesichts der Komplexität zwischenstaatlich zu regulierender Materien zugleich die Qualität deliberativer Prozesse zu erhöhen verspricht.[86]

So macht Bohman darauf aufmerksam, dass einige zivilgesellschaftliche Organisationen bereits seit langer Zeit nicht nur kommunikationsermöglichende Funktionen übernehmen, sondern auch diese zweite Rolle von Vermittlern zwischen schwachen und starken Öffentlichkeiten spielen. Er nennt als Beispiel die Women's International League for Peace and Freedom. Sie verstand sich als Forum des Austausches und der Generierung einer weiblichen Perspektive auf die Fragen von Krieg und Frieden und zugleich als politischer Akteur, der im Namen von Frauen die Politik des Völkerbunds zu beeinflussen suchte, unter anderem durch eine Kampagne zu staatenlosen Frauen in der Türkei nach dem Ersten Weltkrieg. Damit machte sie nicht nur auf spezifische Probleme von Frauen aufmerksam, sondern suchte zugleich das vorherrschende Verständnis des Völkerbunds als rein zwischenstaatliche Institution gegenüber transnationalen zivilgesellschaftlichen Einflüssen zu öffnen.[87] Das Weltsozialforum, das eine grenzüberschreitende Organisationsplattform für zivilgesellschaftliche Akteure bietet, um diskursiv Alternativen zu den innerhalb der WTO, des Davoser Weltwirtschaftsforums und der G8 bzw. G7 vorherrschenden wirtschaftlichen Ordnungsmodellen zu entwickeln, welche von den mächtigen Akteuren nicht ohne weiteres ignoriert werden können, wäre ein aktuelles Beispiel.

In diesem Zusammenhang ist auch die in jüngerer Zeit zu beobachtende Zunahme von formalen Anhörungsrechten für NGOs innerhalb internationaler Institutionen zu begrüßen, denn sie ermöglichen es schwachen transnationalen Öffentlichkeiten, unmittelbar in Rechtsetzungsprozesse hineinzuwirken. Slaughter schlägt vor, internationale Institutionen grundsätzlich um *reflektierende Gremien* zu erweitern, die einerseits die Transparenz der Entscheidungsfin-

86 Bohman 2010, S. 442. Bohman argumentiert daher, auf transnationaler Ebene gewährleiste gerade erst das Prinzip institutioneller Differenzierung optimale Deliberationsbedingungen (Bohman 2007b, Kap. 4).

87 Bohman 2010, S. 435 f.

dung überwachen und in die weitere Öffentlichkeit transportieren und andererseits zugleich als Sensor dienen, um neue Formen der Beherrschung zu identifizieren, in die Entscheidungsgremien hineinzutragen und somit die notwendige Reflexivität der jeweiligen Institutionen sicherzustellen.[88] Derartige Gremien könnten wie die von Pettit in innerstaatlichem Kontext stark gemachte Idee der Mini-Öffentlichkeiten[89] besetzt sein und neben zivilgesellschaftlichen Akteuren auch Vertreter_innen von Oppositionsparteien aufnehmen oder gar in einem Weltparlament mit entsprechenden Ausschüssen aufgehen.[90] Auch eine Ombudsperson als ›Anwalt der Öffentlichkeit‹ nach dem Vorbild des *Public Protector* in Südafrika könnte dazu zählen. Sie wäre damit beauftragt, die Auswirkungen internationaler Policies auf die Beherrschung von besonders verletzlichen Bevölkerungsgruppen zu prüfen und Themen auf die Agenda des Rechtsetzungsverfahrens zu bringen. Indem derartige reflektierende Gremien sowohl Transparenz (und somit Öffentlichkeit) der starken Entscheidungsforen herstellen als auch eine gewisse Rückkoppelung mit schwachen Öffentlichkeiten erleichtern, könnten sie dazu beitragen, eine Infrastruktur bereitzustellen, die eine allgemeine und reziproke deliberative Programmierung des Rechtsetzungsprozesses erlaubt.

Transnationale Öffentlichkeiten und reflektierende Gremien müssen schließlich ergänzt werden durch individuelle und kollektive transnationale *Kontestationswege*, die sich sowohl auf die völkerrechtliche Rechtsetzung als auch auf die Rechtsanwendung erstrecken, wie etwa durch internationale Menschenrechts- und Strafgerichtshöfe, Beschwerdegremien und entsprechende Berichtsverfahren mit Gestaltungs-, Einspruchs- und Anhörungsrechten vor den jeweiligen Kommissionen.

Zusammenfassend kann festgehalten werden, dass das Prinzip deliberativer Selbstgesetzgebung auf zwischenstaatlicher Ebene insofern weniger voraussetzungsvoll ist als auf innerstaatlicher Ebene, als es weder eine unmittelbare Autorisierung völkerrechtlicher Rechtsetzungsprozesse durch suprastaatliche Parlamente noch eine zentrale Verknüpfungsachse zwischen formellen und informellen

88 Slaugter 2005, S. 215 f.

89 Vgl. Pettit 2004a; Pettit 2012b, S. 232 f.; vgl. für Mini-Öffentlichkeiten im transnationalen Kontext: Bohman 2007b, S. 87-89.

90 Vgl. Habermas 2011, S. 82-96.

Öffentlichkeiten verlangt. In diesem Sinne ist es stärker kontestatorisch angelegt als auf innerstaatlicher Ebene. Dennoch geht es über Pettits Modell hinaus, indem es neben der Verantwortlichkeit internationaler Institutionen anhand gegebener Standards die Voraussetzungen einer deliberativen Programmierung der Rechtsetzungsprozesse einfordert. Es kommt in einem institutionell pluralistischen, diversifizierten System zum Ausdruck, in dem Staaten die rechtsetzende Funktion ausüben, jedoch begleitet werden von transnationalen Öffentlichkeiten, reflektierenden Gremien und individuellen und kollektiven Kontestationsrechten, die sich zusammengenommen als transnationale Demokratie kennzeichnen lassen.[91]

9.3.3. Soziale und politische Voraussetzungen nicht-beherrschter Herrschaft

Das anhand der Prinzipien relationaler Souveränität und transnationaler Demokratie konkretisierte Recht auf kollektive Selbstbestimmung realisiert einerseits in fundamentalen Hinsichten Nicht-Beherrschung, indem es Voraussetzungen einfordert, unter denen politische Gemeinschaften den Status normativer Autorität reklamieren können. Andererseits konstituiert es eine notwendige Bedingung der Realisierung weiterführender Gerechtigkeit, denn mit der Achtung relationaler Souveränität und der Errichtung entsprechender internationaler Institutionen werden zugleich die Voraussetzungen einer zwischenstaatlichen Praxis der Nicht-Beherrschung geschaffen.[92]

In welchen Bereichen bedarf es jedoch der Generierung gemein-

91 Mit transnationaler Demokratie sind grenzüberschreitende deliberative Strukturen gemeint, die nicht rein zwischenstaatlich angelegt sind. Zu beachten ist, dass *transnationale* Demokratie in diesem Sinne ein Erfordernis nicht-beherrschter Herrschaft und damit *zwischenstaatlicher* Gerechtigkeit ist; dies zeigt, dass die Reichweite der erforderlichen Institutionen nicht zwangsläufig mit der Ebene des jeweiligen Kontextes von Unerechtigkeit zusammenfällt.

92 Erst im Zuge dieser Praxis lassen sich Fragen grenzüberschreitender Verteilungsgerechtigkeit oder Forderungen nach der Aufarbeitung historischer kollektiver Ungerechtigkeit klären. Dabei kann es zu einer weiteren institutionellen Integration kommen, im Zuge derer stärkere suprastaatliche Elemente geschaffen werden; auch die liegt jedoch letztlich in der normativen Autorität der beteiligten Akteure selbst und lässt sich nicht philosophisch vorwegnehmen.

samer Handlungskapazitäten durch die Schaffung internationaler Institutionen? Diese Frage lässt sich als Frage nach den sozialen und politischen Voraussetzungen nicht-beherrschter Herrschaft verstehen. Die Antwort hängt von den tatsächlichen Beherrschungsverhältnissen ab. In *ökonomischer Hinsicht* zeigen sich derzeit die wohl gravierendsten Formen grenzüberschreitender Beherrschung. So gibt etwa die angesichts massiver ökonomischer Ungleichheiten existentielle Abhängigkeit hochverschuldeter ›Entwicklungsländer‹ von Krediten den Kreditgebern eine weitgehend unbeschränkte Macht über die Bedingungen des Kreditvertrages, die auch auf andere Bereiche der Beziehung zwischen den jeweiligen Akteuren ausstrahlt. Auch die weitgehend unbeschränkte Macht der Rating-Agenturen, deren Urteil gravierende ökonomische Auswirkungen haben kann, lässt sich als interpersonale Form ökonomischer Beherrschung kennzeichnen. Mindestens ebenso weitreichend sind Phänomene systemischer ökonomischer Beherrschung wie etwa die Zolleskalation oder die Steuerkonkurrenz,[93] die den Staaten Handlungsmacht in für die Realisierung von Nicht-Beherrschung zentralen Politikbereichen entziehen.

Wie auch auf individueller Ebene sind derartige kollektive ökonomische Beherrschungsverhältnisse in doppeltem Sinne von Bedeutung: zum einen, weil sie selbst Beherrschungsbeziehungen konstituieren, zum anderen, weil sie die Inanspruchnahme des Status als gleichberechtigter Akteur in zwischenstaatlichen Beziehungen unterminieren. Sie erfordern keine Herstellung materieller Gleichheit zwischen Staaten, wohl aber die Gewährleistung der materiellen Voraussetzungen der kollektiven Ausübung normativer Autorität. Diese lassen sich anhand dreier Grundsätze konkretisieren. Erstens ist die Schaffung von *regulativen Handlungskapazitäten* erforderlich, die statt einer zunehmenden Deregulierung eine gemeinsame Regulierung kapitalistischer Marktmechanismen erlauben. Dies gilt insbesondere in den drei Bereichen, die selbst keine Produkte der Marktwirtschaft, sondern deren Voraussetzungen sind: der Arbeit, der Währung sowie der natürlichen Grundlagen menschlichen Lebens.[94] Entsprechende regulative Maßnahmen umfassen z. B. die Vereinbarung minimaler Umweltschutz-, steuer-

93 Vgl. oben Abschnitt 9.2.1.

94 Vgl. Slaughter 2005, S. 212 f. Zur Analyse der Kommodifizierung von Arbeit, Finanzen und Natur: Polanyi 1973.

rechtlicher und arbeitsrechtlicher Standards sowie die kooperative Regulierung zentraler Finanzmarktbereiche, etwa durch die Einführung der Tobinsteuer auf internationale Devisengeschäfte.

Zweitens ist die *gleichberechtigte Inklusion* aller Staaten in die Weltwirtschaft sicherzustellen. Dazu ist eine Reform der relevanten internationalen Institutionen, insbesondere des IWF, der Weltbank und der WTO nötig, die deren Regelwerk und Entscheidungsverfahren, vor allem die Stimmengewichtung und Transparenz der Entscheidungsprozesse, am Ziel gleichberechtigter Inklusion ausrichtet. Nicht-reziproke Vereinbarungen im Handelsrecht, etwa in Bezug auf Schutzzölle, sind demnach allein unter dem Blickwinkel der Voraussetzungen einer Realisierung nicht-beherrschter Herrschaft zu rechtfertigen. Die redistributiv angelegte Variante der Strategie symmetrischer Macht kann, etwa durch eine globale Rohstoffdividende, dazu beitragen, dass schwächere Staaten überhaut die notwendigen Handlungskapazitäten aufbringen, um Nicht-Beherrschung nach außen einzufordern und im Inneren zu realisieren. Darüber hinaus ist der Protektionismus durch Subventionen, mit denen reiche Länder nach Abbau von Schutzzöllen ihre Exporte unterstützen, zu unterbinden. Dabei geht es nicht darum, Entscheidungsspielräume der Einzelstaaten zu begrenzen, sondern darum, die Voraussetzungen dafür zu schaffen, dass alle Staaten die normative Autorität über die aus der wechselseitigen Interdependenz erwachsenden Begrenzungen und Möglichkeiten wahren. Zudem ist der Einfluss informeller Gremien wie der G7 oder G20 zu zähmen, etwa durch die Verlagerung wichtiger Entscheidungen in inklusivere, rechtlich verfasste Gremien, in denen ökonomisch schwächere Staaten Vetorechte ausüben und, gegebenenfalls durch Kooperation untereinander, Gegengewichte zu mächtigeren Staaten bilden können.

Drittens bedarf es der *rechtlichen Einholung* konkreter interpersonaler ökonomischer Beherrschungsbeziehungen auf der zwischenstaatlichen Ebene. Dazu gehört z. B. die Begrenzung der Macht von Rating-Agenturen durch ihre Unterwerfung unter öffentlich kontrollierbare Standards oder die Gründung öffentlicher Rating-Mechanismen, die eine Politisierung der Standards und Folgen der Beurteilung von Kreditwürdigkeit erlauben. Auch Kreditgeschäfte verlangen eine weiter reichende rechtliche Regulierung, denn ein Kreditvertrag kann sowohl Ausdruck bereits bestehender Beherrschungsverhältnisse sein als auch neue Beherrschungsbeziehungen etablieren.[95] Die Rahmenbedingungen müssen daher so gestaltet sein, dass beherrschende Verträge nichtig sind und grundsätzlich die Möglichkeit der Anfechtung und Rückverhandlung eröffnen. Derartige Verfahren lassen sich z. B. durch unabhängige Schiedsgerichte und Ombudsgremien erleichtern. Das betrifft insbesondere auch die sogenannten *odious debts*, die von beherrschenden Regierungen aufgenommen werden, um sich an der Macht zu halten oder Pfründe zu verteilen, und es Nachfolgeregierungen erschweren, politischen Gestaltungspielraum zu gewinnen.[96]

Dabei ist daran zu erinnern, dass der relevante Maßstab nicht das Prinzip staatlicher Souveränität ist, sondern das kollektiver Selbstbestimmung. Zwar wird ein Volk beherrscht, wenn der Staat beherrscht wird, und braucht daher den Schutz relationaler Souveränität; doch gerade weil die Garantie dieses Status innerstaatliche Beherrschungsstrukturen stabilisieren kann, muss sie ergänzt werden um Mechanismen, die z. B. eine Rückverhandlung der Bedingungen eingegangener Zahlungsverpflichtungen erlauben. In deren Zug ist insbesondere zu klären, inwieweit nicht nur der Staat, sondern auch die jeweiligen Amtsinhaber haften. Bereits die Möglichkeit derartiger Verfahren bremst sowohl internationale Geldgeber als auch Regierungen in ihrem allzu sorglosen Umgang mit dem staatlichen Kreditprivileg.

Auch *kulturelle* Deutungs- und Wertmuster, die einige Gruppen und ihre Qualitäten oder ihnen zugeschriebene Merkmale systematisch herabsetzen, ohne dass diese in gleicher Weise auf die Konstituierung und Reproduktion dieser Muster einwirken könnten, verzerren zwischenstaatliche Interaktionen und unterminieren die Voraussetzungen nicht-beherrschter Herrschaft. So schließen z. B. Zivilisierungsstandards, die die Welt nach binären Kodierungen sortieren, die jeweils als barbarisch, unterentwickelt oder undemokratisch ausgewiesenen Akteure durch eben diese Zuschreibung von der Partizipation an der Interpretation derartiger Zuschreibungen aus und bringen sie auch in politischer Hinsicht zum Schweigen. Um derartige Strukturen aufzubrechen, bedarf es der Inklusion aller Akteure und ihrer Perspektiven in entspre-

95 Vgl. zur Kritik der Doktrin freier Verträge: Pettit 1997, S. 164.
96 Vgl. die unter 7.3.1. dargestellte Kritik Pogges am Ressourcenprivileg.

chende Normsetzungs- und Interpretationsprozesse. Ebenso wie auf innerstaatlicher Ebene können dazu neben der Förderung von Gegenöffentlichkeiten besondere Formen der Gruppenrepräsentation beitragen. Neben regionalen Quoten bei der Sitzverteilung in wichtigen Gremien ist dabei wiederum die regionale Integration von Bedeutung: Treten etwa die Mitglieder der Afrikanischen Union gegenüber den europäischen Staaten gemeinsam auf, so müssen sie sich vorab über ihre Positionen austauschen und gewinnen dabei möglicherweise ein vertieftes Verständnis ihrer geteilten Erfahrungen kultureller Beherrschung; zugleich werden sie besser in der Lage sein, ihre Kritik derartiger Verzerrungen zwischenstaatlicher politischer Prozesse gegenüber mächtigeren Staaten zur Geltung zu bringen.

Darüber hinaus gilt es, insbesondere mit Blick auf Foren der Generierung von Wissen, das in den zwischenstaatlichen Beziehungen praktisch relevant wird, Inklusivität zu gewährleisten. Werden etwa zentrale Standards entwicklungspolitischer Zielsetzungen und entsprechende Bewertungskriterien von Institutionen mit extrem ungleich verteilten Stimmrechten wie der Weltbank oder exklusiven Geber-Gremien wie dem Development Assistance Committee der OECD ausgearbeitet, so ist dies sowohl in politischer wie auch in kultureller Hinsicht Ausdruck von Beherrschung: Diejenigen, denen derartige Programme zugutekommen sollen, können nicht als politische Subjekte mit normativer Autorität in Erscheinung treten; sie werden vielmehr als hilfsbedürftig, unwissend oder rückschrittlich dargestellt. Gerade im entwicklungspolitischen Bereich bedarf es daher gemeinsamer inklusiver Institutionen. Dabei spielen, auch über den entwicklungspolitischen Kontext hinaus, die im vorangegangenen Abschnitt erwähnten reflektierenden Gremien sowie individuelle und kollektive Kontestationsrechte eine wichtige Rolle, um eine Rückkoppelung zwischen Expert_innen und Regierungsvertreter_innen auf der einen sowie einer breiteren Öffentlichkeit auf der anderen Seite herzustellen.

Die damit umrissenen sozialen Voraussetzungen nicht-beherrschter Herrschaft sind schließlich um deren *politische Voraussetzungen* zu ergänzen. Sie beziehen sich auf die innerstaatlichen Anforderungen nicht-beherrschter Herrschaft: Da die Grundbedingungen nicht-beherrschter Herrschaft die Forderung nach internationalen Institutionen umfassen, muss vorausgesetzt werden, dass alle Staaten in der Lage sind, an ihrer Errichtung und Erhaltung teilzunehmen und ihre Entscheidungen nach innen hin umzusetzen. Es bedarf daher insbesondere auch der Schaffung von internationalen Handlungskapazitäten, die eine nicht-beherrschende Förderung dieser innerstaatlichen politischen Voraussetzungen nicht-beherrschter Herrschaft ermöglichen. Ihre Aufgabe ist es nicht nur, dafür zu sorgen, dass entsprechende Mittel bereitgestellt werden; darüber hinaus bieten sie einen rechtlich verfassten Rahmen, der die Bedingungen der Nicht-Willkürlichkeit erfüllt und eine Problematisierung grundlegender Standards und Ziele derartiger Unterstützung erlaubt. Auf diesen Punkt wird im elften Kapitel zurückzukommen sein.

Nun könnte man meinen, eine solche Förderung innerstaatlicher politischer Voraussetzungen nicht-beherrschter Herrschaft beschränke sich auf die Etablierung bloß effektiver politischer Institutionen und ziele nicht auf die Förderung einer Praxis der Nicht-Beherrschung ab. Schließlich bedarf es für die Errichtung und Teilnahme an internationalen Institutionen zwar effektiver, nicht aber notwendigerweise nach innen hin nicht-beherrschender Handlungsmacht. Diese Schlussfolgerung übersieht jedoch, dass der Träger kollektiver Selbstbestimmung nicht der Staat, sondern das Volk ist. Eine zwischenstaatliche Praxis der Nicht-Beherrschung, die zugleich innerstaatliche Beherrschung stabilisiert, ist aus der Perspektive des Volkes beherrschend. Die äußere Beherrschung des Staates erstreckt sich demnach zwar notwendigerweise auch auf das Volk und verlangt daher grundsätzlich zwischen*staatliche* Nicht-Beherrschung; die *Nicht*-Beherrschung des Staates stellt jedoch nicht zwangsläufig zugleich die Nicht-Beherrschung des Volkes sicher, da sie unter Umständen innerstaatliche Beherrschungsstrukturen stabilisiert.

Aus dieser Perspektive setzen sich die Grundbedingungen der Realisierung nicht-beherrschender Herrschaft und die Grundbedingungen nicht-beherrschter Herrschaft wechselseitig voraus.[97]

97 Damit scheint die Gefahr eines Teufelskreises gegeben: Sobald der Pflicht zur Gerechtigkeit in einer Hinsicht nachgekommen wird, besteht die Gefahr, dass in anderer Hinsicht Ungerechtigkeiten reproduziert werden. Die Konzeption der Gerechtigkeit als Nicht-Beherrschung ist indes inhärent reflexiv: Sie stellt selbst die Mittel bereit, Forderungen der Gerechtigkeit permanent zu hinter-

Dieser wechselseitige Zusammenhang kommt in eben jenen beiden Dimensionen zum Ausdruck, die das Recht auf kollektive Selbstbestimmung als Nicht-Beherrschung vereint: Es bezieht sich in seiner internen Dimension auf die institutionellen Grundbedingungen nicht-beherrschender Herrschaft und den Anspruch auf Unterstützung bei ihrer Errichtung sowie in seiner externen Dimension auf die äußere Nicht-Beherrschung nicht nur des Staates, sondern des Volkes als Träger des Rechts auf kollektive Selbstbestimmung. Beide Dimensionen sind untrennbare Bestandteile des kollektiven Anspruchs, da sie wechselseitig aufeinander verweisen. Das Recht auf kollektive Selbstbestimmung schließt immer auch die Ebene innerstaatlicher Gerechtigkeit mit ein.[98]

fragen. Gerade aufgrund der wechselseitigen Abhängigkeit unterschiedlicher Gerechtigkeitskontexte können daher mehr und mehr inklusive Strukturen fundamentaler Gerechtigkeit in einem Kontext positive Auswirkungen auf andere Kontexte zeigen und einen reflexiven Prozess der fortschreitenden Realisierung von Nicht-Beherrschung vorantreiben. Wie das aussehen könnte, wird in Kapitel 11 skizziert.

98 Eine vollständige Konzeption der Gerechtigkeit als Nicht-Beherrschung umfasst neben der einzelstaatlichen und der zwischenstaatlichen Ebene auch die kosmopolitische, das heißt die Ebene transnationaler individueller Nicht-Beherrschung. Zwar wird diese durch das Recht auf kollektive Selbstbestimmung teilweise erfasst, denn die Schaffung von Handlungskapazitäten auf zwischenstaatlicher Ebene dient auch der Stärkung staatlicher Fähigkeiten der Realisierung grenzüberschreitender individueller Nicht-Beherrschung. Dennoch bleibt insbesondere dort, wo Individuen keinen Mitgliedschaftsstatus in Anspruch nehmen können, ein gravierendes Potential transnationaler Beherrschung bestehen, das die Errichtung entsprechender transnationaler Institutionen verlangt.

Teil IV
Politik der Beherrschung und externe Demokratieförderung

10. Die Dialektik der Universalisierung der Demokratie

Die Darstellung der ambivalenten Universalisierung der Demokratie zu Beginn des Buches mündete in die Feststellung, dass eine kritische Analyse der zwiespältigen Rolle, die die Demokratie seit dem Ende des Kalten Krieges in der internationalen Politik übernommen hat, nicht an der bloßen Feststellung eines Gegenübers von Verteidigung und Kritik haltmachen darf; sie muss vielmehr nach den normativen Grundlagen beider Stränge der Universalisierung der Demokratie in ihrem wechselseitigen Zusammenhang fragen. Dazu wurde in Teil II und III eine Konzeption der Gerechtigkeit als Nicht-Beherrschung erarbeitet, die das in beiden Strängen angelegte machtkritische Potential freilegt und es nun erlaubt, sowohl die aktive Universalisierung der Demokratie als auch deren vermeintlich relativistische Kritik einer wechselseitigen kritischen Diskussion zu unterziehen. Dazu wird in einem ersten Schritt gezeigt, dass die Praxis externer Demokratieförderung aus der Perspektive der Nicht-Beherrschung zwar ein berechtigtes Anliegen verfolgt, jedoch in eine Politik der Beherrschung umschlägt und damit eine normative Dialektik birgt (10.1.). Doch auch die Kritik an der Universalisierung der Demokratie droht in eine Politik der Beherrschung umzuschlagen und birgt somit ebenfalls die Gefahr einer normativen Dialektik (10.2.). Damit wird deutlich, dass die zwiespältige Rolle der Demokratie kein Ausdruck eines Spannungsverhältnisses zwischen widerstreitenden Ansprüchen ist, sondern ein Zeichen dafür, in welchen Hinsichten der Prozess ihrer Universalisierung sein emanzipatorisches Potential nicht ausschöpft (10.3).

10.1. Externe Demokratieförderung als Politik der Beherrschung

Die in Abschnitt 2.1. skizzierte Universalisierung der Demokratie umfasst drei Dimensionen: Die Beschleunigung der formalen Ausbreitung demokratischer Regierungsformen in den 1990er Jahren ging einher mit der Ausbreitung der normativen Überzeugung von der Alternativlosigkeit demokratischer Legitimationsformen sowie dem Aufstieg externer Demokratieförderung als Leitmotiv der Entwicklungs- und Außenpolitik westlicher Staaten. Aus der Perspektive der skizzierten Konzeption von Gerechtigkeit als Nicht-Beherrschung scheint sich das Anliegen einer solchen Förderung von demokratischen Institutionen innerhalb anderer Staaten als Beitrag zur Realisierung fundamentaler Gerechtigkeit rekonstruieren zu lassen.

Versteht man demokratische Institutionen als Element und Bedingung der Gerechtigkeit als Nicht-Beherrschung und schreibt der innerstaatlichen Ebene aufgrund des besonders dichten Beherrschungspotentials bei gleichzeitig besonders weitreichenden Möglichkeiten der Einhegung willkürlicher Machtverhältnisse zentrale Bedeutung zu, so zielt die Praxis externer Demokratieförderung geradewegs in den Kern einer Theorie der Gerechtigkeit. Sie unterstützt die Verwirklichung der institutionellen Grundbedingungen nicht-beherrschender Herrschaft – vorausgesetzt, sie richtet sich inhaltlich tatsächlich an den Prinzipien der Herrschaft des Rechts, der Selbstgesetzgebung, der ökonomischen Unabhängigkeit und der kulturellen Anerkennung aus –, konzentriert sich auf die zentrale, staatlichen Ebene und richtet die Aufmerksamkeit aufgrund der fundamentalen Rolle der politischen Dimension von Beherrschung zu Recht primär auf den politischen Bereich. Damit verfolgt externe Demokratieförderung nicht nur ein berechtigtes Anliegen, nämlich dazu beizutragen, dem Recht auf Nicht-Beherrschung innerhalb aller Staaten Geltung zu verschaffen. Sie scheint zugleich als Ausdruck einer diesem Recht (und das heißt genauer der inneren Dimension des Rechts auf kollektive Selbstbestimmung) korrespondierenden Pflicht zur Gerechtigkeit, welche externe Demokratieförderung nicht allein als zulässig, sondern auf der Basis der nicht-relationalen Beistandspflicht für geboten erklärt.

Eine Theorie der Gerechtigkeit als Nicht-Beherrschung muss indes mit Blick auf die Voraussetzungen einer weltweiten Realisierung von Nicht-Beherrschung neben der Beherrschung von Individuen innerhalb anderer Staaten auch die Beherrschung von Staaten berücksichtigen, d. h. die Beherrschung der Bürger_innen dieser Staaten in ihrer Fähigkeit, kollektiv zu denken und zu handeln und eine autonome Praxis der Nicht-Beherrschung zu etablieren. Vor diesem Hintergrund wird deutlich, dass die Praxis der Demokratieförderung selbst in mehrfacher Hinsicht Ausdruck und Reproduktion von beherrschenden Machtverhältnissen ist, die politische Gestaltungsprozesse so strukturieren, dass die Völker der Zielstaaten von Demokratieförderung in ihrer normativen Autorität und damit in ihrem Recht auf kollektive Selbstbestimmung verletzt werden. Dies soll im Folgenden anhand von fünf Punkten dargestellt werden.

Die Praxis externer Demokratieförderung lässt sich zunächst unter dem Blickwinkel interpersonaler Beherrschung analysieren. Dabei ist erstens darauf hinzuweisen, dass aus Sicht der Gerechtigkeit als Nicht-Beherrschung grundsätzlich nicht entscheidend ist, um was für ein Instrument externer Demokratieförderung es sich handelt und ob dieses als Drohung oder als Angebot zu betrachten ist.[1] Zwar spielt diese Unterscheidung in der normativen Debatte über den Charakter politischer Konditionalitäten eine wesentliche Rolle.[2] Und auch Pettit lehnt ausdrücklich ab, Angebote als Beherrschung aufzufassen, da diese den Handlungsraum der betroffenen Akteure lediglich um eine zusätzliche Option erweitern – zumindest solange es sich nicht um nicht-zurückweisbare oder hypnotisierende Angebote handle, die die Wahlmöglichkeiten des jeweiligen Akteurs bzw. seine Fähigkeit der Wahl beschränkten.[3] Selbst ausbeuterische Angebote, die den Mangel an Alternativen auf Seiten des Gegenübers ausnutzen, seien daher nicht per se beherrschend.[4] In dieser Auffassung zeigt sich indes erneut die Problematik einer zu interaktional angelegten Beherrschungskonzeption: Inwieweit eine konkrete Interaktion wie das Angebot eines mit der Forderung nach politischen Reformen verbundenen Kre-

1 Zwar können andere wichtige normative Erwägungen, wie etwa die physische Integrität der Betroffenen, hinzutreten, die insbesondere gewaltsame Formen der Demokratisierung unter besonderen Rechtfertigungsdruck stellt. Zudem können unterschiedliche Maßnahmen unterschiedlich dichte Beherrschungsbeziehungen implizieren, sowohl hinsichtlich der Intensität als auch der Reichweite von Beherrschung. Dennoch hängt die Frage, *ob* Demokratieförderung beherrschend ist, nicht von der Wahl des Instruments, sondern von der Struktur der relevanten Machtbeziehung ab.

2 Vgl. oben Abschnitt 3.1.

3 Pettit 2012b, S. 53 f.; vgl. Pettit 2008c, S. 115 f.

4 Pettit gesteht aber zu, dass sie eine Beziehung der Beherrschung etablieren können (Pettit 2012b, S. 54, Fn. 31).

dits Beherrschung darstellt, lässt sich nicht unabhängig von den Machtbeziehungen bestimmen, in die dieses Angebot eingebettet ist, da der Begriff der Beherrschung auf der interpersonalen Ebene zu verorten ist. Pettits Einschränkung, es müsse sich um zurückweisbare, nicht-hypnotisierende Angebote handeln, verweist letztlich auf eben diese strukturelle Ebene, denn um dies zu beurteilen, ist die Betrachtung des Interaktionskontextes vonnöten.[5]

Aus dieser Perspektive kann eine einzelne demokratiefördernde Maßnahme wie etwa ein entwicklungspolitisches Programm zur Dezentralisierung zweitens sowohl ein neues interpersonales Beherrschungsverhältnis etablieren als auch Ausdruck von bestehender Beherrschung sein. Entscheidend ist weder, um welche Art von Maßnahme es sich handelt, noch, ob ihr von beiden Vertragspartnern formal zugestimmt wurde.[6] Ob eine demokratiefördernde Maßnahme ein neues Beherrschungsverhältnis etabliert, hängt allein davon ab, inwieweit der jeweilige Vertrag es einer der Parteien erlaubt, den Raum der Gründe des Anderen einseitig zu strukturieren. Die nicht nur mit politischen Konditionalitäten, sondern gerade auch mit programmbasierter Demokratieförderung einhergehende Verlagerung von Bewertungs-, Kontroll- und Entscheidungsmacht auf internationale Expert_innen, die selbst jeglicher demokratischen oder rechtstaatlichen Kontrolle durch ihre Partner – ob Regierung oder Bevölkerung – entzogen bleiben, jedoch von diesen Rechenschaft verlangen, ist demnach als Etablierung einer Beziehung politischer Beherrschung zu verstehen. Sie entzieht den betroffenen Staaten (und damit den jeweiligen Völkern) die normative Autorität über grundlegende Voraussetzungen der Realisierung von Nicht-Beherrschung im Inneren, indem sie die Bestimmung der grundlegenden Ziele und entsprechender prozeduraler Standards der normativen Autorität der Geberstaaten unterwirft.

5 Verteidiger_innen der zwingenden Natur konditionaler Angebote rekurrieren ebenfalls auf strukturelle Merkmale der dahinter stehenden Machtbeziehungen, wie z. B. McGregor, die die Frage nach dem mit ökonomischen Transaktionen auf Märkten verbundenen Zwang von der strukturellen Verhandlungsposition und der daraus resultierenden Verhandlungsmacht der jeweiligen Akteure abhängig macht (McGregor 1988/89). Dies zeigt, dass eine kritische Bewertung einer solchen Praxis letztlich über den interaktionalen Zwangsbegriff hinausgeht und eine strukturelle Machtkonzeption erforderlich macht, wie sie in der in Kapitel fünf entwickelten Konzeption der Beherrschung zum Ausdruck kommt.

6 Vgl. Pettit 1997, S. 62.

Oft manifestieren sich jedoch in einzelnen Maßnahmen der Demokratieförderung bereits bestehende Verhältnisse interpersonaler Beherrschung. So sind etwa politische Konditionalisierungen von IWF-Krediten Ausdruck der beherrschenden Macht des IWF gegenüber ökonomisch schwächeren Staaten. Auch in diesem Fall ist formale Zustimmung nicht ausreichend, um die normative Autorität der betroffenen Staaten zu gewährleisten, weder mit Blick auf den einzelnen Kredit und dessen Bedingungen noch hinsichtlich der Mitgliedschaft im IWF, die dafür den Rahmen bietet. Zwar ist diese formal freiwillig.[7] Auch stellen IWF und Weltbank durchaus wichtige kollektive Handlungskapazitäten im Bereich der Finanz- und Währungsstabilität (IWF) bzw. der institutionellen Bedingungen von Wirtschaftswachstum und sozialer Entwicklung (Weltbank) bereit, die der aus vielfachen ökonomischen Interdependenzen erwachsenden systemischen ökonomischen Beherrschung grundsätzlich Einhalt gebieten könnten. Sie basieren jedoch in ihren Entscheidungsmechanismen auf asymmetrischen ökonomischen Machtpositionen: So bestimmt die sogenannte IWF-Quote, die die Größe der Volkswirtschaft des Mitgliedslandes abbildet, nicht nur die Höhe der IWF-Kredite, die von Letzterem in Anspruch genommen werden können, sondern auch das Gewicht seiner Stimme innerhalb der wesentlichen Entscheidungsmechanismen in IWF und Weltbank.[8] Damit entziehen sie den ökonomisch weniger mächtigen Staaten die Möglichkeit der gleichberechtigten Gestaltung grundlegender Bedingungen des wechselseitigen wirtschaftlichen Austauschs.

Derartige ökonomische Beherrschung schlägt sich gerade im Kontext demokratiefördernder Maßnahmen auch in politischer Hinsicht nieder: Werden politische Reformen als Voraussetzungen ökonomischer Entwicklung gefordert, so wird verkannt, dass das Ziel eben nicht in ökonomischer Entwicklung besteht, sondern in der Gewährleistung normativer Autorität über die Gestaltung grundlegender Machtbeziehungen – und zwar mit Blick auf währungs- und finanzpolitische Grundstrukturen ebenso wie hinsicht-

7 Vgl. IMF Articles of Agreement, Art. II. IWF-Mitglieder können wiederum den Organisationen der Weltbankgruppe beitreten (IBRD Articles of Agreement Art. II,1 bzw. IDA Articles of Agreement, Art. II).

8 IMF Articles of Agreement Art. III bzw. ebd., Art. XII,5 sowie IBRD Articles of Agreement V, 3 und 4 bzw. IDA Articles of Agreement, Art. VI, 3.

lich der Bestimmung entwicklungspolitischer Zielsetzungen und Strategien. Dies erfordert unter anderem gleiche Teilhabe an den entsprechenden Entscheidungsmechanismen sowie Kontestationsrechte für die betroffene Bevölkerung. Sind diese Voraussetzungen nicht erfüllt, greift die ökonomische Beherrschung durch Institutionen wie den IWF oder die Weltbank auf fundamentale politische Beherrschung über, die den Unterworfenen die normative Autorität über die Verwirklichung der zentralen politischen Grundbedingungen nicht-beherrschender Herrschaft entzieht. Dies gilt unabhängig von der Art der Maßnahme, denn die Beherrschung liegt bereits in den Strukturen des grundlegenden ökonomischen Machtverhältnisses begründet.

Die Konzeption von Gerechtigkeit als Nicht-Beherrschung lenkt die Aufmerksamkeit drittens darauf, dass Staaten auch jenseits konkreter Maßnahmen externer Demokratieförderung interpersonaler Beherrschung mit Blick auf ihre innere Verfasstheit ausgesetzt sein können, denn Beherrschung setzt keine tatsächliche Machtausübung voraus. Bereits das auf asymmetrischen Zugangspositionen zu Wissen, materiellen Ressourcen und politischer Handlungsmacht basierende Vermögen der Geberstaaten, Standards der Zusammenarbeit einseitig zu bestimmen, ohne dass dem Partnerstaat und seiner Bevölkerung angemessene Partizipations- und Kontestationsmöglichkeiten zur Verfügung stehen, bedingt, dass Letzteren die normative Autorität über die Gestaltung ihrer Beziehung zu mächtigen Geberstaaten und letztlich auch über die autonome Realisierung von Nicht-Beherrschung in ihrem Inneren entzogen bleibt. Dies gilt selbst dann, wenn auf Seiten der mächtigen Staaten keine Ambitionen einer aktiven Einwirkung auf die innere Verfasstheit ihrer Gegenüber festzustellen sind; denn die weniger Mächtigen bleiben von deren Wohlwollen abhängig: Sobald sie ihr Handeln auf eine Weise ändern, die den Mächtigen missfällt, oder sich die Ziele der Mächtigen ändern, können Letztere jederzeit einschreiten.

Derartige Beherrschung zeigt sich nicht nur in der Entwicklungs-, sondern auch in der Außenpolitik. Solange etwa die militärische Hegemonie einer Supermacht wie den USA nicht effektiv im Rahmen völkerrechtlicher Regulierungen und der Einbindung in Institutionen wie den Vereinten Nationen eingehegt oder wenigstens durch die Konstituierung einer regional integrierten

Gegenmacht gemildert wird, beherrscht sie schwächere Staaten in ihrem politischen Handeln und damit in den fundamentalen Voraussetzungen einer autonomen Realisierung von Nicht-Beherrschung – unabhängig von tatsächlich erfolgten oder angedrohten pro-demokratischen Interventionen. Gerade unter Bedingungen fundamentaler Beherrschung lenkt die normative Analyse der Praxis externer Demokratieförderung unter dem Blickwinkel der Nicht-Beherrschung die Aufmerksamkeit somit zwangsläufig über diese Praxis hinaus auf die grundlegenden Machtasymmetrien zwischen den beteiligten Akteuren.

Diese wiederum verweisen viertens darauf, dass aus systemischer Perspektive auch jenseits konkreter Dyaden von Demokratieförderern und ›Demokratieempfängern‹ Beherrschung identifiziert werden kann. So lässt sich etwa die Herausbildung von Demokratie als alternativlosem Standard der Legitimation staatlicher Herrschaft als systemische kulturelle Beherrschung verstehen: In den auf einer Vielzahl völker- und vertragsrechtlicher sowie informeller politischer und sozialer Praktiken beruhenden Prozess der Universalisierung der Demokratie ist eine binäre Kodierung der Merkmale Demokratie/Nicht-Demokratie eingeschrieben, die die Interaktionsbedingungen aller Staaten anonym, d. h. auch unabhängig von je konkreten interpersonalen Beziehungen zwischen identifizierbaren Akteuren, vorstrukturiert. Politisch und ökonomisch weniger mächtige Staaten haben faktisch wenig Einfluss auf die Prägung des Gehalts derartiger Zuschreibungen – zumal wenn sie bereits das Etikett ›undemokratisch‹ tragen. Dann nämlich zählen sie dieser binären Logik folgend bereits nicht mehr als gleichberechtigter Akteur, der zumindest prinzipiell mit dem Anspruch auftreten kann, seine sozialen Beziehungen und damit die Rahmenbedingungen seines Handelns mitzugestalten. Folgt man dieser imperialismuskritischen Analyse, so verletzt die Universalisierung der Demokratie, verstanden als Ausdruck eines Systems kultureller Wert- und Bedeutungszuschreibungen, die den Status von Akteuren an bestimmte Bedingungen interner Verfasstheit knüpfen und ihnen damit die normative Autorität über ihren Status entziehen, das Recht auf kollektive Selbstbestimmung.

Nun ließe sich aus der Perspektive des Anliegens externer Demokratieförderung einwenden, die Beherrschung undemokratischer Staaten lasse sich rechtfertigen, soweit sie der Minimierung von individueller Beherrschung im Innern diene. Wie in Kapitel acht diskutiert, geht eine solche kompensationslogische Rechtfertigung jedoch fünftens am Kern dessen, was Beherrschung ausmacht, vorbei. Auch dies wird in der Imperialismuskritik deutlich: Demnach führte die Verbreitung formal-demokratischer Strukturen zur Verschärfung bereits vorhandener, vorrangig innerstaatlicher, aber auch transnationaler Beziehungen politischer, ökonomischer und kultureller Beherrschung, und zwar unabhängig davon, mit welcher Art Instrument derartige Strukturen unterstützt wurden. Dabei geht es nicht allein um die Verfestigung asymmetrischer politischer Machtpositionen zwischen europhonen Eliten und dem Rest der Bevölkerung oder bestimmten Minderheiten. Die Kritik an der Depolitisierung der ökonomischen Sphäre und der Marginalisierung oder gar Kriminalisierung kritischer sozialer Bewegungen verweist darüber hinaus auf die Frage nach der sozialen Reichweite einer Praxis der Nicht-Beherrschung. Selbst wenn die empirischen Analysen, auf denen diese Kritik beruht, umstritten bleiben, so muss gerade dann der Anspruch auf unilaterale Interpretation und Bewertung der empirischen Zusammenhänge durch selbsternannte Demokratieexpert_innen als beherrschend verstanden werden.

Das Problem, auf das diese Art der Kritik hinweist, liegt somit nicht allein darin begründet, dass eine zu enge Demokratiekonzeption durch eine angemessenere zu ersetzen wäre. Dieses Bild ist zu statisch, denn es suggeriert, Demokratie sei eine feststehende Lösung statt einer reflexiven Praxis, die auf eine konkrete Situation der Beherrschung reagiert. Ein solcher reifizierender Blick auf Demokratie verliert gerade auch den Kontext aus dem Blick, in dem Demokratieförderung stattfindet – und damit die Machtverhältnisse zwischen Demokratieförderern und ›Demokratieempfängern‹. Es geht nicht primär um die Etablierung demokratischer Verfahren als solcher, sondern um die Gewährleistung der substantiellen Voraussetzungen des Status normativer Autorität und damit darum, Auseinandersetzungen um die Reichweite einer Praxis der Nicht-Beherrschung selbst in eine reflexive *Praxis* der Nicht-Beherrschung zu überführen – auch und gerade hinsichtlich der Förderung innerstaatlicher Nicht-Beherrschung. Anderenfalls (re-)produziert und stabilisiert diese eben jene innerstaatlichen individuellen Beherrschungsbeziehungen, die sie zu bekämpfen sucht.

Aus der Perspektive einer Konzeption der Gerechtigkeit als

Nicht-Beherrschung ergibt sich mit Blick auf eine normative Analyse der Universalisierung der Demokratie somit ein gemischtes Bild: Einerseits lässt sich das *Anliegen* der Unterstützung innerstaatlicher Demokratisierungsprozesse als Erfüllung der Beistandspflicht gegenüber nicht-demokratischen Staaten interpretieren, die mit der Etablierung nicht-beherrschender Institutionen staatlicher Herrschaft geradewegs in den Kern der Grundbedingungen der Realisierung von Nicht-Beherrschung zielt. Andererseits ist die *Praxis* externer Demokratieförderung selbst Ausdruck einer Politik mehrfacher Beherrschung der als nicht-demokratisch gekennzeichneten Staaten. Auch diese Politik der Beherrschung bezieht sich unmittelbar auf die fundamentalen Voraussetzungen einer autonomen Praxis der Realisierung von Nicht-Beherrschung und damit auf den Kern einer Konzeption von Gerechtigkeit als Nicht-Beherrschung. Kurz gesagt, die aktive Universalisierung der Demokratie scheint eben dem, was sie zu unterstützen sucht, im Wege zu stehen: Sie schlägt von einer *Politik der Nicht-Beherrschung* in eine *Politik der Beherrschung* um.[9]

Eine solche Verkehrung des eigentlichen normativen Anliegens in sein Gegenteil lässt sich als *normative Dialektik* kennzeichnen. Der Begriff der Dialektik wird dabei weder in aristotelischem Sinne als eine der Analytik entgegengesetzte Lehre von den bloß wahrscheinlich gültigen Schlüssen noch in einem Hegelschen Sinne als inneres Entwicklungsgesetz alles Seienden begriffen. Vielmehr bezeichnet er hier in einem allgemeinen Sinne ein Denk- und Argumentationsmodell, das zwei scheinbar gegensätzliche Perspektiven durch ihre Rückführung auf eine gemeinsame Grundlage zunächst in ihrem wechselseitigen Zusammenhang, d. h. in ihrem jeweiligen Umschlagen in ihr Gegenteil, zu erfassen und schließlich aufzulösen sucht.[10] Anders als der Begriff der Ambivalenz geht es dem der Dialektik somit nicht allein um die Identifikation von tatsächlichen oder scheinbaren Widersprüchen und den in ihnen zum Ausdruck kommenden Mehrdeutigkeiten, sondern um die Her-

9 Vgl. ähnlich Forst 2011, S. 101. Ihm geht es indes um die Gefahr einer gerechtigkeitstheoretischen Legitimierung einseitiger Gewaltanwendung demokratischer gegenüber nicht-demokratischen Staaten. Eine solche ist jedoch nur ein besonders drastischer Ausdruck der breiteren, auch zivile Interaktionsformen umfassenden Politik der Beherrschung.

10 Vgl. zur Geschichte des Begriffs der Dialektik: Büttemeyer et al. 1972.

ausarbeitung des Zusammenhangs zwischen ihnen. Im Gegensatz zu dem Begriff der Paradoxie hebt er dabei vor dem Hintergrund eben dieses Zusammenhanges die Perspektive einer Überwindung der jeweiligen Widersprüche hervor, anstatt deren Unauflösbarkeit zu postulieren.

Auf den ersten Blick scheint sich die Dialektik der aktiven Universalisierung der Demokratie auf die Entgegensetzung zweier Ebenen der Gerechtigkeit zurückführen zu lassen: der innerstaatlichen, der es um individuelle Nicht-Beherrschung geht, und der zwischenstaatlichen, die auf die Realisierung kollektiver Nicht-Beherrschung abzielt. Die externe Förderung innerstaatlicher Gerechtigkeit ist demnach nur um den Preis der Inkaufnahme zwischenstaatlicher Ungerechtigkeit zu haben. Eine solche Sichtweise verkennt jedoch den unauflöslichen Zusammenhang zwischen ihnen: Die Realisierung von Nicht-Beherrschung erfordert grundsätzlich nicht-beherrschte nicht-beherrschende Herrschaft. Die individuelle und die kollektive Dimension des Rechts auf Nicht-Beherrschung sind gerade mit Blick auf die Bedingungen einer fundamentalen Praxis der Nicht-Beherrschung untrennbar miteinander verbunden. Dies zeigt sich unter anderem darin, dass die äußere Stabilisierung von innerstaatlichen Machtverhältnissen nicht nur bestehende Strukturen innerstaatlicher Beherrschung reproduziert, sondern diese zugleich dem kollektiven Zugriff durch die Beherrschten entzieht – und damit auch Ausdruck zwischenstaatlicher Beherrschung ist. Im Gegenzug verkehrt sich auch die externe Förderung innerstaatlicher Nicht-Beherrschung nicht allein in zwischenstaatliche Beherrschung; sie steht zugleich der Realisierung innerstaatlicher Gerechtigkeit im Wege.

Indem der Fokus allein auf innerstaatliche Beherrschung gelenkt und eine kritische Betrachtung der zwischenstaatlichen Machtbeziehungen, deren Teil die Praxis externer Demokratieförderung ist, ausgeblendet wird, geht dieser Zusammenhang indes verloren. Demokratieförderung erscheint dann als Antwort auf die nicht-relationale Pflicht, beim Aufbau innerstaatlicher Institutionen der Nicht-Beherrschung zu helfen, ohne dass die Frage nach der Verfasstheit zwischenstaatlicher Beziehungen überhaupt gestellt werden müsste. Damit kommt in der normativen Dialektik der Universalisierung der Demokratie zum Ausdruck, was Forst als *Dialektik der Moral* bezeichnet, dass nämlich »ein im falschen Kontext platziertes moralisches Argument in sein Gegenteil umschlagen kann, in die Verschleierung der wirklichen, normativ relevanten Situation«.[11] Denn die Konzentration auf innerstaatliche Beherrschung blendet den relationalen Teil der Pflicht zur Gerechtigkeit aus und verfehlt mit der Frage nach einer Analyse der Ungerechtigkeit innerhalb der eigenen – d. h. in diesem Fall der zwischenstaatlichen – Machtbeziehungen das »Eigentliche der Gerechtigkeit«.[12] Demokratieförderer können so als großzügige Helfer auftreten, ohne dass zwischenstaatliche Beherrschung und ihre daraus resultierende folgebasierte politische Verantwortung sichtbar würde.

Die Universalisierung der Demokratie verfehlt die Realisierung von Gerechtigkeit jedoch nicht allein durch die Umdeutung der relevanten folgebasierten Verantwortungsrelationen in solche nicht-relational begründeten moralischen Beistands, die die Praxis der Demokratieförderung sowie den weiteren Kontext zwischenstaatlicher Macht, in den diese eingebettet ist, einer kritischen Betrachtung entzieht. Dahinter steht die Annahme, die Reichweite der jeweils aufzubauenden Institutionen von Nicht-Beherrschung lasse sich in Bezug auf gegebene institutionelle Kontexte bestimmen. Auch die Analyse von Beherrschung wird dementsprechend auf bestehende institutionelle Kontexte beschränkt. Diese Annahme ist Ausdruck eines klassischen, westfälischen Verständnisses von Staatlichkeit, das Staaten als voneinander abgegrenzte und wechselseitig unabhängige Einheiten betrachtet, die allenfalls aus freien Stücken Beziehungen zu anderen Staaten suchen. Ein solches Bild führt aus der Perspektive der Beherrschung jedoch in die Irre.

Der Fehler besteht darin, die durchaus als solche erkannten ungerechten (und nicht bloß mangelhaften) Verhältnisse innerstaatlicher Beherrschung als Problem *innerstaatlicher* Gerechtigkeit zu deuten und damit die grenzüberschreitende Dimension gegebener mehrfacher Beherrschung ebenso auszublenden wie die grenzüberschreitende Dimension der Grundbedingungen nicht-beherrschter Herrschaft. In der normativen Dialektik der Universalisierung der Demokratie verschränkt sich, mit anderen Worten, eine Dialektik der Moral, die die externe Förderung der Realisierung innerstaatlicher Gerechtigkeit als Erfüllung der moralischen Beistandspflicht darstellt und verdeckt, dass sie möglicherweise als Gerechtigkeits-

11 Forst 2007, S. 352. Vgl. oben Abschnitte 7.2.1. und 7.2.3.

12 Forst 2007, S. 345.

pflicht geschuldet ist, mit einer *Dialektik der Gerechtigkeit.* Sie reifiziert demokratische Insitutionen, anstatt sie als reflexive Praxis der Transformation beherrschender Machtbeziehungen zu begreifen, und behandelt dementsprechend unterschiedliche Gerechtigkeitskontexte als voneinander unabhängige Handlungssphären. Darum kann sie die Förderung von Gerechtigkeit nicht selbst als Reproduktion von Ungerechtigkeit erfassen und verkennt, dass die Realisierung innerstaatlicher Gerechtigkeit um ihrer selbst willen zugleich institutionelle Grundbedingungen einer Praxis der Nicht-Beherrschung auf zwischenstaatlicher Ebene einfordert.

10.2. Die Kritik externer Demokratieförderung als Politik der Beherrschung

Im vorangegangenen Abschnitt wurde deutlich, dass die aktive Förderung einer Universalisierung der Demokratie aus Sicht einer Theorie der Gerechtigkeit als Nicht-Beherrschung zwar mit der Unterstützung der Realisierung innerstaatlicher fundamentaler Gerechtigkeit nicht nur ein berechtigtes, sondern ein gefordertes Anliegen verfolgt, jedoch zugleich in eine Politik der Beherrschung umschlägt. Dieses Zwischenergebnis scheint der Kritik an der Universalisierung der Demokratie Recht zu geben, die sich neben empirischen Zweifeln ob der Möglichkeit einer weltweiten Ausbreitung demokratischer Regierungsformen und deren äußerer Beförderung insbesondere in politischem Widerstand und Imperialismusvorwürfen gegen die aktive Förderung von Demokratisierung ausdrückt.

Betrachtet man diese kritische Gegenbewegung gegen die aktive Universalisierung der Demokratie aus der Perspektive der Gerechtigkeit als Nicht-Beherrschung, so lässt sie sich als Kritik an zwischenstaatlicher Beherrschung rekonstruieren. Dies zeichnete sich bereits im vorangegangenen Abschnitt ab. Demnach macht die Imperialismuskritik zu Recht darauf aufmerksam, dass die Praxis externer Demokratieförderung eine Politik der Beherrschung konstituiert, die den Zielstaaten die normative Autorität über die Gestaltung ihrer Außenbeziehungen und ihrer inneren Verfasstheit entzieht. Mit der Problematisierung der Auswirkungen externer Demokratieförderung auf innerstaatliche Machtverhältnisse wirft sie zwar die Frage nach innerstaatlicher Beherrschung auf, stellt diese jedoch in den Kontext zwischenstaatlicher Beherrschung.

Diese Stoßrichtung teilt auch der politische Widerstand gegen externe Demokratieförderung, der allerdings weniger differenziert argumentiert und sich auf die Problematisierung zwischenstaatlicher Einflussnahme beschränkt. Dennoch scheint auch er aus einer Perspektive der Gerechtigkeit als Nicht-Beherrschung zumindest grundsätzlich für sich beanspruchen zu können, mit der Kritik an zwischenstaatlichen Machtasymmetrien auf wesentliche Momente der Ungerechtigkeit hinzuweisen, die die Pflicht zur Gerechtigkeit in ihrer relationalen Dimension verletzen. Die sich gegen die Universalisierung der Demokratie wendende Kritik lässt sich somit als Kritik an der in externer Demokratieförderung zum Ausdruck kommenden Politik der Beherrschung und damit als Forderung nach den Grundbedingungen der Realisierung zwischenstaatlicher Nicht-Beherrschung reformulieren.

Betrachtet man eben diese Kritik an Demokratieförderung indes aus der Perspektive des Anliegens der Demokratie, so zeigt sich, dass auch sie dazu neigt, in eine Politik der Beherrschung umzuschlagen. Besonders deutlich wird dies mit Blick auf den politischen Widerstand gegen externe Demokratieförderung. Er wendet sich zum einen direkt gegen die äußere Einflussnahme auf innerstaatliche politische Machtverhältnisse und sucht diese gegen die Macht äußerer Akteure abzuschirmen. Damit entzieht er den Bürger_innen jedoch zugleich wichtige materielle und immaterielle Ressourcen, mit deren Hilfe sie auf die Etablierung der Grundbedingungen innerstaatlicher Nicht-Beherrschung hinwirken könnten – und auf die sie gemeinsam, als Volk, einen Anspruch haben, der in der inneren Dimension kollektiver Selbstbestimmung als Nicht-Beherrschung zum Ausdruck kommt. Die Verweigerung dieses Anspruches durch die Zurückweisung äußerer Hilfe seitens der eigenen Regierung lässt sich daher als Stabilisierung der Beherrschung der Bevölkerung durch die eigene Regierung verstehen. Zwar richtet sich der politische Widerstand in der Regel nur gegen die äußere Unterstützung *politischer* Entwicklung, nicht aber gegen die Förderung *ökonomischer* Entwicklung. Aufgrund der entscheidenden Bedeutung der politischen Dimension von Beherrschung bedingt eine derartige Stabilisierung fundamentaler politischer Beherrschung in der Regel jedoch zugleich auch eine entsprechende

Stärkung ökonomischer und kultureller Beherrschung innerhalb des betroffenen Staates.

Der politische Widerstand gegen die Universalisierung der Demokratie schlägt sich zum anderen in der Intensivierung der internationalen Kooperation zur Stärkung der betroffenen Staaten gegen den Demokratisierungsdruck von außen nieder. Eine solche Initiative mag auf den ersten Blick aus der Perspektive kollektiver Selbstbestimmung als Nicht-Beherrschung sinnvoll scheinen, bemüht sie sich doch darum, in Abwesenheit effektiver Mechanismen der institutionellen Einholung zwischenstaatlicher Machtverhältnisse Gegengewichte zu schaffen, die zumindest eine Milderung des jeweiligen Machtgefälles versprechen. Dennoch erweist sie sich aus der Perspektive einer Theorie der Gerechtigkeit als Nicht-Beherrschung in doppeltem Sinne als problematisch: Erstens lässt sich die internationale Kooperation zur Stärkung alternativer Ordnungsmodelle insofern als Stabilisierung innerstaatlicher Beherrschung begreifen, als sie weder die Etablierung partizipativer rechtsstaatlicher Verfahren anstrebt noch überhaupt einen Diskurs über die kontextsensitive Realisierung der Grundbedingungen von Nicht-Beherrschung eröffnet. Vielmehr geht es darum, eine solche offene Auseinandersetzung unter Verweis auf das Nicht-Einmischungsprinzip zu verhindern und innerstaatliche Machtstrukturen als gegeben zu reifizieren. Denn die gegenseitige Stärkung intern beherrschender Staaten gegen die Demokratisierungserwartungen Dritter verfestigt die fundamentale Beherrschung auf innerstaatlicher Ebene, indem sie diese mit Hilfe von äußeren, peripheren Akteuren stützt, auf die das jeweilige Volk keinen normativen Zugriff hat. Der politische Widerstand gegen die Universalisierung der Demokratie wendet sich daher nicht allein gegen Demokratisierungsdruck von außen, sondern zugleich gegen denjenigen von innen.

Zweitens lassen sich grenzüberschreitende Initiativen der Förderung alternativer Ordnungsmodelle selbst als Ausdruck oder Etablierung zwischenstaatlicher Beherrschung beschreiben: Zwar präsentieren sich Staaten wie China als alternative Geber in der Entwicklungszusammenarbeit, die gerade keine politischen Bedingungen stellen, sondern die (formale) Souveränität ihrer Partnerländer achten. Das jedoch bedeutet keineswegs, dass Letztere nicht beherrscht würden: Solange die Grundbedingungen *relationaler* Souveränität nicht erfüllt sind, besteht zwischen den beteiligten

Staaten ein Machtgefälle, das nach institutioneller Einhegung verlangt; anderenfalls bleibt dem jeweiligen Volk die Möglichkeit eines normativen Zugriffs auf die Kontextbedingungen seines Handelns und damit die normative Autorität über seine innere Verfasstheit entzogen. Dies betrifft Maßnahmen externer Demokratieförderung unterhalb der Schwelle der Verletzung formaler Souveränität ebenso wie vermeintlich unpolitische Zusammenarbeit, die gegebene Machtstrukturen reproduziert und reifiziert. Der politische Widerstand gegen die Universalisierung der Demokratie lässt sich somit sowohl mit Blick auf das jeweils eigene Volk als auch gegenüber anderen Völkern als Politik der Beherrschung kennzeichnen.

Gleiches gilt letztlich auch für die Imperialismuskritik. Zwar treten die Mechanismen der Beherrschung hier auf den ersten Blick weniger offen zutage, denn sie lässt sich keineswegs ohne weiteres zur Legitimierung des politischen Widerstandes vereinnahmen; vielmehr richtet sich ihre Kritik auch gegen die äußere Strukturierung innerstaatlicher Machtverhältnisse als solche der Beherrschung und weist so ausdrücklich auf den Zusammenhang zwischen inner- und zwischenstaatlicher (Un-)Gerechtigkeit hin. Damit scheint sie grundsätzlich in der Lage zu sein, den engen Zusammenhang zwischen der Realisierung von Nicht-Beherrschung auf der innerstaatlichen und auf der zwischenstaatlichen Ebene zu erfassen und auch die im politischen Widerstand gegen Demokratieförderung angelegte Politik der Beherrschung einer umfassenden Kritik zu unterziehen.

Eben dieses kritische Potential schöpft die Imperialismuskritik jedoch nicht aus, denn mit der Zurückweisung jeglicher Form der Einflussnahme von außen verkennt sie nicht nur die relationale Dimension kollektiver Selbstbestimmung, die eine kooperative Realisierung von kollektiver Nicht-Beherrschung einfordert. Sie beraubt sich zugleich eben jener normativen Grundlage, die ihrer Kritik zwischenstaatlicher Beherrschung Kraft verleiht: Wird übergangen, dass die Forderung nach Nicht-Beherrschung in den Außenbeziehungen letztlich im Recht auf Nicht-Beherrschung verankert liegt, das wiederum eine autonome Praxis der Nicht-Beherrschung verlangt und *darum* auch in den Außenbeziehungen die institutionellen Grundbedingungen normativer Autorität einfordert, so wird nicht verständlich, warum die vielfältigen asymmetrischen Machtbeziehungen im zwischenstaatlichen Bereich überhaupt kritikwürdig sind.[13] Auch die kritisierten Rückwirkungen zwischenstaatlicher Machtverhältnisse auf innerstaatliche Machtstrukturen scheinen dann bloß deshalb problematisch, weil sie von außen beeinflusst werden, nicht aber, weil sich die Betroffenen in einer Situation mehrfacher Beherrschung wiederfinden, die es letztlich unmöglich macht, eine autonome Praxis der Nicht-Beherrschung zu errichten. Das Anliegen, sich der Fremdherrschaft von außen zu widersetzen, und der Kampf gegen willkürliche Macht im Innern eines Staates stehen dann unverbunden nebeneinander. Aus einer solchen Perspektive bleibt den Beherrschten selbst keine Sprache, um sich gegen willkürliche Macht innerhalb ihres Staates zur Wehr zu setzen – und dafür äußere Unterstützung einzufordern.

Dieses Problem zeigt sich beispielhaft in der Kritik an der demokratischen Version der Zivilisierungslogik: Zwar macht sie mit Recht auf die fundamentalen Asymmetrien hinsichtlich der Prägung binärer demokratischer Wert- und Bedeutungsmuster, die die internationalen Beziehungen strukturieren, sowie deren Kontinuität zum europäischen Imperialismus aufmerksam. Das Argument etwa, die Beförderung vermeintlich unparteilicher, rationaler, allgemeiner Entwicklungsziele, die in der Forderung nach Demokratisierung zusammengeführt werden, delegitimiere die sozialen Erfahrungen und Perspektiven der Betroffenen und lasse sie – unabhängig vom Gehalt derartiger Ziele – verstummen, weist in der Tat auf kulturelle Beherrschung hin, die keinen Raum für die Auseinandersetzung über den Geltungsanspruch und die Interpretation der in Frage stehenden Wert- und Bedeutungsmuster zulässt.

Diese kulturelle Beherrschung lässt sich indes erst dann als solche erkennen, wenn zugleich die Forderung nach Nicht-Beherrschung selbst als eine verstanden wird, die einen universellen Geltungsanspruch erhebt; wird dieser dagegen im Namen des Schutzes vor äußerer Einflussnahme zurückgewiesen, so wird der Kritik ihre normative Grundlage entzogen – und zugleich den Beherrschten das Recht abgesprochen, sich gegen Beherrschung zur Wehr zu setzen. Die Kritik an der Zivilisierungslogik muss, mit anderen Worten, selbst das Recht auf Nicht-Beherrschung in Anspruch nehmen, um zu überzeugen; anderenfalls kann sie nicht deutlich machen, was genau das Problematische an der einseitigen Prägung

13 Vgl. zu einer ähnlich gelagerten Kritik des Ethnozentrismusvorwurfs: Forst 2011, S. 108 f.

demokratischer Wert- und Bedeutungsmuster ist – und verfehlt so die Tragweite der eigenen Kritik.

Diesen Punkt übersieht z. B. auch Chandler, der die mit der Zivilisierungslogik einhergehende kulturelle Beherrschung unmittelbar auf die Natur normativen Denkens zurückführt, das politische Prozesse im Namen vermeintlich unparteilicher allgemeiner Lösungen übergehe.[14] Der Fehler liegt nicht, wie Chandler geltend macht, in der normativen Forderung nach willkürfreier Einhegung sozialer Machtverhältnisse, sondern in der falschen Auszeichnung partikularer Normen als verallgemeinerbar.[15] Eben darum müssen Normen, die den Anspruch auf allgemeine und reziproke Geltung erheben, an diesem gemessen werden können, und eben darum bedarf es geeigneter Verfahren, die es erlauben, eben diesen Anspruch im Zuge einer reflexiven politischen Praxis immer wieder von neuem zu prüfen. Dies ist der entscheidende Punkt, der aus einer normativen Perspektive stark gemacht werden muss, um die normative Autorität der Machtunterworfenen zu achten und ihnen die Herstellung willkürfreier Verhältnisse zu überantworten, anstatt für sie zu sprechen. Wird er verneint, so verkehrt sich auch der Imperialismusvorwurf, der sich als Kritik an einer Politik der Beherrschung verstehen lässt, selbst in eine solche.

Der politische Widerstand und der Imperialismusvorwurf gegen die Universalisierung der Demokratie weisen somit zu Recht darauf hin, dass die Praxis externer Demokratieförderung Ausdruck und Reproduktion von Strukturen zwischenstaatlicher Beherrschung ist, die zugleich die Verwirklichung innerstaatlicher Gerechtigkeit behindern. Sie lassen sich als Kampf gegen die mit der Universalisierung der Demokratie verbundene grenzüberschreitende Politik der Beherrschung verstehen, der die Erfüllung der daraus resultierenden zwischenstaatlichen Gerechtigkeitspflichten einfordert. Dennoch birgt diese Kritik selbst die Gefahr, zur Grundlage der Beherrschung anderer Völker zu werden und die Beherrschten, für die sie zu sprechen beansprucht, verstummen zu lassen, indem sie ihnen die normative Sprache versagt, um Strukturen der Beherrschung als solche zu entschlüsseln und zu bekämpfen. Zwar lassen sich die normativen Grundlagen der Kritik an der Universalisierung der Demokratie mit dem Recht auf Nicht-Beherrschung

14 Vgl. oben Abschnitt 2.2.

15 Vgl. oben Abschnitt 6.2.3.

in einer Weise rekonstruieren, die das Potential zeigt, ihre eigene dunkle Seite aufzuklären. Wird jedoch mit der Praxis externer Demokratieförderung zugleich der Anspruch auf Nicht-Beherrschung zurückgewiesen, so bleiben der politische Widerstand und die Imperialismuskritik blind für die normative Dialektik, die ihrer eigenen Kritik inhärent ist: Sie zeigen ebenso wie die Universalisierung als Politik der Nicht-Beherrschung die Tendenz, von einer Politik der Nicht-Beherrschung in eine der Beherrschung umzuschlagen.

Ebenso wie die Dialektik der Universalisierung der Demokratie scheint auch diejenige ihrer Kritik auf den ersten Blick, gewissermaßen spiegelbildlich, in der Entgegensetzung zweier Ebenen der Gerechtigkeit begründet zu liegen: Während die Universalisierung der Demokratie sich um die Förderung innerstaatlicher Gerechtigkeit auf Kosten zwischenstaatlicher Gerechtigkeit bemüht, scheint ihre Kritik die Realisierung zwischenstaatlicher Gerechtigkeit um den Preis innerstaatlicher Ungerechtigkeit zu propagieren. Aus der Perspektive der Gerechtigkeit als Nicht-Beherrschung besteht das Problem jedoch darin, den unauflöslichen Zusammenhang zwischen ihnen zu verkennen. Zwar ist diese Einsicht im Imperialismusvorwurf angelegt, denn er thematisiert durchaus Wechselwirkungen zwischen der innerstaatlichen und der zwischenstaatlichen Ebene. Dennoch vermag er diese nicht als Ausdruck eines wechselseitigen Aufeinander-Verwiesen-Seins zu erkennen, da er die normative Grundlage seiner Kritik weder auf innerstaatliche Machtverhältnisse noch auf sich selbst zurückspiegelt.

Letztlich beruht die Dialektik der Kritik an externer Demokratieförderung somit auf dem gleichen Fehler wie die Praxis externer Demokratieförderung selbst. Zwar lässt sich Erstere nicht als Dialektik der Moral verstehen, die ungerechte Verhältnisse in eine Situation des Mangels umdeutet, denn sie problematisiert ausdrücklich ungerechte komplexe Machtstrukturen, keine bloßen Zustände des Mangels. In ihr schlägt sich vielmehr unmittelbar eine Dialektik der Gerechtigkeit nieder, d. h. die Tendenz, gerechtigkeitsfördernde Institutionen in Relation zu bereits bestehenden institutionellen Kontexten zu bestimmen und auf diese zu reduzieren. Dadurch wird die wechselseitige Verbundenheit unterschiedlicher Ebenen der Gerechtigkeit übergangen, sie werden voneinander abgegrenzt und gegeneinander ausgespielt – und damit wird letztlich der normative Standard der Gerechtigkeit als Nicht-Beherrschung verfehlt.

Zwar kann der Gehalt von Gerechtigkeitspflichten nur kontextspezifisch, mit Blick auf konkrete Beziehungen der Beherrschung vollständig bestimmt werden. Das jedoch bedeutet weder, dass der normative Standard, der eine solche Konkretisierung der Gerechtigkeit leitet, kontextabhängig variiert, noch, dass die relevanten Beziehungen der Beherrschung sowie ihnen korrespondierende Praktiken der Nicht-Beherrschung mit den Grenzen bestehender Institutionen zusammenfallen. Der normative Standard bleibt das Recht auf Nicht-Beherrschung; es ist zwar in Bezug auf bestimmte Strukturen der Beherrschung auf unterschiedliche Weise zur Geltung zu bringen, jedoch stets mit dem Ziel, die Errichtung und Erhaltung einer autonomen Praxis der Nicht-Beherrschung zu ermöglichen. Innerstaatliche und zwischenstaatliche Beziehungen der Beherrschung mögen unterschiedliche Arten von Institutionen erfordern; der normative Gehalt, den diese zu realisieren haben, bleibt jedoch der gleiche. Wird dies verkannt, verkehrt sich die Frage nach Gerechtigkeit von einer Frage nach den Bedingungen der Realisierung einer autonomen Praxis der Nicht-Beherrschung in die Frage nach den Voraussetzungen einer Abschirmung unterschiedlicher institutioneller Kontexte gegen grenzüberschreitende Gerechtigkeitsforderungen – und damit letztlich in Beherrschung.

10.3. Kollektive Selbstbestimmung und die Dialektik der Universalisierung der Demokratie

Wie zu Beginn des Buches dargestellt, wurde die Gegenbewegung gegen die Universalisierung der Demokratie sowohl in der politischen Praxis als auch in der empirischen und normativen Forschung zunächst als relativistische Kritik aufgefasst, die es durch eine entsprechende Anpassung der Strategien einer Beförderung der Universalisierung der Demokratie zu überwinden gelte. Ausgangspunkt der Untersuchung war dementsprechend die Feststellung, dass eine kritische Betrachtung der gegenläufigen Trends der Universalisierung der Demokratie, die sowohl das Anliegen externer Demokratieförderung als auch den Imperialismusvorwurf ernst nimmt, sie in ihrem Zusammenhang erkennen muss, indem sie die in beiden Perspektiven angelegten gemeinsamen normativen Grundlagen freilegt. Wie aus den vorangegangenen Abschnitten bereits deutlich wird, lässt sich die erarbeitete Konzeption von Gerechtigkeit als Nicht-Beherrschung in eben diesem Sinne als normative Grundlage der ambivalenten Universalisierung der Demokratie verstehen.

Betrachtet man aus dieser Perspektive beide Stränge der Universalisierung der Demokratie gemeinsam, so wird erstens deutlich, dass sie keine konfligierenden normativen Ansprüche artikulieren, die entweder durch die Bekräftigung des Wertes der Demokratie (und der daraus abgeleiteten Praxis externer Demokratieförderung) oder aber durch die Stärkung der sich gegen derartige Zumutungen wendenden Prinzipien der Souveränität und Nicht-Einmischung aufgelöst werden können. Vielmehr lassen sich die Anliegen beider Stränge auf das Recht auf Nicht-Beherrschung, das auch im Recht auf kollektive Selbstbestimmung zum Ausdruck kommt, zurückführen: Beiden geht es um die Kritik an Strukturen der Beherrschung und damit letztlich um die Grundbedingungen der Realisierung von Nicht-Beherrschung, wobei die Förderung der Universalisierung der Demokratie sich auf die externe Förderung von Institutionen *nicht-beherrschender* Herrschaft konzentriert, wohingegen deren Kritik an der Einforderung von Bedingungen *nicht-beherrschter* Herrschaft ansetzt. Mit anderen Worten, die aktive Universalisierung der Demokratie bezieht sich auf die innere Dimension kollektiver Selbstbestimmung; die vermeintlich relativistische Gegenbewegung dagegen konzentriert sich auf die äußere Dimension kollektiver Selbstbestimmung.

Damit eröffnet sich eine Perspektive, den demokratischen Gehalt kollektiver Selbstbestimmung ernst zu nehmen, ohne diesen gegen das Prinzip der Nicht-Einmischung auszuspielen: Denn eben dieser demokratische Gehalt lässt sich selbst auf das Prinzip der Nicht-Beherrschung zurückführen, das die Grundlage der Kritik inner- wie auch zwischenstaatlicher willkürlicher Machtverhältnisse bildet und ihre Demokratisierung, d. h. ihre Transformation in eine Praxis der Nicht-Beherrschung, einfordert. Dementsprechend ist der Prozess der Universalisierung der Demokratie nicht daran zu messen, in welchem Maße er zur weltweiten Verbreitung eines unabhängig bestimmten Verständnisses von Demokratie innerhalb einzelner Staaten führt. Entscheidend ist vielmehr, inwieweit er dem Recht auf Nicht-Beherrschung – und damit dem Anspruch auf kollektive Selbstbestimmung in seinen beiden Dimensionen –

im Rahmen einer Praxis der Nicht-Beherrschung zur Geltung verhilft, die sowohl grenzüberschreitende als auch innere institutionelle Voraussetzungen hat.

Zweitens wird erst vor dem Hintergrund einer solchen auf dem Recht auf Nicht-Beherrschung basierenden Betrachtung deutlich, dass die zunächst als ambivalent gekennzeichnete Universalisierung der Demokratie in doppeltem Sinne eine dialektische ist: Auch wenn sie unterschiedliche Ansatzpunkte wählen, verfolgen beide Stränge der Universalisierung der Demokratie ein berechtigtes Anliegen, das sich als Politik der Nicht-Beherrschung verstehen lässt. Dass sie dennoch, spiegelbildlich zueinander, in eine Politik der Beherrschung umschlagen, ist kein Ausdruck widerstreitender normativer Ideale, sondern Ausdruck des unauflöslichen Zusammenhangs zwischen den beiden Dimensionen kollektiver Selbstbestimmung. Beide Stränge versäumen es in ihrer Konzentration auf je eine Dimension kollektiver Selbstbestimmung, die Grundforderung der Nicht-Beherrschung als gemeinsame normative Grundlage zu erkennen und auch auf die andere, von ihnen jeweils als unproblematisch vorausgesetzte Dimension – und somit letztlich sich selbst – zurückzuspiegeln. Damit bleiben sie blind für die der eigenen Position innewohnende Dialektik. Die Praxis externer Demokratieförderung bildet somit einerseits den Kristallisationspunkt einer Politik mehrfacher Beherrschung; zugleich liefert das Ideal der Demokratie, verstanden als Praxis der Nicht-Beherrschung, den Maßstab eben dieser Kritik an Strukturen der Beherrschung. In diesem Sinne ist die ambivalente Rolle, die die Demokratie im Zuge ihrer Universalisierung einnimmt, nicht Ausdruck einer in ihrer Begründung angelegten Grundspannung, sondern vielmehr ein Zeichen dafür, in welchen Hinsichten der Prozess ihrer Universalisierung sein emanzipatorisches Potential nicht ausschöpft.

Damit wiederum zeichnet sich drittens ab, dass die Freilegung des Rechts auf Nicht-Beherrschung als gemeinsame normative Grundlage von Verteidigung und Kritik einer aktiven Universalisierung der Demokratie nicht nur den Schlüssel für die Erfassung der normativen Dialektik der Universalisierung der Demokratie liefert; sie bietet zugleich die Basis zu ihrer Überwindung: Die Feststellung einer doppelten Dialektik der Universalisierung der Demokratie spricht demnach keineswegs grundsätzlich gegen externe Demokratieförderung, wohl aber gegen *beherrschende*

Demokratieförderung. Indem die Theorie der Gerechtigkeit als Nicht-Beherrschung an der Frage nach der Struktur andauernder Machtverhältnisse ansetzt, lenkt sie die Aufmerksamkeit auf die institutionellen Rahmenbedingungen einer wechselseitigen Gestaltung dieser Machtverhältnisse im Rahmen einer gemeinsamen Praxis der Nicht-Beherrschung. Wie eine solche im Bereich externer Demokratieförderung aussehen könnte, wird im abschließenden elften Kapitel skizziert. An dieser Stelle bleibt festzuhalten, dass die Konzeption kollektiver Selbstbestimmung als Nicht-Beherrschung mit ihrer Frage nach den institutionellen Rahmenbedingungen einer Praxis der Nicht-Beherrschung eine Perspektive für eine normative Analyse der Praxis externer Demokratieförderung jenseits der Alternative zwischen problematischen zwingenden Instrumenten und freiwilligen, unproblematischen Instrumenten eröffnet.

11. Gerechtigkeit, Entwicklungspolitik und Demokratieförderung

Die Universalisierung der Demokratie birgt eine doppelte Dialektik, die die Forderung nach Gerechtigkeit bzw. die darauf aufbauende politische Praxis in eine Politik der Beherrschung umschlagen lässt. Soll nicht bei dieser Diagnose haltgemacht werden, so stellt sich die Frage, wie sie in eine Politik der Nicht-Beherrschung und damit in gerechte soziale Verhältnisse überführt werden kann. Die umstrittene Praxis externer Demokratieförderung schlichtweg aufzugeben, scheint keine adäquate Lösung, denn damit wären die dahinter stehenden asymmetrischen zwischenstaatlichen und innerstaatlichen Machtstrukturen weder aufgehoben noch in nicht-beherrschende Verhältnisse transformiert. Es gilt vielmehr abschließend das in dieser Praxis angelegte Potential freizulegen, schrittweise von einer Politik der Beherrschung zu einer Politik der Nicht-Beherrschung zu werden und damit normative Grundlagen und Grenzen externer Demokratieförderung auszuweisen.

Denn aus der Perspektive der Gerechtigkeit als Nicht-Beherrschung steht Demokratieförderung zwar im Zentrum einer gerechtigkeitsorientierten Entwicklungspolitik, verweist jedoch zugleich auf das Erfordernis einer Demokratisierung der Entwicklungspolitik (11.1.). Dazu werden die institutionellen Grundprinzipien der Nicht-Beherrschung mit Blick auf eine entwicklungspolitische Strukturpolitik sowie auf den Ebenen der Entwicklungspolitik und der Projektebene der Entwicklungszusammenarbeit konkretisiert (11.2). Vor diesem Hintergrund werden abschließend anhand des Koordinationsprozesses zur Steigerung der Wirksamkeit von Entwicklungspolitik sowie anhand des Weltbank-Inspection-Panels und des Prozesses der *Poverty Reduction Strategy Papers* Ansatzpunkte für entsprechende Reformen der bestehenden Praxis diskutiert (11.3.).

11.1. Kollektive Selbstbestimmung als Ziel gerechter Entwicklungspolitik

Die Analyse der ambivalenten Universalisierung der Demokratie aus der Perspektive der Gerechtigkeit als Nicht-Beherrschung zeigte auf, dass die Praxis externer Demokratieförderung zwar selbst eine Politik der Beherrschung konstituiert; im Gegenzug birgt jedoch auch ihre pauschale Zurückweisung die Gefahr, innerstaatliche Beherrschung zu stabilisieren und somit in eine Politik der Beherrschung umzuschlagen. Vor diesem Hintergrund stellt sich nun die Frage, was es bedeuten kann, eine an der Realisierung von Gerechtigkeit als Nicht-Beherrschung orientierte Entwicklungspolitik zu verfolgen, und inwieweit dabei die Förderung demokratischer Institutionen und Praktiken im Mittelpunkt stehen sollte.

Aus gerechtigkeitstheoretischer Perspektive lässt sich Entwicklungspolitik, allgemein gesprochen, als jenes Politikfeld verstehen, das darauf ausgerichtet ist, in grenzüberschreitenden Hinsichten zur Realisierung von Gerechtigkeit beizutragen. Dem vorherrschenden, distributionsorientierten Verständnis von Gerechtigkeit entsprechend wird Entwicklungspolitik häufig als Instrument der Umverteilung betrachtet. Angesichts des Problems weltweiter Armut werden reiche Länder aufgefordert, ihre entwicklungspolitischen Etats zu erhöhen, um so ihren Pflichten zu globaler Umverteilung nachzukommen.[1] Dabei steht die Frage im Mittelpunkt, inwieweit eine derart verstandene Entwicklungspolitik als Pflicht der Gerechtigkeit oder als humanitär motivierte Hilfspflicht zu verstehen ist.[2] Eine solche distributionslogische Sicht auf die Entwicklungspolitik verfehlt indes nicht nur die entwicklungspolitische Realität, die keineswegs allein auf die bloße Redistribution von Ressourcen abzielt, sondern auch institutionelle Reformen in den Partnerländern anstrebt. Sie greift auch gerechtigkeitstheoretisch zu kurz, denn sie blendet die Machtstrukturen aus, in die ent-

1 Vgl. die umfassende entwicklungspolitisch motivierte Diskussion gerechtigkeitstheoretischer Literatur bei Kesselring (Kesselring 2003) sowie Singer 1972 und O'Neill 1986 für ein humanitär motiviertes Argument für Hilfe und Crocker 1996; Balakrishnan/Narayan 1996; Jamieson 2005; Pogge 2005b; Pogge 2010; Wenar 2011 für einen stärker institutionellen Blick auf die Entwicklungspolitik als Instrument distributiver Gerechtigkeit.

2 Vgl. Pogge 2004; Risse 2005; Mieth 2005; Kesselring 2007.

sprechende Umverteilungsmechanismen eingebettet sind. So weist Young darauf hin, dass eine solche distributionslogische Konzipierung der Entwicklungspolitik letztlich die gleichen Folgen hat wie die Logik des Wohlfahrtsstaat auf innerstaatlicher Ebene, nämlich Konflikte zu depolitisieren, sie auf distributive Fragen zu reduzieren und dabei die Formulierung von Policies auf Expert_innen zu verlagern.[3]

Die Konzeption der Gerechtigkeit als Nicht-Beherrschung lenkt die Aufmerksamkeit weg von der Frage der Umverteilung und hin zur Analyse und Transformation zwischenstaatlicher Machtstrukturen. Das eigentliche Ziel einer an der Realisierung von Gerechtigkeit als Nicht-Beherrschung ausgerichteten Entwicklungspolitik besteht weder in Umverteilung noch in ökonomischem Wachstum, der Befriedigung von Grundbedürfnissen oder der Realisierung bestimmter *capabilities*, sondern darin, fundamentale Gerechtigkeit zu realisieren – und das heißt, die Voraussetzungen kollektiver Selbstbestimmung als Nicht-Beherrschung zu gewährleisten. Denn diese umreißen wiederum die Voraussetzungen dafür, dass eine politische Gemeinschaft im Zuge eines nicht-beherrschten politischen Prozesses selbst bestimmen kann, worin genau die gewünschte Entwicklung besteht und welche substantiellen Ziele dementsprechend kollektiv verfolgt werden sollen.[4] Entwicklungspolitik zielt, kurz gesagt, darauf ab, kollektive Selbstbestimmung zu ermöglichen und damit die Voraussetzungen dafür zu schaffen, gesellschaftliche Entwicklungsprozesse unter die normative Autorität der jeweiligen politischen Gemeinschaft zu stellen.[5]

3 Young 1990, S. 259.

4 Eine ähnliche Perspektive deutet sich bei Sen an, der ausdrücklich ablehnt, eine Liste grundlegender *capabilities* zu benennen, und demokratischen Rechten in dieser Hinsicht eine konstruktive Rolle zuschreibt (Sen 2000, S. 188); vgl. auch Culp 2014.

5 In diesem Sinne impliziert das Recht auf kollektive Selbstbestimmung ein *Recht auf Entwicklung* und knüpft damit an die insbesondere von Seiten der Staaten aus dem globalen Süden vorgebrachten Forderungen an, die dieses nicht als individuelles Menschenrecht begreifen, sondern aus dem Recht auf kollektive Selbstbestimmung ableiten (Abi-Saab 1980; Bedjaoui 1991; Udombana 2000, S. 769 f.). Es beschränkt das Recht auf Entwicklung jedoch nicht auf die ökonomische Dimension kollektiver Selbstbestimmung, sondern umfasst auch die politische und kulturelle sowie das individuelle Recht auf Rechte, das in der inneren Dimension kollektiver Selbstbestimmung zum Ausdruck kommt.

Dabei lässt sich auf prinzipieller Ebene nicht bestimmen, inwieweit die Entwicklungspolitik ein Gebot moralischen Beistands oder selbst eine Gerechtigkeitspflicht ist. Zwar kommt der Entwicklungspolitik aus der Perspektive der Gerechtigkeit als Nicht-Beherrschung die Aufgabe zu, mit der Beistandspflicht den nicht-relationalen Teil der Pflicht zur Gerechtigkeit umzusetzen, nämlich dazu beizutragen, dass, wo immer Beherrschung herrscht, jeder Zugang zu Institutionen fundamentaler Gerechtigkeit hat.[6] Eine einseitige Konzentration auf die Beistandspflicht verfehlt jedoch den Kern der Gerechtigkeit, da sie die Wechselwirkungen zwischen inner- und zwischenstaatlicher Beherrschung und die daraus resultierende politische Verantwortung ausblendet und so die Gefahr einer Reproduktion bestehender Ungerechtigkeiten mit sich bringt. Die Entwicklungspolitik hat somit einen nicht-relationalen moralischen Kern, kann aber dennoch in ihrem normativen Charakter erst im Zusammenhang mit der Analyse gegebener Beherrschung und entsprechender relationaler Gerechtigkeitspflichten bestimmt werden, die sie in den größeren Kontext einer globalen Strukturpolitik stellt.

Damit wird deutlich, dass die Entwicklungspolitik aus Sicht der Nicht-Beherrschung keineswegs primär darauf abzielt, die Realisierung *innerstaatlicher* Gerechtigkeit zu unterstützen. Vielmehr werden ausdrücklich auch die äußeren Voraussetzungen kollektiver Selbstbestimmung und damit die Frage nach *zwischenstaatlicher* Gerechtigkeit einbezogen, die unter anderem umfassende ökonomische, insbesondere handels- und finanzpolitische Maßnahmen erforderlich machen, welche weit über die Beschäftigung mit endogenen Faktoren der Verbesserung der Lebensbedingungen in den jeweiligen Partnerländern hinaus reichen. Entwicklungspolitik im weiten Sinne ist demnach ein Oberbegriff, der neben der Ebene der Entwicklungs*zusammenarbeit*, d. h. der Projektebene der Umsetzung entwicklungspolitischer Maßnahmen durch finanzielle, technische und personelle Unterstützung[7] und der Entwicklungs*politik* im engeren Sinne, die deren politischen und rechtlichen Rahmen sowie die Programmplanung bezeichnet, insbesondere

6 Vgl. oben Abschnitt 7.2.2. und 7.2.3.

7 Vgl. die Definition offizieller Entwicklungshilfen (ODA) des DAC: Riddell 2008, S. 19.

auch die Strukturpolitik auf regionaler und weltpolitischer Ebene umfasst.

Ein solches gerechtigkeitsorientiertes Entwicklungsverständnis bezieht den Begriff der Entwicklung nicht allein auf die als ›Entwicklungsländer‹ bezeichneten Staaten des globalen Südens. Vielmehr befinden sich alle Staaten in einem Entwicklungsprozess. Auch die wohlhabenden Staaten müssen sich demnach als Entwicklungsländer begreifen, sowohl mit Blick auf ihre (aktuelle und historische) Rolle innerhalb von grenzüberschreitenden Strukturen mehrfacher Beherrschung als auch hinsichtlich anhaltender Beherrschung innerhalb ihrer eigenen Grenzen, wie etwa mit Blick auf den Status von Geflüchteten und Migrant_innen, die Gleichstellung der Geschlechter oder die ökonomische Beherrschung des neuen Prekariats. Zudem zeigt dies, dass Entwicklung zwar als selbstbestimmter, nicht aber als ein von anderen Gesellschaften völlig unabhängig ablaufender Prozess zu verstehen ist. Je nach Reichweite der grenzüberschreitenden Machtbeziehungen setzt er eine entsprechende Struktur fundamentaler Gerechtigkeit zwischen den in diese Machtbeziehungen eingebundenen Staaten und damit Kooperation zwischen ihnen voraus.

Begreift man also das Ziel der Entwicklungspolitik als Verwirklichung der Voraussetzungen kollektiver Selbstbestimmung, so richtet sie sich einerseits auf die äußeren Voraussetzungen einer kollektiven Realisierung fundamentaler Gerechtigkeit als Nicht-Beherrschung. Im Zentrum steht dabei der Status relationaler Souveränität, insbesondere mit Blick auf die Errichtung regulativer internationaler Handlungskapazitäten im Bereich der Weltwirtschaft.[8] Insofern lässt sich die in den 1970er Jahren innerhalb des globalen Südens laut gewordene Forderung nach einer neuen Weltwirtschaftsordnung[9] mit Recht als eine der Kernforderungen einer gerechten Entwicklungspolitik verstehen. Andererseits bezieht sich eine an der Realisierung von Gerechtigkeit als Nicht-Beherrschung ausgerichtete Entwicklungspolitik auf die Unterstützung der inneren Dimension kollektiver Selbstbestimmung und damit auf die innerstaatlichen Grundbedingungen nicht-beherrschender Herrschaft, die mit den Prinzipien der Herrschaft des Rechts und der Selbstgesetzgebung sowie dem Prinzip ökonomischer Unabhängig-

8 Vgl. dazu oben Abschnitt 9.3.

9 GA Res. 3201 (S-VI) und GA Res. 3202 (S-VI) sowie (GA Res. 3281 XXIX).

keit und den Voraussetzungen kultureller Anerkennung konkretisiert wurden. Diese umreißen das Handlungsfeld der Entwicklungspolitik und -zusammenarbeit im engeren Sinne. Die an der Realisierung von Nicht-Beherrschung orientierte externe Demokratieförderung beschreibt somit den Kern einer gerechtigkeitsbasierten Entwicklungspolitik.[10]

Die in den 1990er Jahren zu beobachtende Politisierung der Handlungsfelder der Entwicklungszusammenarbeit scheint aus dieser Perspektive begrüßenswert, lenkt sie doch die Aufmerksamkeit geradewegs auf die innerstaatlichen Voraussetzungen der Nicht-Beherrschung. Diese Folgerung gilt es indes in dreifacher Hinsicht zu konkretisieren. Erstens steht aus Sicht der Nicht-Beherrschung keineswegs zwangsläufig *direkte* Demokratieförderung im Mittelpunkt. Je nach der Natur der jeweiligen Beherrschungsstrukturen sind unterschiedliche Ansatzpunkte zur Realisierung fundamentaler Nicht-Beherrschung denkbar. Wo die formale Willkürfreiheit von Recht in Frage steht, wird ausgehend von bestehenden Institutionen nach Möglichkeiten der Beschränkung personaler Herrschaft und der Stärkung der Logik der Gewaltenteilung zu fragen sein. Wo der materiale Gehalt von Recht umstritten ist, ist zu überprüfen, ob es an Kontestationsmechanismen oder eher an Möglichkeiten deliberativer Partizipation fehlt.

In Gesellschaften mit extremer sozioökonomischer Ungleichheit, chronischer Armut oder anderweitiger fundamentaler ökonomischer Beherrschung wird das Augenmerk dagegen zunächst auf einer Reform des Arbeitsmarktes und der Sozial- und Beschäftigungspolitik sowie Landreformen oder anderen grundlegenden Umverteilungsmaßnahmen liegen. In diesem Kontext kann auch der *capability*-Ansatz eine zentrale Rolle spielen: Er wurde als eine Möglichkeit ausgewiesen, das Prinzip ökonomischer Unabhängigkeit und damit die ökonomischen Voraussetzungen nicht-beherrschender Institutionen politischer Herrschaft zu konkretisieren.[11] Wo nicht ökonomische, sondern primär kulturelle Beherrschung eine Gesellschaft charakterisiert, wie etwa in androzentrisch strukturierten Gesellschaften, Kastensystemen oder im Falle der Abwertung einzelner struktureller Minderheiten wie z. B. der Aborigines

10 Vgl. für eine gerechtigkeitstheoretische Begründung externer Demokratieförderung Gädeke 2012.

11 Vgl. oben Abschnitt 6.2.3.

in Australien oder der Uiguren in China steht dagegen die Gewährleistung eines effektiven Zugangs der betroffenen Gruppen zu Institutionen fundamentaler Gerechtigkeit im Vordergrund. Die Stärkung formal-demokratischer Wahlverfahren steht keineswegs notwendigerweise im Zentrum.[12]

Zweitens ist zu betonen, dass die politische Dimension weder als Voraussetzung ökonomischer Entwicklung Bedeutung erlangt noch selbst als Inbegriff von Entwicklung zu verstehen ist. Sie realisiert vielmehr mit den Grundbedingungen fundamentaler Gerechtigkeit die Voraussetzung dafür, im Zuge einer autonomen Praxis der Nicht-Beherrschung kollektiv zu bestimmen, worin genau Entwicklung bestehen soll – und dieses Projekt gemeinsam zu verfolgen. Vor diesem Hintergrund ist von zentraler Bedeutung, dass die Grundbedingungen fundamentaler Gerechtigkeit lediglich abstrakte institutionelle Prinzipien artikulieren, deren normative Gehalte mit Blick auf die Besonderheiten eines gegebenen Kontextes der Beherrschung zu konkretisieren sind. Dementsprechend gilt es, ausgehend von den jeweils vorherrschenden Formen der Beherrschung, eine Praxis der Nicht-Beherrschung zu etablieren, die eine willkürfreie Einhegung eben dieser Machtverhältnisse *durch die Betroffenen* erlaubt.

Dieser reflexive Charakter der Grundbedingungen nicht-beherrschender Herrschaft ist Ausdruck der normativen Autorität von Personen, die gerade in der jeweiligen kontextspezifischen Konkretisierung der abstrakten Kategorien an Rechten und der entsprechenden Institutionen zum Ausdruck kommt. Die Grundbedingungen nicht-beherrschender Herrschaft beschreiben daher keine institutionelle Blaupause, die es lediglich mit Blick auf die jeweiligen strategischen Prioritäten an den Kontext anzupassen gilt. Vielmehr sind bereits die Institutionen fundamentaler Gerechtigkeit ausgehend von gegebenen Strukturen der Beherrschung kontextabhängig zu konkretisieren und zwar durch die ihnen Unterworfenen selbst, die diese Institutionen in einem reflexiven Prozess immer wieder neu an veränderte Beherrschungsmuster anpassen müssen. Eine Praxis externer Demokratieförderung muss eine sol-

12 Dies spricht in der Regel, nicht aber zwangsläufig für den »entwicklungsorientierten« Ansatz von Demokratieförderung statt des »politischen«, der sich direkt auf die Unterstützung von Wahlen und politischen Freiheiten bezieht (Carothers 2009).

che reflexive Praxis kollektiver Selbstbestimmung unterstützen, anstatt sich der im Sinne eines Transfers von Wissen und Technologie begriffenen statischen Förderung einer bestimmten, reifizierten institutionellen Konzeption von Demokratie zu verschreiben.

Drittens ist daran zu erinnern, dass die Entwicklungspolitik unter Bedingungen mehrfacher Beherrschung gerade mit Blick auf externe Demokratieförderung stets selbst in zumindest potentiell beherrschende Machtstrukturen eingebettet ist. Sie muss daher mit einer entsprechenden globalen Strukturpolitik verzahnt sein. Inwieweit die Priorität eher auf der strukturpolitischen Ebene oder eher auf der Förderung von Demokratie innerhalb von Einzelstaaten liegen sollte, hängt davon ab, auf welcher Ebene Handlungsmöglichkeiten einer nicht-beherrschenden Förderung der Realisierung von Nicht-Beherrschung bestehen. Die empirischen Zweifel an der Wirksamkeit direkter externer Demokratieförderung in den Partnerländern scheinen nahezulegen, dass Handlungsmöglichkeiten auf dieser Ebene begrenzt sind. Angesichts der methodischen Unsicherheiten mit Blick auf die Evaluierung externer Demokratisierung kann jedoch nicht gefolgert werden, dass damit Demokratieförderungsbemühungen grundsätzlich aufzugeben sind.

Geht man davon aus, dass vorab ohnehin keine Gewissheit über die Wirksamkeit entsprechender Maßnahmen hergestellt werden kann, so muss die Entscheidung über die Wahl von Reform- und Unterstützungsstrategien der normativen Autorität der beteiligten Akteure unterstellt sein. Zudem ist zu bedenken, dass die Orientierung an einer kurz- oder mittelfristigen Überprüfung der Wirksamkeit bestimmter Maßnahmen mit Blick auf zuvor bestimmte Zielgrößen übersieht, dass es gerade langfristig von entscheidender Bedeutung sein kann, dass eine politische Gemeinschaft selbst nach institutionellen Wegen der Einhegung der jeweiligen Strukturen der Beherrschung sucht, mit entsprechenden Maßnahmen experimentiert und gegebenenfalls auch die Zielgrößen entsprechend anpasst. Dies ist nicht nur Ausdruck ihrer normativen Autorität, sondern zugleich ein Weg, die jeweils besten kontextspezifischen Lösungen zu identifizieren. Die Realisierung von Gerechtigkeit als Nicht-Beherrschung ist auch auf der Ebene fundamentaler Gerechtigkeit ein reflexiver Prozess der fortschreitenden Demokratisierung.

Aus dieser Perspektive mag die Erforschung der Wirksamkeit unterschiedlicher Strategien der Demokratieförderung wichtig sein, um ihre Rückwirkung auf Strukturen der Beherrschung aufzuklären. Von entscheidender Bedeutung für die Frage nach Handlungsmöglichkeiten zur Unterstützung einzelstaatlicher Demokratisierungsprozesse ist jedoch weniger, wie wirksam eine einzelne Maßnahme ist (denn dies ist letztlich immer wieder von neuem von den beteiligten Akteuren gemeinsam zu beurteilen), als vielmehr, ob und wie sich eine Praxis externer Demokratieförderung institutionell so einhegen lässt, dass sie selbst nicht beherrschend ist. Dies verweist letztlich, ebenso wie das Erfordernis der reflexiven kontextspezifischen Konkretisierung demokratischer Institutionen, auf eine Demokratisierung der Entwicklungszusammenarbeit – und darauf, dass Demokratisierungsprozesse im Sinne einer fortschreitenden institutionellen Einholung von Beherrschung gerade unter Bedingungen mehrfacher Beherrschung auf inner- und zwischenstaatlicher Ebene ineinandergreifen müssen.[13]

II.2. Grundbedingungen nicht-beherrschender Demokratieförderung

Im vorangegangenen Abschnitt zeichnete sich ab, dass externe Demokratieförderung Kern einer an der Realisierung von Gerechtigkeit und damit auf die Förderung kollektiver Selbstbestimmung ausgerichteten Entwicklungspolitik ist – vorausgesetzt, sie richtet sich auf die Unterstützung der Grundbedingungen nicht-beherrschter Herrschaft. Dies jedoch setzt voraus, dass eine solche Förderung zugleich selbst nicht-beherrschend ist – und wirft somit die Frage nach Grundbedingungen nicht-beherrschender Demokratieförderung auf. Dazu werden im Folgenden die allgemeinen institutionellen Grundprinzipien der Nicht-Beherrschung mit Blick auf die Bedeutung relationaler Souveränität für eine entwicklungspolitische Strukturpolitik (II.2.1.) sowie anhand der Grundsätze der Verrechtlichung und der Politisierung auf der Ebene der Entwicklungspolitik im engeren Sinne (II.2.2.) und der schrittweisen Einholung willkürlicher Macht durch *accountability*-Mechanismen und Partizipation auf der Projektebene der Entwicklungszusammenarbeit konkretisiert (II.2.3.).

13 Vgl. Forst 2007, S. 377 f.

11.2.1. Relationale Souveränität und entwicklungspolitische Strukturpolitik

Der erste Ansatzpunkt für die Bestimmung von Grundbedingungen der nicht-beherrschenden Förderung kollektiver Selbstbestimmung ist die Ebene der internationalen Gemeinschaft, denn ihre Struktur bildet den systemischen Hintergrund für die Entwicklungspolitik. Sind in dieser Hinsicht die Grundbedingungen fundamentaler Nicht-Beherrschung nicht erfüllt, so führt dies einerseits zu systemischen Phänomenen von Beherrschung, die sich z. B. in komplexen ökonomischen Dynamiken oder in der in die Universalisierung der Demokratie eingeschriebenen binären Kodierung der Merkmale Demokratie/Nicht-Demokratie zeigen, welche der normativen Autorität betroffener Staaten entzogen bleiben. Darüber hinaus ermöglicht systemische Beherrschung zugleich je konkrete interpersonale Beziehungen zwischenstaatlicher Beherrschung, die sich insbesondere auch in der Praxis externer Demokratieförderung niederschlagen, denn bereits die Aushandlung der Kooperationsbedingungen erfolgt unter asymmetrisch verteilten Zugriffsmöglichkeiten in Bezug auf Kontextbedingungen. Ein Staat, der ökonomisch abhängig von Hilfszahlungen aus dem Ausland ist, wird in Bezug auf die Bedingungen einer entwicklungspolitischen Zusammenarbeit weniger Einfluss haben als der jeweilige Geber. Gleiches gilt für einen Staat, dem aufgrund seiner inneren Verfasstheit sogar formal der Status gleicher Souveränität versagt wird. Die äußere Dimension kollektiver Selbstbestimmung, d. h. der Status relationaler Souveränität und die dazu erforderlichen internationalen Institutionen und entsprechende Mechanismen transnationaler Demokratie, ist daher nicht nur Voraussetzungen nicht-beherrschter Herrschaft; sie ist zugleich eine Grundbedingung nicht-beherrschender Demokratieförderung.

Die zur Gewährleistung des Status relationaler Souveränität erforderlichen kollektiven Handlungsfähigkeiten fallen insbesondere in den Bereich der Weltwirtschaftsordnung. Das Ziel besteht dabei jedoch aus Sicht der Gerechtigkeit als Nicht-Beherrschung weder in materieller Umverteilung noch in der Erhöhung von bedingungslosen entwicklungspolitischen Transfers, wie es die Deklaration der UN-Generalversammlung zu einer neuen Weltwirtschaftsordnung im Jahre 1974 reklamierte.[14] Vielmehr gilt es, Strukturen systemischer Beherrschung, die etwa durch komplexe Marktdynamiken geschaffen werden, einer kollektiven Regulierung zu unterwerfen und die gleichberechtigte Inklusion aller Staaten in eine derart regulierte Weltwirtschaft zu gewährleisten. Eine neue Weltwirtschaftsordnung basiert dementsprechend nicht, wie von der UN-Generalversammlung hervorgehoben, auf dem Prinzip strikter *formaler* staatlicher Souveränität und Nichteinmischung.[15] Gefordert ist stattdessen, dem Prinzip *relationaler* Souveränität entsprechend, die kooperative Errichtung der erforderlichen gemeinsamen Handlungskapazitäten sowie entsprechender Mechanismen der Einholung des mit ihnen verbundenen Willkürpotentials. Gleiches gilt für regionale Integrationsmechanismen, wie etwa Mercosur, ASEAN, die regionalen afrikanischen Wirtschaftsgemeinschaften oder die Afrikanische Union.

Wichtig ist, dass die erforderlichen Reformen internationaler Institutionen nicht einseitig von den mächtigen Staaten durchgesetzt werden dürfen. Vielmehr muss bereits der Reformprozess nach den Voraussetzungen der Willkürfreiheit internationaler Institutionen gestaltet werden und periphere und vor allem beherrschte Akteure einbeziehen. Anderenfalls verschärft sich die Gefahr einer Reproduktion und Stabilisierung bestehender Beherrschungsstrukturen.[16] Dazu bedarf es nicht nur der gleichberechtigten Teilnahme aller beteiligten Staaten, sondern auch der Einbindung zivilgesellschaftlicher Akteure und reflektierender Gremien, die in der Lage sind, transnationale Öffentlichkeiten mit entscheidungsbefugten Gremien zu verkoppeln; sie stellen die nötige Transparenz und Öffentlichkeit her, eröffnen zugleich Kontestations- und Partizipationswege und stellen so sicher, dass letztlich das Volk, nicht allein der Staat ermächtigt wird, normative Autorität auszuüben und eine autonome Praxis der Nicht-Beherrschung zu etablieren.

Mit der Errichtung bzw. Reform erforderlicher Institutionen auf internationaler Ebene kann unter Umständen bereits eine Un-

14 GA Res. 3201 (S-VI) 4i; 4k. Rist kritisiert dementsprechend, die Resolution zur Neuen Weltwirtschaftsordnung bringe ein Entwicklungsverständnis zum Ausdruck, das bestehende Abhängigkeitsverhältnisse affirmiere (Rist 2008, S. 150).

15 Vgl. GA Res. 3201 (S-VI), 4 a.

16 Dabei gilt es auch, historische Ungerechtigkeiten aufzuarbeiten.

terstützung von Demokratisierungsprozessen auf einzelstaatlicher Ebene einhergehen. So argumentieren Keohane u. a., multilaterale Organisationen böten in mindestens dreifacher Hinsicht ein Medium der Stärkung einzelstaatlicher Demokratie: Erstens seien sie zum Teil besser als einzelne Regierungen in der Lage, Partikularinteressen zu widerstehen oder diese zumindest gegenüber langfristigen Interessen der Allgemeinheit auszubalancieren; zweitens könnten internationale Menschenrechtskonventionen zum Schutz individueller Rechte auf einzelstaatlicher Ebene beitragen; drittens verbesserten ihre Reichweite, ihre Diversität, ihre politische Abgeschiedenheit und ihr sachkundiges Personal die epistemische Basis politischer Deliberation innerhalb der Mitgliedsstaaten.[17]

Aus der Perspektive der Gerechtigkeit als Nicht-Beherrschung sind diese Argumente jedoch mit gewisser Vorsicht zu betrachten: Zum einen unterschätzt das Vertrauen auf die epistemischen Vorteile internationaler expertokratischer Deliberationen und die langfristige Perspektive internationaler Institutionen das damit verbundene Willkürpotential. In Abwesenheit der institutionellen Einholung ihrer Macht durch relationale Souveränität und begleitende Mechanismen transnationaler Demokratie können internationale Institutionen die Vermutung materialer Willkürfreiheit, d. h. die allgemeine und reziproke Nicht-Zurückweisbarkeit tragender Gründe politischer Entscheidungen, nicht begründen, weder in Bezug auf einzelstaatliche politische Prozesse, die vom Wissen internationaler Institutionen Gebrauch machen, noch hinsichtlich der Policies internationaler Institutionen, die sich gegen die Ergebnisse einzelstaatlicher politischer Entscheidungen wenden.

Zum anderen neigt zumindest die erste der drei von Keohane u. a. identifizierten Hinsichten, in denen internationale Institutionen einzelstaatliche Demokratie befördern, zu einer statischen Sicht auf Demokratisierungsprozesse. Demnach werde Demokratie allein dadurch gestärkt, dass internationale Institutionen Ziele verfolgen, die die Öffentlichkeit innerhalb eines Staates nicht durchzusetzen weiß – ohne jedoch mit dieser Öffentlichkeit rückgekoppelt zu sein. Zwar weisen auch Keohane u. a. darauf hin, dass eine multilaterale Institution keine »wiederholten Bekundungen eines die Rechte respektierenden, fair repräsentierten allgemeinen Willens«

17 Keohane u. a. 2009, S. 9-22.

übergehen dürfe, da es sich anderenfalls um »gutartige Technokratie«, nicht aber um eine Demokratie handele.[18] Dennoch umgehen sie die entscheidende Frage, wer mit welcher Autorität entscheidet, wann es sich um einen fair repräsentierten allgemeinen Willen handelt und wann nicht. Diese Frage muss immer wieder aufs Neue politisch beantwortet werden. Eben darum ist die Realisierung von Nicht-Beherrschung als reflexive Praxis der Demokratisierung im Sinne einer schrittweisen Einholung willkürlicher Macht zu verstehen, die nicht allein dadurch befördert wird, dass internationale Institutionen bestimmte politische Zwecke verfolgen.

Dennoch lässt sich gerade unter Bedingungen mehrfacher Beherrschung ein gewisses Potential der Stärkung von einzelstaatlichen Demokratisierungsprozessen durch internationale Institutionen identifizieren, denn mit der internationalen Ebene eröffnet sich für mehrfach Beherrschte – sofern die Grundbedingungen nicht-beherrschter Herrschaft, insbesondere der Willkürfreiheit internationaler Institutionen umgesetzt werden – ein zusätzlicher Ansatzpunkt zur Anfechtung beherrschender Strukturen. Dieser ist nicht allein ein Forum zur deliberativen Programmierung und Kontestation der Politik der jeweiligen Institution; er bietet zugleich eine transnationale Öffentlichkeit zur Generierung und Äußerung von Kritik an innerstaatlicher Beherrschung, die auf innerstaatlicher Ebene so nicht erkannt oder artikuliert werden kann. In diesem Sinne können Demokratisierungsprozesse auf zwischen- und einzelstaatlicher Ebene ineinandergreifen und zu einer sich wechselseitig verstärkenden Realisierung von kollektiver Selbstbestimmung im Äußeren und Inneren der einzelnen politischen Gemeinschaften beitragen.

II.2.2. Zur Verrechtlichung und Politisierung der Entwicklungspolitik

Einen zweiten Ansatzpunkt zur Gewährleistung des nicht-beherrschenden Charakters der Förderung kollektiver Selbstbestimmung bildet die Entwicklungspolitik im engeren Sinne. Dazu gehört neben den allgemeinen Verfahren der Bestimmung von Instrumenten

18 Keohane u. a. 2009, S. 15.

und Maßstäben der Leistung von Entwicklungshilfe auch der rechtliche Rahmen der Entwicklungspolitik im weiteren Sinne, d. h. die Verfahren der Generierung und Umsetzung globaler strukturpolitischer Initiativen zur Förderung kollektiver Selbstbestimmung. Mit anderen Worten, dieser zweite Ansatzpunkt bezieht sich auf die Schaffung und Verfasstheit internationaler Handlungskapazitäten im entwicklungspolitischen Bereich, die sich insbesondere mit der Bereitstellung von Ressourcen, der mittelfristigen Programmplanung und entsprechenden Standards befassen, die den Rahmen für den Einsatz dieser Mittel bilden.

Die institutionellen Grundprinzipien der Herrschaft des Rechts und der Selbstgesetzgebung, die Willkürfreiheit in formaler und materialer Hinsicht verbürgen, lassen sich in Bezug auf die Ebene der Entwicklungspolitik als Grundsätze der Verrechtlichung und Politisierung konkretisieren. Der *Grundsatz der Verrechtlichung* zielt insofern auf eine rechtliche Durchdringung der Entwicklungspolitik ab, als er die Schaffung entsprechender rechtlich konstituierter und rechtlich regulierter Kooperations- und Handlungskapazitäten auf zwischenstaatlicher Ebene fordert. Hängt etwa die Bereitstellung von Mitteln allein von den jeweiligen Geberstaaten ab, so reproduziert dies die asymmetrischen ökonomischen und politischen globalen Machtverhältnisse. Gleiches gilt, wenn Geber sich lediglich untereinander über ihre Beiträge zur Entwicklungspolitik und programmatische Standards abstimmen, wie etwa innerhalb der OECD oder auch in multilateralen Geberorganisationen wie der Weltbank, zu deren Mitgliedern zwar auch Nehmerländer gehören, die jedoch aufgrund asymmetrischer Stimmgewichtung kaum Einfluss auf grundlegende Entscheidungen hinsichtlich des Budgets und der Bedingungen der Mittelvergabe ausüben können. Eine solche einseitige Festlegung des Umfangs der bereitgestellten Mittel übergeht, dass die Entwicklungspolitik ein Instrument zur Realisierung von Gerechtigkeit ist und unter Bedingungen mehrfacher Beherrschung eine Gerechtigkeitspflicht darstellt, der gemeinsam mit allen in die jeweiligen Machtstrukturen eingebundenen Akteuren nachgekommen werden muss.

Die notwendigen materiellen Ressourcen sind – ihrer Position im internationalen Machgefüge entsprechend – überwiegend von den wohlhabenderen Staaten aufzubringen. Dabei kann ein umverteilender Mechanismus wie etwa die von Pogge vorgeschlagene globale Rohstoffdividende[19] oder die Besteuerung von Finanztransaktionen hilfreich sein, da er die Bereitstellung der entsprechenden Ressourcen der Willkür der Geber entzieht. Derartige Mechanismen bieten sich insofern an, als die Mittelbereitstellung eines bestimmten Staates damit zugleich unmittelbar dessen Position innerhalb des Rohstoffhandels bzw. des Finanzsystems widerspiegelt, die entsprechende Gerechtigkeitspflichten generiert. Denkbar wäre jedoch auch die Einrichtung eines zentralen oder mehrerer regionaler multilateraler Fonds mit Pflichtbeiträgen, deren Höhe in regelmäßigen Abständen von allen Beteiligten nach Maßgabe der jeweiligen Position innerhalb der relevanten Machtstrukturen bestimmt wird. Ein solcher Fonds erfordert indes ein hohes Maß an institutionalisierter Kooperation.

Ohnehin bedarf es jedoch über die Gewährleistung der Mittelbereitstellung hinaus gemeinsamer Handlungskapazitäten, die eine mittelfristige Programmplanung zur Bestimmung der Bedingungen der Mittelvergabe und -verwendung sowie die Konzipierung weiterer strukturpolitischer Initiativen erlauben. Wichtig ist, dass nicht allein rechtlich verfasste internationale Institutionen geschaffen werden, die dann technokratisch Entwicklungsprogramme entwerfen und umsetzen; Verfahren der Entscheidungsfindung müssen vielmehr sowohl mit Blick auf die Frage der Vergabekriterien als auch hinsichtlich strukturpolitischer Initiativen Räume für politische Öffentlichkeiten eröffnen, die eine Politisierung der mit anstehenden Entscheidungen verbundenen Fragen erlauben. Während der Grundsatz der Verrechtlichung auf die rechtliche Durchdringung der Entwicklungspolitik abzielt, die die formale Allgemeinheit und Reziprozität sicherstellt, fordert der *Grundsatz der Politisierung* die Etablierung von Verfahren, innerhalb derer die Ziele von Entwicklungspolitik im Zuge einer inklusiven deliberativen Praxis bestimmt – und hinterfragt – werden können.[20]

Dazu reicht eine Reform der Stimmgewichtung in den entscheidenden Gremien nicht aus, so wichtig sie auch ist.[21] Hinzu tre-

19 Pogge 1995.

20 Es geht also in diesem Zusammenhang nicht um die Politisierung der Handlungsfelder der Entwicklungszusammenarbeit; gemeint ist vielmehr die möglichst allgemeine, d. h. inklusive deliberative Programmierung entwicklungspolitischer Zielsetzungen und Strategien.

21 Ausführlich dazu und zu weiteren Reformvorschlägen in Bezug auf Weltbank und IWF: Woods 2000.

ten müssen vielmehr der Zugang zur Generierung von relevantem Wissen sowie reflexive Gremien und Kontestationsmöglichkeiten, die verhindern, dass es zu einer expertokratischen Selbstprogrammierung kommt, welche lediglich mit den jeweiligen Regierungen, nicht aber einer breiten Öffentlichkeit verkoppelt ist und somit keine materiale Willkürfreiheit gewährleisten kann.[22] Darüber hinaus bedarf es einer inklusiven und reflexiven Prozessteuerung mit Blick auf die Umsetzung von Reformen und die Planung sowie Durchführung von Maßnahmen der Entwicklungszusammenarbeit. Innerhalb der Weltbank etwa basiert die programmatische Planung einzelner Vorhaben auf sogenannten *Country Assistance Strategies*, die entsprechend den internen operativen Richtlinien[23] von der Weltbank erstellt werden. Dabei werden Repräsentant_innen des jeweiligen Staates sowie Vertreter_innen der Zivilgesellschaft zwar konsultativ gehört; über die Annahme der erarbeiteten Strategie entscheidet jedoch allein das Management der Weltbank. Ein solcher Prozess ist aus der Perspektive der Nicht-Beherrschung zu kritisieren, da er die normative Autorität des jeweiligen Staates bzw. Volkes auf Anhörungsrechte reduziert und damit das Ziel der Realisierung kollektiver Selbstbestimmung aus den Augen verliert: Er begreift die Bestimmung entwicklungspolitischer Prioritäten als technokratisches Anliegen, anstatt sie als politische Aufgabe zu erkennen, die nur von den Betroffenen selbst übernommen werden kann.

Der Grundsatz der Politisierung erfordert jedoch nicht allein die personale Inklusion aller beteiligten Staaten und transnationaler Öffentlichkeiten, sondern auch die Ausweitung der Reichweite dessen, was zum Gegenstand politischer Entscheidungen gemacht werden kann. Aus Sicht der Nicht-Beherrschung macht die Imperialismuskritik zu Recht auf das Problem einer Depolitisierung sozialer Machtstrukturen aufmerksam: Werden sie als unveränderbar dargestellt und somit dem politischen Diskurs entzogen, so

22 Vgl. z.B. für eine Kritik der entwicklungspolitischen Wissensproduktion aus afrikanischer Perspektive Nyamnjoh 2011.

23 World Bank 2005; vgl. World Bank 2010. Ähnlich läuft auch die Programmsteuerung beim UNDP ab, wenn auch hier dem *Country Program Action Plan* ein *Country Program Document* vorausgeht, das von der jeweiligen Regierung erstellt wird; beschlossen wird es allerdings ebenfalls vom Exekutivrat des UNDP; vgl. Dann 2007, S. 21-23.

wird den jeweiligen Machtunterworfenen zugleich der normative Zugriff auf die Bedingungen ihres Handelns verwehrt. Dies gilt für Machtverhältnisse auf einzelstaatlicher Ebene ebenso wie für zwischenstaatliche Machtbeziehungen. In beiden Hinsichten bedarf es der Möglichkeit einer fortschreitenden Politisierung sozialer Machtverhältnisse.

Wiederum wird hier die enge Verknüpfung der inner- und der zwischenstaatlichen Ebene der Gerechtigkeit deutlich: Beschränkt sich die entwicklungspolitische Diskussion mit Blick auf externe Demokratieförderung auf eine statische Konzeption der Etablierung bestimmter formal-demokratischer politischer Institutionen, die als Inbegriff der Demokratie vorausgesetzt werden, so übergeht dies sowohl auf zwischenstaatlicher als auch auf einzelstaatlicher Ebene die normative Autorität der Betroffenen. Wird dagegen auf zwischenstaatlicher Ebene die Reichweite der zu fördernden Demokratisierungsschritte – und damit die Frage nach der grundlegenden Demokratiekonzeption – selbst als politische Frage behandelt, die im Zuge einer Praxis der Nicht-Beherrschung zu beantworten ist, so kann diese Form einer zwischenstaatlichen bzw. transnationalen Demokratisierung auch im Innern der einzelnen Staaten entsprechende Demokratisierungsprozesse befördern. Zugleich zeigt sich daran, dass sich eine auf die Realisierung kollektiver Selbstbestimmung ausgerichtete Entwicklungspolitik weder auf Entwicklungszusammenarbeit im engeren Sinne noch auf den bloßen Transfer materieller Ressourcen beschränken sollte, sondern ein Forum für die Politisierung und rechtliche Einhegung von Strukturen mehrfacher Beherrschung bieten sollte.

11.2.3. *Accountability* und Partizipation in der Entwicklungszusammenarbeit

Eine Verrechtlichung und Politisierung der Entwicklungspolitik genügt jedoch nicht, um das Beherrschungspotential konkreter Maßnahmen und Projekte der Entwicklungszusammenarbeit einzuholen. Gerade weil diese unter Bedingungen großer Machtasymmetrien umgesetzt werden, bedarf es auch auf dieser Ebene einer institutionellen Einholung der darin angelegten Willkür. Dazu kann an zwei entwicklungstheoretische Debatten angeknüpft werden, die die Grundsätze der Verrechtlichung und Politisierung mit

Blick auf die konkrete Projektarbeit aufgreifen: derjenigen um *accountability* und derjenigen um partizipatorische Entwicklung.

Der Begriff der *accountability* beschreibt eine Verantwortlichkeit zweiter Ordnung, nämlich die Verantwortung, Rechenschaft darüber abzulegen, inwieweit einer originären Verpflichtung nachgekommen wurde.[24] Grant und Keohane bestimmen *accountability* dementsprechend als »Recht, andere Akteure an einem Set von Standards zu messen, zu beurteilen, ob sie ihren Verantwortlichkeiten im Lichte dieser Standards gerecht werden, und Sanktionen zu verhängen, sofern sie beschließen, dass diesen Verantwortlichkeiten nicht nachgekommen wurde«.[25] *Accountability* ist demnach eine Ex-post-Form der Kontrolle, die zwar möglicherweise entsprechende Anreize setzt, welche das Nicht-Erfüllen der jeweiligen Standards bereits im Vorhinein verhindern; vorrangig zielt sie jedoch darauf ab, im Nachhinein die Einhaltung dieser Standards zu überprüfen und Verfehlungen zu sanktionieren.

Dabei werden erstens Standards vorausgesetzt, die von den Rechenschaftspflichtigen als relevante Standards innerhalb des jeweiligen *accountability*-Mechanismus anerkannt werden.[26] Zweitens bedarf es des Zugangs zu Informationen über das Handeln der Rechenschaftspflichtigen, d. h. Transparenz. Drittens erfordert *accountability* Mechanismen, die eben diese Form der Ex-post-Kontrolle ermöglichen, sei es durch formalisierte Verfahren wie eine Wahl bzw. Abwahl, durch hierarchische verwaltungsrechtliche Abläufe, durch eine fiskalische Rechenschaftspflicht wie die einer Regierung gegenüber dem Parlament, durch strafrechtliche Verfolgung oder durch informelle Verfahren wie marktbasierte Konkurrenz oder die Herstellung von Öffentlichkeit.[27] *Accountability*-Mechanismen sind somit strukturelle Beschränkungen asymmetrischer Machtverhältnisse, die einen wichtigen Beitrag zur Realisierung von Nicht-Beherrschung liefern können.

24 Vgl. Wenar 2006, S. 5 f. Der englische Begriff *accountability* wird in der Regel im Deutschen mit *Rechenschaftspflichtigkeit* übersetzt. Im Folgenden benutze ich indes den englischen Begriff, da der deutsche allein auf die Pflicht des jeweils Mächtigen abhebt, ohne den Prozess bzw. die Struktur des Zur-Rechenschaft-Ziehens (*holding accountable*) zu beleuchten, um die es hier geht.

25 Grant/Keohane 2005, S. 29.

26 Vgl. Rubenstein 2007, S. 618 f.

27 Vgl. für diese unterschiedlichen Mechanismen Grant/Keohane 2005, S. 36 f.; Rubenstein 2007, S. 617 f.

In Zusammenhang mit dem Aufstieg des Konzepts der *good governance* zum Schlüsselbegriff des Entwicklungsdiskurses und der zunehmenden Kritik an der Wirksamkeit der Entwicklungszusammenarbeit wird auch in entwicklungstheoretischen Debatten über Möglichkeiten der Stärkung von *accountability*-Strukturen diskutiert. Dahinter steht einerseits die Forderung, die von den Gebern im Rahmen der *good-governance*-Agenda eingeforderten Standards der Transparenz, der Partizipation und der *accountability* auch auf die Geberinstitutionen selbst anzuwenden, allen voran auf die Weltbank und den IWF.[28] Zum anderen setze, so die Grundannahme, die Wirksamkeit konkreter Maßnahmen der Entwicklungszusammenarbeit voraus, dass ihre Durchführung von entsprechenden Strukturen gegenseitiger Rechenschaftspflichtigkeit begleitet wird, die sicherstellen, dass die jeweiligen Mittel möglichst effizient eingesetzt werden.[29]

Accountability-Mechanismen dienen indes keineswegs automatisch der Einhegung willkürlicher Macht im Sinne der Nicht-Beherrschung. Erstens ist entscheidend, wer überhaupt wem gegenüber rechenschaftspflichtig ist. Werden *accountability*-Mechanismen verkehrt herum aufgezogen, können sie selbst Beziehungen der Beherrschung konstituieren, etwa wenn die Empfänger entwicklungspolitischer Transferleistungen einseitig Rechenschaft darüber ablegen müssen, wie sie diese verwenden. Die Einhegung von Beherrschung muss von Beziehungen der Beherrschung ausgehen und nach Möglichkeiten der Beschränkung der Macht der Beherrscher, nicht der Beherrschten fragen.[30] Zudem genügt es für die Realisierung von Nicht-Beherrschung keineswegs, dass Mächtige irgendwem gegenüber rechenschaftspflichtig sind. Es sind vielmehr die Beherrschten selbst, die über die Möglichkeit verfügen müssen, die Mächtigen zu kontrollieren; anderenfalls handelt es sich allenfalls – jedoch ebenfalls nicht zwangsläufig[31] – um die Gewähr-

28 Vgl. dazu: Woods 2000.

29 Vgl. High Level Forum on Aid Effectiveness 2005.

30 Es kann durchaus vorkommen, dass Beherrscher in anderer Hinsicht zugleich von den von ihnen Beherrschten beherrscht werden. Dann bedarf es unterschiedlicher Mechanismen von *accountability* in beiden Richtungen.

31 Beherrscht etwa Staat A Staat B und ist grundsätzlich Staat C gegenüber rechenschaftspflichtig, der ebenfalls Staat B beherrscht, so handelt es sich um eine Struktur mehrfacher Beherrschung, nicht aber um die Gewährleistung formaler Willkürfreiheit.

leistung formaler Willkürfreiheit, nicht aber jene materialer Willkürfreiheit, die nur durch die normative Autorität der Betroffenen sichergestellt werden kann.

Zweitens setzt die Errichtung von *accountability*-Mechanismen Standards voraus, an denen die Rechenschaftspflichtigen zu messen sind. Wird jedoch die Frage danach übergangen, wer diese Standards setzt, so kann ein Mechanismus, der die Einhaltung dieser Standards gewährleisten soll, keine Nicht-Beherrschung sicherstellen, da die normative Autorität der Machtunterworfenen schlichtweg übergangen wird. So kritisiert Bohman, es bedürfe über die Ex-post-*accountability* hinaus der Möglichkeit einer Thematisierung von »Fragen zweiter Ordnung über die Quelle institutioneller Autorität oder die geeigneten Ziele, zu deren Zwecke ihre Macht eingesetzt werden darf«; anderenfalls tendierten internationale Institutionen zwangsläufig zu Beherrschung »schlichtweg aufgrund der Abwesenheit jeglicher Verpflichtung, den Bürger_innen eine Rechtfertigung anzubieten, die sie akzeptieren könnten«.[32] Aus Sicht der Nicht-Beherrschung geht es, kurz gesagt, um die Ermächtigung der Beherrschten, und zwar nicht auf der Basis gegebener Standards, sondern gerade auch mit Blick auf deren Bestimmung. Dies gilt sowohl hinsichtlich der programmatischen Festlegung von allgemeinen Zielvorgaben als auch hinsichtlich einzelner Projekte.

Diese Fragen nach Akteuren bzw. Richtung sowie Standards einer *accountability*-Beziehung finden in der einschlägigen Literatur erstaunlich wenig Beachtung. Im Vordergrund stehen eher die Beschreibung vorhandener und die Suche nach anspruchslosen, realistischen Formen der Herstellung von Rechenschaftspflichtigkeit. Wenar etwa geht von der Annahme aus, dass *accountability* von Gebern gegenüber armen Empfängern von Hilfe nicht zu realisieren sei.[33] Er beschränkt sich daher auf Vorschläge zur Stärkung horizontaler *accountability* zwischen Geberinstitutionen in Bezug auf die unabhängige Evaluation ihrer Projekte, um diese effizienter zu machen.[34] Die Standards größtmöglicher Effizienz und der Armutsbekämpfung als Priorität setzt er dabei als gegeben voraus.

32 Bohman 2004, S. 347.

33 Wenar 2006, S. 9.

34 Wenar 2006, S. 17-23. Darüber hinaus wird in der stärker normativ orientierten Literatur vor allem die *accountability* von NGOs diskutiert; vgl. dazu: Ebrahim 2003; Rubenstein 2014.

Inwieweit ein solcher Mechanismus zur Realisierung von Nicht-Beherrschung in den Geber-Empfänger-Beziehungen beiträgt, ist fraglich, denn die beherrschten Empfänger sind gar nicht an den anvisierten Mechanismen beteiligt.

Auch Grant/Keohane halten partizipatorische Formen der *accountability*, in denen es die Machtunterworfenen selbst sind, die die Mächtigen zur Rechenschaft ziehen, im internationalen Kontext für zu anspruchsvoll.[35] Sie identifizieren eine Reihe realistischerer *accountability*-Strukturen, wie z.B die fiskalische Rechenschaft von NGOs gegenüber ihren Mitgliedern oder Spender_innen, diejenige von internationalen Institutionen gegenüber ihren Mitgliedsstaaten oder die *accountability* von schwachen Staaten gegenüber internationalen Organisationen, und weisen lediglich am Rande darauf hin, dass schwache Staaten selbst kaum in der Lage sind, andere Akteure zur Rechenschaft zu ziehen.[36] Rubenstein beschäftigt sich zwar mit behelfsmäßigen Möglichkeiten der Herstellung von Rechenschaftspflichtigkeit unter Bedingungen extremer Machtasymmetrien, in denen die Machtunterworfenen keine Sanktionsmöglichkeiten haben. Sie plädiert für ein Surrogat-Modell, in dem der Mächtige einem Dritten gegenüber rechenschaftspflichtig ist. Demnach könnte eine autokratische Regierung zwar nicht von den jeweiligen Bürger_innen, wohl aber durch internationale Geber zur Rechenschaft gezogen werden.[37]

Ein solches Modell ist aus der Perspektive der Nicht-Beherrschung jedoch eher als Verdichtung von Strukturen mehrfacher Beherrschung denn als Schritt zur Realisierung von Gerechtigkeit zu verstehen, verschiebt es doch die entscheidende Macht auf internationale Expert_innen, anstatt die Machtunterworfenen zu ermächtigen. Die Herstellung von *accountability* in der Entwicklungszusammenarbeit muss, soll sie zur Realisierung von Nicht-Beherrschung beitragen, in stärker partizipatorischem Sinne, d. h. von Seiten der Beherrschten her, gedacht werden.[38] Das bedeutet nicht, dass die Regierungen von Nehmerländern nicht für die Ver-

35 Grant/Keohane 2005, S. 33.

36 Grant/Keohane 2005, S. 40.

37 Rubenstein 2007, S. 624 f.

38 Diese Kritik am *accountability*-Diskurs entspricht der kritischen Diskussion von Pettits schlankem, im Wesentlichen auf indirekter Kontrolle beruhendem Modell internationaler Demokratie (vgl. oben Abschnitt 9.3.2.).

wendung erhaltener Mittel in fiskalischem Sinne rechenschaftspflichtig wären. Die Hauptrichtung von *accountability*-Strukturen sollte jedoch von Gebern zu Nehmern laufen, und das heißt zu den mehrfach Beherrschten selbst. Da sie weniger Sanktionsmöglichkeiten genießen als die Mächtigen, bedarf es insbesondere der Einrichtung von *accountability*-Strukturen, die ihnen Möglichkeiten der Kontrolle eröffnen. Dabei muss berücksichtigt werden, dass die Standards einer solchen Kontrolle ebenfalls nicht einseitig gesetzt werden dürfen. Dementsprechend gilt es, den auf Verrechtlichung abzielenden Grundsatz der *accountability* nicht nur mit Blick auf die Richtung der Rechenschaftspflichtigkeit zu konkretisieren, sondern zugleich mit Elementen zu kombinieren, die auf die Politisierung grundlegender Standards ausgerichtet sind.

Dazu bietet sich ein Rückgriff auf Modelle *partizipatorischer Entwicklung* an. Sie wurden bereits in den späten 1970er Jahren im Zusammenhang mit der Ablösung des Paradigmas ökonomischer Entwicklung durch das menschlicher Entwicklung in entwicklungstheoretischen und -politischen Debatten entwickelt und erfuhren in den 1990er Jahren im Kontext der Debatte um die Wirksamkeit der Entwicklungspolitik neue Aufmerksamkeit.[39] Hinter dieser Wiederbelebung partizipativer Konzepte steht die Annahme, dass programmbasierte Entwicklungszusammenarbeit nur dann wirksam sei, wenn sie in lokaler Eigenverantwortung (*ownership*) geplant und durchgeführt werde. Aus dieser Perspektive dienen partizipatorische Projektstrukturen primär der Sicherung langfristiger Effektivität entwicklungspolitischer Projekte. Eine grundlegende Infragestellung der vorausgesetzten Standards ist dementsprechend nicht vorgesehen; der Schwerpunkt liegt vielmehr auf der Mobilisierung lokaler Unterstützung der bereits geplanten Projekte.[40]

Kritiker_innen bezeichnen derartige Ansätze daher als neue Formen entwicklungspolitischer Tyrannei.[41] Sie merken an, partizipatorische Ansätze seien letztlich Instrumente einer Depolitisierung, da sie die Beteiligung von Adressat_innen der Entwicklungszusam-

39 Für einen Überblick über partizipatorische Ansätze in der Entwicklungszusammenarbeit: Bliss/Neumann 2008.

40 Vgl. Woods 2000, S. 824.

41 Cooke/Kothari 2001; vgl. zu Perspektiven der Überwindung dieser Kritik: Hickey/Mohan 2004.

menarbeit in vorgegebene institutionelle Strukturen einpassten, die von Bewilligungsverfahren über Budgetfristen bis hin zur Datenerhebung und Rechenschaftsberichten reiche und von partizipatorischen Defiziten auf der strukturpolitischen Ebene ablenke: partizipatorische Entwicklung »wird in ein Paket verwandelt – für sich allein stehend und handhabbar, um zur institutionellen Kultur [der Entwicklungspolitik, Anm. D.G.] zu passen, und aus Bausteinen bestehend, die es flexibel und übertragbar auf verschiedenste Projektgrößen, Aufgaben und Kontexte machen«.[42]

Aus der Perspektive der Realisierung von Nicht-Beherrschung weist eine derartige Kritik auf wichtige Punkte hin: Steht die Unterstützung der Realisierung kollektiver Selbstbestimmung im Mittelpunkt, so reicht die institutionalisierte Beteiligung verschiedener Interessengruppen in möglicherweise sogar standardisierten Entscheidungs- oder Konsultationsverfahren nicht aus. Partizipative Ansätze, die die normative Autorität der beteiligten Akteure achten, müssen vielmehr kontextspezifisch entworfen, mit weiteren Öffentlichkeiten verknüpft und dabei selbst als reflexive Praxis einer schrittweisen Einholung willkürlicher Macht aufgefasst werden, der immer wieder von neuem eine Infragestellung nicht nur der Ergebnisse, sondern auch der Verfahren ermöglicht. Partizipatorische Strukturen auf der Projektebene sind somit als Elemente einer Politisierung der Entwicklungszusammenarbeit zu verstehen, die darauf abzielt, die in ihr angelegten Beherrschungsverhältnisse einzuhegen. Sie sind eng verbunden mit entsprechenden Politisierungsprozessen auf der weiteren entwicklungspolitischen Ebene, auch wenn ihr Fokus nicht auf der allgemeineren Programmplanung, sondern auf spezifischen entwicklungspolitischen Vorhaben liegt. Damit wird deutlich, dass die drei Ebenen einer nicht-beherrschenden Förderung kollektiver Selbstbestimmung ineinandergreifen und letztlich auf allen drei Ebenen weniger eine Politisierung der Handlungsfelder als vielmehr eine schrittweise Demokratisierung der Entwicklungspolitik selbst einfordern.

42 Kapoor 2008, S. 67.

11.3. Ansatzpunkte für institutionelle Reformen der Entwicklungspolitik

Im Anschluss an die Formulierung von Grundbedingungen einer nicht-beherrschenden Förderung kollektiver Selbstbestimmung gilt es abschließend, beispielhaft Ansatzpunkte zu identifizieren, wie diese ausgehend von der bestehenden Praxis der Entwicklungspolitik Schritt für Schritt realisiert werden können. Die Aufmerksamkeit liegt dabei aus zwei Gründen auf der Entwicklungspolitik und -zusammenarbeit: Zum einen wurde bereits auf wichtige strukturpolitische Maßnahmen, insbesondere ökonomischer Art, verwiesen.[43] Zum anderen steht die Praxis externer Demokratieförderung im Zentrum dieser Untersuchung, die insbesondere auf der Ebene der Entwicklungspolitik im weiteren Sinne und jener der Entwicklungszusammenarbeit zu verorten ist.

Hinsichtlich einer Verrechtlichung der Entwicklungspolitik im weiteren Sinne lassen sich in den vergangenen zwanzig Jahren durchaus Initiativen erkennen, die Ausgangspunkte entsprechender weiterer Reformschritte bilden könnten. Das Kernproblem liegt jedoch darin, neben der Verrechtlichung zugleich die Dimension der Politisierung einzufangen.

Von der Jahrtausendwende bis zum Jahr 2015 sollten die *Millennium Development Goals* (MDGs) die Entwicklungspolitik programmatisch leiten. Sie rücken nicht mehr Demokratie, sondern die Reduktion von Armut ins Zentrum entwicklungspolitischer Aufmerksamkeit, auch wenn die Förderung von *good governance* und Demokratie nach wie vor als wichtige Voraussetzungen betont werden. Häufig werden sie auf die von den Regierungsvertreter_innen aus 189 Ländern verabschiedete *United Nations Millennium Declaration* zurückgeführt, die wiederum Impulse aus den großen UN-Konferenzen des vorhergehenden Jahrzehnts aufnahm, an denen auch zivilgesellschaftliche Akteure beteiligt waren.[44] Erarbeitet und konkretisiert wurden sie indes vom DAC der OECD, der Weltbank, dem IWF und den Vereinten Nationen, die die MDGs deutlich enger fassten als die Ziele, die im Rahmen der großen Konferenzen formuliert worden waren. Dementsprechend werden die

43 Vgl. insbesondere Abschnitt 9.3. sowie 11.2.1.

44 GA Res. 55/2 (XXXXXV); vgl. Amin 2006; Saith 2006, S. 1168-1171.

MDGs als unilaterale Verengung des Entwicklungsverständnisses[45] kritisiert, die letztlich allein der neoliberalen Agenda des globalen Nordens diene und keine echte Demokratie erlaube.[46]

Pogge etwa kritisiert, dass ausgerechnet das zentrale Ziel der Armutsreduzierung auf einer wesentlich anspruchsloseren Armutskonzeption basiert, als es etwa der World Food Summit in Rom 1996 formulierte. Statt Armut in absoluten Zahlen zu halbieren, besteht das Ziel der MDGs lediglich darin, den Anteil der extrem Armen zu halbieren. Als Maß gilt dabei das umstrittene, von der Weltbank entwickelte Kriterium eines Einkommens von weniger als einem Dollar am Tag, das Armut auf einen bloßen Geldwert reduziert, der zwar einfach zu messen ist, die Realität von Armut indes nicht abbilden kann – und Armut in den Ländern des globalen Nordens gänzlich unsichtbar macht.[47] Die weltweit zunehmende soziale Ungleichheit wird von den MDGs ebenso wenig problematisiert wie die asymmetrischen ökonomischen und politischen Beziehungen zwischen globalem Norden und Süden.[48]

Vor diesem Hintergrund stieß die 2002 in Monterrey abgehaltene Konferenz über die Finanzierung von Entwicklungszusammenarbeit einen fortlaufenden, inklusiveren Koordinationsprozess zur Reform der Entwicklungspolitik und Steigerung ihrer Wirksamkeit an. Die in diesem Kontext im Jahre 2005 von Geberstaaten und -organisationen sowie Nehmerländern gemeinsam verabschiedete *Erklärung von Paris* machte die Prinzipien der Eigenverantwortung, der Harmonisierung, der Partnerausrichtung, der Ergebnisorientierung und der gegenseitigen Rechenschaftspflicht zu den Grundsätzen einer auf die Realisierung der MDGs ausgerichteten Entwicklungspolitik, die insbesondere die Wirksamkeit von ODA-

45 Vgl. Saith 2006, S. 1170.

46 Amin 2006; vgl. für einen Überblick der Kritiken Fehling u. a. 2013.

47 Pogge 2013; vgl. Saith 2006, S. 1172 f.

48 Bond 2006; Saith 2006, S. 1184-1187. Zwar besteht das achte und letzte MDG in der Etablierung einer globalen Entwicklungspartnerschaft; die Operationalisierung beschränkt die Indikatoren jedoch im Wesentlichen auf die Bereitstellung von Entwicklungshilfe, punktuelle Schuldenerleichterungen für die kleinsten und die am wenigsten entwickelten Länder und zoll- und quotenfreie Einfuhrregelungen für deren Exporte sowie den Zugang zu Medikamenten und Informationstechnologie.

Leistungen[49] und die Anstrengungen der Partnerländer verbessern sollten.[50] Die drei Jahre später beschlossene *Accra-Agenda* zur Vertiefung und Beschleunigung der Umsetzung der Pariser Erklärung betont erneut diese Grundsätze. Sie sieht unter anderem vor, dass ODA-Mittel längerfristig geplant und diese Planungen offengelegt werden, so dass die Nehmerländer besser planen können, dass in den Nehmerländern Parlamente und Zivilgesellschaft stärker in den Entwicklungsprozess einbezogen und politische Steuerungskapazitäten ausgebaut werden und dass die Geber ihre Berichts- und Evaluierungsverfahren aneinander angleichen und ihre Strategien und Verfahren an den Strategien und Verfahren der Partnerländer ausrichten.[51] Die 2011 in Busan beschlossene Partnerschaft für effektive Entwicklungszusammenarbeit betont die demokratische *ownership* von Entwicklungsprogrammen und -prozessen, die zentrale Bedeutung der Stärkung von Süd-Süd-Partnerschaften und der Inklusion verschiedener Akteure, insbesondere auch der Zivilgesellschaft sowie der *accountability* von Entwicklungszusammenarbeit gegenüber allen Bürger_innen.[52]

Zwar scheinen diese Grundsätze aus Sicht der Nicht-Beherrschung insofern sinnvoll, als sie die Machtasymmetrie zwischen Gebern und Nehmern durch gegenseitige Verpflichtungen zu mindern suchen. Dennoch ist zum einen festzustellen, dass es im Gefolge dieses Koordinationsprozesses keineswegs zu strukturellen Veränderungen kam. Weder wurde ein rechtlicher Mechanismus geschaffen, der die Bereitstellung von Mitteln der Willkür der Geber entzieht, noch wurden Stimmgewichtungen innerhalb der Weltbank und des IWF reformiert oder der Einfluss des DAC durch eine Öffnung gegenüber Nehmern verändert. Insofern leistet der Koordinationsprozess allenfalls erste, wenngleich wichtige Schritte hin zu einer Verrechtlichung der Entwicklungspolitik. Zum anderen fällt auf, dass die artikulierten Grundsätze letztlich alle dem Ziel größtmöglicher Effizienz bei der Umsetzung der MDGs untergeordnet werden. Die Frage, nach welchen Maßstäben diese zu bemessen ist, wer darüber bestimmt und inwieweit es Ausdruck

49 Official Development Aid nach den Kriterien des DAC der OECD; vgl. oben, Kapitel 11, Fn. 7.

50 High Level Forum on Aid Effectiveness 2005.

51 High Level Forum on Aid Effectiveness 2008.

52 High Level Forum on Aid Effectiveness 2011.

des Rechts auf kollektive Selbstbestimmung ist, sowohl Prioritäten und Strategien als auch die Ziele selbst zu bestimmen, auch wenn dies kurz- oder mittelfristig nicht effizient scheinen mag, wird nicht thematisiert. Die gegenseitige Rechenschaftspflicht bezieht sich vorrangig auf Ergebnisse, weniger auf Prozesse und die Frage danach, wer in diesen mit normativer Autorität agieren kann. Von einer Politisierung der Entwicklungspolitik im oben beschriebenen Sinne ist dieser Prozess trotz personaler Inklusion vieler Staaten und konsultativer Beteiligung der Zivilgesellschaft daher weit entfernt.

Angesichts der scharfen Kritik am Prozess der Formulierung, Konzeptualisierung und Implementation der MDGs scheint sich jüngst ein Umdenken mit Blick auf die programmatische Gestaltung der Entwicklungspolitik abzuzeichnen. Die sogenannte *Agenda 2030*, die das Nachfolgeprogramm der MDGs formuliert, basiert – anders als die MDGs – auf einem breiten Konsultationsprozess. Er wurde auf dem Rio+20 Gipfel 2012 angestoßen und führte nach zahlreichen thematischen, einzelstaatlichen und regionalen, Konsultationen sowie webbasierten Umfrage- und Diskussionsplattformen schließlich 2015 zur Verabschiedung der *Agenda für nachhaltige Entwicklung* durch die Generalversammlung der Vereinten Nationen.[53] Die darin festgelegten siebzehn *Sustainable Development Goals* (SDGs) umfassen ein deutlich breiteres Spektrum an Zielen, die auch die Geberstaaten in die Pflicht nehmen, sich zu entwickeln, vor allem mit Blick auf nachhaltige Produktion und Konsum sowie soziale Gleicheit. Zudem formulieren sie ausdrücklich das Ziel, den Zugang zu Gerechtigkeit gerade auch durch effektive, rechenschaftspflichtige und inklusive Institutionen auf internationaler Ebene zu stärken.

Dennoch spielgeln sich im Prozess der Formulierung der SDGs sowie in ihrem Gehalt ähnliche Probleme wie schon mit Blick auf die MDGs oder frühere Entwicklungsdekaden. Obwohl es erklärtes Ziel des von den Vereinten Nationen durchgeführten Konsultationsprozesses war, die Stimmen der Armen und Marginalisierten hörbar zu machen, zeigt sich im Prozess der Ausarbeitung der Agenda 2030 erneut die bereits unter II.2.3. dargestellte Problematik von partizipatorischen Ansätzen, die in den Händen mächtiger Akteure von Instrumenten der Politisierung in solche der Depoli-

53 GA Res. 70/1.

tisierung umschlagen. So wird ausgerechnet die Beteiligung struktureller Minderheiten wie indigener Völker als rein instrumentell statt transformativ kritisiert.[54] Kritische Stimmen fanden demnach kein Gehör. Vielmehr diente der Konsultationsprozess eher einer Legitimierung der nach wie vor von wenigen mächtigen Akteuren kontrollierten Entwicklungsagenda als einer Politisierung der entscheidenden Konzepte und Machtstrukturen.[55]

Das Ziel, *accountability*-Mechanismen auf allen Ebenen einzuführen, erwies sich als heftig umstritten. Gerade vor dem Hintergrund des Prozesses zur Steigerung der Wirksamkeit der Entwicklungspolitik und der mit ihm verbundenen einseitigen Rechenschaftspflichtigkeit gegenüber Geberinstitutionen wehrten sich viele Entwicklungsländer gegen die Sprache der *accountability*.[56]

Diese Abwehr ist durchaus begründet, gerade auch angesichts der Bilanz von Reforminitiativen auf der Ebene der Entwicklungszusammenarbeit im engeren Sinne. Zwar lässt sich für die vergangenen zwanzig Jahre eine zunehmende Formalisierung und Verrechtlichung von *accountability*-Strukturen konstatieren, die im Prinzip einen Ausgangspunkt für weitere Reformen bilden könnten. Philipp Dann stellt jedoch aufbauend auf einer Übersicht über unterschiedliche, primär rechtsbasierte und fiskalische *accountability*-Mechanismen, die zum Teil multilaterale Geberinstitutionen, zum Teil aber auch Nehmerstaaten gegenüber Gebern oder wechselseitig gegenüber anderen Nehmerstaaten in die Pflicht nehmen, fest, dass Geber primär gegenüber administrativen Einheiten innerhalb der Geberinstitutionen rechenschaftspflichtig seien, die sich zudem die relevanten Standards selber setzten.[57] Die von Entwicklungsmaßnahmen betroffenen Bürger_innen sowie ihre Regierungen verfügen dagegen kaum über Zugang zu *accountability*-Strukturen. Dies lässt sich selbst anhand von zwei Initiativen zeigen, die auf den ersten Blick wie innovative Schritte hin zur Umsetzung der Grundsätze von *accountability* bzw. Partizipation im Sinne der Nicht-Beherrschung scheinen mögen: dem Weltbank-Inspection-Panel sowie dem Prozess der *Poverty Reduction Strategy Papers*.

54 Enns u. a. 2014, S. 360.
55 Enns u. a. 2014, S. 371.
56 Vgl. Donald/Way 2016.
57 Dann 2006, S. 399.

Das Weltbank-Inspection-Panel wurde 1993 vom Exekutivdirektorium der Weltbank ins Leben gerufen. Es eröffnet die Möglichkeit von Individualbeschwerden durch mindestens zwei Personen (oder eine NGO, die diese vertritt),[58] die geltend machen können, dass sie in ihren

> Rechten oder Interessen beeinträchtigt wurden oder wahrscheinlich werden durch ein Handeln oder ein Unterlassen der Bank infolge eines Versagens der Bank, mit Blick auf die Planung, Auswertung und/oder Durchführung eines von der Bank finanzierten Projektes [...] ihre operationalen Richtlinien und Verfahren einzuhalten, vorausgesetzt, dass dieses Versagen materiell schädigende Wirkungen hat oder zu haben droht.[59]

Damit ist das Inspection Panel die erste institutionalisierte *accountability*-Struktur, die eine multilaterale Geberorganisation gegenüber den unmittelbar von ihren Projekten Betroffenen rechenschaftspflichtig macht.[60] Es schlägt aus Sicht der Gerechtigkeit als Nicht-Beherrschung einen vielversprechenden Weg ein, eröffnet es doch individuelle und kollektive Kontestationsmöglichkeiten. Dennoch steht die Struktur des Panel in mindestens drei Hinsichten einer Realisierung von Nicht-Beherrschung im Wege.

Erstens prüft das Inspection Panel lediglich die Zulässigkeit einer Beschwerde. Die Entscheidung über die Eröffnung eines Ermittlungsverfahrens bleibt dagegen dem Exekutivdirektorium der Weltbank vorbehalten.[61] Es kann somit zwar gezwungen werden, sich mit einem konkreten Fall auseinanderzusetzen; dennoch führt eine vom Panel angenommene Beschwerde keineswegs zwangsläufig zu entsprechenden Ermittlungen. In dieser Hinsicht bleiben die Beschwerdeführer_innen vielmehr vom mächtigen Exekutivdirektorium abhängig, das die ökonomischen und politischen Machtverhältnisse widerspiegelt.

58 Dass es sich um mindestens zwei Personen handeln muss, wurde erst 1996 klargestellt (World Bank 1996, S. 1).

59 IBRD Res. 93-10 und IDA Res. 93-6, Art. 12.

60 Mittlerweile haben weitere regionale multilaterale Entwicklungsbanken ähnliche Strukturen geschaffen; vgl. für einen Überblick Bissell/Nanwani 2009. 1999 wurde darüber hinaus mit dem *Office of Compliance Adviser/Ombudsman* (CAO) der International Finance Corporation und der Multilateral Investment Guarantee Agency, d. h. dem privatwirtschaftlichen Kreditbereich der Weltbankgruppe eine weitere Struktur geschaffen, die Individualbeschwerden zulässt.

61 IBRD Res. 93-10 und IDA Res. 93-6, Art.19.

Zweitens ist es auch das Exekutivdirektorium der Weltbank, das im Anschluss an ein durchgeführtes Verfahren über mögliche Konsequenzen entscheidet.[62] Zwar stellt bereits die Durchführung eines solchen Verfahrens eine gewisse Öffentlichkeit für den jeweiligen Fall her und kann somit öffentlichen Druck generieren, der über die formal beschlossenen Konsequenzen hinaus wirksam wird, etwa mit Blick auf zukünftige Projekte der Weltbank oder institutionelle Reformen. Dennoch stärkt die Einrichtung des Inspection Panel auch in dieser Hinsicht zugleich insofern die Macht des Exekutivdirektoriums, als es gerade nicht die Betroffenen selbst sind, die an der Identifizierung entsprechender Gegenmaßnahmen beteiligt sind. Selbst im Falle einer begründeten Beschwerde ist somit keineswegs sichergestellt, dass sich auf der Projektebene tatsächlich etwas ändert.

Drittens ist das Mandat des Inspection Panels beschränkt: Es prüft lediglich einen Verstoß gegen die operativen Richtlinien und Verfahren der Weltbank.[63] Damit deckt sein Mandat nur Fälle ab, in denen nachteilige Effekte auf Seiten der Betroffenen auf eine Verletzung von internen Verfahrensstandards zurückzuführen sind. Dabei handelt es sich ausschließlich um interne Verfahrensstandards, die von dem rechenschaftspflichtigen Akteur, d. h. der Weltbank, selbst gesetzt wurden. Dies wirft nicht nur die zentrale Frage nach der normativen Autorität über diese Standards auf. Die Tatsache, dass es sich um interne Verfahrensstandards der Weltbank handelt, beschränkt zugleich den Zugang zu dem Panel, da eine Beschwerde detaillierte Kenntnisse über die entsprechenden Verfahren der Weltbank voraussetzt. Dies bedeutet, dass Betroffene in der Regel auf die Unterstützung von Expert_innen in diesem Feld – häufig ressourcenstarke NGOs aus den Geberländern – angewiesen sind, um überhaupt eine Beschwerde einzuleiten.[64]

Insgesamt gesehen ist das Weltbank Inspection Panel damit aus Sicht der Grundbedingungen einer nicht-beherrschenden Förderung kollektiver Selbstbestimmung kritisch zu beurteilen; die angeführten Kritikpunkte deuten jedoch an, wo angesetzt werden müsste, um es zu einem Instrument der Realisierung von Nicht-Beherrschung zu machen. In diesem Zusammenhang muss zudem

62 IBRD Res. 93-10 und IDA Res. 93-6, Art. 22 und 23.

63 IBRD Res. 93-10 und IDA Res. 93-6, Art.12.

64 Vgl. Clark 2003.

daran erinnert werden, dass ein solches Instrument ohnehin nicht alle Probleme der Beherrschung zu lösen vermag, sondern lediglich ein Element einer schrittweisen Einholung willkürlicher Macht darstellt. Nicht nur müssten auch alle anderen multi- und bilateralen Geber derartige *accountability*-Strukturen einrichten; diese sind insbesondere um partizipative Elemente zu ergänzen, die einen normativen Zugriff der Beherrschten auf das institutionelle Design ebenso wie auf konkrete Ziele und Projektdesigns sowie Standards ihrer Evaluierung erlauben.

Auch in dieser Hinsicht lässt sich im Umfeld der Weltbank eine Initiative identifizieren, die auf den ersten Blick vielversprechend aussieht: die 1999 im Rahmen der Entschuldungsinitiative der G7 eingeführten *Poverty Reduction Strategy Papers* (PRSP). Sie machen die Schuldenerleichterung sowie den Zugang zu Krediten im Rahmen der Weltbanktochter International Development Association (IDA) und der Poverty Reduction Growth Facility des IWF von der Ausarbeitung von Strategiepapieren zur Armutsminderung abhängig, die von der jeweiligen Regierung unter Beteiligung aller relevanten gesellschaftlichen Gruppen entwickelt, implementiert und in regelmäßigen Abständen evaluiert und weiterentwickelt werden.[65] Sie sollen in Orientierung an den MDGs konkrete Ziele und Indikatoren zur Überprüfung ihrer Umsetzung formulieren und die Basis für eine koordinierte Unterstützung durch Geber bilden. Damit verleiht das Instrument der PRSP dem Prinzip der *ownership* Ausdruck, das die Ausarbeitung und Umsetzung einer Entwicklungsstrategie primär in die Eigenverantwortung des Nehmerstaates unter Partizipation der relevanten sozialen Gruppen legt. Mittlerweile beteiligen sich auch andere Geber an der Unterstützung dieser Prozesse oder knüpfen ihre entwicklungspolitische Kooperation selbst an die Bedingung der Ausarbeitung derartiger PRSP durch den jeweiligen Partner. Die *Pariser Erklärung* etwa basiert auf den Grundprinzipien des PRSP-Prozesses und weitet diese auch auf andere Bereiche nationaler Entwicklungsstrategien aus.[66] Damit bekennen sich grundsätzlich auch Nehmerstaaten zu dieser Art der Entwicklungspartnerschaft.

Aus der Perspektive der Nicht-Beherrschung scheint diese Initiative insofern interessant, als sie nicht nur von der Eigenverant-

65 IMF/IDA 1999.

66 Vgl. High Level Forum on Aid Effectiveness 2005, Art. 14 und Art. 16.

wortung der Nehmerländer für die Formulierung ihrer eigenen Entwicklungsziele und -strategien ausgeht, sondern zugleich eine Verbindung zwischen lokalen partizipatorischen Ansätzen und der staatlichen Ebene herstellt: Zwar tragen letztlich die Regierungen die Verantwortung für die jeweilige Entwicklungsstrategie; sie können jedoch nicht über die betroffenen gesellschaftlichen Gruppen hinweg entscheiden. Damit, so könnte man argumentieren, verleiht der PRSP-Prozess dem Prinzip kollektiver Selbstbestimmung als Nicht-Beherrschung in den Außenbeziehungen Ausdruck und stärkt zugleich die inneren Voraussetzungen der Ausübung kollektiver Selbstbestimmung. Dennoch erweist sich auch dieses Instrument mit Blick auf die Transformation von Beherrschungsstrukturen im Zuge der Projektplanung und -umsetzung als problematisch.

Die Anforderung der Erstellung von PRSP ist eine Bedingung für die Inanspruchnahme finanzieller Leistungen, die von den jeweiligen Gebern zunächst einseitig festgelegt wurde.[67] Auch die Formen der Umsetzung der Grundsätze der Eigenverantwortung und der gesellschaftlichen Partizipation werden dementsprechend von den jeweiligen Geberinstitutionen bestimmt. Den Weltbank- und IWF-Kriterien entsprechend sollen die Strategiepapiere zur Armutsminderung auf einem breiten konsultativ-partizipatorischen Prozess beruhen, diesen entsprechend dokumentieren, eine Armutsanalyse vorlegen, Ziele und Strategien formulieren, Unterstützungsbedarf identifizieren sowie fortlaufendes Monitoring und regelmäßige Evaluationen und Überarbeitungen vorsehen.[68] Zudem sind sie dem Exekutivrat der Weltbank vorzulegen und müssen von diesem genehmigt werden.[69] Ein solcher Prozess bindet nicht nur ohnehin begrenzte administrative Kapazitäten, was dazu führt, dass internationale Expert_innen häufig bereits im Prozess der Ausarbeitung eines solchen Strategiepapiers eine aktivere Rolle einnehmen als vorgesehen.[70] Zudem übergeht dieser administrativ aufwendige Prozess bestehende demokratische Rechtsetzungsprozesse mit Blick auf sozial- und wirtschaftspolitische Fragen in den

67 Vgl. zu dieser Kritik Dann 2012, S. 286f.

68 IMF/IDA 1999, Teil III, insbesondere Art. 14 sowie Appendix I.

69 IMF/IDA 1999, Art. 33-38, insbesondere 35.

70 Vgl. für eine etwas polemische, aber sehr eindrückliche Beschreibung dieses Verfahrens: Easterly 2006, S. 152-154.

jeweiligen Staaten, indem er zusätzlich ein Strategiepapier nach den geforderten Schritten verlangt.[71]

Auch unabhängig von derartigen Problemen der Überforderung oder Ignoranz gegenüber lokalen politischen Prozessen bleibt fraglich, inwieweit der Prozess der PRSP tatsächlich die normative Autorität der jeweiligen politischen Gemeinschaft stärkt. Zwar soll die Regierung unter Mitarbeit der Zivilgesellschaft die jeweilige Strategie selbständig entwerfen; sie ist jedoch mit Blick auf das konkrete Verfahren ebenso wie mit Blick auf dessen substantielle Ergebnisse den Geberinstitutionen Rechenschaft schuldig, und zwar auch dann, wenn dazu ihre politische Rechenschaftspflichtigkeit gegenüber dem Volk übergangen werden muss. Die Formalisierung eines partizipativen Verfahrens wie der PRSP stabilisiert somit letztlich die Machtasymmetrie zwischen Geber und Nehmer, indem sie das ohnehin bestehende Abhängigkeitsverhältnis kodifiziert, ohne dem Nehmer Zugriff auf diese Kodifizierung zu geben.

Zudem ist zweifelhaft, ob unter diesen Bedingungen tatsächlich eine deliberative Programmierung der zentralen entwicklungspolitischen Entscheidungen möglich ist. Die Ergebnisse des jeweiligen konsultativen Prozesses stehen nicht nur unter dem Vorbehalt einer Billigung durch die Geber; der konsultative Einbezug von zuvor identifizierten *stakeholder* erfolgt zu bereits gesetzten Agenden und in vorbestimmten Verfahren, d. h., die Betroffenen verfügen weder über Entscheidungsmacht noch über Möglichkeiten, in informellen Öffentlichkeiten generierte kommunikative Macht in den politischen Prozess einzuspeisen. Easterly kritisiert in diesem Zusammenhang zu Recht: »Für die Hilfsorganisationen ist Partizipation ein apolitisches technisches Verfahren der Konsultation von Armen.«[72] Der PRSP-Prozess basiert auf formellen, jedoch trotzdem schwachen Öffentlichkeiten, die sowohl hinsichtlich der Politisierung von Verfahrensfragen als auch hinsichtlich der Ausweitung der thematischen Reichweite der Diskurse in ihrer Macht beschränkt sind.

Zusammenfassend lässt sich damit festhalten, dass es auf allen drei Ebenen, also der allgemeineren strukturpolitischen Ebene, der

71 Easterly 2006, S. 127f.; vgl. für eine kritische Auseinandersetzung mit den Managmenttechniken der Partnerschaftsinstrumente Abrahamsen 2004 sowie am Beispiel Indonesiens Crawford 2003.

72 Easterly 2006, S. 127.

entwicklungspolitischen Ebene im weiteren Sinne und auch der Ebene der Entwicklungszusammenarbeit, einer Verrechtlichung, vor allem aber einer Politisierung bedarf, und zwar nicht primär mit Blick auf die Handlungsfelder der Entwicklungspolitik, sondern vielmehr hinsichtlich ihrer eigenen Struktur. In diesem Sinne verlangt eine an der Realisierung von Gerechtigkeit als Nicht-Beherrschung und damit an der Förderung kollektiver Selbstbestimmung ausgerichtete Entwicklungspolitik auf allen drei Ebenen selbst eine Demokratisierung als zentralen Schritt hin zur nicht-beherrschenden Förderung und Ausübung kollektiver Selbstbestimmung. Mit anderen Worten, die Dialektik der Universalisierung der Demokratie, die sich insbesondere in der entwicklungspolitischen Praxis der Demokratieförderung niederschlägt, ist nur auf dem Wege einer schrittweisen und fortschreitenden Demokratisierung der Entwicklungspolitik einzuholen, und zwar sowohl hinsichtlich ihrer Inhalte als auch in Bezug auf ihre Verfahren und Prozesse.

12. Fazit:
Eine kritische Theorie externer Demokratieförderung

Ausgangspunkt der Untersuchung war die Feststellung, dass die Demokratie in den vergangenen Jahrzehnten, weltpolitisch betrachtet, eine zwiespältige Rolle eingenommen hat: Während sich in den 1990er Jahren eine weltweite Ausbreitung der Demokratie als Regierungsform und Ideal abzeichnete, in deren Zug externe Demokratieförderung zum Leitmotiv westlicher Außen- und Entwicklungspolitik aufstieg, gerät diese seit der Jahrtausendwende zunehmend unter Druck: Wachsender politischer Widerstand und Imperialismusvorwürfe machen darauf aufmerksam, dass mit der aktiven Universalisierung der Demokratie zugleich asymmetrische Machtverhältnisse reproduziert und verschärft werden.

Diese Kritik wurde in der politischen Praxis ebenso wie in der Politikwissenschaft überwiegend als politische Herausforderung verstanden, die es durch eine entsprechende Anpassung der Demokratisierungsstrategien zu überwinden gelte. Erste Rufe danach, sie als normative Herausforderung ernst zu nehmen, fanden ausgerechnet in der politischen Theorie und Philosophie keinen Widerhall. Einer grundlegenden Infragestellung der konzeptionellen und normativen Grundlagen externer Demokratisierungspolitik steht, so die Ausgangsthese des Buches, zum einen die Machtvergessenheit weiter Teile der Gerechtigkeitstheorie im Wege. Distributive Ansätze konzentrieren sich weitgehend auf Verteilungsfragen und wissen weder die zunehmende Politisierung entwicklungspolitischer Handlungsfelder noch die sich daran entzündende Kritik als Gerechtigkeitsfragen zu thematisieren. Zum anderen reduziert die machttheoretische Engführung der vorherrschenden Konzeption kollektiver Selbstbestimmung als Nicht-Einmischung die Auseinandersetzung um externe Demokratieförderung auf die Frage nach Zwang und damit nach einzelnen Instrumenten. Damit verfehlt sie jedoch die Tragweite des strukturell angelegten Imperialismusvorwurfs.

Diese Defizite lassen sich, folgt man dieser Untersuchung, mithilfe einer kritisch-republikanischen Theorie der Gerechtigkeit als Nicht-Beherrschung überwinden. Sie geht von Pettits neorepublikanischer Theorie der Nicht-Beherrschung aus, entwickelt diese jedoch in Auseinandersetzung mit der diskurstheoretisch gewendeten kantischen Tradition republikanischen Denkens in normativer, machttheoretischer und institutionentheoretischer Hinsicht weiter. Dazu wendet sie zunächst den normativen Kern des Begriffs der Beherrschung reflexiv. Denn um sowohl die Praxis externer Demokratieförderung als auch ihre Kritik wiederum einer Kritik unterziehen zu können, bedarf eine Theorie der Nicht-Beherrschung nicht nur demokratie- und machttheoretischen Potentials; sie muss sich selbst als Teil der kritisierten Machtverhältnisse begreifen können. Sie muss, mit anderen Worten, den grundlegenden normativen Maßstab nicht nur auf gesellschaftliche Verhältnisse, sondern auch auf sich selbst anwenden können. Pettits freiheitstheoretischer Zugang zum Begriff der Beherrschung bezieht sich jedoch allein auf den Schutz persönlicher Autonomie im Sinne praktischer Rationalität und damit auf autonome Adressat_innen praktischer Normen. Er kann daher die unhintergehbaren Voraussetzungen diskursiver Praktiken nicht selbst als Bedingungen der Prüfung von Geltungsansprüchen praktischer Normen begreifen.

Die kritisch-republikanische Theorie der Gerechtigkeit als Nicht-Beherrschung versteht den normativen Kern des Begriffs der Beherrschung dagegen als Verweigerung des sozialen Status normativer Autorität. Er umfasst nicht nur die Dimension autonomer Adressat_innen, sondern auch jene autonomer Autor_innen praktischer Normen. Dieser dezidiert diskurstheoretische Zugang zum Begriff der Beherrschung erlaubt nicht nur die nötige Reflexivität, die insbesondere für die Einholung paternalistischer Rechtfertigungen imperialer Formen von Beherrschung von zentraler Bedeutung ist. Zugleich wendet er die Frage nach Nicht-Beherrschung gerechtigkeitstheoretisch, denn er fragt nicht allein nach dem Schutz von Handlungsspielräumen, sondern nach der Geltung und damit der Rechtfertigung praktischer Normen. Das *Prinzip der Nicht-Beherrschung* spezifiziert demnach das allgemeine Rechtfertigungsprinzip mit Blick auf politisch-rechtliche Kontexte. Es benennt die politischen und sozialen Voraussetzungen, unter denen wir einander als normative Autoritäten begegnen können und das Rechtfertigungsprinzip somit in sozialen Handlungszusammenhängen wirksam werden kann. Es impliziert ein moralisches *Recht auf Nicht-Beherrschung*, das eine Institutionalisierung eben jener Voraussetzungen einer kollektiven Rechtfertigungspraxis einfordert und angibt, unter welchen Umständen wir einander keine individuelle Rechtfertigung schulden, sondern institutionalisierte Rechtfertigungsverfahren: jenen der Beherrschung.

Die Theorie der Gerechtigkeit als Nicht-Beherrschung geht dementsprechend von einer Analyse gegebener Machtverhältnisse aus, um Beziehungen der Beherrschung offenzulegen und Ansatzpunkte ihrer Transformation zu identifizieren. Das Grundverständnis von Beherrschung als Verweigerung des Status normativer Autorität wurde dazu anhand der Konzeption von Beherrschung als willkürliche asymmetrische Strukturierung des Raums der Gründe konkretisiert. Sie unterscheidet sich in drei Hinsichten von Pettits klassischer Konzeption. Erstens verortet sie die soziale Realität von Beherrschung in der Struktur des Raums der Gründe und lenkt den Blick damit konsequent über einzelne Interaktionen hinaus auf gesellschaftliche Verhältnisse. Damit arbeitet sie die *strukturelle Dimension* von Beherrschung als Entzug eines sozialen Status heraus, die in Pettits dispositionalem Machtverständnis verloren zu gehen droht. *Interpersonale* Beherrschung zeichnet sich zwar durch das Vermögen willkürlicher Einmischung auf Seiten des Beherrschers aus. Da dieses Vermögen selbst strukturell mitkonstituiert ist, beschreibt interpersonale Beherrschung indes keine dyadische, sondern eine triadische Beziehung zwischen Beherrscher, Beherrschtem und peripheren Akteuren. *Systemische* Beherrschung bezieht sich im Gegenzug auf Beherrschte, die keinem identifizierbaren Beherrscher gegenüberstehen, deren Raum der Gründe aber dennoch durch die kumulativen Effekte der Handlungen peripherer Akteure auf eine Weise strukturiert wird, zu der sie nicht Stellung nehmen können.

Zweitens basiert die Konzeption von Beherrschung als willkürliche asymmetrische Strukturierung des Raums der Gründe auf einem *noumenalen Machtverständnis*. Es knüpft an das Grundverständnis von Beherrschung als Entzug normativer Autorität an, denn diese schützt nicht nur eine Sphäre individueller Handlungsfreiheit, sondern gerade auch das Vermögen, als Subjekt der Begründung und Rechtfertigung aufzutreten. Die strukturelle Abhängigkeit vom Willen Anderer, die den Kern des Begriffs der Beherrschung beschreibt, ist demnach als strukturelle Abhängigkeit von fremden Handlungsgründen zu deuten. Diese können einen persönlichen Willen ausdrücken; sie können aber auch die Form kumulativer Effekte einer unbegrenzten Zahl einzelner Handlungen Anderer annehmen, welche nicht in direktem Kontakt zu der beherrschten Person stehen. Auch diese Effekte treten dem beherrschten Akteur als – wenn auch indirekter, weil vermittelter – fremder Wille entgegen.

Drittens versteht die kritisch-republikanische Konzeption von Beherrschung den Begriff der Willkür in dezidiert intersubjektivem, *diskurstheoretischem* Sinne. Damit holt sie die reflexive Dimension normativer Autorität ein, die Pettits interessenbasiertes Willkürverständnis übergeht. Das diskurstheoretische Willkürverständnis setzt unmittelbar am noumenalen Machtverständnis an, denn es basiert nicht auf dem Begriff des Interesses, sondern dem des Grundes, und bestimmt gute Gründe – dem Geltungsanspruch moralischer bzw. politischer Normen entsprechend – anhand der prozeduralen Kriterien der Allgemeinheit und Reziprozität. Ein Machtverhältnis ist demnach willkürlich, wenn es nicht allgemein und reziprok gerechtfertigt werden kann, d. h., wenn es auf Gründen beruht, die nicht von allen geteilt werden können und in diesem Sinne fremde Gründe bleiben. Dies ist der Fall, wenn gar keine Verfahren der Rechtfertigung bestehen, zu denen der beherrschte Akteur Zugang hat (*fundamentale* Beherrschung), oder wenn praktische Normen trotz Rechtfertigungsverfahren auf Gründen beruhen, die allgemein und reziprok zurückgewiesen werden können (*nicht-fundamentale* Beherrschung).

Begreift man Gerechtigkeit als Frage nach den Voraussetzungen der Abwesenheit von Beherrschung, so rücken Institutionen nichtbeherrschender Herrschaft in den Fokus der Aufmerksamkeit der Gerechtigkeitstheorie. Denn nur sie erlauben einen kollektiv verbindlichen Zugriff auf die Kontextbedingungen sozialen Handelns und ermöglichen es, willkürliche Machtverhältnisse in nicht-willkürliche zu transformieren – vorausgesetzt, sie sind in der Lage, formale und materiale Willkürfreiheit politischer Herrschaft zu gewährleisten. Dazu müssen sie den normativen Gehalt des Prinzips der Herrschaft des Rechts, das formale Willkürfreiheit verspricht, sowie des Prinzips der Selbstgesetzgebung, welches materiale Willkürfreiheit gewährleistet, kontextabhängig zur Geltung bringen und so eine reflexive Praxis der Nicht-Beherrschung etablieren.

Die Konkretisierung dieser Prinzipien machte deutlich, dass

sich die Probleme von Pettits Grundverständnis der Beherrschung auf institutionentheoretischer Ebene in seiner demokratietheoretisch angelegten Konzeption der Nicht-Beherrschung spiegeln: Das Prinzip der Machtteilung übersieht die strukturelle Dimension der Beherrschung, während sein Modell öffentlicher Kontrolle die Dimension normativer Autorität vernachlässigt. Sie wurden daher durch ein gewaltenteilig angelegtes Verständnis der Herrschaft des Rechts sowie eine stärker partizipative Lesart des Prinzips der Selbstgesetzgebung im Sinne deliberativer Programmierung der Gesetzgebung modifiziert. Demokratische Strukturen in diesem Sinne sind Element und Realisierungsbedingung der Gerechtigkeit, da sie in fundamentaler Hinsicht Gerechtigkeit verwirklichen und zugleich Voraussetzungen der Verwirklichung weiterführender Gerechtigkeit im Zuge der durch sie ermöglichten Praxis der Nicht-Beherrschung benennen.

Die damit skizzierte Theorie der Gerechtigkeit als Nicht-Beherrschung ist *republikanisch* in dem Sinne, dass sie ausgehend von einer Auseinandersetzung mit Pettits Neorepublikanismus den Begriff der Beherrschung und damit die Sorge vor willkürlicher Macht und der mit ihr einhergehenden Abhängigkeit vom Willen Anderer ins Zentrum stellt und politische Institutionen als konstitutive Voraussetzung einer autonomen, kollektiven Praxis der Nicht-Beherrschung begreift. Diese Grundideen wurden jedoch im Sinne der (diskurstheoretisch gewendeten) kantischen Tradition republikanischen Denkens weiterentwickelt. Diese hebt die entscheidende Bedeutung der positiven Dimension normativer Autorität hervor und ersetzt, institutionell gesprochen, Pettits Modell einer machtteiligen öffentlichen Kontrolle durch ein im funktionalen Sinne gewaltenteiliges Modell von Volkssouveränität.

Zugleich ist die Theorie der Gerechtigkeit als Nicht-Beherrschung *kritisch* im methodischen Sinne eines Zusammendenkens von Gesellschaftsanalyse und normativer Theorie. Sie befragt politische und soziale Auseinandersetzungen darauf hin, inwieweit in ihnen Beziehungen der Beherrschung zum Vorschein kommen. Dementsprechend rückt sie die Frage nach der Struktur von Machtbeziehungen ins Zentrum der Gerechtigkeit und geht von einer Analyse gegebener gesellschaftlicher Machtverhältnisse aus. Dabei betont sie die strukturelle Dimension von Beherrschung, denn erst auf dieser Basis ist eine machtkritische Betrachtung gesellschaftlicher Verhältnisse (und nicht allein sozialer Interaktionen) möglich, die danach fragt, wie diese politisch im Rahmen einer autonomen Praxis der Nicht-Beherrschung überwunden werden können.

Mit der diskurstheoretischen Ausarbeitung des Begriffs der Beherrschung formuliert sie zugleich einen normativen Maßstab, der anzeigt, wie bestehende Verhältnisse der Beherrschung in Praktiken der Nicht-Beherrschung überführt werden können, ohne wiederum über die normative Autorität derer, die an ihnen teilnehmen, hinwegzugehen. Er benennt lediglich die politischen und sozialen Bedingungen dafür, dass die Geltung normativer Maßstäbe im Zuge einer autonomen Praxis durch die Unterworfenen selbst beurteilt werden kann. Die als *Demokratie* umrissenen Grundprinzipien der Herrschaft des Rechts und der Selbstgesetzgebung sowie ihrer sozialen Voraussetzungen sind dementsprechend weder als Telos der Gerechtigkeit noch als unmittelbar umzusetzende Blaupause gerechter Institutionen zu verstehen. Sie formulieren vielmehr normative Gehalte, die im Rahmen kontextspezifisch zu gestaltender demokratischer Institutionen zur Geltung gebracht werden müssen, um eine reflexive Praxis der Nicht-Beherrschung zu ermöglichen.

Angesichts der konstitutiven Bedeutung, die derartigen demokratischen Institutionen und Praktiken für die Realisierung von Gerechtigkeit als Nicht-Beherrschung zukommt, zielt die durch die ambivalente Universalisierung der Demokratie aufgeworfene Frage nach externer Demokratieförderung geradewegs in den Kern dieser kritisch-republikanischen Gerechtigkeitstheorie. Ausgehend von der Analyse bestehender Verhältnisse der Beherrschung muss sie danach fragen, warum die Realisierungsbedingungen von Gerechtigkeit weltweit betrachtet nicht einmal annähernd erfüllt sind – und damit auch danach, inwiefern und warum Versuche ihrer Förderung selbst in Beherrschung umschlagen und wo sich Ansatzpunkte für eine Transformation von Strukturen der Beherrschung in Praktiken der Nicht-Beherrschung zeigen. In diesem Sinne ist eine kritische Theorie externer Demokratieförderung die zentrale Aufgabe einer kritisch-republikanischen Theorie der Gerechtigkeit als Nicht-Beherrschung.

Dazu muss die skizzierte Theorie der Gerechtigkeit als Nicht-Beherrschung zunächst mit Blick auf zwischenstaatliche Kontexte konkretisiert werden. Zum einen stellt sich die Frage, wer für die

Errichtung von Institutionen der Nicht-Beherrschung verantwortlich ist – und inwieweit externe Demokratieförderung zu Recht als normativ geboten verstanden werden kann. Auf der Grundlage der dem Recht auf Nicht-Beherrschung korrespondierenden Pflicht zur Gerechtigkeit lässt sich zeigen, dass externe Akteure nicht nur eine allgemeine Beistandspflicht haben. In Anbetracht der vielfältigen Strukturen mehrfacher Beherrschung, in denen sich innerstaatliche und grenzüberschreitende Beherrschung wechselseitig verstärken, tragen sie vielmehr in ihrer Rolle als Beherrscher und periphere Akteure gemeinsam mit innerstaatlichen Akteuren die geteilte politische Verantwortung für die Verwirklichung fundamentaler Gerechtigkeit. Inwieweit externe Akteure dabei unmittelbar zum Aufbau geeigneter innerstaatlicher Institutionen beizutragen haben, hängt von ihrer Position innerhalb der relevanten Machtstrukturen und den damit verbundenen Handlungsmöglichkeiten ab. Diese deuten eher, wenn auch nicht prinzipiell, auf die entscheidende Rolle, die die Reform internationaler Institutionen spielt, zumal jegliche Förderung von Gerechtigkeit innerhalb anderer Staaten selbst in eine Praxis der Nicht-Beherrschung einzubinden ist.

Denn zum anderen ist zu beachten, dass auch nicht-demokratische Staaten im Namen ihres Volkes einen kollektiven Anspruch auf Nicht-Beherrschung geltend machen können. Zwar können sie nicht in unverkürztem Sinne als Handlungsstruktur des Volkes gelten; doch selbst wo sie eher die Handlungsstruktur der Regierung darstellen, entzieht die Beherrschung des Staates dem Volk zumindest die fundamentale konstituierende Macht, sich die volle Kontrolle staatlicher Institutionen anzueignen und so auf autonome Weise fundamentale Gerechtigkeit zu verwirklichen. Die Realisierung nicht-beherrschender Herrschaft verlangt daher stets zugleich nach den Grundbedingungen nicht-beherrschter Herrschaft, womit ein unauflöslicher Zusammenhang zwischen der Verwirklichung innerstaatlicher und zwischenstaatlicher Gerechtigkeit hergestellt ist.

Das individuelle Recht auf Nicht-Beherrschung umfasst somit bereits eine kollektive Dimension, die im Recht auf kollektive Selbstbestimmung als Nicht-Beherrschung zum Ausdruck kommt. Es fordert nach außen den Status relationaler Souveränität, d. h. insbesondere die gleichberechtigte Mitgliedschaft in demokratisch gestalteten, funktional und regional spezifizierten zwischenstaatlichen Institutionen. In interner Hinsicht bezieht es sich dagegen auf die innere Verfasstheit des jeweiligen Staates als Handlungsstruktur des Volkes und beinhaltet ein Recht auf Unterstützung bei der Errichtung von Institutionen nicht-beherrschender Herrschaft, das wiederum im Rahmen entsprechender verfasster Institutionen zu realisieren ist.

Damit eröffnet eine kritisch-republikanische Theorie der Gerechtigkeit als Nicht-Beherrschung eine Perspektive für die normative Betrachtung der Praxis externer Demokratieförderung jenseits der Alternative von zwingenden Interventionen und freiwilligen Instrumenten. Anstatt die Problematik auf den zwingenden Charakter einzelner Instrumente zu reduzieren, lenkt die Konzeption kollektiver Selbstbestimmung als Nicht-Beherrschung die Aufmerksamkeit auf die Machtstrukturen und institutionellen Rahmenbedingungen, in die je konkrete Maßnahmen eingebettet sind. Der Imperialismusvorwurf gegen externe Demokratieförderung trifft demnach den entscheidenden wunden Punkt: Ob erzwungen oder formal freiwillig, externe Demokratieförderung birgt ein hohes Potential, selbst zur Reproduktion oder Quelle von Beherrschung zu werden und so in eine Politik der Beherrschung umzuschlagen. Daraus indes folgt keineswegs zwangsläufig, dass sie schlichtweg aufzugeben sei. Im Gegenteil: Mündet die Kritik externer Demokratieförderung in die Zurückweisung jeglicher Kritik innerstaatlicher Machtverhältnisse, verkehrt auch sie sich in eine Politik der Beherrschung.

Aus der Perspektive der Nicht-Beherrschung muss die Verwirklichung kollektiver Selbstbestimmung durch die Errichtung von Praktiken der Nicht-Beherrschung als zentrales Ziel einer gerechtigkeitsbasierten Entwicklungspolitik verstanden werden. Die Förderung von Demokratie im Sinne von Praktiken der Nicht-Beherrschung bildet somit den Kern einer gerechtigkeitsorientierten Entwicklungspolitik. Dennoch ist aus dieser Sicht externe Demokratieförderung nicht nur gefordert; sie muss grundsätzlich selbst das Recht auf kollektive Selbstbestimmung achten. Mit anderen Worten, die gerechtigkeitstheoretisch begründete Unterstützung der Etablierung nicht-beherrschender Herrschaft bedingt und erfordert zwar externe Einflussnahme; den darin angelegten Konflikt zu kollektiver Selbstbestimmung gilt es indes im Rahmen gemeinsamer Institutionen so zu vermitteln, dass die erforderliche Einflussnahme selbst nicht-beherrschend ist. Dazu bedarf es zwischenstaatlicher Institutionen, die neben richtig verstandenen *accountability*-Mechanismen und Kontestationsmöglichkeiten insbesondere Foren etablieren, welche eine Politisierung der Entwicklungspolitik erlauben. Gemeint ist dabei weniger die Politisierung ihrer Handlungsfelder als vielmehr die Öffnung der Frage nach der normativen Autorität über die Bestimmung der grundlegenden Handlungsfelder und -prioritäten. Dies gilt auch über den Bereich der Entwicklungspolitik im engeren Sinne hinaus; schließlich verweist die Frage nach externer Demokratieförderung auf den großen strukturpolitischen Kontext, in den die Entwicklungspolitik eingebettet ist und den diese ebenfalls zu transformieren suchen sollte. Plakativ gesagt muss Demokratieförderung zunächst auf eine Demokratisierung der Praxis der Demokratieförderung – und damit zugleich der Entwicklungspolitik als ganzer sowie letztlich der zwischenstaatlichen Beziehungen insgesamt – abzielen.

Aus dieser Perspektive macht die Dialektik der Universalisierung der Demokratie darauf aufmerksam, dass es sich bei der Ausbreitung der Demokratie um einen Prozess handelt, der das in ihm angelegte emanzipatorische Potential mit Blick auf die Realisierung von Praktiken der Nicht-Beherrschung nicht hat entfalten können. Dieses emanzipatorische Potential gilt es zu aktivieren, um die diagnostizierte Politik der Beherrschung zu überwinden. Dazu muss die Realisierung kollektiver Selbstbestimmung schrittweise auf die Einholung aller in die ambivalente Universalisierung der Demokratie eingeschriebenen willkürlichen Machtbeziehungen ausgeweitet werden, seien diese primär inner-, zwischenstaatlicher, transnationaler oder gar globaler Natur. Dies erfordert die Errichtung entsprechender Praktiken der Nicht-Beherrschung, die die normative Autorität aller Beteiligten zur Geltung kommen lassen. In diesem emanzipatorischen Sinne ist die Universalisierung der Demokratie die Kernforderung einer Theorie der Gerechtigkeit als Nicht-Beherrschung.

Literatur

Wissenschaftliche Quellen

Abbas, Hakima; Niyiragira, Yves (Hg.) (2009), *Aid to Africa. Redeemer or Coloniser?*, Kapstadt u. a.: Pambazuka Press.

Abi-Saab, Georges (1980), »The Legal Formulation of a Right to Development«, in Auszügen abegruckt in: Steiner, Henry J. u. a. (Hg.) (2007), *International Human Rights in Context. Law, Politics, Morals*, 3. Auflage, Oxford: Oxford University Press, S. 1445-1446.

Abrahamsen, Rita (2000), *Disciplining Democracy: Development Discourse and Good Governance in Africa*, London: Zed Books.

Abrahamsen, Rita (2004), »The Power of Partnerships in Global Governance«, in: *Third World Quarterly* 25/8, S. 1453-1467.

Abrahamsen, Rita (2013), »African Democracy – Still Disciplined After all these Years?«, in: *International Relations* 27/2, S. 241-245.

Acharya, Amitav (2004), »How Ideas Spread: Whose Norms Matter? Norm Localization and Institutional Change in Asian Regionalism«, in: *International Organization* 58/2, S. 239-275.

Acuto, Michele (2008), »Wilson Victorious? Understanding Democracy Promotion in the Midst of a ›Backlash‹«, in: *Alternatives: Global, Local, Political* 33/4, S. 461-480.

Adorno, Theodor W. (2003) [1962], »Wozu noch kritische Philosophie?«, in: ders.: *Gesammelte Schriften*. Band 10: *Kulturkritik und Gesellschaft II*, hg. von Rolf Tiedemann, Frankfurt am Main: Suhrkamp, S. 459-473.

Adorno, Theodor W.; Horkheimer, Max (1969) [1947], *Dialektik der Aufklärung. Philosophische Fragmente*, Frankfurt am Main: Fischer.

Ake, Claude (1995), »The New World Order: A View from Africa«, in: Hans Henrik Holm; Georg Sörensen (Hg.), *Whose World Order? Uneven Globalization and the End of the Cold War*, Boulder: Westview Press, S. 19-42.

Ake, Claude (1996), *Democracy and Development in Africa*, Washington: The Brookings Institution.

Allen, Amy (1999), *The Power of Feminist Theory. Domination, Resistance, Solidarity*. Boulder: Westview Press.

Allen, Amy (2015), »Domination in Global Politics. A Critique of Pettit's Neo-Republican Model«, in: Buckinx, Barbara u. a. (Hg.), *Domination and Global Political Justice. Conceptual, Historical and Institutional Perspectives*, New York, London: Routledge, S. 111-130.

Altman, Andrew; Wellman, Christopher H. (2009), *A Liberal Theory of International Justice*, Oxford: Oxford University Press.

Ambrosio, Thomas (2008), »Catching the Shanghai Spirit: How the Shanghai Cooperation Organization Promotes Authoritarian Norms in Central Asia«, in: *Europe-Asia Studies* 60/8, S. 1321-1344.
Ambrosio, Thomas (2009), *Authoritarian Backlash: Russian Resistance to Democratization in the Former Soviet Union*, Farnham, Burlington: Ashgate Publishing.
Amin, Samir (1976), *Unequal Development: An Essay on the Social Formations of Peripheral Capitalism*, New York: Monthly Review Press.
Amin, Samir (2006), »The Millennium Development Goals: A Critique from the South«, in: *Monthly Review: An Independent Socialist Magazine* 57/10.
Amin, Samir (2009), »Aid for Development«, in: Hakima Abbas, Yves Niyiragira (Hg.), *Aid to Africa. Redeemer or Coloniser?,* Kapstadt u. a.: Pambazuka Press, S. 59-75.
Anaya, James (1996), *Indigenous Peoples in International Law*, Oxford, New York: Oxford University Press.
Anghie, Anthony (2006), »Decolonizing the Concept of ›Good Governance‹«, in: Jones, Branwen G. (Hg.), *Decolonizing International Relations*, Lanham u. a.: Rowman & Littlefield, S. 109-130.
Anghie, Antony (2005), *Imperialism, Sovereignty and the Making of International Law*, Cambridge: Cambridge University Press.
Anwander, Norbert; Bleisch, Barbara (2007), »Beitragen und Profitieren. Ungerechte Weltordnung und individuelle Verstrickung«, in: Bleisch, Barbara; Schaber, Peter (Hg.), *Weltarmut und Ethik*, Paderborn: Mentis Verlag, S. 171-194.
Applbaum, Arthur I. (2007), »Forcing a People to Be Free«, in: *Philosophy and Public Affairs* 35/4, S. 359-400.
Arendt, Hannah (1949), »Es gibt nur ein einziges Menschenrecht«, in: *Die Wandlung* 4, S. 754-770.
Arendt, Hannah (1970), *Macht und Gewalt*, München: Piper.
Arendt, Hannah (1986), *Elemente und Ursprünge totaler Herrschaft. Antisemitismus, Imperialismus, totale Herrschaft*, München: Piper.
Arneson, Richard (1989), »Equality and Equality of Opportunity for Welfare«, in: *Philosophical Studies* 56, S. 77-93.
Ashford, Elizabeth (2011), »Obligations of Justice and Beneficience to Aid the Severely Poor«, in: Illingworth, Patricia u. a. (Hg.), *Giving Well. The Ethics of Philanthropy*, Oxford: Oxford University Press, S. 26-45.
Ayers, Alison (2006), »Demystifying Democratisation: The Global Constitution of (Neo)Liberal Polities in Africa«, in: *Third World Quarterly* 27/2, S. 321-338.
Ayers, Alison (2009), »Imperial Liberties: Democratisation and Governance in the ›New‹ Imperial Order«, in: *Political Studies* 57/1, S. 1-27.

Ayoob, Mohammed (1995), *The Third World Security Predicament: State Making, Regional Conflict, and the International System*, Boulder: Lynne Rienner.

Azpuru, Dinorah u. a. (2008), »Trends in Democracy Assistance: What Has the United States Been Doing?«, in: *Journal of Democracy* 19/2, S. 150-159.

Bachrach, Peter; Baratz, Morton S. (1977), *Macht und Armut*. Frankfurt am Main: Suhrkamp.

Bain, William (2003), *Between Anarchy and Society. Trusteeships and the Obligations of Power,* Oxford: Oxford University Press.

Balakrishnan, Radhika; Narayan, Uma (1996), »Combining Justice with Development: Rethinking Rights and Responsibilities in the Context of World Hunger and Poverty«, in: Aiken, William; LaFollette, Hugh (Hg.), *World Hunger and Morality*, 2., erweiterte Auflage, Upper Saddle River: Prentice Hall, 231-247.

Barany, Zoltan; Moser, Robert G. (Hg.) (2009), *Is Democracy Exportable?,* Cambridge: Cambridge University Press.

Barnett, Michael (2006), »Building a Republican Peace. Stabilizing States After War«, in: *International Security* 30/4, S. 87-112.

Barro, Roberto J. (1997), *Determinants of Economic Growth: A Cross-Country Empirical Study*, Cambridge/MA: MIT Press.

Barry, Brian (1991), »Humanity and Justice in Global Perspective«, in: ders.: *Liberty and Justice: Essays in Political Theory 2*, Oxford: Clarendon, S. 182-210.

Barry, Christian (2011), »Sovereign Debt, Human Rights, and Political Conditionality«, in: *The Journal of Political Philosophy* 19/3, S. 282-305.

Bedjaoui, Mohammed (1991), »The Right to Development«, in Auszügen abgedruckt in: Steiner, Henry J. u. a. (Hg.) (2007), *International Human Rights in Context. Law, Politics, Morals*, 3. Auflage, Oxford: Oxford University Press, S. 1447-1448.

Beitz, Charles R. (2000), »Rawls's Law of Peoples«, in: *Ethics* 110, S. 660-696.

Beitz, Charles R. (2009), *The Idea of Human Rights*, Oxford: Oxford University Press.

Bellamy, Richard (2007), *Political Constitutionalism. A Republican Defence of the Constitutionality of Democracy*, Cambridge: Cambridge University Press.

Bellamy, Richard (2008), »Republicanism, Democracy, and Constitutionalism«, in: Laborde, Cécile; Maynor, John (Hg.): *Republicanism and Political Theory*, Oxford: Blackwell, S. 159-189.

Benhabib, Seyla (1996), *Democracy and Difference. Contesting the Boundaries of the Political*, Princeton: Princeton University Press.
Benhabib, Seyla (2004), *The Rights of Others. Aliens, Residents and Citizens*, Cambridge: Cambridge University Press.
Benhabib, Seyla (2010), »Gibt es ein Menschenrecht auf Demokratie? Jenseits von Interventionspolitik und Gleichgültigkeit«, in: Broszies, Christoph; Hahn, Henning (Hg.), *Globale Gerechtigkeit. Schlüsseltexte zur Debatte zwischen Partikularismus und Kosmopolitismus*, Berlin: Suhrkamp, S. 404-438.
Benton, Meghan (2010), »The Tyranny of the Enfranchised Majority? The Accountability of States to their Non-Citizen Population«, in: *Res Publica* 16, S. 397-413.
Benton, Meghan (2014), »The Problem of Denizenship: A non-Domination Framework«, in: *Critical Review of International Social and Political Philosophy* 17/1, S. 49-69.
Beran, Harry (1984), »A Liberal Theory of Secession«, in: *Political Studies* 32, S. 21-31.
Berlin, Isaiah (2006), »Zwei Freiheitsbegriffe«, in: ders., *Freiheit. Vier Versuche,* Frankfurt am Main: Fischer, S. 197-256.
Bernstein, Alyssa R. (2004), »Democratization as an Aim of Intervention: Rawls's Law of Peoples on Just War, Human Rights, and Toleration«, in: *Archiv für Rechts- und Sozialphilosophie*, Beiheft 95, S. 23-35.
Bernstein, Alyssa R. (2006), »A Human Right to Democacy? Legitimacy and Intervention«, in: Rex, Martin; Reidy, David A. (Hg.), *Rawls's Law of Peoples: A Realistic Utopia?*, Malden, Oxford: Blackwell, S. 278-298.
Besson, Samantha (2009), »*Ubi Ius, Ibi Civitas*: A Republican Account of the International Community«, in: dies.; Martí, José Luis (Hg.), *Legal Republicanism. National and International Perspectives*, Oxford: Oxford University Press, S. 205-237.
Besonne, Magali (2016), »From Reparations for Slavery to International Racial Justice: A Critical Republican Perspective«, in: *Global Justice: Theory Practice Rhetoric* 9/2, S. 178-198.
Bhuta, Nehal (2008): »Against State-Building«, in: *Constellations* 15/4, S. 517-542.
Birch, Anthony H. (1984), »Another Liberal Theory of Secession«, in: *Political Studies* 32, S. 596-602.
Bissell, Richard E.; Nanwani, Suresh (2009), »Multilateral Development Bank Accountability Mechanisms: Developments and Challenges«, in: *Manchester Journal of International Economic Law* 6/1, S. 2-55.
Bliss, Frank; Neumann, Stefan (2008), »Participation in International Development Discourse and Practice. ›State of the Art‹ and Challenges«, in: *INEF-Report* 94/2008.

Bodin, Jean (1981) [1576], *Sechs Bücher über den Staat. Buch I-III*, hg. von P. C. Mayer Tasch, München: Beck.

Boesche, Roger (1998), »Thinking about Freedom«, in: *Political Theory* 26/6, S. 855-873.

Bohman, James (2001), »Cosmopolitan Republicanism: Citizenship, Freedom and Global Political Authority«, in: *The Monist* 84/1, S. 3-22.

Bohman, James (2004), »Republican Cosmopolitanism«, in: *The Journal of Political Philosophy* 12/3, S. 336-352.

Bohman, James (2005), »The Democratic Minimum: Is Demcoracy a Means to Global Justice?«, in: *Ethics and International Affairs* 19/1, S. 101-116.

Bohman, James (2007a): »Beyond Distributive Justice and Struggles for Recognition. Freedom, Democracy, and Critical Theory«, in: *European Journal of Political Theory* 6/3, S. 267-276.

Bohman, James (2007b), *Democracy Across Borders. From Dêmos to Dêmoi*, Cambridge/MA, London: MIT Press.

Bohman, James (2008a), »Democracy and War«, in: May, Larry (Hg.), *War and Political Philosophy*, Cambridge: Cambridge University Press, S. 105-123.

Bohman, James (2008b), »Non-Domination and Transnational Democracy«, in: Laborde, Cécile; Maynor, John (Hg.), *Republicanism and Political Theory*, Oxford: Blackwell, S. 190-216.

Bohman, James (2009a), »Cosmopolitan Republicanism and the Rule of Law«, in: Besson, Samantha; Martí, José (Hg.), *Legal Republicanism. National and International Perspectives*, Oxford: Oxford University Press, S. 59-77.

Bohman, James (2009b), »Living without Freedom. Cosmopolitanism at Home and the Rule of Law«, in: *Political Theory* 37/4, S. 539-561.

Bohman, James (2010), »Democratising the Global Order: From Communicative Freedom to Communicative Power«, in: *Review of International Studies* 36/2, S. 431-447.

Bohman, James (2012), »Critical Theory, Republicanism, and the Priority of Injustice. Transnational Republicanism as Non-Ideal Theory«, in: *Journal of Social Philosophy* 43/2, S. 97-112.

Bond, Patrick (2006), »Global Governance Campaigning and MDGs: From Top-Down to Bottom-Up Anti-Poverty Work«, in: *Third World Quarterly* 27/2, S. 339-354.

Borrows, John (2002), *Recovering Canada: The Resurgence of Indigenous Law*, Toronto: University of Toronto Press.

Botting, David (2011): »The Weak Collective Agential Autonomy Thesis«, in: *disputatio* IV/31, S. 215-234.

Boutros-Ghali, Boutros (1996), *An Agenda for Democratization*, New York: United Nations.

Bowden, Brett (2004), »In the Name of Progress and Peace: The ›Standard of Civilization‹ and the Universalizing Project«, in: *Alternatives: Global, Local, Political* 29/1, S. 43-68.
Boxill, Bernard R. (2010), »The Responsibility of the Oppressed to Resist Their Own Oppression«, in: *Journal of Social Philosophy* 41/1, S. 1-12.
Braithwaite, John (1997), »On Speaking Softly and Carrying Big Sticks: Neglected Dimensions of a Republication Separation of Powers«, in: *University of Toronto Law Journal* 47/3, S. 305-361.
Bratman, Michael E. (1999), *Faces of Intention: Selected Essays on Intention and Agency*, Cambridge: Cambridge University Press.
Bratman, Michael E. (2009), »Geteiltes kooperatives Handeln«, in: Schmid, Hans Bernhard; Schweikard, David P. (Hg.), *Kollektive Intentionalität. Eine Debatte über die Grundlagen des Sozialen*, Frankfurt am Main: Suhrkamp, S. 176-193.
Bratton, Michal; van de Walle, Nicolas (1997), *Democratic Experiments in Africa. Regime Transitions in Comparative Perspective*, Cambridge: Cambridge University Press.
Breslin, Shaun (2010), »Democratizing One-Party Rule in China«, in: Burnell, Peter; Youngs, Richard (Hg.), *New Challenges to Democratization*, London, New York: Routledge, S. 136-154.
Brilmayer, Lea (1989), »Consent, Contract, and Territory«, in: *Minnesota Law Review* 74, S. 1-35.
Brownlee, Jason (2007), *Authoritarianism in an Age of Democratization*, Cambridge: Cambridge University Press.
Brugger, Bill (1999), *Republican Theory in Political Thought: Virtuous or Virtual*, New York: Palgrave Macmillan.
Buchanan, Allen (1987), »Justice and Charity«, in: *Ethics* 97/3, S. 558-575.
Buchanan, Allen (1991a), *Secession: The Morality of Political Divorce from Fort Sumter to Lithuania and Quebec*, Boulder: Westview Press.
Buchanan, Allen (1991b), »The Right to Self-Determination: Analytical and Moral Foundations«, in: *Arizona Journal of International and Comparative Law* 8/2, S. 41-50.
Buchanan, Allen (1997): »Theories of Secession«, in: *Philosophy and Public Affairs* 26/1, S. 31-61.
Buchanan, Allen (1999a), »Recognitional Legitimacy and the State System«, in: *Philosophy and Public Affairs* 28/1, S. 46-78.
Buchanan, Allen (1999b), »The Internal Legitimacy of Humanitarian Intervention«, in: *The Journal of Political Philosophy* 7/1, S. 71-87.
Buchanan, Allen (2000), »Rawls's Law of Peoples: Rules for a Vanished Westphalian World«, in: *Ethics* 110, S. 697-721.
Buchanan, Allen (2004), *Justice, Legitimacy, and Self-Determination. Moral Foundations for International Law*, Oxford, New York: Oxford University Press.

Buchanan, Allen (2006), »Institutionalizing the Just War«, in: *Philosophy and Public Affairs* 34/1, S. 2-38.
Buckinx, Barbara (2011), »Domination in Global Politics: Reflections on Freedom and an Argument for Incremental Global Change«, in: Cabrera, Luis (Hg.), *Global Governance, Global Government. Institutional Visions for an Evolving World System*, Albany: State University of New York Press, S. 253-282.
Büttemeyer, Wilhelm u. a. (1972), »Dialektik«, in: Ritter, Joachim (Hg.), *Historisches Wörterbuch der Philosophie*, Band 2, D-F, Darmstadt: Wissenschaftliche Buchgesellschaft, S. 164-226.
Burley, Anne-Marie (1992), »Law Among Liberal States: Liberal Internationalism and the Act of State Doctrine«, in: *Columbia Law Review* 92/8, S. 1907-1996.
Burnell, Peter (2000), »Democracy Assistance: Origins and Organizations«, in: ders. (Hg.), *Democracy Assistance. International Cooperation for Democratization*, London, Portland: Frank Cass, S. 34-64.
Burnell, Peter (2006), »Promoting Democracy Backwards«, in: *FRIDE Working Paper* 28.
Burnell, Peter (2008), »Promoting Democracy«, in: Caramani, Daniele (Hg.), *Comparative Politics*, Oxford: Oxford University Press, S. 625-651.
Burnell, Peter (2010), »New Challenges to Democratization«, in: ders.; Youngs, Richard (Hg.), *New Challenges to Democratization*, London, New York: Routledge, S. 1-22.
Burnell, Peter; Youngs, Richard (Hg.) (2010), *New Challenges to Democratization*, London, New York: Routledge.
Butt, Daniel (2009), *Rectifying International Injustice. Principles of Compensation and Restitution Between Nations*, Oxford: Oxford University Press.
Buttle, Nicholas (2001), »Republican Constitutionalism: A Roman Ideal«, in: *The Journal of Political Philosophy* 9/3, S. 331-349.
Byers, Michael W.; Chesterman, Simon (2000), »You, the People: Pro-democratic Intervention in International Law«, in: Fox, Gregory H.; Roth, Brad R. (Hg.), *Democratic Governance and International Law*, Cambridge: Cambridge University Press, S. 259-292.

Cabrera, Luis (2001), »Toleration and Tyranny in Rawls's ›Law of Peoples‹, in: *Polity* 34/2, S. 163-179.
Canning, Joseph P. (1983), »Ideas of the State in Thirteenth and Fourteenth Century Commentators on the Roman Law«, in: *Transactions of the Royal Historical Society* 33, S. 1-27.
Carothers, Thomas (1997), »Democracy Without Illusions«, in: *Foreign Affairs* 76/1, S. 85-99.

Carothers, Thomas (1999), *Aiding Democracy Abroad: The Learning Curve*, Washington: Carnegie Endowment.
Carothers, Thomas (2000), »Taking Stock of Democracy Assistance«, in: Cox, Michael u. a. (Hg.), *American Democracy Promotion: Impulses, Strategies, and Impacts*, Oxford: Oxford University Press, S. 181-199.
Carothers, Thomas (2004), *Critical Mission. Essays on Democracy Promotion*, Washington: Carnegie Endowment.
Carothers, Thomas (2006), »The Backlash Against Democracy Promotion«, in: *Foreign Affairs* 85/2, S. 55-68.
Carothers, Thomas (2009), »Democracy Assistance: Political vs. Developmental«, in: *Journal of Democracy* 20/1, S. 5-19.
Carothers, Thomas (2010), »The Continuing Backlash Against Democracy Promotion«, in: Burnell, Peter; Youngs, Richard (Hg.), *New Challenges to Democratization*, London, New York: Routledge, S. 59-72.
Carter, Ian (1999), *A Measure of Freedom*, Oxford: Oxford University Press.
Carter, Ian (2000), »A Critique of Freedom as Non-Domination«, in: *The Good Society* 9/3, S. 43-46.
Carter, Ian (2008), »How Are Power and Unfreedom Related?«, in: Laborde, Cécile; Maynor, John (Hg.), *Republicanism and Political Theory*, Oxford: Blackwell, S. 58-83.
Casassas, David (2007), »Basic Income and the Republican Ideal: Rethinking Material Independence in Contemporary Societies«, in: *Basic Income Studies. An International Journal of Basic Income Research* 2/2, Article 9.
Cassese, Antonio (1995), *Self-Determination of Peoples. A Legal Re-Appraisal*, Cambridge: Cambridge University Press.
Castro Varela, Mariá do Mar; Dhawan, Nikita (2005), *Postkoloniale Theorie. Eine kritische Einführung*, Bielefeld: transcript.
Cerna, Christina (1995), »Universal Democracy: An International Legal Right or the Pipe Dream of the West?«, in: *NYA Journal of Interntional Law and Politics* 27/2, S. 289-329.
Chabal, Patrick; Daloz, Jean-Pascal (1999), *Africa Works. Disorder as Political Instrument*, Oxford, Bloomington: James Currey.
Challand, Benoît (2006), »Civil Society, Autonomy, and Donors. International Aid to Palestinian NGOs«, in: *EUI Working Paper* RSCAS 2006/20.
Chandler, David (2006), »Back to the Future? The Limits of Neo-Wilsonian Ideals of Exporting Democracy«, in: *Review of International Studies* 32, S. 475-494.
Cheneval, Francis (2009), »Multilateral Dimensions of Republican Thought«, in: Besson, Samantha; Martí, José (Hg.), *Legal Republicanism. National and International Perspectives*, Oxford: Oxford University Press, S. 237-255.

Christiano, Thomas (1996), *The Rule of the Many. Fundamental Issues in Democratic Theory*, Boulder: Westview Press.
Christiano, Thomas (2011), »An Instrumental Argument for a Human Right to Democracy«, in: *Philosophy and Public Affairs* 39/2, S. 142-176.
Christman, John (1998), »Philip Pettit, Republicanism: A Theory of Freedom and Government«, in: *Ethics* 109/1, S. 202-206.
Clapham, Christopher (1998), »Degrees of Statehood«, in: *Review of International Studies 24*, S. 143-157.
Clapham, Christopher (1999), »Sovereignty and the Third World State«, in: *Political Studies* XLVII, S. 522-537.
Clapham, Christopher (2004), »The Global-Local Politics of State Decay«, in: Rotberg, Robert (Hg.), *When States Fail. Causes and Consequences*, Princeton: Princeton University Press, S. 77-93.
Clark, Dana L. (2003), »Understanding the World Bank Inspection Panel«, in: dies. u. a. (Hg.), *Demanding Accountability: Civil Society Claims and the World Bank Inspection Panel*, Lanham: Rowman & Littlefield, S. 1-24.
Clark, Ian (2009), »Democracy in International Society: Promotion or Exclusion?«, in: *Millennium* 37/3, S. 563-581.
Cohen, Jean (2004), »Whose Sovereignty? Empire versus International Law«, in: *Ethics and International Affairs* 18/3, S. 1-24.
Cohen, Jean (2006), »Sovereign Equality vs. Imperial Right: The Battle over the ›New World Order‹«, in: *Constellations* 13/4, S. 485-505.
Cohen, Jean (2008), »Rethinking Human Rights, Democracy, and Sovereignty in the Age of Globalization«, in: *Political Theory* 36/4, S. 578-606.
Cohen, Jean (2012), *Globalization and Sovereignty. Rethinking Legality, Legitimacy, and Constitutionalism*, Cambridge, New York: Cambridge University Press.
Cohen, Joshua (2006), »Is There a Human Right to Democracy?«, in: Sypnowich, Christine (Hg.), *The Egalitarian Conscience. Essays in Honour of G. A. Cohen*, Oxford: Oxford University Press, S. 226-248.
Collingwood, Vivien (2003), »Assistance with Fewer Strings Attached«, in: *Ethics and International Affairs* 17/1, S. 55-67.
Comaroff, Jean; Comaroff, John (1997), »Postcolonial Politics and Discourses of Democracy in Southern Africa: An Anthropological Reflection on African Political Modernities«, in: *Journal of Anthropological Research* 53/2, S. 123-146.
Cooke, Bill; Kothari Uma (Hg.) (2001), *Participation: the New Tyranny?*, London: Zed Books.
Costa, M. Victoria (2007), »Freedom as Non-Domination, Normativity, and Indeterminacy«, in: *The Journal of Value Inquiry* 41, S. 291-307.
Crawford, Gordon (2000), »European Union Development Cooperation and the Promotion of Democracy«, in: Burnell, Peter (Hg.), *Democracy*

Assistance. International Cooperation for Democratization, London, Portland: Frank Cass, S. 90-127.
Crawford, Gordon (2001), *Foreign Aid and Political Reform: A Comparative Analysis of Democracy Assistance and Political Conditionality*, Houndmills: Palgrave Macmillan.
Crawford, Gordon (2003), »Partnership or Power? Deconstructing the ›Partnership for Governance Reform‹ in Indonesia«, in: *Third World Quarterly* 24/1, S. 139-159.
Crawford, James (1993), »Democracy and International Law«, in: *British Yearbook of International Law* 44, S. 113-133.
Crawford, James (2000), »Democracy and the Body of International Law«, in: Fox, Gregory H.; Roth, Brad R. (Hg.), *Democratic Governance and International Law*, Cambridge: Cambridge University Press, S. 91-120.
Crocker, David A. (1996), »Hunger, Capability, and Development«, in: Aiken, William; LaFollette, Hugh (Hg.), *World Hunger and Morality*, 2., erweiterte Auflage, Upper Saddle River: Prentice Hall, S. 211-230.
Crouch, Colin (2008), *Postdemokratie*, Berlin: Suhrkamp.
Culp, Julian (2014), *Global Justice and Development*, Houndmills: Palgrave Macmillan.
Czempiel, Ernst-Otto (1986), *Friedensstrategien. Systemwandel durch internationale Organisationen und Wirtschaft*, Paderborn: Ferdinand Schöningh.

D'Amato, Anthony (1990), »The Invasion of Panama Was a Lawful Response to Tyranny«, in: *American Journal of International Law* 84, S. 516-524.
Dahl, Robert A. (1957), »The Concept of Power«, in: *Behavioural Science* 2/3, S. 201-215.
Dahl, Robert A. (1971), *Polyarchy. Participation and Opposition*, New Haven: Yale University Press.
Dann, Philipp (2006), »Accountability in Development Aid Law: The World Bank, UNDP and Emerging Structures of Transnational Oversight«, in: *Archiv des Völkerrechts* 44, S. 381-404.
Dann, Philipp (2007), »Grundfragen eines Entwicklungsverwaltungsrechts«, in: Möllers, Christoph u. a. (Hg.), *Internationales Verwaltungsrecht*, Tübingen: Mohr Siebeck, S. 7-48.
Dann, Philipp (2012), *Entwicklungsverwaltungsrecht. Theorie und Dogmatik des Rechts der Entwicklungszusammenarbeit, untersucht am Beispiel der Weltbank, der EU und der Bundesrepublik Deutschland*, Tübingen: Mohr Siebeck.
Davenport, Christian (1999), »Human Rights and the Democratic Proposition«, in: *Journal of Conflict Resolution* 43/1, S. 92-116.

De Bruin, Boudewijn (2009), »Liberal and Republican Freedom«, in: *The Journal of Political Philosophy* 17/4, S. 418-439.

DeLaRosa, Sybille; Gädeke, Dorothea (2009), »Weiche Steuerung durch Argumente«, in: Göhler, Gerhard u. a. (Hg.), *Weiche Steuerung. Studien zur Steuerung durch diskursive Praktiken, Argumente und Symbole*, Baden-Baden: Nomos, S. 74-137.

Deng, Francis u. a. (1996), *Sovereignty as Responsibility: Conflict Managment in Africa*, Washington: Brookings.

Derrida, Jacques (2006), *Schurken. Zwei Essays über die Vernunft*, übersetzt von Horst Brühmann, Frankfurt am Main: Suhrkamp.

De Sousa Santos, Boaventura (1998), »Participatory Budgeting in Porto Alegre: Toward a Redistributive Democracy«, in: *Politics and Society* 26/4, S. 461-510.

DeSouza, Peter u. a. (2008), »Surveying South Asia«, in: *Journal of Democracy* 19/1, S. 84-95.

Deudney, Daniel (2007), *Bounding Power. Republican Security Theory from the Polis to the Global Village*, Princeton, Oxford: Princeton University Press.

Deudney, Daniel; Ikenberry, John (2009), »The Myth of the Autocratic Revival. Why Liberal Democracy Will Prevail«, in: *Foreign Affairs* 88/1, S.77-93.

Dhawan, Nikita (2009), »Zwischen Empire und Empower: Dekolonisierung und Demokratisierung«, in: *Femina Politica – die Zeitschrift für feministische Politikwissenschaft* 2, S. 52-63.

Diaby-Pentzlin, Friederike u. a. (1999), *Operationalisierung der politischen Dimension für TZ. Demokratieförderung – Förderung politischer Teilhabe als Querschnittsaufgabe – Wandel in der Unternehmenskultur. Arbeitspapier/Materialband*, Eschborn: GTZ.

Diamond, Larry (1999), »Is the Third Wave of Democratization Over?«, in: ders.: *Developing Democracy. Toward Consolidation*, Baltimore, London: John Hopkins University Press, S. 24-63.

Diamond, Larry (2003), »Universal Democracy?«, in: *Policy Review* 119, S. 3-25.

Diamond, Larry (2005), *Squandered Victory. The American Occupation and the Bungled Effort to Bring Democracy to Iraq*, New York: Henry Holt and Company.

Diamond, Larry (2008a), »The Democratic Rollback. The Resurgence of the Predatory State«, in: *Foreign Affairs* 87/2, S. 36-48.

Diamond, Larry (2008b), *The Spirit of Democracy. The Struggle to Build Free Societies in the World*, New York: Holt Paperbacks.

Diamond, Larry (2015), »Facing up to the Democratic Recession«, in: *Journal of Democracy* 26/1, S. 141-155.

Dietrich, Franz (2006), »Judgment Aggregation: (Im)possibility Theorems«, in: *Journal of Economic Theory* 126/1, S. 286-298.
Dietrich, Franz (2007), »A Generalised Model of Judgment Aggregation«, in: *Social Choice and Welfare* 28/4, S. 529-565.
Dietrich, Franz; List, Christian (2007), »Arrow's Theorem in Judgment Aggregation«, in: *Social Choice and Welfare* 29/1, S. 19-33.
Dietsch, Peter (2011a), »Rethinking Sovereignty in International Fiscal Policy«, in: *Review of International Studies* 37/5, S. 2107-2120.
Dietsch, Peter (2011b), »Tax Competition and Its Effects on Domestic and Global Justice«, in: Banai, Ayelet u. a. (Hg.), *Social Justice, Global Dynamics: Theoretical and Empirical Perspectives*, London: Routledge, S. 95-113.
Domènech, Antoni; Raventós, Daniel (2006), »Property and Republican Freedom: An Institutional Approach to Basic Income«, in: *Basic Income Studies* 2/2, Article 11.
Donald, Kate; Way, Sally-Anne (2016), »Accountability for the Sustainable Development Goals: A Lost Opportunity?«, in: *Ethics and International Affairs* 30/2, S. 201-213.
Donelly, Jack (2006), »Sovereign Inequalities and Hierarchy in Anarchy: American Power and International Society«, in: *European Journal of International Relations* 12/2, S. 139-170.
Doornbos, Martin (2001), »›Good Governance‹: The Rise and Decline of a Policy Metaphor«, in: *The Journal of Development Studies* 37/6, S. 93-108.
Doyle, Michael (1983), »Kant, Liberal Legacies and Foreign Affairs«, in: *Philosophy and Public Affairs* 12, S. 205-235 und S. 323-353.
Doyle, Michael (1997), *Ways of War and Peace*, New York: Norton.
Doyle, Michael (2011), »International Ethics and the Responsibility to Protect«, in: *International Studies Review* 13, S. 72-84.
Dworkin, Ronald (1981a), »What is Equality? Part I: Equality of Welfare«, in: *Philosophy and Public Affairs* 10/3, S. 185-246.
Dworkin, Ronald (1981b), »What is Equality? Part II: Equality of Ressources«, in: *Philosophy and Public Affairs* 10/4, S. 283-345.
Dworkin, Ronald (2002), *Sovereign Virtue. The Theory and Practice of Equality*, Cambridge/MA, London: Harvard University Press.

Easterly, William (2006), *The White Man's Burden. Why the West's Efforts to Aid the Rest Have Done So Much Ill and So Little Good*, Oxford: Oxford University Press.
Eberl, Oliver (2008), »Zwischen Zivilisierung und Demokratisierung: Die Exklusion der ›Anderen‹ im liberalen Völkerrecht«, in: *Soziale Systeme* 14/2, S. 349-369.

Ebrahim, Alnoor (2003), »Accountability in Practice: Mechanisms for NGOs«, in: *World Development* 31/5, S. 813-829.

Eckert, Amy E. (1999), »Free Determination or the Determination to Be Free? Self-Determination and the Democratic Entitlement«, in: *UCLA Journal of International Law and Foreign Affairs* 55, S. 55-79.

Einspahr, Jennifer (2010), »Structural Domination and Structural Freedom: A Feminist Perspective«, in: *Feminist Review* 94/1, S. 1-19.

Eisenstadt, Samuel N. (1973), *Traditional Patrimonialism and Modern Neopatrimonialism,* London, Beverly Hills: Sage.

Engel, Ulf; Erdmann, Gero (2006), »Neopatrimonialism Revisited – Beyond a Catch-All Concept«, in: *GIGA Working Paper* 16/2006.

Engelmann, Sabrina (2012), »Demokratieförderung durch Einschränkung des Rohstoff- und Kreditprivilegs?«, in: Niesen, Peter (Hg.), *Transnationale Gerechtigkeit und Demokratie*, Frankfurt am Main: Campus, S. 251-278.

Englebert, Pierre (2000), »Pre-Colonial Institutions, Post-Colonial States, and Economic Development in Tropical Africa«, in: *Political Research Quarterly* 53, S. 7-36.

Enns, Charis u. a. (2014), »Indigenous Voices and the Making of the Post-2015 Development Agenda: the Recurring Tyranny of Participation«, in: *Third World Quarterly* 35/3, S. 358-375.

Erdmann, Gero (2002), »Neopatrimoniale Herrschaft – oder: Warum es in Afrika so viele Hybridregime gibt«, in: Bendel, Petra u. a. (Hg.), *Zwischen Demokratie und Diktatur. Zur Konzeption und Empirie demokratischer Grauzonen*, Opladen: Leske & Budrich, S. 323-342.

Erman, Eva (2010), »Freedom as Non-Domiantion or How to Throw the Agent Out of the Space of Reason«, in: *Journal of Power* 3/1, S. 33-51.

Escobar, Arturo (1995), *Encountering Development: The Making and the Unmaking of the Third World*, Princeton: Princeton University Press.

Eyoh, Dickson (1998), »African Perspectives and the Dilemmas of Postcolonial Intellectuals«, in: *Africa Today* 45/3-4, S. 281-306.

Falk, Richard (1995), »The Haiti Intervention: A Dangerous World Order Precedent for the United Nations«, in: *Harvard International Law Journal* 36/2, S. 341-358.

Fanon, Frantz (1981), *Die Verdammten dieser Erde*, übersetzt von Traugott König, Frankfurt am Main: Suhrkamp.

Fanon, Frantz (1985), *Schwarze Haut, weiße Masken*, übersetzt von Eva Moldenhauer, Frankfurt am Main: Suhrkamp.

Fehling, Maya u. a. (2013), »Limitations of the Millenium Development Goals: a Literature Review«, in: *Global Public Health* 8/10, S. 1109-1122.

Feinberg, Joel (1968), »Collective Responsibility«, in: *The Journal of Philosophy* 65, S. 674-688.
Feldstein, Martin (1998), »Refocusing the IMF«, in: *Foreign Affairs* 77/2, S. 20-33.
Ferejohn, John (2001), »Pettit's Republic«, in: *The Monist* 84/1, S. 77-97.
Fine, Sarah (2014), »Non-Domination and the Ethics of Migration«, in: *Critical Review of International Social and Political Philosophy* 17/1, S. 10-30.
Finnemore, Martha; Sikkink, Kathryn (1998), »International Norm Dynamics and Political Change«, in: *International Organization* 52/4, S. 887-917.
Forst, Rainer (1996), *Kontexte der Gerechtigkeit. Politische Philosophie jenseits von Liberalismus und Kommunitarismus*, Frankfurt am Main: Suhrkamp.
Forst, Rainer (2001), »Towards a Critical Theory of Transnational Justice«, in: *Metaphilosophy* 32/1-2, S. 160-179.
Forst, Rainer (2003), *Toleranz im Konflikt. Geschichte, Gehalt und Gegenwart eines umstrittenen Begriffs*, Frankfurt am Main: Suhrkamp.
Forst, Rainer (2007), *Das Recht auf Rechtfertigung. Elemente einer konstruktivistischen Theorie der Gerechtigkeit*, Frankfurt am Main: Suhrkamp.
Forst, Rainer (2011), *Kritik der Rechtfertigungsverhältnisse. Perspektiven einer kritischen Theorie der Politik* Berlin: Suhrkamp.
Forst, Rainer (2012), »Transnationale Gerechtigkeit und Demokratie. Zur Überwindung von drei Dogmen der politischen Theorie«, in: Niesen, Peter (Hg.), *Transnationale Gerechtigkeit und Demokratie*, Frankfurt am Main: Campus, S. 29-48.
Forst, Rainer (2013), »A Kantian Republican Conception of Justice as Nondomination«, in: Niederberger, Andreas; Schink, Philipp (Hg.), *Republican Democracy. Liberty, Law and Politics*, Edinburgh: Edinburgh University Press, S. 154-168.
Forst, Rainer (2014), »Noumenal Power«, in: *The Journal of Political Philosophy* 23/2, S. 111-127.
Forst, Rainer (2015a), *Normativität und Macht. Zur Analyse sozialer Rechtfertigungsordnungen*, Berlin: Suhrkamp.
Forst, Rainer (2015b), »Transnational Justice and Non-Domination: A Discourse-Theoretical Approach«, in: Buckinx, Barbara u. a. (Hg.), *Domination and Global Political Justice. Conceptual, Historical and Institutional Perspectives*, New York, London: Routledge, S. 88-110.
Forst, Rainer; Günther, Klaus (2011), »Die Herausbildung normativer Ordnungen. Zur Idee eines interdisziplinären Forschungsprogramms«, in: dies. (Hg.), *Die Herausbildung normativer Ordnungen. Interdisziplinäre Perspektiven*, Frankfurt am Main: Campus, S. 11-30.
Fox, Gregory H. (1992), »The Right to Political Participation in International Law«, in: *Yale Journal of International Law* 17, S. 539-607.

Fox, Gregory H. (2000), »The Right to Political Participation in International Law«, in: ders.; Roth, Brad R. (Hg.), *Democratic Governance and International Law*, Cambridge: Cambridge University Press, S. 48-90.

Fox, Gregory H. (2003), »International Law and the Entitlement to Democracy After War«, in: *Global Governance* 9, S. 179-197.

Fox, Gregory H.; Roth, Brad R. (Hg.) (2000), *Democratic Governance and International Law*, Cambridge: Cambridge University Press.

Franck, Thomas (1992), »The Emerging Right to Democratic Governance«, in: *American Journal of International Law* 86/1, S. 46-91.

Franck, Thomas (2000), »Legitimacy and the Democratic Entitlement«, in: Fox, Gregory H.; Roth, Brad R. (Hg.), *Democratic Governance and International Law*, Cambridge: Cambridge University Press, S. 25-47.

Frankfurt, Harry (1988), »Equality as a Moral Ideal«, in: ders.: *The Importance of What We Care About*, Cambridge: Cambridge University Press, S. 143-154.

Fraser, Nancy (1990), »Rethinking the Public Sphere: A Contribution to the Critique of Actually Existing Democracy«, in: *Social Text* 25/26, S. 56-80.

Fraser, Nancy (1993), »Beyond the Master/Subject Model: Reflections on Carole Pateman's Sexual Contract«, in: *Social Text* 37, S. 173-181.

Fraser, Nancy (2003), »Soziale Gerechtigkeit im Zeitalter der Identitätspolitik. Umverteilung, Anerkennung und Beteiligung«, in: dies.; Honneth, Axel, *Umverteilung oder Anerkennung? Eine politisch-philosophische Kontroverse*, Frankfurt am Main: Suhrkamp, S. 13-128.

Fraser, Nancy (2007a), »Die Transnationalisierung der Öffentlichkeit. Legitimität und Effektivität der öffentlichen Meinung in einer postwestfälischen Welt«, in: Niesen, Peter; Herborth, Benjamin (Hg.), *Anarchie der kommunikativen Freiheit*, Frankfurt am Main: Suhrkamp, S. 224-253.

Fraser, Nancy (2007b), »Identity, Exclusion, and Critique. A Response to Four Critics«, in: *European Journal of Political Theory* 6/3, S. 305-338.

Fraser, Nancy (2008a), »Abnormal Justice«, in: *Critical Inquiry* 34/3, S. 394-422.

Fraser, Nancy (2008b), *Scales of Justice. Reimagining Political Space in a Globalizing World*, Cambridge: Polity Press.

Freedom House (2015), *Global Country Status Overview 1973-2015*, einzusehen unter: ⟨https://freedomhouse.org/sites/default/files/Global%20Country%20Status%20Overview,%201973-2015.pdf⟩, letzter Zugriff 23.11.2016.

Freeman, Samuel (2006), »The Law of Peoples, Social Cooperation, Human Rights, and Distributive Justice«, in: *Social Philosophy and Policy* 23/1, S. 29-68.

French, Peter (1984), *Collective and Corporate Responsibility*, New York: Columbia University Press.
Fricker, Miranda (2007), *Epistemic Injustice. Power and the Ethics of Knowing*, Oxford: Oxford University Press.
Friedman, Marilyn (2008), »Pettit's Civic Republicanism and Male Domination«, in: Laborde, Cécile; Maynor, John (Hg.), *Republicanism and Political Theory*, Oxford: Blackwell, S. 246-268.
Fukuyama, Francis (1989), »The End of History«, in: *The National Interest* 16, S. 3-18.
Fukuyama, Francis; McFaul, Michael (2007), »Should Democracy Be Promoted or Denoted?«, in: *The Washington Quarterly* 31/1, S. 23-45.
Fuller, Lon L. (1964), *The Morality of Law*, New Haven: Yale University Press.
Fullinwider, Robert K. (2004), »The Case for Reparations«, in: Salzberger, Ronald. P.; Turck, Mary C. (Hg.), *Reparations for Slavery: A Reader*, Lanham: Rowman & Littlefield, S. 141-150.
Fuster, Thomas (1998), *Die ›Good Governance‹-Diskussion der Jahre 1989-1994: Ein Beitrag zur jüngeren Geschichte der Entwicklungspolitik unter spezieller Berücksichtigung der Weltbank und des DAC*, Bern: Haupt.

Gädeke, Dorothea (2012), »Demokratieförderung als Aufgabe globaler Gerechtigkeit«, in: Niesen, Peter (Hg.), *Transnationale Gerechtigkeit und Demokratie*, Frankfurt am Main: Campus, S. 131-158.
Gädeke, Dorothea (2014a), »Externe Demokratieförderung und kollektive Selbstbestimmung. Zu normativen Grundlagen und -grenzen einer umstrittenen Praxis«, in: Kadelbach, Stefan (Hg.), *Effektiv oder gerecht? Die normativen Grundlagen der Entwicklungspolitik*, Frankfurt am Main: Campus, S. 214-252.
Gädeke, Dorothea (2014b), »Review: Just Freedom. By Philip Pettit«, in: *Constellations* 21/4, S. 623-625.
Gädeke, Dorothea (2016a), »Macht, Beherrschung und Demokratie. Vom Neo-Republikanismus zum kantischen Republikanismus«, in: Thiel, Thorsten; Volk, Christian (Hg.), *Die Aktualität republikanischer Theorie*, Baden-Baden: Nomos.
Gädeke, Dorothea (2016b), »The Domination of States. Towards an Inclusive Republican Law of Peoples«, in: *Global Justice. Theory, Practice, Rhetoric* 9/1, S. 1-27.
Gädeke, Dorothea (2017), »Against Interactional Domination«, unveröffentlichtes Manuskript.
Gandhi, Jennifer (2008), *Political Institutions under Dictatorship*, Cambridge: Cambridge University Press.
Gat, Azar (2007), »The Return of Authoritarian Great Powers«, in: *Foreign Affairs* 86/4, S. 59-69.

Gauthier, David (1994), »Breaking Up: An Essay on Secession«, in: *Canadian Journal of Philosophy* 24, S. 357-372.
Geis, Anna u. a. (Hg.) (2007), *Schattenseiten des Demokratischen Friedens. Zur Kritik einer Theorie liberaler Außen- und Sicherheitspolitik*, Frankfurt am Main, New York: Campus.
Geis, Anna; Wagner, Wolfgang (2011), »How far is it from Königsberg to Kandahar? Democratic Peace and Democratic Violence in International Relations«, in: *Review of International Studies* 37, S. 1555-1577.
Gershman, Carl; Allen, Michael (2006), »The Assault on Democracy Assistance«, in: *Journal of Democracy* 17/2, S. 36-51.
Gheciu, Alexandra; Welsh, Jennifer (2009), »The Imperative to Rebuild. Assessing the Normative Case for Post-Conflict Reconstruction«, in: *Ethics and International Affairs* 23/2, S. 121-146.
Gierke, Otto von (1913), *Das deutsche Genossenschaftsrecht. Band 4: Die Staats und Korporationslehre der Neuzeit. Durchgeführt bis zur Mitte des siebzehnten, für das Naturrecht bis zum Beginn des neunzehnten Jahrhunderts*, Berlin: Weidman.
Gierke, Otto von (1915), *Der deutsche Volksgeist im Kriege*, Stuttgart, Berlin: Deutsche Verlagsanstalt.
Gilbert, Margaret (1989), *On Social Facts*, Princeton: Princeton University Press.
Gilbert, Margaret (2009), »Was bedeutet es, dass *wir* beabsichtigen?«, in: Schmid, Hans Bernhard; Schweikard, David P. (Hg.), *Kollektive Intentionalität. Eine Debatte über die Grundlagen des Sozialen*, Frankfurt am Main: Suhrkamp, S. 356-386.
Gills, Barry; Rocamora, Joel (1992), »Low Intensity Democracy«, in: *Third World Quarterly* 13/3, S. 501-523.
Goldsmith, Arthur A. (2008), »Making the World Safe for Partial Democracy? Questioning the Premises of Democracy Promotion«, in: *International Security* 33/2, S. 120-147.
Gong, Gerrit W. (1984), *The Standard of ›Civilization‹ in International Society*, Oxford: Clarendon.
Goodin, Robert (1987), »Apportioning Responsibilities«, in: *Law and Philosophy* 6, S. 167-185.
Goodin, Robert E.; Jackson, Frank (2007), »Freedom from Fear«, in: *Philosophy and Public Affairs* 35/3, S. 249-265.
Gosepath, Stefan (2004), *Gleiche Gerechtigkeit. Grundlagen eines liberalen Egalitarismus*, Frankfurt am Main: Suhrkamp.
Grant, Ruth (2006), »Ethics and Incentives: A Political Approach«, in: *American Political Science Review* 100/1, S. 29-39.
Grant, Ruth W.; Keohane, Robert O. (2005), »Accountability and Abuses of Power in World Politics«, in: *American Political Science Review* 99/1, S. 29-43.

Grävingholt, Jörn u.a. (2009), »Demokratieförderung: Quo Vadis?«, in: *APuZ* 8/2009, S. 28-33.
Grimm, Sonja (2008), »Demokratisierung von außen: Der Beitrag externer Akteure zur politischen Transformation nach Kriegen und Intervention«, in: Erdmann, Gero; Kneuer, Marianne (Hg.), *Externe Faktoren der Demokratisierung*, Baden-Baden: Nomos, S. 103-126.
Grimm, Sonja (2010), *Erzwungene Demokratisierung*, Baden-Baden: Nomos.
Grovogui, Siba N. (2001), »Sovereignty in Africa: Quasi-Statehood and Other Myths in International Theory«, in: Dunn, Kevin C.; Shaw, Timothy M. (Hg.), *Africa's Challenge to International Relations Theory*, Houndmills: Palgrave Macmillan, S. 29-45.
Grovogui, Siba N. (2002), »Regimes of Sovereignty: International Morality and the African Condition«, in: *European Journal of International Relations* 8/3, S. 315-338.
Guilhot, Nicolas (2005), *The Democracy Makers. Human Rights and International Order*, New York: Columbia University Press.

Habermas, Jürgen (1981), *Theorie des kommunikativen Handelns*, Frankfurt am Main: Suhrkamp.
Habermas, Jürgen (1983), »Diskursethik – Notizen zu einem Begründungsprogramm«, in: ders., *Moralbewusstsein und kommunikatives Handeln*, Frankfurt am Main: Suhrkamp, S. 53-126.
Habermas, Jürgen (1991), *Erläuterungen zur Diskursethik*, Frankfurt am Main: Suhrkamp.
Habermas, Jürgen (1994), *Faktizität und Geltung. Beiträge zu einer Diskurstheorie des Rechts und des demokratischen Rechtsstaats*, 4., erweiterte Auflage, Frankfurt am Main: Suhrkamp.
Habermas, Jürgen (1996), *Die Einbeziehung des Anderen. Studien zur politischen Theorie*, Frankfurt am Main: Suhrkamp.
Habermas, Jürgen (2004), »Hat die Konstitutionalisierung des Völkerrechts noch eine Chance?«, in: ders., *Der gespaltene Westen. Kleine politische Schriften X*, Frankfurt am Main: Suhrkamp, S. 113-193.
Habermas, Jürgen (2009), »Eine politische Verfassung für die pluralistische Weltgesellschaft?«, in: ders., *Zwischen Naturalismus und Religion. Philosophische Aufsätze*, Frankfurt am Main: Suhrkamp, S. 324-365.
Habermas, Jürgen (2011), *Zur Verfassung Europas. Ein Essay*, Berlin: Suhrkamp.
Halldenius, Lena (2010), »Building Blocks of a Republican Cosmopolitanism. The Modality of Being Free«, in: *European Journal of Political Theory* 9/1, S. 12-30.
Halper, Morton u.a. (2004), »Why Democracies Excel«, in: *Foreign Affairs* 83/5, S. 57-71.

Hannum, Hurst (1993), »Rethinking Self-Determination«, in: *Virginia Journal of International Law* 34, S. 1-69.
Haugaard, Mark (2010), »Power: A ›Family Resemblance‹ Concept«, in: *European Journal of Cultural Studies* 13/4, S. 419-438.
Hay, Carol (2011), »The Obligation to Resist Oppression«, in: *Journal of Social Philosophy* 42/1, S. 21-45.
Hayter, Teresa (1971), *Aid as Imperialism*, London: Penguin Books.
Hayward, Clarissa R. (2000), *De-Facing Power*, Cambridge: Cambridge University Press.
Hayward, Clarissa R. (2006), »On Power and Responsibility«, in: *Political Studies Review* 4, S. 156-163.
Hayward, Clarissa R.; Lukes, Steven (2008), »Nobody to Shoot? Power, Structure, and Agency. A Dialogue«, in: *Journal of Power* 1/1, S. 5-20.
Head, John W. (2005), »For Richer or for Poorer. Assessing the Criticisms Directed at the Multilateral Development Banks«, in: *The University of Kansas Law Review* 52/2, S. 241-324.
Held, Virginia (1970), »Can a Random Collection of Individuals be Responsible?«, in: *Journal of Philosophy* 67, S. 471-481.
Hickey, Samuel; Mohan, Giles (Hg.) (2004), *Participation. From Tyranny to Transformation. Exploring New Approaches to Participation in Development*, London: Zed.
Hindriks, Frank (2008), »The Freedom of Collective Agents«, in: *The Journal of Political Philosophy* 16/2, S. 165-183.
Hobbes, Thomas (1991) [1651], *Leviathan. Oder Stoff, Form und Gewalt eines kirchlichen und bürgerlichen Staates*, hg. von Iring Fetscher, 4. Auflage, Frankfurt am Main: Suhrkamp.
Hobson, Christopher (2008), »Democracy as Civilisation«, in: *Global Society* 22/1, S. 75-95.
Hobson, Christopher (2009a), »Beyond the End of History: The Need for a ›Radical Historicisation‹ of Democracy in International Relations«, in: *Millennium* 37/3, S. 631-657.
Hobson, Christopher (2009b), »The Limits of Liberal Democracy Promotion«, in: *Alternatives* 34/4, S. 383-405.
Hobson, Christopher (2011), »Towards a Critical Theory of Democratic Peace«, in: *Review of International Studies* 37/4, S. 1903-1922.
Hobson, Christopher; Kurki, Milja (Hg.) (2012), »The Conceptual Politics of Democracy Promotion«, London, New York: Routledge.
Hodder, B.W. (1978), *Africa Today: A Short Introduction to African Affairs*, London: Methuen.
Hodgson, Louis-Philippe (2010), »Kant on the Right to Freedom: A Defense«, in: *Ethics* 120/4, S. 791-819.
Honohan, Iseult (2002), *Civic Republicanism*, London: Routledge.

Honohan, Iseult (2009), »Republican Requirements for Access to Citizenship«, in: Calder, Gideon u. a. (Hg.), *Citizenship Acquisition and National Belonging: Migration, Membership and the Liberal Democratic State*, Houndmills: Palgrave Macmillan.

Horkheimer, Max (1988) [1937], »Traditionelle und kritische Theorie«, in: ders., *Gesammelte Schriften*, hg. von Alfred Schmidt, Band 4, Frankfurt am Main: Fischer, S. 162-216.

Hovdal-Moan, Marit (2014), »Unequal Residence Statuses and the Ideal of Non-Domination«, in: *Critical Review of International Social and Political Philosophy* 17/1, S. 70-89.

Howard-Hassman, Rhoda E. (2003), »Moral Integrity and Reparations for Africa«, in: Torpey, John (Hg.), *Politics and the Past. On Repairing Historical Injustices*, Lanham: Rowman & Littlefield, S. 193-215.

Huntington, Samuel (1991), *The Third Wave. Democratization in the Late Twentieth Century*, Norman: University of Oklahoma Press.

Ignatieff, Michael (2003), *Empire Lite. Die amerikanische Mission und die Grenzen der Macht*, Hamburg: EVA.

Ish-Shalom, Piki (2006), »Theory as a Hermeneutical Mechanism: The Democratic-Peace Thesis and the Politics of Democratization«, in: *European Journal of International Relations* 12, S. 565-598.

Ivison, Duncan (2006), »Historical Injustice«, in: Dryzek, John S. u.a (Hg.), *The Oxford Handbook of Political Theory*, Oxford: Oxford University Press, S. 507-525.

Ivison, Duncan (2010), »Republican Human Rights?«, in: *European Journal of Political Theory* 9/1, S. 31-47.

Jacob, Daniel (2014a): »Gerechtigkeit durch Fremdherrschaft? Zur moralischen Rechtfertigbarkeit von internationalen Übergangsverwaltungen«, in: *Politische Vierteljahresschrift* 55/2, S. 243-267.

Jacob, Daniel (2014b), *Justice and Foreign Rule. On International Transitional Administration*, Houndmills: Palgrave Macmillan.

Jackson, Robert H. (1990), *Quasi-States: Sovereignty, International Relations, and the Third World*, Cambridge: Cambridge University Press.

Jaeggi, Eva (1993), »Ambivalenz«, in: Schorr, Angela (Hg.), *Handwörterbuch der Angewandten Psychologie*, Bonn: Deutscher Psychologen Verlag, S. 12-14.

Jahn, Beate (2012a), »Liberalism and Democracy Promotion«, in: Hobson, Christopher; Kurki, Milja (Hg.), *The Conceptual Politics of Democracy Promotion*, London, New York: Routledge, S. 53-67.

Jahn, Beate (2012b), »Rethinking Democracy Promotion«, in: *Review of International Studies* 38/4, S. 685-705.

Jamal, Amaney A.; Tessler, Mark A. (2008), »Attitudes in the Arab World«, in: *Journal of Democracy* 19/1, S. 97-110.
Jamieson, Dale (2005), »Duties to the Distant: Aid, Assistance, and Intervention in the Developing World«, in: *The Journal of Ethics* 9, S. 151-170.
Jenkins, Margaret (2010), »Political Liberalism and Toleration in Foreign Policy«, in: *Journal of Social Philosophy* 41/1, S. 112-136.
Jones, Peter (1999), »Group Rights and Oppression«, in: *The Journal of Political Philosophy* 7/4, S. 353-377.
Jugov, Tamara (i. E.), *Geltungsgründe globaler Gerechtigkeit*, Frankfurt am Main, New York: Campus.

Kabou, Axelle (1993), *Weder arm noch ohnmächtig. Eine Streitschrift gegen schwarze Eliten und weisse Helfer*, Basel: Lenos.
Kagan, Robert (1998), »The Benevolent Empire«, in: *Foreign Policy* 111, S. 24-35.
Kagan, Robert (2008), *Die Demokratie und ihre Feinde. Wer gestaltet die neue Weltordnung?*, München: Siedler.
Kant, Immanuel (1977) [1785], *Grundlegung zur Metaphysik der Sitten*, in: *Werkausgabe in 12 Bänden*, hg. v. Wilhelm Weischedel, Band VII, Frankfurt am Main: Suhrkamp.
Kant, Immanuel (1977) [1795], *Zum ewigen Frieden*, in: *Werkausgabe in 12 Bänden*, hg. v. Wilhelm Weischedel, Band XI, Frankfurt am Main: Suhrkamp, S. 191-251.
Kant, Immanuel (1977) [1797], *Die Metaphysik der Sitten*, in: *Werkausgabe in 12 Bänden*, hg. v. Wilhelm Weischedel, Band VIII, Frankfurt am Main: Suhrkamp.
Kaplan, Robert (1997), »Was Democracy Just a Moment?«, in: *The Atlantic*, Dezember 1997, S. 55-80.
Kaplan, Robert (2005), *Imperial Grunts. The American Military on the Ground*, New York: Random House.
Kapoor, Ilan (2008), *The Post-Colonial Politics of Development*, London, New York: Routledge.
Keohane, Robert O. (2003), »Political Authority after Intervention: Gradations in Sovereignty«, in: Holzgrefe, Jeffrey; Keohane, Robert O. (Hg.), *Humanitarian Intervention: Ethical, Legal and Political Dilemmas*, Cambridge: Cambridge University Press, S. 275-282.
Keohane, Robert O. u. a. (2009), »Democracy-Enhancing Multilateralism«, in: *International Organization* 63, S. 1-31.
Kesselring, Thomas (2003), *Ethik der Entwicklungspolitik. Gerechtigkeit im Zeitalter der Globalisierung*, München: Beck.
Kesselring, Thomas (2007), »Weltwirtschaft, Ungerechtigkeit und der ethische Imperativ der Entwicklungspolitik«, in: Imbusch, Peter (Hg.),

Gerechtigkeit, Demokratie, Frieden: Eindämmung oder Eskalation von Gewalt?, Baden-Baden: Nomos, S. 94-128.

Khan, Mushtaq H. (2005), »Markets, States and Democracy: Patron-Client Networks and the Case for Democracy in Developing Countries«, in: *Democratization* 12/5, S. 705-725.

Killick Tony (1998), *Aid and the Political Economy of Policy Change*, London: Routledge.

Kimminich, Otto; Hobe, Stephan (2000), *Einführung in das Völkerrecht*, 7., völlig überarbeitete und erweiterte Auflage, Tübingen, Basel: Francke.

Klosko, George (1994), »Political Obligation and the Natural Duties of Justice«, in: *Philosophy and Public Affairs* 23/3, S. 251-270.

Knop, Karen (1993), »Re/Statements: Feminism and State Sovereignty in International Law«, in: *Transnational Law and Contemporary Problems* 3/2, S. 293-344.

Kohn, Margaret (2012), »Colonialism«, in: Zalta, Edward N. (Hg.): *The Stanford Encyclopedia of Philosophy*, einzusehen unter: ⟨https://plato.stanford.edu/entries/colonialism/⟩, letzter Zugriff: 7. 3. 2017.

Koller, Peter (2010), »On the Interrelations Between Domestic and Global (In)Justice«, in: *Critical Review of International Social and Political Philosophy* 13/1, S. 137-158.

Köllner, Patrick (2008), »Autoritäre Regime – keine weltweit aussterbende Gattung, sondern eine wachsende Herausforderung«, in: *GIGA Focus Global* Nr 6.

Kornhauser, Lewis A.; Sager, Lawrence G. (1986), »Unpacking the Court«, in: *Yale Law Journal* 96, S. 82-117.

Koskenniemi, Martti (1994), »National Self-Determination Today: Problems of Legal Theory and Practice«, in: *British Institute of International and Comparative Law Quarterly* 43/2, S. 241-269.

Koskenniemi, Martti (2000), »Whose Intolerance, Which Democracy?«, in: Fox, Gregory H.; Roth, Brad R. (Hg.), *Democratic Governance and International Law*, Cambridge: Cambridge University Press, S. 436-440.

Kramer, Matthew H. (2003), *The Quality of Freedom*, Oxford: Oxford University Press.

Kramer, Matthew H. (2008), »Liberty and Domination«, in: Laborde, Cécile; Maynor, John (Hg.), *Republicanism and Political Theory*, Oxford: Blackwell, S. 31-57.

Krasner, Stephen (1999), *Sovereignty. Organized Hypocrisy*, Princeton: Princeton University Press.

Krasner, Stephen (2004), »Sharing Sovereignty. New Institutions for Collapsed and Failing States«, in: *International Security* 29/2, S. 85-120.

Krastev, Ivan (2007), *Russia vs. Europe: The Sovereignty War*, einzusehen unter: ⟨http://www.opendemocracy.net/article/globalisation/institutions_government/russia_europe⟩, letzter Zugriff: 28. 4. 2017.

Kreide, Regina (2013), »Die Verantwortung für ein T-Shirt. Individuelle und kollektive Verpflichtungen bei Iris Marion Young«, in: Niesen, Peter (Hg.), *Zwischen Demokratie und globaler Verantwortung. Iris Marion Youngs Theorie politischer Normativität*, Baden-Baden: Nomos, S. 59-76.

Kukathas, Chandran (2006), »Who? Whom? Reparations and the Problem of Agency«, in: *Journal of Social Philosophy* 37/3, S. 330-341.

Kurki, Milja (2010), »Democracy and Conceptual Contestability. Reconsidering Conceptions of Democracy in Democracy Promotion«, in: *International Studies Review* 12/3, S. 362-386.

Kurki, Milja (2011), »Governmentality and EU Democracy Promotion: The European Instrument for Democracy and Human Rights and the Construction of Democratic Civil Societies«, in: *International Political Sociology* 5, S. 349-366.

Kurki, Milja (2013), *Democratic Futures. Revisioning Democracy Promotion*, Abingdon, New York: Routledge.

Kutz, Christopher (2009), »Zusammen handeln«, in: Schmid, Hans Bernhard; Schweikard David P. (Hg.), *Kollektive Intentionalität. Eine Debatte über die Grundlagen des Sozialen*, Frankfurt am Main: Suhrkamp, S. 433-478.

Laborde, Cécile (2008), *Critical Republicanism. The Hijab Controversy and Political Philosophy*, Oxford: Oxford University Press.

Laborde, Cécile (2010a), *Français, encore un effort pour être républicains!*, Paris: Seuil.

Laborde, Cécile (2010b), »Republicanism and Global Justice. A Sketch«, in: *European Journal of Political Theory* 9/1, S. 48-69.

Laborde, Cécile; Ronzoni, Miriam (2016), »What is a Free State? Republican Internationalism and Globalisation«, in: *Political Studies* 64/2, S. 279-296.

Ladwig, Bernd (2007a), »Das Recht der Souveränität und seine Grenzen«, in: Stein, Tine u. a. (Hg.), *Souveränität, Recht, Moral. Die Grundlagen politischer Gemeinschaft*, Frankfurt am Main, New York: Campus, S. 280-295.

Ladwig, Bernd (2007b), »Gebotene Femdbestimmung? Normative Überlegungen zum Umgang mit zerfallen(d)er Staatlichkeit«, in: Risse, Thomas; Lehmkuhl, Ursula (Hg.), *Regieren ohne Staat? Governance in Räumen begrenzter Staatlichkeit*, Baden-Baden: Nomos, S. 354-373.

Lagos Cruz-Coke, Marta (2008), »Latin America's Diversity of Views«, in: *Journal of Democracy* 19/1, S. 111-125.

Lal, Deepak (2004), *In Praise of Empires. Globalization and Order*, New York, Houndmills: Palgrave Macmillan.
Lang, Gerald (2012), »Invigilating Republican Liberty«, in: *The Philosophical Quarterly* 62/247, S. 273-293.
Larmore, Charles (2001), »A Critique of Philip Pettit's Republicanism«, in: *Philosophical Issues* 11/1, S. 229-243.
Leftwich, Adrian (1993), »Governance, Democracy and Development in the Third World«, in: *Third World Quarterly* 14/3, S. 605-624.
Levitsky, Steven; Way, Lucan A. (2015), »The Myth of Democratic Recession«, in: *Journal of Democracy* 26/1, S. 45-58.
Levy, Jacob (2008), »Self-Determination, Non-Domination, and Federalism«, in: *Hypatia* 23/3, S. 60-78.
Linarelli, John (2009), »When Does Might Make Right? Using Force for Regime Change«, in: *Journal of Social Philosophy* 40/3, S. 343-362.
Lipset, Seymour Martin (1959), »Some Social Requisites of Democracy«, in: *American Political Science Review* 53/1, S. 69-105.
List, Christian; Pettit, Philip (2002), »Aggregating Sets of Judgments: An Impossibility Result«, in: *Economics and Philosophy* 18, S. 89-110.
List, Christian; Pettit, Philip (2006), »Group Agency and Supervenience«, in: *The Southern Journal of Philosophy*, XLIV, S. 85-105.
List, Christian; Pettit, Philip (2011), *Group Agency. The Possibility, Design, and Status of Corporate Agents*, Oxford: Oxford University Press.
List, Christian; Valentini, Laura (2016), »Freedom as Independence«, in: *Ethics* 126/4, S. 1043-1074.
Lister, Matthew (2012), »There is no Human Right to Democracy. But May we Promote it Anyway?«, in: *Stanford Journal of International Law* 48/2, S. 257-276.
Little, Eric; Logan, Carolyn (2009), »The Quality of Democracy and Governance in Africa: New Results from Afrobarometer Round 4. Compendium of Public Findings from 19 African Countries«, in: *Afrobarometer Working Papers 108*.
Loriaux, Sylvie (2006), »Beneficience and Distributive Justice in a Globalising World«, in: *Global Society* 20/3, S. 251-266.
Lovett, Frank (2009), »Domination and Distributive Justice«, in: *Journal of Politics* 71/3, S. 817-830.
Lovett, Frank (2010a), *A General Theory of Domination and Justice*, Oxford: Oxford University Press.
Lovett, Frank (2010b), »Republican Global Distributive Justice«, in: *Diacrítica* 24/2, S. 13-29.
Lovett, Frank (2016), »Should Republicans be Cosmopolitans?«, in: *Global Justice: Theory Practice Rhetoric* 9/1, S. 28-46.
Lovett, Frank; Pettit, Philip (2009), »Neorepublicanism: A Normative and

Institutional Research Program«, in: *Annual Review of Political Science* 12/1, S. 1-29.
Lukes, Steven (2005), *Power. A Radical View*, 2., erweiterte Auflage, Houndmills: Palgrave Macmillan.

Macedo, Stephen (2004), »The Law of Peoples. What Self-Governing Peoples Owe to One Another: Universalism, Diversity, and The Law of Peoples«, in: *Fordham Law Review* 72, S. 1721-1738.
Mackenzie, Catriona (2008), »Relational Autonomy, Normative Authority and Perfectionism«, in: *Journal of Social Philosophy* 39/4, S. 512-533.
Mackenzie, Catriona; Stoljar, Natalie (Hg.) (2000), *Feminist Perspectives on Autonomy, Agency, and the Social Self*, New Yok, Oxford: Oxford University Press.
Magaloni, Beatriz (2008), »Credible Power-Sharing and the Longevity of Authoritarian Rule«, in: *Comparative Political Studies* 41/4-5, S. 715-741
Magen, Amichai u. a. (Hg.) (2009), *Promoting Democracy and the Rule of Law. American and EU Strategies*, Houndmills: Palgrave Macmillan.
Mamdani, Mahmood (1996), *Citizen and Subject. Contemporary Africa and The Legacy of Late Colonialism*, Princeton: Princeton University Press.
Mannheim, Karl (1953), »The History of the Concept of the State as an Organism«, in: ders., *Essays on Sociology and Social Psychology*, London: Routledge, S. 165-182.
Margalit, Avishai; Raz, Joseph (1990), »National Self-Determination«, in: *The Journal of Philosophy* 87, S. 439-461.
Markell, Patchen (2008), »The Insufficiency of Non-Domination«, in: *Political Theory* 36, S. 9-36.
Marks, Susan (2000), »International Law, Democracy, and the End of History«, in: Fox, Gregory H.; Roth, Brad R., *Democratic Governance and International Law*, Cambridge: Cambridge University Press, S. 532-566.
Marks, Susan (2003), *The Riddle of All Constitutions. International Law, Democracy and the Critique of Ideology*, Oxford: Oxford University Press.
Martí, José Luis (2010), »A Global Republic to Prevent Global Domination«, in: *Diacritica* 24/2, S. 31-72.
Maus, Ingeborg (1992), *Zur Aufklärung der Demokratietheorie. Rechts- und demokratietheoretische Überlegungen im Anschluß an Kant*, Frankfurt am Main: Suhrkamp.
Maus, Ingeborg (1999), »Menschenrechte als Ermächtigungsnormen internationaler Politik oder: der zerstörte Zusammenhang von Menschenrechten und Demokratie«, in: Brunkhorst, Hauke u. a. (Hg.), *Recht auf Menschenrechte. Menschenrechte, Demokratie und internationale Politik*, Frankfurt am Main: Suhrkamp, S. 276-292.

Maus, Ingeborg (2011), *Über Volkssouveränität. Elemente einer Demokratietheorie*, Berlin: Suhrkamp.
Mayall, James (2005), »The Legacy of Colonialism«, in: Chesterman, Simon u. a. (Hg.), *Making States Work. State Failure and the Crisis of Governance*, Tokio u. a.: United Nations University Press, S. 36-58.
Maynor, John (2003), *Republicanism in the Modern World*, Cambridge: Polity Press.
Mazzini, Giuseppe (2005) [1907], *The Duties of Men and Other Essays*, New York: Cosimo.
McCarthy, Thomas (2009), *Race, Empire, and the Idea of Human Development*, Cambridge: Cambridge University Press.
McCormick, John (2011), *Macchiavellian Democracy*, Cambridge: Cambridge University Press.
McCorquodale, Robert (1996), »Human Rights and Self-Determination«, in: Sellers, Mortimer (Hg.), *The New World Order*, Oxford, Washington: Berg, S. 9-34.
McFaul, Michael (2004), »Democracy Promotion as a World Value«, in: *The Washington Quarterly* 28/1, S. 147-163.
McFaul, Michael (2010a), *Advancing Democracy Abroad. Why We Should and How We Can*, Lanham: Rowman & Littlefield.
McFaul, Michael (2010b), »Transitions from Postcommunism«, in: Diamond, Larry u. a. (Hg.), *Debates on Democratization*, Baltimore: Johns Hopkins University Press, S. 179-193.
McFaul, Michael; Spector, Regine A. (2010), »Russia's ›Sovereign Democracy‹«, in: Burnell, Peter; Youngs, Richard (Hg.), *New Challenges to Democratization*, London, New York: Routledge, S. 118-133.
McGregor, Joan (1988/89), »Bargaining Advantages and Coercion in the Market«, in: *Philosophy Research Archives* 14, S. 23-50.
McLean, Janet (2004), »Government to State: Globalization, Regulation, and Governments as Legal Persons«, in: *Indiana Journal of Global Legal Studies* 10/1, S. 173-197.
McMahon, Christopher (2005), »The Indeterminacy of Republican Policy«, in: *Philosophy and Public Affairs* 33, S. 67-93.
McMahon, Christopher (2007), Nondomination and Normativity«, in: *Pacific Philosophical Quarterly* 88, S. 319-327.
Meessen, Karl (1986), »IMF Conditionality and State Sovereignty«, in: Dicke, Detlev C. (Hg.), *Foreign Debts in the Present and a New International Economic Order*, Fribourg: University Press, S. 117-129.
Mehta, Pratap Bhanu (2011), »Reluctant India«, in: *Journal of Democracy* 22/4, S. 97-109.
Memmi, Albert (1980), *Der Kolonisator und der Kolonisierte: Zwei Porträts*, übersetzt von Udo Rennert, Frankfurt am Main: Syndikat.

Menke, Christoph (2015), *Kritik der Rechte*, Berlin: Suhrkamp.
Menzel, Ulrich (2005), »Die neue Politisierung der Entwicklungspolitik«, in: Hirsch, Klaus; Seitz, Klaus (Hg.), *Zwischen Sicherheitskalkül, Interesse und Moral. Beiträge zur Ethik der Entwicklungspolitik*, Frankfurt am Main: IKO, S. 43-60.
Merkel, Wolfgang (2008), »Demokratie ›durch‹ Krieg?«, in: Erdmann, Gero; Kneuer, Marianne (Hg,), *Externe Faktoren der Demokratisierung*, Baden-Baden: Nomos, S. 75-102.
Merkel, Wolfgang; Grimm, Sonia (2008), »War and Democratization: Legality, Legitimacy, and Effectiveness«, in: *Democratization* 15/3, S. 457-471.
Meyer, Lukas (2006), »Reparations and Symbolic Restitution«, in: *Journal of Social Philosophy* 37/3, S. 406-422.
Meyers, Diana Tietjens (1987), »Personal Autonomy and the Paradox of Feminine Socialization«, in: *Journal of Philosophy* 84/11, S. 619-628.
Mieth, Corinna (2005), »Sind wir zur Hilfe verpflichtet? Zur Dialektik von Hilfe und Gerechtigkeit«, in: Hirsch, Klaus; Seitz, Klaus (Hg.), *Zwischen Sicherheitskalkül, Interesse und Moral. Beiträge zu einer Ethik der Entwicklungspolitik*, Frankfurt am Main: IKO, S. 83-104.
Mill, John Stuart (2002) [1859], »A Few Words on Non-Intervention«, in: Brown, Chris u. a. (Hg.), *International Relations and Political Thought*, Cambridge: Cambridge University Press.
Miller, David (2007), *National Responsibility and Global Justice*, Oxford: Oxford University Press.
Miller, David (2008), »Republicanism, National Identity, and Europe«, in: Laborde, Cécile; Maynor, John (Hg.), *Republicanism and Political Theory*, Oxford: Blackwell, S. 133-158.
Miller, Russell (2002), »Self-Determination in International Law and the Demise of Democracy?«, in: *Columbia Journal of Transnational Law* 41, S. 601-648.
Miller, Seumas (2006), »Collective Responsibility. An Individualist Account«, in: *Midwest Studies in Philosophy* XXX, S. 176-193.
Mkandawire, Thandika (2010), »›Good Governance‹: The Itinerary of an Idea«, in: Cornwall, Andrea; Eade, Deborah (Hg.), *Deconstructing Development Discourse. Buzzwords and Fuzzwords*, Bourton on Dansmore: Practical Action Publishing, S. 265-268.
Möllers, Christoph (2009), »Verfassungsgebende Gewalt – Verfassung – Konstitutionalisierung«, in: von Bogdandy, Armin; Bast, Jürgen (Hg.), *Europäisches Verfassungsrecht: Theoretische und dogmatische Grundzüge*, Berlin, Heidelberg: Springer, S. 227-277.
Moore, Margaret (1997), »On National Self-Determination«, in: *Political Studies* 45, S. 900-913.

Morris, Christopher W. (1998), *An Essay on the Modern State*, Cambridge: Cambridge University Press.
Morriss, Peter (2002), *Power. A Philosophical Analysis*, 2. Auflage, Manchester: Manchester University Press.
Mulikita, Njunga M (2003), »A False Dawn? Africa's Post-1990 Democratization Waves«, in: *African Security Review* 12/4, S. 105-115.
Müller, Harald (1994), »Internationale Beziehungen als kommunikatives Handeln. Zur Kritik der utilitaristischen Handlungstheorien«, in: *Zeitschrift für Internationale Beziehungen* 1, S. 15-44.
Müller, Michael (1996), »Vom Dissensrisiko zur Ordnung der internationalen Staatenwelt. Zum Projekt einer normativ gehaltvollen Theorie der internationalen Beziehungen«, in: *Zeitschrift für Internationale Beziehungen* 3, S. 367-379.
Müllerson, Rein (2008), »Promoting Democracy Without Starting a New Cold War?«, in: *Chinese Journal of International Law* 7/1, S. 1-31.
Murphy, Sean D. (2000), »Democratic Legitimacy and the Recognition of States and Governments«, in: Fox, Gregory H.; Roth, Brad R. (Hg.), *Democratic Governance and International Law*, Cambridge: Cambridge University Press, S. 123-154.
Muthu, Sankar (2003), *Enlightenment Against Empire*, Princeton: Princeton University Press.

Nabulsi, Karma (1999), *Traditions of War: Occupation, Resistance and the Law*, Oxford: Oxford University Press.
Nagel, Thomas (2010), »Das Problem globaler Gerechtigkeit«, in: Broszies, Christoph; Hahn, Henning (Hg.), *Globale Gerechtigkeit. Schlüsseltexte zur Debatte zwischen Partikularismus und Kosmopolitismus*, Berlin: Suhrkamp, S. 104-145.
Napoleon, Val (2013), »Thinking About Indigenous Legal Orders«, in: Provost, René; Sheppard, Colleen (Hg.), *Dialogues on Human Rights and Legal Pluralism*, Dordrecht: Springer, S. 229-245.
Nardin, Terry (2005), »Humanitarian Imperialism«, in: *Ethics and International Affairs* 19/2, S. 21-26.
National Endowment for Democracy (2006), *The Backlash Against Democracy Assistance*, Washington: NED, einzusehen unter: ⟨www.ned.org/docs/backlash06.pdf⟩, letzter Zugriff: 29. 12. 2016.
Nedelsky, Jennifer (1989), »Reconceiving Autonomy: Sources, Thoughts and Possibilities«, in: *Yale Journal of Law and Feminism* 1, S. 7-36.
Nedelsky, Jennifer (2011), *Law's Relations: A Relational Theory of Self, Autonomy, and Law*, Oxford: Oxford University Press.
Nherere, Pearson (1995), »Conditionality, Human Rights and Good Governance: A Dialogue of Unequal Partners«, in: Ginther, Konrad

u. a. (Hg.), *Sustainable Development and Good Governance*, Dordrecht: Nijhoff, S. 289-307.

Nickel, James W. (2006), »Are Human Rights Mainly Implemented by Intervention?«, in: Rex, Martin; Reidy, David A. (Hg.), *Rawls's Law of Peoples: A Realistic Utopia?*, Malden, Oxford: Blackwell, S. 263-277.

Niederberger, Andreas (2008), »Konstitutionalismus und Globale Gerechtigkeit in der Theorie Transnationaler Demokratie«, in: ders.; Kreide, Regina (Hg.), *Transnationale Verrechtlichung. Nationale Demokratien im Kontext globaler Politik*, Frankfurt am Main, New York: Campus, S. 183-206.

Niederberger, Andreas (2009), *Demokratie unter Bedingungen der Weltgesellschaft? Normative Grundlagen legitimer Herrschaft in einer globalen politischen Ordnung*, Berlin, New York: de Gruyter.

Niederberger, Andreas (2013), »Republicanism and Transnational Democracy«, in: Niederberger, Andreas; Schink, Philipp (Hg.), *Republican Democracy. Liberty, Law, Politics*, Edinburgh: Edinburgh University Press, S. 302-327.

Niesen, Peter (2001), »Volk-von-Teufeln-Republikanismus. Zur Frage nach den moralischen Ressourcen der liberalen Demokratie«, in: Wingert, Lutz; Günther, Klaus (Hg.), *Die Öffentlichkeit der Vernunft und die Vernunft der Öffentlichkeit. Festschrift zum 70. Geburtstag von Jürgen Habermas*, Frankfurt am Main: Suhrkamp, S. 568-604.

Niesen, Peter; Eckes, Tim (2013), »Zwischen Demokratie und globaler Verantwortung. Iris Marion Youngs Theorie politischer Normativität«, in: Niesen, Peter (Hg.), *Zwischen Demokratie und globaler Verantwortung. Iris Marion Youngs Theorie politischer Normativität*, Baden-Baden: Nomos, S. 7-30.

Nkiwane, Tandeka (2001), »The End of History? African Challenges to Liberalism and International Relations«, in: Dunn, Kevin C.; Shaw, Timothy M. (Hg.), *Africa's Challenge to International Relations Theory*, Houndmills, New York: Palgrave Macmillan, S. 103-111.

Nuscheler, Franz (2009), »Good Governance. Ein universelles Leitbild von Staatlichkeit und Entwicklung?«, in: *INEF-Report* 96/2009.

Nussbaum, Martha C. (1993), »Menschliches Tun und soziale Gerechtigkeit. Zur Verteidigung des aristotelischen Essentialismus«, in: Brumlik, Micha; Brunkhorst, Hauke (Hg.), *Gemeinschaft und Gerechtigkeit*, Frankfurt am Main: Fischer, S. 323-361.

Nussbaum, Martha C. (2009), »Iris Young's Last Thoughts on Responsibility for Global Justice«, in: Ferguson, Ann; Nagel, Mechthild (Hg.), *Dancing With Iris. The Philosophy of Iris Marion Young*, Oxford: Oxford University Press, S. 133-145.

Nussbaum, Martha C. (2011), *Creating Capabilities. The Human Development Approach*, Cambridge/MA: Belknap.

Nussbaum, Martha C. (2014), *Grenzen der Gerechtigkeit. Behinderung, Nationalität und Spezieszugehörigkeit*, übersetzt von Robin Celikates und Eva Engels, Berlin: Suhrkamp.
Nyamnjoh, Francis B. (2011), »Relevant Education for African Development. Some Epistemological Considerations«, in: Keita, Lansana (Hg.), *Philosophy and African Development*, Dakar: CODESRIA, S. 139-154.

Oeter, Stefan (1998), »Demokratieprinzip und Selbstbestimmungsrecht der Völker. Zwei Seiten einer Medaille?«, in: Brunkhorst, Hauke (Hg.), *Demokratischer Experimentalismus*, Frankfurt am Main: Suhrkamp, S. 329-360.
Okara, Andrei (2007), »Sovereign Democracy: A New Russian Idea or a PR-Project?«, in: *Russia in Global Affairs* 5/3, S. 8-20.
Oldenbourg, Andreas (2016), »Ein republikanisches Selbstbestimmungsrecht der Völker«, in: Thiel, Thorsten; Volk, Christian (Hg.), *Die Aktualität des Republikanismus*, Baden-Baden: Nomos, S. 179-205.
O'Neill, Onora (1986), *Faces of Hunger. An Essay on Poverty, Justice and Development*, London: Allen and Unwin.
Osaghae, Eghosa E. (2007), »Fragile States«, in: *Development in Practice* 17/4-5, S. 601-699.
Ottaway, Marina (2010), »Ideological Challenges to Democracy: Do They Exist?«, in: Burnell, Peter; Youngs, Richard (Hg.), *New Challenges to Democratization*, London, New York: Routledge, S. 42-58.
Özel, Soli; Özcan, Gencer (2011), »Turkey's Dilemma«, in: *Journal of Democracy* 22/4, S. 125-138.

Pangle, Thomas L. (2009), »The Morality of Exporting Democracy. A Historical-Philosophical Perspective«, in: Barany, Zoltan; Moser, Robert G. (Hg.), *Is Democracy Exportable?*, Cambridge: Cambridge University Press, S. 15-34.
Parrish, John (2009), »Collective Responsibility and the State«, in: *International Theory* 1/1, S. 119-154.
Particip u. a. (2006), *Thematic Evaluation of the EC Support to Good Governance. Band 1: Synthesis Report.* Freiburg, Brüssel: Particip, einzusehen unter: ⟨http://ec.europa.eu/europeaid/how/evaluation/evaluation_reports/reports/2006/884_vol1_en.pdf⟩, letzter Zugriff: 7.3.2017.
Peceny, Mark (1999), »Forcing Them to Be Free«, in: *Political Research Quarterly* 52/3, S. 549-582.
Petersen, Niels (2009), *Demokratie als teleologisches Prinzip. Zur Legitimität von Staatsgewalt im Völkerrecht*, Dordrecht: Springer.
Pettit, Philip (1989), »Conseqentialism and Respect for Persons«, in: *Ethics* 100, S. 116-126.

Pettit, Philip (1993), *The Common Mind. An Essay on Psychology, Society, and Politics*, Oxford: Oxford University Press.
Pettit, Philip (1996), »Freedom as Antipower«, in: *Ethics* 106/3, S. 576-604.
Pettit, Philip (1997), *Republicanism: A Theory of Freedom and Government*, Oxford: Oxford University Press.
Pettit, Philip (1999), »Republican Freedom and Contestatory Democratization«, in: Shapiro, Ian; Hacker Cordón, Casiano (Hg.), *Democracy's Value*, Cambridge: Cambridge University Press, S. 163-190.
Pettit, Philip (2000), »Democracy, Electoral and Contestatory«, in: Shapiro, Ian; Macedo, Stephen (Hg.), *Designing Democratic Institutions*. Nomos XLII, New York: New York University Press, S. 105-144.
Pettit, Philip (2001a), *A Theory of Freedom: From the Psychology to the Politics of Agency*, Oxford: Oxford University Press.
Pettit, Philip (2001b), »Capability and Freedom. A Defence of Sen«, in: *Economics and Philosophy* 17, S. 1-20.
Pettit, Philip (2001c), »Collective Intentions«, in: Naffine, Ngaire; Owns, Rosemary (Hg.), *Intention in Law and Philosophy*, Ashgate: Aldershot, S. 241-254.
Pettit, Philip (2001d), »Deliberative Democracy and the Discursive Dilemma«, in: *Philosophical Issues* 11, S. 268-299.
Pettit, Philip (2001e), »The Capacity to Have Done Otherwise«, in: Cane, Peter; Gardner, John (Hg.), *Relating to Responsibility. Essays in Honour of Tony Honore on his 80th Birthday*, Oxford: Hart, S. 21-35.
Pettit, Philip (2001f), »Two Sources of Morality«, in: *Social Philosophy and Policy* 18/2, S. 102-128.
Pettit, Philip (2002a), »Collective Persons and Powers«, in: *Legal Theory* 8, S. 443-470.
Pettit, Philip (2002b), »Keeping Republican Freedom Simple: On a Difference with Quentin Skinner«, in: *Political Theory* 30/3, S. 339-356.
Pettit, Philip (2003a), »Agency-Freedom and Option-Freedom«, in: *Journal of Theoretical Politics* 15/4, S. 387-403.
Pettit, Philip (2003b), »Deliberative Democracy, the Discoursive Dilemma and Republican Theory«, in: Fishkin, James; Laslett, Peter (Hg.), *Debating Deliberative Democracy*, Malden, Oxford: Blackwell, S. 138-162.
Pettit, Philip (2003c), »Discourse Theory and Republican Freedom«, in: *Critical Review of International Social and Political Philosophy* 6/1, S. 72-95.
Pettit, Philip (2003d), »Groups with Minds of Their Own«, in: Schmitt, F. (Hg.), *Socializing Metaphysics – The Nature of Social Reality*, New York: Rowman and Littlefield, S. 167-193.
Pettit, Philip (2004a), »Depoliticizing Democracy«, in: *Ratio Juris* 17, S. 52-65.

Pettit, Philip (2004b), »The Common Good«, in: Dowding, Keith u.a. (Hg.), *Justice and Democracy. Essays for Brian Barry*, Cambridge: Cambridge University Press, S. 150-169.
Pettit, Philip (2005a), »Rawls's Political Ontology«, in: *Politics Philosophy and Economics* 4/2, S. 157-174.
Pettit, Philip (2005b), »The Domination Complaint«, in: Williams, Melissa; Macedo, Stephen (Hg.), *Political Exclusion and Domination*, Nomos XLVI, New York: New York University Press, S. 87-117.
Pettit, Philip (2006a), »Democracy, National and International«, in: *The Monist* 89/2, S. 301-324.
Pettit, Philip (2006b), »On Rawls's Peoples«, in: Rex, Martin; Reidy, David A. (Hg.), *Rawls's Law of Peoples. A Realistic Utopia?*, Oxford: Blackwell, S. 38-55.
Pettit, Philip (2006c), »The Determinacy of Republican Policy. A Reply to McMahon«, in: *Philosophy and Public Affairs* 34, S. 275-283.
Pettit, Philip (2007a), »A Republican Right to Basic Income?«, in: *Basic Income Studies. An International Journal of Basic Income Research* 2/2, S. 1-8.
Pettit, Philip (2007b), »Free Persons and Free Choices«, in: *History of Political Thought* 28/4, S. 709-718.
Pettit, Philip (2007c), »Joining the Dots«, in: Brennan, Geoffrey u.a. (Hg.), *Common Minds. Themes From the Philosophy of Philip Pettit*, Oxford: Oxford University Press, S. 215-337.
Pettit, Philip (2007d), »Rationality, Reasoning and Group Agency«, in: *dialectica* 61/4, S. 495-519.
Pettit, Philip (2007e), »Responsibility Incorporated«, in: *Ethics* 117/2, S. 171-201.
Pettit, Philip (2008a), »Dahl's Power and Republican Freedom«, in: *Journal of Power* 1/1, S. 67-74.
Pettit, Philip (2008b), »Freedom and Probability: A Comment on Goodin and Jackson«, in: *Philosophy and Public Affairs* 36/2, S. 206-220.
Pettit, Philip (2008c), »Republican Liberty: Three Axioms, Four Theorems«, in: Laborde, Cécile; Maynor, John (Hg.), *Republicanism and Political Theory*, Oxford: Blackwell, S. 102-130.
Pettit, Philip (2008d), »The Basic Liberties«, in: Kramer, Matthew u.a. (Hg.), *The Legacy of H. L. A. Hart. Legal, Political and Moral Philosophy*, Oxford: Oxford University Press, S. 201-224.
Pettit, Philip (2008e), »Three Conceptions of Democratic Control«, in: *Constellations* 15/1, S. 46-55.
Pettit, Philip (2009a), »Corporate Responsibility Revisited«, in: *Rechtsfilosofie & Rechtstheorie* 38/2, S. 159-176.
Pettit, Philip (2009b), »Gruppen mit einem eigenem Geist«, in: Schmid, Hans Bernhard; Schweikard David P. (Hg.), *Kollektive Intentionalität.*

Eine Debatte über die Grundlagen des Sozialen, Frankfurt am Main: Suhrkamp, S. 586-625.
Pettit, Philip (2009c), »Varieties of Public Representation«, in: Shapiro, Ian u. a. (Hg.), *Representation and Popular Rule*, Cambridge: Cambridge University Press, S. 61-89.
Pettit, Philip (2009d), »The Reality of Group Agents«, in: Mantzavinos, Chris (Hg.), *Philosophy of the Social Sciences. Philosophical Theory and Scientific Practice*, Cambridge: Cambridge University Press, S. 67-97.
Pettit, Philip (2010a), »Appendix to Chapter 3. Challenges and Queries«, in: Martí, José Luis; Pettit, Philip, *A Political Philosophy in Public Life. Civic Republicanism in Zapatero's Spain*, Oxford, Princeton: Princeton University Press, S. 95-108.
Pettit, Philip (2010b), »A Republican Law of Peoples«, in: *European Journal of Political Theory* 9/1, S. 70-94.
Pettit, Philip (2010c), »Legitimate International Institutions: A Neo-republican Perspective«, in: Besson, Samantha; Tasioulas, John (Hg.), *The Philosophy of International Law*, Oxford: Oxford University Press, S. 139-160.
Pettit, Philip (2011), »A Question for Sen about Democracy and Justice«, in: *Indian Journal of Human Development* 5/1, S. 185-196.
Pettit, Philip (2012a), »Legitimacy and Justice in Republican Perspective«, in: *Current Legal Problems* 65, S. 59-82.
Pettit, Philip (2012b), *On the People's Terms. A Republican Theory and Model of Democracy*, Cambridge: Cambridge University Press.
Pettit, Philip (2013), »Two Republican Traditions«, in: Niederberger, Andreas; Schink, Philipp (Hg.), *Republican Democracy. Liberty, Law, Politics*, Edinburgh: Edinburgh University Press, S. 169-204.
Pettit, Philip (2014), *Just Freedom. A Moral Compass for a Complex World*, Oxford: Norton.
Pettit, Philip (2015a), *Gerechte Freiheit. Ein moralischer Kompass für eine komplexe Welt*, übersetzt von Karin Wördemann, Berlin: Suhrkamp.
Pettit, Philip (2015b), »The Republican Law of Peoples. A Restatement«, in: Buckinx, Barbara u. a. (Hg.), *Domination and Global Political Justice. Conceptual, Historical, and Institutional Perspectives*, New York, London: Routledge, S. 37-70.
Pettit, Philip (2016), »The Globalized Republican Ideal«, in: *Global Justice: Theory Practice Rhetoric* 9/1, S. 47-68.
Pettit, Philip; Schweikard, David P. (2009), »Gemeinsames Handeln und kollektive Akteure«, in: Schmid, Hans Bernhard; Schweikard David P. (Hg.), *Kollektive Intentionalität. Eine Debatte über die Grundlagen des Sozialen*, Frankfurt am Main: Suhrkamp, S. 556-587.

Pettit, Philip; Smith, Michael (1990), »Backgrounding Desire«, in: *Philosophical Review* 99/4, S. 565-592.
Pettit, Philip; Smith, Michael (1993), »Practical Unreason«, in: *Mind* 102/405, S. 53-80.
Pettit, Philip; Smith, Michael (1996), »Freedom in Belief and Desire«, in: *Journal of Philosophy* 93/9, S. 429-449.
Pettit, Philip; Smith, Michael (2004), »The Truth in Deontology«, in: Wallace, R. J. u. a. (Hg.), *Reason and Value: Themes from the Moral Philosophy of Joseph Raz*, Oxford: Oxford University Press, S. 153-175.
Philpott, Daniel (1995), »In Defense of Self-Determination«, in: *Ethics* 105/2, S. 352-385.
Philpott, Daniel (2001), *Revolutions in Sovereignty. How Ideas Shaped Modern International Relations*, Princeton: Princeton University Press.
Piccone, Ted (2011), »Do New Democracies Support Democracy? The Multilateral Dimension«, in: *Journal of Democracy* 22/4, S. 139-152.
Pitts, Jennifer (2010), »Political Theory of Empire and Imperialism«, in: *Annual Review of Political Science* 13, S. 211-235.
Plattner, Marc F. (1991), »The Democratic Moment«, in: *Journal of Democracy* 2/4, S. 34-46.
Plattner, Marc F. (2011), »Comparing the Arab Revolts. The Global Context«, in: *Journal of Democracy* 22/4, S. 5-12.
Pogge, Thomas W. (1995), »Eine globale Rohstoffdividende«, in: *Analyse und Kritik* 17/2, S. 183-208.
Pogge, Thomas W. (2001), »The Influence of the Global Order on the Prospects for Genuine Democracy in Developing Countries«, in: *Ratio Juris* 14/3, S. 326-343.
Pogge, Thomas W. (2004), »›Assisting‹ the Global Poor«, in: Chatterjee, Deen K. (Hg.), *The Ethics of Assistance: Morality and the Distant Needy*, Cambridge: Cambridge University Press, S. 260-288.
Pogge, Thomas W. (2005a), »Real World Justice«, in: *The Journal of Ethics* 9/1-2, S. 29-53.
Pogge, Thomas W. (2005b), »Severe Poverty as a Violation of Negative Duties«, in: *Ethics and International Affairs* 19/1, S. 55-83.
Pogge, Thomas W. (2010), »›Armenhilfe‹ ins Ausland«, in: Broszies, Christoph; Hahn, Henning (Hg.), *Globale Gerechtigkeit. Schlüsseltexte zur Debatte zwischen Partikularismus und Kosmopolitismus*, Berlin: Suhrkamp, S. 263-301.
Pogge, Thomas W. (2011), *Weltarmut und Menschenrechte. Kosmopolitische Verantwortung und Reformen*, übersetzt von Anna Wehofsits, Berlin, New York: de Gruyter.
Pogge, Thomas W. (2013), »Poverty, Hunger and Cosmetic Progress«, in: Langford, Malcom u. a. (Hg.), *The Millennium Development Goals and*

Human Rights: Past, Present, Future, New York, Cambridge: Cambridge University Press, S. 209-231.
Polanyi, Karl (1973) [1944], *The Great Transformation. Politische und ökonomische Ursprünge von Gesellschaften und Wirtschaftssystemen*, übersetzt von Heinrich Jelinek, Berlin: Suhrkamp.
Preuß, Ulrich K. (1994), »Der Begriff der Verfassung und ihre Beziehung zur Politik«, in: ders. (Hg.), *Zum Begriff der Verfassung*, Frankfurt am Main: Fischer, S. 7-33.
Przeworski, Adam u. a. (2000), *Democracy and Development. Political Institutions and Wellbeing in the World, 1950-1990*, Cambridge: Cambridge University Press.
Puddington, Arch (2007), »The 2006 Freedom House Survey: The Pushback against Democracy«, in: *Journal of Democracy* 18/2, S. 125-137.
Puddington, Arch (2011), »The Freedom House Survey for 2010: Democracy under Duress«, in: *Journal of Democracy* 22/2, S. 17-31.
Puddington, Arch (2014), »The Freedom House Survey for 2013: The Democratic Leadership Gap«, in: *Journal of Democracy* 25/2, S. 77-92.
Puddington, Arch/Roylance, Tyler (2017), »The Freedom House Survey for 2016: The Dual Threat of Populists and Autocrats«, in: *Journal of Democracy* 28/2, S. 105-119.
Purdy, Jedediah (2003), »Liberal Empire: Assessing the Arguments«, in: *Ethics and International Affairs* 17/2, S. 35-47.

Quinton, Anthony (1975), »The Presidential Address: Social Objects«, in: *Proceedings of the Aristotelian Society* 76, S. 1-27.

Rajagopal, Balakrishnan (2003), *International Law from Below. Development, Social Movements and Third World Resistance*. Cambridge: Cambridge University Press.
Ramo, Joshua Cooper (2004), *The Beijing Consensus*, London: The Foreign Policy Centre, einzusehen unter: ⟨fpc.org.uk/fsblob/244.pdf⟩, letzter Zugriff: 3. 5. 2017.
Raventos, Daniel (2007), *Basic Income: The Material Conditions of Freedom*, London: Pluto.
Rawls, John (1979), *Eine Theorie der Gerechtigkeit*, übersetzt von Hermann Vetter, Frankfurt am Main: Suhrkamp.
Rawls, John (2002), *Das Recht der Völker*, übersetzt von Wilfried Hinsch, Berlin, New York: de Gruyter.
Raz, Joseph (1979), »The Rule of Law and its Virtue«, in: ders., *The Authority of Law. Essays on Law and Morality*, Oxford: Oxford University Press, S. 210-232.
Recchia, Stefano (2009), »Just and Unjust Postwar Reconstruction: How

Much External Interference Can Be Justified?«, in: *Ethics and International Affairs* 32/2, S. 165-187.

Reidy, David (2010), »Human Rights and Liberal Toleration«, in: *Canadian Journal of Law and Jurisprudence* XXIII/2, S. 287-317.

Reisman, Michael W. (2000), »Sovereignty and Human Rights in Contemporary International Law«, in: Fox, Gregory H.; Roth, Brad R., *Democratic Governance and International Law*, Cambridge: Cambridge University Press, S. 239-258.

Rich, Roland (2001), »Bringing Democracy into International Law«, in: *Journal of Democracy* 12/3, S. 20-34.

Richardson, Henry (2002), *Democratic Autonomy: Public Reasoning About the Ends of Policy*, Oxford: Oxford University Press.

Richardson, Henry (2005), »Response to Pettit, Estlund, and Christiano«, in: *Philosophy and Phenomenological Research* LXX 1/1, S. 218-230.

Richardson, Henry (2006), »Republicanism and Democratic Justice«, in: *Politics, Philosophy and Economics* 5/2, S. 175-200.

Riddell, Roger (2008), *Does Foreign Aid Really Work?*, Oxford: Oxford University Press.

Rigstad, Mark (2011), »Republicanism and Geopolitical Domination«, in: *Journal of Political Power* 4/2, S. 279-300.

Risse, Mathias (2005), »Do We Owe the Global Poor Assistance or Rectification?«, in: *Ethics and International Affairs* 19/1, S. 9-18.

Risse-Kappen, Thomas (1995), »Reden ist nicht billig. Zur Debatte um Kommunikation und Rationalität«, in: *Zeitschrift für Internationale Beziehungen* 2, S. 171-184.

Rist, Gilbert (2008), *The History of Development. From Western Origins to Global Faith*, 3. Auflage, London, New York: Zed Books.

Robinson, Randall (1999), *The Debt: What America Owes to Blacks*, London: Dutton.

Robinson, Ronald; Gallagher, John (1953), »The Imperialism of Free Trade«, in: *Economic History Review* 6/1, S. 1-15.

Robinson, William (1996), *Promoting Polyarchy. Globalization, US Intervention, and Hegemony*, Cambridge: Cambridge University Press.

Rodney, Walter (1976), *Afrika. Die Geschichte einer Unterentwicklung*, Berlin: Wagenbach.

Roepstorff, Kristina (2011), »Understanding Self-Determination as Non-Domination: Calling for a Shift from Government to Governance?«, in: Fisch, Jörg (Hg.), *Die Verteilung der Welt. Selbstbestimmung und das Selbstbestimmungsrecht der Völker*, München: Oldenbourg, S. 285-306.

Ronzoni, Miriam (2012), »Zwei Konzeptionen staatlicher Souveränität«, in: Niesen, Peter (Hg.), *Transnationale Gerechtigkeit und Demokratie*, Frankfurt am Main, New York: Campus, S. 49-76.

Rosas, Allan (1993), »Internal Self-Determination«, in: Tomuschat, Christian (Hg.), *Modern Law of Self-Determination*, Dordrecht, Boston: Nijhoff, S. 225-252.

Rose, Richard (2007), »Learning to Support New Regimes in Europe«, in: *Journal of Democracy* 18/3, S. 111-125.

Rosenstein-Rodan, Paul N. (2008) [1944], »Die internationale Entwicklung ökonomisch rückständiger Gebiete«, in: Fischer, Karin u. a. (Hg.), *Klassiker der Entwicklungstheorie. Von Modernisierung bis Post-Development*, Wien: Mandelbaum, S. 26-38.

Rostow, Walt Whitman (2008) [1960], »Die fünf Wachstumsstadien – eine Zusammenfassung«, in: Fischer, Karin u. a. (Hg.), *Klassiker der Entwicklungstheorie. Von Modernisierung bis Post-Development*, Wien: Mandelbaum, S. 39-52.

Roth, Brad R. (1999), *Governmental Illegitimacy in International Law*, Oxford: Oxford University Press.

Roth, Brad R. (2000), »The Illegality of ›Pro-democratic‹ Invasion Pacts«, in: Fox, Gregory H.; Roth, Brad R., *Democratic Governance and International Law*, Cambridge: Cambridge University Press, S. 328-342.

Rousseau, Jean-Jacques (2003) [1762], *Vom Gesellschaftsvertrag oder Grundsätze des Staatsrechts*, Stuttgart: Reclam.

Rüb, Friedbert W. (2002), »Hybride Regime – Politikwissenschaftliches Chamäleon oder neuer Regimetypus? Begriffliche und konzeptionelle Überlegungen zum neuen Pessimismus in der Transitologie«, in: Bendel, Petra u. a. (Hg.), *Zwischen Demokratie und Diktatur. Zur Konzeption und Empirie demokratischer Grauzonen*, Opladen: Leske & Budrich, S. 93-118.

Rubenstein, Jennifer (2007), »Accountability in an Unequal World«, in: *Journal of Politics* 69/3, S. 616-632.

Rubenstein, Jennifer (2014), »The Misuse of Power, not Bad Representation: Why It Is Beside the Point that No One Elected Oxfam«, in: *The Journal of Political Philosophy* 22/2, S. 204-230.

Rupnik, Jacques (2007), »From Democracy Fatigue to Populist Backlash«, in: *Journal of Democracy* 18/4, S. 17-25.

Russett, Bruce (1998), »A Neo-Kantian Perspective: Democracy, Interdependence and International Organizations in Building Security Communities«, in: Adler, Emanuel; Barnett, Michael (Hg.), *Security Communitites*, Cambridge: Cambridge University Press, S. 368-394.

Russett, Bruce; Oneal, John R. (2001), *Triangulating Peace. Democracy, Interdependence, and International Organization*, New York, London: Norton.

Sachs, Wolfgang (Hg.) (2000), *The Development Dictionary. A Guide to Knowledge as Power*, 2. Auflage, London, Zed Books.

Saith, Ashwani (2006), »From Universal Values to Millennium Development Goals: Lost in Translation«, in: *Development and Change* 73/6, S. 1167-1199.

Saith, Ashwani (2007), »Goals Set for the Poor, Goalposts Set by the Rich«, in: *International Institute of Asian Studies Newsletter* 45, S. 12-13.

Santiso, Carlos (2000), »Towards Democratic Governance: The Contribution of the Multilateral Development Banks in Latin America«, in: Burnell, Peter (Hg.), *Democracy Assistance: International Co-operation for Democratization*, London: Frank Cass, S. 150-187.

Satz, Debra (2005), »What Do We Owe to the Global Poor?«, in: *Ethics and International Affairs* 19/1, S. 47-54.

Saul, John S. (1997), »For Fear of Being Condemned as Old Fashioned: Liberal Democracy vs. Popular Democracy in Sub-Saharan Africa«, in: *Review of African Political Economy* 73, S. 339-353.

Schachter, Oscar (1984), »The Legality of Pro-Democratic Intervention«, in: *The American Journal of International Law* 78/3, S. 645-650.

Schmalz-Bruns, Rainer (1995), »Die Theorie des kommunikativen Handelns – eine Flaschenpost? Anmerkungen zur jüngsten Theoriedebatte in den Internationalen Beziehungen«, in: *Zeitschrift für Internationale Beziehungen* 2/2, S. 347-370.

Schmelzle, Cord (2015), *Politische Legitimität und zerfallene Staatlichkeit*, Frankfurt am Main, New York: Campus.

Schmid, Hans Bernhard (2005), *Wir-Intentionalität. Kritik des ontologischen Individualismus und Rekonstruktion der Gemeinschaft*, Freiburg, München: Verlag Karl Alber.

Schmid, Hans Bernhard (2009), »Können Gehirne im Tank als Team denken?«, in: ders.; Schweikard, David P. (Hg.), *Kollektive Intentionalität. Eine Debatte über die Grundlagen des Sozialen*, Frankfurt am Main: Suhrkamp, S. 387-413.

Schmid, Hans Bernhard (2010), *Plural Action. Essays in Philosophy and Social Science*, Dordrecht u. a.: Springer.

Schmidt, Jessica (2013), »From Transformation to Reality: the Role of Local Context in EU Democracy Promotion«, in: *International Relations* 27/2, S. 246-252.

Schmitter, Philippe C. (2015), »Crisis and Transition, but not Decline«, in: *Journal of Democracy* 26/1, S. 32-44.

Schmücker, Reinold (2002), »Wiedergutmachung und Sezession«, in: ders.; Steinvorth, Ulrich (Hg.), *Gerechtigkeit und Politik. Philosophische Perspektiven*, Berlin: Akademie Verlag, S. 233-252.

Schraeder, Peter J. (2003), »The State of the Art in International Democracy Promotion: Results of a Joint European-North American Research Network«, in: *Democratization* 20/2, S. 21-44.

Schumpeter, Joseph A. (1950), *Kapitalismus, Sozialismus und Demokratie*, 2., erweiterte Auflage, Bern: Francke.
Schwartländer, Johannes (Hg.) (1981), *Menschenrechte und Demokratie*, Kehl, Straßburg: Engel.
Schwarzenberger, Georg (1955), »The Standard of Civilization in International Law«, in: *Current Legal Problems* 8/1, S. 212-234.
Scott, Craig (1996), »Indigenous Self-Determination and Decolonization of the International Imagination: A Plea«, in: *Human Rights Quarterly* 18, S. 814-820.
Searle, John (2002), *Die Konstruktion der gesellschaftlichen Wirklichkeit. Zur Ontologie sozialer Tatsachen*, Reinbeck: Rowohlt.
Searle, John (2009), »Kollektive Absichten und Handlungen«, in: Schmid, Hans Bernhard; Schweikard David P. (Hg.), *Kollektive Intentionalität. Eine Debatte über die Grundlagen des Sozialen*, Frankfurt am Main: Suhrkamp, S. 99-118.
Sen, Amartya (1981), *Poverty and Famine*, Oxford: Clarendon.
Sen, Amartya (1989), »Human Development as Capability Expansion«, in: Fukuda-Parr, Saiko; Kumar, A. K. Shiva (Hg.), *Readings on Human Development: Concepts, Measures, and Policies for a Development Paradigm*, New York, Oxford: Oxford University Press, S. 3-16.
Sen, Amartya (1999), »Democracy as a Universal Value«, in: *Journal of Democracy* 10/3, S. 3-17.
Sen, Amartya (2000), *Ökonomie für den Menschen. Wege zu Gerechtigkeit und Solidarität in der Marktwirtschaft*, München: Hanser.
Shapiro, Ian (2012), »On Non-Domination«, in: *University of Toronto Law Journal* 62, S. 293-335.
Shei, Ser-Min (2005), »World Poverty and Moral Responsibility«, in: Føllesdal, Andreas; Pogge, Thomas (Hg.), *Real World Justice. Grounds, Principles, Human Rights, and Social Institutions*. Dordrecht: Springer, S. 139-155.
Sher, George (1981), »Ancient Wrongs and Modern Rights«, in: *Philosophy and Public Affairs* 10/1, S. 3-17.
Shi, Tianjian; Lu, Jie (2010), »The Shadow of Confucianism«, in: *Journal of Democracy* 21/4, S. 123-130.
Shivji, Issa G. (2007), *Silences in NGO Discourse: The Role and Future of NGOs in Africa*, Nairobi, Oxford: Pambazuka Press.
Shnayderman, Ronen (2012), »Liberal vs. Republican Notions of Freedom«, in: *Political Studies* 60, S. 44-58.
Shue, Henry (1988), »Mediating Duties«, in: *Ethics* 98/4, S. 687-704.
Shue, Henry (2004), »Limiting Sovereignty«, in: Welsh, J. M. (Hg.), *Humanitarian Intervention and International Relations*, Oxford: Oxford University Press, S. 11-28.

Siame, Chisanga N. (2000), »›Two Concepts of Liberty‹ through African Eyes«, in: *The Journal of Political Philosophy* 8/1, S. 53-67.
Silvermint, Daniel (2013), »Resistance and Well-Being«, in: *The Journal of Philosophy* 21/4, S. 405-425.
Simmons, John A. (1979), *Moral Principles and Political Obligation*, Princeton: Princeton University Press.
Simpson, Gerry (1996), »The Diffusion of Sovereignty: Self-Determination in the Post-Colonial Age«, in: Sellers, Mortimer (Hg.), *The New World Order*, Oxford, Washington: Berg, S. 35-69.
Simpson, Gerry (2001), »Two Liberalisms«, in: *EJIL* 12/3, S. 537-571.
Simpson, Gerry (2004), *Great Powers and Outlaw States. Unequal Sovereigns in the International Legal Order*, Cambridge: Cambridge University Press.
Singer, Peter (1972), »Famine, Affluence, and Morality«, in: *Philosophy and Public Affairs* 1/3, S. 229-243.
Skinner, Quentin (1998), *Liberty Before Liberalism*, Cambridge: Cambridge University Press.
Skinner, Quentin (2002), »A Third Concept of Liberty«, in: *Proceedings of the British Academy* 117, S. 237-268.
Skinner, Quentin (2008), »Freedom as the Absence of Arbitrary Power«, in: Laborde, Cécile; Maynor, John (Hg.), *Republicanism and Political Theory*, Oxford: Blackwell, S. 83-101.
Skinner, Quentin (2010), »On the Slogans of Republican Political Theory«, in: *European Journal of Political Theory* 9/1, S. 95-102.
Slater, David (2006), »Imperial Powers and Democratic Imaginations«, in: *Third World Quarterly* 27/8, S. 1369-1386.
Slaughter, Steven (2005), *Liberty Beyond Neo-Liberalism. A Republican Critique of Liberal Governance in a Globalising Age*, Houndmills: Palgrave Macmillan.
Slaughter, Steven (2009), »Reconsidering Institutional Cosmopolitanism: Global Poverty and the Importance of the State in International Political Theory«, in: *Global Change, Peace and Security* 21/1, S. 37-52.
Smith, Michael (2004), »The Structure of Orthonomy«, in: Hyman, John; Steward, Helen (Hg.), *Action and Agency. Royal Institute of Philosophy* Supplement 55, Cambridge: Cambridge University Press, S. 165-193.
Southwood, Nicholas (2002), »Beyond Pettit's Neo-Roman Republicanism: The Deliberative Republic«, in: *Critical Review of International Social and Political Philosophy* 5/1, S. 16-42.
Spanger, Hans-Joachim; Wolff, Jonas (2007), »Why Promote Democratisation? Reflections on the Instrumental Value of Democracy«, in: van Doorn, Marieke; von Meijenfeldt, Roel (Hg.), *Democracy. Europe's Core Value? On the European Profile in World-Wide Democracy Assistance*, Delft: Eburon Academic Publishers, S. 33-50.

Sreenivasan, Gopal (2001), »A Proliferation of Liberties«, in: *Philosophy and Phenomenological Research* 63, S. 229-237.
Stacy, Helen (2003), »Relational Sovereignty«, in: *Stanford Law Review* 55/5, S. 2029-2059.
Steinhoff, Uwe (2012), »Why ›We‹ Are Not Harming the Global Poor: A Critique of Pogge's Leap from State to Individual Responsibility«, in: *Public Reason* 4/1-2, S. 110-138.
Stevens, Robert (1988), »Coercive Offers«, in: *Australasian Journal of Philosophy* 66, S. 83-95.
Stilz, Anna (2011), »Collective Responsibility and the State«, in: *The Journal of Political Philosophy* 19/2, S. 190-208.
Strand, Anders (2012), »Group Agency, Responsibility, and Control«, in: *Philosophy of the Social Sciences* 43/2, S. 201-224.
Stromseth, Jane u. a. (Hg.) (2006), *Can Might Make Rights? Building the Rule of Law after Military Conflict*, Cambridge: Cambridge University Press.
Sugden, Robert (1993), »Thinking as a Team: Towards an Explanation of Nonselfish Behavior«, in: *Social Philosophy and Policy* 10, S. 69-89.
Sukma, Rizal (2011), »Indonesia Finds a New Voice«, in: *Journal of Democracy* 22/4, S. 111-123.
Summers, James (2013), »The Internal and External Aspects of Self-Determination Reconsidered«, in: French, Duncan (Hg.), *Statehood and Self-Determination. Reconciling Tradition and Modernity in International Law*, Cambridge: Cambridge University Press, S. 229-249.
Sunstein, Cass R. (1993), *The Partial Constitution*, Cambridge/MA: Harvard University Press.
Swan, Kyle (2012), »Republican Equality«, in: *Social Theory and Practice* 38/3, S. 432-454.

Tan, Kok-Chor (1998), »Liberal Toleration in Rawls's Law of Peoples«, in: *Ethics* 108/2, S. 276-295.
Tesón, Fernando (1995), »The Rawlsian Theory of International Law«, in: *Ethics and International Affairs* 9/1, S. 79-99.
Tesón, Fernando (1998), *A Philosophy of International Law*, Boulder: Westview Press.
Tesón, Fernando (2005), »Ending Tyranny in Iraq«, in: *Ethics and International Affairs* 19/2, S. 1-20.
Tetzlaff, Rainer (1999), »Der Wegfall effektiver Staatsgewalt in den Staaten Afrikas«, in: *Die Friedenswarte* 74, S. 307-330.
Thiel, Thorsten (2012), *Republikanismus und die Europäische Union. Eine Neubestimmung des Diskurses um die Legitimität europäischen Regierens*, Baden-Baden: Nomos.

Thomspon, Michael J. (2013), »Reconstructing Republican Freedom: A Critique of the Neo-Republican Concept of Freedom as Non-Domination«, in: *Philosophy and Social Criticism* 39/3, S. 277-298.
Tomuschat, Christian (Hg.) (1993), *Modern Law of Self-Determination*, Dordrecht, Boston: Nijhoff.
Trotha, Trutz von (2000), »Die Zukunft liegt in Afrika. Vom Zerfall des Staates, von der Vorherrschaft der konzentrischen Ordnung und vom Aufstieg der Parastaatlichkeit«, in: *Leviathan* 28/2, S. 253-279.
Tully, James (2009), *Politische Philosophie als kritische Praxis*, übersetzt von Eva Engels, Frankfurt am Main, New York: Campus.
Tuomela, Raimo (1995), *The Importance of Us. A Philosophical Study of Basic Social Notions*, Stanford: Stanford University Press.
Tuomela, Raimo (2013), »Who is Afraid of Group Agents and Group Minds?«, in: Schmitz, Michael u. a. (Hg.), *The Background of Social Reality: Selected Contributions from the Inaugural Meeting of ENSO, Studies in the Philosophy of Sociality 1*, Dordrecht: Springer, S. 13-35.
Tuomela, Raimo; Miller, Kaarlo 2009, »Wir-Absichten«, in: Schmid, Hans Bernhard; Schweikard David P. (Hg.), *Kollektive Intentionalität. Eine Debatte über die Grundlagen des Sozialen*, Frankfurt am Main: Suhrkamp, S. 72-98.

Udombana, N. J. (2000), »The Third World and the Right to Development: Agenda for the Next Millennium«, in: *Human Rights Quarterly* 22, S. 753-787.
Urbinati, Nadia (2010), »Unpolitical Democracy«, in: *Political Theory* 38/1, S. 65-92.

Valentini, Laura (2011), *Justice in a Globalized World: A Normative Framework*, Oxford: Oxford University Press.
Vile, M. J. C. (1998), *Constitutionalism and the Separation of Powers*, 2. Auflage, Indianapolis: Liberty Fund.
Villaroman, Noel G. (2009), »The Loss of Sovereignty. How International Debt Relief Mechanisms Undermine Economic Self-Determination«, in: *Journal of Politics and Law* 2/4, S. 3-16.
Vincent, Andrew (1989), »Can Groups be Persons?«, in: *Review of Metaphysics* 42, S. 687-715.
Viroli, Maurizio (1995), *For Love of Country: An Essay on Nationalism and Patriotism*, Oxford: Oxford University Press.
Viroli, Maurizio (2000), »Republican Patriotism«, in: MacKinnon, Catriona; Hampsher-Monk, Iain (Hg.), *Demands of Citizenship*, London: Continuum, S. 267-275.
Viroli, Maurizio (2012), *The Liberty of Servants. Berlusconi's Italy*, Princeton, Oxford: Princeton University Press.

Waldron, Jeremy (1992), »Superseding Historic Injustice«, in: *Ethics* 103/1, S. 4-28.
Waldron, Jeremy (1993), »Special Ties and Natural Duties«, in: *Philosophy and Public Affairs* 22/1, S. 3-30.
Waldron, Jeremy (1999), *Law and Disagreement*, Oxford: Clarendon Press.
Waldron, Jeremy (2007), »Pettit's Molecule«, in: Brennan, Geoffrey u. a. (Hg.), *Common Minds. Themes From the Philosophy of Philip Pettit*, Oxford: Oxford University Press, S. 143-160.
Walzer, Michael (2004), »Just and Unjust Occupation«, in: *Dissent* (Winter 2004).
Walzer, Michael (2008), »On Promoting Democracy«, in: *Ethics and International Affairs* 22/4, S. 351-355.
Wartenberg, Thomas E. (1990), *The Forms of Power. From Domination to Transformation*, Philadelphia: Temple University Press.
Way, Lucan (2010), »The Real Causes of the Color Revolutions«, in: Diamond, Larry u. a. (Hg.), *Debates on Democratization*, Baltimore: Johns Hopkins University Press, S. 208-222.
Weber, Max (2005) [1922], *Wirtschaft und Gesellschaft. Grundriss der verstehenden Soziologie*, Neu Isenburg: Melzer.
Wellman, Christopher H. (1995), »A Defense of Secession and Political Self-Determination«, in: *Philosophy and Public Affairs* 24, S. 142-171.
Wellman, Christopher H.; Simmons, John. A. (Hg.) (2005), *Is there a Duty to Obey the Law?,* Cambridge, New York: Cambridge University Press.
Wenar, Leif (2006), »Accountability in International Development Aid«, in: *Ethics and International Affairs* 20/1, S. 1-23.
Wenar, Leif (2008), »Property Rights and the Resource Curse«, in: *Philosophy and Public Affairs* 36/1, S. 2-32.
Wenar, Leif (2010), »Realistic Reform of International Trade in Resources«, in: Jaggar, Alison M. (Hg.), *Thomas Pogge and his Critics*, Cambridge, Malden: Polity Press, S. 123-150.
Wenar, Leif (2011), »Poverty is no Pond«, in: Illingworth, Patricia u. a. (Hg.), *Giving Well: The Ethics of Philanthropy*, Oxford: Oxford University Press, S. 104-132.
Wendt, Alexander (2004), »The State as Person in International Theory«, in: *Review of International Studies* 30, S. 289-316.
White, Stuart (2003), »Republican Cosmopolitanism«, in Bell, Duncan A.; De-Shalit, Avner (Hg.), *Forms of Justice: Critical Perspectives on David Miller's Political Philosophy*, Lanham: Rowman & Littlefield, S. 251-268.
Whitehead, Lawrence (2009), »Losing ›the Force‹? The ›Dark Side‹ of Democratization After Iraq«, in: *Democratization* 16/2, S. 215-242.
Whitehead, Lawrence (2010), »State Sovereignty and Democracy. An Awk-

ward Coupling«, in: Burnell, Peter, Youngs, Richard (Hg.), *New Challenges to Democratization*, London, New York: Routledge, S. 23-41.
Wickramasinghe, Nira (1996), »From Human Rights to Good Governance: The Aid Regime in the 1990s«, in: Sellers, Mortimer (Hg.), *The New World Order. Sovereignty, Human Rights and the Self-Determination of Peoples*, Oxford, Dallers: Berg, S. 305-326.
Wiener, Antje (2008), *The Invisible Constitution of Politics: Contested Norms and International Encounters*, Cambridge: Cambridge University Press.
Williams, Huw Lloyd (2011), *On Rawls, Development and Global Justice. The Freedom of Peoples*, Houndmills: Palgrave Macmillan.
Williamson, John (1990), »What Washington Means by Policy Reform«, in: ders. (Hg.), *Latin American Adjustment. How Much Has Happened?*, Washington: Institute for International Economics, S. 7-20.
Wippman, David (2000), »Pro-Democratic Intervention By Invitation«, in: Fox, Gregory H.; Roth, Brad R. (Hg.), *Democratic Governance and International Law*, Cambridge: Cambridge University Press, S. 293-327.
Wolff, Jonas (2012), »Democracy Promotion, Empowerment and Self-Determination: Conflicting Objectives in US and German Policies Towards Bolivia«, in: *Democratization* 19/3, S. 415-437.
Woods, Ngaire (2000), »The Challenge of Good Governance for the IMF and the World Bank Themselves«, in: *World Development* 28/5, S. 823-841.

Young, Iris Marion (1990), *Justice and the Politics of Difference*, Princeton: Princeton University Press.
Young, Iris Marion (2000), *Inclusion and Democracy*, Oxford: Oxford University Press.
Young, Iris Marion (2006), »Responsibility and Global Justice. A Social Connection Model«, in: *Social Philosophy and Policy* 32/1, S. 102-130.
Young, Iris Marion (2007), *Global Challenges. War, Self-Determination and Responsibility for Justice*, Cambridge, Malden: Polity Press.
Young, Iris Marion (2010), »Verantwortung und globale Gerechtigkeit. Ein Modell sozialer Verbundenheit«, in: Broszies, Christoph; Hahn, Henning (Hg.), *Globale Gerechtigkeit. Schlüsseltexte zur Debatte zwischen Partikularismus und Kosmopolitismus*, Berlin: Suhrkamp, S. 329-369.
Young, Iris Marion (2011), *Responsibility for Global Justice*, hg. von Martha Nussbaum, Oxford: Oxford University Press.
Youngs, Richard (2008), »Trends in Democracy Assistance. What Has Europe Been Doing?«, in: *Journal of Democracy* 19/2, S. 160-169.

Zakaria, Fareed (2003), *The Future of Freedom: Illiberal Democracy at Home and Abroad*, New York: Norton.

Zaum, Dominik (2007), *The Sovereignty Paradox. The Norms and Politics of International Statebuilding*, Oxford: Oxford University Press.
Zaum, Dominik (2009), »The Norms and Politics of Exit. Ending Postconflict Transitional Administrations«, in: *Ethics and International Affairs* 32/2, S. 189-208.
Ziai, Aram (2004), »The Ambivalence of Post-Development: Between Reactionary Populism and Radical Democracy«, in: *Third World Quarterly* 25/6, S. 1045-1061.
Zimmerman, David (1981), »Coercive Wage Offers«, in: *Philosophy and Public Affairs* 10, S. 121-145.
Zimmermann, Lisbeth (2017), *Global Norms with a Local Face: Rule-of-Law Promotion and Norm Translation*, Cambridge: Cambridge University Press.

Dokumente und Rechtsquellen

Charta der Vereinten Nationen (VNCh), in: Randelzhofer, Albrecht (Hg.) (2002), *Völkerrechtliche Verträge*, 9., neubearbeitete Auflage, München: dtv.
Commission on Human Rights Resolution 1999/57, UN Doc. E/CN.4/1999/57 v. 13. Januar 1999 (*Promotion of the Right to Democracy*), einzusehen unter: ⟨http://ap.ohchr.org/documents/E/CHR/resolutions/E-CN_4-RES-1999-57.doc⟩, letzter Zugriff: 4. 5. 2017.
GA Res 637 (VII), UN Doc. A/RES/637 (VII) v. 16. Dezember 1951 (*The Right of Peoples and Nations to Self-Determination*); einzusehen unter ⟨http://www.un.org/en/ga/search/view_doc.asp?symbol=A/RES/637%28VII%29&Lang=E&Area=RESOLUTION⟩, letzter Zugriff: 20. 4. 2017.
GA Res. 1514 (XV), UN Doc. A/RES/15/1514 v. 14. Dezember 1960 (*Declaration on the Granting of Independence to Colonial Countries and Peoples*); einzusehen unter: ⟨http://www.un-documents.net/a15r1514.htm⟩, letzter Zugriff 20. 4. 2017.
GA Res. 1541 (XV), UN Doc. A/RES/15/1541 v. 15. Dezember 1960 (*Principles Which Should Guide Members in Determining Whether or not an Obligation Exists to Transmit the Information Called for Under Article 73[e] of the Charter*); einzusehen unter: ⟨http://www.un.org/ga/search/view_doc.asp?symbol=A/RES/1541%28XV%29⟩, letzter Zugriff 20. 4. 2017.
GA Res. 2625 (XXV), UN Doc. A/RES/25/2625 v. 24. Oktober 1970 (*Declaration on Principles of International Law Concerning Friendly Relations and Co-operation Among States in Accordance with the Charter of the United Nations*); einzusehen unter: ⟨http://www.un-documents.net/a25r2625.htm⟩, letzter Zugriff 19. 4. 2017.
GA Res. 3201 (S-VI), UN Doc. A/RES/S6/3201 v. 1. Mai 1974 (*Declaration*

on the Establishment of a New International Economic Order); einzusehen unter: ⟨http://www.un-documents.net/s6r3201.htm⟩, letzter Zugriff: 27.4.2017.

GA Res. 3202 (S-VI), UN Doc. A/RES/S6/3202 v. 1. Mai 1974 (*Program of Action on the Establishment of a New International Economic Order*); einzusehen unter: ⟨http://www.un-documents.net/s6r3202.htm⟩, letzter Zugriff: 27.4.2017.

GA Res. 3281 (XXIX), UN Doc A/RES/29/3281 v. 12. Dezember 1974 (*Charter of Economic Rights and Duties of States*); einzusehen unter: ⟨http://www.un-documents.net/a29r3281.htm⟩, letzter Zugriff: 27.4.2017.

GA Res. 55/2 (XXXXXV), UN Doc A/Res/55/2 v. 18. September 2000 (*United Nations Millennium Declaration*); einzusehen unter: ⟨http://www.un.org/millennium/declaration/ares552e.pdf⟩, letzter Zugriff: 3.5.2017.

GA Res. 70/1, UN Doc A/Res/70/1 v. 21. Oktober 2015 (*Transforming Our World: the 2030 Agenda for Sustainable Development*), einzusehen unter: ⟨http://www.un.org/ga/search/view_doc.asp?symbol=A/RES/70/1&Lang=E⟩, letzter Zugriff 3.5.2017.

High Level Forum on Aid Effectiveness (2005), *Erklärung von Paris über die Wirksamkeit der Entwicklungszusammenarbeit*, übersetzt vom Deutschen Übersetzungsdienst der OECD, einzusehen unter: ⟨www.oecd.org/dac/effectiveness/35023537.pdf⟩, letzer Zugriff: 27.4.2017.

High Level Forum on Aid Effectiveness (2008), *Aktionsplan von Accra*, übersetzt vom Bundesministerium für Entwicklung und Zusammenarbeit, einzusehen unter: ⟨www.oecd.org/dataoecd/62/34/42564567.pdf⟩, letzter Zugriff: 27.4.2017.

High Level Forum on Aid Effectiveness (2011), *Busan Partnership for Effective Development Co-operation*, einzusehen unter: ⟨https://www.oecd.org/development/effectiveness/49650173.pdf⟩, letzter Zugriff 27.4.2017.

IBRD Res. 93-10 und IDA Res. 93-6 v. 22. September 1993 (*The World Bank Inspection Panel*), einzusehen unter: ⟨http://siteresources.worldbank.org/EXTINSPECTIONPANEL/Resources/ResolutionMarch2005.pdf⟩, letzter Zugriff 27.4.2017.

International Commission on Intervention and State Sovereignty (ICISS) (2001), *The Responsibility to Protect: Report of the International Commission on Intervention and State Sovereignty*, einzusehen unter: ⟨http://responsibilitytoprotect.org/ICISS%20Report.pdf⟩, letzter Zugriff: 19.4.2017.

International Monetary Fund (IMF) *Articles of Agreement of the International Monetary Fund*, einzusehen unter: ⟨http://www.imf.org/external/pubs/ft/aa/pdf/aa.pdf⟩, letzter Zugriff 20.4.2017.

IMF; IDA (1999), *Poverty Reduction Strategy Papers – Operational Issues*,

Washington; einzusehen unter: ⟨http://www.imf.org/external/np/pdr/prsp/poverty1.htm#III⟩, letzter Zugriff 27. 4. 2017.

International Bank of Reconstruction and Development (IBRD), *Articles of Agreement*, einzusehen unter: ⟨http://siteresources.worldbank.org/EXTABOUTUS/Resources/IBRDArticlesOfAgreement_links.pdf⟩, letzter Zugriff 20. 4. 2017.

International Development Association (IDA), *Articles of Agreement*, einzusehen unter: ⟨http://siteresources.worldbank.org/IDA/Resources/ida-articlesofagreement.pdf⟩, letzter Zugriff: 20. 4. 2017.

Internationaler Pakt über bürgerliche und politische Rechte (IPbpR), in: Randelzhofer, Albrecht (Hg.) (2002), *Völkerrechtliche Verträge*, 9., neubearbeitete Auflage, München: dtv.

Internationaler Pakt über wirtschaftliche, soziale und kulturelle Rechte (IPW), Randelzhofer, Albrecht (Hg.) (2002), *Völkerrechtliche Verträge* 9., neubearbeitete Auflage, München: dtv.

OECD (1995), *Participatory Development and Good Governance. Development Cooperation Guideline Series*, einzusehen unter: ⟨www.oecd.org/dac/governance-development/31857685.pdf⟩, letzter Zugriff 29. 12. 2016.

SC Res. 940, UN Doc. S/RES/940 v. 31. Juli 1994, einzusehen unter: ⟨https://daccess-ods.un.org/TMP/4096196.88987732.html⟩, letzter Zugriff 14. 5. 2017.

Rat der Europäischen Union (2009), *Schlussfolgerungen des Rates zur Unterstützung der Demokratie in den Außenbeziehungen der EU – Auf dem Weg zu mehr Kohärenz und Effizienz*. Dokument 16081/09.

Shanghai Cooperation Organization (2005), *Declaration of the Heads of Member States of the Shanghai Cooperation Organization, Astana*, v. 5. Juli 2005, einzusehen unter: ⟨http://english.cri.cn/3126/2006/06/13/269@101936.htm⟩, letzer Zugriff: 4. 5. 2017.

United Nations Development Programme (UNDP) (2002), *Human Development Report 2002: Deepening Democracy in a Fragmented World*, New York, Oxford: Oxford University Press.

Wiener Übereinkommen über das Recht der Verträge (WVK), in: Randelzhofer, Albrecht (Hg.) (2002), *Völkerrechtliche Verträge*, 9., neubearbeitete Auflage, München: dtv.

World Bank (1989), *Sub-Sahara Africa. From Crisis to Sustainable Growth. A Longterm Perspective Study*, Washington: World Bank, einzusehen unter: ⟨http://www-wds.worldbank.org/external/default/WDSContentServer/IW3P/IB/1999/12/02/000178830_98101901364149/Rendered/PDF/multiopage.pdf⟩, letzter Zugriff: 7.3.2017.

World Bank (1996), *Review of the Resolution Establishing the Inspection Panel, 1996 Clarification of Certain Aspects of the Resolution*, einzusehen un-

ter: ⟨http://siteresources.worldbank.org/EXTINSPECTIONPANEL/Resources/1996ReviewResolution.pdf⟩; letzter Zugriff: 4. 5. 2017.
World Bank (2010), *Operational Manual BP 2.11 – Country Assistance Strategies,* einzusehen unter: ⟨https://policies.worldbank.org/sites/ppf3/PPFDocuments/1608090224b08230726e.pdf⟩, letzter Zugriff 27. 4. 2017.

- Von Person zu Person. Zur Moralität persönlicher Beziehungen. Herausgegeben zus. mit Beate Rössler. stw 1756. 361 Seiten
- Der Wert des Marktes. Ein ökonomisch-philosophischer Diskurs vom 18. Jahrhundert bis zur Gegenwart. Herausgegeben zus. mit Lisa Herzog. stw 2065. 670 Seiten
- Die zerrissene Welt des Sozialen. Sozialphilosophische Aufsätze. Erweiterte Ausgabe. stw 849. 279 Seiten

Axel Honneth/Nancy Fraser. Umverteilung oder Anerkennung? Eine politisch-philosophische Kontroverse. stw 1460. 320 Seiten

Rahel Jaeggi
- Entfremdung. stw 2185. 337 Seiten
- Kritik von Lebensformen. stw 1987. 451 Seiten
- Nach Marx. Philosophie, Kritik, Praxis. Herausgegeben zus. mit Daniel Loick. stw 2066. 518 Seiten
- Sozialphilosophie und Kritik. Herausgegeben zus. mit Rainer Forst, Martin Hartmann und Martin Saar. stw 1960. 743 Seiten
- Was ist Kritik? Herausgegeben zus. mit Tilo Wesche. stw 1885. 375 Seiten

Hans Joas
- Die Entstehung der Werte. stw 1416. 321 Seiten
- Die Kreativität des Handelns. stw 1248. 415 Seiten

Angelika Krebs. Arbeit und Liebe. Die philosophischen Grundlagen sozialer Gerechtigkeit. stw 1564. 336 Seiten

George Herbert Mead. Geist, Identität und Gesellschaft. Aus der Sicht des Sozialbehaviorismus. Einleitung von Charles W. Morris. Übersetzt von Ulf Pacher. stw 28. 456 Seiten

NF 123/2/6.16

Bernhard Peters. Der Sinn von Öffentlichkeit. Herausgegeben von Hartmut Weßler. Mit einem Nachwort von Jürgen Habermas. stw 1836. 410 Seiten

Beate Rössler. Der Wert des Privaten. stw 1530. 384 Seiten

NF 123/3/6.16